Directeu
Philippe

Co
Philippe GLOAG

Réda
Pierre JOSSE

Rédaction
Florence BOUFFET, Benoît LUCCHINI,
Yves COUPRIE, Olivier PAGE,
Véronique de CHARDON, Amanda KERAVEL,
Isabelle AL SUBAIHI, Anne-Caroline DUMAS,
Carole FOUCAULT et Bénédicte SOLLE

LE GUIDE
DU
ROUTARD

1999/2000

LANGUEDOC-ROUSSILLON

Hachette

Hors-d'œuvre

Le G.D.R., ce n'est pas comme le bon vin, il vieillit mal. On ne veut pas pousser à la consommation, mais évitez de partir avec une édition ancienne. D'une année sur l'autre, les modifications atteignent et dépassent souvent les 40 %.

Chaque année, en juin ou juillet, de nombreux lecteurs se plaignent de voir certains de nos titres épuisés. À cette époque, en effet, nous n'effectuons aucune réimpression. Ces ouvrages risqueraient d'être encore en vente au moment de la publication de la nouvelle édition. Donc, si vous voulez nos guides, achetez-les dès leur parution. Voilà.

Nos ouvrages sont les guides touristiques de langue française les plus souvent révisés. Malgré notre souci de présenter des livres très réactualisés, nous ne pouvons être tenus pour responsables des adresses qui disparaissent accidentellement ou qui changent tout à coup de nature (nouveaux propriétaires, rénovations immobilières brutales, faillites, incendies...). Lorsque ce type d'incidents intervient en cours d'année, nous sollicitons bien sûr votre indulgence. En outre, un certain nombre de nos adresses se révèlent plus « fragiles » parce que justement plus sympas ! Elles réservent plus de surprises qu'un patron traditionnel dans une affaire sans saveur qui ronronne sans histoire.

> Les tarifs mentionnés dans ce guide ne sont qu'indicatifs et en rien contractuels. Ici un menu aura augmenté de 10 F, là une chambre de 25 F. Il faut compter 5 mois entre le moment où notre enquêteur passe et la parution du G.D.R. *Grosso modo*, en tenant compte de l'inflation, de la température à Moscou et de l'âge du capitaine, les prix que nous donnons auront grimpé de 5 à 10 %. En France, les prix sont comme les petits oiseaux, ils sont libres, tant pour les hôtels que pour les restaurants.

Spécial copinage

– *Restaurant Perraudin* : 157, rue Saint-Jacques, 75005 Paris. ☎ 01-46-33-15-75. Fermé le samedi midi, le dimanche, le lundi midi et la 2ᵉ quinzaine d'août. À deux pas du Panthéon et du jardin du Luxembourg, il existe un petit restaurant de cuisine traditionnelle. Lieu de rencontre des éditeurs et des étudiants de la Sorbonne, où les recettes d'autrefois sont remises à l'honneur : gigot au gratin dauphinois, pintade aux lardons, pruneaux à l'armagnac. Sans prétention ni coup de bâton. D'ailleurs, c'est notre cantine, à midi.

IMPORTANT : le 36-15, code ROUTARD, a fait peau neuve ! Pour vous aider à préparer votre voyage : présentation des nouveaux guides ; « Du côté de Celsius » pour savoir où partir, à quelle saison ; une boîte à idées pour toutes vos remarques et suggestions ; une messagerie pour échanger de bons plans entre routards.

Nouveau : notre rubrique « Bourse des vols » permet désormais d'obtenir en un clin d'œil tous les tarifs aériens (charters et vols réguliers). On y recense tous les tarifs de 80 voyagistes et 40 compagnies pour 400 destinations. Fini le parcours du combattant pour trouver son billet au meilleur prix ! Et notre rubrique « Docteur Routard ! » ! Vaccinations, protection contre le paludisme, adresses des centres de vaccination, conseils de santé, pays par pays.
Et toujours les promos de dernière minute, les voyages sur mesure, les dates de parution des *G.D.R.*, une information détaillée sur ROUTARD Assistance.

Le contenu des annonces publicitaires insérées dans ce guide n'engage en rien la responsabilité de l'éditeur.

© **HACHETTE LIVRE (Hachette Tourisme), 1999**
Tous droits de traduction, de reproduction
et d'adaptation réservés pour tous pays.

© **Cartographie** Hachette Tourisme.

TABLE DES MATIÈRES

L'AUDE

LE CANAL DU MIDI

L'HÉRAULT

LE GARD

LES CÉVENNES

LA LOZÈRE

Le plein de campagne.

*Plus de 1 600 adresses dont 130 inédites de fermes-auberges,
chambres d'hôtes et gîtes sélectionnés dans toute la France.
Un certain art de vivre qui renaît.*

Le Guide du Routard.
La liberté pour seul guide.

Hachette Tourisme

SPÉCIAL DÉFENSE DU CONSOMMATEUR

Un routard informé en vaut dix ! Pour éviter les arnaques en tout genre, il est bon de les connaître. Voici, par ordre alphabétique, un petit vade-mecum destiné à parer aux coûts et aux coups les plus redoutables (coup de bambou, coup de fusil et même... coup du sous-marin !).

Arrhes ou acomptes ? Au moment de réserver votre chambre (par téléphone ou par écrit), il n'est pas rare que l'hôtelier vous demande de verser à l'avance une certaine somme, celle-ci faisant office de garantie. Il est préférable de parler d'arrhes et non d'acompte. Légalement, aucune règle n'en précise le montant. Toutefois, ne versez que des arrhes raisonnables : 25 à 30 % du prix total sachant qu'il s'agit d'un engagement définitif sur la réservation de la chambre. Celui-ci ne pourra donc être remboursé en cas d'annulation de la réservation, sauf cas de force majeure (maladie ou accident) ou en accord avec l'hôtelier si l'annulation est faite dans des délais raisonnables. Si, au contraire, l'annulation est le fait de l'hôtelier, il doit vous rembourser le double des arrhes versées : l'article 1590 du Code civil le dit très nettement et ce depuis 1804 !

Accueil : aucune loi n'oblige un hôtelier ou un restaurateur à recevoir aimablement ses clients. On imagine d'ailleurs assez mal une amende pour accueil désagréable. Là encore, chacun fait ce qu'il peut et reçoit comme il veut. Selon la conscience professionnelle, l'aptitude à rendre service et le caractère de chacun, l'accueil peut varier du meilleur au pire... Une simple obligation incombe aux hôteliers et aux restaurateurs : ils doivent renseigner correctement leurs clients, même par téléphone, sur les prix des chambres et des menus, sur le niveau de confort et le genre de cuisine proposé.

Affichage des prix : les hôtels et les restos sont tenus d'informer les clients de leurs prix, à l'aide d'une affichette, d'un panneau extérieur, ou de tout autre moyen. Ça, c'est l'article 28 de l'ordonnance du 1er décembre 1986 qui l'impose à la profession. Donc, vous ne pouvez contester des prix exorbitants que s'ils ne sont pas clairement affichés.

Commande insuffisante : il arrive que certains restos refusent de servir une commande jugée insuffisante. Le garçon ou le patron fait la moue. Il affirme même qu'il perd de l'argent. Cependant, le restaurateur ne peut pas vous pousser à la consommation. C'est illégal.

Eau : une banale carafe d'eau du robinet est gratuite, à condition qu'elle accompagne un repas.

Hôtels : comme les restaurants, ils ont interdiction de pratiquer la subordination de vente. C'est-à-dire qu'ils ne peuvent pas vous obliger à réserver plusieurs nuits d'hôtels si vous n'en souhaitez qu'une. Dans le même ordre d'idée, on ne peut vous obliger à prendre votre petit déjeuner ou vos repas dans l'hôtel où vous dormez ; ce principe est illégal et constitue une subordination de prestation de service condamnable par une amende. L'hôtelier reste cependant libre de proposer la demi-pension ou la pension complète. Bien se renseigner avant de prendre la chambre dans les hôtels-restaurants. À savoir aussi, si vous dormez en compagnie de votre « moutard », il peut vous être demandé un supplément.

Menus : très souvent, les premiers menus (les moins chers) ne sont servis qu'en semaine et avant certaines heures (12 h 30 et 20 h 30 généralement). Cela doit être clairement indiqué sur le panneau extérieur : à vous de vérifier.

Sous-marin : après le coup de bambou et le coup de fusil, celui du sous-marin. Le procédé consiste à rendre la monnaie en plaçant dans la soucoupe (de bas en haut) : les pièces, l'addition puis les billets. Si l'on est pressé, on récupère les billets en oubliant les pièces cachées sous l'addition.

Vins : les cartes des vins ne sont pas toujours très claires. Exemple : vous commandez un bourgogne à 50 F la bouteille. On vous la facture 100 F. En vérifiant sur la carte, vous découvrez qu'il s'agit d'une demi-bouteille. Mais c'était écrit en petits caractères illisibles.
La bouteille doit être obligatoirement débouchée devant le client, sinon il n'est pas sûr qu'il y ait adéquation entre le vin annnoncé et le contenu de la bouteille.

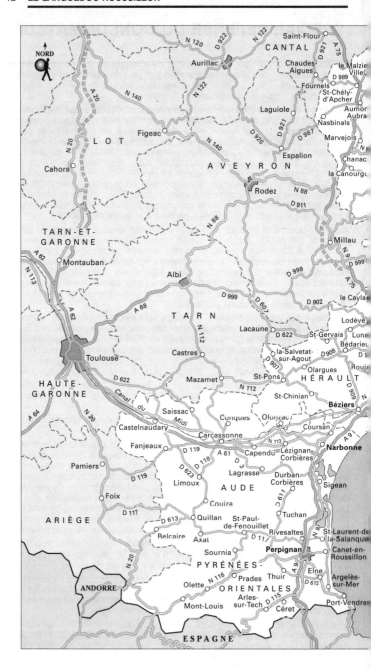

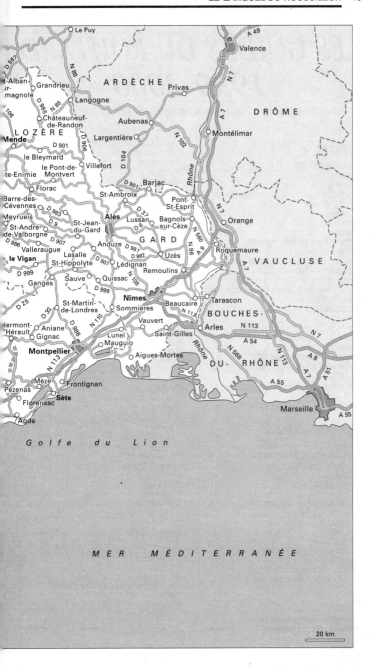

LES GUIDES DU ROUTARD
1999-2000

(dates de parution sur le 36-15, code ROUTARD)

France

- Alpes **(avril 99)**
- Alsace, Vosges
- Auvergne, Limousin
- Banlieues de Paris **(nouveauté)**
- Bourgogne, Franche-Comté
- Bretagne
- Châteaux de la Loire
- Corse
- Côte d'Azur **(printemps 99)**
- Hôtels et restos de France
- Junior à Paris et ses environs **(nouveauté)**
- Languedoc-Roussillon
- Lyon et ses environs **(sept. 99)**
- Le Marché du routard à Paris **(nouveauté)**
- Midi-Pyrénées
- Normandie
- Paris
- Paris exotique **(nouveauté)**
- Pays de la Loire
- Poitou-Charentes
- Provence **(printemps 99)**
- Restos et bistrots de Paris
- Sud-Ouest
- Tables et chambres
  à la campagne
- Week-ends autour de Paris

Amériques

- Brésil
- Canada Ouest et Ontario
- Chili, Argentine et île de Pâques
- Cuba
- États-Unis, côte Est
- États-Unis
  (côte Ouest et Rocheuses)
- Floride, Louisiane
- Guadeloupe
- Martinique, Dominique, Sainte-Lucie,
  Grenadines
- Mexique, Belize, Guatemala
- New York
- Pérou, Équateur, Bolivie
- Québec et Provinces maritimes

Asie

- Birmanie **(printemps 99)**
- Inde du Nord, Népal, Tibet
- Inde du Sud, Ceylan
- Indonésie
- Israël
- Istanbul **(printemps 99)**
- Jordanie, Syrie, Yémen

- Laos, Cambodge **(printemps 99)**
- Malaisie, Singapour
- Thaïlande, Hong Kong, Macao
- Turquie
- Vietnam

Europe

- Allemagne
- Amsterdam
- Angleterre, pays de Galles
- Autriche
- Belgique
- Écosse
- Espagne du Nord et du Centre
- Espagne du Sud, Andalousie
- Finlande, Islande
- Grèce continentale **(printemps 99)**
- Hongrie, Roumanie, Bulgarie
- Îles grecques **(printemps 99)**
- Irlande
- Italie du Nord
- Italie du Sud, Rome, Sicile
- Londres
- Norvège, Suède, Danemark
- Pologne, République tchèque, Slovaquie
- Portugal
- Prague
- Suisse
- Toscane, Ombrie
- Venise

Afrique

- Afrique noire
  Sénégal
  Gambie
  Mali
  Mauritanie
  Burkina Faso
  Niger
  Côte-d'Ivoire
  Togo
  Bénin
  Cameroun
- Égypte
- Île Maurice, Rodrigues
- Kenya, Tanzanie et Zanzibar
- Maroc
- Réunion
- Tunisie

et bien sûr...

- Le Guide de l'expat
- Humanitaire
- Internet
- Les Métiers du voyage

Retrouvez
Le Web du Routard
sur Club-Internet
www.club-internet.fr/routard

POUR SEULEMENT 77 Frs* par mois,
vous aurez accès...

A Club-Internet :

- Tout l'Internet pour 77 Frs par mois*
- Accès en tarification locale sur toute la France métropolitaine
- Une des meilleures bandes passantes du marché, dont une liaison satellite
- Assistance technique gratuite* 7 jours sur 7
- 10 Mo gratuits pour héberger votre page personnelle
- 5 adresses e-mail

Au Web du Routard**,
le site officiel du Guide du Routard.

Retrouvez gratuitement :
Le quizz piégé des 4 familles du Routard, les bonnes adresses par type de voyage, des galeries de photos, une sono mondiale, les anecdotes des baroudeurs du Routard, des forums pour partager vos coups de coeur et préparer vos voyages, une boutique pour acheter les produits du Routard, des bons plans, etc.

Profitez des meilleures adresses et des bons plans avant parution dans les guides (informations inédites mises à jour en permanence), des offres spéciales sur les voyages, des réductions sur les produits du Routard... en vous abonnant au Cyber Club du Routard pour seulement 22 Frs*/mois (en plus de votre abonnement à Club-Internet). Vous pourrez également acheter ces exclusivités au coup par coup très prochainement.

Club-Internet
11, rue de Cambrai
75927 PARIS Cedex 19
Tél. : N°Azur 0 801 800 900
ou 01 55 45 46 47
Fax : 01 55 45 46 70

Pour vous abonner, tournez la page !

GROLIER INTERACTIVE

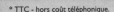

* TTC - hors coût téléphonique.
** une co-édition Routard / Moderne Multimédias.

BULLETIN D'ABONNEMENT
(à découper ou à photocopier)

• **Vous souhaitez vous abonner à Club-Internet et au Cyber Club du Routard :**
Cochez l'offre n° 1 (ou l'offre n° 2 si vous êtes déja membre de Club-Internet).
Vous profiterez des informations inédites du Cyber Club du Routard.

• **Vous souhaitez vous abonner uniquement à Club-Internet :**
Cochez l'offre n° 3.
Vous pourrez acheter au coup par coup les exclusivités du Cyber Club du Routard.

Notez : Si vous vous inscrivez pour la première fois à Club-Internet, vous recevrez **gratuitement** un kit de connexion à Club-Internet qui comprend :
- un logiciel de navigation en français permettant la navigation sur le web, l'utilisation de la messagerie électronique...,
• 1 mois d'abonnement gratuit* à Club-Internet, pour un temps de connexion illimité.

Configuration conseillée :
PC : compatible 486 DX2 66 sous Windows 3.x ou Windows 9
Macintosh : compatible système 7.5
Lecteur de CD-Rom, 12 Mo de mémoire vive
Modem : 28 800 bps

❏ **Offre n° 1 :** Je m'abonne à Club-Internet / Cyber Club du Routard pour 99 F TTC*/mois (77 F TTC + 22 F TTC), minimum 2 mois soit 198 F TTC.

❏ **Offre n° 2 :** J'ai déja un abonnement à Club-Internet et je souhaite m'abonner à l'option Cyber Club du Routard au prix de 22 F TTC*/mois, minimum 2 mois soit 44 F TTC.

• Mon login d'accès à Club-Internet est : ....

• Précisez ci-dessous uniquement votre nom et prénom : ....

❏ **Offre n° 3 :** Je m'abonne à Club-Internet pour 77 F TTC*/mois, minimum 2 mois soit 154 F TTC/mois.

Voici mes coordonnées :
Société : ....
Nom : ....Prénom : ....
Adresse : ....
Code Postal : ....Ville : ....
Tél. personnel : ....Tél. professionnel : ....
Télécopie : ....

Choisissez votre login d'accès à Club-Internet :
Votre login vous servira d'identifiant pour accéder au serveur Club-Internet et composera votre adresse e-mail (courrier électronique). Par exemple, si vous optez pour le nom de Dupont, votre adresse e-mail sera :
dupont @ club-internet.fr
Proposez trois logins (entre 3 et 8 caractères, lettres minuscules ou chiffres en dernières positions), par ordre de préférence.

Choix n° 1 : ☐☐☐☐☐☐☐☐
Choix n° 2 : ☐☐☐☐☐☐☐☐
Choix n° 3 : ☐☐☐☐☐☐☐☐

Votre login (nom d'utilisateur) et votre password (mot de passe) seront communiqués par courrier.

❏ J'accepte d'être prélevé(e) de deux mois d'abonnement**, tous les deux mois, en fonction de l'offre choisie. Je peux à tout moment résilier cet abonnement pour la période suivante, par lettre recommandée, quinze jours avant l'échéance de mon abonnement.
Carte bancaire n° :
☐☐☐☐ ☐☐☐☐ ☐☐☐☐ ☐☐☐☐
Expire le : |__|__|__|__|

Votre équipement informatique

• Mon micro-ordinateur :
❏ PC compatible 486 DX2 66
❏ PC Pentium
❏ PC Portable
   ❏ Avec Windows 95 ❏ Windows 3.x

❏ PowerMacintosh (PowerPC)
❏ Powerbook
❏ autre Macintosh compatible Système 7.5

• Je possède déjà un modem de marque :
❏ Oui   ❏ Non
❏ 28 800 bps ❏ 33 600 bps ❏ 56 000
Autre : ....

*hors coût téléphonique
**à la fin du mois gratuit si je bénéficie du kit de connexion gratuit.

À renvoyer avec votre règlement à :
Club-Internet / Web du Routard
11, rue de Cambrai
75927 PARIS Cedex 19
Informations / abonnement :
N°Azur 0 801 800 900 ou 01 55 45 46 47

Signature
(des parents pour les mineurs) :

R.C.S. Paris B 381 737 533
07/1998

En route pour la France.

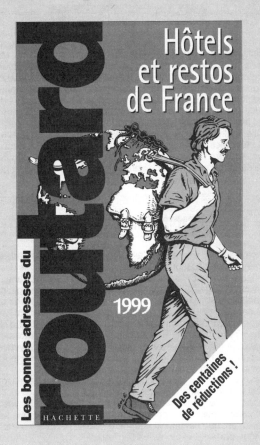

Plus de 4 350 adresses sélectionnées pour :

- *la chaleur de l'accueil*
- *la qualité de cuisine*
- *le charme du décor et la douceur des prix.*

Une France où il fait bon vivre.

Le Guide du Routard.
La liberté pour seul guide.

Hachette Tourisme

NOS NOUVEAUTÉS

TOSCANE, OMBRIE (paru)

Le centre de la péninsule bourdonne de l'effervescence de ses hauts lieux culturels, de Florence à Assise et de Sienne à Pérouse. Mais sillonner la Toscane et l'Ombrie, c'est aussi goûter à la douceur de la lumière et des paysages, loin des sentiers battus. C'est s'abandonner à la contemplation des chefs-d'œuvre picturaux de la Renaissance, des vieilles pierres de San Gimignano et des trésors abrités dans la multitude d'édifices religieux. Vous serez saisi, comme de nombreux artistes avant vous, par la beauté mystique de l'Ombrie, ce « cœur vert de l'Italie ». Et vous accompagnerez les *pasta* et autres spécialités culinaires préparées avec bonheur par les *mammas*, d'un verre de *chianti* ou d'*orvieto doux*. À moins que vous ne préfériez l'une de leurs eaux minérales à la mode, mais ce serait dommage, dans l'autre pays du vin !

BANLIEUES DE PARIS (paru)

Enfin, ça y est ! Le *Routard* est allé flécher les banlieues parisiennes. Comment avons-nous ignoré si longtemps ce vaste paradis des Doisneau, des Céline et des meilleurs metteurs en scène du Grand Paris ? Ces anciens villages qu'on appelle aujourd'hui banlieues déploient une incroyable floraison culturelle, qui ne se limite pas aux cours de rap des MJC : partout, ce ne sont qu'abbayes, châteaux, ports fluviaux, musées passionnants, réunis par des bois et des parcs, au fil d'inattendus chemins de Grande Randonnée. C'est aussi une mosaïque de peuples et de races, venus avec leurs traditions et leurs croyances, qui travaille en permanence le tissu urbain pour forger de nouvelles cultures et réinventer l'art de vivre ensemble.
Ce guide voudrait leur révéler ce qu'ils ont sous les yeux, sans toujours l'apprécier ni le connaître. Casser l'esprit de clocher pour leur ouvrir des chemins vers les banlieues voisines. Sans oublier les gourmands... les dizaines de tables décrites ici nous ont surpris par leur qualité, autant que par leur atmosphère conviviale. Et si les Parisiens, à leur tour, partaient explorer les banlieues ?

HUMANITAIRE (paru)

Parrainer un enfant du bout du monde ou donner un paquet de riz pour la Somalie ne vous suffit plus. Agir et non plus déléguer, vous mettre en cause et non seulement souscrire à de grandes causes, représente l'un de vos souhaits les plus profonds ? Alors le *Routard Humanitaire* est fait pour vous. Soigner ou enseigner, nourrir ou reconstruire, affronter l'urgence ou aider au développement, toutes les possibilités sont détaillées, ainsi que les problèmes administratifs et pratiques auxquels vous devrez faire face. On ne s'improvise pas du jour au lendemain « French doctor », et si les actions de Mère Teresa et de Bernard Kouchner vous interpellent, il faut savoir comment les rejoindre dans cette grande aventure. Fort de son expérience dans tous les pays du monde et conscient de ces difficultés, le *Routard* peut vous préparer à ce voyage utile.

ROUTARD ASSISTANCE
L'ASSURANCE VOYAGE INTÉGRALE À L'ÉTRANGER

NOS NOUVEAUTÉS

LE MARCHÉ DU ROUTARD À PARIS (paru)

De l'humble boulanger à la star de la miche, du génial chocolatier au confiseur d'antan, du roi de l'andouillette au seigneur du fromage de tête, en passant par le boucher aux viandes tendres et goûteuses, le spécialiste de la marée et le marchand de primeurs, chez qui la salade a toujours une mine superbe et les fruits le goût des saisons, sans oublier le fromager génie des alpages, le caviste capable de vous dégoter le petit vin malin en vous assurant le cru bourgeois, et bien sûr tous ces artisans venus d'ailleurs, italiens, grecs, chinois, philippins... grâce auxquels nos assiettes s'emplissent de saveurs inédites, vous trouverez tout, absolument tout dans *Le Marché du routard à Paris,* le guide de vos emplettes dans la capitale.

Plus de 200 adresses essentielles pour mieux s'approvisionner au coin de la rue, dans le quartier ou à quelques stations de métro de son domicile. Un guide plein d'adresses inédites, mais qui n'ignore pas les valeurs sûres, les grands noms pour grandes occasions, déniche les as du produit, cherche les meilleurs coûts, et le traiteur qui dépanne à deux pas de chez soi. Bref, un guide qui dresse la carte complète de l'artisanat de bouche arrondissement par arrondissement avec, en prime, les marchés de Paris, lieux vivants et pratiques où l'on rencontre aussi bien les maraîchers d'Île-de-France qu'un producteur de miel du Morvan, un fromager du Bourbonnais ou encore un producteur de volailles des Landes.

PARIS EXOTIQUE (paru)

Découvrir le monde tout en restant à Paris, c'est possible et c'est à portée de métro. Passage Brady, laissez-vous tenter par les senteurs parfumées des *currys,* avant d'aller boire une pinte de bière rousse au son de la musique traditionnelle irlandaise dans l'un des fameux pubs de la capitale. À moins que vous ne préfériez dîner japonais rue Sainte-Anne avant de passer la soirée à danser la salsa à *La Coupole.* De l'Australie à Madagascar en passant par le Pérou et la Corée, tous les pays du monde sont à Paris. Et pas seulement avec leurs *nems, pastillas, burritos* et autres délices : au temple bouddhique du parc de Vincennes, partez à la rencontre de la sérénité asiatique ; à la comédie italienne, perfectionnez votre langue en assistant à une représentation de théâtre en version originale ; à la librairie Shakespeare, préparez votre prochain voyage en lisant ou relisant les grands classiques de la littérature anglaise ; à l'institut culturel suédois, initiez-vous à la cuisine nordique. Plus besoin de chercher un traiteur marocain pour un méchoui ou un havane pour un ami cubain de passage, nous les avons trouvés pour vous.

FLORIDE, LOUISIANE (paru)

En Louisiane, vous apercevrez la toute dernière génération de cajuns qui parlent le français. Remarquez, on peut leur préférer un « fais-dodo » endiablé où d'alertes grand-mères vous laisseront sans souffle... À moins qu'on ne choisisse une balade silencieuse dans les bayous ou les marais des Everglades à guetter l'alligator. Quant à Miami, elle est devenue le dernier rendez-vous à la mode.

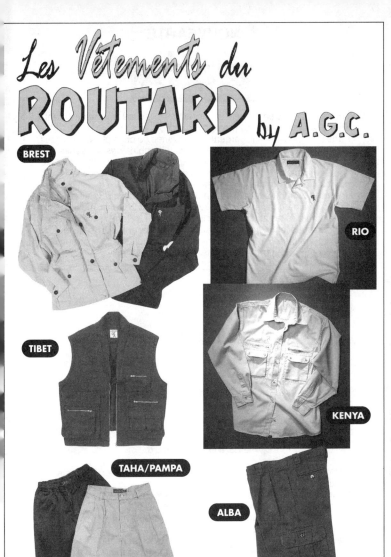

NOUVEAUTÉ

Nous tenons à remercier tout particulièrement Thierry Brouard, François Chauvin, Vincent Cossé, Jean-Louis Galesne, Michèle Georget, Jérôme de Gubernatis, Pierrick Jégu, François-Xavier Magny, Bernard-Pierre Molin, Patrick de Panthou et Jean-Sébastien Petitdemange pour leur collaboration régulière.

Et pour cette chouette collection, plein d'amis nous ont aidés :

Albert Aldan
Véronique Allaire
Catherine Allier et J.-P. Delgado
Didier Angelo
Christine Bain
Arnaud Bazin
Nicole Bénard
Cécile Bigeon
Anne Boddaert
Philippe Bordet et Edwige Bellemain
Gérard Bouchu
Hervé Bouffet
Florence Breskoc
Jacques Brunel
Vincent Cacheux et Laure Beaufils
Guillaume de Calan
Alexandre Cammas
Danièle Canard
Jean-Paul Chantraine
Bénédicte Charmetant
Claire Chiron
Sandrine Copitch
Maria-Elena et Serge Corvest
Roland et Carine Coupat
Sandrine Couprie
Valentine Courcoux et Jean-Christian Perrin
Florent Cristol-Barthès
Franck David
Laurent Debéthune
Agnès Debiage
Marie-Clothilde Debieuvre
Angela Demian
Sophie Duval
Roland Essayan
Hervé Eveillard
Didier Farsy
Sandra Fernandes
Alain Fisch
Pauline Fraisse
Dominique Gacoin
Bruno Gallois
Cécile Gauneau
Adelie Genestar
Edouard Genestar et Guillaume de Bourgoing
Hubert Gloaguen
Jean-Marc Guermont
Sharooz Hatami

Xavier Haudiquet
Bernard Houlat
Fabrice Jahan de Lestang
François Jouffa
Pascal Kober
Jacques Lanzmann
Éric Laumonnier et Fabrice Maréchal
Grégoire Lechat
Marine Lefebvre
Catherine Legros
Raymond et Carine Lehideux
Jean-Claude et Florence Lemoine
Sophie Leroy
Virginie Lherm
Fabienne Linas
Marie Lung
Aymeric Mantoux et François-Régis Gaudry
Pierre Mendiharat
Anne-Marie Minvielle
Xavier de Moulins
Jean-Paul Nail
Jean-Pascal Naudet
Alain Nierga et Cécile Fischer
Sabine Nourry
Franck Olivier
Marie Osenat
Isabelle du Parc
Martine Partrat
Odile Paugam et Didier Jehanno
Bernard Personnaz
André Poncelet
Thomas Ponsard et Gabriel Martin-Pacheco
Jean-Alexis Pougatch
Michel Puységur
Anne Riou
Guillaume de Rocquemaurel
Philippe Rouin
Marie-Josée Sanselme
Frédérique Scheibling-Sève
Jean-Luc et Antigone Schilling
Régis Tettamanzi
Christophe Trognon
Cécile Verriez
Cyril Voiron
Anne Wanter

Direction : Isabelle Jeuge-Maynart
Contrôle de gestion : Ghislaine Stora et Martine Leroy
Direction éditoriale : Catherine Marquet
Édition : Catherine Julhe, Anne-Sophie du Cray, Yannick Le Bihen et Fabienne Travers
Préparation-lecture : Nicole Chatelier
Cartographie : Fabrice Le Goff et Cyrille Suss
Fabrication : Gérard Piassale et Laurence Ledru
Direction artistique : Emmanuel Le Vallois
Direction des ventes : Francis Lang, Éric Legrand et Ségolène de Rocquemaurel
Direction commerciale : Michel Goujon, Cécile Boyer, Dominique Nouvel et Dana Lichiardopol
Informatique éditoriale : Lionel Barth et Pascale Ochérowitch
Relations presse : Danielle Magne, Martine Levens, Maureen Browne et Hélène Maurice
Régie publicitaire : Carole Perraud-Cailleaux et Monique Marceau
Service publicitaire : Frédérique Larvor et Marguerite Musso

Remerciements

Pour ce guide, nous remercions tout particulièrement :

- Patricia de Pouzilhac, du CRT Languedoc-Roussillon
- Eddy Aguillare à Carcassonne
- Philippe Chambon, de l'office du tourisme de Mende
- Florence Constant, de l'office du tourisme de Villeneuve-lès-Avignon
- Mlle Courbier, de l'office du tourisme du Vigan
- Marie-Josèphe Devoix, de la chambre de commerce d'Alès
- Brigitte Donnadieu, de la Lozère
- La famille Duval, de Montlouis
- Christine Figa, de l'office du tourisme d'Uzès
- Marie Gaillard, guide conférencière à Montpellier
- Myriam Journet, du CDT de l'Aude
- Solange Hoffmann, du CDT Pyrénées-Roussillon
- Maryvonne Lefebvre, de l'office du tourisme de Nîmes
- Daniel Lepère, de l'office du tourisme de Gruissan
- Yanka Nadobny, du CDT du Gard
- Remi Noël, du parc national des Cévennes
- La mairie de Montpellier
- Jean-François Pouget, du CDT de l'Hérault
- Olivier Thouvenot
- L'association culturelle de Villefranche-de-Conflans
- L'office du tourisme d'Arles-sur-Tech
- L'office du tourisme de Formiguères
- L'office du tourisme de Prades

COMMENT ALLER EN LANGUEDOC-ROUSSILLON ?

PAR LA ROUTE

– **Autoroute A6 :** la fameuse autoroute du Sud. Sortir de Paris par la porte d'Orléans. À hauteur d'Orange, elle se divise en deux. Prenez la A9 qui dessert Nîmes (710 km de Paris), Montpellier (760 km), Béziers (822 km), Narbonne (847 km) et Perpignan (909 km). Près de Narbonne, la bretelle A61 part vers l'ouest pour desservir Carcassonne et Toulouse.

– **Par la nationale :** prendre la N6 ou la N7 jusqu'à Lyon, puis la N7 qui descend la vallée du Rhône jusqu'à Avignon. Ensuite prendre la N86 qui conduit à Nîmes. Les moins pressés peuvent prendre la N7 jusqu'à Moulins puis emprunter la N9 qui passe par Clermont-Ferrand et dessert, plus au sud, Narbonne et Perpignan.

EN TRAIN

Venant de Paris

● **Gares**

– **Pour les TGV :** départ de la gare de Lyon, de la gare-aéroport Charles-de-Gaulle-TGV ou de Marne-la-Vallée–Chessy.

– **Pour les autres trains,** et notamment les trains de nuit : départ de la gare d'Austerlitz pour Carcassonne, Narbonne et Perpignan ; départ de la gare de Lyon pour Agde, Béziers, Montpellier, Nîmes et Sète.

● **Fréquences et durées**

– **Paris-Montpellier :** 10 à 12 TGV par jour, directs (4 h 30 de voyage) ou avec un changement à Lyon ou Avignon (4 h 50 de voyage). 1 train de nuit.

– **Paris-Nîmes :** 7 TGV directs par jour (3 h 50 de voyage). 1 train de nuit.

– **Paris-Béziers :** 10 TGV par jour en moyenne, directs ou avec un changement à Montpellier ou Avignon. Comptez 5 h de voyage. 1 train de nuit.

– **Paris-Narbonne :** 8 à 10 TGV par jour, directs ou avec un changement à Montpellier ou Avignon. Comptez 5 h 20 de voyage. 1 train de nuit.

– **Paris-Perpignan :** 7 TGV par jour en moyenne, directs ou avec un changement à Montpellier ou Avignon. 1 train de nuit.

– **Paris-Carcassonne :** départ de la gare Montparnasse (TGV avec un changement à Toulouse ; 6 h 30 de voyage) ou de la gare de Lyon (changement à Montpellier ; 6 h de voyage). 1 train de nuit.

– **Paris-Agde :** 10 TGV par jour en moyenne, directs ou avec un changement à Montpellier ou Avignon. Comptez 5 h de voyage. 1 train de nuit.

– **Paris-Sète :** 10 TGV par jour en moyenne, directs ou avec un changement à Montpellier ou Avignon. Comptez 4 h 40 de voyage. 1 train de nuit.

Venant de province

– Des TGV directs relient **Lille** à Nîmes (en 4 h 50), Montpellier (en 5 h 20), Béziers (en 6 h), Agde (5 h 50) et Sète (5 h 40), et ceci sans passer par Paris.

– Vous pouvez aussi rejoindre directement Montpellier au départ de **Marseille** (en 2 h), **Lyon** (en 3 h), **Strasbourg** (en 9 h), **Nantes** (en 9 h) et **Bordeaux** (en 4 h 40).

Renseignements SNCF

– **Ligne directe :** ☎ 08-36-35-35-35 (2,23 F/mn). Information et vente grandes lignes 7 jours sur 7 de 7 h à 22 h.
– **Ligne vocale :** ☎ 08-36-67-68-69 (1,49 F/mn). Serveur vocal permettant d'obtenir des informations horaires pour la France et les grandes lignes internationales 7 jours sur 7 et 24 h sur 24.
– **Minitel :** 36-15 ou 36-16, code SNCF (1,29 F/mn).
– **Internet :** www.sncf.fr (la réservation est disponible sur le site depuis l'été 98).
En achetant votre billet par téléphone ou par Minitel, vous pouvez le faire envoyer sans frais à domicile. Il vous suffit de régler par carte bancaire et de passer votre commande au moins 4 jours avant le départ.

Des réductions pour tous

– **Pour tous :** *Découverte à Deux* (25 % de réduction pour deux personnes sur un aller-retour), *Découverte Séjour* (25 % de réduction sur un aller-retour de plus de 200 km, avec séjour incluant la nuit de samedi à dimanche), *Découverte J8 et Découverte J30* (de 25 à 45 % de réduction, si vous réservez votre billet de 8 à 30 jours avant le départ).
– **Pour les Seniors :** *Découverte Senior* (25 % de réduction pour les plus de 60 ans), *Carte Senior* (carte réservée aux plus de 60 ans, offrant des réductions de 25 à 50 %).
– **Pour les 12-25 ans :** *Découverte 12-25* (25 % de réduction pour les moins de 26 ans), *Carte 12-25* (carte réservée aux jeunes de moins de 26 ans, permettant d'obtenir des réductions de 25 à 50 %).
– **Si vous voyagez avec un enfant de moins de 12 ans :** *Découverte Enfant +* (si vous voyagez peu souvent), *Carte Enfant +* (des voyages illimités). Le nombre des accompagnateurs est limité à quatre.
Toutes ces offres sont soumises à conditions.

EN AVION

▲ **AIR FRANCE :** 119, av. des Champs-Élysées, 75008 Paris. M. : George-V. Renseignements et réservation : ☎ 0-802-802-802 (de 8 h à 21 h). Minitel : 36-15 ou 36-16, code AF. Et dans les agences de voyages. Air France dessert Montpellier 10 fois par jour au départ d'Orly Ouest et Roissy. Liaison 4 fois par jour pour Nîmes uniquement au départ d'Orly.
Air France propose une gamme de tarifs très attractifs sous la marque *Tempo* :
● Les tarifs *Tempo 1* (le plus souple), *Tempo 2, Tempo 3, Tempo 4* (le moins cher) sont accessibles à tous. Un conseil, plus vous réservez tôt, plus il y a de choix de vols et de tarifs aux meilleures conditions.
● Les *Tempo Famille* (à partir de 2 personnes), *Tempo Senior* (à partir de 60 ans) et les *Tempo Évasion* (porteurs de cartes Évasion) avec, pour ces Tempo, possibilité d'achat en aller simple et de modification de billet et d'achat jusqu'au dernier jour.
● Enfin les *Tempo Jeunes* (pour les moins de 25 ans), sont les moins chers et les plus souples de la gamme Tempo. Sans oublier la carte *Formule Jeunes Fréquence* qui, pour 100 F, donne droit à une réduction de 50 F sur chaque vol au tarif Tempo Jeunes et qui permet de bénéficier d'un vol gratuit sur les lignes Métropole d'Air France après 6 vols.

Avant de retenir un vol, retenez le nom de nos meilleurs tarifs : *tempo*

Nos meilleurs tarifs, pour tous, toute l'année, en France et dans le monde entier. Tempo c'est une nouvelle gamme de prix qui s'adapte à votre rythme : plus vous vous décidez tôt, moins vous payez cher.
Renseignez-vous dans votre agence Air France, votre agence de voyages ou au 0 802 802 802 (0,79 F ttc/mn).

APL

AIR FRANCE
GAGNER LE CŒUR DU MONDE

▲ **AOM** assure 4 vols quotidiens sur Perpignan au départ d'Orly-Sud. Renseignements et réservations : ☎ 0-803-00-12-34. Minitel : 36-15, code AOM. Et dans les agences de voyages.

▲ AIR LIBERTÉ
– Renseignements et réservations : ☎ 0-803-805-805 (1,09 F/mn). Minitel : 36-15, code AIR LIBERTÉ (1,29 F/mn). Internet : www.air-liberte.fr.
Air Liberté dessert 35 villes en France, y compris Antilles et Réunion, avec près de 2 000 vols par semaine.
Au départ d'Orly Sud, Air Liberté dessert *Montpellier* à raison de 5 vols par jour les lundi, mardi et mercredi, 6 vols les jeudi et vendredi, 1 vol le samedi et 3 vols le dimanche.
Air Liberté au départ de Montpellier dessert aussi :
● Metz-Nancy à raison d'un vol par jour les lundi, vendredi et dimanche.
● Rennes (en partenariat avec Flandre Air) à raison d'un vol les samedi et dimanche.
Au départ d'Orly Sud, Air Liberté dessert *Perpignan* à raison de 4 vols par jour le lundi, 3 vols le mardi, mercredi et jeudi, 4 vols le vendredi et 3 vols les samedi et dimanche.
Au départ d'Orly Sud, Air Liberté dessert **Carcassonne** à raison de 3 vols par jour du lundi au vendredi, 1 vol par jour les samedi et dimanche.
Les jeunes de moins de 27 ans, les seniors et les couples bénéficient de tarifs réduits.
Des tarifs intéressants se réservent au moins 14 jours avant le départ, ce sont les *Prix Sourire*.

▶ *Parce que notre ambition est de devenir la compagnie que vous reprendrez, nous mettons tout en œuvre pour faire de votre voyage un moment agréable : choix de votre siège, enregistrement self-service, presse, musique, repas à l'heure des repas, collations et boissons à toute heure. Air Liberté dessert Carcassonne, Montpellier et Perpignan. INFORMATIONS ET RÉSERVATIONS : 0 803 805 805 (1,09F/mn) ou votre agent de voyages.*

AIR LIBERTÉ
Vous ne pouvez pas mieux choisir.

Le vrai Midi, c'était l'autre. Avant que Gruissan, La Grande-Motte, Port-Leucate et Port-Barcarès n'y imposent l'idée d'une Floride franchouillarde, le Languedoc-Roussillon se contentait d'être la voie royale du soleil d'Espagne. Les bouchons de Béziers et les sens interdits de Montpellier tenaient souvent lieu de visite aux arènes de Nîmes et aux remparts de Carcassonne. Derrière les rambardes de l'autoroute se profilait une sorte de Midi à demi-grillé par le soleil, peuplé de rugbymen et de baladins, où les raisins avaient le goût de la colère et les montagnes un parfum d'hérésie. On ne se trompait guère. Le Languedoc est une route qui s'emprunte, mais ne se donne pas. Sous ses airs de mauvais élève au piquet contre les Pyrénées, c'est un pays ouvert que ses malheurs ont fermé sur lui-même.

Le Languedoc-Roussillon a cette grâce fonctionnelle des architectures. C'est le pan oriental de l'arc roman par lequel l'Hexagone enjambe la Méditerranée. Une portion de rivage qui s'arc-boute sur deux obstacles naturels, le Rhône et les Pyrénées, et visse tout un réseau de petites vallées dans les montagnes environnantes pour dessiner, finalement, une sorte d'amphithéâtre en gradins ouvert sur le large.

Bien sûr, il y a Languedoc, il y a Roussillon, et les deux coteaux du Vivarais n'ont pas grand-chose à voir avec les hauteurs pelées de Cerdagne. Possible aussi que le Languedoc-Roussillon ait un cœur : les Corbières ; une tête : Montpellier ; une main pour le travail : Sète ; et une autre pour l'art : le Roussillon, son âme errant quelque part entre Cévennes et Montagne Noire. Ce n'est pas une forteresse, comme l'Auvergne et la Bretagne, mais un hamac entre deux montagnes inspirées, le mont Lozère et le Canigou.

Bref, un ensemble naturel vérifié par l'histoire, où des peuples cousins ont appris à se confondre. Toulouse a déteint sur Carcassonne, la Catalogne campe sur le rebord pyrénéen, l'air de Nîmes sent la Provence. D'où cette mixture inédite de boulistes et de cassoulet, de cloîtres mozarabes et de corridas espagnoles, cimentée par deux langues cousines, le catalan et l'occitan. Du port de Narbonne à la foire de Beaucaire, le Languedoc-Roussillon fut un fameux brasseur d'horizons, qui brilla sur l'échiquier européen jusqu'aux jours de l'annexion française. Dans cette région qui fut une seconde Rome, la tête de pont du savoir judéo-arabe hors d'Espagne et l'une des créatrices de l'art roman, chaque pierre a quelque chose à raconter.

Vous connaissez Nîmes, Carcassonne, Collioure et les châteaux cathares... Mais des émotions aussi riches vous attendent à Perpignan, Pézenas, Uzès, dans les nids d'aigle du Minervois, les hauts pâturages de Cerdagne ou les roselières de Camargue, car partout opère un charme altier et franc. C'est une fontaine ronde sous les platanes, un village fantôme sous l'échine calcinée du causse, l'accent souriant d'une étudiante de Montpellier, la bouleversante âpreté des Corbières et le retable endormi dans la petite église au parfum de garrigue... Ici, le soleil dore et découpe toute chose au scalpel. Sa franchise ombrageuse donne le ton, celui d'un pays auquel on s'accroche parce qu'il est beau.

Adresse utile

■ *Comité régional du tourisme du Languedoc-Roussillon :* 20, rue de la République, 34000 Montpellier. ☎ 04-67-22-81-00. Fax : 04-67-58-06-10.

Sur simple présentation de ce guide, Hertz vous offre 100 francs de réduction. Ça fera toujours ça de moins dans votre sac à dos.

H ertz vous offre 100 francs de réduction immédiate sur les forfaits Hertz Week-end standard ou Hertz Vacances standard en France.
A ujourd'hui avec Hertz, découvrez la liberté d'une location de voiture à prix « routard ».
Hertz. A vous la liberté.

L'identité occitane

« Occitania! ». Pendant la guerre du Larzac, le bruit courut qu'une nouvelle nation d'opprimés se révoltait contre le centralisme jacobin. On chercha sur les cartes si quelque province à moitié étrangère au bout de l'Hexagone, comme le Pays Basque, l'Alsace, la Corse ou la Bretagne, n'avait pas été annexée par mégarde. Et lorsqu'on découvrit qu'il s'agissait de quinze départements – vingt-trois avec la Provence! –, cette cause éveilla moins de sympathie que les précédentes. Faudrait-il se passer des grands bordeaux, de l'aéronautique toulousaine, du pile-face à La Grande-Motte et des stages de tissage dans les Cévennes? de Brassens et de Jaurès, de Maillol et de Gide? Il y en eut pour dire que l'Occitanie n'existait pas et que, en tout état de cause, sa diversité n'était pas moins grande que celle de l'Hexagone.

Et pourtant, l'Occitanie n'a manqué que d'un Bismarck pour exister. Sœur de la Catalogne, elle n'a épousé la France que par force. Chaînon manquant entre l'Espagne et l'Italie, c'est l'une de ces nations du soleil ombrageuses et volubiles, où l'on produit des fruits, des vins lourds, des taureaux, des platanes et des peintres. Sa langue est un trésor : 160 000 mots, contre 30 000 en français. Portée par les chefs-d'œuvre des troubadours, elle régna sur les cours lettrées d'Europe et, aujourd'hui encore, près de 10 millions d'Occitans la comprennent. Littérature, solidarité urbaine, tolérance : l'Occitanie du XIe siècle était très en avance sur son temps. Trop, puisque sa complaisance envers les cathares signa sa perte.

Francisé de force, l'Occitan libéral devient un Occitan turbulent. Guerres de Religion, camisards, Révolution, 1848, 1870, 1907 : chaque occasion lui fut bonne pour se révolter contre le mépris que ceux du Nord, comme Céline, vouaient à sa nation de « bâtards méditerranéens dégénérés, félibres gâteux, parasites arabiques que la France aurait eu tout intérêt à jeter par-dessus bord ». Si la décentralisation a mis de l'huile dans les rouages, elle est loin d'avoir tout réglé, puisque l'essentiel des ressources occitanes – hier les mines, aujourd'hui l'aéronautique, l'immobilier touristique et certains vignobles – se trouve encore aux mains des « colons ».

L'identité catalane

Peu avant Perpignan, l'autoroute frôle une sorte de palais de maharadjah, réputé indestructible. Ce rêve de pierres ocre, surgi de la lagune, c'est le fort de Salses : la frontière avec la Catalogne. La frontière a reculé il y a trois siècles. La Catalogne, elle, est restée. Et cela saute aux yeux : comme en Alsace, on est ailleurs. La pierre rouge de Perpignan et de Collioure dessine des architectures rondes et sévères, hérissées de fers forgés. De vieux messieurs aux sourcils charbonneux sirotent aux terrasses un vin noir et musqué, le banyuls, pendant que les jeunes, dès le crépuscule, font la *passejada* dans les rues commerçantes. La grande fête à Perpignan est une procession de cagoulards qui s'appelle la *Sanch* et, les soirs d'été, la fanfare fait danser des farandoles : les sardanes. Les restaurants sont des *cases,* on y sert des viandes grillées *a la planxa,* c'est-à-dire au gril. Même la lumière est différente : plus fauve, plus franche. À proprement parler, elle « roussillonne ». Bienvenue en Catalogne!

C'est ici, entre la plaine du Roussillon, les coteaux des Aspres et du Conflent, les hautes vallées du Vallespir, de Cerdagne et du Capcir, qu'est née la puissance la plus dynamique de la Péninsule. Ces petits royaumes pyrénéens, où l'on parlait une langue ayant des traits caractéristiques communs aux langues ibéro-romaine et gallo-romaine – le catalan –, ont conquis sur les sarrasins le comté de Barcelone, puis le royaume de Valence et l'Aragon. Leur zone d'influence englobait Toulouse et Nîmes et, sans la guerre

CROWN BLUE LINE
LA FRANCE VERTE EN BATEAU BLEU

Et si vous décidiez de vivre vos vacances sur des routes tranquilles ?
Sans feu rouge ? Sans embouteillages ?
Embarquez en famille sur l'un des 400 bateaux de CROWN BLUE
LINE, sans permis, entièrement équipé de la batterie de cuisine à la
literie...
Et suivez tranquillement le cours des canaux à la découverte des plus
beaux paysages des régions françaises. Très vite, vous manoeuvrez
votre bateau comme un vrai marinier ! Vous accostez quand vous
voulez pour visiter un village, goûter une spécialité locale ou encore
vous évader à bicyclette sur un chemin de halage.

Vous avez le choix entre 15 bases réparties à travers toute la France :
ALSACE, BOURGOGNE, LOIRE, BRETAGNE, LOT, AQUITAINE,
MIDI, CAMARGUE, CHARENTE.

N'hésitez pas à demander le catalogue des croisières fluviales CROWN BLUE LINE

Nom.. Prénom..

Adresse...

....

Code Postal... Ville...

CROWN BLUE LINE - BP 21 - 11400 CASTELNAUDARY - Tél. : 04 68 94 52 72

CROWN BLUE LINE PARIS / QUIZTOUR - Bassin de la Villette - 19-21 quai de la
Loire - 75019 PARIS - Tél. : 01 42 40 81 60

ROUT

albigeoise, il est probable que le Languedoc-Roussillon serait aujourd'hui espagnol. Mais les Catalans étaient avant tout des marins. Concurrents de Venise, ils annexèrent les Baléares et tout le sud de l'Italie. Perpignan vécut dans l'ombre de Barcelone jusqu'au jour où le roi d'Aragon en fit la capitale d'un petit État, le royaume de Majorque, taillé sur mesure pour l'un de ses fils. Il en reste un merveilleux palais et des souvenirs d'opulence que Perpignan, jamais, ne parvint à oublier. Et puis, en 1659, le traité des Pyrénées fait du Roussillon la talonnette de la France. Malgré trois siècles de francisation forcée, jamais le cordon ombilical ne sera coupé.

De Gaudí à Tàpies en passant par Miró, la renaissance de l'art catalan ignore les frontières, Dalí et Picasso arpentent le Roussillon, et lorsque Pau Casals s'installe à Prades pour fuir le franquisme – à l'exemple de milliers de ses compatriotes –, il est chez lui. Autant dire que ce n'est pas pour le folklore qu'un tiers des Roussillonnais parle le catalan. La prospérité retrouvée de Barcelone fait de leur langue un passeport précieux.

Figures célèbres

– **Saint Benoît :** de son petit nom Wittiza, fils d'Aigolf, ce brave Wisigoth commença par étriper les Lombards pour le compte de Charlemagne. Revenu fonder un couvent sur ses terres, à Aniane (Hérault), il y réforma la règle bénédictine.

– **Aymery de Narbonne :** bouté hors d'Espagne, Charlemagne va-t-il revenir les mains vides? Non, car voici une belle cité sarrasine : Narbonne. Hélas, après Roncevaux, les héros sont fatigués. Tous, sauf un certain Aymery : « J'ai vingt ans, deux liards couvriraient fort bien toutes mes terres, mais tout le grand ciel bleu n'emplirait pas mon cœur ». Le lendemain, poursuit *La Légende des siècles,* « Aymery prit la ville ». Victor Hugo s'est inspiré d'une célèbre chanson de geste : *Aymery de Narbonne.* Mais les historiens rigolent : à l'époque, Narbonne était déjà franque.

– **Trencavel :** rivale des comtes de Toulouse, la dynastie symbole du Languedoc de l'âge d'or. Les Trencavel possédaient Nîmes, Albi, Agde, Béziers, Razès et surtout Carcassonne, siège d'une cour brillante. Après les troubadours, ils protégèrent activement les cathares. Le dernier Trencavel fut emprisonné, puis dépossédé par Simon de Montfort.

– **Le Zohar :** livre de la Splendeur, le livre majeur de la Cabale, composée de divers traités, a été rédigé en araméen par Moïse de Léon. Il s'agit d'une étude du Pentateuque, d'où une philosophie ésotérique afin de parvenir à la connaissance de l'infini en explorant les données du fini.

– **Saint Dominique :** Dominique-nique-nique mena une croisade *soft.* Il sermonnait les cathares en prêchant « à pied, sans or ni argent ». Il y eut de grands débats et quelques miracles. Installé à Fanjeaux, près de Limoux, les convertis formèrent les premiers dominicains.

– **Urbain V :** le seul pape du Languedoc fut un noble du Gévaudan. On lui doit l'extraordinaire cathédrale de Mende.

– **Molière :** principal agent de tourisme de la ville de Pézenas qui fut longtemps son port d'attache. Molière y avait trouvé un public brillant (les notables des états généraux du Languedoc) et la protection d'un fastueux voisin, le prince de Conti.

– **Rigaud :** on lui doit les portraits officiels de Louis XIV, Louis XV, Vauban, La Fontaine, etc. Né à Perpignan où l'on peut visiter son musée, cet admirateur de Van Dyck produisait quelque cinquante portraits par an.

– **Chaptal :** ce natif de Mende a causé la ruine de ses compatriotes vignerons (voir « 1907 : un millésime rouge sang »). Accessoirement, ce Monsieur Plus de la piquette fut aussi l'un des grands chimistes du XVIIIe siècle.

– **Maillol :** Aristide aimait les grosses femmes. De celles qui allient la solidité de la terre et la maternité de la mer. Il en a doté presque tous les villages du

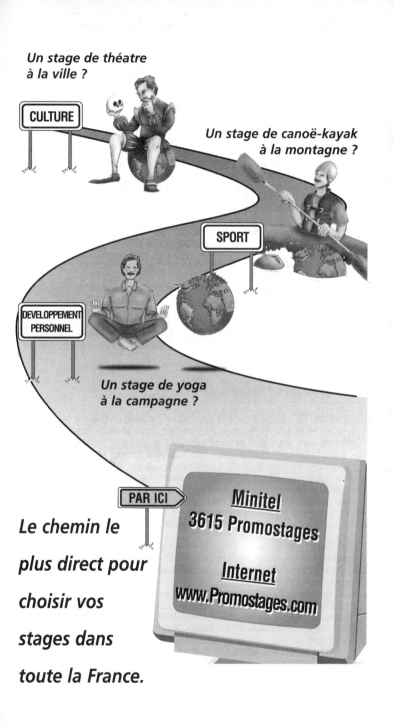

Roussillon, à commencer par le sien, Banyuls. Pour leur mémorial aux morts de l'Aviation, les Toulousains étaient venus le supplier : « S'il vous plaît, monsieur Maillol, pas de femme nue... ». Il leur répondit de ne pas s'inquiéter. Et ils eurent leur femme nue.

– **Paul Valéry :** *Le Cimetière marin*, « ce toit tranquille où marchent les colombes », c'est celui de Sète – sa ville natale – où il repose désormais (Jean Vilar l'y a rejoint). Le plus hermétique de nos poètes a largement mis en littérature la ville et la mer.

– **Jean Jaurès :** éloquence et radicalisme, Jaurès l'indomptable, né à Castres, est un Languedocien grand teint.

– **Joffre :** son titre de vainqueur de la Marne est plus contesté que ses moustaches, les plus célèbres de la guerre de 14. Fils d'un tonnelier de Rivesaltes, il dirigea les armées du Nord et du Nord-Est (bataille de la Somme) et finit maréchal.

– **Joë Bousquet :** la guerre de 14 lui ôta l'usage de ses jambes, Carcassonne le retint prisonnier à vie, dans une chambre aux volets clos. Ce qui n'empêcha pas Joë Bousquet de cultiver les amitiés littéraires (Éluard, Paulhan, Max Ernst, Valéry) et de laisser une œuvre aussi foisonnante que morose.

– **Brassens :** fils d'un maçon de Sète. Une rue y porte son nom, et on vient chantonner sur sa tombe.

– **Claude Simon :** gourou du « nouveau roman », le Nobel de 1985 est un Catalan pure souche qui vit depuis des années à l'ombre du grand fort de Salses.

– **Et aussi :** Fabre d'Églantine, André de Chénier, Armand Barbès, Charles Cros, Alphonse Daudet, Jean Moulin, André Chamson, Rivarol, Joseph Delteil, André Gide, Arthur Conte, Jean-Pierre Chabrol, Jean Carrière, Jacques Séguéla...

Quelques faits d'histoire

– **450 000 :** à Tautavel, dans le Roussillon, il y avait un homme qui chassait le renne et le rhinocéros avec des pierres. Gros sourcils, front fuyant, œil enfoncé : une vraie tête de gangster. C'est le plus vieil Européen connu.

– **2000 :** bourgs de bergers dans les Cévennes. Hommes et bêtes s'entassent dans de gigantesques chaumières.

Vers – 600 : les Grecs de Marseille fondent Agde (*Agathè :* la belle). Bons rapports avec les indigènes, sans qu'on sache trop si ceux-ci étaient ligures (italo-provençaux) ou ibères (espagnols). Le Languedoc n'a pas fini de se chercher entre les deux péninsules !

Vers – 700 à – 300 : les Gaulois s'installent dans le pays.

Vers – 120 : à l'appel des Marseillais, les Romains annexent la Provence gauloise et son alliée : le Languedoc. Fondation de Lugdunum (Saint-Bertrand-de-Comminges), Béziers et surtout Narbo Martius (Narbonne) qui régit, de Toulouse à Grenoble, la plus ancienne et plus grosse province des Gaules : la Narbonnaise.

413 : les Vandales et les Alamans n'avaient fait que passer. Plus éduqués, les Wisigoths s'installent à Narbonne. Leur royaume, qui couvre toute l'Espagne et la France du Sud, laissera de bons souvenirs. Ce sont les Wisigoths qui arrêtent Attila. On ne saurait leur en vouloir.

720 : l'émir al Samh, conquérant de l'Espagne, s'empare de Narbonne. Les Wisigoths continuent d'administrer le pays.

759 : les Francs prennent Narbonne.

778 : Roncevaux. Les Carolingiens font de la Catalogne (Gothalunia) un avant-poste antimusulman : la marche d'Espagne. Afflux de réfugiés chrétiens en Languedoc.

TICKET POUR UN ALLER-RETOUR-ALLER-RETOUR-ALLER-RETOUR-ALLER-RETOUR...

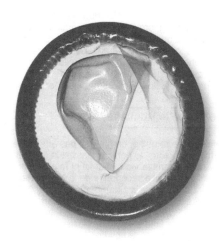

LES PRÉSERVATIFS VOUS SOUHAITENT UN BON VOYAGE. **AIDES**

3615 AIDES (1,29 F/MIN.) www.aides.org

Association de lutte contre le sida
Reconnue d'Utilité Publique

1002 : premier acte rédigé en langue d'oc. La culture hispano-musulmane enrichit la province qui participera activement à la *Reconquista* et aux croisades.

XIᵉ-XIIᵉ siècles : le Languedoc est satellisé par un cousin de langue et culture identiques, le comté de Barcelone.

1209-1255 : croisade contre les cathares. Le Languedoc échappe à l'orbite catalane pour tomber dans le domaine royal.

1276-1344 : naissance et mort du royaume de Majorque.

XIVᵉ siècle : malgré les corsaires arabes, le Languedoc donne au roi ses grands ports méditerranéens. En 1481, le rattachement de Marseille porte un coup fatal à sa prospérité.

1464 : création de la foire de Beaucaire.

XVIᵉ siècle : le Languedoc oriental passe au calvinisme. Un choix qui pèsera lourd dans les guerres de Religion.

1566 : fondation du port de Sète.

1659 : le traité des Pyrénées donne le Roussillon à la France.

1685 : la révocation de l'édit de Nantes interdit aux protestants de célébrer leur culte. Envoyés aux galères, les prédicateurs des Cévennes passent le flambeau aux « prophètes ». La révolte des camisards tiendra deux ans en échec l'élite des troupes royales.

1790 : les protestants passent à la Révolution, les catholiques demeurent fidèles au roi. Le clivage gauche-droite va perdurer en gros jusqu'à aujourd'hui.

1851 : insurrection contre le coup d'État de Napoléon III.

1907 : insurrection des vignerons contre le gouvernement Clemenceau.

1971-1981 : manifestations contre l'extension du camp militaire du Larzac. Une cause symbole où se retrouveront, pêle-mêle, les Lip et Lanza del Vasto, François Mitterrand et le général de Bollardière.

Été 1995-96 : grande offensive contre les S.D.F. Prise d'arrêtés contre la mendicité à Montpellier, Sète... Arrêtés annulés par le Conseil d'État.

Narbonnaise : la belle Romaine

Si la France était restée romaine, on n'aurait pas attendu le XIXᵉ siècle pour bâtir la tour Eiffel. Les arènes, le pont du Gard et la Maison carrée de Nîmes montrent qu'il y a 2 000 ans la vie n'était ici ni minable, ni barbare. Et pourtant, Nîmes n'était qu'une ville secondaire de la Narbonnaise, cette immense province qui allait de Toulouse à Chambéry.
Narbonne, sa capitale, était n° 1 en Gaule. Son port et son marché étaient les plus actifs. Ses canaux transportaient le fromage de Lozère, les conserves d'huîtres de la côte et le vin de Béziers, qu'on envoyait réchauffer les légions de Germanie. En ce temps-là, l'Afrique était à quatre jours de mer et le Nil à un mois. Dans la Bourse de commerce, on criait en carthaginois, en grec, en levantin. D'autres villes ? Toutes, ou presque : Perpignan, Pézenas, Béziers, Carcassonne, Lodève... « La Narbonnaise, disait Pline, n'est pas une province : c'est l'Italie. »

Un conflit Nord-Sud

« Deux forces se partagent l'univers : le bien et le mal, l'ombre et la lumière. Il faut choisir son camp. » Ainsi parlait Manès, disciple de Zarathoustra dans la Perse du IIIᵉ siècle. Il fut entendu : le roi de Perse le fit écorcher vif. Ce qui avait mal commencé ne finira pas mieux. 1 000 ans plus tard et 6 000 km plus loin, ses adeptes (les manichéens) sont toujours là. On crée pour eux l'Inquisition et les bûchers.

Entre-temps, nos manichéens ont pris le nom de pauliciens pour s'installer en Anatolie. Les empereurs byzantins les persécutent, puis les expédient dans les Balkans. Et là, tout va très vite. En Bosnie, leur secte – dite alors des Bogomiles – devient quasiment religion officielle, avec un antipape qui envoie ses messagers jusqu'à Toulouse. Bogomiles, vaudois, cathares, albigeois... D'Allemagne en Italie, des Flandres au Languedoc, l'hérésie a ses saints (les parfaits), son au-delà (réincarnation), son sacrement (le *consolamentum,* accordé aux mourants) et des exigences d'égalité, de chasteté et de pureté totale (interdiction de manger de la viande) que ne devait guère incarner la société de l'époque. Partout, évêques et princes répriment.

Partout sauf au Languedoc. Là-bas, beaucoup d'entre eux ont rejoint la cause. Les cathares y ont des châteaux, des hommes d'armes, leurs évêques tiennent des conciles internationaux. Les missions envoyées par le pape s'y heurtent aux plus grands seigneurs. En 1207, son légat est assassiné. À Rome, on tremble. Si l'hérésie gagne les centres du pouvoir, c'est la fin des haricots. Innocent III n'hésite plus à proclamer la croisade. Les seigneurs hérétiques sont déchus, leurs biens déclarés « proie ». Le premier qui passe n'a qu'à se servir.

En France du Nord, le message est reçu 5 sur 5. Les bonnes âmes s'arment. En 1209, première proie : Béziers. Il faut donner le ton. Les habitants refusent de dénoncer les cathares ? « Tuez-les tous ! » conseille aimablement le légat du pape, « Dieu reconnaîtra les siens ». Terrorisée par ce massacre, Carcassonne tombe à son tour. Pour remplacer son seigneur, les croisés choisissent un chevalier sans peur et sans scrupules, Simon de Montfort. La partie va durer près de 50 ans. Un lent grignotage où toutes les ressources de la cruauté médiévale sont décuplées par le fanatisme : mutilations, bûchers, « accessoires » de l'Inquisition. Autour de Carcassonne, les forteresses hérétiques tombent une à une. Là, les grands seigneurs du coin disent stop. Les cathares, ils s'en moquent, mais ce n'est pas une raison pour que les gens du Nord viennent embêter leurs vassaux. Patatras ! Le comte de Toulouse et le roi d'Aragon sont taillés en pièces par les croisés. En 1213, le Languedoc est conquis par l'orthodoxie. Mais pas soumis car, sans cesse, les révoltes éclatent. Le roi de France devra venir en personne rafler la mise en confisquant tout le Midi.

Les cathares ? Ceux qui n'ont pas brûlé ont pris la route des Corbières. Là-haut, de petits seigneurs mènent toujours la guérilla. Les croisés devront réduire un à un leurs nids d'aigle. Puylaurens, Peyrepertuse et surtout Montségur, la « Synagogue de Satan » où les cathares tenaient leurs conciles. Pour fêter sa prise en 1244, on allume un grand bûcher. Nobles, bourgeois et gens d'armes confondus, 315 cathares s'y jettent plutôt que de se renier. Onze ans plus tard, Quéribus est pris. Tout est fini, le pape est content. Il a tort : 700 ans après, on en parle encore...

L'âge d'or

Le XVIIIᵉ siècle de l'apogée française est aussi celui du Sud-Ouest. Pendant que le canal du Midi relie le port du Levant et de l'Europe du Nord (Sète) au port des colonies (Bordeaux, qui connaît alors son âge d'or), Beaucaire reste la première foire de France.

Tout le Languedoc s'épanouit. Les Cévennes produisent et tissent 15 % de la soie française, des hauts fourneaux viennent relayer les mines de charbon du bassin d'Alès. De son côté, Montpellier travaille le coton et Chaptal y invente l'industrie chimique. Enfin, le vignoble croît et se multiplie. Pas besoin d'être érudit pour s'en rendre compte : les plus beaux quartiers d'Uzès, de Pézenas, de Montpellier, de Sète portent la griffe des XVIIᵉ et XVIIIᵉ siècles.

1907 : un millésime rouge sang

« Les représentants du Nord, dignes descendants de Simon de Montfort, viennent de décider la destruction économique du Midi. » Cité par Gérard de Sède (*700 Ans de révoltes occitanes*, chez Plon), cet appel de *La Dépêche de Toulouse* donne le ton de ce qui fut, en 1907, une crise sociale majeure : la révolte des vignerons. Ici, la vigne existait avant les Romains. Mais le siècle dernier en fit la monoculture des régions pauvres. Traduisez : en cas de pépin, c'est toute la province qui trinque. Privée de vin par le phylloxéra, la France avait pris des habitudes de chaptalisation et d'importation massives. Elle ne les abandonna pas quand le vignoble fut remis sur pied. Le plus logiquement du monde, la surproduction fit s'effondrer les prix, jetant les vignerons dans la misère. Dans les Corbières, dans les Aspres ou dans le Minervois, le vin ne rapporte plus, il coûte. On s'en sert pour éteindre les feux. Las de manger des glands, les ouvriers agricoles écrivent au gouvernement. « Cela n'a pas plus d'importance que s'ils dansaient la farandole », répond-on. La farandole ? Elle commence le 5 mai à Narbonne : 100 000 manifestants. Le mois d'après, ils sont 800 000 à Montpellier. Tout le Midi est là. On chante « Debout, les damnés de la faim ! », on brandit des pancartes en occitan, on parle séparatisme et grève de l'impôt. Par solidarité, les élus démissionnent. Frédéric Mistral se proclame solidaire. Au gouvernement, Clemenceau réagit enfin : le Tigre va montrer ses dents. 180 000 hommes prennent d'assaut la région. Devant l'émeute, ils chargent comme à Reichshoffen. L'ordre règne à Narbonne – 6 morts – comme à Montpellier – 50 blessés. Clemenceau peut enfin donner satisfaction aux vignerons : une loi contre la chaptalisation est promulguée. Soixante-dix ans plus tard, C.R.S. et viticulteurs s'entre-tueront à Montredon. Le Midi est toujours malade de son vin.

Merveilles de gueule

Comme chacun l'ignore, cette grande région disparate est un second Sud-Ouest gourmand. À chaque province, son roi. Dans le Vivarais, c'est l'agneau. Dans les Cévennes, charcuteries et fromages. Pendant que le cassoulet règne sur l'arrière-pays, la côte se délecte de cigales de mer, d'huîtres de Thau, d'anchois de Collioure et de poissons de partout. Dans le Languedoc, les plats sentent bon la garrigue et les légumes rouges, les desserts ont la délicatesse des nuages. En Roussillon, l'Espagne est là, un peu lourde certes, mais noble et réjouissante. Les plus beaux vergers du monde y ont fait du sucré-salé (canard aux pêches) l'un des maîtres mots de la cuisine catalane. Partout, enfin, les petits vins relèvent la tête à l'ombre d'un grand seigneur méconnu, le banyuls. Bon appétit !

– ***Aïoli :*** en Roussillon, ce mélange d'huile d'olive, de jaunes d'œufs, de jus de citron et d'ail agrémente soupes et cargolades.

– ***Anchois :*** au large de Collioure, la mer est aussi étoilée que le ciel. Ce sont les *lamparos* (fanaux) des barques multicolores qui, chaque nuit, s'en vont par dizaines aveugler, puis pêcher les anchois. Après trois mois de saumure, ils iront farcir les olives ou voyager en bocal. Malgré le déclin des conserveries de Collioure – il en reste deux –, aucun Catalan ne commence un repas sans émulsionner cette friandise onctueuse et délicate avec un trait d'huile d'olive. En Languedoc aussi, on est très anchois. Broyés avec ail, oignon, basilic et huile, ils donnent une pâte à tartiner, apéritive et très corsée, l'*anchoyade*.

– ***Banyuls :*** sombre, dense, corsé, un vrai Catalan que ce « porto français ». On le boit à tout propos – avec du jambon de montagne, pour la sieste, avant la sardane – car c'est le meilleur vin français du genre. Ne le dites à personne, les vieux millésimes restent des affaires. Pourtant, le banyuls est un nectar rare, issu de coteaux abrupts et radins. Il en sort un vin dense dont on stoppe la fermentation par adjonction d'alcool avant que tout son sucre ne se transforme. Son passage en fût dure de deux ans et demi à... plusieurs siècles (système de la *solera*), évoluant du rouge cerise (arôme de fruits rouges) au tuilé (arôme de prune, café, banane, cacao), topaze (arômes d'épices). Découvrez-le sur des fromages persillés, foie gras escalopé, pigeon aux épices, gâteau au chocolat, etc.

— *Blanc-manger :* gelée de blanc de poulet à l'émulsion d'amandes, doucement épicée. Remis à la mode par les grands chefs, ce régal passait pour guérir les inflammations.

— *Blanquette de Limoux :* cette aïeule de tous les mousseux, champagne compris, a fait un bond en finesse qui éberlue les gastronomes. Produite par méthode traditionnelle à quelques pas de Carcassonne. Ses cépages sont ceux du gaillac blanc (le mauzac) et du champagne (le chardonnay), plus un peu de chenin.

— *Bleu des Causses :* fromage persillé, plus sec et plus amer que son cousin de Bresse.

— *Boles de Picolat :* boules de viandes mijotées dans une sauce épaisse et parfumée. En guère plus léger, la version catalane des *Knödel* germaniques.

— *Bouillabaisse :* la languedocienne ajoute jambon cru, saindoux et poireaux aux traditionnels poissons de roche, liés avec une purée de petits poissons.

— *Bouillinade :* sorte de bouillabaisse sans liant ni aïoli, accompagnée de pommes de terre.

— *Bourboulhade :* cette soupe de morue à l'ail fait partie du quotidien des pêcheurs. La soupe sert à humecter le pain, et la morue à le garnir.

— *Bourride :* gloire de Sète, elle utilise indifféremment lotte, seiche ou baudroie. On la cuit en 10 mn à l'eau de mer puis on la lie avec un aïoli.

— *Brandade :* cette purée de morue émulsionnée à l'huile est encore meilleure avec de l'ail. Une très belle spécialité de Nîmes.

— *Brochettes :* moules ou petits poulpes au gril, c'est le Paris-beurre des Sétois qui les achètent aux buvettes par cinq, glissées dans un bout de baguette.

— *Byrrh :* apéro de Thuir (Roussillon), obtenu par macérations diverses (quinquina, écorces d'orange, etc.) dans du vin doux. Comme Yvette Horner, le byrrh revient à la mode : les vieux flacons peuvent être grandioses.

— *Cabassols :* pour amateurs de têtes d'agneau, ici dorées au four avec du saindoux.

— *Cabrières :* bon rosé fruité et nerveux de l'Hérault.

— *Cassoulet :* il n'est de cassoulet que de Toulouse, sauf s'il est de Castelnaudary, Narbonne, etc. Le fond reste le même – de beaux « lingots » de l'Ariège –, chaque ville faisant valoir ses accompagnements : porc, ail, confits, saucisses, parfois même, comme à Carcassonne, mouton et perdreau. Il faut de 4 à 6 h pour les mijoter, en couches dans leur cassole (cocotte) en argile. Et autant pour les digérer, mais quand le démon du cassoulet vous tient... Oubliez William Saurin ; le vrai cassoulet, fondant et parfumé, c'est aussi beau que du Mozart.

— *Clairette du languedoc :* vin blanc « tranquille » de l'Hérault, de cépage clairette.

— *La clape :* un cru de Corbières très recommandable pour ses rouges épicés, puissants mais fins.

— *Collioure :* vins de soleil issus principalement de grenache noir. Leur terroir est celui du banyuls, un voisinage dont les meilleurs se rendent tout à fait dignes.

— *Corbières :* depuis que le carignan cède la place au mourvèdre et à la syrah, leur rapport qualité-prix est encore meilleur. Dans ce gros massif à garrigue, aride et caniculaire, la vigne est omniprésente mais elle donne peu.

D'où ces vins de soleil, assez « bordeaux » pour la structure, un peu « côtes-du-rhône » au goût et en définitive tout à fait corbières. Mais le quatrième vignoble français d'appellation contrôlée est un monde à lui seul. Les hautes Corbières donnent les vins les plus corsés, souvent élevés en barriques. En montagne d'Alaric, ils sont plus frais, acides et parfumés. Les Corbières maritimes font dans le goût primeur, assez velouté. Et les Corbières centrales mixent ces influences. Un conseil ? La cave. Même les bouteilles modestes se sentent mieux après un coup de vieux.

– *Costières-de-nîmes :* bon équilibre fruit/structure, assez légers pour être bus au quotidien, ces vins du Nîmois ressemblent fort aux côtes-du-rhône de la rive droite (lirac, saint-gervais), mais en bien moins chers.

– *Coteaux-du-languedoc :* nom générique d'un vaste puzzle de vignobles, où chaque producteur un cas particulier.

– *Côtes-du-rhône :* la rive languedocienne du Rhône produit des rouges plus légers, fruités et rafraîchissants qu'en face. Deux crus, tavel et lirac, plus trois « villages », laudun, chusclan et saint-gervais.

– *Côtes-du-roussillon :* au moins six cépages et une infinité de micro-zones. Les côtes-du-roussillon sont plus souvent bons que mauvais. Et quand ils sont bons – ne vous fiez pas à l'appellation « villages » –, c'est pour leur onctuosité et leur goût de raisin, allant jusqu'à des arômes complexes de réglisse et de viande rôtie, genre porto. Également de bons blancs à base de macabeo pour accompagner les charcuteries catalanes.

– *Crème catalane :* sous la carapace de caramel, une onctuosité aux parfums d'anis et de cannelle. Un aller simple pour le paradis.

– *Escargots :* en fricassée, en aillade, en soupe et même en bouillabaisse, les escargots sont partout. À Sommières, ils mijotent entre épinards, blettes et jambon cru. À Nîmes, ils se parfument aux anchois. À Pieusse, ils prennent le goût du foie de porc et des herbes de garrigue. Et si vous passez en Roussillon pendant les vendanges, sacrifiez au culte de la cargolade où les escargots, cuits sur des braises de sarments, sont flambés au lard dans une pluie d'étincelles.

– *Faugères :* du carignan, oui, mais du « carignan de schiste », qui vous fait presque des grands vins. Tanin fin, fruit élégant... Les autres faugères sont à peine moins intéressants, et toujours bon marché. Craquez sans hésiter.

– *Fitou :* ce splendide carignan de schiste (voir « Faugères ») a son appellation propre au cœur des Corbières. Puissance, robustesse, finesse, tout y est. Du coup, certains vignerons ne se foulent pas trop...

– *Fuet :* fine saucisse sèche catalane, à croquer comme un sucre d'orge.

– *Gambas a la planxa :* c'est-à-dire cuites au gril et servies sur planche de bois.

– *Lirac :* ce très ancien cru des côtes-du-rhône ne facture pas cher ses vins pourtant plaisants, très droits et de haute qualité.

– *Maury :* en lisière des Corbières, un concurrent sérieux du banyuls. Avec les années, ses arômes de fruits rouges virent à la prune *(vintages),* puis aux épices pour finir sur le cuir, si la garde s'est effectuée en fût. Extraordinaire rapport qualité prix.

– *Millas :* gâteau de farine de maïs et de saindoux, présenté en dessert.

– *Minervois :* 18 000 ha de vignes ! Plus le paysage est beau, meilleur y est le vin. C'est donc dans la Montagne Noire, notamment autour de Minerve, qu'on rencontre les rouges les plus distingués, parfumés mais solides et moins « expansifs » que leurs cousins des Corbières.

– *Mourtayrol :* délicieux pot-au-feu de poule grasse au safran.

Muscats : à Frontignan, Lunel, Mireval, Saint-Jean-de-Minervois, quoique les plus réputés viennent de Rivesaltes, en Roussillon. À boire jeune, pour leurs arômes de miel, de rose et de citron. Certains propriétaires font de vrais nectars.

– *Pelardons :* excellents petits chèvres des Cévennes.

– *Petits pâtés de Pézenas :* du rôti de mouton et de la cassonade enrobés de pâte au saindoux. Une excellente, quoique curieuse recette, originaire des Indes.

– **Picpoul :** blanc sec et souple de la commune de Pinet, dans l'Hérault.

– **Quatourze :** le vin de Narbonne roule les mécaniques, mais manque de caractère.

– **Roussillonnade :** champignons grillés avec de la saucisse sur un feu de pommes de pin.

– **Rousquille :** petit gâteau en forme de roue recouvert d'une fine couche blanche, sucrée et légèrement anisée. C'est une spécialité du Vallespir.

– **Rouzole :** crêpe au lard et au jambon, liée avec des œufs et de la mie de pain.

– **Saupiquet :** sauce à gibier intégrant le foie de l'animal.

– **Saint-chinian :** deux types de vins produits au nord-ouest de Béziers. Des carignans de schiste (voir « Faugères ») et des rouges durs, épais, qu'il faut garder en cave. Le saint-chinian courant est un mélange des deux.

– **Saint-saturnin :** un rouge cévenol de caractère, agréable et bien équilibré.

– **Seiches farcies :** lourde spécialité sétoise, associant la chair à saucisses aux tentacules hachés pour farcir le corps de l'animal.

– **Tavel :** arômes de grenadine, bouquet délicieusement floral, amertume élégante, le tavel est le seul rosé « de race » au monde. Mais trop de propriétaires tirent sur la ficelle...

– **Touron :** nougat mou, sandwich entre deux hosties, pâte d'amande piquée de pignons, un nom générique pour toutes sortes de préparation d'amandes. Ne manquez pas ceux de Perpignan.

Le roman du roman

Le marathon églises vous ennuie ? Forcez-vous un peu, la région fut l'un des grands creusets de l'art roman. Il y a les cathédrales fortifiées, comme à Béziers, énormes et massives comme des paquebots mais qui renferment un univers de trésors raffinés ; les abbayes démarquées de l'architecture romaine, comme Saint-Gilles dans le Gard, dotée d'un arc de triomphe et de frises de théâtre antique.

En Roussillon, vous ne saurez plus où donner de la tête. À elle seule, cette petite province compte 220 édifices romans, 750 retables baroques et une centaine de Vierges romanes. Une autre civilisation. Les églises, magnifiques, dressent de gros clochers carrés à toits plats et, dans leur obscurité douce aux relents d'encens, on voit des saints blêmes aux joues rosâtres se convulser dans les souffrances. À l'ombre du Canigou, montagne sacrée où se dresse la plus belle de ses abbayes, Saint-Martin, vous trouverez des cloîtres extraordinaires avec des colonnes en torsades et des chapiteaux ornés de bêtes horribles ou de fleurs maléfiques (Elne, Saint-Michel-de-Cuxa, Serrabone).

Renseignements pratiques

Argent, banques

– **La carte Eurocard MasterCard** permet à son détenteur et à sa famille (si elle l'accompagne) de bénéficier de l'assistance médicale rapatriement. En cas de problème, contacter immédiatement : ☎ 01-45-16-65-65. En cas de perte ou de vol (24 h sur 24) : ☎ 01-45-67-84-84 en France (PCV accepté) pour faire opposition. Sur Minitel : 36-15 ou 36-16, code EM (1,29 F/mn) pour obtenir toutes les adresses de distributeurs par pays et villes dans le monde entier.

– Pour la carte *Visa,* en cas de perte ou de vol, composer le : ☎ 08-36-69-08-90 ou le numéro communiqué par votre banque.

– Pour la carte *American Express,* en cas de pépin : ☎ 01-47-77-72-00.

Hébergement

La *FUAJ* offre à ses adhérents la possibilité de réserver de la France, 6 nuits maximum et jusqu'à 6 mois à l'avance, dans certaines auberges de jeunesse situées en France ou à l'étranger, grâce à un réseau informatique, *IBN (International Booking Network),* qui couvre près de 50 pays.

Gros avantage, les A.J. étant souvent complètes, votre lit (en dortoir, pas de réservation en chambre individuelle) est réservé à la date souhaitée. La procédure est simple, il suffit de téléphoner pour demander si la ville ou le pays où vous vous rendez est relié par ordinateur. Si c'est le cas, il vous faut remplir un formulaire de réservation dans un des points IBN. Vous saurez instantanément s'il y a de la place (aucun frais ne vous sera demandé si la réponse est négative) et quel est le prix des nuitées. Vous réglez en France, plus des frais de réservation (environ 17 F). L'intérêt, c'est que tout cela se passe avant le départ. Vous recevrez en échange un bon d'hébergement que vous présenterez à l'A.J. une fois sur place. Ce service permet aussi d'annuler et d'être remboursé (compter 33 F de frais d'annulation ; se renseigner au moment de la réservation sur les détails d'annulation.

– *Paris :* FUAJ, Centre National, 27, rue Pajol, 75018. ☎ 01-44-89-87-27. Fax : 01-44-89-87-10. M. : Marx-Dormoy, Gare-du-Nord (RER B et D), ou La Chapelle. Internet : www.fuaj.org.

– *Paris :* FUAJ, 9, rue Brantôme, 75003. ☎ 01-48-04-70-40. Fax : 01-42-77-03-29. M. : Châtelet - Les Halles ou Hôtel-de-Ville.

– *Paris :* A.J. D'Artagnan, 80, rue Vitruve, 75020. ☎ 01-40-32-34-56. Fax : 01-40-32-34-55. M. : Porte-de-Bagnolet.

– *Clichy :* A.J. Léo Lagrange, 107, rue Martre, 92110. ☎ 01-41-27-26-90. Fax : 01-42-70-52-63. M. : Mairie-de-Clichy.

– *Le Pré-Saint-Gervais :* A.J. Cité des Sciences, 24, rue des Sept-Arpents, 93310. ☎ 01-48-43-24-11. Fax : 01-48-43-26-82. M. : Hoche.

– *Aix-en-Provence :* A.J. de Jas-de-Bouffan, 3, av. Marcel-Pagnol, 13090. ☎ 04-42-20-15-99. Fax : 04-42-59-36-12.

– *Aix-les-Bains :* A.J., Promenade du Sierroz, 73100. ☎ 04-79-88-32-88. Fax : 04-79-61-14-05.

– *Angoulême :* A.J., Île de Bourgines, 16000. ☎ 05-45-92-45-80. Fax : 05-45-95-90-71.

– *Annecy :* A.J., 4, route du Semnoz, 74000. ☎ 04-50-45-33-19. Fax : 04-50-52-77-52.

– *Arles :* A.J., 20, av. Foch, 13200. ☎ 04-90-96-18-25. Fax : 04-90-96-31-26.

– *Biarritz :* 8, rue Chiquito-de-Cambo, 64200. ☎ 05-59-41-76-00. Fax : 05-59-41-76-06.

– *Biarritz-Anglet :* quartier Chiberta, 19, route des Vignes, 64600 Anglet. ☎ 05-59-58-70-00. Fax : 05-59-58-70-07.

– *Boulogne-sur-Mer :* A.J., place Rouget-de-Lisle, 62200. ☎ 03-21-99-15-30. Fax : 03-21-80-45-62.

– *Brive :* A.J., 56, av. du Maréchal-Bugeaud, parc Monjauze, 19100. ☎ 05-55-24-34-00. Fax : 05-55-84-82-80.

– *Carcassonne :* A.J., rue du Vicomte-Trencavel, Cité Médiévale, 11000. ☎ 04-68-25-23-16. Fax : 04-68-71-14-84.

– *Chamonix :* A.J., 127, montée J.-Balmat, 74400. ☎ 04-50-53-14-52. Fax : 04-50-55-92-34.

– *Cherbourg :* rue de l'Abbaye, 50100. ☎ 02-33-78-15-15. Fax : 02-33-78-15-16.

– *Grenoble-Échirolles :* A.J., 10, av. du Grésivaudan, « La Quinzaine », 38130 Échirolles. ☎ 04-76-09-33-52. Fax : 04-76-09-38-99.

– *Lannion :* A.J. Les Korrigans, 22300. ☎ 02-96-37-91-28. Fax : 02-96-37-02-06.
– *Le Mont-Dore :* A.J. Le Grand Volcan, Le Sancy, 63240. ☎ 04-73-65-03-53. Fax : 04-73-65-26-39.
– *Lille :* A.J., 12, rue Malpart, 59000. ☎ 03-20-57-08-94. Fax : 03-20-63-98-93.
– *Lyon :* 41-45, montée du Chemin-Neuf, 69005. ☎ 04-78-15-05-50. Fax : 04-78-15-05-51.
– *Lyon-Vénissieux :* A.J., 51, rue Roger-Salengro, 69200 Vénissieux. ☎ 04-78-76-39-23. Fax : 04-78-77-51-11.
– *Marseille :* impasse du Docteur-Bonfils, 13008. ☎ 04-91-73-21-81. Fax : 04-91-73-97-23.
– *Menton :* A.J., plateau Saint-Michel, 06500. ☎ 04-93-35-93-14. Fax : 04-93-35-93-07.
– *Montpellier :* A.J., rue des Écoles-Laïques, impasse Petite-Corraterie, 34000. ☎ 04-67-60-32-22. Fax : 04-67-60-32-30.
– *Nantes :* A.J. La Manu, 2, place de la Manu, 44000. ☎ 02-40-29-29-20. Fax : 02-40-29-29-20.
– *Nice :* A.J., route forestière du Mont-Alban, 06300. ☎ 04-93-89-23-64. Fax : 04-92-04-03-10.
– *Nîmes :* A.J., chemin de la Cigale, 30900. ☎ 04-66-23-25-04. Fax : 04-66-23-84-27.
– *Poggio Mezzana :* l'Avillanella, 20230. ☎ 04-95-38-50-10. Fax : 04-95-38-50-11.
– *Poitiers :* A.J., 1, allée Roger-Tagault, 86000. ☎ 05-49-30-09-70. Fax : 05-49-30-09-79.
– *Rennes :* Centre International de Séjour - A.J., 10-12, canal Saint-Martin, 35700. ☎ 02-99-33-22-33. Fax : 02-99-59-06-21.
– *Saint-Brévin-les-Pins :* A.J. La Pinède, le Pointeau, 1-3, allée de la Jeunesse, 44250. ☎ 02-40-27-25-27. Fax : 02-40-64-48-77.
– *Sète :* A.J. Villa Salis, rue du Général-Revest, 34200. ☎ 04-67-53-46-68. Fax : 04-67-51-34-01.
– *Strasbourg :* A.J. Strasbourg - Parc du Rhin, rue des Cavaliers, B.P. 58, 67017. ☎ 03-88-45-54-20. Fax : 03-88-45-54-21.
– *Strasbourg :* A.J. René-Cassin, 9, rue de l'Auberge-de-Jeunesse, la Montagne Verte, 67200. ☎ 03-88-30-26-46. Fax : 03-88-30-35-16.
– *Tours :* A.J. Parc de Grandmont, av. d'Arsonval, 37200. ☎ 02-47-25-14-45. Fax : 02-47-48-26-59.
– *Verdun :* A.J. du Centre Mondial de la Paix, place Monseigneur-Ginisty, 55100. ☎ 03-29-86-28-28. Fax : 03-29-86-28-82.

Musées à la carte

La Caisse nationale des Monuments historiques et des Sites propose, pour 280 F, un laissez-passer valable un an pour 112 monuments nationaux dans toute la France. Avantages : pas de file d'attente et gratuité des expos dans les monuments répertoriés. En Languedoc-Roussillon : remparts d'Aigues-Mortes, cité de Carcassonne, site archéologique d'Ensérune, fort de Salses, chartreuse de Villeneuve-lès-Avignon, fort Saint-André à Villeneuve-lès-Avignon. L'achat s'effectue dans les lieux culturels concernés ou par correspondance :
■ *C.N.M.H.S.,* service des Produits de visite, 62, rue Saint-Antoine, 75004 Paris. ☎ 01-44-61-20-00 et 01-44-61-21-50. Fax : 01-44-61-21-81 et 01-44-61-21-62.

Téléphone

Pour vous simplifier la vie, demandez une *carte France Télécom :* elle vous permet de téléphoner en France à partir de n'importe quel poste téléphonique ou d'une cabine, et vous êtes débité directement sur votre facture téléphonique habituelle.

Vous composez dans l'ordre le 36-10, puis le numéro de la carte, votre code confidentiel, et enfin le numéro de votre correspondant. Tapez sur la touche 31, et c'est parti... Plus besoin de monnaie.

Une particularité, la carte France Télécom peut être utilisée dans toutes les cabines à cartes.

Très pratique, elle permet également de téléphoner en France de plus de 70 pays. Tous les appels sont facturés aux tarifs français.

Pour obtenir une carte France Télécom, composer le numéro vert : ☎ 0-800-202-202 ; ou tapez le 36-14, code CARTE FT sur votre Minitel. La carte France Télécom est sans abonnement.

Travail bénévole

■ *Concordia :* 1, rue de Metz, 75010 Paris. ☎ 01-45-23-00-23. M. : Strasbourg-Saint-Denis. Travail bénévole. Logés, nourris. Chantiers très variés ; restauration du patrimoine, valorisation de l'environnement, travail d'animation... Places limitées. ATTENTION : voyage à la charge du participant.

LES PYRÉNÉES-ORIENTALES

Ici des artistes sont nés, d'autres sont restés. Dans cet ancien royaume catalan, tout est plus net, intense. Et c'est un inépuisable manteau d'Arlequin. Déjà, la côte est double. Après les plages à bronzette d'Argelès et de Canet, la côte se hachure de calanques roses où nichent des petits ports de conte comme Collioure.

Derrière, c'est la plaine brodée d'abricotiers, puis les mailles serrées des vignes qui partent à l'assaut des coteaux, brûlés par le soleil – dans les Aspres et le Fenouillèdes – pour se dissoudre en garrigues impénétrables. De chaque côté du Canigou, deux grandes vallées pyrénéennes – le Conflent et le Vallespir. Plus loin, ce sont les hautes terres de la Cerdagne et du Capcir, microroyaumes des temps anciens coupés en deux par la frontière. En plein territoire français, vous trouverez une enclave espagnole, Llívia.

Adresses utiles

■ *Comité départemental du tourisme :* 7, quai de-Lattre-de-Tassigny, B.P. 540, 66005 Perpignan Cedex. ☎ 04-68-34-29-94. Fax : 04-68-34-71-01. Très efficace, le C.D.T. fournit tous les renseignements sur simple demande : disponibilités campings et hôtels, liste de « clévacances » (sélectionnées et vérifiées), brochures touristiques, itinéraires, etc. Renseignements sur Minitel : 36-15, code CAPSUD 66.

■ *Relais départemental des Gîtes de France :* 30, rue Pierre-Bretonneau, 66017 Perpignan Cedex. ☎ 04-68-55-60-95. Fax : 04-55-60-80-14.

PERPIGNAN (66000)

Capitale du Roussillon, chef-lieu du département des Pyrénées-Orientales (ici, on dit P.-O.), Perpignan est catalane avant d'être française. Les palmiers de ses places, l'accent ensoleillé et le caractère un peu soupe au lait de ses habitants le rappellent à chaque instant. À une trentaine de kilomètres de la frontière, Perpignan est une porte sur l'Espagne, mais moins étanche qu'on ne le croit. Rivale de Montpellier dans la course économico-culturelle que se joue la région, Perpignan mise principalement sur ses relations barcelonaises pour conquérir l'Europe. Le tourisme aide avantageusement ses prétentions, tant la ville lumineuse et riche, carrefour incontournable entre mer et montagne, sait se montrer hospitalière. Bref, une bien plaisante étape pour quiconque veut se donner le temps de visiter l'un des plus beaux départements du Languedoc-Roussillon. Détail non négligeable : 2 567 h d'ensoleillement par an !

Un peu d'histoire

Le passé de la ville est indissociable de l'expansion de la civilisation catalane. Ancienne villa romaine (Perpinianum) puis résidence des comtes de

Roussillon au Xe siècle, Perpenyà fut léguée au XIIe siècle au comte de Barcelone et roi d'Aragon, Alphonse. Une expansion économique va suivre, la ville servant de plaque tournante au négoce entre Midi de la France et pays bordant la Méditerranée, et même au-delà. Le statut de capitale du royaume de Majorque échoit à Perpignan lors de l'édification du château destiné au fils de Jacques le Conquérant. Le palais des rois de Majorque reste le symbole de cette époque prospère, ainsi que les églises construites à la même période pour abriter des fidèles de plus en plus nombreux. Passant ensuite dans les mains du roi d'Aragon Pierre IV, qui y crée une université au XIVe siècle, Perpignan traverse les siècles qui vont suivre au milieu des troubles et des traités, enjeu à la fois des Français et des Catalans.

LES PYRÉNÉES-ORIENTALES

Des habitants pugnaces

Ayant eu la mauvaise idée de demander l'aide militaire de Louis XI pour mater une insurrection en Espagne, Jean II d'Aragon se voit dessaisi des comtés de Cerdagne et du Roussillon. Révoltés, les Perpignanais se battent alors contre les troupes françaises pendant un an. Jean II leur demande personnellement de se rendre, accordant à leur ville le titre de « fidélissime ». Les habitants, résistant farouchement malgré la famine, en étaient venus à se nourrir de rats ! Les misères ne sont pas finies pour autant : restituée à Ferdinand le Catholique à la fin du XVᵉ siècle, la ville est ensuite assiégée par les armées de François Iᵉʳ.

Un siècle plus tard, les Catalans de Barcelone se dressent contre le pouvoir absolu de la cour madrilène : Richelieu en profite, signant avec eux un traité d'alliance proclamant Louis XIII comte de Barcelone. Ainsi isolée de ses alliés habituels, la ville de Perpignan subit un nouveau siège, commandé par Louis XIII en personne. Annexé officiellement par le traité des Pyrénées en 1659, le Roussillon est définitivement français. Perpignan devient naturellement la capitale de cette nouvelle province, transformée en département des Pyrénées-Orientales en 1790. D'où la rancœur légitime des Catalans français, séparés de leurs cousins espagnols par une frontière devenue inébranlable.

Adresses utiles

PERPIGNAN et ses environs

◼ **Office municipal du tourisme** (plan C1) : place Armand-Lanoux. ☎ 04-68-66-30-30. Fax : 04-68-66-30-26. Dans le palais des Congrès. En été, ouvert du lundi au samedi de 9 h à 19 h et le dimanche de 10 h à 12 h et 14 h à 17 h ; en hiver, ouvert du lundi au vendredi de 9 h à 18 h et le samedi de 9 h à 12 h et de 14 h à 18 h. L'office organise des visites guidées de la ville l'été (sur demande l'hiver).

✈ **Aéroport de Perpignan-Rivesaltes :** à 6 km au nord de la ville. ☎ 04-68-52-60-70. Sur place : bureau d'infos touristiques et loueurs de voitures.

◗ **AOM :** renseignements et réservations, ☎ 0-803-00-12-34.

◼ **Air Liberté :** ☎ 0-803-09-09-09.

◼ **TAT European Airlines :** ☎ 0-803-805-805.

🚆 **Gare S.N.C.F.** (hors plan par A2) : ☎ 04-68-35-50-50. Se procurer l'indispensable Guide régional des transports : tous les horaires y figurent.

🚌 **Gare routière** (plan A1) : av. du Général-Leclerc. Renseignements : Car Inter 66, ☎ 04-68-35-29-02.

◼ **Cycles Mercier :** 1, rue du Président-Doumer (près du lycée Arago). ☎ 04-68-85-02-71. Location de VTT.

◼ **Cimes Pyrénées :** ☎ 05-62-90-09-90. Cette association dynamique et sympathique répond à toutes demandes concernant les promenades à pied, à cheval, à vélo, à ski ou en canoë-kayak. On peut adhérer à un deuxième organisme pour 20 F et recevoir une assurance montagne pour 38 F. Écrire à Randonnées Pyrénéennes, 4, rue Mayé-Lane, 65510 Ibos.

Où dormir ?

Sous des dehors bourgeois, Perpignan offre quand même quelques adresses étonnamment peu chères et des hôtels de charme à prix très modérés. Il est conseillé de réserver en été.

Bon marché

🛏 **Auberge de jeunesse** (hors plan par A1, 1) : allée Marc-Pierre, parc de la Pépinière. ☎ 04-68-34-63-32. Fax : 04-68-51-16-02. Fermée du 20 décembre au 20 janvier. À mi-chemin entre la gare routière et la gare S.N.C.F., derrière l'hôtel de police. Carte FUAJ obligatoire (en vente sur place). 70 F la nuit, petit déjeuner inclus (et à volonté !). Réception ouverte de 7 h à 10 h et de 17 h à 23 h (de 10 h à 18 h, possibilité de laisser ses bagages). Draps disponibles (19 F). A.J. agréable mais un peu bruyante. Cuisine à disposition.

🛏 **L'Avenir** (plan A2, 2) : 11, rue de l'Avenir. ☎ 04-68-34-20-30. Fermé le dimanche de 12 h à 18 h. Dans une rue tranquille non loin de la gare, voilà un hôtel routard à souhait. L'accueil y est chaleureux, les chambres simples mais bien entretenues, et les prix raisonnables. VRP, étudiants américains en vacances, stagiaires en entreprises apprécient l'ambiance familiale des lieux ainsi que la terrasse ensoleillée du premier étage, où l'on peut prendre son petit déjeuner (23 F) et flemmarder tout un après-midi au calme, en bouquinant. Chambres pour 1 personne, avec lavabo et douche à l'extérieur, à 90 F ; doubles avec douche à 120, 140 et 160 F. La chambre n° 18 possède une petite terrasse, et la n° 19, avec ses deux lits dont un superposé, est la chambre familiale par excellence. Dans les chambres n°s 12, 22, 32, possibilité d'ajouter un lit supplémentaire. Petit plus intéressant, le garage privé dans une rue adjacente.

Prix moyens

▲ *Le Maillol* (plan B2, 4) : 14, impasse des Cardeurs. ☎ 04-68-51-10-20. Fax : 04-68-51-20-29. Entre deux rues piétonnes, entre la place de la Loge et la cathédrale Saint-Jean. Très bien située au cœur de la vieille ville, une agréable demeure du XVIIe siècle transformée en gentil 2 étoiles. Propriétaire accueillante et chambres correctes, entièrement rénovées, de 170 à 240 F. Chambres avec lit pour un enfant à 250 F. Hors saison, 10 % de réduction sur le prix de la chambre sur présentation du guide pour un séjour d'au moins deux nuits.

▲ *Hôtel de la Poste et de la Perdrix* (plan B1, 5) : 6, rue Fabriques-Nabot. ☎ 04-68-34-42-53. Fax : 04-68-34-58-20. Entre la place du Castillet et le quai Sadi-Carnot. Ouvert toute l'année ; restaurant fermé le dimanche soir en hiver. Bel hôtel de caractère, fondé en 1832. On est déjà saisi par la belle enseigne patinée, puis par le hall de marbre et le vieil escalier miroitant. Admirez les vitraux d'époque. Chambres bien tenues (au charme désuet) qui mériteraient un coup de frais mais restent à des prix très raisonnables : 250 F la double avec douche, 270 F avec bains. Resto simple (fermé le lundi soir) à la salle croquignolette où le temps semble s'être arrêté. Menus à 85 et 100 F. Quelques bonnes spécialités régionales.

▲ *La Cigale* (plan C2, 3) : 78, bd Jean-Bourrat. ☎ 04-68-50-20-14. Fax : 04-68-66-90-40. Des chambres fonctionnelles dans un hôtel bien tenu. Celles sur l'arrière, calmes et reposantes, donnent sur

PERPIGNAN et ses environs

■ **Adresses utiles**

- 🛈 Office municipal du tourisme
- 🚂 Gare S.N.C.F.
- 🚌 Gare routière

▲ **Où dormir ?**

1 Auberge de jeunesse
2 L'Avenir
3 La Cigale
4 Le Maillol
5 Hôtel de la Poste et de la Perdrix
6 Hôtel Paris-Barcelone
7 Hôtel de la Loge
8 Park Hôtel
9 Villa Duflot

|●| **Où manger ?**

20 Bistrot Le Saint-Jean
21 Restaurant des Expéditeurs
22 La Carmagnole
23 Au Vrai Chic Parisien
24 Le Sud
25 La Pagode

26 La Route de Tanger
28 Opéra-Bouffe
29 Le Vauban
30 Casa Bonet
31 Grill La Cigale
32 La Passerelle
34 Le Chapon Fin-Park Hôtel
35 Altrès

🍷 **Où boire un verre ?**

40 Républic' Café
41 Corto Maltaise
42 Le Petit Moka

★ **À voir. À faire**

50 Castillet et Casa Pairal
51 Place de la Loge
52 Rue des Fabriques-Nabot
53 Cathédrale Saint-Jean
54 Campo Santo
55 Quartier Saint-Jacques
56 Église Saint-Jacques
57 Palais des rois de Majorque
60 Musée Puig

PERPIGNAN
et ses environs

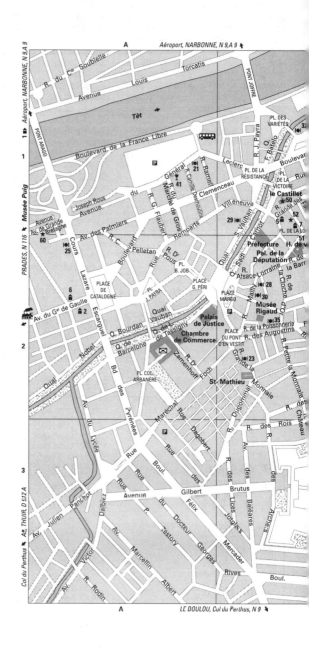

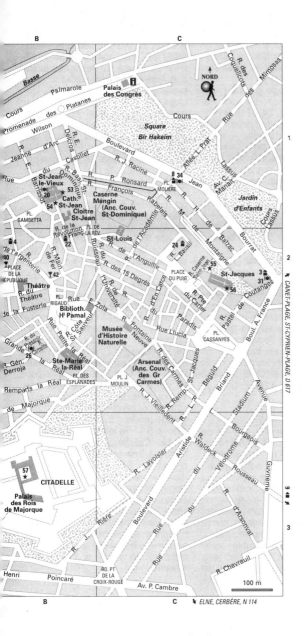

Basse

Palmarole

Palais
des Congrès

Cours des Platanes

Promenade des Platanes

Cours

Wilson

NORD

Cours

Square
Bir Hakeim

Boulevard

R. J. Racine

Allée L. Prat

Rue

R. des Coquelicots des Mimosas

Av. C. Manalt

Jardin
d'Enfants

de Balzac

Lassus

Jeanne

Castillet

d'Arc

St-Jean-
le-Vieux

Cath.
St-Jean

Caserne
Méngin
(Anc. Couv.
St-Dominique)

P. Ronsard

François

8 34
PL
MOLIÈRE

Jean

H.

de

Montaigne

Bourrat

Cours Lassus

Cloître
St-Jean

R. de la
Révolution

PL DE
LA RÉV.

St-Louis

R. de l'Anguille

24

R. Bausil

PLACE
DU PUIG

R. Caserne Saint-Jean

St-Jacques

3

31

55

56

R. Pré
du Carter

PL
GAMBETTA

l'Argenterie

PLACE
DE LA
RÉPUBLIQUE

Théâtre

R. du
Théâtre

de la Fusterie

RIGAUD

Biblioth.
H¹ Pamal

Rue

Zola

R. Côte
Sauveur

Musée
d'Histoire
Naturelle

Fontaine
Neuve

R. d'En Cança

du

Rue Llucia

Paradis

R. Pastel de Coutanges

Boul A. France

PL
CASSANYES

Grande

R. du
Pressoir

Bonnette

R. Petite la Réal

Ste-Marie-
la-Réal

R. la
Réal

PL. DES
ESPLANADES

Arsenal
(Anc. Couv.
des Gr
Carmes)

PL. J.
MOULIN

R. des Carmes

St-Jacques

R. Baguld

Briand

Avenue

Stadium

Guynemère

R. Gén.
Derroja

Remparts la Réal

de Majorque

R. J. Vieilledent

R. Remp.

R. L.

Bourgeois

Vélodrome

Rousseau

57

CITADELLE

Palais
des Rois
de Majorque

Rière

Boulevard

R. Lavoisier

R. Aristide Waldeck

du

R. d'Arsonval

Rue

3

Henri

Poincaré

RD. PT
DE LA
CROIX-ROUGE

Av. P. Cambre

R. Chavreuil

100 m

B

C

CANET-PLAGE, ST-CYPRIEN-PLAGE, D 617

ELNE, CERBÈRE, N 114

PERPIGNAN

l'église Saint-Jacques et les très beaux jardins de La Miranda ; celles sur l'avant, bien que situées sur une rue, sont protégées du bruit par un double-vitrage. Doubles à 230 F. L'accueil est souriant et le service énergique.

â **Hôtel de la Loge** (plan B1, 7) : place de la Loge, 1, rue des Fabriques-Nabot. ☎ 04-68-34-41-02. Fax : 04-68-34-25-13. Ancien hôtel particulier du XVIᵉ siècle. À l'intérieur, superbe patio avec une fontaine dispensant une fraîcheur réparatrice les jours de grande chaleur. Déco catalano-andalouse. Chambres confortables et douillettes, malgré une déco un peu vieillotte. Doubles de 285 F (avec douche) à 330 F (avec bains). 10 % de réduction sur le prix de la chambre sur présentation du *Routard*.

â **Hôtel Paris-Barcelone** (plan A2, 6) : 1, av. du Général-de-Gaulle. ☎ 04-68-34-42-60. Parfait pour les oiseaux de passage toujours entre deux trains. La décoration rococo ajoute une note surannée à cet hôtel de gare dont la vie semble être immuable tel un long fleuve tranquille. Les propriétaires, en tous cas, en prennent grand soin, les salles d'eau proprettes sont là pour le prouver. Chambres doubles à 250 F, petit déjeuner inclus.

Plus chic

â **Park Hôtel** (plan C1, 8) : 18, bd Jean-Bourrat. ☎ 04-68-35-14-14. Fax : 04-68-35-48-18. Ouvert toute l'année. Face au square Bir-Hakeim, sur le grand boulevard menant à la route de Canet-Plage. Derrière une façade banale d'hôtel moderne, du luxe à prix honnêtes. Chambres de style Renaissance espagnole, climatisées, insonorisées, suréquipées. Compter 280 F la double avec douche et de 320 à 480 F avec salle de bains. L'office du tourisme est

presque en face (2 mn à pied) et le centre-ville à 5 mn.

â **Villa Duflot** (hors plan par C3, 9) : 109, av. Victor-Dalbiez. ☎ 04-68-56-67-67. Fax : 04-68-56-54-05. À 2 mn du péage de Perpignan direction Argelès. Les chambres, confortables et meublées avec goût, enchantent, tout comme le petit déjeuner particulièrement soigné. Choisissez les chambres qui donnent sur la piscine, pour la vue plus agréable. Si vous empruntez la A9 en vous rendant en Espagne par le Perthuis, la *Villa Duflot* vaut le gîte de charme. Si vous comptez séjourner à Perpignan, en revanche, préférez un hôtel du centre-ville car les alentours de la *Villa* ne sont guère trépidants (zone industrielle). Le luxe de 590 à 790 F. 10 % de réduction sur le prix de la chambre sur présentation du guide.

Campings

â **La Garrigole** : 2, rue M.-Lévy. ☎ 04-68-54-66-10. Ouvert jusqu'à 22 h. Fermé en décembre. À la sortie ouest de la ville. De la gare, longer le fleuve par l'avenue de Prades et prendre la rue Jean-Gallia avant l'autoroute. Comptez 43 F par personne, plus 49 F si vous avez une voiture. Petit terrain ombragé installé contre un centre nautique et une grande piscine. Branchements électriques (14 F la journée) et douches.

â **Le Catalan** : Polygone Nord, route de Bompas, au nord de Perpignan. ☎ 04-68-63-16-92. Ouvert toute l'année. Mieux équipé que *La Garrigole* mais assez loin du centre. Resto, machine à laver, sèche-linge, snack-bar, piscines, jeux, etc. 39 F par personne hors saison (17 F par personne supplémentaire), 55 F en saison (25 F par personne supplémentaire), tout compris. Location de mobile homes.

Où manger ?

On mange fort bien à Perpignan, et à des prix tout à fait raisonnables. Ajoutez la gentillesse et la chaleur des Catalans, et vous comprendrez pourquoi on peut rester plusieurs jours dans la ville en s'y sentant si bien.

Bon marché

|●| **Bistrot Le Saint-Jean** (plan B1, **20**) **:** 1, cité Bartissol. ☎ 04-68-51-22-25. Près de la cathédrale Saint-Jean. Fermé le dimanche ; le lundi soir en plus en basse saison. Cuisine régionale, qui a ses hauts et ses bas, et vin au verre, à des prix raisonnables : escalivades à 48 F, anchois de Collioure à 48 F, soupe de poisson à 42 F, fèves à la catalane à 58 F, calmars *a la planxa* à 72 F, morue à la tomate à 78 F. Des plats que l'on accompagne de petits vins sélectionnés par le patron, qui s'y connaît. Menus à 98 et 120 F. Menu enfants (moins de 12 ans) à 42 F.

|●| **Restaurant des Expéditeurs** (plan A1, **21**) **:** 19, av. du Général-Leclerc (entre le Castillet et la gare routière). ☎ 04-68-35-15-80. Fermé le samedi soir, le dimanche, les jours fériés et 15 jours en août. Le vrai café-resto du coin, repaire de petits vieux et de fauchés. Gentil patron proposant midi et soir son indétrônable menu à 70 F environ, quart de vin compris. Compter de 80 à 120 F pour un repas à la carte. Spécialités : tête de veau et tripes catalanes, bouillabaisse le vendredi, *parillade* (assortiment de poisson grillé). Ne pas rater la paella du mercredi. Propose des chambres doubles avec lavabo très simples mais très bon marché (75 F).

|●| **La Carmagnole** (plan B2, **22**) **:** 12, rue de la Révolution-Française. ☎ 04-68-35-44-46. Fermé les dimanche et lundi soir. Rien de bien révolutionnaire dans ce charmant bout de restaurant où l'on a plaisir à prendre table, mais pas non plus de quoi pendre les aristocrates à la lanterne. Le plat du jour copieux (lors de notre visite, un poulet au citron et son riz basmati à 45 F), les délicates tartes salées : courgettes-fromage à 32 F, thon et thym à 35 F, lardons-fromage à 35 F, etc., ainsi que celles sucrées, dont la banane-myrtilles à 24 F... plaisent énormément aux dames, qui forment la grosse majorité de la clientèle au déjeuner. Menus à 60 et 100 F.

|●| **Au Vrai Chic Parisien** (plan B2, **23**) **:** 14, rue Grande-la-Monnaie.

☎ 04-68-35-19-16. Fermé le dimanche, le lundi et en août. Dans une petite rue paumée, une bonne affaire connue de tous depuis 20 ans. La décoration d'objets années 50 chinés dans les brocantes donne à la maison sa patine, que renforce une cuisine immuable mais amicale. Quant aux prix, ils sont la douceur même. Menus à 42, 52 et 62 F. À la carte, compter environ 80 F.

|●| **Restaurant Casa Sansa :** 3, rue Fabrique-Couverte. ☎ 04-68-34-21-84. Fermé le dimanche. Une institution locale. Étudiants, intellos, branchés de tout poil et Barcelonais de passage se bousculent dans cette grande salle typique, surchargée d'objets de rebut, de tableaux colorés et de vieilles affiches de corridas. On y vient surtout pour le décor et l'ambiance, plus que pour la cuisine, qui est assez ordinaire et joue la carte catalane à fond. Le midi, formule plat + dessert à 49 F. Sinon, compter 100 F le midi, 150 F le soir. De temps en temps, soirées gitanes.

Prix moyens

|●| **Le Sud** (plan C2, **24**) **:** 12, rue Louis-Bauzil. ☎ 04-68-34-55-71. Ouvert uniquement le soir, sauf le dimanche où il est ouvert également le midi. Fermé du 1er janvier au 31 mars. Du palais des Congrès, prendre la rue Élie-Delcros, puis à gauche la rue Rabelais. La rue Louis-Bauzil est dans le prolongement. Situé au cœur du quartier gitan de Perpignan, près de la place du Puig, qui mériterait d'être rénovée (surtout pas détruite car il y a de beaux immeubles, mais en mauvais état). « On dirait le Sud / Le temps dure longtemps... ». Et puis une fois ici, on aimerait rester « près d'un million d'années ». Dans une sorte d'hacienda, on entre dans un monde imaginaire entre Provence, Mexique, Moyen-Orient, Grèce et Catalogne. Le patio regorge d'arbres aux senteurs variées dominées par le jasmin. Très agréable par une belle nuit d'été. Comptez 150 F. Menu enfants à 40 F.

I●I *La Pagode* (plan A2, *25*) : 8, rue Lazare-Escarguel. ☎ 04-68-34-35-65. Fermé le dimanche et le lundi midi. De tous les asiatiques de la ville, celui-ci a notre préférence. Tenu par une famille de Vietnamiens, il est propre et on s'y sent bien. Soupes savoureuses, *nems* excellents, tout comme le crabe farci, les brochettes *saté* et les raviolis vapeur. Menus à 98 et 158 F.

I●I *La Route de Tanger* (plan B2, *26*) : 25, rue Grande-la-Real. ☎ 04-68-51-07-57. Fermé le dimanche et le lundi midi. Le restaurant est fermé l'été et transféré au Canet : le *Jardin Mogador*. Une envie de couscous ou de *tajines* ? N'hésitez pas, la cuisinière marocaine les réussit fort bien. *Kémia*, *bouriat* et *tchachouka* figurent aussi à la carte. Cadre chaleureux, accueil à l'orientale. Compter environ 120 F.

I●I *Altrès* (plan B2, *35*) : 3, rue de la Poissonnerie. ☎ 04-68-34-88-39. Ouvert tous les jours. Superbe décor entre Provence et Catalogne et cuisine ensoleillée dont raffolent les Perpignanais, servie dans des assiettes colorées en provenance de la ville espagnole de La Bisbal. Si vous avez le sens du partage, commencez avec quelques *tapas* : poivrons grillés, calmars *a la planxa*, beignets de légumes, anchoïade, suivis d'une *parillade* de poisson, le tout arrosé d'un peu de vin du Roussillon. Vous ne dépasserez guère les 120 F. Le midi en semaine, formule à 65 F.

I●I *Opéra-Bouffe* (plan B2, *28*) : impasse de la Division (entre la place Arago et la place de la Loge), dans la vieille ville. ☎ 04-68-34-83-83. Service jusqu'à 22 h 30. Fermé le dimanche. Resto des plus plaisants, grâce à son élégante salle voûtée aux céramiques bleues et blanches, agrémentées çà et là de personnages que ne renierait pas Botero. Compter 150 F par personne, vin et airs d'opéra compris. Menus à 67, 100 et 135 F. Cuisine cependant moins séduisante que le décor. Terrasse ombragée l'été. Petit conseil : ne manquez pas les toilettes, véritable modèle d'architecture intérieure moderne.

I●I *Le Vauban* (plan B1, *29*) : 29, quai Vauban, non loin de la vieille ville. ☎ 04-68-51-05-10. Fermé le dimanche. Une belle brasserie Art déco, au style très parisien. Souvent bondée, car la qualité de la cuisine est vraiment constante. De bons plats allant de 70 à 80 F et quelques spécialités revenant régulièrement chaque semaine ; le vendredi, la morue en vinaigrette tiède. Menus à 78 F (au déjeuner), 100, 125 et 150 F. Excellente viande et service parfait.

I●I *Casa Bonet* (plan B2, *30*) : 2, rue du Chevalet. ☎ 04-68-34-19-45. Nichée dans une ruelle, cette *Casa* fait un carton. Le pourquoi du comment ? Des *tapas* chauds et froids, ainsi que des fruits de mer (produits très très moyens), mon tout à volonté pour 80 F au déjeuner. Pour 125 F (midi et soir), s'y ajoute une poignée de grillades catalanes servies à l'épée. Tout cela fleure bon la bombance, et les morfalous des environs se sont passé le mot. Mais si certains calent fissa, d'autres vous laissent pantois par leur faculté à ingurgiter les aliments les plus divers. Pour adeptes de la grande bouffe. Les propriétaires ont aussi une ferme-auberge, *Le Domaine du Moulin*, à Caixas.

I●I *Grill La Cigale* (plan C2, *31*) : 78, bd Jean-Bourrat. ☎ 04-68-50-20-14. Le grill de cet hôtel est réputé en ville. Dans un décor banal de troquet moderne, il y a foule pour dévorer brochettes, chipolatas, merguez, rognons (34 F les six), longe de porc, volaille (marinée) à 44,50 F, et le couscous maison à l'Oranaise à 65 F.

Plus chic

I●I *La Passerelle* (plan B1, *32*) : 1, cours Palmarole ; entre les quais et la promenade des Platanes. ☎ 04-68-51-30-65. Fermé le dimanche et le lundi midi, ainsi que pendant les fêtes de fin d'année. Ce restaurant de poisson reste l'une des valeurs sûres de la cité. Carte bien conçue, où se côtoient poisson et fruits de mer. Bouillinade de poisson (120 F, sorte de bouillabaisse catalane), merlan poivre et thym à l'huile d'olive (90 F), petits rougets en persillade (95 F), etc., sont d'une fraîcheur à toute épreuve. Prise de commande par le chef, qui maîtrise parfaitement la cuisson de ses produits. Carte des vins assez pauvre, hélas ! Compter environ 180 F. Formule à 100 F avec soupe de poisson, plat, dessert et un verre de vin.

|●| Villa Duflot *(hors plan par C3, 9)* : 109, av. Victor-Dalbiez. ☎ 04-68-56-67-67. Fax : 04-68-56-54-05. À 2 mn du péage de Perpignan, direction Argelès. Dans un agréable parc fleuri. Restaurant assez chic, très prisé par la bourgeoisie perpignanaise. La carte affiche une moder-

nité de bon ton, sans pour cela oublier le terroir catalan. Belle sélection de vins du Roussillon. Menu du week-end à 200 F. À la carte, compter environ 250 F. Éclairage bien vu le soir, donnant à la *Villa* une atmosphère particulière. Piscine à débordement, et chambres doubles avec bains donnant sur le patio à 590 F.

|●| Le Chapon Fin-Park Hôtel *(plan C1, 34)* : 18, bd Jean-Bourrat. ☎ 04-68-35-14-14. Ce restaurant d'hôtel peut éventuellement faire l'affaire si l'on n'a pas le courage de sortir. Mais restez-en au menu à 160 F. Service souriant et attentif.

Où dormir ? Où manger aux environs ?

≜ |●| Domaine du Mas Bazan : chez Paul et Annie Favier, 66200 Alénya. ☎ 04-68-22-98-26. Fax : 04-68-22-97-37. Prendre la N114 vers Argelès, puis la D62 en direction de Saint-Cyprien ; après Saleilles, prendre la D22 pendant 1 km, puis, à gauche, le chemin de terre partant dans les vignes. Ce très beau mas, typiquement catalan, se dresse en plein milieu du domaine. Vous l'avez compris : les Favier produisent du vin. Après avoir fait plein de choses dans leur vie, ils ont choisi ce retour à la terre et au vin. D'ailleurs, de l'apéritif au dessert, vous goûterez leurs bonnes bouteilles. Annie et Paul vous recevront comme des amis dans leur maison pleine de cachet et de charme. 6 chambres agréables au décor rustique et fleuri. On a un faible pour la chambre verte. L'endroit étant totalement isolé, vous êtes certain de ne pas être dérangé. Seul le vent soufflant dans les platanes... et encore. Doubles à 310 F avec petit déjeuner pantagruélique (comme les repas). Également une petite maison, parfaite pour une famille, avec 2 chambres, salle de bains et coin-cuisine. Annie vous fera déguster, au gré de ses envies, des anchois de Collioure, du cochon, du poulet ou des magrets. La cuisine est simple et familiale. Repas à 120 F (50 F pour les

enfants). Piscine dans le jardin. L'endroit idéal pour passer un week-end ou des vacances dans une ambiance chaleureuse. 10 % de réduction sur le prix de la chambre sur présentation du guide de novembre à avril.

|●| Ferme-auberge Le Casot : chez Gilbert Soucas, impasse Marabeille, 66270 Le Soler. À 8 km à l'ouest de Perpignan par la N116. ☎ 04-68-92-68-28. Sur réservation uniquement. Fermée le lundi et le mercredi et pendant les fêtes de fin d'année. C'est plus une plantation moderne qu'une ferme traditionnelle, mais l'accueil familial est chaleureux et la salle à manger rustique : cheminée, mur en pierre et tables en bois massif. En été, terrasse en extérieur, dans la verdure. On commande à l'avance le plat de son choix : paella au feu de bois, civet de sanglier, grillades, pigeon, etc. Les affamés ripailleront avec bonheur grâce à la formule à 135 F : apéro, charcuteries à volonté, plat choisi puis salade, fromage de chèvre, flan maison et café... Le tout arrosé à volonté de vin du pays ! Idéal pour les fêtards en bande... et en bonne santé.

|●| La Baraquette : Toreilles-Plage (plage centrale à la droite du poste de secours). À 15 km de Perpignan. ☎ 04-68-28-25-27. Ouvert midi et soir de début juin à mi-septembre. Décor très dépaysant, face à la mer. Filets de pêcheurs, chaises cordées, tables bleues... L'accueil est chaleureux, et les petits plats gentils tout plein. Gaspacho, salades, poisson grillé... font le bonheur de tous. Compter environ 120 F. Gâteau au chocolat maison à tomber.

|●| *Casa de Pene :* restaurant-grill du château de Jau, à 20 km de Perpignan, en direction de Tautavel. ☎ 04-68-38-91-38. Ouvert du 15 juin à fin septembre, uniquement le midi. On pourrait presque intituler la formule « barbecue party au château », car on n'y mange qu'une seule chose, des grillades ! Jambon, côtelettes d'agneau, saucisses... faites votre choix ! En sus, fromage et glace et, bien sûr, le très agréable vin de la propriété à volonté. Tout cela pour 150 F.

|●| *La Plancha :* 7, bd Cassanyes, Canet-en-Roussillon. À environ 10 km de Perpignan. ☎ 06-11-70-33-15. Uniquement des plats au gril, mais réussis. Nous avons apprécié les rougets grillés servis avec une ratatouille poivrons - pommes de terre, et les sardines. Mention spéciale pour les calmars et pour la crème catalane qui, pour une fois, ne nous a pas déçus. Compter environ 100 F.

Où boire un verre ?

♟ *Républic' Café* (plan B2, 40) : 2, place de la République. Dans la vieille ville, face au parking de la place de la République. ☎ 04-68-51-11-64. Ouvert de 17 h à 2 h. Fermé le dimanche. Une salle de billard et deux bars : le premier au style design, le second plus intimiste. L'ambiance est jeune et détendue. Mais surtout, une excellente musique rock à prédominance new wave (faut pas croire que l'on n'écoute que les Beatles au *G.D.R.* !). Côté bibine, le *Rep* s'est fait le spécialiste des tequilas, disponibles à partir de 20 F. On est loin des exagérations parisiennes.

♟ *Corto Maltaise* (plan A1, 41) : 27, av. du Général-Leclerc. ☎ 04-68-35-03-96. Ouvert de 17 h à 2 h. Fermé les dimanche et lundi. Un bar musical plein de tonus, où jeunesse se passe avec entrain. Décor très barcelonais. Pour adeptes du groove et du move.

♟ *Le Petit Moka* (plan B2, 42) : marché République, place de la République. ☎ 04-68-34-31-92. Ouvert tous les jours de 6 h à 19 h. Face au marché couvert de la ville, offrez-vous en terrasse un « p'tit noir » de Colombie ou du Brésil. Tout Perpignan défile chez ce spécialiste du café.

À voir

Pour éviter toute déception, autant être prévenu : il n'y a rien de vraiment exceptionnel à voir à Perpignan si l'on juge la ville à l'aune de Paris. En revanche, de belles promenades en perspective dans une vieille ville octogonale parfaitement délimitée par ses 8 boulevards périphériques...
Passeport pour entrée groupée dans 4 musées : 40 F.

★ *Le Castillet et la Casa Pairal* (plan B1, 50) : bonne introduction à la visite de la vieille ville, le Castillet lui sert en quelque sorte de porte. On y trouve le *musée catalan des Arts et Traditions populaires.* ☎ 04-68-35-42-05. Ouvert tous les jours sauf le mardi ; du 15 juin au 15 septembre, de 9 h 30 à 19 h ; le reste de l'année, de 9 h à 18 h. Entrée payante. Belle porte fortifiée en brique du XIVᵉ siècle, le Castillet (dit aussi Châtelet) servait à défendre la ville grâce à ses deux hautes tours. Il fit ensuite office de prison sous Louis XIV. Difficile de s'en échapper, vu l'épaisseur des murs et des barreaux des fenêtres... À l'intérieur, la *Casa Pairal* (en catalan : maison ancestrale), superbe avec ses poutres impressionnantes et ses portes en bois massif aux gros verrous... Musée très intéressant, sur plusieurs étages. Objets rustiques, reconstitution de scènes traditionnelles, beau mobilier ancien et quelques pièces rares : magnifique métier à tisser, étonnante salière sculptée dans une corne, peau d'ours ayant servi pour certains carnavals, amusante collection de clochettes, etc. Dans la salle d'art religieux, l'incroyable crucifix des fameuses processions régionales, décoré d'un marteau, d'une pince, d'un fouet, de couteaux, etc. Ne pas oublier de monter au dernier étage : balcon d'où l'on admire la ville, la plaine du Roussillon, les Pyrénées et le Canigou.

★ **La place de la Loge** *(plan B1-2, 51)* : le cœur historique de la vieille ville. Toujours animée en été, malgré son étroitesse. Certains soirs, des habitants y dansent la sardane, danse traditionnelle catalane joliment colorée. À l'angle de la place, la *loge de Mer,* beau bâtiment gothique de la fin du XIVe siècle, en deux parties, aujourd'hui transformé en fast-food ! Un scandale absolu. Pourquoi pas un hôtel bon marché à la Sainte-Chapelle ou une boîte de nuit dans les grottes de Lascaux ? Autrefois s'y tenait le tribunal maritime (d'où son nom) et la bourse du commerce. Remarquer le petit bateau en fer forgé du XVIe siècle, sorte de girouette placée à l'angle supérieur de l'édifice. Juste à côté de la loge de Mer, l'*hôtel de ville* dont les fondations datent du début du XIVe siècle. Ne pas hésiter à parcourir le patio pour admirer les poutres, superbes. Les belles grilles en fer forgé sont, paraît-il, du XVe siècle (la rouille les a bien conservées). On notera les amusants bras en bronze sortant de la façade extérieure, comme si des statues s'étaient laissé emmurer... Ils symbolisent les 3 catégories de citoyens qui avaient le droit de vote. Au centre du patio, bronze du sculpteur Maillol, *La Méditerranée,* considéré comme l'un de ses chefs-d'œuvre. Dans la salle des Mariages, splendide plafond hispano-mauresque, à caissons. À côté de l'hôtel de ville, le *palais de la Députation,* du XVe siècle. Belle architecture catalane, portail et fenêtres remarquables.

★ **La rue des Fabriques-Nabot** *(plan B1, 52)* : face à l'hôtel de ville, ruelle typiquement perpignanaise, souvenir du défunt quartier des pareurs d'étoffe *(les paraires)* qui firent la fortune de la ville au Moyen Âge. Au n° 2 (au fond à droite), la maison Julia, élégant hôtel particulier du XIVe siècle, très bien conservé. Façade en cailloux roulés et fenêtres géminées en plein cintre dans le patio intérieur. Un bel exemple de l'architecture du Moyen Âge dans le Roussillon.

★ **La cathédrale Saint-Jean** *(plan B1, 53)* : place Gambetta, non loin de la place de la Loge. Ouverte de 7 h 30 à 12 h et de 15 h à 19 h. Construite en plusieurs étapes entre le XIVe et le XVIIe siècle, elle est considérée comme l'un des meilleurs exemples du gothique méridional. Impressionnante nef unique, de 72 m de long. Outre le retable du XVe siècle en marbre blanc du maître-autel, on admire ceux des nombreuses chapelles, dont les périodes d'exécution varient du XVe au XVIIIe siècle. Dans l'une d'elles également, superbe cuve baptismale en marbre blanc, vieille de plus de 700 ans. On y a gravé une tirade en latin : « L'onde de la fontaine sacrée étouffe le sifflement du Serpent coupable » ! Parmi les plus beaux retables, celui de l'Immaculée-Conception, dans la quatrième chapelle, œuvre baroque en bois sculpté et peint du XVIIIe siècle. Parmi les nombreux trésors d'art religieux, citons encore le buffet d'orgue de la fin du XVe siècle : une tête de roi maure, autrefois articulée, s'y trouve suspendue. Le pauvre homme reste la bouche grande ouverte ! Sur la droite de la nef, une porte recouverte de cuir mène à une ruelle d'où l'on accède à la *chapelle du Dévot-Christ,* gardienne exclusive d'un chef-d'œuvre de bois sculpté. On y trouve un saisissant crucifix du XIVe siècle : membres tordus par la douleur, visage cerné, cou crispé, flanc recouvert de sang... Des reliques étaient cachées dans l'entaille de son torse. Selon une belle légende, la tête penchée se rapproche inexorablement du buste au fil des ans. Lorsqu'elle l'aura touché, le monde s'auto-détruira !

À droite de la cathédrale en regardant la façade, remarquer *Saint-Jean-le-Vieux*, la plus vieille église de Perpignan (1re consécration en 1025) et un portail roman du début du XIIIe siècle.

★ **Le Campo Santo** *(plan B1, 54) :* place Gambetta ; près de la cathédrale Saint-Jean. Ouvert de 10 h à 12 h et de 14 h à 17 h ; en été, de 9 h à 12 h et de 15 h à 19 h. Fermé le mardi et pendant *les Estivales* et *le Visa pour l'image* (fin août - début septembre). Entrée gratuite. Cloître-cimetière unique en France (il en existe un à Pise). Sa restauration en a fait une enclave paisible et harmonieuse, en plein centre-ville : vaste espace d'herbe entouré d'arcades gothiques sous lesquelles les riches familles bourgeoises du Moyen Âge possédaient des caveaux.

★ **Le quartier Saint-Jacques** *(plan C2, 55) :* on le traverse pour se rendre à l'église du même nom depuis la cathédrale. Ici cohabitent communautés gitanes et maghrébines. Atmosphère populo qui n'est pas pour nous déplaire : linge aux fenêtres, mamans méfiantes au milieu des odeurs de cuisine, maisons délabrées, gamins enjoués... On passe par la grande *place du Puig,* cœur du quartier, occupée sur la gauche par une caserne construite sous Vauban et transformée en H.L.M. « Grand Siècle ». En continuant jusqu'à la place Cassanyes et en redescendant la rue Llucia, on pénètre dans le quartier plus particulièrement maghrébin, récente ville dans la ville. Exotisme garanti ! On prend un thé à la menthe au resto *Agadir* ou au *Café Tanger,* typiques. Quelques échoppes pittoresques où s'écoulent les produits d'Afrique du Nord : robes brodées chatoyantes, K7 de raï, épices, etc.

★ **L'église Saint-Jacques** *(plan C2, 56) :* pur produit catalan du début du XIIIe, reconstruite au XVIIIe siècle. On remarque, à droite de l'entrée, un immense et curieux crucifix, la « croix des Impropres » (des outrages), ornée d'un sabre, d'une trompette, de clous, d'un fouet, d'une échelle, d'une tenaille, d'une éponge, d'un coq, etc. ! À l'intérieur, la richesse de la décoration surprend. Nombreux retables dorés et peints, la plupart monumentaux. Au fond à droite, la *chapelle de la Sanch* est réservée à la confrérie du même nom, créée ici-même au XVe siècle et dont l'activité principale aujourd'hui reste l'organisation de la traditionnelle procession du Vendredi saint (voir « Manifestations »). La croix accrochée au mur (ornée des « outils » cités plus haut) ouvre chaque année cette procession. Pour les calés du Gaffiot, la messe est en latin.

★ **Le palais des rois de Majorque** *(plan B3, 57) :* entrée rue des Archers. ☎ 04-68-34-48-29. Ouvert tous les jours ; de 10 h à 18 h en été, de 9 h à 17 h en hiver. Entrée payante. Parfaitement conservée, l'imposante citadelle qui domine Perpignan en est devenue la principale attraction touristique. La visite du palais royal qui s'y trouve est pourtant assez décevante : grandes pièces vides à l'atmosphère compassée, seulement deux ou trois meubles ridicules, des fils électriques qui courent un peu partout, des groupes de visiteurs un peu bruyants... Les *jardins,* bien entretenus, valent presque plus le coup. Ne pas hésiter à les traverser pour parvenir aux épais remparts, qu'on longe à travers les pins...

Construit aux XIIIe et XIVe siècles, le palais est la plus vieille résidence royale de France. Il fut édifié après que Jacques le Conquérant eut décidé de faire de Perpignan la capitale continentale du royaume de Majorque (englobant les Baléares, la seigneurie de Montpellier et les anciens comtés de Roussillon et de Cerdagne), légué à son fils Jacques II (appelé Jacques Ier de Majorque par les historiens catalans, comme pour compliquer l'histoire...). Le fils aîné, Pierre III, hérita, lui, du royaume plus vaste d'Aragon, comprenant Valence et la Catalogne. Évidemment, les jalousies et rivalités entre les deux frères, puis celles de leurs successeurs, ne furent pas très bénéfiques pour l'avenir du petit royaume, qui prit fin en 1349.

La partie la plus admirable du palais est sans conteste la *cour d'honneur,* à laquelle on accède après avoir franchi les douves (où se trouvaient les lions!) et la barbacane. Cette cour splendide témoigne de la richesse du défunt royaume : escaliers monumentaux, galeries aux belles arcades, arcs en plein cintre taillés dans un beau marbre bleu. L'aile orientale est de loin la plus belle, avec ses chapelles superposées et leur donjon. La chapelle supérieure conserve un beau portail médiéval. Mais, avant d'y parvenir, le visiteur aura gravi les marches de la tour de l'Hommage (beau panorama sur la ville) et traversé les appartements royaux du 1er étage, ainsi que la grande salle de Majorque, où trônait le roi et où avaient lieu les banquets. Mais trône, fresques et soieries byzantines ont malheureusement disparu. Reste une large cheminée à trois foyers et un imposant plafond aux arcs brisés en pierre...

★ *Le musée Hyacinthe Rigaud (plan B2) :* 16, rue de l'Ange (accessible de la place Arago). ☎ 04-68-35-43-40. En été, ouvert de 9 h 30 à 12 h et de 14 h 30 à 19 h ; en hiver, ouvre 30 mn plus tôt et ferme 1 h plus tôt. Fermé le mardi. Entrée payante. Situé dans un bel hôtel particulier du XVIIe siècle, le musée d'art de Perpignan doit son nom au grand portraitiste du début du XVIIIe siècle, qui naquit ici avant de devenir le peintre attitré de la cour de Versailles. L'une de ses plus grandes œuvres, le *Portrait du cardinal de Bouillon,* considéré par Voltaire comme « un chef-d'œuvre égal aux plus beaux ouvrages de Rubens », est exposé ici. Mais le tableau le plus important du musée est sans nul doute le retable peint de *La Trinité,* daté de 1489, qui ornait autrefois la loge de Mer de Perpignan, d'ailleurs représentée dans la partie inférieure de cette œuvre typiquement catalane. Superbe *Couronnement de la Vierge* de Peralta, du XVe siècle.

Le musée s'enorgueillit également de posséder neuf huiles et une vingtaine de dessins de Raoul Dufy. Le peintre s'installa en effet à l'angle de la rue de l'Ange et de la place Arago dans les années 40, et s'inspira des danses, des vignes et des musiciens de la région (il se lia d'ailleurs avec Pau Casals). Picasso s'installa également dans la rue, ici-même, invité par les Lazerme, propriétaires des lieux. Il fit des portraits de Mme de Lazerme, désormais exposés dans cette maison transformée en musée. Comme quoi, si l'on a des amis peintres, ça peut servir un jour...

Parmi les artistes présents ici, citons encore : Ingres, Brueghel de Velours, Bram Van Velde, Calder, Maillol, Appel, le Catalan Tàpies et Marie Laurencin.

Au 2e étage, collection de petits formats de Maître Rey. Il connaissait une foule de peintres dont il était devenu l'ami. Célèbre, moins connu ou pratiquant la peinture en amateur, chacun lui donna une petite toile. On en compte plus de 200 dans la salle. Miró, Giacometti, Dorothea Tanning, etc. Uniquement de l'art contemporain, mais tous les styles et de tous les pays. On passe son temps à se demander : « Lequel prendre pour mon salon ? » Nous, on a choisi une petite huile de Kim En Joong, un prêtre dominicain d'origine coréenne. Et vous ?

★ *La gare de Perpignan (hors plan par A2) :* elle nous a semblé des plus banales. C'était pourtant le centre de l'univers, selon Salvador Dalí : « C'est toujours à la gare de Perpignan que me viennent les idées les plus géniales de ma vie... L'arrivée à la gare de Perpignan est l'occasion d'une véritable éjaculation mentale qui atteint alors sa plus grande hauteur spéculative. (...) Eh bien ce 19 septembre, j'ai eu à la gare de Perpignan une espèce d'extase cosmogonique plus forte que les précédentes : la constitution exacte de l'univers (...), semblable par sa structure à la gare de Perpignan, à la seule différence près que là où se trouve le guichet, il y aurait l'univers de cette sculpture énigmatique dont la reproduction gravée m'intriguait depuis plusieurs jours » (*Journal d'un génie,* éd. de la Table ronde). Le « nombril du monde » (Dalí) immortalisera les lieux et le wagon à bestiaux dans lequel il se rendit en « pèlerinage », dans l'un de ses tableaux les plus célèbres...

★ *Le musée Puig* *(plan A1-2, 60)* : 42, av. de Grande-Bretagne. ☎ 04-68-34-11-70. Ouvert de 8 h 15 à 12 h et de 14 h à 18 h. Fermé le dimanche et le lundi. Joli petit musée proposant des expos de monnaies catalanes. La numismatique pédagogique !

Manifestations

– *Sardanes* (danses traditionnelles catalanes) : de juin à septembre, le soir sur la place du Castillet (se renseigner sur les jours précis).
– *Fête du Vin primeur :* à la mi-octobre.
– *Procession de la Sanch :* le Vendredi saint, de 15 h à 17 h. À ne rater sous aucun prétexte. Vêtus de tuniques et de cagoules pointues rouges ou noires (les *caperutxas*), les pénitents de cette confrérie très religieuse défilent de l'église Saint-Jacques à la cathédrale en portant la fameuse croix des outrages et les *mistéris* (tableaux représentant la Crucifixion) au pas lent du *régidor,* tandis que retentit le terrible *Miserere.* Le même jour, d'autres processions (nocturnes) ont également lieu à Collioure et à Arles-sur-Tech.
– *Les jeudis de Perpignan :* de début juillet à mi-août. Soirées originales sur les principales places du centre-ville. Musique, concerts (jazz, rock, ethnique), théâtre de rue, jongleurs, mimes, fanfares burlesques, etc.
– *Festival de jazz :* en octobre.
– *Festival de photo-reportage Visa :* en septembre.

Aux environs

★ *PORT-BARCARÈS*

Station balnéaire moderne à deux visages, comme Janus. La partie maritime n'a aucun charme. Du côté de l'étang, le paysage est beaucoup plus joli. Une seule curiosité, au milieu des 8 km de plage, et de taille : un paquebot ensablé ! Le *Lydia,* ancien navire grec de 90 m, fut remorqué jusqu'à son emplacement actuel le long d'un chenal creusé pour l'occasion. Le sable fut repoussé par une importante équipe puis une dalle de béton fut coulée pour maintenir le paquebot. Premier « immeuble » de la nouvelle station, le *Lydia* devait en incarner le dynamisme et l'originalité. Dans ses cales : boîte de nuit, bar et resto libanais ! On peut également visiter le pont supérieur, ainsi qu'un petit musée de la Mer (coraux, coquillages, histoire du *Lydia,* etc.).

★ *LA FORTERESSE DE SALSES (66600)*

À 16 km au nord de Perpignan par la N9 (direction Narbonne). ☎ 04-68-38-60-13. Fax : 04-68-38-69-85. Ouverte tous les jours ; en juillet et août, de 9 h 30 à 19 h ; en juin et septembre, de 9 h 30 à 18 h 30 ; en avril, mai et octobre, de 9 h 30 à 12 h 30 et de 14 h à 18 h ; de novembre à mars, de 10 h à 12 h et de 14 h à 17 h. Attention, les caisses ferment 30 mn avant ! Fermée les 1er et 11 novembre, 25 décembre, 1er janvier et 1er mai. Entrée payante ; tarif réduit pour les 18-25 ans.
Véritable chef-d'œuvre d'architecture militaire unique en Europe, le fort de Salses est actuellement le monument le plus visité des Pyrénées-Orientales. Premier spécimen de fortification « rasante » (d'où l'on observe au loin sans être vu de loin – nuance importante !), Salses fut édifié à la fin du XVe siècle pour le compte du royaume d'Espagne, commandé par Ferdinand d'Aragon. On sait aujourd'hui que son génial architecte était un certain Francisco Ramiro Lopez, ministre espagnol de la Guerre. Il n'hésita pas, face à la

menace d'une nouvelle espèce de boulets de canon, à faire dresser des murailles de 15 m d'épaisseur à leur base !

Réputé imprenable, à tout le moins indestructible, le fort de Salses verra la guerre de Trente Ans, puis la signature du traité des Pyrénées. Entre 1639 et 1642, sa garnison fera plus de 35 000 victimes parmi les troupes de Louis XIII venues l'assiéger ! Après avoir été abandonné aux Français, le fort hébergea Vauban. Jaloux de sa perfection (ainsi que Richelieu, qui y avait perdu de nombreux hommes), l'architecte demanda à Louis XIV l'autorisation de le raser. Devant l'impossibilité de la tâche, le roi y renonça...

La visite est tout à fait instructive, surtout si on la fait avec M. Faustier, le jeune responsable de l'endroit, érudit et passionné par les lieux. On peut voir la chapelle, les écuries (magnifiques), la salle de bains du gouverneur (très ingénieuse : sauna et eau chaude !), la boulangerie et son four à pain, la laiterie et son étable (l'endroit permettait de résister plusieurs années à un siège, ne l'oublions pas), l'ancêtre du réfrigérateur (une cheminée conçue comme un système de refroidissement), 60 w.-c., un grenier-magasin, une salle à manger (avec rince-doigts intégrés, s'il vous plaît !) et la prison où furent murés vivants les responsables de la fameuse affaire des Poisons (qui décima la cour de Louis XIV)... Côté purement militaire : des meurtrières dans chaque salle (visant aussi bien les genoux !), des gaines d'aération pour l'artillerie et un machiavélique système de protection intérieure. À la fin de la visite, panorama complet depuis le donjon sur le Canigou, le Perthus, les étangs et le littoral... Depuis 1997, la découverte des archives espagnoles par M. René Quatre Fages a apporté des éléments très importants sur le financement, la provenance et les quantités de matériaux utilisés pour la construction de la forteresse royale. Le budget de la construction représentait 20 % du budget national de la Castille !

– En complément de la visite du fort : voir le petit *musée de l'Histoire de Salses,* 14, av. du Général-de-Gaulle. À 150 m du fort (direction Perpignan). Ouvert toute l'année.

★ *TORREILLES (66440)*

À 10 km à l'est de Perpignan, un authentique village catalan de 2 000 habitants.

★ *La maison Secall, centre de Mosaïque catalane :* place du Maréchal-Joffre. ☎ 04-68-59-67-66. Installé dans une belle maison, ce centre a pour vocation de faire découvrir la mosaïque catalane au travers d'expositions et de stages d'initiation ouverts à tous.

★ *BAGES (66670)*

À 13 km environ, au sud de Perpignan. Prendre la N9 en direction de l'Espagne, puis la D612 à gauche.

★ *Le palais des Naïfs :* 9, av. de la Méditerranée. ☎ 04-68-21-71-33. Ouvert de 10 h à 12 h et de 14 h à 19 h. Fermé le mardi et le dimanche matin ; en juillet et août, fermé seulement le dimanche matin. Un parcours insolite et exotique dans l'art naïf de tous les pays et de toutes les époques, complété par une séduisante boutique. Mérite le détour.

★ *PONTEILLA (66300)*

À 10 km au sud-ouest de Perpignan.

★ *Le Jardin exotique :* route de Nyls. ☎ 04-68-53-22-44. Ouvert du 30 avril au 30 octobre les week-ends et jours fériés de 15 h à 19 h ; en juillet et août, tous les jours aux mêmes horaires. Une flore variée et odorante sur 3 ha et présentée de façon très éducative.

★ *ELNE (66200)*

La ville était prestigieuse et célèbre, à tel point qu'Hannibal en route vers Rome décida d'y faire une petite halte en 218 avant J.-C. Au IVe siècle, la cité prit le nom de *Castrum Helenae* en l'honneur de l'impératrice Hélène, mère de l'empereur Constantin, dont le petit-fils fut assassiné ici. Après les grandes invasions, les Wisigoths y installèrent le siège de l'évêché. La ville connut toutes les vicissitudes qui frappèrent le Roussillon durant le Moyen Âge, Aragon, Espagne et France se disputant âprement la région. Philippe II le Hardi incendia la ville en 1285. En 1344, elle subit le siège du roi d'Aragon, celui de Louis XI en 1474, et de Louis XIII en 1641. Une affaire qui dura, quoi! En 1602, le siège épiscopal fut transféré à Perpignan. Il reste aujourd'hui quelques belles maisons dans le centre et, bien sûr, la cathédrale et son cloître à ne pas manquer.

Adresse utile

◧ *Office du tourisme :* 2, rue Docteur-Bolte. ☎ 04-68-22-05-07. Fax : 04-68-37-95-05. Épicentre de l'association *Réseau culturel* regroupant 18 sites dans le département et proposant pour la somme de 20 F la carte inter-sites « Terre catalane ». Elle donne droit à des réductions de 20 à 60 % sur les sites affiliés. Bonne initiative!

Où dormir? Où manger?

🛏 ▮●▮ *Hôtel-restaurant Week-End :* 29, av. Paul-Reig. ☎ 04-68-22-06-68. Fax : 04-68-22-17-16. Fermé le dimanche midi et de mi-novembre à mi-mars. On a eu un réel coup de cœur pour ce petit hôtel tout simple. 8 chambres propres, au décor simple. Doubles de 220 à 245 F. Difficile de résister au charme de la terrasse. La salle, installée dans une ancienne grange, est mignonne, mais dehors, au milieu des fleurs et sous les arbres, la vie paraît si douce et calme. Menus à 78 F (menu du jour, quart de vin compris) et à 95 F changeant au gré de l'humeur du patron, un homme calme et posé qui s'ingéniera à vous satisfaire. Également un menu à 120 F. Excellente cuisine familiale, préparée avec de bons produits. 10 % de réduction sur le prix de la chambre sur présentation du *Guide du Routard*.

🛏 *Chambres d'hôte :* 9, rue des Cavaliers, 66200 Corneilla-de-la-Rivière. ☎ 04-68-22-12-67. À 9 mn de la mer. Laurence, fille du célèbre cavalier Jonquères d'Oriola, a ouvert quelques chambres dans sa belle maison de maître datant du XVIIIe siècle. Spacieuses, sobres et raffinées (cheminée en marbre, tommettes au sol, déco personnalisée), dotées de salles de bains confortables, les chambres sont à l'image de la maîtresse des lieux. Toutes portent le nom des chevaux montés par son père. Pomone, championne du monde à Buenos-Aires, Lutteur, champion olympique, etc. Les prix ne sont guère extravagants : 290 F pour 2 et 350 F pour 3. Pour 580 F, vous aurez carrément une suite pouvant accueillir 4 personnes. Le petit déjeuner, inclus dans le prix de la chambre, se prend dans un jardinet croquignolet baigné de soleil. Petit plus, tradition familiale oblige, on peut amener son cheval, les écuries sont à côté. Prix de la pension du dada : 60 F par jour, comprenant les trois picotins quotidiens.

À voir

★ *La cathédrale Sainte-Eulalie :* visite tous les jours ; de juin à septembre, de 10 h à 11 h 45 et de 14 h à 18 h 45 ; en avril-mai, fermeture à 17 h 45 ; d'octobre à mars, fermeture à 16 h 45 le dimanche. Consacrée au XIᵉ siècle, la cathédrale Sainte-Eulalie se distingue par son clocher carré, son portail en marbre et son mobilier important. Parmi celui-ci, notons un superbe retable en bois peint (XIVᵉ siècle), une pietà en albâtre du XVᵉ siècle, une table d'autel à lobes, un bénitier d'époque romaine, etc. Noter enfin, en face de l'entrée latérale, la croix des outrages. Cette croix de mission ne supporte pas le Christ crucifié mais les instruments de la Passion. Ces croix sont très rares et ne se rencontrent que dans le Roussillon.

★ *Le cloître :* de juillet à septembre, ouvert de 9 h 30 à 19 h ; en avril, mai, juin et octobre, de 9 h 30 à 12 h 30 et de 14 h à 17 h ; de novembre à mars, de 9 h 30 à 12 h et de 14 h à 17 h, sauf le mardi. Entrée payante. Sans doute l'un des plus beaux du Roussillon, et surtout le seul avec celui d'Arles-sur-Tech à être quasiment intact. Construit du XIIᵉ au XIVᵉ siècle, il résume dans une harmonie étonnante l'évolution de la sculpture de l'époque. Il est en marbre blanc veiné bleu de Céret. Les photographes amateurs pourront jouer avec les reflets du marbre. La galerie sud, la plus ancienne, est de type roman tardif. Sur les chapiteaux, beaucoup de thèmes végétaux et animaliers. À noter, la création d'Adam et Ève. Les thèmes sont les mêmes dans la galerie ouest, mais d'une facture différente. On sent le gothique arrivé. Il s'affirme dans la galerie nord. Dans la quatrième, on remarque de nombreuses illustrations de textes évangéliques : Annonciation, Visitation, Naissance de Jésus, Fuite en Égypte, Dormition de la Vierge... Un petit musée installé dans deux salles présente quelques éléments retraçant l'histoire locale. Dans l'ancienne salle capitulaire, archives, manuscrits et mobilier du Moyen Âge à nos jours. Petit musée d'archéologie présentant le résultat des fouilles sur le territoire de la commune.

★ Se promener ensuite dans le village pour admirer les vieux *remparts* qui contournent la colline.

Animations

– *Sardanes :* les mercredis d'été.
– *Fête du Vin et des Fruits :* en juillet.
– *Marché :* les lundi, mercredi et vendredi matin, place de la République. Animé.
– *Festival de Musique en Catalogne romane :* pendant la 1ʳᵉ semaine de septembre. Renseignements : ☎ 04-68-22-05-58 ou 04-68-22-05-07 (mairie et office du tourisme).
– *Fête des vendanges :* en octobre. Renseignements : ☎ 04-68-22-05-58 ou 04-68-22-05-07 (mairie et office du tourisme).

★ TAUTAVEL (66720)

À 25 km au nord-ouest de Perpignan. D117, direction Carcassonne puis D59 zigzaguante (à droite).
Village célèbre pour son puzzle : une mandibule par-ci, un bout de tête par-là, puis un os iliaque et enfin un morceau de crâne ! Résultat : plus de 10 ans de casse-tête (c'est le cas de le dire) pour reconstituer... le plus vieil

PERPIGNAN et ses environs

homme trouvé en Europe. Patronyme : Tautavel. Âge : 450 000 ans (non, on n'a pas ajouté de zéros par erreur...), voire plus, les chercheurs ne sont plus à 5 000 ans près. Caractéristiques : face bombée, os iliaque important, vertèbres cervicales développées, lombaires plus petites, front fuyant... On sent qu'il sort de son « quatre pattes ». Pas de doute, c'est bien l'arrière-grand-papa de notre aïeul de Neandertal !

Adresse utile

▣ *Office du tourisme : * au pied du musée. ☎ 04-68-29-44-29. Ouvert de 14 h à 17 h en hiver, de 14 h à 18 h de mai à juin, et de 10 h à 12 h et de 14 h à 19 h en juillet et août.

Où manger ?

▮●▮ *Le Petit-Gris : * route d'Estagel (à la sortie du village). ☎ 04-68-29-42-42. Fermé le lundi d'octobre à Pâques et le soir d'octobre à fin mars, ainsi que 15 jours en janvier. Mort à 20 ans, notre ancêtre Tautavel avait mal aux dents. Écrasons une larme. Mais aujourd'hui, il est connu dans le monde entier. Alors avant d'aller lui dire bonjour, profitez du voyage pour goûter la superbe cargolade du *Petit-Gris.* Elle cuit déjà dans la cheminée où le chef fait aussi griller viandes et magrets. Décor simple dans une salle lumineuse, entourée de coteaux rocailleux du coin. Menus à 68, 107 et 160 F. Il y a même une piscine pour faire quelques brasses avant le repas, histoire de se mettre en appétit pour l'estouffade d'escargot, les cailles grillées à l'ail ou encore les boudins catalans. Dégustation de vin doux naturel à boire dans le pourou catalan offerte à nos lecteurs sur présentation du guide.

À voir

★ *La caune de l'Arago : * visite de la grotte de juin à fin août. Au nord du village (direction Vingrau), c'est l'un des sites préhistoriques les plus riches du monde : ossements, pierres taillées, traces d'habitat, etc. Bien sûr, c'est ici que grand-papa fut trouvé (1971).

★ *Le musée de la Préhistoire : * route Vingrau. ☎ 04-68-29-07-76. Ouvert tous les jours ; de janvier à mars, de 10 h à 12 h et de 14 h à 18 h ; d'avril à juin, de 10 h à 18 h ; en juillet et août, de 9 h à 21 h ; en septembre, de 10 h à 18 h ; d'octobre à décembre, de 10 h à 12 h 30 et de 14 h à 18 h. Ce petit village a offert au plus célèbre de ses hommes un immense espace avec salle d'exposition, un auditorium, un labo de recherche et des réserves. Des dioramas reconstituent avec réalisme les scènes de la vie quotidienne de l'homme de Tautavel.

★ *Les ruines d'un château fort* du XIIIe siècle, sur la colline.

★ *Torre del Far : * tour à signaux du Xe siècle, sur un promontoire.

★ *Le caveau des Maîtres Vignerons : * ☎ 04-68-29-12-03. Ouvert tous les jours. Délicieux vins, souvent primés...

LES ALBÈRES

D'Argelès au Boulou, cet itinéraire permet de découvrir la chaîne des Albères, contreforts des Pyrénées, qui mérite d'être parcourue pour ses paysages pleins de couleurs et de charme. Des garrigues parsemées de cistes et brûlées par le soleil dans sa partie côtière à une végétation plus dense et plus fraîche de châtaigniers et de forêts verdoyantes quand on pénètre dans les terres, le tout agrémenté çà et là de tours, de fortins et d'églises romanes. On y traverse des villages forts en caractère, authentiques et agréables à vivre. Dès que l'on quitte la côte et ses campings surpeuplés, on se retrouve presque seul pour profiter de cette nature gorgée de surprises et prétexte à de belles balades. Répétition générale avant de se lancer à l'assaut du Canigou !

ARGELÈS-SUR-MER (66700)

Argelès est aussi réputée dans les Pyrénées-Orientales que Palavas-les-Flots dans l'Hérault. La ville génère autant de clichés, même si elle n'a pas eu la chance d'avoir un Dubout pour la mythifier. Certes il n'y a pas de fumée sans feu, mais il faut se garder de confondre Argelès-sur-Mer et Argelès-Plage. En été, la seconde voit déferler les amateurs de coups de soleil et de jeux de plage. Championne d'Europe des campings, la commune en compte près de 58, qui abritent plus de 50 000 personnes en haute saison. En revanche, le quartier ancien autour de l'église Notre-Dame-del-Prat présente un peu plus d'intérêt. En effet, quelques vieilles maisons aux tons ocre entourent ce bel édifice de style gothique méridional du XIVe siècle. À l'intérieur, beau mobilier et deux retables remarquables : celui du maître-autel (XVIIIe siècle) et celui consacré à saint Michel (XVe siècle).

PYRÉNÉES-ORIENTALES

Adresse utile

◻ *Office du tourisme :* place de l'Europe. ☎ 04-68-81-15-85. En saison, ouvert tous les jours de 8 h 30 à 20 h ; hors saison, du lundi au vendredi de 9 h à 12 h et de 14 h à 18 h, et le samedi matin.

Où dormir ? Où manger ?

⌂ ⏐●⏐ *Hôtel La Belle Demeure :* mas Rest, chemin de Roua. À 600 m d'Argelès-Village. ☎ 04-68-95-85-85. Fermé du 1er novembre au 1er mars. Pour y accéder, passez devant le cimetière, empruntez le tunnel en dessous de la RN114 et tournez à droite puis à gauche. Bel hôtel entièrement rénové, situé dans une imposante bâtisse du XVIIIe siècle. Les chambres sont bien équipées et sagement modernes. Piscine digne des lieux, et cuisine gastronomique. Menus à 95, 150 et 220 F. Chambres doubles de 300 F (basse saison) à 560 F en juillet et août. 10 % de réduction sur le prix de la chambre sur présentation du guide en avril, mai et octobre.

I●I *L'Amadeus :* av. des Platanes, Argelès-Plage. À côté de l'office du tourisme. ☎ 04-68-81-12-38. Fermé le lundi en avril, mai, juin, septembre, octobre et novembre ; congés annuels en janvier et la 1ʳᵉ semaine de février. Le chef n'est pas à proprement parler un Mozart des fourneaux, mais l'intention y est. Son menu terroir à 130 F chante la Catalogne sans couac, ce qui est méritoire. Escalivade de légumes, anchois marinés, pavé de thon mitonné à la catalane, petite tomme affinée, fraises de la salagne se succèdent en harmonie. Décor un rien banal pour un nom aussi flamboyant. Autres menus à 68 F (le midi sauf dimanche), 80, 105, 155, 170 et 240 F.

Camping

▲ *Camping Les Galets :* route de Taxo-d'Avall. ☎ 04-68-81-08-12. Fax : 04-68-81-68-76. Fermé de minovembre au 20 mars. À 1,5 km de la plage. Ce ne sont pas les campings qui manquent sur le site (environ une cinquantaine), mais celui-ci (5 ha) a réussi la gageure de rester de dimension humaine, tout en soignant son environnement. Vert, agréable et parfaitement équipé : bloc sanitaire pour handicapés, piscine, etc. Menu à 75 F, à base de grillades. 10 % de réduction sur présentation du guide hors juillet et août.

À voir

★ *Le musée des Arts et Traditions populaires catalans, Casa des Albères :* 4, place des Gastellans. ☎ 04-68-81-42-74. Ouvert du lundi au vendredi de 9 h à 12 h et de 15 h à 18 h, et le samedi de 9 h à 12 h. Les quatre salles de ce musée du temps retrouvé vous transportent à l'époque des forges, rabots et autres varlopes pour découvrir les métiers anciens, les travaux des champs et de la vigne en terre catalane. Ici, le menuisier, le bourrelier, la cardeuse, le bottier comme le fabricant d'espadrilles sont représentés à travers des outils originaux méticuleusement exposés. Vous pourrez approfondir votre connaissance des traditions vestimentaires catalanes, avec, entre autres, la *cófia de punta* ou les *vigatanes* (espadrilles à lacets). Et si vous vous y plaisez, pourquoi ne pas faire un tour dans la bibliothèque-vidéothèque ou encore vous plonger dans un cours de catalan (d'octobre à mai uniquement) ?

À voir. À faire aux environs

★ *La réserve naturelle « du mas Larrieu » :* s'étend sur 145 ha de part et d'autre de la rivière le Tech, sur le territoire des communes d'Elne et d'Argelès-sur-Mer.

★ *La forêt de la Massane :* sur 300 ha, dans la partie orientale du massif des Albères et occupant la partie supérieure du bassin versant de la rivière Massane entre 600 et 1 150 m d'altitude. Elle est constituée en majeure partie de hêtres qui ont une valeur de relique préglaciaire. Faune riche et variée, et tour dite de la Massane, édifiée vers 1285 par Jacques Iᵉʳ de Majorque, d'où l'on a une vue remarquable.

– *Spectacle de rapaces :* château de Valmy. ☎ 04-68-81-67-32. Tous les jours de mars à octobre, séances à 14 h 30 et 16 h (plus à 17 h 30 en juillet et août). Aigles, faucons, éperviers... Formidable !

– Nombreuses *randonnées* dans les environs : dolmen de la cova de l'Alarb, château de Valmy (où il y a un spectacle de rapaces, voir ci-dessus), chapelle Saint-Laurent-du-Mont (XIIᵉ siècle), ermitage Notre-Dame-de-Vie (Xᵉ siècle)...

★ *SAINT-ANDRÉ-DE-SORÈDE (66690)*

À 2,5 km par la D618 puis la D11. Encore une belle église romane (et ce n'est pas la dernière) dans un tout petit village typique. Construite au XIIᵉ siècle, l'*église Saint-André* se trouve sur l'emplacement d'un monastère carolingien. Jetez un coup d'œil sur le linteau au-dessus du portail avant de pénétrer à l'intérieur. À voir, la table d'autel à lobes très rare (il en existe quatre dans la région et une vingtaine en France) et un bénitier supporté par un chapiteau roman datant de l'érection de l'église.

★ *SORÈDE (66690)*

2 km plus loin par la D11. Petit village agréable renommé durant tout le XIXᵉ siècle pour ses micocouliers servant à la fabrication de la cravache et du fouet dit « de Perpignan ».

Où dormir ? Où manger ?

PYRÉNÉES-ORIENTALES

I●I **La Salamandre :** 3, route de Larroque. ☎ 04-68-89-26-67. Fermé le dimanche soir, le lundi (sauf en été), de fin janvier au 15 mars et du 15 novembre au 1ᵉʳ décembre. La salle, un peu petite, manque d'intimité, mais la table vaut vraiment la peine d'être essayée. Cuisine pleine d'originalité, alliant gastronomie régionale et recettes moins connues pour un résultat fin et savoureux. Daurade royale au citron vert, galette de pois chiches, gigot d'agneau à la ficelle et son aïoli... Menus à 90 F et 125 F. Menu enfants à 50 F.

I●I **Le Café des Sports :** 3, rue Saint-Jacques. ☎ 04-68-89-00-44. Plus connu sous l'appellation *Chez Daniel et Squaw Martine*. Café de village typique où l'accueil est chaleureux. La patronne concocte de bonnes salades et éventuellement des plats chauds. Plat du jour à 40 F avec quart de vin. Plats à la carte de 36 à 58 F. Si vous voulez découvrir les Albères à pied, demandez aux patrons de vous faire rencontrer le guide.

▪ **Café-hôtel Catalan :** place de la République, Larroque-des-Albères. ☎ 04-68-89-21-06. À 2 km de Sorède. Bistrot de village avec 15 chambres proprettes et agréables, de 150 à 200 F. Parfait pour une halte de courte durée. Ambiance garantie « pays », vieux Catalans qui jouent au « troc », etc.

À voir

★ **Le CAT Les Micocouliers :** 4, rue des Fabriques. ☎ 04-68-89-04-50. Ouvert toute l'année, du lundi au vendredi de 9 h à 12 h et de 14 h à 16 h 30. Ce centre d'aide par le travail, installé dans une fabrique qui date de 1850, perpétue la tradition du fouet en micocoulier (arbre très vivace qui croît dans le Midi), qui remonte au XIIIᵉ siècle. Des fouets et cravaches réputés pour leur flexibilité et leur longue durée. Visite digne d'intérêt. Vous verrez des handicapés, restaurés dans leur citoyenneté, faire un travail minutieux et remarquable. Hermès est client de la fabrique, tout comme les dompteurs et autres professionnels du cirque. La fabrique est la seule en Europe à travailler la matière naturelle.

★ SAINT-GÉNIS-DES-FONTAINES (66740)

À 5,5 km par la D2 vers Larroque-des-Albères puis en direction de Saint-Génis. Pittoresque village qui mérite impérativement une visite. Ambiance nonchalante de ces coins du Sud où la vie s'écoule tranquillement entre les marchés sur la place de l'église et les terrasses des cafés où l'on se retrouve pour discuter. Il s'agit peut-être d'un cliché pour Parisiens, mais gageons que vous ne serez pas déçu. D'autant plus que l'*église Saint-Michel* est somptueuse. Dès le IXe siècle, un monastère fut érigé ici. Et après une première destruction, l'église fut consacrée, au XIIe siècle, lorsque la nef fut reconstruite.

À voir

★ *Le cloître de Saint-Génis :* rue Georges-Clemenceau. ☎ 04-68-89-84-33. Ouvert tous les jours de 9 h 30 à 12 h et de 14 h à 17 h (18 h en été). Entrée payante. Fondée autour de l'an 800, détruite au Xe siècle, l'abbaye bénédictine de Saint-Génis fut reconstruite au cours des décennies suivantes. Rattachée d'abord à Cluny, elle fut unie en 1507 à celle de Montserrat (Espagne). Vendue comme bien national en 1796, elle est démantelée en majeure partie en 1924. On en trouve des morceaux outre-Atlantique : 9 piliers à Philadelphie et une vasque à New York.
La particularité du cloître, c'est sa polychromie de teintes de marbre (le marbre rose et noir de Villefranche-de-Conflent et le marbre blanc de Céret), unique en Roussillon. Des teintes que l'on retrouve à l'abbaye de Montserrat. C'est un cloître sobre et primitif, reconstruit à l'identique dans les années 80.

Aux environs

En continuant sur la D618, on arrive au **Boulou** (66160). Ville de passage sans grand intérêt touristique. À voir cependant, le beau portail roman de l'église.

|●| *Le Manège de la Lune :* 22, rue des Pyrénées. ☎ 04-68-83-17-46. Fermé le lundi soir et le dimanche hors saison. Dément, hallucinant, délirant. On est encore sous le choc de la déco : un manège (évidemment !) trône au milieu de ce bar-restaurant. Néons en forme d'étoiles, de lunes, sorcières au plafond, couleurs criardes, voire agressives, bar en mosaïque... Une influence « gaudio-boterienne » magnifiée par un décorateur « fou ». La déco est due, en fait, à deux artistes de la région, Alias et Alias. Le résultat est dingue ; on aime ou on déteste, mais il est certain que l'endroit deviendra monument historique dans... trois siècles. En ce qui concerne la cuisine : elle est bonne et pas chère. Menus de 59 à 118 F avec, par exemple, d'excellents *tapas* que l'on déguste sur un fond musical rock. Menu enfants à 42 F.

★ SAINT-MARTIN-DE-FENOLLAR (66480)

À 2 km du Boulou. Église du XIIe siècle avec un chœur décoré de peintures murales régionales, notamment un *Christ en majesté* dans une mandorle entouré des quatre évangélistes, des scènes de l'Annonciation, et de la Nativité où Jésus est couché sur un autel.

Où manger aux environs ?

|●| **Auberge à la ferme Belladonne :** 66480 Mas-d'en-Baptiste. À 800 m de la chapelle Saint-Martin-de-Fenollar. ☎ 04-68-83-41-65. Ouverte uniquement sur réservation, midi et soir. Fermée les lundi et mardi. Producteurs de plantes aromatiques et médicinales, Rebecca et Michel, passionnés par la cuisine de la Rome antique, du Moyen Âge et de la Renaissance, proposent d'en retrouver les arômes dans leur propriété. Autour d'un plat sujet (agneau à la parthe, limonia du XIe siècle, etc.) que l'on choisit sur leur carte (il faut téléphoner avant), ils organisent tout un repas. Pour 150 F, vin compris (enfant de moins de 8 ans : 75 F), voilà ce que cela donne : apéritif aux plantes, suivi d'une terrine blanche sauce au poivron (fromage blanc, légumes, menthe, aneth), d'une salade verte à l'orange et au gingembre, du fameux Galimafrée (porc cuit dans un bouillon aromatique avec légumes et fruits secs ; plat d'Hugues Capet du Xe siècle), puis d'une mousse de carotte à l'estragon, mousse de céleri rave à la muscade, d'un riz au romarin et échalote, fromage, flan aux fruits, café ou infusion... ouf! Un repas insolite, riche en arômes, qui fait voyager dans l'histoire. Rebecca, l'hôtesse, répond à toutes les questions avec un plaisir évident.

À voir aux environs

★ **Le musée du Liège :** syndicat d'initiative, 66480 **Maureillas.** ☎ 04-68-83-48-00. Du 15 juin au 15 septembre, ouvert de 10 h 30 à 12 h et de 15 h 30 à 19 h ; hors saison, ouvert de 14 h à 17 h, fermé le mardi. Tout ce que vous voulez savoir sur le liège sans avoir osé le demander : chêne-liège, traitement du liège, travail à la main du bouchon, en machines, etc.

★ LE PERTHUS (66480)

Une ville frontière qui, comme toutes les villes frontières, ne présente pas un intérêt majeur.

À voir

★ **Le fort de Bellegarde :** du 30 juin au 30 septembre, ouvert de 10 h à 19 h. Le reste de l'année, s'adresser à la mairie. ☎ 04-68-83-60-15. Forteresse du XVIIe siècle, construite par Vauban, qui fut prise et reprise à chaque guerre entre les rois de France et d'Espagne. D'une superficie de 14 ha. 1 000 personnes pouvaient y vivre pendant un an sans en sortir grâce au puits et à l'engrangement du blé dans une suite de caves voûtées qui servaient de silos. Son puits, du XVIIe siècle et de 62 m de profondeur, serait l'un des plus grands d'Europe. La forteresse a accueilli les fortes têtes au début du siècle et, paraît-il, des prisonniers pendant la guerre civile d'Espagne. Dans l'ex-boulangerie, aujourd'hui transformée en salle de musée dédiée aux objets trouvés lors des fouilles sur le site romain voisin de Panissars (1 km en contrebas), on peut voir plusieurs inscriptions : « Honneur et patrie » et « Le suicide est une lâcheté ». De sa terrasse panoramique, on a une vue sur l'Espagne et la pyramide de Ricardo Bofill, symbole de l'union des deux Catalognes. Pour l'anecdote, La Scoumoune, avec Claudia Cardinale et Jean-Paul Belmondo, ainsi que L'Évadé avec Charles Bronson furent tournés en son enceinte.

Où dormir ? Où manger ?

≜ |●| Gîte d'étape Chalet de l'Albère : L'Albère. ☎ 04-68-83-62-20. Tout à la fois café-restaurant et gîte d'étape, ce chalet, situé à l'entrée de la forêt domaniale, offre un point de vue exceptionnel sur les cols d'Espagne et le fort de Bellegarde. Cuisine sans complications et menus à 85 et 120 F. Menu enfants à 35 F. Pour le gîte, il y a un dortoir (16 à 20 personnes) au prix de 60 F par personne, avec douche à l'extérieur, et 4 cabines de 2 à 4 places (60 F par personne) avec w.-c. et douche. C'est simple, mais propre. Les randonneurs à cheval ne sont pas oubliés. Pour leurs gentils compagnons, une écurie de 9 boxes pour 18 chevaux est à leur disposition gracieusement. Faune intéressante aux alentours : sangliers, salamandres, lézards verts, etc. À l'entrée de la forêt, quelques tables en bois pour pique-niquer.

LA CÔTE VERMEILLE

Une merveille naturelle dont on aurait inversé les lettres pour rendre hommage à la couleur de sa roche brûlée par le soleil... Région vinicole s'étendant d'Argelès à la frontière espagnole via le cap Cerbère, la côte rocheuse du Roussillon fut longtemps célébrée par les artistes installés à Collioure et, plus récemment, par les amateurs des bons vins de Banyuls.

Peu de plages mais de vieux ports de pêche, malheureusement dénaturés par la fâcheuse tendance des promoteurs immobiliers (« Ça peut attirer du monde, ces beaux villages ensoleillés. Et si on construisait quelques résidences en béton ? »).

Qu'on se rassure : cette côte n'est pas défigurée comme celle qui la précède (de Barcarès à Argelès via Canet). Ici, le charme méditerranéen a encore (presque) tous ses droits. Malgré les hordes d'estivants venus admirer Collioure, les barques de pêche tanguent dans leurs petites baies, les retraités dorment à l'ombre des platanes et les anchois se retrouvent partout ! Ajoutez d'admirables panoramas côtiers et de belles randonnées dans l'arrière-pays, et vous comprendrez que cette Côte Vermeille n'a pas grand-chose à envier à celle d'Azur.

La S.N.C.F. a pensé à ceux qui n'ont pas de voiture : la ligne Narbonne – Port-Bou (passant par Perpignan) dessert plusieurs fois par jour Collioure, Port-Vendres, Banyuls et Cerbère. Sinon (mais moins rapide) : ligne 44 en bus de la gare routière de Perpignan.

COLLIOURE (66190)

Son site, dont la beauté égale la célébrité, lui a valu le titre de « joyau de la Côte Vermeille ». Le dôme rose de son curieux clocher, les plages de sa vieille ville, son château royal, son adorable port aux barques colorées et sa lumière séduisirent de nombreux peintres. Tout commença un matin de 1905. Un peintre, débarquant un peu fauché à Collioure, fut ébloui par le ciel et par l'extraordinaire « éclairage » de la ville. Matisse comprit très vite qu'une nouvelle « vie » commençait pour lui. Le fauvisme allait naître. Tout ici n'est que couleur : maisons roses comme la terre, volets verts et des carrés de mer et de ciel réunissant toutes les nuances de bleu. Picasso venait fréquemment s'imprégner de cette ambiance, comme Dalí à Cadaquès.

Aujourd'hui, l'ancienne ville espagnole fait surtout les délices des touristes et de quelques peintres de quatrième catégorie qui envahissent les rues dès que les beaux jours arrivent. Mieux vaut éviter l'afflux saisonnier des vacanciers, afin de profiter pleinement de ce site enchanteur.

Comment y aller ?

– *En train :* une dizaine de départs par jour de Perpignan. 20 à 25 mn de trajet. Ligne Narbonne – Port-Bou.
– *En bus :* 8 départs par jour environ en été, 5 en hiver (certains ne fonctionnant pas le dimanche). Premier départ de la gare routière de Perpignan à 7 h (8 h 15 en été), dernier départ à 18 h 20 (17 h 30 en été, ainsi que les dimanche et jours fériés). 40 mn de trajet. Renseignements : ☎ 04-68-35-29-02.
– *En voiture :* Collioure est à 21 km au sud-est de Perpignan. Sortir en direction d'Argelès et de l'Espagne et prendre la N114. Grand parking près du vieux port.

Adresses utiles

🅱 *Office du tourisme :* place du 18-Juin ; dans la vieille ville. ☎ 04-68-82-15-47. Fax : 04-68-82-46-29. En saison, ouvert de 9 h à 20 h (de 10 h à 13 h les dimanche et jours fériés) ; hors saison, ouvert de 10 h à 12 h et de 15 h à 18 h, sauf le samedi après-midi et le dimanche. Services compétents.

🚆 *Gare S.N.C.F. :* à environ 1 km de la vieille ville. ☎ 08-36-35-35-35 (2,23 F/mn).
■ En cas de pépin : *poste de secours* sur la plage Boramar. ☎ 04-68-82-17-69. *Gendarmerie :* ☎ 04-68-82-00-60 et 04-68-82-06-04 (en juillet et août).

Où dormir ?

Plus recherchée pour son charme que pour ses fastes, Collioure la charmante conserve quelques adresses bien situées à prix démocratiques. La ville des peintres réserve même des chambres de rêve dans un véritable musée !

De prix moyens à plus chic

🛏 *Hôtel Boramar :* 19, rue Jean-Bart ; sur la plage du Faubourg (celle qui longe la route principale). ☎ 04-68-82-07-06. Fermé de novembre à avril. Un gentil hôtel aux chambres correctes manquant un peu de charme. Demandez un balcon s'il en reste ; vous pourrez apprécier ainsi pleinement le lever de soleil sur le port, la ville et le château. De 258 à 358 F la double avec douche et w.-c.
🛏 *Hôtel Triton :* 1, rue Jean-Bart ; un peu avant le *Boramar.* ☎ 04-68-98-39-39. Fax : 04-68-82-11-32.

Grosse maison rose très bien située également. Chambres doubles de 180 à 310 F, certaines avec terrasse où l'on peut prendre son petit déjeuner. Pensez à réserver à l'avance une chambre donnant sur la mer, celles de derrière sont sombres et bruyantes.

🛏 *Hostellerie des Templiers :* 12, quai de l'Amirauté ; face au château. ☎ 04-68-98-31-10. Fax : 04-68-98-01-24. Fermée le lundi et en janvier. Les amoureux de la ville vous le diront : « Si vous allez à Collioure, dormez chez Jojo Pous ! ». Son père,

René Pous, a reçu ici ses amis peintres et sculpteurs, offrant comme un seigneur gîte et couvert, se faisant remercier par une toile ou un dessin. Parmi ses nombreux invités, quelques hôtes de marque qu'on aurait aimé recevoir nous aussi : Matisse, Maillol, Dalí, Picasso et Dufy ! Résultat : plus de 2 000 œuvres d'art originales exposées jusque dans les moindres recoins de la maison : plafonds, escalier, couloirs, bar (en forme de bateau !) et bien sûr dans les chambres... Malheureusement, quelques-unes des œuvres les plus précieuses (dont les Picasso) furent volées il y a quelques années. Il faut dire que ce musée pas comme les autres reste une accueillante maison loin de tout luxe tapageur. Les prix des chambres restent d'ailleurs raisonnables : de 335 à 365 F (en haute saison), avec douche ou bains et w.-c. (demander le n° 30, pas mal du tout). Chaque chambre a son propre cachet ; la plupart sont vraiment splendides avec leurs lits de bois peints, leurs chaises rustiques et leurs tableaux colorés aux murs. L'hôtel est souvent complet. Au restaurant, menus à 99 F (sauf le dimanche midi) et 125 F. Menu enfants à 60 F.

▲ *Les Caranques :* route de Port-Vendres. ☎ 04-68-82-06-68. Ouvert du 1er avril au 15 octobre. Rien que pour sa vue magique sur Collioure, cet hôtel, situé directement sur la mer et dominant le port d'Avall, vaut la nuitée. Familiale, chaleureuse, voilà une halte recommandée pour qui vadrouille sur la Côte Vermeille. Les 14 chambres très calmes ont toutes vue sur la mer et une loggia. Petite salle à manger pour ceux qui prennent racine (demi-pension de 255 à 330 F par personne obligatoire en juillet, août et septembre). Terrasses pour s'offrir des bains de soleil. Chambres doubles de 200 à 350 F et petit déjeuner à 35 F.

▲ *Hôtel Méditerranée :* av. A.-Maillol. ☎ 04-68-82-08-60. Fax : 04-68-82-28-07. Fermé de novembre à fin mars. Accueil à la catalane, une utilisation judicieuse de la brique dans la décoration, des chambres confortables récemment rénovées de 330 à 370 F en basse saison et de 390 à 430 F en saison. Dommage que certaines donnent sur le port, toujours bruyant en été. Propose un parking fermé.

Très chic

▲ *Hôtel Casa Païral :* impasse des Palmiers (place du 8-Mai-1945). ☎ 04-68-82-05-81. Fax : 04-68-82-52-10. Fermé de novembre à mars. Un petit palais dans une oasis de rêve : fontaine dans un patio noyé sous la verdure, piscine chauffée, salons douillets, calme total, etc. Le grand luxe pour un coin de paradis ! Cher évidemment, mais les chambres stylées sont confortables et spacieuses. Doubles avec douche de 350 à 400 F et avec bains de 470 à 950 F pour les plus belles. Réserver longtemps à l'avance, surtout pour la période estivale. 10 % de réduction sur le prix de la chambre sur présentation du guide en avril et octobre (hors jours fériés).

▲ *Hôtel L'Arapède :* route de Port-Vendres. ☎ 04-68-98-09-59. Fax : 04-68-98-30-90. Fermé en décembre, janvier et février. Solidement accroché à la roche, *L'Arapède* s'offre la Méditerranée comme toile de fond. On a connu pire ! Entièrement rénovées dans des tons très doux et agréables à vivre (tissus catalans de tonalités différentes), les chambres sont agrémentées d'une impeccable salle de bains et d'une terrasse. Le soleil qui brille en permanence permet moult séances de bronzette autour de la piscine dont la propreté est une invite au plongeon permanent. Nombreuses plantations dans les environs immédiats : pins parasols, tamaris, etc. Grill près de la piscine pour prendre quelques forces entre deux mises à l'eau. Chambres doubles de 400 à 800 F. Possibilité de demi-pension en été : 410 F par jour et par personne.

Chambres d'hôte

▲ *Chambres d'hôte Brigitte Banyuls :* 80, av. du Miradou. ☎ 04-68-82-12-63. Ouvert toute l'année. Il faut grimper sur les hauts du vieux Collioure pour accéder au paradis de Brigitte Banyuls. Jeune femme souriante et chaleureuse, Brigitte dispose de 3 chambres d'un excellent rapport qualité-prix. 2 d'entre elles ont une salle de bains (220 et 250 F) et la dernière une douche (200 F). Des chambres au clair décor et paisibles. Excellent petit déjeuner (35 F) avec jus d'orange pressée, pain, croissant, toast grillé et confiture, ainsi qu'au choix : œuf, fromage ou yaourt. Une halte douillette dont on se refile l'adresse de bouche à oreille. Parking dans les rues avoisinantes.

▲ *Chambres d'hôte :* 1 *bis,* av. du Miradou. ☎ 04-68-82-43-12. Yvonne Ferlu n'a que 3 chambres avec douche et w.-c. (à 200 et 230 F), mais elles restent rarement sans occupant. Il faut dire que par sa situation, cette maison bourgeoise en plein centre de Collioure et à deux pas du port séduit d'emblée. 2 chambres donnent sur les jardins des maisons voisines. Elles sont bien équipées (douches et w.-c.), et entretenues avec soin. Pas de petit déjeuner, mais il y a une cafetière électrique dans chaque chambre pour ceux qui veulent se le préparer. Si vous pouvez, choisissez la chambre n° 4 avec vue sur le jardin.

Camping

▲ *La Girelle :* plage de l'Ouille. ☎ 04-68-81-25-56. Fax : 04-68-81-87-02. Ouvert d'avril à fin septembre. En arrivant en voiture de Perpignan, tourner à gauche au grand carrefour et descendre la colline (fléché). C'est un peu cailouteux, mais c'est normal : on est sur les côtes rocheuses ! Très bien équipé : machines à laver, buvette, épicerie et produits du pays, poneys. Resto avec un menu à 68 F et un menu enfants à 40 F. Camping : 106 F l'emplacement à la journée, parking et douches chaudes pour 2 personnes compris.

PYRÉNÉES-ORIENTALES

Où manger ?

I●I *El Capillo :* 22, rue Saint-Vincent. ☎ 04-68-82-48-23. Ouvert des Rameaux à octobre. Fermé le mardi sauf en juillet et août. Un endroit tout simple où l'on mange des anchois, des moules, du poisson *a la planxa* ou d'excellentes crevettes à l'ail. Compter 80 F par personne. Petites salles et terrasse agréables. Menus à 65 et 90 F.

À voir

★ *Le vieux port* avec sa plage de galets, ses chaloupes peintes échouées là, ses cafés animés, sa promenade dallée d'ardoises, son château (à droite) et sa curieuse église (à gauche). Un charme fou, mais beaucoup trop de monde pendant les vacances. Et donc pléthore de pseudo-artistes et revendeurs...

★ *L'église Notre-Dame-des-Anges :* l'image la plus connue de Collioure grâce à son étonnante tour ronde, ancien phare du vieux port transformé en clocher. Construite au XVIIe siècle, son intérieur est une véritable caverne d'Ali Baba : dans la pénombre se cachent neuf retables d'une richesse inouïe dont celui du maître-autel, immense triptyque en bois doré, sculpté par un artiste catalan dans le plus pur style baroque de la région. Dans la sacristie, le *Trésor* de l'église : vases sacrés, croix processionnelle du XVIe, peintures du XVe, meuble-vestiaire du XIIIe, reliquaire, Vierge du XVIIe siècle, etc.

★ Derrière l'église, les petites *plages Saint-Vincent et du Nord,* dos à dos, séparées par une jetée menant à l'îlot rocheux de Saint-Vincent, où se dresse une chapelle. Le long de la côte, une longue promenade battue par les vagues mène à la plage du Racou.

★ **Le château royal :** ouvert de 10 h 30 à 17 h 15 en été, de 9 h à 16 h 15 hors saison. Vieux de plus de 700 ans, il fut de nombreuses fois assiégé puis agrandi. Résidence des rois de Majorque et d'Aragon au XIV° siècle, fortifiée aux XV° et XVII° siècles par Vauban, au détriment de la ville qui l'entourait. En 1670, toute la ville est détruite et la population déplacée (d'abord vers ce qu'on appelle aujourd'hui le quartier de Mouré et puis, plus tard, vers la plage de Port-d'Avall). L'imposant édifice dominant la baie reçoit désormais des expos temporaires. On peut néanmoins visiter quelques grandes salles, dont celle de la reine.

★ **Le quartier du Mouré :** c'est le nom donné à la vieille ville d'amont, entre le château et l'église, délimitée d'un côté par le sentier de la Moulade (le long de la côte), de l'autre par le quai de l'Amirauté. Très espagnole, avec ses maisons ocre rosé ou plus foncé (la couleur ocre rose est une caractéristique de Collioure) aux balcons fleuris, ses ruelles escarpées pavées de galets de schiste. En remontant la pittoresque rue Miradou, on parvient au fort du même nom, construit au XVII° siècle et encore occupé par l'armée.

★ **Le musée Peské :** dans la maison et le parc Pams (ancien sénateur), route de Port-Vendres. Ouvert de 14 h à 18 h. Fermé le mardi. Art moderne uniquement : artistes de la région, confirmés ou non. Pour ceux qui ont du temps à perdre. Les autres ne manqueront pas le musée « vivant » et étonnant de l'*Hostellerie des Templiers* (voir « Où dormir ? »).

★ À côté du musée, ancien **couvent des Dominicains** (XIV° siècle), aménagé en cave coopérative.

★ **Le chemin du fauvisme :** « Des beaux bleus, des beaux rouges, des beaux jaunes, des matières qui remuent le fond sensuel des hommes, c'est le point de départ du fauvisme, le simple courage de retrouver la pureté des moyens ». Matisse voyait Collioure de cette manière vers 1905. Avec Derain, ils devinrent les chefs de file du mouvement fauviste qui compta une petite dizaine de peintres dont Braque, Van Dongen, Dufy, de Vlaminck, Camoin... Mais seuls Derain et Matisse connaîtront intimement Collioure. De plus, les fauves voulaient réagir contre les sensations visuelles de l'impressionnisme en cherchant à magnifier les couleurs pures, en les séparant de la référence permanente à l'objet. Cela se traduit par un refus systématique de la perspective, une prédilection nettement accusée pour les couleurs flamboyantes et la modification des formes. En définitive, le fauve interprète ses émotions plus qu'il ne les décrit. Le chemin du fauvisme permet donc la découverte de vingt reproductions de tableaux de Matisse et de Derain, placées dans la rue là où les peintres ont posé leur chevalet. Grâce à ce musée imaginaire, on assiste à travers les rues de la ville à la naissance d'un des mouvements les plus importants de la peinture du XX° siècle. Plans et plaquettes de présentation sont à disposition à l'office du tourisme.

★ **Maison de la Vigne et du Vin :** place de la Mairie. ☎ 04-68-82-49-00.

Manifestations

– **Procession de la Sanch :** le Vendredi saint, chaque année. Une des trois du département, mais celle-ci se fait à la tombée de la nuit, aux flambeaux ! À ne pas rater : cantiques, ferveur religieuse, etc. Le *Regidor* (meneur) porte la traditionnelle tunique rouge, une haute capuche pointue, et tient la clochette des condamnés à mort... Les pénitents ont le visage caché par une cagoule noire et portent la croix.

– **Festa Major de Collioure** *(fête du village et corrida) :* le 16 août. Pour l'occasion, feu d'artifice célèbre dans toute la région (il se reflète dans les eaux du port, illuminant barques et château!) et *novillada* traditionnelle dans les arènes de Collioure (3 200 places), à 17 h 30. Réserver impérativement ses places par téléphone auprès de l'office du tourisme. Ce jour-là, réserver également ses billets de train!

– *Sardanes :* d'avril à septembre, plusieurs fois par semaine sur les places du village. Les figurants, vêtus des couleurs traditionnelles (rouge, blanc et noir), dansent une ronde rythmée par les cobles... C'est une danse profonde, dont la technique est codifiée avec précision, et surtout une danse de fraternité, immortalisée par Picasso en 1953 au pinceau et encre sur papier vélin, et intitulée *Sardane à la Colombe.*

À faire

– *Les plages,* bien sûr. Petites mais suffisamment nombreuses pour se trouver une place au soleil : plage Nord et Saint-Vincent (près de l'église), plage Boramar (entre église et château), plages Port-d'Avall et Boutigué (côté Faubourg) et les criques de l'Ouille (vers Argelès) et de la Balette (vers Port-Vendres).

– *Plongée, planche à voile, etc. :* se renseigner à l'office du tourisme. Ou auprès du *Club nautique de Collioure :* M. Duhamel, 49, rue du Pla-de-las-Fourques. ☎ 04-68-82-07-04. Ou encore au *CIP,* rue du Puits-Saint-Dominique. ☎ 04-68-82-07-16.

– *Randonnées :* nombreuses promenades, de 45 mn à 4 h et plus, dans les montagnes de l'arrière-pays. La petite route menant à l'ermitage de Notre-Dame-de-Consolation vaut le coup : garrigue, calme et beaux points de vue. Jolie chapelle (ex-voto marins) et platanes à l'arrivée. Un peu plus loin, la tour Madeloc offre un merveilleux panorama sur les Albères et toute la Côte Vermeille. *Idem* pour la tour de la Massane (voir aussi aux environs d'Argelès-sur-Mer), un peu plus à l'ouest (compter 3 h en partant de Collioure). Sinon, la route des Crêtes mène à Port-Vendres et Banyuls. De Banyuls, la grande classique du GR10 traverse les Pyrénées françaises jusqu'à Hendaye via le mont Canigou. Balisage rouge et blanc. Beaucoup de randonneurs en juillet et août.

Achats

– Goûtez absolument à la spécialité locale : les *anchois* ! Pêchés ici depuis toujours, ils ont fait vivre bon nombre de marins. La pêche a lieu en été à bord de barques munies de lampes – les fameux *lamparos.* Salés immédiatement, les poissons restent ensuite plusieurs mois dans les fûts de saumure avant d'être vendus dans des bocaux de verre. Depuis peu, la ville produit également une délicieuse crème d'anchois et des olives farcies aux anchois. Les deux maisons les plus connues où déguster et acheter : *Desclaux,* carrefour du Christ, et la *Société Roque,* route d'Argelès.

– Une autre spécialité : la *sardinade.* Un régal : des sardines fraîches du matin, écaillées et frottées à l'huile d'olive puis grillées sur des braises de sarments. La sardinade se mange avec les doigts... et accompagnée d'un vin blanc local !

PORT-VENDRES (66660)

À 3 km de Collioure. Vieux port de pêche concurrent du voisin, à l'abri des collines. Du « port de Vénus » développé au XVIIᵉ siècle par Vauban, il reste

PYRÉNÉES-ORIENTALES

une belle église rose de style espagnol, posée curieusement sur le quai. À côté, sur l'ancienne place royale dédiée à Louis XVI, un obélisque de marbre rose haut de 30 m. Excepté quelques beaux navires de plaisance et de pêche qui créent un peu d'animation, le reste du village joue les belles alanguies et sort rarement de sa torpeur toute méridionale. Pas désagréable pour le voyageur de passage.

Adresse utile

◼ *Office du tourisme :* 3, quai Forcas. ☎ 04-68-82-07-54. Fax : 04-68-82-53-48.

Où manger ?

◖◗ *La Côte Vermeille :* quai du Fanal. ☎ 04-68-82-05-71. Ouvert tous les jours. Sur le port, face à la mer et à deux pas de la criée, ce resto cossu est réputé pour la qualité de ses poissons. Le menu déjeuner à 105 F, avec salade de morue demi-sel à l'huile d'olive, poisson du jour selon la pêche locale, dessert et vin compris, a un petit côté « casse-croûte au bistrot du port » assez jouissif. Autres menus à 138, 178 et 238 F.

◖◗ *Ferme-auberge Les Clos des Paulilles :* baie des Paulilles ; à 4 km de Port-Vendres en direction de Banyuls. ☎ 04-68-98-07-58. Une propriété viticole qui s'ouvre midi et soir du 1er juin à fin septembre et les week-ends d'hiver. On y mange fort bien pour environ 165 F avec vin à volonté. Flan d'aubergine, poulet aux olives, fromage de chèvre, gâteau au chocolat et petit cru... C'est chouette les vacances !

À voir

– *Criée au poisson :* du lundi au vendredi, à partir de 16 h.

BANYULS-SUR-MER (66650)

Terre des vignobles qui portent son nom, station balnéaire et patrie du sculpteur Aristide Maillol, Banyuls est également une agréable petite ville aux belles allées de palmiers et de platanes. Un important port de plaisance anime sa jolie baie, et les stands de dégustation proposent de remarquables vins de Banyuls. Bref, un endroit tout à fait charmant.

Adresses utiles

◼ *Office du tourisme :* sur la plage, face à l'hôtel de ville (route principale). ☎ 04-68-88-31-58. Fax : 04-68-88-36-84. Ouvert de 9 h à 12 h 30 et de 14 h 30 à 19 h, sauf les dimanche et jours fériés ; tous les jours en juillet et août. L'office organise en juillet et août (3 fois par semaine) et en septembre (le dimanche matin) une randonnée pédestre, commentée par un vigneron, au cœur du vignoble sur un ancien chemin des muletiers (30 F).

PYRÉNÉES-ORIENTALES

Gratuit pour les enfants de moins de 12 ans.

🚂 *Gare S.N.C.F. :* ☎ 08-36-35-35-35.

■ *Vente de produits locaux :* 58-60, av. Puig-del-Mas (grande rue perpendiculaire à la route principale, dans le centre). Dans la cour, vieux cheval et étonnant bric-à-brac. Les proprios proposent miel, fromages frais, lait et vin de muscat.

■ *Holiday Bikes :* RN 114. ☎ 04-68-88-00-35. Location de V.T.T. et d'engins motorisés à deux roues.

Où dormir ?

Camping

🛖 *Camping municipal :* route du Mas-Reig (suivre les flèches « visite Cellier des Templiers »). ☎ 04-68-88-32-13. Ouvert du 1er avril à la mi-novembre. Agréable site arboré à l'écart du centre. Confort d'un 2 étoiles. Compter environ 28 F par tente plus 19 F par campeur, en saison.

Prix moyens

🛖 *Hôtel-restaurant La Pergola :* 5, av. Fontaulé ; près du port, route principale. ☎ 04-68-88-02-10. Fax : 04-68-88-55-45. Fermé en décembre et en janvier. Grosse maison rose aux volets bleus. Chambres impeccables et propres, dont certaines donnent sur la mer, de 260 à 325 F la double avec douche et w.-c. Demi-pension obligatoire en août.

Fait aussi resto. Menus à 80, 98, 125, 145 et 160 F. Menu enfants à 45 F.

🛖 *Hôtel-restaurant Al Fanal :* av. de Fontaulé. ☎ 04-68-88-00-81. Fax : 04-68-88-13-37. Fermé le mardi soir et le mercredi, ainsi qu'en janvier. Hôtel sympathique, propre et rénové. Doubles de 220 F avec douche et w.-c., et de 260 à 360 F (avec climatisation, s'il vous plaît !) avec bains et w.-c., TV, mini-bar. Certaines avec vue sur la mer. Décor bleuté comme... la mer que l'on voit danser sous nos yeux. Cuisine locale savoureuse à base de fruits de mer et de poisson. Menus entre 95 F (vin compris) et 220 F. Menu enfants à 55 F. 15 % de réduction sur le prix de la chambre sur présentation du *Routard* entre le 10 octobre et le 15 juin (hors vacances scolaires).

Où manger ?

|●| *Restaurant Chez Rosa* (prononcer « Roja ») : 19, rue Jean-Bart, ou 22, rue Saint-Pierre (rue piétonne parallèle au port, côté vieille ville). ☎ 04-68-88-31-89. Service de 12 h à 14 h 30 et le soir à partir de 19 h (sauf l'hiver). Fermé 15 jours entre Noël et le Jour de l'An. Fort sympathique resto d'habitués, qui ne paie pas de mine. Menu à 85 F très bon, avec entrée, plat garni (couscous fameux le jeudi) puis fromage ou dessert. Autres menus à 80 et 100 F. Bon accueil et ambiance garantie certains jours.

|●| *Restaurant La Littorine :* hôtel *Les Elmes,* plage des Elmes. ☎ 04-68-88-03-12. À 1 km du centre de Banyuls, direction Port-Vendres. Cette table tournée vers la mer est l'une des grandes étapes gastronomiques du Roussillon. Jean-Marie Patrouix a ramené du Portugal, pays où il a longtemps travaillé, une brassée de recettes familiales qu'il réinterprète avec talent. Poisson et crustacés sont superbement mis en valeur. Excellents desserts et belle carte des vins régionale. Menus à 100, 150 et 260 F ; carte autour de 300 F. Cependant, l'accueil est inégal, et il est désagréable de se voir prié de prendre le café en terrasse pour libérer une table... Côté hôtel, une trentaine de chambres impeccables, dont 2 pour handicapés avec

un décor résolument moderne, de 190 à 500 F la double. Les alentours poissonneux sont recommandés à ceux qui pratiquent la plongée sous-marine (réserve naturelle protégée non loin). 10 % de réduction sur le prix de la chambre sur présentation du *Routard*.

À voir

★ *Le haut Banyuls :* plusieurs rampes y mènent du boulevard de la République. On se promène avec entrain dans ce vieux quartier en escaliers, aux maisons bariolées.

★ *L'aquarium de l'Observatoire océanographique :* plage du Fontaulé. ☎ 04-68-88-73-39. Ouvert tous les jours, de 9 h à 12 h et de 14 h à 18 h 30 (22 h en été). Entrée payante (22 F pour les adultes). Créé il y a plus d'un siècle, le centre d'étude biologique marine de Banyuls est l'un des plus importants de France. On peut visiter l'aquarium de 39 bassins consacrés à la faune locale : poulpes, tortues, crustacés (énorme homard), murène, mérous, etc. La population des fonds sous-marins est également attractive : belles cérianthes, corail rouge, anémones et spirographes, etc. Très belle collection d'oiseaux, comptant plus de 250 espèces.

★ En sortant de l'aquarium, prendre la jetée menant à un ***promontoire*** rocheux cerné par les eaux. Au sommet, beau monument en bronze du sculpteur Maillol. Vue superbe sur la région et bruit envoûtant des vagues.

★ *Le mas Maillol :* vallée de la Roume, à environ 4 km au sud-ouest du centre. Direction Arènes puis prendre à gauche après le Puig-del-Mas (franchir la Baillaury) et continuer le chemin (route du col de Banyuls). Ouvert tous les jours de 9 h à 12 h et de 14 h à 18 h 30. C'est ici que l'un des plus grands sculpteurs du début du siècle passa les dernières années de sa vie. Né à Banyuls en 1861, Maillol s'installa à Paris à l'âge de 20 ans et commença par peindre. Il s'intéressa également à la tapisserie et à la céramique avant de se faire remarquer par ses talents de sculpteur. Solidement campées, ses œuvres sont néanmoins gracieuses du fait de l'équilibre parfait entre finesse du trait et ampleur de la forme. Attaché à son pays, Maillol créa plusieurs monuments aux morts pour les communes voisines. On trouve également certaines de ses sculptures au jardin des Tuileries, à Paris.
S'inspirant des filles de Banyuls pour ses nus, il revenait souvent travailler dans l'atelier installé dans les sous-sols du mas. Mort en 1944, il est enterré dans le jardin. Sur sa tombe, une reproduction du bronze que l'on peut voir à l'hôtel de ville de Perpignan. Musée Aristide-Maillol à l'intérieur de la métairie.

★ *Les caves* (visite et dégustation) *:* contrairement à ce que tout le monde croit, le banyuls n'est pas un vin cuit (genre porto) mais un vin doux naturel : de l'eau-de-vie de vin est ajoutée en cours de fermentation. 4 communes de la côte ont droit à l'étiquette banyuls A.O.C. : Collioure, Port-Vendres, Cerbère et bien sûr Banyuls-sur-Mer. Ce qui en fait l'un des plus petits vignobles de France ! Excellent pour accompagner un roquefort ou un gâteau au chocolat. L'originalité et le succès de ce vin sont dus aux méthodes traditionnelles de vinification, remontant aux Templiers. Pour devenir fruités et aromatisés comme il se doit, les banyuls vieillissent en cuve pendant une période variant entre 3 et 15 ans. Voilà le secret de ce breuvage qui rappelle plus un vieux vin d'exception que le porto, succédané entre vin et digestif.

■ *Cellier des Templiers :* route du Mas-Reig. ☎ 04-68-88-06-74. Ouvert tous les jours de 9 h à 19 h du 1er avril au 30 octobre pour la Grande Cave, de 9 h à 19 h tous les jours sauf le dimanche en mai pour la cave souterraine. Fermé de fin octobre à début avril. La plus grosse coopérative des A.O.C. banyuls : près de 80 % des viticulteurs y adhèrent. Excepté la cave de vieillissement de Port-Vendres (rue Jules-Ferry, mêmes horaires), on peut visiter leurs deux caves à Banyuls : la Grande Cave, route du Mas-Reig (D86), à 2 km du centre par l'avenue du Général-de-Gaulle, et la vieille cave souterraine du Mas-Reig, un peu plus haut. La première est intéressante pour ses foudres centenaires (tonneaux géants) et la projection d'un film de 20 mn sur l'histoire du banyuls, sans oublier la dégustation gratuite ! Visite guidée de 45 mn, gratuite. La vieille cave des Templiers est superbe, avec ses voûtes du XIIIe siècle. Là aussi, visite et dégustation gratuites.

■ *Domaine de la Rectorie :* 60, av. du Puig-del-Mas. ☎ 04-68-88-07-78. Entrée libre, de 10 h à 12 h et de 17 h à 19 h. Rien à voir mais de bons vins à boire. Dégustation gratuite des spécialités de ce domaine récemment agrandi. Bouteilles à emporter. Bon rapport qualité-prix.

■ *Coopérative de l'Étoile :* av. du Puig-del-Mas. ☎ 04-68-88-00-10. Visite de 8 h à 12 h et de 14 h à 17 h 45, tous les jours sauf le dimanche en été. Fermé le week-end en hiver. De chaleureux viticulteurs passionnés par leur métier. Petite visite gratuite de 15 mn, avec dégustation à la clé. À voir, dans un décor de vieille usine-entrepôt : de beaux pressoirs, d'anciens foudres et un alignement de bonbonnes en verre permettant au vin de profiter du soleil. Goûter aux vieux vins épicés de la maison, absolument divins...

Manifestation

– *Fête des Vendanges :* le 20 octobre.

De Banyuls à Cerbère par la côte rocheuse

Une route en lacet, splendide. Quelques kilomètres après Banyuls, s'arrêter au belvédère du cap Rederis. Table d'orientation et panorama exceptionnel : au nord, la côte du Roussillon et les Corbières, au sud, la Costa Brava espagnole. Le tout, bien sûr, dans un paysage confondant ciel et eaux... En contrebas, de sauvages petites criques creusées dans la roche. En continuant, la route descend en d'impressionnants virages cernés de ravins, dans un décor de vignes, de roche schisteuse et de plages.

CERBÈRE (66290)

Cerbère est un petit village situé à 4 km de la frontière espagnole, connu pour ses plages de galets, ses petites criques et sa gare frontière située à 23 m de hauteur, sur un remblai aux arches de brique rouge. Étape calme, incontournable lorsque l'on souhaite se rendre en Espagne en suivant la Côte Vermeille puis la Costa Brava.

Adresses utiles

▮ *Office du tourisme :* B.P. 6. ☎ 04-68-88-42-36. Fax : 04-68-88-48-62.

🚃 *Gare internationale :* à 10 mn de la plage et du centre-ville. ☎ 08-36-35-35-35.

Où dormir ? Où manger ?

⬛ *Camping municipal :* 2 km avant le village, dans l'anse de Peyrefitte. ☎ 04-68-88-41-17.

⬛ |●| *Hôtel-restaurant La Dorade :* av. du Général-de-Gaulle. ☎ 04-68-88-41-93. Fermé entre octobre et début avril. Chambres doubles de 200 à 295 F. Petit déjeuner à 36 F. Les spécialités du chef : suquet de poisson à l'ail et au safran, fricassée de canard aux gambas. Premier menu à 80 F puis d'autres menus jusqu'à 140 F. 10 % de réduction sur le prix de la chambre sur présentation du guide (sauf juillet et août).

⬛ *Maison d'hôte René et Élizabeth Lemoine-Folliet :* rue de l'Église (derrière l'église, à côté du presbytère). ☎ et fax : 04-68-88-41-16. Calme assuré car la cloche ne sonne à peine qu'à 10 h le dimanche. C'est une grande et belle maison offrant 6 chambres de très bon confort équipées d'une salle de bains avec w.-c. indépendants. Possibilité de cuisiner. Compter 200 F sans le petit déjeuner. René et Élizabeth reçoivent de façon fort chaleureuse et, surtout, connaissent parfaitement le coin. Ils pourront vous conseiller (ou vous accompagner) pour les randonnées, le vin (ils sont viticulteurs), les sites géologiques du Roussillon, etc. Une adresse rare pour ceux souhaitant découvrir à fond cette contrée merveilleuse en toute indépendance.

À voir

★ Demander à visiter l'*hôtel Le Belvédère du rayon vert,* une curiosité de Cerbère. L'architecture de ce bâtiment, dont la construction démarra en 1925, est assez exceptionnelle. Béton armé et forme particulière rappelant celle d'un paquebot. À l'intérieur, une salle majestueuse, une salle de cinéma tout en bois ainsi qu'un escalier original en colimaçon qui permet d'accéder à la salle des spectacles. Malheureusement, l'hôtel a besoin d'une restauration.

À faire

– *Club de plongée Cap Cerbère :* Cadene, route d'Espagne. ☎ 04-68-88-41-00. Fax : 04-68-88-40-66. La réserve marine entre Banyuls et Cerbère est paradisiaque. À noter aussi, *La Gambine :* magasin de pêche et de plongée, sur le front de mer, tenu par la famille Dalmau comme « La Roumaguère ».
– *Club de parapente Cerb'air :* ☎ 04-68-88-47-94.

Achats

– *Dégustation de vin :* à la cave *Le Terroir de Cerbère,* à l'entrée du village, à gauche après la station-service.
– *Produits du terroir :* sur le front de mer, à l'enseigne de « La Roumaguère ». ☎ 04-68-88-41-72. Cave à vin (banyuls, côtes-du-roussillon...) et produits locaux comme la confiture de figues de Barbarie, le miel de Cerbère ou la charcuterie catalane. Très bonne adresse, avec des produits d'excellente qualité.

LE VALLESPIR

Belle vallée où s'écoule le Tech, descendant des sommets pyrénéens pour se jeter dans la mer. Région la plus méridionale de France, le Vallespir connaît des paysages variés : plaine à 100 m d'altitude, puis pâturages et forêts majestueuses de hêtres, de chênes et de châtaigniers au fur et à mesure que l'on remonte vers la source du fleuve, jusqu'à 2 500 m.

Mais ce sont ses habitants qui donnent son intérêt à cette vallée : ces Catalans pure souche conservent leurs traditions et leur authenticité, comme dans la provençale Céret et la pieuse Arles-sur-Tech, où sardane et fête de l'Ours continuent d'animer les placettes ombragées...

CÉRET (66400)

Cœur et capitale du Vallespir, sous-préfecture de quelque 7 000 âmes, Céret est une paisible cité catalane, à une vingtaine de kilomètres seulement de l'Espagne. Avec son boulevard de platanes, constamment animé, son pont du Diable plein de légendes, ses corridas, ses danses et ses accueillants villageois, ses 310 jours d'ensoleillement par an et ses cerises gorgées de sucre rouge, Céret avait tout pour séduire les artistes du début du siècle. Tombé sous le charme, Picasso en devient le promoteur, entraînant dans son sillage tous ses amis d'alors : Braque, Max Jacob, Juan Gris, Matisse, Cocteau, Soutine, Chagall, Masson, Tzara, Dufy, etc. « Mecque » ou « Barbizon du cubisme » selon les critiques d'art, Céret était lancée !

Marchant dans les pas des plus grands peintres du siècle, on goûte avec émotion les plaisirs de la ville, avant de rendre visite à son musée d'Art moderne conçu comme un vibrant hommage aux beautés catalanes.

PYRÉNÉES-ORIENTALES

Comment y aller ?

– Pas de trains pour Céret.

– **En bus :** une compagnie locale d'autocars, l'agence *Georges Marteill Rey,* assure la liaison Perpignan-Céret. ☎ 04-68-34-62-44, 04-68-87-10-70 ou 04-68-87-02-38 (de nuit). 4 départs quotidiens, de 7 h à 18 h. Dernier retour à 17 h. Compter 50 mn de trajet. L'agence propose aussi Barcelone et Andorre.

Le *Réseau départemental Carinter 66* dessert le Vallespir avec sa ligne 35. Informations : ☎ 04-68-35-29-02. Une quinzaine de départs par jour de la gare routière ou la gare S.N.C.F. de Perpignan. Descendre à Céret-Ville, Céret-Pont étant loin du centre.

– **En voiture :** de Perpignan, autoroute A9-E15 ou N9 direction Barcelone et sortir au Boulou (21 km) ; puis D115 sur 7 km (direction Amélie).

Adresse utile

🅱 *Comité municipal du tourisme :* 1, av. Clemenceau. Dans le centre. ☎ 04-68-87-00-53. Fax : 04-68-87-43-00. Hors saison, ouvert du lundi au vendredi de 10 h à 12 h et de 14 h à 17 h et le samedi de 10 h à 12 h en hiver ; en été, ouvert du lundi au samedi de 9 h à 13 h et de 15 h à 19 h, et le dimanche de 10 h à 13 h.

Où dormir ?

Campings

🛏 *Camping municipal du Bosquet de Nagarède :* av. d'Espagne ; à la sortie de Céret (suivre les flèches « Campings »). ☎ 04-68-87-26-72. Fermé de novembre à mars inclus. Environ 28 F par jour et par personne (électricité non comprise). Dans un joli parc traversé par un ruisseau. Bacs à linge, douches, w.-c., foyers pour barbecue. Inconvénient : au bord d'une route passante (s'installer au fond).

🛏 *Camping à la ferme Mas d'en Mas :* allée du Château-d'Aubiry. ☎ 04-68-83-32-67. Sur la D115, 3 km avant l'embranchement pour Céret en venant de Perpignan. Terrain sous les cerisiers, pour tentes et caravanes. Piscine. Fait également chambre d'hôte (environ 150 F). Douches communes.

Prix moyens

🛏 *Hôtel-restaurant Vidal :* 4, place du 4-Septembre ; dans le centre, entre la mairie et la place Picasso. ☎ 04-68-87-00-85. Fax : 04-68-87-62-33. Fermé le samedi soir (sauf pendant les vacances scolaires), ainsi que de mi-octobre à mi-

novembre. Ancienne résidence épiscopale datant de 1735, classée monument historique. Un charme fou avec sa belle façade sculptée. Assez bruyant toutefois. Prix intéressants pour l'endroit : doubles de 150 F avec lavabo et bidet à 210 F avec douche et w.-c. (plus cher en août : jusqu'à 270 F). Au resto, menus de 80 à 160 F. Sur la carte, très forte présence de la cerise, fruit emblématique de la ville (caneton aux cerises, foie gras poêlé sauce banyuls aux cerises, etc.). Accueil inégal.

🛏 *Pyrénées Hôtel :* 7, rue de la République. ☎ 04-68-87-11-02. Fax : 04-68-87-31-66. Établissement fermé en janvier et février ; resto fermé le lundi et le dimanche soir hors saison et de fin décembre à début mars. La maison passe un peu inaperçue dans cette rue étroite. Chambres néanmoins agréables, pleines de cachet. On a une préférence pour la n° 13, celle des matadors, et pour la n° 23, celle des jeunes mariés. Doubles à partir de 170 F avec lavabo, à 200 F avec douche et w.-c., et à 230 F avec bains. 10 % de réduction sur le prix de la chambre sur présentation du *Routard.*

Où manger ?

– Fauchés et campeurs se rabattront avec joie sur le *marché* du samedi matin (voir « Manifestations »). On y trouve de tout : fromages locaux, pâtisseries, pain au feu de bois, etc.

Ultra chic

🍴 *Les Feuillants :* 1, bd La Fayette. ☎ 04-68-87-37-88. Fax : 04-68-87-44-68. Fermé les dimanche soir et lundi, sauf en juillet et août. Cuisinier respecté par tous les gourmets du département, le chef mérite tout aussi bien les étoiles attribuées à son restaurant

que les lauriers qu'on lui tresse. Sa cuisine, qui épouse les saisons, s'appuie en grande partie sur la richesse de son terroir catalan, terre qui ne manque pas de beaux produits. Mais il joue aussi à saute-frontière quand c'est nécessaire. Ses plats sont donc un petit bonheur d'équilibre qui charment d'emblée. Cela d'autant plus que la superbe salle à manger, haute de plafond, avec moulures et vieux parquet, prépare à la fête. Menu Terroir à 300 F (360 F avec une sélection de vins de la région). Carte aux environs de 500 F. Au plaisir de bien manger s'ajoute celui de bien boire, car la carte des vins est remarquable. À côté, *Le Bistrot des Feuillants* propose un menu à 140 F d'un honorable rapport qualité-prix : poêlée de supions à la crème de pois chiches, fricassée d'ailerons de poulet, calmars et petits-gris, fromages, baba aux fraises et feuillantine de poires, c'est la trame de notre repas du jour. 1 chambre (400 F) confortable et à la décoration raffinée, ainsi que deux belles suites Art déco (750 F) sont à la disposition de ceux qui désireraient prolonger leur séjour.

Où dormir ? Où manger aux environs ?

🏠 |●| *Le Mas Trilles :* Le Pont-de-Reynès. ☎ 04-68-87-38-37. Fax : 04-68-87-42-62. Sortir de Céret et prendre la direction Amélie-les-Bains (D115), à la sortie du Pont-de-Reynès (voir panneau). Fermé de mi-octobre à Pâques. Un immense mas catalan du XVIIe siècle remis à neuf. 12 chambres – toutes différentes ! – d'un confort étonnant, au bord d'une rivière, dans un parc avec piscine chauffée. À partir de 480 F. Et si vous voulez goûter à des chambres de haut standing, il vous en coûtera jusqu'à 990 F. Menu à 180 F. Menu enfants à 95 F (dur, dur pour les familles nombreuses !). 10 % de réduction sur le prix de la chambre hors saison, sur présentation du guide.

|●| *Le Chat qui Rit :* 1, route de Céret, Reynès. À 2 km de Céret par la D115 vers Amélie-les-Bains. ☎ 04-68-87-02-22. Fermé le dimanche soir et le lundi, ainsi que les 3 dernières semaines de janvier. Notre œil (sagace !) fut attiré par l'enseigne au nom original et par la terrasse en teck pittoresque avec ses parasols malgaches. Une fois à l'intérieur, on ne regrette vraiment pas de s'être arrêté. Le décor au mobilier exotique et les couleurs chaudes rendent l'endroit vraiment agréable... Des tableaux, photos et dessins de chats un peu partout. Un endroit très stylé et fréquenté par une clientèle d'habitués. Menus de 70 à 160 F pour les petits et les gros appétits. Très bon menu enfants à 50 F, avec buffet de hors-d'œuvre, plat et dessert. Table d'hôte. Vraiment une bonne adresse.

🏠 |●| *L'Hostalet des Vives :* rue de la Mairie, 66490 Vives. À 8 km de Céret par la D115. ☎ 04-68-83-05-52. Fermé le mardi et le mercredi (uniquement en été) et du 10 janvier au 5 mars. L'auberge catalane dans toute sa splendeur. Assez bruyante le week-end, avec ses groupes en goguette et sa musique à tue-tête. En semaine, c'est plus tranquille. Cuisine catalane typique : escargots... et grillades. Menus à 89,50 F et 124 F (salade catalane, agneau du Vallespir grillé au feu de bois...). À la carte, compter environ 140 F. Chambres d'hôtes : 250 F la double hors saison et 300 F en saison.

À voir

★ *Le musée d'Art moderne de Céret :* 8, bd du Maréchal-Joffre. ☎ 04-68-87-27-76. Fax : 04-68-87-31-92. Ouvert tous les jours en juillet, août et septembre, de 10 h à 19 h ; tous les jours en octobre, de 10 h à 18 h ; tous les jours sauf mardi de novembre à avril, de 10 h à 18 h. Étonnant de trouver pareil musée dans une si petite ville. Mais tant de peintres, parmi lesquels les plus grands de ce siècle, vinrent y résider et y invitèrent leurs amis... qu'il fallait bien en laisser un souvenir. C'est ce que fit Pierre Brune, peintre lui-même, installé à Céret depuis 1916. Ami de Matisse et de Picasso, il entreprend en 1948 la construction de ce musée dans un ancien couvent. Pour la remplir d'œuvres originales, quoi de plus simple : il fait appel à ses amis, aux amis de ses amis, bref, à tous les peintres séduits par l'idée d'offrir un musée aux habitants d'une si jolie ville : Cocteau, Dalí, Miró, Chagall, Marquet, Juan Gris, Desnoyer, etc. Sans oublier les sculpteurs Maillol et Manolo, tous deux catalans. En 1953, royal, Picasso offrira le plus beau des cadeaux : 59 pièces (huiles, dessins, lithos) dont 28 coupelles en terre cuite, magnifiques, peintes en 5 jours seulement, représentant des scènes de corrida. Uniques, ces coupelles restent le plus beau trésor du musée, tant elles semblent avoir été conçues pour lui : leurs couleurs autant que leurs petites figures vivantes sont à l'image de la ville de Céret. À voir également, de belles œuvres de Juan Gris, Miró et Tàpies, et un étonnant *Regard sur Gaudí* par Dalí. Comme quoi, on reste entre Catalans ! À côté de cette collection d'art historique du XXᵉ siècle, l'art contemporain est représenté de manière éclatante : Tàpies, Vila, Arman... Le musée a été reconstruit et inauguré par Mitterrand en 1993.

★ **Le « Boulevard » :** l'artère principale de la ville s'appelle à la fois Joffre, Jean-Jaurès, La Fayette et place Picasso. C'est ici que les artistes se retrouvaient, peignant et discutant sous les platanes ou à la terrasse des cafés. Cette enfilade de boulevards épouse la forme des anciens remparts de la ville. Il en reste quelques vestiges, dont la porte de France et la porte d'Espagne, du XIVᵉ siècle. Un bien beau boulevard, constamment animé, qui conserve son charme et sa poésie.

★ De la place Picasso, prendre la **rue Manolo** pour visiter la vieille ville et ses ruelles rafraîchissantes.

★ **La place des Neuf-Jets :** c'est moins cette fontaine du XVᵉ siècle qui nous intéresse que l'atmosphère de cette adorable placette. L'essentiel est ici : 3 bancs, 3 platanes centenaires, quelques petits commerces et les balcons tout simples des maisons...

★ **L'église Saint-Pierre :** près de la place des Neuf-Jets. Très mignonne avec son dôme peint, son clocher carré du XIIᵉ siècle et son portail gothique. À l'intérieur, étrange retable à colonnes. L'ancien mécanisme de l'horloge (qui faisait 7 m de large !) est désormais exposé dans le hall de la mairie. Dans sa vitrine, on jurerait une sculpture contemporaine.

★ **Le pont du Diable :** à l'entrée de la ville, en venant de Perpignan. Trésor et mystère du XIVᵉ siècle, le pont de Céret servit longtemps de seul accès à la ville. Avec son arche unique de 45 m d'ouverture, il reste un miracle d'architecture. À tel point qu'une légende prétend que le diable lui-même le construisit ! Les ponts précédents n'arrêtant pas de s'effondrer, le diable proposa ses services en échange de la première âme qui franchirait le nouveau pont. Acceptant son aide, l'ingénieur chargé des travaux eut une idée : pour sauver une vie humaine, il fit passer un chat noir sur le pont. Surpris, le diable en oublia de poser la dernière pierre. Cette pierre est toujours manquante : aucune autre n'a jamais pu adhérer ! Pour se venger, le diable jura de détruire son travail. C'est pourquoi les habitants de Céret édifièrent deux autres ponts à côté... Une belle histoire, non ? Cela dit, on aurait pu se passer des deux ponts modernes qui gâchent un peu le paysage... Allez admirer le pont du Diable le soir : il est encore plus étrange dans la lumière des lampes artistiquement disposées.

★ **La maison de l'Archéologie :** place Picasso, tour d'Espagne. ☎ 04-68-87-31-59. Musée ouvert tous les jours ; de 10 h à 18 h sans interruption de juin à septembre, de 10 h à 12 h 30 et de 14 h à 17 h hors saison. Cinq salles d'expo permanente vous permettent de suivre l'évolution du Vallespir, depuis l'Antiquité jusqu'au Moyen Âge. Séquence retour aux sources, au royaume des fouilles archéologiques.

Manifestations

– **Marché** vraiment sympa le samedi matin : produits régionaux (anchois, huîtres, pâtisseries, jambon et miel du pays, etc.), plats à emporter (paella, poulets rôtis...), artisanat, etc.
– **L'aplec :** à *Pâques,* ne pas manquer la traditionnelle aplec du lundi, avec sardanes et vin blanc. La cueillette des cerises a lieu à cette période (ce qui en fait les premières de France !) : on orne de cerises les oreilles du Christ pour la fameuse procession du Ressuscité (le dimanche)...
– **Marché aux cerises :** en avril et mai, tous les soirs dans la zone indus-trielle. Céret est considérée comme la capitale de la cerise : 4 000 tonnes de ces fruits rouges sortent à chaque printemps de ses vergers.
– **Grande fête de la Cerise :** mi-mai.
– **Corridas :** en juillet et août. Corridas traditionnelles, avec mise à mort. Autrefois, Picasso les présidait en personne... Pendant 3 jours, « toro de fuego » avec lâcher de taureaux dans les rues, paellas géantes servies en plein air, etc.
– **Festival international de sardanes :** l'avant-dernier dimanche d'août. Magnifique. Céret s'est fait une spécialité de cette danse catalane typique. Pour l'occasion, des centaines de danseurs forment des rondes blanches et rouges dans les arènes.
– Tout l'été : danses de sardanes dans les rues, bals de quartiers, spec-tacles, etc.

Aux environs

★ **L'ermitage Saint-Ferréol :** à 4 km au nord de Céret. Au sommet d'une colline boisée, un bien bel ensemble de style espagnol d'où admirer la plaine.

★ **Le pic de Fontfrède :** à 12 km au sud, par une route sinueuse. Une route assez difficile mais quelle récompense ! De ses plus de 1 000 m d'altitude, panorama superbe sur le Roussillon et la Méditerranée. Picasso y faisait des pèlerinages pour observer son Espagne natale à la jumelle !

Fête aux environs

– **Ronde cérétane :** mi-septembre, à Saint-Ferréol (à 20 km).

AMÉLIE-LES-BAINS – PALALDA (66110)

L'une des premières stations thermales de France. Ses eaux sulfureuses étaient vénérées autant par les hommes préhistoriques que par les Romains, qui édifièrent des thermes. On peut encore voir les vestiges d'une grande piscine voûtée dans les actuels thermes malheureusement sans charme. En fait, malgré sa situation, son air pur et sa végétation méditerra-néenne, la ville n'a pas grand intérêt. Asthmatiques et rhumatisants peuvent toujours s'y faire soigner. Sinon, quelques belles excursions à faire aux envi-rons.

PYRÉNÉES-ORIENTALES

Adresse utile

▣ *Office du tourisme :* quai du 8-Mai. ☎ 04-68-39-01-98.

Où dormir? Où manger?

Plus chic

🛏 ▮●▮ *Castel-Émeraude :* route de la Corniche ; à 1 km du centre, quartier de la Petite-Provence. Traverser la ville et prendre le pont direction « Centre sportif ». ☎ 04-68-39-02-83. Fax : 04-68-39-03-09. Fermé en décembre et en janvier. Un *Relais du Silence,* calme (trop calme?), bien situé au bord de la rivière, niché dans un écrin de verdure. Grande bâtisse blanche, ressemblant vaguement à un château, avec ses deux tourelles, mais intérieur récent, assez chic. 59 chambres doubles de 240 à 320 F avec douche et w.-c. et de 320 à 380 F avec bains, w.-c. et terrasse. Au resto, menu catalan à 120 F avec assiette gourmande aux anchois de Collioure, confit de canard forestier pommes frites et crème brûlée. Autres menus à 90, 150 et 195 F. Séjour cure thermale : remise de 25 %. De février à novembre, 10 % de réduction sur le prix de la chambre sur présentation du guide.

Où dormir? Où manger aux environs?

▮●▮ 🛏 *Auberge de Saint-Marsal :* 66110 Saint-Marsal. Sur la D618 entre Ille-sur-Têt et Amélie-les-Bains. ☎ et fax : 04-68-39-42-68. Fermée le lundi soir et le mercredi soir hors saison. Une petite auberge gentiment décorée et qui propose une cuisine soignée à prix doux. Menus de 85 à 150 F avec par exemple un poulet au banyuls, un poisson à la florentine... Quelques chambres également, de 140 à 195 F. Réservation souhaitée.

▮●▮ *Auberge du Mas Pagris :* 66110 Montalba. ☎ 04-68-39-38-73. À la sortie d'Amélie-les-Bains direction Arles-sur-Tech, prendre à gauche la route de Montalba. *Lo Mas Pagris* est à 5 km sur votre droite. La route qui conduit d'Amélie à l'auberge est superbe. De nombreux randonneurs la prennent d'ailleurs à pied pour continuer sur le GR10 qui traverse la montagne verdoyante. Auberge rustique dans un mas datant de 1706. Auparavant, c'était la ferme des grands-parents et parents de Marc, débonnaire quadragénaire, ancien pilote de rallye automobile. Tables, bancs, armoire, cheminée, l'atmosphère est résolument campagnarde. À la carte, crêpes, omelettes et assiettes de charcuteries servies à toute heure pour les randonneurs affamés. Aux déjeuner et dîner, menu à 130 F avec charcuteries catalanes, parrillade de viandes et dessert. Dès que le temps le permet, on peut dîner sous la tonnelle située derrière le mas. Sur la route de Montalba, il y a un vannier qui travaille encore à l'ancienne. Demandez à Marc de vous indiquer le chemin.

À voir

★ *Palalda :* vieux bourg rattaché à Amélie, sur les hauteurs. Des ruelles charmantes et de vieilles tours de pierre, restes d'un château médiéval. À côté de la mairie, église paroissiale du Xe siècle (ouverte l'après-midi). Admirer la superbe porte aux étonnantes ferrures. À quelques mètres, petit musée de la Poste en Roussillon. On peut redescendre par la rue Carrer-del-Bac, très belle avec ses maisons recouvertes de vigne et un beau panorama en toile de fond.

★ *Les gorges et la vallée de Mondony :* près des thermes, un escalier mène à un sentier fléché. On le suit quelques minutes jusqu'à l'entrée des gorges. Prendre la passerelle technique collée à la paroi rocheuse. Celle-ci remonte le défilé sur quelques kilomètres. Les gorges ne sont pas vraiment impressionnantes (comparées à celles de la Fou, à quelques kilomètres), mais la balade est sympa. Après 15 à 20 mn de marche, on arrive à une vallée étroite, belle et fleurie. On peut également atteindre la vallée du Mondony en contournant les gorges par une jolie petite route (D53) menant au Mas Pagris. Corniche vraiment étonnante à certains endroits. À hauteur de l'antenne de Montalba, on peut rejoindre le GR10. De là, plusieurs excursions possibles (se renseigner à l'office du tourisme d'Amélie).

ARLES-SUR-TECH (66150)

Comme Céret, Arles-sur-Tech conserve des traditions et un folklore catalans vivaces. Mais la ferveur religieuse y joue un rôle plus important, son abbaye ayant connu une grande renommée au Moyen Âge. Son cloître ravissant est là pour en témoigner, ainsi qu'un étrange sarcophage rempli d'eau, qui garde tout son mystère... Ne pas quitter la ville sans avoir goûté aux rousquilles, délicieux gâteaux inventés ici...
Enfin, les randonneurs peuvent entreprendre l'ascension du pic du Canigou. Compter 12 h de marche aller-retour.

PYRÉNÉES-ORIENTALES

Adresse utile

🛈 *Office du tourisme :* rue Barjau. ☎ 04-68-39-11-99. Ouvert de 10 h à 12 h et de 14 h à 18 h (18 h 30 de juin à septembre). Fermé le dimanche. Bien documenté. Personnel très compétent.

Où dormir ? Où manger ?

En été, l'hébergement reste le principal problème d'une petite ville qui ne s'est découvert une vocation touristique que récemment. Il n'y a qu'un seul hôtel à Arles même ! Tant mieux, on évite ainsi les cohues de Collioure ou Céret. Une autre bonne nouvelle : l'office du tourisme propose une liste de meublés et chambres d'hôte à partir de 170 F, petit déjeuner compris. Possibilité de repas chez certains habitants. Une bonne manière d'en savoir plus sur une population accueillante et authentique...

Camping

⛺ *Camping du Riuferrer :* à la sortie d'Arles, à 600 m du centre, direction Prats-de-Mollo-la-Preste. ☎ 04-68-39-11-06. Fax : 04-68-39-12-09. Endroit bien tranquille au milieu des arbres. M. Larreur, le proprio, est très gentil. Vous demanderez leur avis à la famille des anciens campeurs (15 à 20 ans de fidélité). Lave-linge. Buvette en été. 22 F par campeur, douches chaudes comprises, plus 22 F l'emplacement. Moins cher hors saison.

Où dormir ? Où manger aux environs ?

▲ |●| *Chambres et table d'hôte Çan Guillamo :* 66230 Serralongue. À 23 km d'Arles-sur-Tech par la D115 et la D23 jusqu'à Serralongue.☎ 04-68-39-60-50. Prendre la direction Lamanere en sortant de Serralongue ; à 4 km tourner à droite, puis à gauche après une maison neuve ; descendre ensuite le petit chemin privé et goudronné qui traverse un sous-bois, pour accéder à *Can Guillamo*. Vous ne regretterez pas le trajet effectué. Remarquablement restauré, ce mas, qui date de 1839, plaira aux petits comme aux grands. Philippe est tout à la fois artiste-peintre et artisan habile de ses mains. Aidé de sa femme, il a effectué un travail tout en finesse, et le résultat saute aux yeux. Les chambres ont subi ce traitement de roi, tout comme les salles de bains, grandioses (robinetterie ancienne en cuivre, etc.). Il faudrait être fou pour n'y passer qu'une nuit. La salle à manger est conviviale et les petits plats soignés. Autour de la maison, piscine (avec bassin pour les enfants), forêt de 45 ha, sources, rivière à truites, etc. Largement de quoi s'occuper. Chambres doubles à 300 F (petit déjeuner compris), suite pour 4 personnes à 450 F (50 F par personne supplémentaire). Repas pensionnaire : 120 F (menu enfants à 60 F).

▲ |●| *Hôtel-restaurant du Domaine de Falgos :* 66260 Saint-Laurent-de-Cerdans. ☎ 04-68-39-51-42. Fax : 04-68-39-52-30. C'est d'abord un golf 18 trous à 1 100 m d'altitude, bordé par une forêt de 650 ha auquel on a adjoint hôtel et restaurant. Les chambres (doubles de 480 F en basse saison à 690 F en haute saison) sont évidemment confortables, et les salles de bains agencées de belle manière. Dans un bâtiment ancien en pierres du pays, il y a aussi 7 appartements luxueusement aménagés ; pour 4 à 5 personnes, de 660 F (basse saison) à 950 F (haute saison) ; pour 6 à 8 personnes, 840 F en basse saison et 1 200 F en haute saison. En prime, une piscine couverte et une salle de musculation. La carte du restaurant, en revanche, ne nous a guère impressionnés. Même si l'on n'est pas passionné de golf, la tranquillité du site et le confort des chambres sont suffisamment incitatifs pour que l'on songe à séjourner au *Domaine de Falgos*.

À voir

★ *La vieille ville :* entre la D115 (qui traverse Arles) et la partie commerçante, plus récente. Quelques rues sombres et étroites, à l'atmosphère typique. Certaines maisons ont de belles portes voûtées, des fenêtres gothiques ou des balcons en fer forgé.

★ *Le cloître de l'abbaye :* d'une finesse rare et très bien conservé, il fut construit à la fin du XIIIe siècle. C'est le premier cloître de style gothique du Roussillon. Les arcades de marbre blanc des galeries sont de véritables chefs-d'œuvre. Au centre du petit jardin, une croix de fer forgé assez étrange : dans sa tige, prisonnière de liens soudés, une boule de fer que l'on peut faire rouler !

★ *L'église abbatiale :* entrée par le cloître. Église et cloître ouverts tous les jours de 9 h à 12 h et de 15 h à 18 h (19 h en été). Se renseigner pour les visites guidées : ☎ 04-68-39-11-99. C'est tout ce qui reste de l'abbaye bénédictine fondée par Charlemagne au VIIIe siècle et autour de laquelle le village fut bâti. L'église se distingue par l'orientation de son abside : vers l'ouest, au lieu de l'orientation habituelle à l'est. Bel intérieur en pierre massive, voûtes du XIIe siècle, grand orgue superbe du XVIIIe et intéressants témoignages d'art sacré dans les chapelles. Dans la première, à droite, retable baroque et reliquaires en argent sauvés pendant la Révolution par un paysan. Dans la deuxième, les fameux *misteris* (images du Christ), portés par les Pénitents noirs lors de la procession de la Sanch. Dans la niche centrale, fresques du XIIe siècle.

★ *La Sainte Tombe :* à l'entrée de l'église (ou à la sortie si l'on est entré par le cloître). Ce sarcophage protégé par une grille est une énigme pour tout le monde. Vieux de plus de 600 ans, ce cercueil de marbre blanc se remplit chaque année de 500 à 600 litres d'une eau « miraculeuse » ! Limpide et incorruptible (rien ne l'altère, paraît-il), on lui a reconnu de multiples vertus curatives... Aucune des missions scientifiques envoyées étudier la question n'a résolu cet épineux problème : comment un caisson surélevé, distant du mur, peut-il se remplir d'eau après avoir été vidé ? Bien sûr, nous offrons la collection complète du *Routard* à celui qui nous trouve une réponse...
Au-dessus du sarcophage, une statue funéraire encastrée dans le mur, représentant un seigneur mort au début du XIIIe siècle. Deuxième mystère : son nez a disparu !

★ *L'église Saint-Sauveur :* dans la Grand-Rue. Son beau clocher carré date du XIe siècle. À l'intérieur, retables dorés et un amusant bénitier en marbre blanc. Des poissons et une tortue sculptés s'y ébattent.

★ *Les Tissages catalans :* rue des Usines. ☎ 04-68-39-10-07. Visite tous les jours sauf dimanche, de 9 h à 12 h et de 14 h à 17 h 30. Musée très instructif sur l'histoire du tissage. Vente d'articles également.

Manifestations

– *Marché municipal :* le mercredi.
– *Procession de la Sanch :* le Vendredi saint. Comme à Collioure, elle a lieu le soir, aux flambeaux. À ne pas rater.
– *Foire aux chevreaux et aux fromages :* au printemps. Groupes folkloriques.
– *Fête de la Saint-Éloi :* fin juin. Pour l'occasion a lieu la fameuse « bénédiction des mulets », très exactement le dimanche précédant la Saint-Jean. Cette amusante cérémonie rend hommage aux braves bêtes qui rendirent tant de services aux montagnards du Vallespir avant l'avènement du moteur ! On habille un mulet de pompons et on le charge d'une hotte d'osier remplie de pains (vendus après la cérémonie). Puis le prêtre le bénit, sans oublier le muletier...
– *Festa Major :* le 30 juillet. La fête du village dure 3 jours. Distribution générale de l'eau « miraculeuse » puisée dans la Sainte Tombe (voir plus haut), procession des bustes des saints, offrande de la *Rodella* (ininterrompue depuis le XVe siècle), etc.
– *Fête médiévale dans la vieille ville :* le 1er week-end de septembre.

Achats

– *Pâtisserie Jean Touron :* placette d'Availl ; dans le centre, près du tabac. ☎ 04-68-39-10-47. Serait l'inventeur de la *rosquilla* (ou rousquille), petit gâteau rond au citron, nappé de sucre glace. Ils sont vendus au poids (70 F le kilo).

Aux environs

★ *Les gorges de la Fou :* à 2 km d'Arles. ☎ 04-68-39-16-21. Ouvertes de début avril à fin octobre, de 9 h à 18 h en saison et de 9 h à 17 h hors saison.

PYRÉNÉES-ORIENTALES

Fermées les jours de gros orages. Entrée payante. Parkings gratuits. Prendre la D115 en direction de Prats-de-Mollo puis tourner à droite au panneau. Les gorges sont interdites aux chiens mais un chenil (3 cages) est mis gratuitement à disposition. Une incroyable curiosité géologique : un défilé d'environ 2 km de long dont les parois atteignent 150 m de haut! Ce n'est pas tout : ces gorges au nom en forme de pléonasme (*fou* signifiant « gorge » en catalan) sont considérées comme les plus étroites du monde, l'espace entre les parois rocheuses atteignant moins de 1 m à certains endroits... À ne pas rater, donc, la visite (environ 1 h) étant facilitée par une passerelle de 1,2 km de long, d'où l'on observe les marmites des chutes d'eau. On y trouve également une végétation luxuriante comprenant plus de 83 sortes de plantes, du micocoulier à la *Ramondia Myconii*, plante tropicale introuvable en Europe. Attention, une partie des gorges est fermée au public, depuis peu, par mesure de sécurité.

★ **Corsavy** *(66150) :* à 7 km à l'ouest d'Arles, par une très jolie route de montagne (la D43). Avant d'arriver à ce minuscule village, on aperçoit les ruines d'une vieille église romane. Malgré d'épais murs en pierre de taille, la voûte s'effondra et l'église fut transformée en réservoir à eau! Dans le village, des ruelles étroites et d'intéressantes maisons. À la sortie de Corsavy, vieille tour de guet endommagée par l'explosion de ses réserves de poudre... En continuant la D43, on atteint la mine de fer de Batère. On y trouve un magnifique panorama, un refuge et le GR10, qui conduit les randonneurs au pic du Canigou.

★ **Montferrer** *(66150) :* après Corsavy, remonter sur la gauche par la D44. De la route, superbe panorama sur toute la région. À Montferrer, ruines d'une grosse forteresse dynamitée au XVIIe siècle (on aimait bien les explosifs, dans la région!) et très belle église romane. Dernière richesse de ce charmant village : les truffes, dont Montferrer est la capitale régionale...

★ **Serralongue** *(66230) :* à mi-chemin d'Arles et de Prats-de-Mollo (tourner à gauche une dizaine de kilomètres après Arles). Beau petit village aux maisons colorées. Un chemin en pente mène à l'église romane construite au début du XIe siècle. Superbe porte aux ferrures en spirales. Énorme verrou : remarquer la tête de dragon sculptée. Derrière l'église, un petit escalier grimpe à une butte ornée d'une curieuse chapelle, appelée Conjurador. Cet édifice carré ouvert sur les côtés était, paraît-il, fréquent dans les deux Catalogne : c'est d'ici que les prêtres prononçaient leurs formules magiques censées calmer les colères du ciel... En tout cas, le panorama sur les montagnes environnantes y est superbe. On respire à merveille dans une tranquillité propice à la méditation.

★ **Coustouges** *(66260) :* pour ceux qui ont le temps, on peut rallier ce village frontalier depuis Arles-sur-Tech (D3) ou Serralongue (D64 puis D3), via Saint-Laurent-de-Cerdans (visiter le musée de l'Espadrille!). Coustouges est célèbre dans la région pour sa magnifique église fortifiée du XIIe siècle : clocher impressionnant, toit d'ardoise bleue et portails admirables. L'originalité réside dans le second portail, intérieur, auquel on accède après avoir franchi le premier. Tympan foisonnant de sculptures représentant des végétaux et d'étranges animaux. À l'intérieur, très belle grille en fer forgé fermant le chœur.

★ **Saint-Laurent-de-Cerdans** *(66260) :* jadis fief de l'espadrille (dans les années 50 il y avait encore 10 fabriques qui employaient environ 1 000 personnes), ce village du haut Vallespir (3 000 habitants au XIXe siècle, 1 500 aujourd'hui), riche de ses traditions ouvrières et pastorales, affiche son attachant passé sur les murs de ses maisons et à l'intérieur des deux dernières fabriques existantes. L'une est restée totalement fidèle à l'espadrille mais l'autre s'est recyclée en grande partie dans le linge de maison.

🛈 *Bureau municipal d'animation et tourisme :* 7, rue Joseph-Nivet. ☎ 04-68-39-50-06.

– *Les Toiles du Soleil :* ☎ 04-68-39-50-02. Ouvert tous les jours de 10 h à 12 h et de 14 h 30 à 18 h 30. Fermé le samedi et le dimanche (la boutique est ouverte les samedi matin et dimanche matin en saison). Existe depuis 1873. Au départ, il s'agissait d'une fabrique d'espadrilles qui, de fil en aiguille, s'est orientée vers la confection du linge de maison catalan. Différentes sortes de métiers à tisser, machines pour préparer les fils des chaînes... Le bruit est infernal, ce qui fait prendre conscience des dures conditions de travail de la première moitié du siècle. Boutique où l'on peut acheter serviettes, nappes, etc., à prix d'usine.

– *Le musée de l'Espadrille :* ☎ 04-68-39-50-06. De mai à septembre, ouvert tous les jours de 10 h à 12 h et de 15 h à 18 h (19 h en juillet et août). Outre la reconstitution d'une usine d'espadrilles de 1923, et celle d'une forge de forgeron, on y trouve, au 1er étage, des photos sur la vie économique et sociale du village du début du siècle à nos jours. Au 2e étage, l'histoire des coopératives ouvrières de Saint-Laurent, et un atelier de bourrelier reconstitué. Trois fois par jour, projection d'un diorama sur la vallée.

PRATS-DE-MOLLO-LA-PRESTE (66230)

PYRÉNÉES-ORIENTALES

Nous voici dans le haut Vallespir, peuplé de conifères. Tranquille ville de montagne aux hautes maisons à balcons, Prats étonne par le contraste entre sa partie « moderne », étalée et, en son cœur, sa cité fortifiée. Vauban est encore passé par là, renforçant les remparts et édifiant un fort qui veille sur l'imposante église au grand clocher carré.

Adresse utile

🛈 *Office du tourisme :* place au Foirail. ☎ 04-68-39-70-83. Ouvert du lundi au vendredi de 9 h à 12 h et de 14 h à 18 h, et le samedi de 9 h à 12 h ; en juillet et août, ouvert du lundi au samedi de 9 h à 19 h et le dimanche de 10 h à 12 h et de 14 h à 17 h.

Où dormir ? Où manger ?

🛏 *Hôtel des Touristes :* grosse maison de pierre à l'entrée de la ville. ☎ 04-68-39-72-12. Fax : 04-68-39-79-22. Fermé de novembre au 10 avril. Pas très cher : double à 290 F avec lavabo, à 300 F avec bains.

🛏 🍴 Dans la vieille ville, 3 hôtels 1 étoile. *L'Ausseil* est le moins cher. ☎ 04-68-39-70-36. Ouvert toute l'année. Premier menu à 78 F.

🍴 Le resto de l'*hôtel Bellevue* jouit d'une bonne réputation.

🛏 🍴 *Hôtel-restaurant Le Costabonne :* Le Foirail. ☎ 04-68-39-70-24. Le prototype parfait de la halte villageoise sans prétention, mais où la cuisine familiale est bien troussée et surtout faite à base de produits frais. Plusieurs menus : 75, 85, 100 et 150 F. Ce dernier, intitulé « Terroir catalan », tient toutes ses promesses. Paella et *zarzuela* sur commande. 10 % de réduction sur le prix de la chambre sur présentation du guide (sauf de juin à septembre).

Où dormir ? Où manger aux environs ?

≜ |●| *Ferme-auberge et chambres d'hôte La Coste de Dalt :* chez Michèle et Gilbert Lanau, route du Col-d'Arès. ☎ 04-68-39-74-40. Fermée le lundi et de mi-novembre à mi-mars. À 10 km de Prats-de-Mollo et 3 km du col d'Arès (frontière espagnole). Située à 1 200 m d'altitude, c'est l'une des meilleures fermes-auberges du département. Ce couple sympathique, qui élève vaches et brebis, produit des yaourts remarquables ainsi que de bons fromages. Les chambres (290 F la double avec douche, petit déjeuner inclus), situées dans une bâtisse du XVIe siècle, ont une chaleur campagnarde (poutres apparentes, parquet, etc.) revigorante. Elles sont toutes dotées de salles de bains épatantes joliment décorées d'azulejos. Le matin, sur la terrasse, bol d'air, petit déjeuner (miam, les confitures maison !), et vue panoramique sur la montagne environnante. Le soir, menu pensionnaire à 110 F, vin et café compris (enfants jusqu'à 4 ans, 35 F, jusqu'à 10 ans, 60 F), rien qu'avec les produits de la ferme : lapin, légumes, veau, salaisons... Le midi, menu ferme-auberge à 160 F du genre copieux : plateau de charcuteries (cochon de la ferme) dégusté à la catalane, avec du pain frotté d'ail, de tomate et humecté d'huile d'olive, agneau farci aux noisettes et aux poires ou veau « rosée des Pyrénées » à la confiture d'oignons, fromage de chèvre, de vache ou de brebis avec du miel, tarte maison, café. Après de telles agapes, c'est la sieste ou la balade digestive, au choix. *La Coste de Dalt,* l'essayer, c'est l'adopter. 10 % de réduction sur le prix de la chambre sur présentation du *Routard* pour 2 nuits minimum sauf juillet et août.

≜ |●| *Auberge de la Colometa :* gîte d'étape, route du Col-d'Arès, 66230 Prats-de-Mollo. ☎ 04-68-39-75-00. À 11 km de Prats-de-Mollo en montant vers le col d'Arès par la D115. Il faut tourner à gauche et descendre une piste carrossable pendant 5 km. Le gîte est à l'intérieur de l'ermitage Notre-Dame-du-Coral. Ceux qui aiment la nature sauvage seront servis. Parfait pour faire des balades à pied ou à VTT. Chambres de 3 à 4 personnes et dortoirs de 6, 10 et 12 lits. La demi-pension en chambre coûte 175 F par personne, petit déjeuner, vin et café compris lors des repas. Couchage en dortoir ; 60 F la nuitée. Menus à 70 et 110 F. Cuisine catalane et familiale faite avec sérieux. Il y a aussi une cuisine pour faire son petit frichti. Le couple sympa qui tient ce gîte communal fera tout son possible pour rendre votre séjour agréable. Site d'escalade à proximité. Ne pas oublier de réserver.

Promenade dans la ville fortifiée

Construits au XIVe siècle, les remparts furent endommagés lorsque les habitants, devenus français malgré eux, s'élevèrent contre les impôts ordonnés par Louis XIV. Les murs furent reconstruits à la fin du XVIIe siècle. On entre (à pied) par la porte de France. À l'intérieur de l'enceinte, de jolies ruelles et quelques petits commerces (au 11 de la *rue de la Porte-d'Espagne,* étonnante charcuterie ancienne)... De larges escaliers pavés de galets conduisent à l'*église* élevée au XIIIe siècle, dont il ne subsiste que l'impressionnant clocher crénelé, le reste ayant été reconstruit au XVIIe. En contournant le chevet pour monter vers le fort Lagarde, on remarquera le contour original du toit, en forme d'étoile.

En cherchant bien, dans les multiples passages et galeries peuplés de chats errants, autour de l'église, on trouvera dans une porte du rempart un passage secret, souterrain et voûté, menant au fort ! Mais revenons à l'église : à droite de l'entrée, un curieux ex-voto, os de baleine de 2 m planté dans le mur... Belle porte aux fers rouillés. À l'intérieur, retable baroque de 10 m de haut, décoré de feuilles dorées.

Manifestation

– **Fête de l'Ours :** fin février. Sans doute la manifestation la plus originale de la vallée et, paraît-il, l'un des rites les plus anciens d'Europe (son origine remonterait à la préhistoire). Autrefois, lors du premier changement de lune de février, les ours sortaient de leur hibernation et semaient la terreur au village. On organisait alors une battue, une jolie jeune fille servant d'appât. Un ours était capturé, enchaîné et rasé dans l'allégresse générale... Depuis, la tradition se perpétue mais, les ours ayant disparu (on ne se demande pas pourquoi), un jeune homme est revêtu d'une peau d'ours et pourchassé par les habitants au milieu des danses. La chasse se termine par le rasage de la victime et un repas des chasseurs, auquel participent les visiteurs.

À voir aux environs

★ **L'ermitage Notre-Dame-de-Coral :** route du Col-d'Arès. La chapelle Notre-Dame-de-Coral a été construite au XIIIe siècle après la découverte d'une Vierge cachée dans le tronc d'un chêne. La chapelle du XVIe siècle que l'on peut voir aujourd'hui résulte d'un agrandissement fait sur la précédente. Sa restauration en 1984 a permis la découverte d'une statuette de saint Jean Baptiste cachée dans un mur, de fresques anciennes, et de la porte d'entrée du XVIe siècle. Une pierre à l'entrée témoigne de son appartenance à l'abbaye de Camprodon en Catalogne avant le traité des Pyrénées, à la suite duquel elle fut rattachée à l'évêché d'Elne. À l'intérieur, deux retables du XVIIIe siècle, un Christ en majesté du XIe, une reproduction de la Vierge du XIIe. De chaque côté de l'autel, un escalier permet d'accéder au *camaril* ou chambre de la Vierge, sorte de cabine téléphonique en liaison avec le ciel, où l'on venait demander à la Vierge des grâces, ou la remercier pour celles acquises. On y trouve une Vierge sur pivot du XVIIe siècle et des fresques naïves. Deux pèlerinages ou *aplecs* y sont célébrés. Le lundi de Pentecôte et le 16 août, avec messe chantée en catalan, accompagnée de sardanes.

LES ASPRES

Les Aspres sont cette toute petite région de l'ouest de Perpignan, au pied du Canigou, prise en sandwich entre le Vallespir et le Conflent. Une belle région que l'on ne négligera pas plus que ses voisines : l'art roman y est présent dans beaucoup de villages, et ses montagnes autorisent de superbes contemplations de la plaine du Roussillon jusqu'à la mer... La gastronomie y est également présente sous forme de champignons (la spécialité locale), escargots à la catalane et bons produits des fermes-auberges !

THUIR (66300)

Capitale de la région mais d'un intérêt relatif, Thuir est surtout connue pour son apéritif, le byrrh.

Adresse utile

🛈 *Syndicat d'initiative :* ☎ 04-68-53-41-47.

Où dormir ?

🛏 *Chambres d'hôte Casa Del Arte :* ☎ 04-68-53-44-78. Fermé de novembre à mars. Il s'agit d'un mas ancien dont la partie datant du XIIIᵉ siècle a été transformée en chambres d'hôte pour esthètes en manque de chlorophylle. L'ensemble ressemble furieusement à ce que l'on peut voir dans de luxueux magazines de décoration. C'est exactement comme dans un reportage où l'on vous conte en détail, photos à l'appui, comment telle ou telle personnalité a transformé une vieille ruine en maison de campagne chic décontractée. Chaque chambre a sa personnalité et son histoire. L'une est une ancienne porcherie, une autre l'écurie, une troisième l'ancienne pièce réservée aux salaisons, etc. Gigantesque salon aux poutres apparentes, plein de toiles (le propriétaire est un artiste-peintre), et avec une belle cheminée dont la plaque date de 1583. Bien sûr, il y a une piscine avec quelques transats disposés autour. Salle à manger commune pour tous. Prix du repas (non obligatoire) : 150 F, vin, apéritif et café compris. Chambre double avec douche à 420 F et suite à 650 F, petit déjeuner compris. Absolument pas conçu pour une famille avec enfants. Couples *only*.

À voir

★ *Les caves Byrrh :* 6, bd Violet. ☎ 04-68-53-05-42. Visite guidée gratuite de 45 mn. En avril, mai, juin et septembre, tous les jours sauf dimanche, de 9 h à 11 h 45 et de 14 h 30 à 17 h 45 ; en juillet et août, tous les jours de 10 h à 11 h 45 et de 14 h à 18 h 45 ; en octobre, tous les jours sauf samedi, de 10 h à 11 h 45 et de 14 h à 18 h 45 ; de novembre à fin mars, sur rendez-vous.
Inventé au XIXᵉ siècle, le byrrh est un apéritif à base de vin doux et de quinquina. Rachetées il y a 20 ans par Pernod-Ricard, ses caves produisent également des millions de litres d'apéros : Cinzano, Dubonnet, Ambassadeur, etc. Lors de la visite, on admire plus de 800 cuves, les chais, un spectacle audiovisuel et le fameux foudre géant, considéré comme la plus grande cuve en chêne du monde (un million de litres !). À la fin, selon la bonne vieille tradition (c'est pour ça qu'on y va, en fait), dégustation gratuite...
L'ancienne gare de déchargement des wagons-lits fut construite par Gustave Eiffel.

★ *Le vieux bourg médiéval :* ruines des anciens remparts, tours, belles maisons en brique rose, etc.

★ *L'église Notre-Dame :* édifice roman entièrement remanié au début du XIXᵉ siècle. Recèle une Vierge du XIIᵉ siècle, assez rare, recouverte de pierreries.

À voir aux environs

★ *Monastir del Camp :* 66300 Passa. ☎ 04-68-38-80-71. Six visites payantes en été à 10 h, 11 h, 15 h, 16 h, 17 h et 18 h, et cinq en hiver à 10 h, 11 h, 14 h, 15 h et 16 h. Fermé le jeudi. Prieuré du XIe siècle, classé au titre des Monuments historiques en 1826 par Prosper Mérimée. Son nom viendrait d'une bataille mythique entre Charlemagne et les sarrasins. Ensemble de bâtiments formant hameau et exploitation agricole (station de monte pour les Haras nationaux). Le délicieux cloître gothique en marbre de Céret date de 1307, et le très beau portail aux chapiteaux sculptés de l'église romane du XIIe siècle.

Fête aux environs

– *Fête des Sorcières :* à Tresseire.

CASTELNOU (66300)

À 6 km à l'ouest de Thuir, superbe village médiéval parfaitement conservé. Belle pierre ocre jaune, presque dorée, des habitations. On peut à nouveau visiter son château millénaire, qui brûla en 1981. Très bons restos dans le vieux bourg.

PYRÉNÉES-ORIENTALES

Où manger ?

I●I *L'Hostal :* 13, carrer de na Patora. ☎ 04-68-53-45-42. Fermé le lundi et le mercredi soir (sauf en été), ainsi qu'en janvier et février. Belle maison dominant la vallée. L'un des derniers restos de la région à servir la cargolade (sur commande à 230 F, vin et dessert compris). Sinon, plusieurs menus de 110 à 240 F, vin compris. Spécialités : *boles puslat,* demi-canette grillée... Nombreuses grillades sur des braises de sarment. Dommage que le service ne soit pas à la hauteur.

I●I *Le Patio :* 9, carrer del Mig. ☎ 04-68-53-23-30. Fermé le mercredi. Belle maison bourrée de charme, à l'image du village. Petite terrasse dans un patio, bien sûr. Menus de 89 à 120 F.

Où dormir ? Où manger aux environs ?

🏠 I●I *Chambres d'hôte du domaine de Quérubi :* chez Françoise et Roland Nabet. ☎ 04-68-53-19-08. Fax : 04-68-53-18-96. Ouvert toute l'année. Accès : de la A9, sortez à Perpignan-Sud, prenez la direction de Thuir ; passez le village de Castelnou et le château, le domaine se trouve 3 km plus loin. Préférable de réserver. Site somptueux avec vue sur les Pyrénées. Françoise et Roland possèdent un superbe mas catalan des XIIe et XVIe siècles, sur une propriété de 200 ha. Ils ont aménagé 3 chambres et 2 suites de prestige. Chacune a une déco personnalisée et des sanitaires luxueux. Beaucoup de goût. TV et téléphone dans chaque chambre. Compter 380 F pour deux pour les chambres et environ 580 F pour les suites (5 et 6 couchages), petit déjeuner compris. Françoise propose aussi la table d'hôte, pour 150 F, apéro, vin et café compris : poulet aux gambas, poulet aux citrons confits, agneau aux graines de coriandre crème catalane, canard aux figues confites au banyuls, foie gras mi-cuit au torchon, gâteau au chocolat, tarte aux fruits. Ici, les propriétaires consacrent un grand temps à leurs hôtes, alors ne manquez pas de discuter avec eux de la région, de ses contes et légendes, ou encore de l'origine présumée du mas. Piscine, V.T.T., randos et chasse sur le domaine. Allez voir les trois chênes-lièges et la laie apprivoisée qui vit heureuse sur le site. Accueil discret mais chaleureux, et d'excellents tuyaux pour rayonner aux alentours. Bien que pas donnée, une de nos plus belles adresses dans le coin. Détail amusant : on peut arriver en avion directement sur le domaine. 10 % de réduction sur le prix de la chambre sur présentation du guide. ▲ |●| *Chambres d'hôte du mas Saint-Jacques :* à Caixas. ☎ 04-68-38-87-83. Fax : 04-68-38-87-83. Ouvert toute l'année. À une dizaine de kilomètres de Castelnou par la D2 après Fontcouverte et Veinat-d'en-Lense. La seule maison du village située près de l'église appartient à un couple d'Anglais venus s'installer ici après un coup de foudre de vacances. Autant dire que le dépaysement est total, au cœur de la Catalogne. Chambres propres et sobres. On dort dans des couettes. Toutes les petites attentions des *B & B* d'outre-Manche se retrouvent ici. Si vous êtes amateur de thé pour le petit déjeuner, vous serez comblé : au moins cinq sortes de thé directement importé. C'est calme, baigné de soleil, et, chose importante, à l'abri de la tramontane. Piscine bienvenue, et fleurs partout comme dans un jardin anglais. À la table d'hôte (menu à 95 F, apéritif et vin compris), une cuisine variée sous influence catalano-méditerranéenne. Sélection de vins régionaux très pertinente. Régulièrement des dégustations ont lieu en présence des vignerons, ainsi que des visites dans les domaines viticoles environnant pour ceux que cela intéresse. Chambres doubles à 295 F et suite pour 4 personnes à 550 F. Atmosphère *cosy* définitivement britannique.

À voir

★ *Le village fortifié,* bien sûr. On est déjà séduit en arrivant de Thuir par la petite D48, au détour d'un virage : sur fond de Canigou enneigé, en pleine verdure, sa vieille pierre dorée par le soleil nous éblouit. On entre (à pied) par une porte coincée entre deux tours. Les ruelles pittoresques et tortueuses, certaines en escaliers, frappent par leur chaleur et leur luminosité. Quelques boutiques artisanales bien plus typiques que dans nombre de villages médiévaux : poterie, ferronnerie, etc. Les habitations se distinguent par leurs ouvertures étroites, leurs escaliers (les gens logent à l'étage) et de curieux gonflements dans certaines façades, traces des anciens fours à pain. Partout cette pierre de schiste et ces cailloux usés, comme si le village était creusé à même sa colline... Un fait rare : aucune maison récente, même en dehors de l'enceinte !

★ *Le château :* au sommet du village, séparé par un parc. De début juin à fin septembre, visite de 10 h à 20 h ; de février à mai, de 11 h à 19 h ; d'octobre à début janvier, de 12 h à 17 h ; le week-end seulement en janvier. Fermé le mardi hors saison. Entrée payante. C'est autour de lui que le village fut construit, *castell nou* signifiant « château neuf » en catalan. Neuf, le château l'est à nouveau, une importante restauration ayant eu lieu après l'incendie qui détruisit le toit. Édifié à la fin du Xe siècle, c'est l'un des premiers exemples de forteresse du Roussillon. Elle fut longtemps le siège des comtes de Cerdagne et Besalù, seigneurs tout-puissants du Roussillon. La visite de l'intérieur ne passionnera que les amateurs d'architecture militaire, les pièces vides n'ayant pas grand intérêt. L'église paroissiale extérieure au village vaut le coup d'œil.

De Castelnou à Serrabone par les petites routes de montagne

En quittant le village, prendre en amont la D48. Le paysage est immédiatement superbe. Sur la droite, au sommet d'une montagne pelée, on aperçoit l'église Saint-Martin-de-Camelas, dont l'isolement devait inciter à de sacrées méditations... En toile de fond, les inévitables pics enneigés du Canigou. Plus la route monte, plus le panorama est vaste. On aperçoit enfin la Méditerranée à hauteur de Fontcouverte (chapelle romane d'un petit ermitage). Prendre la D2 à gauche vers Caixas. Après ce petit village sans grand intérêt (excepté sa ferme-auberge, voir plus haut), prendre la direction col du Fourtou, à droite.

Commence une route très étroite, sauvage. À certains endroits, la végétation recouvre presque le chemin. Après l'église de Prunet, grand carrefour. À gauche, la D13 enchaîne les points de vue et mène à **Oms** (ferme-auberge, voir ci-après), à droite la D618 descend vers Serrabone. On peut faire un crochet (en continuant tout droit) par la *chapelle de la Trinité*, du XIe siècle, pour son riche mobilier. Au même endroit, ruines d'un château et surtout panorama complet sur toute la région.

En reprenant la route de Serrabone (D618 direction Bouleternère), s'arrêter à **Boule-d'Amont** pour visiter la très mignonne église du XIe siècle, dédiée à saint Saturnin. Disposition originale : nef couverte en berceau brisé, abside semi-circulaire couverte en cul-de-four. Sur le toit, belles lauzes de schiste. À l'intérieur, retables intéressants et une effigie du saint, peinte à l'or fin...

Où manger dans le coin ?

|●| **Ferme-auberge du mas Cantuern** : sur la D13, un peu avant le village d'Oms. ☎ 04-68-39-41-90. Repas sur réservation, tous les jours sauf mercredi. Fermée en janvier et février. Dolorès et François Vargas, éleveurs de sangliers, vous en proposent en rôti dans leur beau menu à 160 F, accompagné de salades, charcuterie, légumes, fromages, dessert et vin à volonté. Pour ceux qui n'aiment pas ça : lapin ou volaille avec tout le reste, pour 130 F (apéritif compris). Parmi les délicieuses spécialités biologiques : miel et plantes médicinales. Une cuisine simple et saine, en somme. Petit menu à 90 F. Menus enfants (moins de 9 ans) à 60 F.

LE PRIEURÉ DE SERRABONE

De la D618, un chemin zigzaguant sur 4 km conduit au site désertique de Serrabone. Ouvert de 10 h à 17 h 45 sans interruption. Construit au XIe siècle, le prieuré hébergea pendant près de 200 ans une communauté de chanoines voués au culte de saint Augustin. On les envierait presque (on ne devait quand même pas vraiment s'y amuser) : l'endroit est superbe, environné par la garrigue et surplombant un précipice. Tout autour, les montagnes, brûlées par le soleil.

L'extérieur de l'église est sobre autant qu'austère. Le balcon de la galerie d'entrée réserve une première surprise. Au-dessus du ravin, avec en trame un paysage grandiose, 6 arcades à colonnettes, aux chapiteaux sculptés de monstres. À l'intérieur de la nef, lumineuse et lugubre, la *tribune du chœur,*

PYRÉNÉES-ORIENTALES

chef-d'œuvre de toute beauté. Les meilleurs sculpteurs romans du Roussillon y sculptèrent les plaques, les colonnes et les chapiteaux de marbre rose, ciselant un univers étonnant : fleurs quadrangulaires, monstres anthropomorphes et gueules fantastiques.

Ne pas oublier de rendre visite au *jardin botanique :* vignes, plusieurs espèces de figuiers et nombreuses essences méditerranéennes.

Où manger ?

I●I *Le Relais de Serrabonna :* à 2 km du prieuré. ☎ 04-68-84-26-24. Fermé le mardi (sauf en été) et de novembre à janvier. Parfait pour une pause casse-croûte. C'est un groupement d'agriculteurs qui gère ce relais. Vous y trouverez fromages de chèvre, miels divers, confitures, foie gras et magret de canard, sirops naturels aux plantes, vins, etc. Offrez-vous un sandwich au canard séché ou au fromage de chèvre, traversez la route, prenez place à l'une des tables de l'aire de pique-nique protégée du soleil par des acacias et des noyers, et détendez-vous. Compter 50 à 60 F.

★ En redescendant la D618 vers Ille-sur-Têt, la route offre encore quelques panoramas très sympas, notamment à l'approche des gorges de Boulès. Après ce défilé sauvage, on arrive au pittoresque village de *Bouleternère,* dont les remparts moyenâgeux gardent un certain cachet. Surplombant le village, la tour d'un vieux château, transformée en clocher d'église ! Le village vivait de l'exploitation de bruyères arborescentes qui étaient envoyées à Saint-Claude dans le Jura pour la fabrication des pipes.

ILLE-SUR-TÊT (66130)

À la frontière des Aspres et à un peu plus de 25 km à l'ouest de Perpignan. En y arrivant, on distingue en premier le clocher carré de la grosse église Saint-Étienne. Autour d'elle, une charmante vieille ville dont l'atmosphère évoque le village de Céret : placettes, platanes et ruelles... Beaucoup d'hôtels particuliers du XVIIIe siècle. On s'arrêtera pour visiter le centre d'Art sacré, aux trésors méconnus, ainsi que ce qui fait la célébrité de la ville : les Orgues, étonnante curiosité géologique.

Adresses utiles

◻ *Office du tourisme :* 8, av. Pasteur. ☎ 04-68-84-02-62. Circuit d'art baroque des XVIIe et XVIIIe siècles : visite guidée des églises de la région.

◼ *Accueil Tourisme :* à la mairie. ☎ 04-68-84-73-12, poste 40.
🚂 *Gare S.N.C.F. :* ☎ 08-36-35-35-35.

Où dormir ?

⌂ *Camping :* sur la route de Prades. ☎ 04-68-84-72-40. Ouvert toute l'année.

Où manger aux environs ?

|●| *La Petite Auberge :* 66320 Vinca. À environ 9 km d'Ille-sur-Têt. ☎ 04-68-05-81-47. Fermée le mercredi et le dimanche soir. En voilà une qui n'usurpe pas son nom. La faconde du chef, qui arbore un franc sourire, est à l'image de sa cuisine, naturelle et généreuse. Aucune déception avec son menu à 85 F (65 F, avec plat et entrée ou dessert) qui commence par un buffet de hors-d'œuvre ou du jambon cuit et se poursuit avec un filet de rouget-barbet romaine ou encore le plat du jour. C'est ce dernier que nous avions choisi, une caille farcie bien dodue servie avec des petits pois frais. Remarquable de simplicité. Pour finir, un flan maison à la façon de jadis, dont le sort fut réglé en deux temps trois mouvements. Le menu catalan à 150 F a du caractère. Au choix : œufs brouillés aux anchois, escalivade, pieds de cochon aux escargots, côte de veau aux haricots blancs, etc. En dessert enfin, une crème catalane digne de ce nom.

Avant ou après le déjeuner, profitez-en pour faire une visite à l'église Saint-Julien qui possède un orgue du XVIIIᵉ siècle et un mobilier baroque intéressant.

À voir

★ *Les Orgues :* à la sortie nord du village. Prendre la D21 et franchir la rivière. Accès au site tous les jours de 9 h à 19 h 30 du 1ᵉʳ mai au 31 août, de 9 h à 18 h 30 du 1ᵉʳ septembre au 15 octobre et de 10 h à 17 h du 16 octobre au 30 avril. Un site unique dans toutes les Pyrénées. Cette formation sédimentaire de 2 millions d'années dessine un étrange alignement de « cheminées de fée ». La vitesse d'évolution du site est extraordinairement rapide. En quelques dizaines d'années, tout a radicalement changé.

★ *Le centre d'Art sacré :* dans l'ancien hospice Saint-Jacques. ☎ 04-68-84-83-96. Du 15 juin au 30 septembre, ouvert tous les jours de 10 h à 12 h et de 14 h à 19 h ; du 1ᵉʳ octobre au 14 juin, tous les jours sauf mardi, de 10 h à 12 h et de 15 h à 18 h sauf le samedi matin, dimanche et jours fériés. Installé dans un corps de logis des XVIᵉ et XVIIIᵉ siècles, ce musée présente de passionnantes expositions roulantes comme « l'Art baroque en Roussillon », ou « les Trésors du Roussillon ». À voir, entre autres : tableaux anciens, meubles rares, orfèvrerie, statues oubliées, crucifix en argent ciselé, reliquaires, etc. Des collections d'une richesse inouïe, qui compenseront celles de toutes les églises fermées lors de vos passages dans la région.

★ *L'église Saint-Étienne-del-Pradaguet :* datant de la fin du Xᵉ siècle et reconstruite 7 siècles plus tard. Imposant clocher du XIVᵉ, portail en marbre blanc du XVIIIᵉ, vieil orgue, etc.

★ *Les ruelles de la vieille ville* dégagent une atmosphère encore médiévale. On peut tomber, au hasard des promenades, sur quelques sculptures de marbre, de belles fontaines, de hautes façades et de beaux patios. Rue des Amoureux *(Enamourats),* la pierre sculptée que l'on peut encore voir indiquait au XVIᵉ siècle la présence ici d'une... maison close !

★ *Le marché municipal :* place de la République, les mercredi et vendredi matin. Spécialisé dans les fruits et légumes, c'est le plus important du Roussillon après celui de Perpignan. Tous les dimanches, marché aux puces et brocante.

★ *Le Musée départemental du Sapeur-pompier :* 116, av. Pasteur. ☎ 04-68-84-03-54. Du 15 juin au 15 septembre, ouvert tous les jours de 10 h à 19 h ; le reste de l'année, tous les jours sauf mardi, de 10 h à 12 h et de 14 h à 18 h. Intéressante rétrospective de matériel antifeu de l'Empire à nos jours. Collection de véhicules de pompiers miniatures, etc.

À voir aux environs

★ *Le musée de l'Agriculture catalane :* 66130 *Saint-Michel-de-Llotes.* À 2 km d'Ille-sur-Têt. De juin à septembre, ouvert de 10 h à 12 h et de 15 h à 19 h ; d'octobre à fin mai, de 10 h à 12 h et de 14 h à 18 h. Fermé le mardi. Un énième musée bric-à-brac de l'agriculture ? Que nenni ! Bien au contraire, en voilà un qui a été intelligemment pensé et conçu avec un vrai sens de la mise en valeur dans la foulée. Ce musée réellement attractif conte la vie des champs, des labours jusqu'aux moissons, au travers de plus de 400 objets dont les plus vieux datent de 1900. Disposés dans 6 salles, herses, charrues, outils de la vigne, faucilles, fouloirs à vendanges, etc., entourés de nombreux panneaux et illustrations, ne laissent pas indifférents. Bravo !

★ *Marcevol :* d'Ille-sur-Têt, emprunter la jolie D35 pour arriver dans ce hameau croquignolet et haut perché, entouré de prairies naturelles. Intéressant prieuré de chanoines du Saint-Sépulcre (de 1412 à 1484) qui passe ensuite à la communauté ecclésiastique de Vinca. Très important jusqu'au XIVe siècle, moment du début de son déclin. C'est un ensemble de bâtiments fortifiés d'une simplicité volontaire, restauré de 1972 à 1987. L'église date du XIIe siècle. Elle possède une belle façade et un portail en marbre rose de Villefranche (ferrures des portes remarquables). L'église du hameau, Notre-Dame-de-Las-Grades, en partie fortifiée, est un bel exemple d'art roman.

■ *Association du Prieuré :* ☎ 04-68-05-24-25 et 04-68-05-39-09. Accueil, classe de patrimoine, etc.

🏠 *Gîte d'étape :* ☎ 04-68-05-34-34. Assez sympa, mais couchage rustique. Compter 65 F la nuitée en chambres de 6 lits. Menu à 80 F.

|●| *Restaurant La Bergerie des Oliviers :* hameau de Marcevol, 66320 Arboussols. ☎ et fax : 04-68-96-20-20. Le panorama est magnifique et la terrasse plein soleil bienvenue. Cuisine sans prétention. Menus à 95, 150 et 200 F.

LE CONFLENT

Le Conflent, confluent de rivières, est la plus grande vallée des Pyrénées-Orientales. Au pied du Canigou, cette magnifique région de montagne recèle de nombreux joyaux de la période romane, dont les plus éclatants sont sans conteste les abbayes de Saint-Michel-de-Cuxa et de Saint-Martin-du-Canigou. Dans chaque village de la vallée, des églises aussi vieilles que charmantes réservent des surprises aux curieux qui en poussent la grosse porte. Leurs richesses inattendues vous surprendront toujours !

Comment y aller ?

– *Par la route :* Prades (la capitale du Conflent) n'est qu'à 45 km de Perpignan. Prendre la N116 direction Font-Romeu.

– *En train :* de Perpignan à la gare de Prades-Molitg-les-Bains, en été, 4 trains dans la matinée, 3 en fin d'après-midi (en principe, le dernier à 19 h 58) ; 5 trains par jour seulement à partir d'octobre. La même ligne dessert la gare de Villefranche-Vernet-les-Bains, où l'on change pour continuer vers Latour-de-Carol. Ce deuxième tronçon de la ligne est généralement desservi par « le petit train jaune », que l'on n'hésitera pas à prendre pour se rendre ensuite en Cerdagne.

EUS (66500)

5 km avant Prades, en venant d'Ille-sur-Têt. Prendre la D35, à droite, à hauteur de Marquixanes.

Entièrement classé monument historique, ce village perché et fortifié est considéré à la fois comme le plus beau et le plus ensoleillé de France. Malgré tout le charme de ses remparts et de ses vieilles maisons, cette première affirmation nous paraît légèrement excessive... Nous y avons surtout vu beaucoup de fils électriques et de touristes !

Adresse utile

◨ *Syndicat d'initiative :* à la mairie. ☎ 04-68-96-06-27. Ouvert l'après- midi seulement, de 14 h à 18 h. Fermé le mercredi et le week-end.

À voir

★ *La Fondation Boris Vian :* Casa Pascuala. ☎ 04-68-96-39-67. Sur rendez-vous. Une « annexe » de la vraie fondation, installée cité Véron à Paris. Pas grand-chose à voir ici. Expos de jeunes artistes et quelques animations musicales et autres en été. Dommage, il y aurait tant à faire avec le nom de l'auteur favori des ados...

★ *L'église haute :* l'église la plus récente d'Eus (XVIIIe siècle), la plus vieille étant en bas du village. Celle-là fut construite sur les ruines d'un château du XIIIe siècle. À l'intérieur, quelques beaux retables du XVIIe et des statues polychromes.

★ *L'église basse :* édifiée du XIe au XIIIe siècle. Portail en marbre et colonnes intérieures en granit.

★ Beau *panorama* sur la région du sommet du village.

MOLITG-LES-BAINS (66500)

À 6 km d'Eus, au milieu d'une nature verdoyante, les sources de Moligt, remplies de plancton, sont utilisées dans le traitement des maladies de la peau. Les curistes affluent : pour 180 habitants, le village accueille 1 200 pensionnaires par an. Ce plancton thermal est une sorte de filament blanc qui donne à l'eau un caractère onctueux idéal en massage pour la régénération du derme. On dirait une pub pour un savon de star ! L'endroit jouit d'un climat typiquement méditerranéen et les zéphyrs venant des sommets environnants tempèrent le soleil ibérique. Un véritable havre de tranquillité, blotti au pied des ruines du château de Paracollis. Son enceinte aurait été délimitée par une peau de bœuf découpée en lanières mises bout à bout. En prime, une belle église du XIIe siècle.

PYRÉNÉES-ORIENTALES

Adresse utile

◻ *Syndicat d'initiative :* ☎ 04-68-05-03-28. Ouvert pendant la saison thermale, de début avril à fin octobre.

Où dormir ?

♠ *Hôtel Le Saint-Joseph :* ☎ 04-68-05-02-11. Fax : 04-68-05-05-23. Ouvert de début avril à fin octobre. Point de frime, ni de fausse modestie ici. Nichée dans une verdure agréable, la maison est grande ouverte. Elle accueille simplement et gentiment des clients qui deviennent vite des amis. Les chambres ne sont pas luxueuses mais elles ont toutes été décorées avec bon goût et le sens du détail. Chacune a sa personnalité : la mer, la vigne, etc. Doubles de 175 F avec lavabo à 200 F avec douche.

Où dormir ? Où manger aux environs ?

♠ |●| *Mas Lluganas :* 66500 Mosset. À 2,5 km de Molitg. ☎ 04-68-05-00-37. Fax : 04-68-05-04-08. Ferme-auberge offrant 6 chambres assez simples dans un environnement mi-campagnard, mi-montagnard. L'accueil y est chaleureux, et le foie gras excellent. Le mas, qui est neuf, n'a pas vraiment de cachet mais vos enfants seront heureux d'y séjourner. Ils y apprendront à connaître la vie aux champs au milieu des chevaux, vaches, volailles, etc. Chambres doubles de 170 à 250 F. Repas à 90 et 115 F. Menu enfants à 50 F.

♠ |●| *Chambres d'hôte La Forge :* 66500 Mosset. ☎ 04-68-05-04-84. Fax : 04-68-05-04-08. Fermé pendant les vacances de février. À la sortie de Mosset, prendre la dernière route à gauche ; suivre le chemin jusqu'au bout. Une ancienne forge retapée par les propriétaires du *Mas Lluganas* et entourée de 2 ha de prés, bordés par une rivière. Totalement différent du mas, puisqu'il y a seulement 3 chambres (250 F la double, petit déjeuner inclus), et 1 suite (420 F) avec une entrée indépendante, comportant un salon, une kitchenette, une salle de bains et deux mezzanines avec chacune deux couchages et une terrasse. Chambres et suite ont été décorées avec plus de soin qu'au mas. En sus, au rez-de-chaussée, deux salons, une bibliothèque et une grande cuisine pour prendre le petit déjeuner. Bref, à *La Forge,* on a presque l'impression d'être dans sa maison de campagne. Les repas sont servis à la ferme-auberge (3 km) et comprennent une entrée, un plat, plateau de fromage du Conflent, dessert maison pour 90 F, vin compris. Enfant de 4 à 9 ans : 50 F ; moins de 4 ans : 30 F.

PRADES (66500)

Sous-préfecture de 7 000 habitants, Prades est avant tout, pour les routards, une bonne base de départ pour excursions et promenades dans le massif du Canigou. La ville a cependant un certain charme (ses rues pavées de marbre rose, sa riche église, ses vergers), et de nombreuses activités culturelles l'animent en été. Les mélomanes seront également ravis d'apprendre que le grand violoncelliste catalan Pablo Casals s'installa ici après avoir fui le régime franquiste. Il fit venir à Prades les plus grands musiciens de son époque (Yehudi Menuhin, Isaac Stern, etc.), créant un festival qui porte aujourd'hui son nom...

Adresses utiles

⊟ Office du tourisme : 4, rue Victor-Hugo. ☎ 04-68-05-41-02. Fax : 04-68-05-21-79. En été, ouvert du lundi au samedi de 9 h à 12 h 30 et de 14 h à 19 h, et le dimanche de 10 h à 12 h ; en hiver, ouvert du lundi au vendredi de 9 h à 12 h et de 14 h à 18 h, fermé les samedi et dimanche. Demander Christine Hicks : gentille et dynamique, elle vous fera aimer la région.

⊞ Gare S.N.C.F. : ☎ 08-36-35-35-35.

■ Location de vélos : Technic Bike-Cycles Cerda, 114, av. du Général-de-Gaulle. ☎ 04-68-96-54-51. Fait aussi vente et réparations vélo et moto. Michel Flament, 8, rue Arago. ☎ 04-68-96-07-62. Concessionnaire Peugeot et location V.T.T.

■ Conflent Spéléo Club : M. Pérez. ☎ 04-68-96-51-58. Organise aussi des descentes de canyon.

Où dormir ? Où manger ?

🏠 Deux hôtels seulement à Prades, en bordure de nationale... Essayer aussi les petits 2 étoiles de Vernet-les-Bains, mieux situés.

|●| Restaurant L'Hostal de Nogarols : chemin de Nogarols, route de Saint-Michel-de-Cuxa ; à la sortie de Prades. ☎ 04-68-96-24-57. Fax : 04-68-05-25-40. Ouvert tous les jours sauf les mardi soir et mercredi. Fermé en janvier. Maison récente en pierre apparente. Spécialités catalanes servies dans une élégante salle à manger voûtée. Menus à 99 et 165 F. Menu enfants à 55 F. Pour fauchés : pizzas et salades. Les beaux jours, possibilité de manger dans le jardin, à l'ombre des cerisiers.

|●| Le Jardin d'Eymerich : 3, av. du Général-de-Gaulle. ☎ 04-68-96-53-38. Fermé le jeudi. C'est une salle à manger un rien banal qui vous attend, pour une cuisine qui mériterait mieux comme écrin. À bon entendeur, salut ! Le menu de la semaine, à 68 F, exécuté sans fausses notes (salade catalane, joue de porc braisé au rancio-riz créole, fromage ou dessert), suffit à vous régaler. Celui à 114 F, intitulé « menu du jardin », avec salade d'anchois marinés pan bagnat à la tomate, faux-filet de cochon poêlé aubergines au parmesan de tomme jus aux olives, suivi d'un joyeux petit dessert, justifie la bonne réputation dont jouit le chef. À la carte, le pigeon farci rôti à la graisse d'oie primeurs à l'étuvée (105 F) était tentant.

Où dormir aux environs ?

🏠 Chambres d'hôte dans les villages des environs : demander la liste à l'office du tourisme de Prades.

Camping

🏠 Camping Al Pouncy : à Filliols, à 12 km de Prades par la D27, route de Taurinya. Après l'embranchement de la piste menant au chalet des Cortalets, juste avant Filliols. ☎ 04-68-05-59-10. Ouvert de juillet à septembre inclus. Très simple (1 étoile) mais bon marché et très bien situé, avec vue sur les montagnes. 14 F par campeur + 14 F l'emplacement (électricité : 10 F). Douches chaudes gratuites.

PYRÉNÉES-ORIENTALES

À voir

★ *L'église Saint-Pierre :* au cœur de la ville, on ne peut la manquer tant son clocher pyramidal attire les regards. Construite au XIIe siècle, cette tour carrée de marbre et de granit est l'un des derniers vestiges de l'église romane primitive, le reste ayant été reconstruit au XVIIe siècle (la pyramide du sommet est toutefois plus récente). Le riche mobilier intérieur comporte un incroyable retable en bois sculpté du XVIIe siècle. Création du grand artiste catalan Joseph Sunyer, cette impressionnante œuvre baroque a été comparée à un « opéra sculpté », tant les figures y pullulent : anges, hommes, animaux, Vierge et saints, sculptés et peints... Pour admirer cette merveille à loisir, se munir d'une pièce de 5 F pour l'éclairage automatique. Nombreuses chapelles ornées de retables et sculptures, datant des quatre derniers siècles. À gauche de l'entrée, ne pas manquer cette émouvante pietà vêtue de dentelle noire : curieusement, ses traits grimaçants rappellent ceux d'Édith Piaf !

★ *La rue du Palais-de-Justice :* elle part de la place de l'Église. Incroyable : ses trottoirs et sa rigole centrale sont en marbre rose !

★ *Le musée Pablo Casals :* 4, rue Victor-Hugo, dans le même bâtiment que l'office du tourisme. ☎ 04-68-05-41-02. En saison, ouvert tous les jours sauf le dimanche, de 9 h à 12 h et de 14 h à 18 h ; hors saison, ouvert du lundi au vendredi et sur rendez-vous les samedi et dimanche. On y trouve 5 salles différentes : celle d'Archéologie, celle du Fer et des Traditions catalanes, celle consacrée au philosophe Charles Renouvier, une exposition permanente des œuvres du peintre roussillonnais Martin Vives, et enfin le *musée Pablo Casals* proprement dit.

S'exilant en 1939, Pablo Casals vivra de nombreuses années à Prades, donnant des concerts au profit des réfugiés espagnols. Luttant contre la dictature de Franco, il refusera longtemps de jouer à l'étranger tant que les grandes nations n'auront pas aidé l'Espagne à retrouver sa liberté... En 1950, il organise à l'église Saint-Pierre de Prades un important festival pour saluer le bicentenaire de la mort de Bach. Le prestigieux musicien, ardent défenseur de la paix, est mort en 1973 à San Juan de Porto Rico. Le petit musée qui lui est consacré présente quelques intéressants souvenirs : son piano, son violoncelle, des photos, des lettres et quelques œuvres le représentant.

Manifestations

– *Festival Pablo Casals :* tous les ans, de fin juillet à mi-août. Reconnu dans le monde entier, le festival attire les plus grands ensembles classiques. Il a désormais lieu dans le cadre grandiose de l'abbaye Saint-Michel-de-Cuxa. Renseignements à l'office du tourisme.
– *Les Ciné-Rencontres de Prades :* juste avant le festival Pablo Casals, pendant une semaine. ☎ 04-68-05-20-47. Un festival toujours très intéressant, où cinéastes et hommes (et femmes) du 7e art rencontrent le public.
– *Journées romanes :* pendant la 1re quinzaine de juillet. Conférences et visites commentées. ☎ 04-68-96-02-40 (à l'abbaye Saint-Michel-de-Cuxa).
– *Université catalane d'été :* la 2e quinzaine d'août. Une initiative très intéressante : de véritables cours (histoire, géo, etc.) sont donnés en langue catalane. C'est l'un des rares exemples du genre en France. Étonnant quand on sait qu'il y a 22 universités enseignant le catalan aux États-Unis ! Pour tous renseignements, contacter M. Gual, 66500 Codalet. ☎ 04-68-96-10-84.

L'ABBAYE SAINT-MICHEL-DE-CUXA

À 3 km au sud de Prades, par la D27. Visite tous les jours sauf le dimanche matin, de 9 h 30 à 11 h 50 et de 14 h à 17 h (18 h en été). Entrée payante. Véritable splendeur de l'art roman que ce vaste monastère vieux de plus de 1 000 ans. Étonnante aussi, l'histoire de son édification... Au IXᵉ siècle, de violentes inondations détruisent le monastère d'Eixelada. Les 35 survivants trouvent refuge dans une petite église de Cuxa et y développent leur communauté sous la protection des comtes de Cerdagne. Grâce à leurs relations avec les papes et les nobles de leur époque, les ambitieux abbés de Cuxa lancent de nombreux travaux d'agrandissement de leur église. Sur le même emplacement quatre édifices sont successivement construits. L'église actuelle est donc la quatrième. Elle est préromane (dernière consécration en 974), avec des arcs outrepassés. Belle table d'autel avec les noms des moines gravés dans la pierre. Entre autres, celui de l'abbé Oliba, une des principales figures de l'histoire catalane : il fut le fondateur de Montserrat près de Barcelone, évêque de Vic, abbé de Ripoll et Saint-Michel. Vendue à la Révolution, l'abbaye perd alors nombre de ses œuvres d'art. Au début de notre siècle, un sculpteur américain parvient à retrouver la moitié des chapiteaux du prestigieux cloître, qui fut ensuite reconstitué au musée des Cloîtres de New York !

★ La visite commence par la **crypte** dite « de la Crèche », construite au XIᵉ siècle. Véritable labyrinthe de pierres nues, il s'en dégage une atmosphère assez fantastique, augmentée par d'ingénieux éclairages. Au centre des passages obscurs, une curieuse chapelle circulaire, à la voûte soutenue par un imposant pilier central.

★ *Le cloître* du XIIᵉ siècle fut réalisé avec du marbre rose de la région. Autour d'une belle pelouse, ses superbes chapiteaux sculptés contrastent avec la pierre de l'église. Curieusement, les motifs représentés ne sont pas d'inspiration religieuse mais, paraît-il, d'origine asiatique ! Il manque malheureusement une bonne partie des galeries, démontées après la Révolution.

★ *L'église :* on y accède depuis le cloître. Austère de par sa nudité, elle est en grande partie préromane. Dans les chapelles latérales, quelques statuettes polychromes très émouvantes, dont une Vierge du XIIIᵉ siècle.

Où dormir ? Où manger dans le coin ?

🛏 |●| *Chambres d'hôte Las Astrillas :* 12, carrer d'Avall, 66500 Taurinya. À 5 km de Prades et 2 km de Saint-Michel-de-Cuxa. ☎ 04-68-96-17-01. Ce mas, composé de plusieurs bâtiments, a fière allure. Une salle à manger lumineuse et joliment décorée, une salle de lecture *cosy* et des chambres sobrement aménagées emportent facilement l'adhésion. Aux beaux jours, les tables sont mises dans la cour-jardin, et le barbecue entre en action. Accueil tout en finesse du maître des lieux qui est aussi aux fourneaux. Chambres doubles à 250 F et triples à 300 F, petit déjeuner compris. Repas à 100 F.

Plus chic

|●| *Auberge des Deux Abbayes :* 2, place de l'Oratori, Taurinya. À 6 km au sud de Prades par la D27. ☎ 04-68-96-49-53. Fermée le mardi soir et le mercredi, et pendant les vacances scolaires de la Toussaint. Fermée tous les soirs sauf le samedi d'octobre à mars. Bon accueil dans cette maison particulière transformée en restaurant. Menus-carte de 110 à 220 F. Menu enfants à 45 F. Terrasse en été.

VERNET-LES-BAINS (66820)

Sources thermales connues depuis le Moyen Âge (elles appartiennent alors aux moines de Saint-Martin de Canigou). Vernet devient soudainement en vogue vers 1880. L'aristocratie anglaise y a ses habitudes tout comme certains écrivains d'outre-Manche tel que Rudyard Kipling. De cette fréquentation britannique reste une petite église anglicane. Aujourd'hui, Vernet essaie de renouer avec ce riche passé thermal mais c'est dur. À voir, le vieux village dominé par l'église Saint-Saturnin, et son château médiéval. Tout aussi intéressants sont les beaux restes architecturaux de sa gloire passée : casino et hôtels du XIXe siècle. Hélas, certaines de ses constructions prestigieuses ont été emportées par les eaux en 1940, comme le fameux hôtel *Ali Pacha*.

Adresse utile

◼ *Office du tourisme :* rue Jules-Ferry. ☎ 04-68-05-55-35. Fax : 04-68-05-60-33. Du 15 juin au 15 septembre, ouvert du lundi au samedi de 10 h à 12 h 30 et de 14 h à 19 h, et le dimanche de 10 h à 12 h 30 ; hors saison, ouvert du lundi au vendredi de 10 h à 12 h et de 14 h à 17 h, et le samedi de 10 h à 12 h, fermé le dimanche.

Où manger ?

|●| *Le Pommier :* placette du Cady. ☎ 04-68-05-57-83. Sympathique halte sans prétention, où il fait bon s'asseoir dans la cour-jardin le temps d'un repas-repos. Menu à 55 F (servi uniquement à midi sauf le dimanche) avec buffet de hors-d'œuvre, plat du jour et quart de rouge, et à 95 F avec escalivade ou charcuteries du pays, gigot grillé au romarin ou confit de canard aux poires ou grillade catalane (porc, agneau, boudin noir, saucisse) et dessert. Menu enfants à 35 F. Foie gras, magrets et confits de canard proviennent de canards élevés et gavés par Françoise dans sa ferme de Filliols, à côté de Vernet.

|●| *Restaurant Le Cortal :* 13, rue du Château. ☎ 04-68-05-55-79. Fermé le lundi et le mardi hors saison, ainsi que de fin octobre à fin novembre. Belle salle rustique si le temps ne permet pas de profiter de la vue qu'offrent les trois terrasses. Accueil un peu brusque, mais tout s'arrange très vite. Spécialités de magret grillé au feu de bois et de tarte à la banane. Compter environ 80 F.

Où manger aux environs ?

|●| *Café de l'Union :* 66820 Filliols. ☎ 04-68-05-63-06. Petit café-tabac-resto tenu par Maguy Escape. Simple à souhait, rustique et sympa au possible. En un mot : authentique ! Il faut impérativement téléphoner à Maguy pour qu'elle prépare votre menu. Une adresse bon marché. Menus à 65 F (entrée, plat du jour et dessert) et 110 F. Spécialité : le magret de canard aux morilles.

À voir aux environs

★ *CASTEIL (66820)*

★ *Le musée de la Montagne :* ☎ 04-68-05-51-39. Ouvert de 14 h à 18 h de mai à septembre. Un minuscule musée, créé en 1989 avec les moyens du bord par un enfant du pays pour rendre hommage à son terroir natal et faire connaître à tous les traditions rurales et montagnardes du massif du Canigou. Expositions d'outils anciens, matériel de montagne de 1910 à nos jours, outillage relatif à la vie dans les mines de fer, collection de minéraux, rochers et papillons, etc., et vidéo sur la vie de l'ours dans les Pyrénées. Casteil est le point de départ des randonnées dans le Canigou.

★ *Le parc animalier du Casteil :* 66820 Casteil. Ouvert tous les jours. Entrée gratuite. À faire dans la foulée du musée de la Montagne. C'est un chasseur repenti qui a mis en place ce parc. Lions, ours, singes, émeus et compagnie attirent des visiteurs, grands et petits, en provenance de tout le département.

LE CANIGOU

Surtout, ne riez pas de son nom d'aliment pour chiens ! En effet, les Catalans de France et d'Espagne respectent depuis toujours cette montagne... On allume encore traditionnellement les premiers feux de la Saint-Jean à son sommet, en présence de délégations venues des deux côtés de la frontière. Des flammes sont ensuite redescendues dans les villages catalans pour les embraser à 22 h précises.

Montagne mythique, symbole religieux et social, le pic immaculé fut longtemps synonyme de légendes et d'exploit. Le roi Pierre III d'Aragon est, paraît-il, le premier à en avoir franchi le sommet. D'autres l'imitèrent par la suite, à bicyclette, à cheval (sans poser les pieds à terre !), à ski ou en voiture...

Il faut dire que le pic du Canigou a été considéré pendant des siècles comme le point culminant des Pyrénées, les géographes du Moyen Âge s'étant trompés dans leurs calculs ! On sait désormais qu'il n'en est rien, ses misérables 2 784 m d'altitude étant battus à plate couture par les pics de la Vache (2 826 m), du Géant (2 882 m) et surtout de Puigmal (2 910 m) et de Vignemale (3 298 m)... Versant français, bien sûr. Le vrai gagnant est en Espagne (pic d'Aneto, 3 404 m) ! On raconte aussi que le Canigou dévorait autrefois les avions, tant de catastrophes aériennes s'y étant produites. Le mystère de ce triangle des Bermudes pyrénéen est pourtant simple à élucider, la forte concentration de fer et de manganèse dans la montagne faisant office d'aimant !

Mais que toutes ces histoires ne vous fassent pas oublier l'essentiel : le Canigou réserve encore de nombreuses splendeurs à ceux qui s'y promènent. Riche d'une faune et d'une flore heureusement protégées, le massif offre également aux randonneurs de nombreux panoramas à couper le souffle, des routes spectaculaires, des gorges, des torrents, des sentiers praticables, des refuges, des forêts de sapins...

Comment approcher le monstre ?

En voiture

Deux routes seulement mènent au pied du pic, où se trouve le *chalet des Cortalets,* duquel part le sentier pédestre qui conduit au sommet en 1 h 30.

– **La première route,** la plus facile, passe par les gorges du Llech. De Prades, prendre la N116 direction Perpignan puis tourner à droite vers Los Masos. Après Villerach, la D24 se transforme en route forestière, praticable uniquement en été par temps sec. La piste, superbe, court en lacet dans un décor boisé. Points de vue magnifiques sur les gorges, 300 mètres plus bas. On peut souffler un peu au *refuge de la Mouline* puis à Ras del Prat Cabrera (panorama splendide et deuxième refuge). On continue ensuite à monter jusqu'au *chalet des Cortalets*. En tout, prévoir 1 h de route.

– **La deuxième route** (16 km) n'est praticable jusqu'au bout qu'en 4 x 4. On peut toujours tenter l'aventure avec sa voiture mais les 21 % de dénivellation et le mauvais état de la piste ne facilitent pas le trajet ! De Prades, prendre la D27 direction Vernet-les-Bains. Une fois au col de Fillols, s'engager (à gauche) dans la route forestière. Ça grimpe très vite à travers un paysage de rocaille et de pins. Au détour d'un lacet, vue plongeante sur Prades et Saint-Michel-de-Cuxa. À vrai dire, quitte à passer pour des masos, cette route nous semble encore plus délirante que l'autre (on vous recommande d'ailleurs de faire les deux : elles forment une boucle). Après l'Escala de l'Ours, le chemin devient carrément extraordinaire : passage voûté sous la roche, vue plongeante sur les gorges du Taurinya, puis passage du col des Voltes et du Ras des Cortalets, où l'on prend à droite pour arriver enfin au *chalet des Cortalets,* épuisé !

À pied

– Les courageux et/ou les démunis peuvent se taper la route à pied au départ de Prades (longer le canal près du stade). Compter 8 bonnes heures de marche par le col de Millères (2e itinéraire). Prévoir des haltes-visites à Saint-Michel-de-Cuxa et à Taurinya. 2 *refuges* sur le trajet, à Balatg et Jasse-des-Cortalets.

– Les vrais marcheurs ont plusieurs solutions pour atteindre directement le pic : GR10 des environs de Vernet-les-Bains ou Arles-sur-Tech, haute route des Pyrénées de Font-Romeu ou Banyuls, GR36 d'Albi, etc.

– Se munir des *cartes* I.G.N. 2450-Ouest et 2349-Est, au 1/25 000. Une autre carte bien détaillée : Randonnée Pyrénéenne n° 10 (Canigou, Vallespir, Fenouillèdes), au 1/50 000.

Adresses utiles

■ *Cimes Pyrénées :* 4, rue Maye-Lane, 65510 Ibos. ☎ 05-62-90-09-92. Les offices du tourisme de Prades, Arles-sur-Tech et Vernet-les-Bains se feront également une joie de vous conseiller, ainsi que le C.D.T. de Perpignan.

■ *Association culturelle de Ville-franche-de-Conflent :* 38, rue Saint-Jean, à Villefranche. ☎ 04-68-96-25-64. Ouverte tous les jours de l'année, de 8 h 30 à 18 h. On y organise des circuits accompagnés et toutes sortes de randonnées.

■ *Antoine Glory :* ☎ 04-68-96-46-41. Ce guide et animateur propose des découvertes de la montagne. Tarif à négocier.

■ *Location de vélos :* voir « Adresses utiles » à Prades.

■ *Excursions en 4 x 4 : Sports Shop,* ☎ 04-68-96-26-47. Filliols : *Taurigna,* ☎ 04-68-05-63-66. Au départ de Ria : M. Colas. ☎ 04-68-05-27-08. En principe, ils sont tous au même tarif. Compter 150 F par personne pour la journée (tarif dégressif plus on est nombreux).

■ En cas de pépin : *Conflent Assistance,* à Prades. ☎ 04-68-05-30-30. Compagnie privée d'ambulances. Sinon, *clinique Saint-Michel :* ☎ 04-68-96-03-16. Urgences 24 h sur 24.

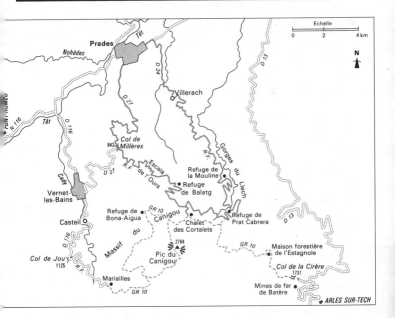

LE CANIGOU

Où dormir? Où manger?

⌂ |●| *Chalet-hôtel des Cortalets :*
au bout des routes conduisant au pic
(voir plus haut). ☎ 04-68-96-36-19
et 04-68-05-63-57. Ouvert de fin mai
à début octobre. À 2 150 m d'altitude, c'est le camp de base rêvé
pour attaquer l'excursion du pic.
Créé par le Club Alpin français, c'est

le rendez-vous de prédilection des
randonneurs, skieurs, alpinistes et
touristes de passage. Les 85 places
du dortoir et les chambres ne sont
donc pas souvent libres; téléphoner
avant. Une douzaine de chambres
pour couples. Des repas y sont servis.

L'ascension du pic

Aucun équipement spécial n'est à prévoir, excepté de bonnes chaussures
de marche, un coupe-vent, une gourde et les habituels trucs sucrés en cas
de coup de fatigue. Compter 3 à 4 h de marche aller-retour. Évidemment, il
est recommandé de ne pas s'aventurer là-haut par mauvais temps. Se renseigner avant le départ sur les prévisions météo.
Un sentier jalonné de blanc et de rouge démarre à proximité du *chalet des
Cortalets* (façade ouest). Le chemin longe un étang puis grimpe le long du
pic Joffre. Après environ une demi-heure de marche, le GR10 poursuit à
droite vers Vernet-les-Bains. On prendra donc à gauche pour continuer à
monter. Certains passages sont difficiles à cause de la roche mais l'ascension n'est pas vraiment compliquée.
Une croix indique l'arrivée au sommet. À côté, les ruines d'une cabane
construite par des scientifiques au XVIIIe siècle. Évidemment – c'est pour ça

qu'on y monte – le panorama est à tomber par terre. On embrasse toute la plaine du Roussillon, jusqu'à la Méditerranée (à l'est), ainsi qu'une partie de la Costa Brava (au sud-est), les Corbières (au nord), et différents pics des Pyrénées (à l'ouest).

L'ABBAYE SAINT-MARTIN-DU-CANIGOU

Après Vernet-les-Bains, continuer la D116 jusqu'au village de Casteil. Une rampe exclusivement piétonne conduit à l'abbaye en 30 mn. ☎ 04-68-05-50-03. Visite à 10 h, 11 h 45, 14 h, 15 h, 16 h et 17 h en été ; du 15 septembre au 14 juin : 10 h, 11 h 45, 14 h 30, 15 h 30 et 16 h 30. Fermé le mardi du 15 octobre à Pâques. Entrée payante (15 F). Pour ceux qui ne peuvent monter à pied, service de Jeep au *garage Villacèque,* à Vernet. ☎ 04-68-05-51-14.

Nid d'aigle isolé dans la montagne sauvage, au bord d'un précipice, l'abbaye « est le prie-Dieu le plus exaltant que l'on puisse trouver en face des montagnes et du ciel ». La vie trépidante du plancher des vaches ne semble pas atteindre les lieux, si l'on excepte le téléphone et la présentation vidéo mise à la disposition des touristes... Aucune route d'accès (Dieu soit loué) et un silence imposé durant les visites guidées. On est ici pour tutoyer le ciel, dans un décor roman s'harmonisant parfaitement, à près de 1 100 m d'altitude, avec une nature propice à la méditation. Dans l'enceinte du monastère, près du clocher carré, on remarque des tombes creusées à même le roc il y a presque 1 000 ans par le fondateur de l'abbaye, le comte Guifred de Cerdagne. C'est là qu'il désirait (se) reposer après 30 ans d'un travail de Titan, aux côtés de sa femme...

Détruite au XVe siècle par un tremblement de terre puis abandonnée après la Révolution, son œuvre fut patiemment reconstruite au cours du XXe siècle. On peut donc à nouveau admirer les chapiteaux en marbre blanc du cloître et l'église austère, véritable révolution architecturale qui inspira les débuts de l'art roman dans toute la région. Après la visite, ne pas hésiter à prendre l'escalier (à droite en sortant) qui conduit à travers les arbres à un rocher d'où l'on domine l'abbaye. Vue superbe sur les montagnes, qui donne une idée encore plus saisissante de la beauté solitaire du site.

VILLEFRANCHE-DE-CONFLENT (66500)

Merveilleuse petite cité médiévale qui semble pétrifiée par ses épais remparts, Villefranche, fondée en 1090 par Guillaume-Raymond de Cerdagne, revit grâce à une dynamique équipe de jeunes. L'osmose parfaite entre de vivaces traditions catalanes et la volonté de préserver le patrimoine architectural autant que la nature a amené les 250 habitants à développer un tourisme paisible, à mille lieux des habituels pièges commerciaux qui dégradent inévitablement les cadres de ce genre. Villefranche est donc un village où l'on se sent à l'aise et dont les multiples activités proposées incitent à un séjour.

Adresses utiles

▫ *Office du tourisme :* place de l'Église. ☎ 04-68-96-22-96. Ouvert tous les jours de 9 h à 17 h. ☎ 04-68-96-10-78.

■ *Association culturelle de Villefranche :* 38, rue Saint-Jean. ☎ 04-68-96-25-64. Ouverte toute l'année, de 8 h 30 à 18 h. Cette équipe de jeunes bénévoles passionnés s'occupe autant des circuits de randonnées que d'initiation au patrimoine et à l'environnement. Doc très complète. Demander Joëlle, elle connaît le *Routard* et vous recevra avec plein de gentillesse.

■ *Spéléo-Club :* 18, rue Saint-Jacques. ☎ 04-68-96-40-35.

🚃 *Gare S.N.C.F. :* à l'extérieur des remparts. ☎ 08-36-35-35-35. C'est de là que part le fameux petit « train jaune », à prendre au moins une fois dans sa vie !

Où dormir ? Où manger ?

♠ Pour les randonneurs : *refuge* sur le GR36, à 1 h 30 au nord de Villefranche.

♠ Plus de *camping* au village. Essayer celui du *Mas de Lastourg*, sur la RN116, à 1,5 km de Villefranche. ☎ 04-68-05-35-25. Fax : 04-68-05-35-26. Ouvert d'avril à septembre. Piscine, alimentation, snack, machines à laver, location de matériel, etc. Location de chalet-mobile home : 150 F pour deux sauf du 14 juillet au 15 août (30 F par personne supplémentaire).

♠ *Hôtel Le Vauban :* 5, place de l'Église. ☎ 04-68-96-18-03. Une adresse sympa qui permet de dormir dans la cité. 16 chambres propres et agréables à 200 F avec douche et w.-c. et à 250 F avec bains et w.-c. Très bon rapport qualité-prix.

I●I *Auberge Saint-Paul :* 7, place de l'Église. ☎ 04-68-96-30-95. Fermée le lundi et le mardi de novembre à avril. La qualité des produits travaillés par Patricia Gomez et la finesse de ses mariages procurent de vives émotions gustatives. Premier menu à 135 F, avec notamment calmars rôtis jus au caviar d'aubergines coulis de poivrons, merluchon poêlé au poivre de Sechouan tomates confites et olives lucques du Roussillon, filet mignon de porc jus déglacé au pain d'épices et julienne d'endives à l'ananas caramélisé, pastilla de fruits de saison, glace « créma crémada » caramel, miel, citron. Autres menus à 240, 260, 400 F, et carte. Très bon choix de vins par Charly Gomez. Une des meilleures tables du département. Belle terrasse.

Foires

– *Foire des Fleurs et des Douceurs :* à Pâques. En profiter pour goûter au touron (nougat aux noisettes, pignons, etc.).
– *Foire du patrimoine architectural :* en octobre. Présentation de matériaux traditionnels.

À voir

★ *Les vieilles rues :* on entre dans l'enceinte de la ville soit par la porte de France (côté gare), soit par celle d'Espagne (côté parking). Deux longues rues parallèles traversent Villefranche de bout en bout : Saint-Jean et Saint-Jacques. Fondée au XIe siècle et longtemps capitale économique du Conflent, la ville conserve encore de charmantes demeures aux belles façades médiévales. Remarquer les vieilles enseignes en fer forgé des boutiques. Au petit matin, une luminosité superbe baigne les ruelles, renforçant les teintes roses de certaines maisons (la ville fut construite avec le matériau fourni par ses montagnes : le marbre rose de Villefranche). Les gros chardons plantés sur les vieilles portes en bois servent de thermomètres : ils se referment à l'approche du mauvais temps !

★ *Les remparts :* ☎ 04-68-96-16-40. En juillet et août, ouverts de 10 h à 19 h 30 ; en juin et septembre, de 10 h à 18 h 30 ; pendant les vacances scolaires, de 10 h à 12 h et de 14 h à 17 h 30 ; le reste de l'année, de 14 h à 17 h. Visite payante mais instructive. Encore bien conservée, l'enceinte du XIᵉ siècle fut renforcée de tours au XIIIᵉ et de 6 bastions d'angles au XVIIᵉ (par Vauban, décidément partout). La curiosité principale de l'enceinte est sans conteste le chemin de ronde voûté, construit dans l'épaisseur des murs !

★ *L'église Saint-Jacques :* paradoxalement flanquée de la tour du Diable ! Somptueuse façade de marbre rose et portail sculpté du XIIᵉ siècle. Beaucoup de marbre également à l'intérieur de l'église : bénitier et statues du XVIIᵉ, autel du XIIIᵉ, etc. Remarquer les pierres tombales : on y a sculpté des têtes de mort en train de sourire !

★ *Le château fort Libéria :* au-dessus de la ville, sur la colline de Belloch. ☎ 04-68-96-34-01. Ouvert toute l'année ; visite tous les jours de 9 h à 18 h. Une navette y conduit au départ de Villefranche. Bien plus amusant : un escalier souterrain de 1 000 marches, taillé dans le roc à l'époque de Napoléon III ! Pour y parvenir, prendre la rue Saint-Pierre jusqu'au beau vieux pont et traverser la voie de chemin de fer. L'entrée souterraine est derrière. Compter une bonne heure pour escalader toutes ces marches. À voir dans ce fort du XVIIᵉ siècle créé par Vauban : prisons, galeries de défense, chemins de ronde et panorama sur la région...

★ *Les grottes :* la *Cova Bastera* est la plus petite. Entrée face aux remparts, près du grand parking. Elle fut transformée en casemate à canon sous Vauban. Plus loin, sur la route de Vernet-les-Bains, on trouve *les Petites et les Grandes Canalettes*. De Pâques à la Toussaint, ouvertes de 10 h à 12 h et de 14 h à 18 h 30 (sans interruption en juillet et août) ; le reste de l'année, le dimanche de 14 h à 17 h. Entrée payante. Renseignements (pour les trois grottes) : 2, rue Saint-Jacques, à Villefranche. ☎ 04-68-96-23-11. Il faut au moins voir les Grandes Canalettes, superbe enfilade de salles vieilles de 30 à 400 millions d'années. Concrétions exceptionnelles, cristallisations, colonnes, aragonites, glacier suspendu et gouffre sans fond... Photos le matin seulement. Prévoir un pull, sinon glagla !

À faire

– *La promenade en train jaune :* de Villefranche à Latour-de-Carol, via Mont-Louis, Font-Romeu, Bourg-Madame, etc. Renseignements à la gare S.N.C.F. Attention, ce n'est pas ce genre de trains ridicules pour enfants mais un vrai moyen de transport, créé au début du siècle pour désenclaver la Cerdagne et transporter le minerai de fer du Conflent. Le nom est simplement dû à la couleur canari des charmants wagons. En été, certains n'ont même pas de toit, ce qui permet de profiter encore mieux des paysages de montagne traversés. Car c'est là l'intérêt du voyage : la ligne de 63 km, à voie unique, traverse un décor de roche, de petits villages, de châteaux en ruine, de défilés, de vallons, de torrents, etc., tout en franchissant tunnels, aqueducs et pont suspendu ! Un vrai périple qui permet de visiter les villages de Cerdagne (faire signe au chauffeur) et de rejoindre la frontière espagnole. Compter environ 150 F pour l'aller-retour. Bien se renseigner avant, la S.N.C.F. ayant commencé à remplacer certains trains par des cars !

– *La Carança :* N116 jusqu'à Thuès-entre-Valls, d'où part le sentier, qui longe la rivière jusqu'à un petit pont, qu'on laisse sur sa droite. Le chemin grimpe en lacet. On peut alors contempler les gorges, splendides. Continuer à marcher. À certains endroits, falaise haute d'une centaine de mètres. On trouve même un sentier creusé dans la roche : les « gneiss œillés » ! Après

3 h 30 de marche, on arrive à un refuge (gardé en été). Pour atteindre les crêtes, sur le versant espagnol, compter encore 4 h. En route, possibilité d'apercevoir quelques bébêtes (emporter des jumelles) : lézards, passereaux, orvets, couleuvres (ce n'est pas dangereux), blaireaux, renards, mais surtout beaucoup de chamois, dont le beau grand tétras ! On trouve même des épinards sauvages... et la rivière grouille de truites.

Ne pas oublier sa tente pour y séjourner un peu, l'endroit est paradisiaque en été. Mais surtout, ne pas y aller quand un orage est prévu : le sol plein de fer attire la foudre ! Enfin, se munir de bonnes chaussures et de la carte I.G.N. Olette 2349-Ouest, série Bleue au 1/25 000.

– **Nombreuses randonnées** aux environs, comme celles permettant de visiter les réserves naturelles de Py et Mantet ou de Conat Betllans (derrière le château fort), riches en faune et en flore. Demander les parcours à l'Association culturelle de Villefranche.

– **Les chantiers d'été :** en juillet et août, l'Association R.E.M.P.A.R.T. organise des travaux de restauration dans la région. On retape donc églises, châteaux, refuges, etc. Hébergement et voyage à votre charge, mais vous aurez au moins l'impression d'être utile ! De plus, c'est une bonne occasion de rencontres. S'adresser au siège parisien : 1, rue des Guillemites, 75004 (☎ 01-42-71-96-55), ou à l'Association culturelle de Villefranche.

Aux environs

★ *Corneilla-de-Conflent (66820)* : à 6 km de Villefranche en direction de Vernet-les-Bains. Un village méconnu où les amateurs d'art se doivent de faire une halte, qu'ils aient ou non la foi. On y trouve l'une des plus belles et sans doute la plus riche *église* romane de la région. Visite de 10 h à 12 h et de 14 h à 18 h.

Demander la clé à M. Perez, le gardien. Ce Catalan, qui veille jalousement sur les trésors de cet ancien prieuré de chanoines, vous fera admirer toutes les œuvres conservées ici. Et il y en a ! Fabuleuses statuettes en bois peint du XVe siècle ; exceptionnel retable en marbre sculpté du XIVe ; autre retable en bois doré ; émouvante statue polychrome représentant Notre-Dame des Sept Douleurs, vêtue de dentelle noire, au visage d'une pureté éblouissante (nous en rêvons encore...) ; alignement d'autels en marbre rose, du XIIe ; statuettes romanes dont l'une servit de modèle pour toutes les Vierges de la région, etc. Dans la sacristie soigneusement fermée, un dernier trésor : une armoire en noyer massif blanchi par le temps (elle a 700 ans !), de style mauresque, aux ferrures finement ciselées... En ressortant de l'église, ne pas manquer les visages sculptés dans la poutre, saisissants.

De Villefranche à Mont-Louis

Route absolument splendide (la N116), qui permet de visiter de nombreux villages de charme.

★ Tout d'abord **Serdinya** *(66360)*, joli village de montagne à l'église richement décorée. Après Joncet, on aperçoit les deux vieilles tours en forme de cheminée d'une bastide du XIVe siècle. Les forêts accrochées aux montagnes lancent mille feux en automne.

★ À *Olette (66360)*, prendre à droite en direction du site d'Évol. Route d'un charme fou, agrémentée de belles demeures pourtant abandonnées. Ceux qui ont du temps peuvent tourner à gauche vers Oreilla-Sansa : petite route également magnifique avec à la clé un panorama somptueux sur la Cerdagne à hauteur de Tourol.

★ *Évol :* authentique village de montagnards. Ruines d'un château, maisons en pierre et belle église Saint-André (Vierge en bois peint du XIIIᵉ siècle, retable du XVᵉ). Une route forestière grimpant à 16 % mène au col de Portus. De là, plusieurs randonnées possibles dans les réserves naturelles de Nohèdes, Jujols, Conat, etc. Un sentier mène également au pic de Madrès (panorama grandiose à 2 469 m ; refuge en route).
La petite ville d'Olette dessert un autre village méconnu. À la sortie, prendre à gauche la petite route qui descend.

★ *Nyer (66360) :* vieux village niché au creux des montagnes. Petit camping à l'entrée. En haut du chemin principal, ravissant château transformé en resto. Dans la cour, palmiers, platanes et sapins centenaires. Terrasse surplombant le village. Accroché à la façade du petit château, un élégant balcon de marbre rose. Nyer réserve une autre surprise, tout à fait incroyable : la *chapelle de la Roca,* à 3 km en amont. Deux chemins y conduisent : celui du château-resto et celui situé à l'entrée du village (prendre à gauche en arrivant et continuer sur 2 km). Dans un site d'une sauvage beauté, on aperçoit une tour carrée jaunie par les âges. À ses pieds, la chapelle isolée, construite à l'emplacement d'un château médiéval sur un promontoire, surplombe les gorges d'une rivière coulant une centaine de mètres en contrebas...

★ Suite de l'itinéraire : après Olette, la route continue inlassablement à monter, atteignant les 1 000 mètres d'altitude à Fontpédrouse. Les pics se multiplient, les panoramas aussi. Quelques kilomètres avant Fontpédrouse, s'arrêter à **Thuès-entre-Valls** *(66360)* pour voir les impressionnantes **gorges de la Carança,** qui offrent une superbe randonnée (voir la rubrique « À faire » à Villefranche-de-Conflent).

Où dormir ? Où manger dans le coin ?

▲ |●| *Auberge et gîte d'étape de Jujols :* 66360 Jujols. ☎ 04-68-97-02-40. Gîte ouvert toute l'année. Resto fermé de mi-septembre à fin mars. Simple à trouver : 1 km avant Olette, prendre la D57 en direction de Jujols. L'auberge se mérite ! On découvre le petit village au détour d'une ravissante route en lacet. L'auberge elle-même est au centre du village. Entrées imaginatives à base de crudités et de fruits (mélanges subtils de sucré-salé), bœuf en daube ou coq au vin (selon l'humeur du jour), salade aux fleurs (si, si !) et tarte aux pommes à la confiture de sureau. Compter 115 F pour un repas complet, vin de pays compris. Gîte à 65 F la nuit. Gilles se donne pour objectif de vous offrir « une parenthèse d'oxygène pour digérer le stress ». Penser à réserver.
|●| *La Fontaine :* 5, rue de la Fusterie, 66360 Olette. Sur une petite place jouxtant la route. ☎ 04-68-97-03-67. Fax : 04-68-97-00-98. Fermé le mardi soir, ainsi qu'en janvier. À côté de l'entrée, une toute petite fontaine coule doucement. Patron très sympathique qui prépare une cuisine à son image. Menus de 67 à 180 F.

Foire et fête aux environs

– *Foire d'automne :* à Olette (10 km de Villefranche). Foire aux bestiaux et produits de la montagne.
– *Fête des Pommes :* en octobre, à Fuilla et à Sahone, dans la vallée de la Rotja.

LA CERDAGNE

À 1 200 m d'altitude moyenne, cette plaine cernée de hautes montagnes jouit d'un ensoleillement et d'une luminosité privilégiés (plus de 3 000 h d'ensoleillement par an !). Ce n'est pas pour rien qu'on y installa les premiers fours solaires de France. Grâce également à ses cimes enneigées, ses vastes panoramas, ses somptueuses forêts et sa faune de montagne (renards, perdrix blanches, grands tétras...), la Cerdagne est devenu le paradis des randonneurs...

Ses villages typiquement montagnards, la proximité de l'Espagne et d'Andorre, sans oublier ses stations de ski, achèvent d'en faire une étape obligée de toute visite des Pyrénées-Orientales. Ce qui fait dire aux Catalans français : « Quand vous venez chez nous, vous avez à la fois la mer et la montagne ! »

MONT-LOUIS (66210)

La plus haute ville forte de France (1 600 m) fut créée par Louis XIV, qui en confia la construction à l'inévitable Vauban. Toute petite ville de garnison, Mont-Louis n'est pas pour autant dénuée d'intérêt. Nous vous conseillons même d'y séjourner, d'autant plus qu'on y trouve l'une des adresses les plus sympas du département, en direction de Font-Romeu.

Comment y aller ?

– **Petit train jaune ou autocars S.N.C.F.** de Villefranche-de-Conflent. À ne pas rater : le trajet est mémorable (voir, plus haut, le chapitre « À faire » à Villefranche). Trains toutes les 2 h en été, 4 fois par jour en hiver. De Perpignan, changer à Villefranche (10 mn d'attente).
– **Bus** direct de Perpignan avec les *Courriers Catalans*. 1 h 30 de trajet. Même prix que le train : autant prendre ce dernier...
– **Par la route,** Perpignan est à 80 km en empruntant la N116.

Adresses utiles

🏢 **Syndicat d'initiative :** ☎ 04-68-04-21-97. Ouvert du 15 juin au 15 septembre, tous les jours de 10 h à 12 h et de 15 h à 18 h. Sinon, joindre la mairie : ☎ 04-68-04-21-18.

🚃 **Gare S.N.C.F. :** à 1 km. ☎ 08-36-35-35-35.
■ **Bureau des Guides :** à Matemale. ☎ 04-68-04-30-56.

Où dormir ? Où manger ?

🛏 🍽 **Lou Rouballou :** rue des Écoles-Laïques ; dans les remparts, face à l'école communale. ☎ 04-68-04-23-26. Fax : 04-68-04-14-09. Fermé le mercredi hors saison, ainsi qu'en octobre, novembre et mai. La pension de famille de charme et de caractère comme on les aime : rustique, confortable et agréable. Accueil très chaleureux de la famille Duval, à commencer par celui de Christiane, *mamma* catalane à l'accent ensoleillé, plein de poésie quand elle évoque la nature pyrénéenne, et qui n'hésite pas à vous appeler « mes petits ». On se sent ici chez soi, que ce soit dans le lit douillet d'une chambre coquette à 340 F avec bains (250 F avec douche) ou dans la salle à manger soigneusement décorée. La cuisine de Christine Duval (amoureuse de la montagne) est, sans conteste, l'une des meilleures de la région, authentique et fraîche. Menus de 100 à 240 F. Ses spécialités : aiguillettes de gibier aux cèpes (un régal : elle les cueille elle-même), civet de sanglier, *boles de Picolat,* magret de canard aux fruits sauce miel, feuilleté au roquefort, flan aux asperges ou cèpes. En hiver, ne manquez pas l'*ollada,* la soupe paysanne de Cerdagne et le hachis *cerdru.* Et toujours de délicieux champignons, d'où le nom du restaurant. Le *rou-* *ballou* est un champignon qu'il faut savoir trouver dans la mousse, sous les sapinettes. « Qui vient ici et manque Lou Rouballou, pour sûr qu'évidemment il n'ira pas à Diou ». Proverbe *Routard.*

Campings

■ *Terrain municipal Pla-de-Barrès :* route des Bouillouses, à 3 km. ☎ 04-68-04-26-04. Ouvert de mi-juin à fin septembre. Ne prend pas les réservations (il y a toujours de la place). Rudimentaire mais suffisant (douches, w.-c., bacs à linge). Très bon marché. Beaucoup de moustiques !

■ *Caravaneige :* dans les remparts. S'adresser à la mairie : ☎ 04-68-04-21-18. De novembre à fin avril. Comme son nom l'indique, emplacement pour caravanes et camping-cars seulement. 50 F la journée.

Où dormir ? Où manger aux environs ?

■ *Gîte d'étape Les Ramiers :* 66210 Bolquère. ☎ 04-68-30-37-48. Fax : 04-68-30-67-28. À 3 km de Mont-Louis en direction de Font-Romeu. Ouvert toute l'année. Ancien relais de poste montagnard fait en pierre et bois du pays, *Les Ramiers* sont un lieu pluridisciplinaire puisqu'on y trouve tout à la fois un gîte de 19 places, des chambres d'hôte (6 en tout), une école de parapente et un centre de randonnée. La formule gîte, chambres avec douche (sauf deux), 70 F la nuitée.

En chambre d'hôte (pour 4 personnes avec douche et w.-c.), demi-pension obligatoire à 190 F (enfant, 140 F) comprenant nuitée, petit déjeuner, et un repas avec apéro et vin à volonté. En sus, un grand salon avec cheminée et bibliothèque, une salle commune pour les repas, et une salle d'activité avec des instruments de musique à la disposition de tous. Dans la partie gîte, il y a une salle-cuisine où l'on peut faire sa tambouille.

À voir

★ *Les remparts :* construits en 1679 à un point stratégique pour défendre les nouvelles frontières délimitées par le traité des Pyrénées, ils ne servirent jamais ! C'est Louis XIV qui en décida les travaux, d'où le nom de la ville... Par leur austérité, ils contrastent avec ceux des villages médiévaux comme Villefranche mais le style de l'ensemble n'est pas dépourvu d'originalité, surtout en pleine montagne. On pénètre dans la cité en franchissant des douves (occupées par des courts de tennis !) puis la porte de France, très étroite.

★ *Le four solaire :* bd Vauban. ☎ 04-68-04-14-89. Ouvert tous les jours de 10 h à 12 h 30 et de 14 h à 18 h. C'est le premier four expérimental du monde, réalisé en 1953 par le célèbre professeur Trombe (ça fait très savant fou). Ne croyez pas qu'on avait déjà des velléités écolos à l'époque : les recherches sur la fusion qui y furent menées étaient financées par l'armée !

★ *L'église :* assez laide de l'extérieur, elle renferme pourtant quelques pièces intéressantes, comme ce Christ en bois de sycomore du XVe, des Vierges dorées du XVIIe siècle et des tableaux de la même époque offerts par Louis XV.

★ *La citadelle :* en haut du village, cette caserne est encore en activité. Visite uniquement en juillet et août, ce qui permet de voir le « puits des forçats », censé alimenter la ville pendant les sièges. Intéressant pour l'immense roue en bois que faisaient tourner les punis...

★ *Le bastion du lieutenant Michel Gilles :* sous l'hôtel de ville, un passage voûté conduit à une butte d'où la vue est splendide. On embrasse d'un même regard les remparts, la porte de la ville, le four solaire, la plaine et les montagnes enneigées ! S'y rendre à la tombée de la nuit, quand les milliers de miroirs du four solaire reflètent l'embrasement du ciel...

Randonnées aux environs

Nombreuses et variées. Demander des détails au syndicat d'initiative ou contacter les organismes cités dans nos chapitres précédents (Perpignan, Canigou, etc.). En voici déjà deux à faire absolument si vous avez du temps :
– *Les Bouillouses et Porteille :* de Mont-Louis, D60 jusqu'au lac des Bouillouses. Prendre le GR10, qui longe le lac sur la gauche. Après avoir dépassé le lac, tourner à gauche pour suivre la rivière Grave vers Porteille (2 h de marche). On atteint alors une crête (2 400 m d'altitude), d'où la vue est superbe sur les pics Rouges, le pic de Faury et une série de lacs. En hiver, on y aperçoit la fameuse perdrix blanche (grise en été) et quelques autres spécimens de la faune locale...
– *Sources chaudes de Saint-Thomas-les-Bains :* 66360 Fontpedrouse. ☎ 04-68-97-03-13. Par la N116 vers Prades, dans Fontpedrouse, emprunter à droite la D28 qui descend avant de remonter. Prendre la direction Prats-Balaguer et suivre le fléchage. De janvier à juin, en septembre et octobre, ouvert de 11 h à 19 h ; en juillet et août, de 10 h à 21 h ; en novembre et décembre, de 11 h à 18 h. Fermé le mardi. Nous, on préfère y aller en hiver quand il fait très froid. C'est un vrai plaisir de pouvoir se baigner en plein air dans une piscine à 29 °C. Idéal après une journée de ski ou de randonnée. Les eaux sulfurées, sodiques et alcalines de la source permettent de soigner les rhumatismes et les voies respiratoires. De quoi se faire une petite cure thermale à moindre prix. Entrée payante.

PLANES (66210)

À 5 km au sud-est de Mont-Louis. Prendre la D32 à la Cabanasse.
Village en grande partie abandonné. Célèbre pour son incroyable *église* en forme de trèfle, construite au XIe siècle. Sa curieuse disposition inspira une légende : elle aurait été construite par des Arabes ! L'église se trouve au fond du village, en haut d'une petite côte. Ouverte en été. Intérieur minuscule et presque vide. Hors saison, demander la clé à la petite dame habitant la maison aux volets bleus, tout de suite à gauche en entrant dans le village.
– *GR10* à l'entrée du village. Itinéraire fléché accessible aux V.T.T.

EYNE (66800)

Entre Saint-Pierre-dels-Forcats et Saillagouse. Jolie route au départ de Planes. Un charmant village qui tente de survivre grâce à sa toute petite station de ski. Dans le vieux village, deux églises l'une à côté de l'autre ! Dans celle de droite, la plus belle, quelques retables baroques.

Les environs d'Eyne sont connus pour leurs plantes médicinales. À ce propos, une chouette balade d'une journée part du village, celle du Cambre d'Aze. Itinéraire pédestre, équestre et accessible aux V.T.T.

Où dormir ? Où manger ?

🛏 |●| *Chambres d'hôte Cal Pai :* ☎ 04-68-04-06-96. Ouvert toute l'année sur réservation. Dans une vieille ferme rénovée ayant gardé un cachet hors du commun, toute la famille se fait un plaisir d'accueillir les randonneurs ou les vacanciers en mal de coin perdu. Lui est pilote d'avion, de delta et de montgolfière. Il organise de temps à autre des baptêmes quand le temps le permet. Quant à elle, elle gère le gîte et le couvert. À la fois gîte et chambres d'hôte, on a une préférence affirmée pour la chambre bleue au dernier étage sous les toits. Nuitée à 75 F (enfant : 40 F) dans tous les cas. Il y a 23 places. Petit déjeuner à 30 F avec des confitures maison pas mal du tout. Repas le soir uniquement et sur réservation. Cuisine simple et copieuse à 85 F, vin compris. Superbes salades assaisonnées de sauces parfumées aux herbettes du jardin ou de la campagne, poulet aux morilles, etc., que l'on déguste dans une salle aux baies vitrées donnant sur la nature. Ils font tout eux-mêmes et s'adonnent également à l'aquarelle et au patchwork. Pas étonnant qu'on leur ait trouvé un côté *Petite Maison dans la prairie* revu fin du siècle pour lequel on a beaucoup d'affection. Salut à vous, les « Ingalls » !

Où dormir ? Où manger aux environs ?

🛏 |●| *Auberge Les Écureuils :* 66340 Valcebollière. ☎ 04-68-04-52-03. Fax : 04-68-04-52-34. Au cœur de la Cerdagne profonde, à proximité de l'Espagne, cette chaleureuse auberge faite de pierres solides et de bois massif est une halte conseillée. Si le gîte est un vrai bonheur, le couvert n'est pas mal non plus. Étienne Lafitte s'épanouit aux fourneaux au travers d'une cuisine généreuse inspirée par le terroir catalan. Menus à 85, 152, 192 et 252 F. Les chambres confortables, avec salle de bains en marbre, sont toutes à 350 F. En prime : salle de gym, sauna et billard. Belle randonnée à faire dans le massif (2 500 m) qui domine l'hôtel. L'hiver, on peut y faire du ski nordique.

À faire

– *Promenades à cheval :* Le Licol Vert. ☎ 04-68-04-76-02. 65 F de l'heure (prix dégressif à la demi-journée et à la journée). Travaille avec l'Association de sauvegarde du patrimoine d'Eyne (même téléphone), qui propose d'instructives balades archéologiques : visites de dolmens, voie antique, site néolithique, ponts médiévaux, etc. Organise aussi des découvertes de la flore en montagne, avec guide diplômé (70 F la journée).

LLO (66800)

Au sud d'Eyne sur la petite route allant à Saillagouse. Un des plus pittoresques villages du coin. À Llo-haut, ruines d'une tour de gué sur un piton rocheux, d'où la vue est splendide. Un site archéologique gaulois a été mis au jour près d'une chapelle en ruine. Intéressant seulement pour les chercheurs.

Où dormir ? Où manger ?

■ *Camping sauvage* sur la route d'Eyne, au bord de l'eau. Demander l'autorisation à la mairie de Llo.
– Pas de gîte, ni de chambres d'hôte. Dommage. En revanche, les habitants vous diront qu'il y a des maisons à vendre !

Plus chic

■ |●| *Auberge Atalaya :* à Llo-haut. ☎ 04-68-04-70-04. Fax : 04-68-04-01-29. Fermée du 10 janvier à Pâques ; resto fermé le lundi et le mardi midi hors saison, ainsi que du 1er novembre au 15 décembre. Maison en pierre avec courette, dominant le village et recouverte de vigne. Chambres trop chères (de 620 à 668 F), même si c'est un *Relais du Silence.* Se rabattre sur la délicieuse cuisine du terroir, d'inspiration catalane. Très beau menu à 220 F, avec mise en bouche, fromage de chèvre frit aux pistils de coquelicots, filets de sandre en robe de ventrèche, fromage blanc au miel ou fromage des Pyrénées avec sa salade aux noisettes, et gratin de fruits frais au sabayon de muscat. Un menu moins cher à 165 F.

PYRÉNÉES-ORIENTALES

À voir

★ *L'église :* en bas du village. Ravissante, avec son clocher aux cloches gravées. Portail roman aux belles sculptures (têtes de choux, spirales, etc.). Cimetière adorable. Un des plus gais que l'on connaisse : tombes aux couleurs vives, décorées avec originalité. Superbes photos en perspective, avec les montagnes en fond...

À voir aux environs

★ *Le musée de Cerdagne :* ferme Cal Mateu, 66800 **Sainte-Léocadie.** ☎ 04-68-04-08-05. En été, ouvert tous les jours de 10 h à 19 h ; hors saison, tous les jours sauf mardi, de 10 h à 12 h et de 14 h à 18 h. Fermé de mi-novembre à début décembre. Dans une ferme du XVIIe siècle, ce musée accueille des expositions retraçant les modes de vie ruraux et pastoraux de ce coin extrême de la France. Bergers et troupeaux, laboureurs, travaux des champs, etc., ou comment découvrir les richesses d'un dialogue fécond et entretenu depuis de longues années par l'homme avec la nature. On apprend que la vigne de Sainte-Léocadie est la plus haute d'Europe. Il s'en vend près de 600 bouteilles chaque année aux enchères. À propos de vin, un rappel amusant de ce que pouvait engloutir un travailleur des champs par jour : un nombre de repas impressionnant et plus de 12 litres de vin par jour. Comme disait Pasteur : « Bu à bon escient, le vin est la plus saine et la plus hygiénique des boissons. »

LLÍVIA (enclave espagnole)

À 5 km à l'ouest de Saillagouse, l'ancienne capitale de la Cerdagne est désormais un territoire espagnol de 12 km², cerné de terres françaises... Une situation étonnante (d'autres disent privilégiée), comme il n'en existe qu'une dizaine dans le monde, les plus connues étant Gibraltar et Berlin-Ouest... jusqu'à la fin de 1989.

L'histoire de cette enclave vaut la peine d'être racontée... Berceau de l'État catalan, la Cerdagne fut longtemps cause de guerre entre Espagnols et Français. Après le traité des Pyrénées (1659), les frontières n'étaient pas encore établies précisément (c'est difficile en zone montagneuse). Un autre traité (signé à Llívia) allait octroyer une grande partie de la Cerdagne à l'Espagne, la France gardant la vallée de Carol ainsi qu'un territoire permettant d'y accéder, équivalant selon le texte « à 33 villages ». Llívia échappa donc par erreur à l'annexion française, n'étant pas un village mais... une ville !

Adresse utile

◻ *Office du tourisme :* tour Bernat de So (face à l'église). ☎ (00-34-72) 89-63-13. Ouvert de 10 h à 13 h et de 16 h à 19 h. Fermé le dimanche.

Où manger ?

|●| *Cal Cofa :* Frederic Bernades, 2. ☎ (00-34-972) 89-65-00. Ouvert le week-end seulement. Un petit resto sympa où se retrouvent Français et Espagnols du coin (des Catalans, quoi !) pour déguster une savoureuse cuisine. Il faut cependant s'en tenir aux spécialités. *Cargols* de Llívia, épaule d'agneau au feu de bois, parillade de viande. Menu à 75 F et carte. Cadre assez banal, mais service amical.

À voir

Llívia se présente comme un bourg étalé, aux habitations hésitant entre l'immeuble et le chalet. Seule la vieille ville (en hauteur) vaut la peine, charmante avec ses maisons de pierre et sa grosse église. Le château de Llívia fut détruit par les Français sous l'ordre de Louis XI.

★ *L'église fortifiée* date des XVᵉ et XVIIᵉ siècles. Très belle porte recouverte de motifs en fer forgé. À l'intérieur, sublime Christ sculpté, aux couleurs délavées. Daté du XIIIᵉ siècle, il est considéré comme un des meilleurs exemples de transition entre roman et gothique.

★ *Le Musée municipal :* face à l'église. En été, ouvert tous les jours de 10 h à 13 h et de 15 h à 19 h ; en hiver, ouvert jusqu'à 18 h seulement, et fermé le lundi. On y trouve ce qui est sans doute la plus vieille pharmacie d'Europe (XVᵉ ou XVIᵉ siècle). Superbe collection de boîtes peintes, bocaux de drogues, instruments, sans oublier la vieille bibliothèque.

DORRES (66800)

À l'écart de la D618, à l'ouest d'Angoustrine. Typique village de montagne à l'atmosphère poétique : ruelles en pente, linteaux des maisons en granit sculpté, masures en pierre et en bois sur le point de s'écrouler... L'architecture de l'église surprend, la façade et le clocher étant d'un seul tenant. Trois cloches de bronze, magnifiques. On trouve à l'intérieur une très rare Vierge de bois noir, d'époque romane (demander la clé au presbytère, en face).

Où dormir ? Où manger ?

🛏️ 🍴 *Hôtel-restaurant Marty :* 3, carrer Major. ☎ 04-68-30-07-52. Fermé de fin octobre jusqu'à Noël. Le plus vieux et le seul hôtel de Dorres. Une chance qu'il nous ait plu ! Chambres correctes et propres dans un endroit on ne peut plus calme. Doubles à 260 F avec douche et w.-c. Menus de 150 à 180 F. Formule à 80 F. Cuisine régionale. Menu enfants à 48 F. On a beaucoup aimé les cuisses de grenouilles et les escargots à la catalane. Juste devant l'entrée, un lavoir étonnant où l'eau coule en permanence à... 21 °C.

🛏️ *Gîtes communaux :* au presbytère (derrière l'épicerie). Renseignements à la mairie : ☎ 04-68-04-60-69.

À faire

– *Les bains de Dorres :* ouverts tous les jours de 8 h à 21 h (23 h en juillet et août). Bien aménagés et peut-être même trop... L'origine des eaux sulfureuses jaillissant ici est assez mal connue, on sait simplement qu'elles sortent à 41 °C. Un réel plaisir de se plonger dans les bassins quand il gèle à pierre fendre. Une vraie détente après une journée de ski ou de marche dans la montagne.

TARGASSONNE (66120)

À 3 km de Font-Romeu, ce lieu-dit est connu pour son « chaos » de blocs granitiques, que l'on aperçoit des deux côtés de la route. Formes curieuses, étranges, menaçantes... qui auraient été charriées par les glaciers à l'ère quaternaire.

Où dormir ? Où manger ?

🛏️ 🍴 *Hôtel-restaurant La Tourane :* sur la gauche avant d'arriver à Font-Romeu, après avoir dépassé le chaos de Targassonne. ☎ 04-68-30-15-03. Fermé le week-end en octobre, ainsi que de la Toussaint au 20 décembre. Belle vue sur les montagnes des environs de certaines chambres. Petites mais correctes, avec balcon individuel. Environ 215 F à deux avec bains. Le resto est d'un bon rapport qualité-prix. Cuisine familiale dans une salle à manger à l'ambiance champêtre. Pour 70 F, on vous sert assiette de hors-d'œuvre et charcuterie, omelette baveuse au jambon, bœuf bourguignon et pommes dauphines, dessert et quart de vin ! Sympa. Autres menus à 85, 120 et 150 F. Impression indicible de ne plus être tout à fait en France et de ne pas encore se trouver en Espagne.

PYRÉNÉES-ORIENTALES

FONT-ROMEU (66120)

Cette célèbre station climatique et sportive fut lancée par l'équipe de France d'athlétisme qui y prépara les J.O. en 1968. Ensuite, ce furent les bleus du Onze de France qui s'y entraînèrent durant les années 70 avant les matches importants. Elle existait cependant bien avant, puisque le premier hôtel de la station fut construit au début du XXe siècle par la Compagnie des chemins de fer du Midi (à laquelle on doit le « petit train jaune »), et que le premier moniteur de ski inscrit le fut en 1921. Autre date historique, pour la ville : 1950, année où elle eut sa première remontée mécanique.

Adresses utiles

∎ *Office du tourisme :* 38, av. Emmanuel-Brousse. ☎ 04-68-30-68-30. Fax : 04-68-30-29-70. En basse saison, ouvert de 9 h à 12 h et de 14 h à 18 h 30 ; le reste de l'année, de 8 h 30 à 19 h. Propose de la doc sur la région, assez complète.

▦ *Gare S.N.C.F. :* ☎ 08-36-35-35-35.

∎ *Centre équestre :* av. Pierre-de-Coubertin. ☎ 04-68-30-34-43. Ouvert toute l'année. Réserver les promenades à l'avance.

∎ *Escalade :* contacter le Bureau des guides, av. Emmanuel-Brousse. ☎ 04-68-30-23-08. Très cher mais le matériel est fourni. Propose aussi rafting (en été), randos et spéléo.

∎ *Location de vélos et de skis :* dans les magasins de sports.

∎ *Parapente :* à Espousouille. Contacter Martine Vilana. ☎ 04-68-30-10-10. De 440 à 580 F la journée selon le niveau, sans l'assurance (obligatoire, bien sûr). Baptêmes biplaces pour 350 F.

∎ *Patinoire :* bd Pierre-de-Coubertin. ☎ 04-68-30-83-00. Ouverte pendant les vacances scolaires de 16 h à 19 h et de 21 h à 23 h 30 ; hors vacances scolaires, de 16 h à 19 h les mercredi, samedi et dimanche, et de 21 h à 23 h 30 le samedi. Environ 44 F l'entrée et la location de patins.

∎ *Centres médicaux* (on ne sait jamais, avec tous ces sports !) : av. Emmanuel-Brousse (☎ 04-68-30-02-15) ou av. du Maréchal-Joffre (☎ 04-68-30-01-12).

Où dormir ?

⌂ *Hôtel Y Sem Bé :* 5, rue des Écureuils ; près du golf, à l'ouest de la ville. ☎ 04-68-30-00-54. Fax : 04-68-30-25-42. Fermé en octobre et novembre. Chalet bien situé, avec belle vue sur la Cerdagne (on est à 1 850 m d'altitude). Confort honorable pour des chambres doubles à 380 F avec bains, balcon et TV (à 300 F avec douche et w.-c.). Demi-pension de 250 à 350 F, obligatoire en saison. Un peu moins cher hors saison. 10 % de réduction hors vacances scolaires aux porteurs du guide. Organise des randos à pied ou à V.T.T. Menus à 90 F (le midi) et 110 F (le soir). Menu enfants à 70 F.

⌂ *Le Logis Catalan :* 103, av. Joffre. ☎ 04-68-30-01-04. Un adorable couple, Patrick et Dominique, vous accueille dans cette petite pension de famille. Outre le sourire, les prix sont doux : entre 180 et 220 F la demi-pension (chambre avec salle de bains privée). Chambre double avec w.-c. à partir de 195 F. Formule gîte : 80 F la nuitée. Repas supplémentaire : 90 F.

⌂ *Hôtel de la Poste :* 2, av. Emmanuel-Brousse. ☎ 04-68-30-01-88. Ouvert toute l'année. Entièrement remis à neuf par un jeune couple très routard, cet hôtel à la déco légèrement timbrée (surtout pour le bar) plaira aux amateurs d'excentricité. 24 chambres en tout (double à 210 F avec douche et 250 F avec bains) dont une bonne moitié familiale de 360 F en basse saison à 512 F en haute saison (vacances de février de la zone A) avec deux lits superposés et un grand lit. Au bar, belle collection de bières et rhums de toutes provenances, et rythmes divers en fond sonore. 10 % de réduction sur le prix de la chambre sur présentation du guide en octobre, novembre, avril, mai et juin.

Camping

🛖 *Camping Le Menhir :* rue du Menhir. Continuer l'avenue Emmanuel-Brousse jusqu'à la route de l'Ermitage et tourner à droite. ☎ 04-68-30-09-32. Ouvert de juin à septembre. Grand, arboré et bien équipé, à proximité des terrains de sport, un gentil 2 étoiles.

Où dormir ? Où manger aux environs ?

🛖 |●| *Hôtel-restaurant Le Romarin :* av. François-Arago, Odeillo. Sur la D618 entre Font-Romeu et Odeillo. ☎ 04-68-30-09-66. Fermé de fin octobre à fin novembre. Un vaste chalet de montagne, exposé plein sud face à la Cerdagne, avec le village d'Odeillo au premier plan. 15 chambres confortables dont 8 avec vue. Doubles avec douche et w.-c. de 268 à 288 F en haute saison et de 227 à 247 F en basse saison ; avec bains, de 309 à 330 F en haute saison et de 267 à 287 F en basse saison. Petit déjeuner en plus (38 F). L'été, c'est évidemment plus calme, mais le bol d'air est garanti. Plein de choses à voir aux alentours : four solaire, etc. *Le Romarin* cultive avec ferveur les recettes de l'hôtellerie familiale, une vertu appréciée (menus à 75 et 90 F). 10 % de réduction sur le prix de la chambre sur présentation du guide hors vacances scolaires.

Où boire un verre ?

🍸 *Pub Saint-Paul :* villa Saint-Paul, à droite en allant de l'office du tourisme au camping. ☎ 04-68-30-20-23. Fax : 04-68-30-24-64. Un vrai pub, ouvert tous les jours jusqu'à 5 h. Installé dans la cave d'une ancienne chapelle ! Cadre chaleureux et splendide : poutres, belle cheminée, boxes de velours vert amande, caisse enregistreuse de collection sur le comptoir... En prime, concerts rock ou country certains soirs. Ça réchauffe !

Aux environs

★ *ODEILLO*

À 3 km au sud.

★ *Le four solaire :* ☎ 04-68-30-77-86. Visite de 10 h à 12 h 30 et de 13 h 30 à 17 h 30 (19 h 30 du 1er juillet au 1er septembre). Fermé de mi-novembre à mi-décembre. Entrée payante. Les scientifiques font des recherches en matière de céramiques (élaboration, comportement à haute température, etc.) et de métallurgie. Le four solaire a une puissance de 1 000 kWh et permet d'obtenir des températures de plus de 3 000 °C. En fait, on ne voit pas le four lui-même. Mais le plus impressionnant (les milliers de miroirs : 3 000 m² répartis sur 63 héliostats et 2 000 m² sur le concentrateur) est à l'extérieur, visible de la route. Bonjour les années de malheur si l'on en casse un peu. En revanche, portes ouvertes en juillet ou août (selon la lune !), avec visite du labo et du four, plus un féerique spectacle laser le soir, visible des environs ! Sinon, l'entrée donne droit à un film didactique, un mini-son et lumière et une expo permanente sur les énergies naturelles.

Le site appartient au C.N.R.S. et fut créé en 1969 grâce aux recherches déjà entreprises par le professeur Tournesol à Mont-Louis. Nous avons dit Tournesol ? Pardon, il s'appelle Trombe. Si les sciences vous branchent, n'oubliez pas de demander à l'accueil le petit dossier expliquant les principes de l'énergie solaire. Vous apprendrez qu'un rayon solaire n'a pas de température, c'est le corps qu'il frappe qui va en acquérir une, variable suivant sa nature, sa couleur et l'intensité du rayonnement. Évident, mais ça va mieux en le disant !

★ *L'église Saint-Martin :* très mignonne avec son portail du XIIe siècle. À l'entrée, une grille posée sur une fosse, de la largeur de la porte. Selon une fervente petite dame interrogée par le *G.D.R.,* cette grille servait autrefois à empêcher les loups d'entrer, leurs pattes restant coincées ! Une jeune fille a ajouté : « Maintenant, on y laisse nos talons aiguilles ! ». À l'intérieur, beaux retables dont celui de la Vierge à l'Enfant en bois doré (voir plus loin) et un Christ souffrant aux entrailles dégoulinantes (le loup est-il passé par là ?).

★ *LA COLLINE DE L'ERMITAGE*

De Font-Romeu, prendre la direction Mont-Louis.

★ *L'ermitage Notre-Dame-de-Font-Romeu :* dans le grand virage menant au calvaire, groupe de bâtiments aux volets rouges. La chapelle est au fond de la cour. Visite en saison, jusqu'à 19 h 30. Si c'est fermé, demander la clé au curé (à l'accueil). S'il n'est pas là, essayer à l'église d'Odeillo, ou au centre de vacances.

L'ermitage est un lieu de pèlerinage très prisé dans les Pyrénées. Une belle légende est à l'origine de cette ferveur religieuse : apercevant une statue de la Vierge cachée sous une fontaine, un taureau serait devenu fou, grattant frénétiquement le sol. Depuis cet événement, la belle statuette en bois du XIIe siècle s'est fait offrir une chapelle, dont elle sort chaque année le 8 septembre pour être solennellement portée jusqu'à l'église d'Odeillo afin d'y passer l'hiver... Cette procession est l'une des plus importantes de la région. Toute cette histoire est racontée sur le magnifique retable doré décorant l'intérieur de la chapelle. À droite du maître-autel, un escalier mène à un extraordinaire salon baroque, appelé *camaril.*

★ *Le calvaire :* à 300 m de l'ermitage. Un escalier orné de petites chapelles contourne la butte en colimaçon. Au sommet, un belvédère où se dresse un Christ de métal. Plus intéressant : la vue sublime sur les montagnes de Cerdagne. On respire.

– *Randonnées :* demander les circuits à l'office du tourisme.

LE CAPCIR

Au nord de la Cerdagne, le Capcir est un haut plateau curieusement méconnu malgré ses vallées désertiques, ses belles forêts, ses lacs et ses montagnes sauvages. Cette région longue d'à peine 20 km du nord au sud offre pourtant un appréciable domaine de ski de fond et de superbes randonnées. Les habitants de ses villages longtemps préservés sauront vous faire apprécier les charmes paisibles du Capcir.

FORMIGUÈRES (66210)

Résidence des rois de Majorque qui y soignaient leur asthme au XIIᵉ siècle, ce village authentique ne compte guère plus que 360 habitants permanents. Car la petite station de ski qui leur permet de vivre est à 4 km. Pas de mélange! Dynamiques mais fidèles, les autochtones ont eu l'intelligence de ne pas dénaturer leur beau village aux vieilles pierres recouvertes de lauzes. Formiguères est l'antinomie complète de Font-Romeu : le béton de la célèbre station n'a jamais eu d'âme alors que la capitale en miniature du Capcir a conservé la sienne... Ce qui ne l'empêche pas de proposer de nombreuses et saines activités à ceux qui savent la comprendre !

Adresses utiles

▯ *Office du tourisme :* place de l'Église. ☎ 04-68-04-47-35. Minitel : 36-15, code CAPSUD 66. Ouvert de 9 h à 12 h 15 et de 14 h à 18 h 30 (19 h en saison). Une responsable vraiment bien (Valérie Kerivel), amoureuse de son village. Lui demander la liste des randonnées.

■ *Montagne Loisirs :* 4, place de l'Église. ☎ 04-68-04-48-44. Jean-Louis Petitqueux organise des randonnées à ski, à V.T.T. ou à raquettes, mais surtout des stages de survie en montagne. Au choix : survie douce (une journée) ou totale (3 à 10 jours). Ou comment apprendre à vivre dans la nature (cueillette, piégeage, bivouac, etc.). Il faut dire que Petitqueux est un spécialiste. Il se fit connaître il y a 12 ans en traversant les Pyrénées tout seul, d'un bout à l'autre de la chaîne, avec pour seuls bagages un couteau et une boîte de sardines ! Boîte qu'il exhiba à son retour : il n'avait même pas eu à l'ouvrir...

■ *Vagabond'âne :* à Rieutort (6 km au nord). ☎ 04-68-04-41-22. Bruno et Catherine proposent des locations d'ânes bâtés et des raids en montagne à dos de bourricot !

Où dormir ? Où manger ?

🛌 ▯●▮ *Hôtel-restaurant Picheyre :* 2, place de l'Église; derrière l'église. ☎ 04-68-04-40-07. Fermé de mi-avril à fin mai et du 5 novembre au 4 décembre. Chambres simples mais très propres, à 200 F pour deux avec douche ou bains. Bons et copieux menus entre 70 et 120 F, le premier avec potage, plat (parmi les spécialités du pays), salade et dessert. Compter 200 F par personne pour la demi-pension. Feu le prince de Monaco y a même séjourné dans les années 20 !

Où dormir ? Où manger aux environs ?

🛌 ▯●▮ *Gîte d'étape :* chez Danie Pesqué, à Espousouille (2 km au nord). ☎ 04-68-04-45-37. Bien tenu. Douche et cuisine équipée. Environ 65 F la nuit. Possibilité de prendre le repas à la table d'hôte (70 F), sur réservation uniquement. Formule de demi-pension pour 160 F par jour et par personne.

🛌 *Refuge des Camporeils :* en haute montagne, au milieu des forêts et des lacs. Accès : télésiège de Formiguères puis 45 mn de marche, ou 2 h de marche de la station. Plaira aux amateurs de calme et de nature capables de se passer de leur petit confort... On y trouve tout de même un poêle à bois, une grande table pour les repas et des sanitaires... écologiques! Y séjourner un peu, ne serait-ce que pour apercevoir la faune de ce superbe site naturel : gibier, marmottes, chamois et, avec un peu de chance, le grand tétras! Renseignements à la *Maison du Capcir :* ☎ 04-68-04-49-86.

▲ |●| *Al Cortal :* 23, rue des Trois-Fontaines, à Rieutort. ☎ 04-68-04-45-00. Ouvert tous les soirs pendant la saison de sports d'hiver, midi et soir en été et les week-ends et vacances scolaires hors saison. Installé dans l'ancien préau de l'école! Resto typiquement montagnard : jambons au plafond, outils aux murs, etc. Le patron sort directement les truites et les écrevisses du vivier. Un peu cher mais archicopieux. Pour 145 F : une salade, 2 plats garnis (viande et poisson), puis fromage et dessert. Chambres d'hôte en demi-pension : 180 F.

À voir

★ *Le village,* bien sûr, avec ses vieilles maisons pleines de charme.

★ *L'église Sainte-Marie :* étonnante façade romane formant un seul bloc avec le très beau clocher (XIIe au XIVe siècle). À l'intérieur, un grand Christ en majesté du XVIIe siècle, d'une étonnante modernité. Quelque part, il rappelle Giacometti ou Germaine Richier.

Aux environs

★ *La grotte de Fontrabiouse :* à 5 km au nord de Formiguères. ☎ 04-68-04-45-72. Ouverte du 15 juin au 15 septembre, de 10 h à 12 h et de 14 h à 19 h ; sur rendez-vous hors saison, uniquement pour les groupes. Visite guidée de 1 h (30 F par adulte). Très belles concrétions superbement éclairées : colonnes, aragonites, draperies, et les inévitables stalactites et gmites... Plus de 350 m de couloirs taillés dans le calcaire par un ruisseau souterrain. À voir aussi pour la carrière d'onyx, magnifique, d'où proviennent les colonnes du palais de Chaillot!

À faire

– *Ski alpin :* la station de Formiguères s'étend sur un domaine skiable de 100 ha. 18 pistes, 5 téléskis et 2 télésièges. Bon à savoir : le village propose un forfait saison à 1 500 F. Renseignements à l'office du tourisme.
– *Ski de fond :* 120 km de pistes balisées.
– *Randonnées :* voir l'office du tourisme, qui a sélectionné une douzaine d'excursions de tous types, avec de nombreuses variantes. Ne pas rater la grande classique des Camporeils. 3 à 4 h de marche dans un site de toute beauté : rivières, cascades et étangs à la pelle...
– *V.T.T. :* 8 circuits balisés dans le secteur (de 4 à 14 km). Plan à l'office du tourisme et location des vélos chez J.-L. Petitqueux (voir « Adresses utiles ») ou chez *Fugues V.T.T.* à Matemale.

Manifestations

– *Championnats de France de Handi-sport :* en janvier, tous les ans. Les handicapés se mesurent à ski. Belle initiative.
– *Meeting d'aéromodélisme :* le 1er dimanche d'août. Formiguères passe pour avoir l'une des plus belles pistes du genre en France.

LES ANGLES (66210)

Sans doute la station la plus connue des Pyrénées après Font-Romeu. Domaine skiable de 40 km, réparti sur une trentaine de pistes à une altitude moyenne de 2 000 m. Évidemment, son enneigement important attire beaucoup de monde. Heureusement, le petit village a gardé du charme (porte du Moyen Âge, ruines d'un château, vieilles maisons...).

Adresses utiles

◻ *Office du tourisme :* ☎ 04-68-04-42-04 ou 32-76.
◼ *Bureau Montagne :* ☎ 04-68-04-34-30. Un complexe sportif des plus dynamiques, animé par des guides.

Initiation à l'escalade, descente de canyons (800 F à 10), randonnées, cheval (200 F la journée), V.T.T., etc.

PYRÉNÉES-ORIENTALES

À voir

★ *Le parc du Soleil et du Cosmos :* av. Charles-de-Gaulle. ☎ 04-90-25-66-82. D'avril à mi-octobre, ouvert tous les jours sauf mardi ; le reste de l'année, le week-end uniquement. Fermé de mi-décembre à début janvier. Si vous êtes un mordu du film *Apollo XIII* ou si vous aimez en prendre plein la vue, ne manquez pas de participer aux expéditions intersidérales proposées par le premier parc européen de découverte de l'univers. Attention, tendez l'oreille ! Un circuit sonore vous attend.

★ *Le parc animalier :* Pla del Mur. ☎ 04-68-04-17-20. Visite tous les jours de 8 h à 19 h en été, de 9 h à 17 h en hiver. Avec un peu de chance, vous surprendrez l'œillade d'un cerf pour sa biche, vous devinerez la silhouette élancée d'un loup ou celle, puissante, d'un ours, vous vous émerveillerez devant l'étonnant équilibre des mouflons, bouquetins et autres isards... et tremblerez devant les bisons. Toute la faune pyrénéenne est au rendez-vous.

LE LAC DES BOUILLOUSES

L'un des plus beaux lacs de la région et le lieu de sortie favori des autochtones le week-end. Pour s'y rendre, repasser par Mont-Louis puis suivre la D60 pendant 14 km. Un barrage impressionnant y fut construit au début du siècle. Il contiendrait environ 15 millions de mètres cubes d'eau, déversés par les torrents des pics avoisinants. Mais l'intérêt du site réside dans son décor lunaire et la multitude de petits lacs posés comme un chapelet autour du sentier menant au sommet du pic Carlit. Vous nous avez compris : il y a de la randonnée dans l'air (pur).

Idée rando

– *Les « estanys » du Carlit :* 10 km. 3 h aller et retour sans les arrêts.
Au pied du pic Carlit, les lacs et les étangs naturels prennent le nom d'*estanys*. Une balade à plus de 2 000 m pour respirer le grand air des Pyrénées-Orientales. En été, de préférence. Vous y rencontrerez rhododendrons et myrtilles, linaigrettes blanches et pins à crochets, saumons de fontaine et truites arc-en-ciel, sans oublier le sifflement strident de la marmotte qui vous voit arriver.
Du lac de barrage des Bouillouses, balisage jaune. Facile, quelques dénivelées, mais éviter les jours de brouillard et prendre des chaussures montantes. Réf. : *Itinéraires nature en Cerdagne,* éd. Randonnées Pyrénéennes. Documentation à l'office du tourisme de Font-Romeu. Carte IGN 1/25 000 n° 2249 ET.
Au lac des Bouillouses (2 020 m), poursuivre vers le parking de l'hôtel. Un panneau pour les pêcheurs indique le chemin du Carlit qui démarre à gauche en contrebas. À travers les pinèdes, il remonte vers l'*estany de Viver,* puis, toujours par des vallons, jusqu'à l'*estany des Dougues* qu'il longe sur la gauche. Grimpant sur une petite butte, il atteint l'*estany de Casteilla* et l'*estany de Trébens* pour arriver enfin à l'*estany de Soubirans* (2 320 m). Le col situé au sud de ce dernier permet de redescendre vers l'est en s'éloignant du lac. Le randonneur sera bientôt étonné par le splendide panorama qui s'ouvre sur un plateau parsemé de lacs et d'étangs, véritable paradis des pêcheurs. L'itinéraire rejoint l'*estany de Vall* vers le sentier principal balisé en jaune. En direction sud–sud-est, il rejoint l'*estany de la Coumasse,* puis l'*estany Sec* tout proche. L'itinéraire oblique vers l'est dans la pinède pour retrouver, par un vallon, le parking de départ.

LE FENOUILLÈDES

Région de transition entre Catalogne et Pays cathare, entre Pyrénées-Orientales et Aude, le Fenouillèdes possède le charme de ces petits coins de France aux multiples visages : plateaux rocailleux et massifs forestiers se succèdent au fil de la route. Un monde complexe à l'aspect sauvage qui mérite qu'on s'y plonge. Le dépaysement y est assuré !
En partant de Perpignan, ne pas manquer la visite de Tautavel, berceau de l'Europe car on y a découvert le plus vieil homme, vivant ici il y a 450 000 ans. Musée exceptionnel (voir « Aux environs de Perpignan »).

ESTAGEL (66310)

Un village connu essentiellement pour sa production de vin. C'est ici aussi que naquit François Arago, astronome, physicien et homme politique devenu un véritable symbole du Roussillon, et de la République face à la monarchie et à l'Empire. À l'époque, on allait en prison lorsqu'on osait crier « Vive Arago ! » Trois statues ont donc été érigées dans le département : deux d'entre elles sont à Estagel et la troisième se dresse sur la place Arago à Perpignan.

Où dormir ? Où manger ?

🛏 |●| *Hôtel-restaurant des Graves :* 9, bd Jean-Jaurès. ☎ 04-68-29-00-84. Fax : 04-68-29-47-04. Restaurant fermé en décembre. Si vous ne connaissez pas le domaine des Graves et ses cépages, voici l'endroit. Cabernet, merlot, syrah, viognier, etc. Des vins élevés par François Susplugas, que vous pourrez découvrir à table. À 40 F environ la bouteille, pas de raison de s'en priver. Profitez-en pour manger : *boles de Picolat,* foie gras poêlé, confit ou sardines. Cuisine du terroir copieuse et roborative à prix modiques. Menus à 69, 89, 129 et 219 F. Les chambres sont adorables. Tommettes, édredon en plume et parfois cheminée. Doubles de 250 à 300 F selon la saison (douche et w.-c.). Accueil et service prévenants. Alors, pourquoi ne pas rester un peu ?

CIRCUIT DANS LE FENOUILLÈDES

★ Suivre la D17 vers Latour-de-France, puis la D9. On passe à ***Rasiguères*** *(66720).*

★ La route continue jusqu'à ***Caramany*** *(66720).* Le village est très joli en haut d'un éperon rocheux surplombant un barrage récemment construit. Église du XVIIIᵉ siècle avec un clocher de mission espagnole comme on en voit au Mexique. Dans le presbytère, cave de dégustation et musée du terroir viticole (ouvert en saison).

🛏 *Gîtes communaux :* mairie. ☎ 04-68-84-51-85.
|●| *Auberge du Grand Rocher :* rue Éloi-Tresserres. ☎ 04-68-84-51-58. Fermée le lundi, ainsi qu'en janvier et février et la 1ʳᵉ quinzaine de mars. Accueil chaleureux et petite bouffe sympathique. Menus de 75 à 150 F. Le bon vin au pichet (30 F les 75 cl) vient de la cave-coopérative du village. Sur commande, à partir de 4 personnes, en prévenant 48 h à l'avance, cassoulet languedocien (95 F), pastilla au pigeon (120 F), paella (116 F). Terrasse panoramique.

★ Quelques kilomètres plus loin apparaissent les contreforts du château de ***Belesta*** *(66720) :* ouvert tous les jours de 10 h à 12 h 30 et de 14 h à 18 h 30. Encore un petit village croquignolet, perché au milieu des vignobles.
– ***Château-musée de Préhistoire récente :*** ☎ 04-68-84-55-55. Fax : 04-68-84-51-06. En juillet et août, ouvert de 10 h à 19 h 30 ; le reste de l'année, de 10 h à 12 h et de 14 h à 18 h. Château médiéval, du XIIIᵉ siècle, fortifié par Saint Louis. Il abrite aussi un musée de la Préhistoire depuis 1992. Visite passionnante. On navigue ici de manière didactique à travers l'archéologie : reconstitution d'une tombe collective retrouvée dans le coin, impressionnante série de poteries et d'objets de parure découverts dans les fouilles, etc.

Ensuite, en passant par *Montalba-le-Château,* puis *Pézilla-de-Conflent* et *Ansignan,* on arrive petit à petit, à travers les vignes et les paysages torturés mais somptueux, du côté de Saint-Paul-de-Fenouillet.

★ SAINT-PAUL-DE-FENOUILLET (66220)

Ville frontière entre le XIIIᵉ et le XVIIᵉ siècle, c'est bien sûr le traité des Pyrénées qui mit fin à ce rôle de gendarme. Il ne reste que deux vieux bâtiments. *L'église Saint-Pierre* datant du XVᵉ siècle mérite qu'on y jette un coup d'œil. Beau chapitre du XVIIIᵉ siècle.

Où dormir ? Où manger ?

≙ |●| *Hôtel-restaurant Le Châtelet :* route de Caudiès. À 2 km du centre. ☎ 04-68-59-01-20. Fax : 04-68-59-01-29. Fermé du 15 décembre au 15 janvier. Un hôtel d'étape idéal au cœur du vignoble entre les gorges de Galamus et Perpignan, histoire de se mettre dans le bain avant d'attaquer le Pays cathare ou de décompresser si l'on en vient. Chambres très correctes, confortables et propres. Doubles de 210 à 260 F avec douche et w.-c., et à 305 F avec bains et w.-c. Menus de 62 à 168 F. Menu-enfants à 55 F. Belle piscine.

Où dormir aux environs ?

≙ *Camping à la ferme La Chèvrerie :* 66000 Saint-Arnac. Sur la D77, à 4 km de Saint-Paul-de-Fenouillet. ☎ 04-68-59-17-30. Tranquille, avec une vue magnifique. Camping parmi les oliviers et les chênes. Accueil chaleureux et fromages de chèvres excellents. 6 emplacements (24 personnes maximum). 50 F pour deux personnes, eau chaude et sanitaires compris. Réfrigérateur et barbecue à disposition.

Où acheter de bons biscuits ?

– *Biscuiterie Brosseau :* 5-7, chemin de Lesquerde. ☎ 04-68-59-01-62. Croquants aux amandes, rousquilles, congolais, croquants aux noisettes, gimbelettes... Tout est vraiment bon dans cette maison fondée il y a plus d'un siècle. Autant dire qu'ils ont du savoir-faire. Histoire de rapporter des cadeaux en rentrant.

★ *ANSIGNAN (66220)*

Dans ce petit village en surplomb de l'Agly, un aqueduc coupe la vallée au milieu des vignes sur plus de 150 m. Si ce bel ouvrage romain n'est plus en service en tant que viaduc, l'eau est encore acheminée par ses canalisations à ciel ouvert et sert à l'irrigation des jardins accrochés à mi-pente.

Ce n'est pas le département le plus célèbre du Languedoc-Roussillon, coincé entre le puissant Hérault et la fière Catalogne. Pourtant l'Aude concentre à elle seule presque toute la diversité des paysages français. Pays du cyprès et de l'olivier, du sapin et du roseau, de la vigne et du blé, pays de mer, de plaine et de montagne, on croirait que le révolutionnaire de 1790, en instituant ce département, a voulu créer un résumé géographique du territoire national. Et c'est une succession de paysages tour à tour ondulés, escarpés, verdoyants ou brûlés par le soleil... À cette nature forte et variée s'ajoute un patrimoine bâti remarquable : Carcassonne bien sûr, qu'on ne présente plus, ainsi qu'une bonne part du canal du Midi (lui aussi classé par l'Unesco au patrimoine mondial de l'humanité) ; mais aussi le charmant Avignon, dont il subsiste quelques pierres du grand passé romain (pas assez mais quand même) et quantité d'églises et d'abbayes romanes (Rieux-Minervois, Saint-Papoul, Lagrasse, Fontfroide...).

Mais avant tout le voyageur entre ici en pays cathare – c'est d'ailleurs, en terme de tourisme, le principal argument audois : « Aude, Pays cathare ». Et le fait est que le catharisme, religion encore bien méconnue, a laissé sa marque aux quatre coins du département, en une douzaine de forteresses haut perchées, où il s'est réfugié et défendu. Lastours, Puivert, Quéribus, Peyrepertuse, Puilaurens, et d'autres encore : places fortes plus ou moins ruinées mais toujours belles dans leur cadre de monts et de vigne – avec en point d'orgue, tel un vaisseau amiral à la tête d'une flotte immense, la cité de Carcassonne.

L'histoire des cathares

Au Xe siècle, la société est régie à la fois par l'autorité temporelle des seigneurs et par le pouvoir spirituel de l'Église. Mais l'incompréhension du peuple face à un haut clergé riche et tout-puissant s'accentue ; la gravité des problèmes matériels générant une crise de la foi chez certains chrétiens qui vont essayer de trouver des réponses à leurs questions. Résultat : en 1165, l'évêque d'Albi organise une réunion entre « vrais » catholiques et ces réformateurs appelés par dérision « cathares », du mot grec *katharos* signifiant purifié. Rome les condamne solennellement pour hérésie.

La religion cathare repose sur le dualisme, une doctrine venue de l'Antiquité et remise au goût du jour par quelques Bulgares appelés *Bogomiles.* Un constat : le monde est partagé entre le Bien et le Mal. Dieu est le symbole du Bien, créateur du royaume éternel, sauveur des âmes. Le Mal a créé la matière et le temps, et il cherche à détruire le Bien. L'âme (le Bien) est donc enfermée dans un corps (le Mal). Pour les cathares, dont les « parfaits » forment une sorte de clergé, les « bonshommes » étant leurs ouailles, le salut consiste à se libérer du Mal, de l'enfer, en retrouvant la pureté originelle. Il faut observer des règles de vie plus que strictes : interdiction de tuer tout être humain ou animal, obligation de jeûner, abstention de tout rapport sexuel (mettre au monde un enfant est l'œuvre du mal), interdiction de prêter serment (or, toute la société est basée sur le serment de vassalité, d'où problème !), obligation de travailler (pas de changement pour les pauvres mais pour les nobles, quelle innovation !). En tout cas, on ne devait pas s'amuser tous les jours dans la famille cathare !

L'Église s'affola, car cette doctrine sapait les fondements mêmes de la société féodale sur laquelle elle avait un pouvoir absolu. Le pape dépêcha

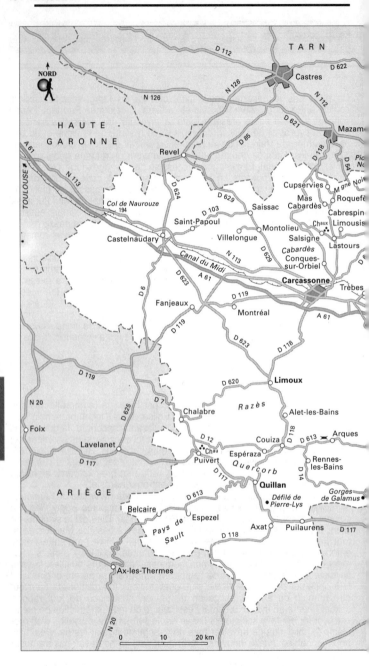

NORD

TARN

D 112
D 622
Castres
N 126
N 112
D 621
Mazam

HAUTE -
GARONNE

A 61
Pic
No
D 54
Revel
D 118
D 85
N 126
N 113
TOULOUSE
Cupservies
M gne Noi
Col de Naurouze
194
D 624
D 629
Mas
Cabardès
Roquef
Saissac
D 103
Cabrespin
Saint-Papoul
Montolieu
Ch au
Limousis
Villelongue
Salsigne
Castelnaudary
N 113
D 629
Lastours
Canal du Midi
Cabardès
Conques-
sur-Orbiel
A 61
D 623
Carcassonne
D 6
Fanjeaux
D 119
Trèbes
D 119
Montréal
A 61
D 119
D 623
D 118
D 119
D 6
D 620
Limoux
D 625
Razès
D 7
N 20
Chalabre
Alet-les-Bains
Foix
D 12
Couiza
D 118
D 613
Arques
Lavelanet
Ch au
Espéraza
D 117
Puivert
Quercorb
Rennes-
les-Bains
D 14
D 117
Quillan
Gorges
de Galamus
ARIÈGE
D 613
Défilé de
Pierre-Lys
Belcaire
Espezel
Pays de
Sault
Axat
Puilaurens
D 117
D 118
Ax-les-Thermes
N 20

0   10   20 km

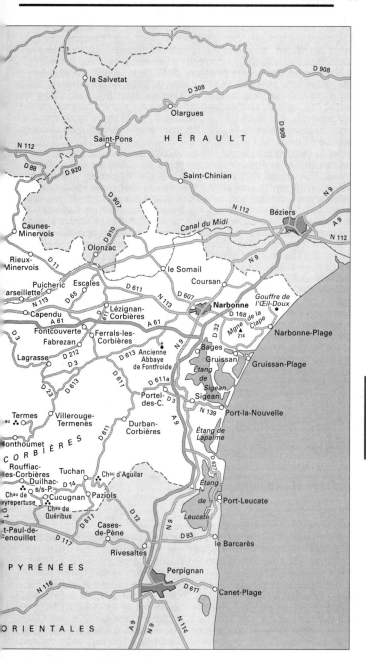

L'AUDE

donc des légats en Occitanie. L'assassinat de l'un d'eux déclencha la croisade contre les cathares. Les seigneurs du Nord, à qui l'on avait promis la remise des péchés, la vie éternelle et surtout la propriété des terres des seigneurs convaincus de catharisme, partirent en masse pour combattre l'hérésie. Premier fait d'armes : le massacre de Béziers. Catholiques et cathares furent exterminés sans distinction. Le légat du pape, Arnaud Amaury, aurait alors prononcé ces mots terribles : « Tuez-les tous ! Dieu reconnaîtra les siens ». Pas vraiment un Casque bleu, le curé. En somme, une hécatombe pour l'exemple. Carcassonne fut investie peu après, sans combattre vraiment, l'exemple bitterrois l'ayant beaucoup impressionnée. Son siège ne dura que 15 jours.

Simon de Montfort prit alors le titre de vicomte de la ville. Il allait devenir le chef des croisés et anéantir les unes après les autres les cités cathares : Termes, Puivert, etc. À chaque fois ou presque, les croisés attendaient la faveur d'un été torride pour venir à bout de ces forteresses inexpugnables. Les cathares, morts de soif, se rendaient, et les survivants de ces longs sièges, s'ils n'abjuraient pas leur foi, étaient jetés dans les flammes – ce qu'ils préféraient bien souvent. Simon de Montfort décida alors d'assiéger Toulouse. Les seigneurs du Sud s'étaient ligués contre les croisés et le choc se déroula à Castelnaudary. Pas question de cassoulet en ces jours de septembre 1211 ! Le match fut remporté par les croisés. Raymond VI battu, Raymond VII entra en scène et il reprit Toulouse en 1216. Montfort décida d'assiéger une nouvelle fois la cité. Il mourut touché à la tête par une pierre. À ce moment, considérant que la situation n'avait que trop duré, le roi entra dans la bataille. Louis VIII, sentant son pouvoir menacé, déclara les cathares « ennemis du roi et de l'Église ». Coup de main du pape ; jamais à cours d'imagination, il inventa l'Inquisition, des tribunaux chargés de découvrir, de juger et de brûler les hérétiques dans les meilleurs délais. Qu'importe les méthodes pour faire avouer, il fallait des coupables. La résistance cathare s'organisa dans les châteaux de Montségur, Puilaurens, Quéribus et Peyrepertuse. Mais l'assassinat de deux inquisiteurs, en 1242, déclencha une répression terrible et sanglante qui aboutit à la chute de Montségur deux ans plus tard. Les hérétiques furent brûlés. En 1321, le dernier « parfait » périt sur le bûcher. Les cathares n'étaient plus qu'un souvenir. Et le plus grand bénéficiaire de l'opération fut le roi de France, les comtés de Carcassonne et de Toulouse tombant dans son escarcelle. Les motifs religieux du départ s'étaient fondus dans une sombre affaire de pouvoir et de politique. Tout compte fait, les cathares n'avaient peut-être pas complètement tort.

Adresses et info utiles

◻ **Comité départemental du tourisme :** rue Moulin-de-la-Seigne, 11000 Carcassonne. ☎ 04-68-11-66-00. Fax : 04-68-11-66-01. Ouvert de 9 h à 12 h 30 et de 13 h 30 à 17 h. Compétents et bien documentés sur l'histoire et sur les randonnées. Consultez également les brochures *Itinéraires en pays d'Aude*. Le catalogue *Activités de pleine nature en Pays cathare* donne des adresses d'associations organisant des séjours et des circuits. Pour les amateurs de ski de fond, vélo, cheval, rafting, scooter, parapente, es-

calade, p5che, musique, canoëkayak, etc.

■ *Relais départemental des Gîtes de France :* 112, rue Barbacane, 11000 Carcassonne. ☎ 04-68-11-40-70. Fax : 04-68-11-40-72.

– *Le Pays cathare à la carte :* une carte permet la visite à tarif réduit (économie de 5 à 15 F par site) de six châteaux cathares (Arques, Quéribus, Puilaurens, Lastours, Villerouge-Termenès, Termes), deux abbayes (Caunes-Minervois, Saint-Papoul) et du musée du Quercorb à Puivert. En vente sur les sites concernés (20 F).

LE CARCASSÈS

CARCASSONNE (11000)

Voilà un nom qui sonne! Au fait, une anecdote rigolote est, paraît-il, à l'origine du nom de la ville. Assiégée pendant des années par Charlemagne, la forteresse était occupée par les armées d'une princesse étrangère, dame Carcas. Affamée, la population n'avait plus qu'un cochon et une ration de blé, quand l'astucieuse princesse eut la grande idée d'en gaver l'animal et de l'envoyer au pied des remparts. Croyant que les vivres n'étaient pas près de s'amenuiser, l'empereur leva alors le siège, démoralisé. Pour lui proposer la paix, dame Carcas sonna les cloches de la ville...

Un peu d'histoire

L'histoire de la Cité contredit cette légende. Dommage, elle nous plaisait bien! Riche d'un passé deux fois millénaire, la ville a vu défiler Gaulois, Romains, Wisigoths, Sarrasins, Francs. D'abord oppidum, le promontoire situé au carrefour stratégique est fortifié par les Romains qui lui donnent le nom de *Carcasso*. Les Wisigoths succèdent aux Romains à la fin du IVe siècle et submergent la Gaule. Ils établissent leur capitale à Rennes-le-Château, et Carcassonne devient forteresse frontière pendant deux siècles avant de subir les assauts des Sarrasins. Ces derniers ne restèrent dans la cité qu'un demi-siècle laissant à la ville une légende plus qu'une histoire.
Pépin le Bref la chasse au VIIIe siècle. Ce sont les Trencavel, noble famille également maîtresse d'Albi, de Nîmes et de Béziers, qui donneront son prestige à la ville, du Xe au XIIe siècle, y construisant leur château. L'un des rejetons Trencavel, Raymond Roger, prend les cathares de la région sous sa protection au début du XIIIe siècle. Un beau geste qui lui coûtera cher : la ville est assiégée, le jeune vicomte clapote dans un obscur cachot et ses terres sont confisquées par le chef des croisés, Simon de Montfort.
Entrée ensuite dans le giron de la famille royale (les possessions languedociennes du fils de Montfort sont cédées à Louis VIII), la Cité s'agrandit. Sa proximité avec la frontière catalane pousse les rois français à renforcer les remparts, à ajouter une enceinte extérieure, séparée de celle de l'intérieur par des lices, tandis que la cathédrale prend de plus en plus d'ampleur.
Carcassonne est une cité bicéphale avec la ville basse moderne, commerçante et administrative, et la ville haute, éloignée et enfermée à l'intérieur d'épais remparts. Après le siège de 1240, la Cité devint une forteresse du pouvoir royal triomphant. Le Languedocien se retrouva cantonné dans la ville basse. Saint Louis la fit construire sur un plan militaire à l'image d'Aigues-Mortes : plan « carré », rues à angles droits, bastion à chaque

RTL CARCASSONNE 102.6 FM

angle et deux églises, au nord et au sud. La Cité triomphante avait comme emblème deux tours liées. La ville basse (dite aujourd'hui bastide Saint-Louis) mit sur son blason un agneau sacrifié. Au XIVe siècle, la cité possédait une telle armure que le Prince Noir dans sa chevauchée incendiaire l'évita et se contenta de ravager la ville basse. Modifiée à la Renaissance et au XVIIIe siècle, elle a pris le visage qu'on lui connaît aujourd'hui. La ville basse mérite donc une longue visite.

Et le peuple dans l'histoire ?

Fières de leur riche passé, les villes d'histoire ont une fâcheuse tendance à l'amnésie... remerciant un peu trop facilement les puissants de naguère du patrimoine « légué ». Ainsi, la brochure touristique de Carcassonne oublie un fait non négligeable : l'exode forcé de sa population après la victoire des croisés.

Punis pour avoir aidé les cathares, les habitants de la ville furent chassés et l'on rasa les villages bâtis au pied des remparts ! Après plusieurs années de « déportation », tout ce petit peuple est autorisé à revenir et s'installe de l'autre côté de l'Aude, créant ce qui est aujourd'hui la ville basse de Carcassonne. Juste retour des choses, l'industrie du drap et le commerce du vin l'enrichit, la vieille cité militaire périclitant quant à elle après le traité des Pyrénées et le recul de la frontière française (le Roussillon étant annexé).

La Cité ne sera plus qu'une caserne. L'Empire sera le démolisseur, la citadelle est vendue, on doit récupérer les pierres. Mais le XIXe siècle remet le Moyen Âge à la mode. Le romantisme allait sauver Carcassonne. Mérimée, dans *Voyage dans le Midi de la France,* s'émeut de voir la ville amputée de ses tours et laissée à l'abandon. Du coup le bon Prosper, qui était quand même inspecteur des Monuments historiques, en confie la restauration à Viollet-le-Duc, en 1844. Le célèbre architecte eut la bonne idée de ne pas se lancer dans une opération de chirurgie esthétique trop poussé, se contentant de redonner le caractère d'harmonie et de force d'une ville guerrière du XIIIe siècle.

Une ville touristique bien tranquille

Aujourd'hui Carcassonne est une préfecture bien tranquille, ville de garnison aussi, vivant surtout du tertiaire ; il lui manque sans doute l'université qui lui donnerait un peu de sang neuf, mais la jeunesse ici part faire ses études à Nîmes, Toulouse ou Montpellier. Elle est en même temps l'une des villes médiévales les plus visitées de France. Un tourisme économiquement alléchant qui nuit pourtant au charme et à l'authenticité de la cité : échoppes en toc, hôtellerie un peu chère, médiévaleries à toutes les sauces (épées en plastique, arbalètes en solde, musées et pseudo-musées à la pelle, etc.). Cependant, elle n'en reste pas moins la plus importante cité médiévale d'Europe, et la voir dans son écrin de pierres illuminées le soir est un spectacle toujours superbe...

Apparemment indémodable, Carcassonne fut récemment remise au goût du jour par Stephan Eicher, Philippe Djian et leur bande de copains musiciens. Enfermé plusieurs semaines dans une chambre du luxueux *hôtel de la Cité* (qui vit défiler Colette et Paul Valéry), le troubadour helvète y a enregistré un album entier, naturellement baptisé... *Carcassonne* !

Adresses utiles

– Les **organismes départementaux** sont cités dans les adresses utiles de l'Aude.

◨ **Office du tourisme** (plan C2) : 15, bd Camille-Pelletan, B.P. 842, 11012 Carcassonne Cedex. Face au square Gambetta, dans la ville basse. ☎ 04-68-10-24-30. Fax : 04-68-10-24-38. Minitel : 36-15, code ITOUR. En juillet et août, ouvert tous les jours de 9 h à 19 h ; le reste de l'année, de 9 h à 12 h 15 et de 13 h à 18 h 30 (19 h en été), sauf les dimanche et jours fériés. Visite guidée de la bastide Saint-Louis tous les jeudis matin en juillet et août ; départ à 9 h 30 de l'office de tourisme. Pas cher et bien.

■ *Bureau d'info de la Cité :* porte Narbonnaise. ☎ 04-68-10-24-36. Ouvert tous les jours, de 9 h à 13 h et de 14 h à 18 h ; du 15 juin au 15 septembre, de 9 h à 19 h.

🚆 *Gare S.N.C.F. (plan B1) :* port du Canal-du-Midi, au nord du centre-ville. ☎ 08-36-35-35-35.

🚌 *Gare routière (transports régionaux ; plan A1) :* bd de Varsovie. ☎ 04-68-25-12-74.

■ *Transports urbains :* halte centrale sur le square Gambetta (près de l'office du tourisme). ☎ 04-68-47-82-22. Pour se rendre à la Cité, prendre la ligne n° 2 (bus toutes les demi-heures environ, sauf les dimanche et jours fériés). Il existe aussi une navette Bastide-Cité ; départ de l'office de tourisme toutes les 30 mn en été.

■ *Jeunesse Aviation :* aérodrome de Salvaza. ☎ 04-68-10-35-50. Pour les p'tits loups, classe de l'air pendant les congés scolaires (à partir de 10 ans, acceptation sur dossier). Possibilité de piloter pour de vrai, comme les grands, au bout d'une semaine avec les instructeurs de l'ÉNAC (École nationale de l'Aviation civile). Les gamins adorent.

■ *Centre d'aide médicale urgente :* ☎ 15.

Où dormir ?

DANS LA VILLE BASSE

Plus nombreux et un peu moins chers, les hôtels du bourg nous ont paru plus sympathiques que les adresses de la touristique Cité. Le bus n° 2 relie les deux villes.

Assez bon marché

■ *Hôtel Astoria (plan C1, 10) :* 18, rue Tourtel. ☎ 04-68-25-31-38. Fax : 04-68-71-34-14. À 150 m de la gare. Voici un hôtel spécial budgets mo-

destes : doubles de 130 F (lavabo) à 180 F (douche, w.-c., TV) ; prix majorés de 10 F en juillet et août. Propose également quelques chambres triples et quadruples, toujours bon

CARCASSONNE

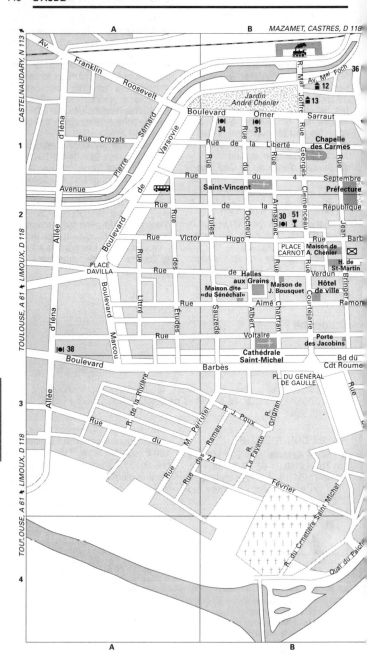

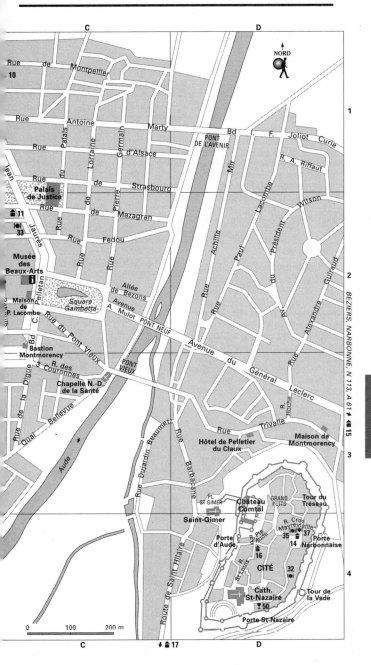

CARCASSONNE

marché. Et toujours propres, nickel, avec une bonne literie. Une adresse connue des cyclotouristes, qui y trouvent de quoi se reposer les mollets et les reins. Garage payant possible.

▪ *Hôtel Central* (plan C2, 11) : 27, bd Jean-Jaurès (face au palais de justice). ☎ 04-68-25-03-84. Fax : 04-68-72-46-41. Un bon hôtel sympa et bien tenu. Doubles avec douche, w.-c. et TV à 220 F. Demander les chambres qui ont été rafraîchies, les autres, certes moins chères (à partir de 140 F), sont quelconques. Attention toutefois : on nous signale des problèmes de réservation. Petit déjeuner offert à nos lecteurs.

Prix moyens

▪ *Le Bristol* (plan B1, 12) : 5, av. du Maréchal-Foch ; face à la gare S.N.C.F. ☎ 04-68-25-07-24. Fax : 04-68-25-71-89. Fermé de fin novembre à début mars. Au-dessus de la façade figure une tête de cheval qui indiquait autrefois que les cavaliers et leur monture pouvaient trouver ici gîte et couvert. Accueil moyen mais un avantage : certaines chambres donnent sur le canal du Midi. Doubles de 270 à 450 F (douches). Resto assez chic et tape-à-l'œil, *Le Badiane*. Menus de 90 à 250 F.

▪ *Hôtel Terminus* (plan B1, 13) : 2, av. du Maréchal-Joffre ; près de la gare. ☎ 04-68-25-25-00. Fax : 04-68-72-53-09. Fermé en décembre, janvier, février. Immense palace *modern style* dans lequel de nombreux films furent tournés. Le hall à lui seul vaut le déplacement, avec sa porte à tambour années 30, ses moulures, sa double cage d'escalier, son vieux carrelage et son bar étincelant. Une centaine de chambres à des prix étonnants pour la splendeur des lieux (il faut dire que certaines d'entre elles ont perdu leur cachet après leur rénovation, restant néanmoins coquettes et confortables). À partir de 300 F pour une double avec douche, w.-c., TV, et 345 F avec bains. Les couples lune-de-mieleurs peuvent réserver les yeux fermés la chambre 7, dite « la Nuptiale »... Absolument sublime : spacieuse comme un bureau de ministre, mobilier de style, confort total et belles fenêtres. Étonnante salle de bains : carrément deux lavabos et une baignoire à l'ancienne, à rideau-baldaquin ! Ce petit bijou est proposé au prix de... 485 F, « seulement ». Ambiance des grands hôtels de province, accueil souriant et très bon petit déjeuner buffet à 40 F. Parking payant.

DANS LA CITÉ

Bon marché

▪ *Auberge de jeunesse* (plan D4, 14) : rue du Vicomte-Trencavel. Entre le château et l'église. ☎ 04-68-25-23-16. Fax : 04-68-71-14-84. Fermée en décembre et janvier. Accueil de 7 h à 23 h hors saison et de 7 h à 1 h en saison. Belle A.J. bien tenue, en plein cœur d'un lieu hautement historique. 120 lits répartis dans des chambres de 4 à 6 personnes. 72 F la nuit, petit déjeuner compris. Carte demandée. Draps disponibles sur place (15 F). Menu unique à 40 F pour les groupes seulement. Snack-bar où il est possible de se restaurer. Foyer avec cheminée, cuisine, bar, salle TV, ping-pong, jardin intérieur. Réservation souhaitée.

Prix moyens

▪ *Hôtel L'Octroi* (hors plan par D3, 15) : 106, av. du Général-Leclerc. En contrebas de la Cité. ☎ 04-68-25-29-08. Fax : 04-68-25-38-71. Ouvert toute l'année. Nous avons retenu cet hôtel parce que son patron est charmant, les chambres sont insonorisées et certaines climatisées (côté rue), l'accès est facile, et, sans avoir un grand charme, il est propre et à prix abordables : en saison, de 245 à 315 F la double avec douche, w.-c., téléphone et télé ; premier prix à 160 F en basse saison (de novembre à mars) et à 210 F en moyenne saison.

Plus chic

▪ *Hôtel du Donjon* (plan D4, 16) : 2, rue du Comte-Roger. ☎ 04-68-71-08-80. Fax : 04-68-25-06-60. La totale : maison médiévale, poutres superbes, luxe bourgeois, confort moderne, insonorisation, climatisation, bar, salons, bla-bla-bla. Les hommes d'affaires y trouvent bien sûr leur bonheur. Le patron est fier – avec raison – de son hôtel, notamment du rez-de-chaussée du XIVe siècle et de l'escalier très rare. N'oublions pas l'addition : chambres doubles de 390 F avec douche à 575 F avec bains. L'endroit est très fréquenté par les Américains. Fait aussi brasserie à quelques pas de l'hôtel (4, rue Porte-d'Aude ; ☎ 04-68-25-95-72). Formules à partir de 75 F.

Camping

▲ *Camping de la Cité (hors plan par C4, 17) :* route de Saint-Hilaire. ☎ 04-68-25-11-77. Fax : 04-68-47-33-13. Ouvert de mars à début octobre. Légèrement excentré, ce 3 étoiles reste néanmoins assez proche de la Cité (1 km) et dispose d'un cadre agréable en bordure de l'Aude. Piscine, tennis, petite restauration, etc. 200 emplacements.

Où dormir aux environs ?

▲ *Chambres d'hôte La Maison sur la Colline :* mas Sainte-Croix. ☎ 04-68-47-57-94. À 800 m de la Cité. De la porte Narbonnaise, longer les remparts en direction du cimetière ; puis c'est indiqué sur la gauche. Formidablement situé face à la Cité, dans la campagne, ce mas dispose de 4 chambres mignonnes et confortables. Mobilier provençal et déco chaleureuse, piscine, et excellent accueil de Nicole. 3 chambres à 300 F pour deux, petit déjeuner compris, et 1 chambre à 400 F, magnifique (lit somptueux, douche à jet). À l'évidence un très bon pied-à-terre à proximité immédiate de Carcassonne.
▲ *Château de Cavanac :* 11570 Cavanac. À 4 km au sud de la Cité, par la D104 direction Saint-Hilaire. ☎ 04-68-79-61-04. Fax : 04-68-79-79-67. Fermé de mi-janvier à mi-février ; restaurant fermé le lundi hors saison. C'est plutôt une grosse ferme bourgeoise, dans le joli jardin d'un petit village tranquille. Chambres doubles de 350 à 535 F. L'endroit est surtout apprécié pour son resto magnifique, installé dans d'anciennes écuries. Restent une joyeuse atmosphère champêtre, de belles mangeoires et quelques outils traditionnels pendus au mur. Menu unique mais délicieux, à 198 F : kir, foie gras mi-cuit (ou saumon fumé ou homard), puis escargots à la carcassonnaise ou fruits de mer, puis aiguillettes de canard ou agneau à la braise, enfin fromages de chèvre au miel (hm !) et pâtisseries au choix ! Vin et pain inclus (et faits maison). Ce n'est pas tout : café et « petit grain » (digestif) sont offerts ! Voilà une formidable auberge, non ?

Où manger ?

N'oubliez pas que Carcassonne est la capitale du cassoulet (avec Castelnaudary et Toulouse) ! On en trouve partout, à tous les prix (de 60 à 120 F).

CARCASSONNE

Les plus chers sont en principe meilleurs, car la qualité se paye. Une chose est sûre : « Il faut vraiment le vouloir pour en faire un mauvais si l'on est de la région », nous disait un spécialiste. Une autre chose est vraie aussi : on trouve rarement, dans les restaurants, cassoulet comparable à ceux mitonnés chez eux par les gens du pays. Une consolation : il est toujours copieux ! Celui de Carcassonne se distingue par la présence de gigot de mouton, voire de perdrix en saison. En tout cas, goûtez celui au confit : à notre avis le meilleur...

Bon marché

|●| *Le Petit Couvert* (plan B2, **30**) : 18, rue de l'Aigle-d'Or. ☎ 04-68-71-00-20. Fermé les dimanche et lundi, et 15 jours en février-mars. Une adresse toute simple, tenue par deux jeunes femmes alertes et souriantes. Déco provençale et quelques tables en terrasse dans la rue piétonne, et un menu bon marché (60 F le midi, 65 F le soir, quart de vin compris) qui donne entière satisfaction : buffet de hors-d'œuvre, et, par exemple, un « riz à l'andalouse façon Tony » (le cuistot) qu'on a tout mangé, puis un honnête dessert maison. Propose aussi de grandes assiettes jambon-fromage-crudités et un menu « léger », toujours à bas prix, sans matière grasse, légumes vapeur et aspartam au programme : les VRP soucieux de ne pas exploser leur costard et les femmes obnubilées par le kilo de trop (qu'il faut traquer sans relâche, mesdames, sous peine de disgrâce définitive) en redemandent.

|●| *Restaurant L'Escalier* (plan B1, **31**) : 23, bd Omer-Sarraut. ☎ 04-68-25-65-66. Service tardif. « Le *Routard* a disjoncté, voilà qu'il vante les mérites des pizzerias ! ». Certes, fidèle lecteur, mais exception ne vaut pas règle. *L'Escalier* est un lieu avant d'être un restaurant. Pas simple de décrire la salle au décor helléno-mexicano-américano-cinéphile. Couleurs chaudes, vieilles affiches de ciné et musique. On y mange à la fois grec, italien, antillais et surtout mexicain. Les *fajitas* et le *chili* valent le déplacement. Menus à 60 F (le midi), 100 et 120 F. À la carte, compter environ 80 F. Accueil jovial et apéritif offert à nos lecteurs.

|●| *Les Fontaines du Soleil* (plan D4, **32**) : 32, rue du Plô. ☎ 04-68-47-87-06. Fermé de mi-novembre à mi-février. Au cœur de la cité médiévale, ce restaurant dispose d'un très agréable patio, qu'on ne devine absolument pas, oasis retirée de la cohue touristique. Deux petites salles également, proprettes. Cuisine simple et bon marché, appréciable. Au menu à 55 F, petite entrée, cassoulet du chef et quart de vin ; à 69 F, un sauté de lapin à l'occitane en plat de résistance, et dans celui à 99 F une mouclade puis un filet de loup tout à fait bien. Service gentil de la patronne.

Prix moyens

|●| *La Divine Comédie* (plan C2, **33**) : 29, bd Jean-Jaurès. Dans la ville basse, face au palais de justice. ☎ 04-68-72-30-36. Fermé le dimanche et 3 semaines à Noël. Ce n'est pas l'enfer (on vous laisse réfléchir!), mais on retrouve ici les représentants et les employés du quartier qui apprécient son très bon rapport qualité-prix. Excellentes viandes copieusement servies, de 71 à 78 F. Quelques spécialités : cassoulet au confit de canard, daube languedocienne aux cèpes, morue à l'occitane, aiguillettes de canard miel et pommes, et toutes sortes de pizzas. Serveurs polis et efficaces. Une bonne adresse sans prétention pour ceux qui veulent manger rapidement.

|●| *Restaurant Chez Fred* (plan D1, **34**) : 31, bd Omer-Sarraut. ☎ 04-68-72-02-23. Fermé le samedi midi hors saison. Une adresse agréable au décor feutré. Fauteuils en rotin, murs lie-de-vin et prune créent un ensemble de bon goût. Frédéric Coste prépare une cuisine moderne et pleine de sincérité. *Pareillade* andalouse, pavé de requin au basilic et, en dessert, le *cestquoiça*. Menus à 98 F (sauf week-end et jours fériés), 105, 135 et 172 F. Un endroit discret

pour amoureux transis ou routards gourmets !

|●| Auberge de Dame Carcas *(plan D4, 35)* : 3, place du Château. Dans la Cité. ☎ 04-68-71-23-23. Fax : 04-68-79-79-67. Fermée le lundi hors saison, ainsi que de mi-janvier à mi-février. De la place pour tout le monde, en terrasse, à l'étage ou dans la vieille cave voûtée. Un cadre rustique bien étudié, une cuisine ouverte sur la salle à manger et une cloche qui tinte pour dire merci ! Menus et plats presque bon marché vu la qualité de la cuisine et la situation éminemment touristique. Menu régional à 85 F et excellentes recettes au feu de bois comme ce cochon de lait grillé au miel des Corbières, tout à fait exquis. Un signe qui ne trompe pas : quand les cuistots se mettent à table après le service, c'est pour se parler de... cuisine ! Et ils font leur pain eux-mêmes pendant que vous dînez... Enfin, vins régionaux à des prix très doux. Apéritif offert à nos lecteurs.

|●| Restaurant Gil, le Steak House *(plan B1, 36)* : 32, route Minervoise. ☎ 04-68-47-85-23. Fermé le dimanche. On descend quelques marches pour accéder à la salle pas très grande de ce surprenant restaurant. Surprenant car avec un nom pareil, *Steak House*, on s'attend à y trouver de la viande, du steak, alors qu'il s'agit avant tout d'une très bonne table maritime. Loup, rouget, sole ou saumon y sont de première fraîcheur, tout comme les huîtres, moules ou supions. Menus à 100, 140 et 160 F, et une notable *plancha du patron*, super copieuse, à 140 F. Service affable de madame. Au dessert, une bonne crème catalane, avec, sur le bord de l'assiette, un incongru *Finger* (de Cadbury) !

Plus chic

|●| Le Château *(plan D4, 37)* : 4, place du Château, la Cité. ☎ 04-68-25-05-16. Fermé les mardi soir et

mercredi hors saison. Salle un peu kitsch, aux murs d'un méchant bleu fleurdelisé, mais restant toutefois chaleureuse, et terrasse idéale sur cette placette située au cœur de la Cité. Pour le plaisir et parce qu'un Carcassonnais de nos amis nous avait conseillé l'adresse, on a pris le « menu gourmand » à 168 F : les filets de rouget rehaussés d'un soupçon de tapenade, les petits croquants de polenta et la salade servis avec, puis les seiches *a la plancha* et leur crème de morue en persillade, ah quel bonheur ! L'assiette de fromage aussi, « assaisonnée » d'un jus de raisin réduit et sucré (génial !). Quant au dessert, figues rôties au miel, il était parfait. Voilà donc une cuisine fraîche et enlevée, généreuse, tout aux saveurs du Languedoc. Autres menus à 88 et 135 F. Service mené avec tact et sérieux.

|●| Le Languedoc *(plan A2, 38)* : 32, allée d'Iéna. ☎ 04-68-25-22-17. Fermé les dimanche soir et lundi hors saison, le lundi midi en saison, 1 semaine début juillet et du 20 décembre au 22 janvier. Une table carcassonnaise sûre et bien menée, au cadre classique un peu suranné mais c'est là sans doute sa seule faiblesse (si l'on veut), car on se régale et le service est doux. Dans l'assiette, des recettes bien tournées, classiques là encore mais parfaitement exécutées, à base de produits de choix. Premier menu à 130 F, avec en saison des asperges au jambon de magret puis une cuisse de confit de canard aux lentilles très réussie – mais l'entrecôte au vin de Minervois n'est pas mal non plus. En dessert, souvent des glaces et sorbets maison. Autres menus à 175 F (fromage dans celui-ci) et 240 F. Ah oui, le vin : la demie de minervois rouge comme on aime (château Villerambert-Julien, cuvée Opéra) à 44 F, on n'est pas volé. Bref, un dîner au *Languedoc,* c'est une bonne soirée.

Où manger aux environs ?

|●| Auberge du Moulin d'Alzau : 11170 Pezens. ☎ 04-68-24-97-38.

Fax : 04-68-24-97-10. Fermée le dimanche soir et le lundi. Sortir de Pezens ; sur la route de Toulouse, à 2 km, prendre une petite route ombragée sur la gauche. Attention : réservation quasi obligatoire, un peu comme dans une ferme-auberge. Quel dommage que l'on ne puisse pas y dormir ! L'endroit est charmant. Un vieux moulin près d'un ruisseau, avec sa roue à aubes, en pleine campagne. À l'intérieur, une grande salle à manger, dans le style auberge. 1er menu à 75 F, puis menus à 100 et 160 F. C'est bon et copieux. La truite au bleu est la spécialité de la maison. Voilà une bonne adresse pour dîner en amoureux, non loin de Carcassonne.

I●I ***Château de Cavanac :*** à Cavanac (voir « Où dormir aux environs ? »).

Où boire un verre ?

❢ ***Le Bar à Vins*** *(plan D4, 50)* : 6, rue du Plô (dans la Cité). ☎ 04-66-47-38-38. Ouvert jusqu'à 1 h ou 2 h. Fermé le dimanche hors saison. Avec sa terrasse tranquille et belle donnant sur les remparts, ce *Bar à Vins* jouit d'un cadre extra et l'on y passe du bon temps dans une ambiance un poil hispanisante. Apérotapas, petite restauration rapide aussi, et vins régionaux au verre... Eicher et ses amis, et d'autres guitaristes-chanteurs et joueurs de flonflon, y ont parfois fait des bœufs, gratos et pour le fun. Mais la musique ça fait du bruit, et le voisinage a mis le holà à ces aimables soirées.

❢ ***Le Conti Pub*** *(plan B2, 51)* : 16, rue de l'Aigle-d'Or. ☎ 04-68-25-39-40. À partir de 18 h. Fermé le dimanche. À deux pas de la place Carnot, ce bar très animé ouvre tard (jusqu'à 5 h le week-end) et dispense une musique de bon aloi. Il y a certains soirs la méganouba, sur les tables on danse et dessous l'on roule. *Tapas*, vins au verre et ambiance sympa.

À voir

LA CITÉ

Plus besoin de béliers, canons, passerelles d'assaut ou catapultes pour pénétrer dans la ville forte si bien gardée. Pourtant, en regardant les célèbres photos et, pis, en se trouvant à ses pieds, on ne sait pas très bien par quel bout attaquer le monstre ! Comment visiter à la fois le « village » encore habité et les deux enceintes successives, séparées par ce *no man's land* appelé Lices (hautes au sud, basses au nord), totalisant ensemble 3 km de murailles et pas moins de 52 tours ? Bon, pas de scrupules : nous irons droit à l'essentiel. Sachez juste qu'il faut au minimum une journée pour tout visiter et que des petits bouquins vendus sur place vous donneront plus de détails. En tout cas, un endroit exceptionnel à tel point que Walt Disney y vint plusieurs fois pour dessiner le château de *La Belle au Bois dormant*.
Note : le parcours décrit ci-dessous reprend l'itinéraire généralement suivi quand on entre par l'entrée principale (porte Narbonnaise) ; mais on peut tout à fait entrer par l'autre côté (la porte d'Aude, dont nous parlons à la fin de ce chapitre sur la Cité) et nous le conseillons : moins de monde, moins de boutiques, parcours bien pittoresque (mais abrupt) et possibilité de parking gratuit – tandis qu'à l'entrée principale, stationnement payant. À bon entendeur, salut !

★ ***La porte Narbonnaise :*** l'entrée principale de la Cité, curieusement située du côté opposé à la ville basse (et donc dirigée vers Narbonne, d'où son nom). Un véritable château fort à elle seule. Avec ses deux tours à éperon de 30 m de haut (du XIIIe siècle), elle défend de manière autoritaire l'accès à la Cité. En levant la tête, on aperçoit des trous qui supportaient les balcons de bois d'où on lançait sur l'assaillant pierres, huile bouillante, fagots enflammés... comme dans les films, quoi !

★ *Les Lices :* immense terrain vague situé entre les deux enceintes. Visite passionnante. Ce chemin de ronde fait le tour de la Cité et permet de se rendre compte de la démesure des enceintes. D'ailleurs, on y respire mieux que dans les ruelles étroites de l'intérieur. Commencer la visite par la droite en prenant les Lices basses. C'est ici que l'on peut comparer le plus facilement les différents styles architecturaux correspondant aux périodes de construction successives. Sur l'enceinte intérieure, on aperçoit les marques, alors que l'enceinte extérieure appartient à une seule et même période. Au niveau de la poterne romaine, les énormes pierres datent du Ier siècle après J.-C. Ce sont les plus anciennes. Les couches alternées de pierres rectangulaires et de briquettes datent du Ve siècle. Les parties d'enceinte faites de belles pierres lisses et rectangulaires correspondent à la troisième campagne de construction, vers le XIIe siècle. Les fenêtres géminées appartiennent à cette époque. La seconde enceinte date des XIIIe et XIVe siècles. Philippe le Hardi et Philippe le Bel furent à l'origine de ces travaux titanesques, véritable exemple de l'art architectural militaire. On reconnaît cette période à l'emploi de pierres à bossages. Un petit conseil : allez-y le soir. On ne vous ment pas, c'est fantastique. Pas un chat, et l'éclairage savant des donjons vous donnera l'impression d'être dans un film...

★ *La rue Cros-Mayrevieille :* du nom de l'érudit local qui aida au sauvetage de la Cité. La moindre des choses était de donner son patronyme à la rue principale. Elle monte directement au château. Pittoresque avec son dallage et ses belles maisons, hélas aussi largement dénaturée par les boutiques vendant de tout (gourdes, jeux de cartes, tee-shirts, épées en plastique, stylos, etc.) aux armes de Carcassonne. Le piège, quoi ! Sans parler des musées douteux qui proposent des reconstitutions toutes plus sujettes à caution les unes que les autres.

★ *Le château comtal :* ☎ 04-68-25-01-66. Ouvert de 10 h à 12 h 30 et 14 h à 17 h de novembre à fin mars ; de 9 h 30 à 12 h 30 et de 14 h à 18 h en avril, mai et octobre ; de 9 h à 19 h en juin et septembre ; de 9 h à 19 h 30 en juillet et août. Fermé les jours fériés. Attention : dernière entrée 30 mn avant la fermeture. Entrée gratuite pour les moins de 12 ans, 21 F pour les 12-25 ans et 32 F pour les plus de 26 ans. Visite guidée uniquement ; durée 50 mn, un départ toutes les 15 mn en saison.

Notez qu'il existe une visite approfondie, dite visite-conférence, qui vaut le coût : comprenant une visite du château d'environ 1 h 45 avec conférence historique de 20 mn, elle donne aussi droit à la visite de 50 mn, qu'on pourra effectuer quand on voudra dans la journée (les deux visites ne se recoupent pas et au contraire sont complémentaires) et à l'entrée à trois musées (les expositions temporaires du château et de la porte Narbonnaise, et le musée lapidaire du château : entrées comprises également dans le billet « petite visite »). Bref, pour 25 F de plus que la « petite » visite, mieux vaut prendre la visite-conférence. En saison, il y en a 5 par jour, se renseigner.

Construit vers 1130 par les Trencavel, cet édifice de 80 m de long sur 40 m de large est une véritable « forteresse dans la forteresse ». Le château est plus qu'une résidence où l'on trouve le seigneur et sa suite. Il fait office de donjon et articule toutes les défenses de la Cité. Il commande la vallée de l'Aude et surveille les alentours du haut de la tour Pinte. Et il en vit de belles ce château : mort de Raymond-Roger (jeune protecteur des cathares) dans ses cachots, Q.G. de l'impitoyable Simon de Montfort après la victoire des croisés, possession des rois de France, prison (on y jetait les enfants rebelles), caserne au XIXe, re-prison pendant la Première Guerre mondiale, Q.G. des nazis pendant la Seconde et désormais musée !

On y pénètre par un pont de pierre chevauchant des douves, dans une curieuse cour d'accès semi-circulaire (dite barbacane). Plusieurs fois remaniée par ses occupants successifs, la redoutable forteresse reste malgré tout un merveilleux témoignage de l'architecture militaire médiévale. On peut visiter l'enceinte intérieure, les remparts gallo-romains, les tours royales, les cours d'honneur et du Midi et les deux corps de bâtiments (salles de l'époque féodale et d'autres, moins anciennes).

● *Le Musée lapidaire* présente une rétrospective de l'histoire de la Cité au travers des vestiges qui y furent mis au jour. Antiquité (bornes milliaires du IIIe siècle, sarcophage du Ve); Moyen Âge (pierres tombales, chapiteaux, stèles, sarcophages mérovingiens, peintures romanes dans la salle du Donjon, gisant du XIIIe, etc.); époque « moderne » (XVIe et XVIIe siècles).

★ *La basilique Saint-Nazaire-et-Saint-Celse :* dans la partie ouest de la Cité. Ouverte de 9 h 30 à 12 h et de 14 h à 17 h 30; en saison, de 9 h à 12 h et de 14 h à 19 h; en juillet et août, de 9 h à 19 h. L'église primitive aurait été bâtie à cet endroit au VIe siècle sous la domination des Wisigoths. Mais ce n'est qu'au Xe siècle que le siège épiscopal est transféré ici. Il ne venait pas de loin. L'ancien était dans les faubourgs. Elle resta cathédrale jusqu'en 1803, le siège épiscopal retournant dans la ville basse dans l'église Saint-Michel. L'édifice se partage en deux parties bien distinctes : la nef romane, le chœur et le transept gothiques. L'ensemble est surprenant et absolument superbe. Les deux styles se complètent de manière harmonieuse et il devient presque difficile de les dissocier. Dans un rapport, Viollet-le-Duc écrivait que la Cité de Carcassonne lui apparaissait comme un véritable musée, dont le bijou était cette cathédrale... Ce qui ne l'empêcha pas de transformer le clocher en tour à créneaux, l'ayant pris pour une partie des anciens remparts !

À l'intérieur du bâtiment, on est frappé par la beauté des vitraux, à juste titre considérés comme les plus beaux du Midi. Ceux des rosaces datent du XIVe siècle, ceux du chœur et du transept de la fin du XIIIe (les plus bleutés) et des XVIe et XVIIe siècles (avec les grands personnages). De vrais dessins animés destinés à l'éducation des fidèles du Moyen Âge. Il faut les admirer à des moments différents. Le soleil illumine la rosace nord le matin, embrasant les violets. Et l'on s'aperçoit qu'elle compose une roue du temps qui tourne inexorablement. La rosace sud se pare de mille feux au couchant et là, la roue devient éternelle, le temps prend fin. La légèreté du chœur tranche avec la masse imposante de la nef. Colonnes délicates, piliers ténus, fenêtres envahissant le mur font que l'on se demande comment l'ensemble peut tenir. Les piliers sont ornés de statues taillées à même la colonne.

La cathédrale abrite de nombreuses œuvres d'art : un bénitier du XIIe siècle, un orgue du XVIe (véritable joyau), une somptueuse chaire Empire, un gisant d'albâtre, une saisissante pietà polychrome (XVIe siècle), une Trinité du XIVe siècle, un curieux bas-relief aux personnages gommés (la « Pierre du Siège »), et bien d'autres. Remarquer également cette cloche de bronze du XVIe, posée à droite du chœur. Elle pèse plus d'une tonne...

★ *Les tours de la Cité :* 26 tours dans l'enceinte intérieure et autant pour les remparts extérieurs. On n'a donc pas la place de vous les énumérer ici. Certaines se visitent. Demander un topo précis à l'office du tourisme. Les plus intéressantes : celles de la porte Narbonnaise (vestiges romains), celle du Trésau, à droite des précédentes (caves, pièces voûtées, cheminées, chemin de ronde), celle de Vade (deuxième à gauche dans l'enceinte extérieure à partir de la porte Narbonnaise; une forteresse à elle seule, et dans laquelle se tient l'*écomusée de la Vade*, voir plus bas), la tour de l'Inquisition, entre le château et l'église (une véritable salle de torture : les chaînes et les graffiti en témoignent !).

★ *La porte d'Aude :* à droite du château (belle vue sur celui-ci). Comme dit plus haut, on vous recommande d'accéder par cette porte à la Cité : parcours très pittoresque, passant par le pont Vieux, la rue Barbacane et la petite église Saint-Gimer ; enfin, superbe point de vue sur les remparts.

LES MUSÉES DE LA CITÉ

Bon, faisons nos comptes : un, deux, trois, quatre.... dix et bientôt onze musées ou salles d'expos temporaires coexistent dans la Cité ! Un record qu'il convient de détailler.

★ *Le Musée lapidaire :* dans le château comtal. Se visite avec le château (voir plus haut).

★ *Deux salles d'expos temporaires :* au château et à la porte Narbonnaise. Droit d'entrée compris avec la visite du château. Si vous arrivez à la porte Narbonnaise et que vous remarquez cette exposition temporaire, ne vous précipitez pas : vous pourrez y aller gratuitement si vous visitez le château comtal ensuite.

★ *Mémoires du Moyen Âge :* chemin des Anglais (à l'extérieur du château, face à la porte Narbonnaise). ☎ 04-68-71-08-65. Ouvert tous les jours de 10 h à 19 h. Fermé entre Noël et le Jour de l'An. Entrée : 20 F ; 30 F en billet couplé avec le musée du Sénéchal. Vidéo et maquettes (très bien faites) présentent le Moyen Âge et la cité médiévale. Dans la vidéo de 15 mn, saisissant et plaisant raccourci de 1 000 ans d'histoire, d'architecture civile et militaire, et de mode vestimentaire. Le spectacle se poursuit avec un son et lumière dans la salle des maquettes, trois reproductions de la cité, des Gallo-Romains au siège de 1292 – cette dernière scène étant assez captivante. Les enfants apprécient et les parents (qui sont souvent de grands enfants, les papas surtout) aussi.

★ *Le musée du Sénéchal :* 6, rue Viollet-le-Duc (face au château comtal). ☎ 04-68-47-35-06. Mêmes horaires que le musée Mémoires du Moyen Âge. 20 F l'entrée (30 F couplé avec Mémoires du Moyen Âge). Assez modeste exposition de mannequins costumés : poulaines, hénin, tuniques... Commentaires très succincts.

★ *Le musée de l'École :* 3, rue du Plô. ☎ 04-68-25-95-14. Ouvert d'avril à mi-novembre. Entrée : 15 F. Installé dans une ancienne école désaffectée, on y retrouve le monde de l'école communale au début du XXe siècle. Encrier, pupitres, tableau noir et morale du jour.

★ *Le musée du Chapeau :* 3, rue Cros-Mayrevieille. ☎ 04-68-71-61-26. Un peu cher pour ce qu'on y voit : 24 F. Cinq ou six vitrines renfermant chaperons, bonnets, bibis et chapeaux-claque. Chapeau de François Mitterrand, et reproduction du bicorne impérial.

★ *L'écomusée de la Vade :* tour de la Vade. ☎ 04-68-47-68-71. Ouvert en saison, de 11 h à 18 h. Entrée : 18 F. Des ornithologues passionnés ont monté ici un petit musée présentant l'objet de leur passion : le monde des oiseaux. Succinct mais intéressant.

★ *Le musée de la Torture et de l'Inquisition, le musée des Châteaux cathares, et le musée du Dessin animé :* oui, trois musées pour 45 F. ☎ 04-68-71-44-03. Ouverts à partir de 10 h. Vous trouverez, rue Cros-Mayrevieille, sitôt passé la porte Narbonnaise, un guichet proposant le billet d'entrée à ces trois musées se trouvant dans la rue voisine du Grand-Puits. Dans le premier, grossiers mannequins torturés et instruments de torture – chaise ou table pour interrogatoire, cage, casse-crâne. Affreusement racoleur. Dans le second, maquettes assez quelconques des châteaux cathares. Dans le troisième, le dessin animé au travers de croquis (dont un « de la main même de Walt Disney») et planches, lithos et *storyboards,* affichés au long de trois ou quatre pièces-couloirs. Quelques vidéos également, où défilent, pardi, des *cartoons.* Si vous vous demandez ce que ce musée vient faire ici, n'oubliez pas que Walt s'est inspiré de la Cité pour le château de *La Belle au Bois dormant,* non mais !

★ Et bientôt, un *musée du Haricot :* il est en effet question qu'un nouveau musée voit le jour, dédié au fayot.

LA BASTIDE SAINT-LOUIS (VILLE BASSE)

La « ville nouvelle » date quand même du... XIIIe siècle, créée par Saint Louis sur le modèle des bastides, comme Aigues-Mortes. Beaucoup moins visitée que la Cité, elle possède pourtant un certain cachet, avec ses nombreux bâtiments anciens et son plan en damier.

★ *Le pont Vieux :* construit au XIVe siècle pour remplacer un pont encore plus ancien, il fut l'unique moyen de traverser l'Aude, ici, jusqu'au XIXe siècle. Reliant la ville basse à la Cité, il constitua pendant longtemps un outil de scission plus qu'un moyen de communication. Aujourd'hui, malgré la construction du pont Neuf (très neuf !), il reste encore en service. Superbe le soir grâce aux éclairages à l'ancienne. Long de 210 m avec huit arches en plein cintre.

★ *La place Carnot :* incontestablement l'endroit le plus vivant de la ville, grâce à ses vieux platanes, sa fontaine en marbre de Caune et surtout son marché aux herbes (les mardi, jeudi et samedi, de 7 h à 13 h). Les fermiers des environs y descendent. On y trouve entre autres des produits régionaux et de magnifiques fleurs, et on peut y croiser Philippe Noiret lorsqu'il vient se reposer dans sa propriété voisine.

★ *La cathédrale Saint-Michel :* construite au XIIIe siècle, elle supplanta celle de la Cité au XIXe. De style gothique languedocien, elle fut restaurée par Viollet-le-Duc (encore lui !) en 1840. À voir : vitrail de la nef, du XIVe, statue polychrome de la même époque, 3 sculptures en marbre du XVIIe siècle.

★ *L'église Saint-Vincent :* on la repère grâce à son haut clocher carré (54 m), qui servit au XVIIIe à mesurer le méridien terrestre ! Dans le carillon, une cinquantaine de cloches. Nef aux belles dimensions de style roman byzantin.

★ *La chapelle des Carmes :* dans la rue piétonne Georges-Clemenceau. L'ordre des Carmes fut fondé au XIIe siècle à la suite des croisades. Son nom vient du mont Carmel en Israël. Ses disciples s'établirent ici au XIIIe siècle avec l'autorisation de Saint Louis. L'église, vendue en 1791 comme bien national par les révolutionnaires, devint une écurie. En 1850, l'ordre racheta la totalité du couvent et s'installa à nouveau à Carcassonne. Expulsé trente ans plus tard, l'ordre fut définitivement dissous en 1901 et le couvent devint une maison des jeunes, un cinéma avant que l'évêché ne s'installât ici en 1981. Une impression de sérénité et de bien-être habite l'endroit. Superbe plancher en bois dans toute la nef d'où s'exhalent de douces odeurs de cire. Une ambiance plus qu'une œuvre d'art.

★ *Le musée des Beaux-Arts :* 1, rue de Verdun (et par l'office de tourisme). ☎ 04-68-77-73-70. Ouvert de 10 h à 12 h et de 14 h à 18 h. Fermé les dimanche et lundi hors saison, les lundi et mardi en saison. Gratuit. Dans l'ancien présidial de la sénéchaussée de Carcassonne, bâtiment classique. Assez belle collection de peintures et céramiques du XVIe siècle à nos jours, des écoles françaises et flamandes principalement : Van Goyen, Chardin ou Hyacinthe Rigaud, le régional de l'étape (Perpignan). Joli *portrait de madame Astre* par Achille Laugé (1892) et de bons Jalabert, artiste carcassonnais majeur (1815-1900). Arrêtons-nous aussi sur *Les Chérifas,* longue composition orientalisante de Benjamin Constant, ou sur ce *Printemps* d'un certain Courtat (1878), qu'on aimerait rencontrer au coin d'un bois (le *Printemps*, pas Courtat). Expos temporaires également, toujours gratuites.

★ *La chambre de Joë Bousquet (Maison des Mémoires)* : 53, rue de Verdun. ☎ 04-68-71-29-69. Ouvert du mardi au samedi de 14 h à 18 h. Entrée libre. C'est en 1925 que le poète Joë Bousquet s'installe ici. Il y restera jusqu'à sa mort en 1950, reclus dans une chambre aux volets clos conservée en l'état, et qu'on peut voir depuis le seuil : sanctuaire un peu sinistre, avec, posée sur le guéridon, une pipe à opium. Joë s'y était mis pour calmer ses douleurs. L'homme, grièvement blessé pendant la Grande Guerre, est paralysé des membres inférieurs ; il se consacre alors au monde de l'esprit, développant une œuvre saluée par les plus grands : Gide, Valéry, Aragon, Jean Paulhan, Max Ernst et d'autres, qui lui rendent visite. Son *Journal Intemporel* ou sa *Correspondance* sont des exemples d'énergie poétique. La Maison des Mémoires rend hommage à l'artiste, dans le cadre élégant de cette ancienne maison de ville du XVIIIᵉ siècle – superbe plafond à caissons. Manuscrits, photos, citations (« Je cherche une clarté qui change tous les mots »), rares tirages... Expos temporaires diverses aussi, et, à l'étage, *Espace Cathare* ouvert à tous, où consulter toutes sortes d'ouvrages sur le sujet.

★ *L'hôtel de Murat* : bd Pelletan (près de l'office du tourisme). L'un des plus beaux de la ville, construit par une riche famille au XVIIIᵉ. Ne pas hésiter à entrer (on y trouve la chambre de commerce) pour admirer l'escalier mais aussi le superbe mobilier et les tapisseries d'Aubusson du grand salon.

★ Pour ceux qui ont du temps, Carcassonne possède d'autres beaux *hôtels particuliers* des XVIᵉ et XVIIIᵉ siècles. Liste et plan détaillé à l'office du tourisme.

À PROXIMITÉ

★ *Les aigles de la Cité* : colline de Pech Mary, à 800 m de la Cité (du centre, suivre la direction Narbonne puis les indications). ☎ 04-68-47-88-99. Fax : 04-68-47-87-05. Ouvert entre Pâques et la Toussaint. Ouverture à 14 h 30, spectacle permanent ; démonstration à 15 h (et 16 h 30 le dimanche) ; à 15 h, 17 h et 18 h 30 tous les jours en juillet et août. Entrée payante. D'impressionnants rapaces évoluent en liberté. Ils ont été dressés d'après les méthodes traditionnelles de fauconnerie. Un beau spectacle.

Manifestations

– *Festival de la Cité* : tous les ans en juillet. Danse, musique, théâtre, variétés. Programme : ☎ 04-68-25-33-13.
– *14 juillet* : bal populaire place Carnot et, surtout, embrasement de la Cité ! Un monde fou vient y assister... De l'avis de tous, le plus beau spectacle donné dans le département : remparts, donjons, château rougeoient dans la nuit d'été à des kilomètres à la ronde avant de s'enflammer dans le délire multicolore des feux de Bengale !
– *Spectacle médiéval* : la 1ʳᵉ quinzaine d'août. Spectacle théâtral autour d'un thème différent chaque année (exemple : les cathares, le Graal...). Renseignements à l'office du tourisme ou au Comité départemental du tourisme.

L'AUDE

ENTRE CABARDÈS, MONTAGNE NOIRE ET MINERVOIS

D'ouest en est au nord de Carcassonne se trouvent trois « pays » : le Cabardès, la Montagne Noire, qui déborde sur le Tarn, et le Minervois, largement étendu sur l'Hérault. Un secteur très riche en sites naturels (cascade de

Cupserviès, grottes de Limousis, gouffre de Cabrespine, pic de Nore) et villages typés (Montolieu, la cité du livre, Caunes-Minervois et son abbaye, Rieux-Minervois et sa si singulière église). Bref, le touriste avisé ne perdra pas son temps en y consacrant un jour ou deux : plusieurs possibilités de virées d'une journée (en voiture), en boucle au départ de Carcassonne (carte Michelin 83).

MONTOLIEU (11170)

Le village est bâti tel un amphithéâtre, accroché au flanc rocailleux de deux ravins. Il surplombe les gorges impressionnantes de l'Alzeau et de la Dure. À l'origine de la ville, la fondation d'une abbaye bénédictine de Saint-Jean-de-Mallast en 800. Pillé et détruit à de nombreuses reprises, le village fut reconstruit par Roger de Trencavel, vicomte de Carcassonne. Il l'entoura de fortifications. Une habitude! Au XIIIe siècle, la ville s'appelait *Mount a Ouliou* (le mont des Oliviers). Poétique, non? Montolieu a connu de nombreux sièges dans son histoire. Au XVIIe siècle, Colbert y établit une manufacture royale de draps qui fit la prospérité du village jusqu'au début du XXe siècle. Depuis 1990, Montolieu est devenu une cité du livre (on en compte officiellement trois en France, et Montolieu a été la première). Libraires, bouquinistes, éditeurs, artisans d'art graphique sont venus ici sous l'impulsion de Michel Braibant, relieur à Carcassonne. Il faut visiter le *musée des Métiers et Arts graphiques* (☎ 04-68-24-80-04 ; ouvert tous les jours sauf le lundi), la *galerie des bouquinistes* (☎ 04-68-24-85-30 ; ouverte de 10 h à 19 h), la librairie *La Chouette* (☎ 04-68-24-80-63) et le *moulin à papier* du XVIIIe siècle (à Brousses-et-Villaret, à 8 km au nord). Pendant les vacances scolaires, on peut aussi suivre des stages pour adultes et enfants de reliure et d'édition artisanale, pas si chers et très intéressants (renseignements : association *Parole d'hommes,* ☎ 04-68-24-80-18).

Où dormir ? Où manger aux environs ?

≜ |●| Ferme-auberge Annie et Jean Pautou : domaine de Peyremale. ☎ 04-68-24-85-35. À 3 km par la route de Revel. Ouverte en juillet et en août tous les soirs sauf le mercredi, et hors saison les week-ends. Fermée en janvier et février. Réservation conseillée. Vieille ferme du XVIIIe siècle, pouvant accueillir une trentaine de couverts. Menus à 88, 125, 155 et 175 F. Bons produits de la ferme (volaille, agneaux à la broche) et cuisine traditionnelle (cassoulet, daube, salmis, magret et foie gras). Salle à manger décorée de meubles anciens. 5 chambres, simples mais coquettes. 250 F pour deux, petit déjeuner compris. Bon accueil et une réduction de 10 % pour les routards qui y passent plus de 3 nuits hors saison.

≜ Chambres d'hôte de l'abbaye de Villelongue : dans l'abbaye, 11170 Saint-Martin-le-Vieil ; à 4 km à l'ouest de Montolieu par la D64. ☎ 04-68-76-92-58. Des chambres au confort un peu monacal, avec sanitaires tout de même, à 280 ou 330 F pour deux, petit déjeuner compris. Inconvénient, ne fait pas table d'hôte et nous n'avons pas trouvé de restauration notable à proximité. Cadre superbe de l'abbaye.

|●| L'Auberge des 3 Lacs : domaine de Fargues, 11310 Saint-Denis. ☎ 04-68-26-40-49. À 10 km au nord-est de Montolieu : prendre direction Saint-Denis par la D8, passer Saint-Denis, l'auberge se trouve à 2 ou 3 km du village, en direction de Fontiers-Cabardès. Chouette cadre champêtre et possibilité de pêche à la truite sur place. Mais l'endroit vaut d'abord pour ses formidables gueuletons : magret de canard, lapin à la moutarde ou poulet fermier au feu de bois, c'est toujours copieux, goûteux et authentique. Autre spécialité : les écrevisses flambées au pastis, y'a bon ! Menu complet à 110 F.

Manifestation

– *Marché aux livres :* le 3ᵉ dimanche du mois.

Aux environs

★ *L'abbaye de Villelongue :* à Saint-Martin-de-Vieil ; à 4 km à l'ouest de Montolieu. ☎ 04-68-76-92-58. Ouverte de mai à octobre. Entrée : 20 F. On ne la voit pas de la petite route départementale qui pourtant passe juste à côté, car cette abbaye, ceinte d'un mur et bâtie en contrebas, a tout fait pour s'extraire du monde. C'est bien souvent le cas des abbayes cisterciennes. Celle-ci, bâtie du XIIᵉ au XIVᵉ siècle pour l'essentiel, et aujourd'hui habitée, est tout à fait surprenante par son importance et son bon état de conservation – pour certaines parties en tout cas. Belle galerie de cloître, église en partie ruinée mais toujours impressionnante par ses dimensions. Nombreux détails d'ornementation : culots et chapiteaux sculptés, clef de voûtes du chœur...

★ *Saissac (11310) :* village bien pittoresque de la Montagne Noire. Saissac a conservé d'importants vestiges de ses fortifications féodales : plusieurs tours (dont une abrite un musée, voir ci-dessous), une porte à mâchicoulis, et, en contrebas du village, les impressionnantes ruines du château fort (donjon, tours).
– *Le musée des Vieux Métiers de Saissac :* dans la Tour Grosse. ☎ 04-68-24-42-92. Du 15 juin au 15 septembre, ouvert tous les jours de 10 h 30 à 12 h et de 15 h à 18 h ; le reste de l'année, les dimanches et jours fériés uniquement. Entrée : 15 F. Répartis sur les trois étages de la Tour Grosse, construction moyenâgeuse, différents outils d'ateliers anciens, une vidéo sur « les gestes d'artisans », quelques éléments d'archéologie aussi, dont le *trésor de Saissac* (pièces de monnaie anciennes). Au sommet, table d'orientation.

L'AUDE

CONQUES-SUR-ORBIEL (11600)

Le village est surtout connu pour ses fraises et leur parfum des plus subtils. Quelques beaux vestiges du château féodal du XIᵉ siècle, donjons, fossés et enceinte. Église d'origine romane mais gothique dans sa construction actuelle. Un passage aménagé sous le clocher débouche dans des ruelles pittoresques.

Adresse utile

🚩 *Syndicat d'initiative du Haut-Cabardès :* commune de Mas-Cabardès. En saison uniquement. ☎ 04-68-22-32-12.

Où manger aux environs ?

|●| *La Chèvrevrie de la Cascade :* hameau de Saint-Julien, 11380 Roquefère (sur la droite de la route de la cascade de Cupserviès, partant de Roquefère). ☎ 04-68-26-36-36. Fermée 15 jours en octobre. Petite auberge sympathique, perdue dans les monts du Carcassès, à une lieue à peine de la pittoresque cascade de Cupserviès. Restauration rapide si l'on veut, genre assiette du chevrier (salade, charcuterie, fromage, miel) à 55 F, verre de rouge à 5 F, ou, sur réservation, de copieux menus à 110 et 135 F. Dans le premier, chèvre de l'entrée (salade de chèvre chaud) au fromage (de chèvre, au miel de châtaigne) en passant par la côtelette de chevreau grillé et ses tomates fromagères. Puis une glace au lait... de brebis, ouf! on l'a échappé belle. Délicieuse, la glace (on peut aussi en prendre au détail, 15 F les deux boules, à la châtaigne ou au miel, extra). Possibilité de visiter l'enclos à chèvres (petite vidéo explicative, intéressant et gratuit) et, dans la boutique attenante, vente de peau de chèvre, de saucisson de chèvre, de chèvre (le fromage), de lainages de chèvre angora, bêêêê, bêêêê! Bref, de quoi devenir chèvre. Accueil bien cool des patrons-chevriers.

À voir aux environs

Longeant l'Orbiel vers l'amont, la D101 mène à Lastours, Limousis et plus haut au charmant village de Mas-Cabardès. Mais avant, à 5 ou 6 km de Conques, on rencontre le site industriel de **Salsigne** : cette mine d'or (et cuivre et argent), la plus importante de France avec près d'une tonne d'or par an, est surtout connue pour ses effets polluants sur les nappes phréatiques et l'Orbiel. Un mal écologique majeur en Languedoc-Roussillon, que les autorités tardent à prendre en mains.

★ *Les châteaux de Lastours :* ☎ 04-68-77-56-02. En avril, mai, juin et septembre, ouverts de 10 h à 18 h; en juillet et août, de 9 h à 20 h; le reste de l'année, le week-end et pendant les vacances scolaires, de 10 h à 17 h. Accès au site : 20 F. Pour la visite, compter 2 h. On passe d'un château à l'autre (Cabaret, Tour Régine, Surdespine et Quertinheux) en longeant la ligne de crête. Les ruines se détachent magiquement sur le fond sombre de la Montagne Noire. Bien qu'elle fût l'une des forteresses les plus audacieuses du catharisme, presque imprenable, les croisés en sont venus à bout en 1227.

★ *La grotte de Limousis :* d'avril à septembre, ouverte de 10 h à 12 h et de 14 h à 18 h (non-stop en juillet et août); en mars et octobre, de 14 h à 17 h. Entrée : 36 F. ☎ 04-68-77-50-26. Compter une heure de visite. Les grottes, c'est toujours pareil, quand on en a vu une on en a vu mille. Pourtant la grotte de Limousis nous a bien plu, car c'est un long boyau assez féerique dans lequel on chemine sans se fatiguer, longeant des pièces d'eau et passant par des salles merveilleuses. Dans l'une, appelée *salle de bal,* les villageois organisaient la fête locale, et dansaient. Dans la dernière, impressionnant *lustre d'aragonite.* Visite bien menée par une équipe enthousiaste, qui vous fera voir le cœur de la grotte, son cœur qui palpite...

★ *La cascade de Cupserviès :* allez-y, vous ne le regretterez pas. Cupserviès est un tout petit village accroché à la pente, avec une belle chapelle romane (chapelle Saint-Sernin, Xe siècle); de là, superbe vue sur la cascade, l'une des plus hautes d'Europe (75 m). Très chouette et peu couru.

Idée rando

– *Les détours de Lastours :* 5 km. 2 h aller et retour sans les arrêts. Départ de Limousis.
À 17 km au nord de Carcassonne, par la D201. Balisage jaune et bleu. Facile, mais attention, pentes raides (en somme, facile mais dur). Réf. : *45 circuits PR à pied et à V.T.T. en Montagne Noire,* éd. Chamina. Carte IGN 1/25 000 n° 2345 E. Visite libre des ruines de Lastours, sauf en saison.
À l'entrée ouest du village de Limousis, le chemin longe des murs en pierre sèche. Les parcelles du Vigné témoignent des anciens vignobles, maintenant envahis par le genêt et la lavande. Vers la crête du roc des Cors, un éboulis rougeâtre indique l'ancienne mine de fer où l'on découvrit les premières traces aurifères du pays en 1892. Les fleurs roses du ciste vous accompagnent jusqu'à un magnifique panorama sur la vallée de l'Orbiel, les quatre châteaux de Lastours et la carrière du puits Castan d'où l'on extrait le minerai d'or. Le chemin redescend avec une forte pente vers le ruisseau de Valbonne pour remonter le vallon. Chênes verts et buis ombragent l'itinéraire où la vue se dégage bientôt sur le Minervois et les Pyrénées. Un large sentier avec passage de quelques murets de pierre permet de revenir à Limousis.

LES GORGES DE LA CLAMOUX

Grosso modo parallèle à l'Orbiel à environ une dizaine de kilomètres à l'est, la Clamoux descend elle aussi de la Montagne Noire. La D12 en longe les gorges (pas aussi spectaculaires que d'autres célèbres, mais jolies tout de même) et mène à Cabrespine. Plus haut, le pic de Nore, sommet de la Montagne Noire (1 211 m).

Où dormir ? Où manger ?

â |●| *L'auberge des 3 Petits Cochons :* à Castans, 11160, lieu-dit La Lauze. ☎ 04-68-26-14-18. Sur réservation. Au cœur du hameau. D'un côté l'auberge, dont la façade est ornée de 3 sympathiques petits cochons. Salle aux tables nappées de rose et cheminée, ou terrasse ombragée avec vue sur la vallée. Menu campagnard à 75 F (vin compris) ou gastronomique à 105 F. Louent également 2 chambres audessus de l'auberge, et deux autres avec accès indépendant, dans la maison juste à côté. Sanitaires privés. 235 F pour deux, petit déjeuner compris. Accueil jeune, dynamique et sympa.

À voir

★ *Le gouffre géant de Cabrespine :* indiqué le long de la D12. ☎ 04-68-26-14-22. En juin, juillet et août, ouvert de 10 h à 19 h ; en avril, mai, septembre et octobre, de 10 h à 12 h et de 14 h à 18 h ; en mars et novembre, l'après-midi. Fermé de décembre à février. Vraiment géant, ce gouffre : avec 250 mètres de profondeur et des dimensions extra-larges, la tour Eiffel y tiendrait presque ! L'inconvénient est que l'éclairage du précipice produit un effet écrasant, donnant l'impression d'une moindre profondeur ; et si l'on n'éclaire pas, on n'y voit rien du tout. Spectacle impressionnant tout de

L'AUDE

même. Par ailleurs, possibilité de randonnée spéléo de 5 h (sur réservation : ☎ 04-67-66-11-11).

★ *Le pic de Nore :* il vaut la peine de pousser jusqu'au pic de Nore, sommet de la montagne Noire (1 210 m). Mont pelé où se dresse la tour d'un relais hertzien, on y jouit d'un panorama formidable (table d'orientation) sur les Corbières jusqu'au Canigou. Extra ! C'est aussi un haut lieu du cyclisme, point fort du tour de l'Aude féminin et d'un critérium international : en témoigne une plaque où sont gravés les noms de Laurent Jalabert, Mauro Gianetti, Rebecca Bailey ou Linda Jacks.

CAUNES-MINERVOIS (11160)

Les vignes, toujours les vignes, parsemées çà et là d'oliviers. Voilà pour l'ambiance alentour. Caunes se situe aux portes de la Montagne Noire, sur le cours de *l'Argent-Double* (dont on dit que quand elle déborde, la récolte est deux fois plus importante l'année suivante). En amont, le charmant village de Citou, capitale de l'oignon doux (et plat).

Caunes était un village fortifié dont les origines remontent au VIIIᵉ siècle lorsqu'un religieux proche de saint Benoît d'Aniane y fonda une abbaye. Il possède encore les quelques vestiges laissés après le passage ravageur du duc de Joyeuse, chef de la ligue du Languedoc, dont la très belle *abbatiale Saint-Pierre-et-Saint-Paul,* ainsi qu'un remarquable centre ancien.

Caunes est aussi connu pour ses *carrières de marbre* situées au nord de la ville. On y extrait des marbres allant du rouge au vert, et ces carrières ont fourni 13 colonnes au Grand Trianon. En 1862, Garnier utilisa ces marbres pour décorer l'Opéra. On en trouve également au palais de Chaillot.

Où dormir ? Où manger ?

â ▮●▮ *Hôtel-restaurant d'Alibert :* place de la Mairie. ☎ 04-68-78-00-54. Fermé le 23 décembre au 1ᵉʳ mars, le dimanche soir et le lundi hors saison. Situé au cœur du village, des ruelles et placettes anciennes, cet hôtel particulier semble tout droit sorti de son XVIᵉ siècle. M. et Mme Guiraud veillent depuis de longues années sur cette perle avec amour et gentillesse. 7 chambres seulement, bien entretenues et agréables, simples et spacieuses, de 200 F avec lavabo à 350 F avec bains et w.-c. La salle du resto n'a rien à envier au reste de la maison. Assez chic, rustique dans le sens le plus noble du terme, la cheminée réchauffe l'atmosphère les jours de frimas. Cuisine du terroir réalisée avec beaucoup de sincérité et de savoir-faire. Fameuses « tripes à la mode de Jean » et, en saison, asperges « féroces ». Menu du jour à 75 F (sauf week-end) ; menu suivant à 120 F. Loin du stress et des ennuis quotidiens, on repart d'ici serein... et riche de bons conseils en vins, que le patron, grand amateur et connaisseur des crus locaux, prodigue avec plaisir. Apéritif offert à nos lecteurs.

À voir

★ *L'abbatiale Saint-Pierre-et-Saint-Paul :* d'avril à octobre, ouverte tous les jours de 10 h à 12 h et de 14 h à 19 h ; hors saison, ouverte le week-end et pendant les congés scolaires. Fermée en janvier. ☎ 04-68-78-09-44. Entrée : 20 F. Bel ensemble des XIᵉ et XIIIᵉ siècles. L'église en est la partie la plus ancienne : portail roman, voûte sobre et superbe chevet à chapiteaux sculptés de volutes et de palmettes. Après une longue période prospère, l'abbaye décline au XV⁵ siècle. Elle retrouve quelque éclat au XVII⁵ siècle, où sont construits les bâtiments conventuels. À noter aussi, les beaux autels en marbre de Caunes ou de Carrare, fin XVIII⁵. On peut terminer la visite par une dégustation de vins locaux, dans la cave attenante.

★ *Notre-Dame-du-Cros :* à 2 km au nord-est, prendre la route de Trausse puis le chemin à gauche (indiqué). Assez perdue dans un site charmant, cette chapelle dédiée à la Vierge est le plus important lieu de pèlerinage du Minervois. À l'intérieur (mais elle est rarement ouverte), grand décor de chœur et marbres polychromes (XVII⁵ et XVIII⁵ siècles).

★ *Les carrières de marbre :* il y a deux carrières de marbre à Caunes, les carrières du Roy et celles de Notre-Dame-du-Cros. Ces dernières sont les plus belles. On les trouve à partir de la chapelle (voir ci-dessus), en s'engageant entre la chapelle et le corps de ferme, puis en traversant le ruisseau : de là, suivre le chemin sur un bon kilomètre pour arriver à la carrière. Site insolite et beau, encadré de trois parois de marbre rose.

Manifestation

– *La fête du Marbre :* le 1ᵉʳ ou le 2ᵉ week-end de juin. Visite des carrières, ateliers animés par des tailleurs de pierre compagnons du tour de France, ateliers pour enfants ou adultes, sculpture d'art et expos thématiques : deux jours durant, on apprend tout du marbre et de la taille du marbre.

RIEUX-MINERVOIS (11160)

Le site du village est à l'origine de son nom. Rieux vient de *rivus,* rivière en latin. Il aurait été édifié au XI⁵ siècle pour protéger les paysans à l'intérieur des fortifications. Le château, au nord-ouest du bourg, remonte au XVI⁵ siècle. Il cumule plusieurs remaniements visibles dans ses murs, dont certains sont particulièrement outranciers.
Rieux est célèbre pour son *église,* un curieux joyau de l'art roman renommé pour sa forme. L'édifice date du XII⁵ siècle et est pourvu d'un plan insolite, unique dans tout le Languedoc. L'église renferme un sanctuaire couvert d'un dôme à sept pans. Le chiffre 7, directeur du plan, ne se trouve dans aucune autre construction ronde d'église. On a voulu y voir le rappel de la phrase du *Livre des Prophètes :* « La Sagesse a bâti sa maison, elle a taillé ses sept colonnes. » Roman par la construction, son ornementation est byzantine. Sur les murs du déambulatoire, 14 chapiteaux magnifiques d'influence corinthienne représentent l'Annonciation, la Vierge en gloire soutenue par des anges, etc. Mise au tombeau polychrome de l'école bourguignonne qui daterait du XV⁵ siècle.
Dans les rues du village, quelques belles maisons anciennes et un pont à trois arches franchissent l'Argent-Double.

L'AUDE

Adresse utile

🄑 *Syndicat d'initiative :* place de l'Église-Romane. ☎ 04-68-78-13-98.

Où dormir ? Où manger ?

🏠 |●| *Le Logis de Mérinville :* av. Georges-Clemenceau. ☎ et fax : 04-68-78-12-49. Fermé le mardi soir, le mercredi (sauf en juillet et août), du 20 février au 20 mars et du 1er novembre au 15 décembre. La maison, construite au XIXe siècle, révèle, dès la porte franchie, une atmosphère de roman noir, un peu Agatha Christie à la française. Pas étonnant que Pierre Morin, le maître des lieux, fondu de Frédéric Dard, ait consacré toute une pièce de sa maison à San Antonio. Un vrai musée qu'il se fera un plaisir de vous ouvrir. Pour dormir, chambres patinées par le temps, meublées années 30. Doubles de 200 F (lavabo) à 280 F (bains et w.-c.). Resto classique qui ne dépare pas l'ensemble. Menus à 70 F (le midi en semaine), 115, 139 F et plus. Béru adorerait ! Les chiens ne sont admis ni à l'hôtel, ni au restaurant, à bon entendeur salut ! Sur présentation du guide, apéritif offert et remise de 10 % sur le prix de la chambre.

🏠 |●| *Chambres d'hôte La Belle Minervoise :* chez Claudine et Claude Jarry, 6, rue du Château, 11800 Saint-Frichoux (à 5 km au sud-ouest de Rieux par la D206). ☎ 04-68-78-23-65. Maison de village du XIXe siècle avec petit jardin fleuri. À l'étage, 3 chambres baptisée du nom d'un cépage (une préférence pour Syrrha qui ouvre sur les vignes). Sanitaires privés. 250 F pour deux, petit déjeuner compris (confiture et gâteau maison). Fait aussi table d'hôte : menu à 90 F, apéro et vin compris. Légumes du jardin, lapin aux senteurs de garrigue, poulet aux girolles, crème catalane... Accueil chaleureux.

LE LAURAGAIS

À l'ouest de la Montagne Noire, le Lauragais s'étale de la plaine jusqu'au col de Naurouze. Sa vocation agricole remonte à l'Antiquité. Ici, les sols sont fertiles. Au XVIe siècle, la culture du pastel assura la fortune de la région. Aujourd'hui, la plaine opulente autour de Castelnaudary regorge de blé, d'orge, de maïs, d'avoine et de seigle. La culture maraîchère approvisionne les marchés en asperges, tomates et melons. Cette région audoise fut également le berceau historique du catharisme. Saint-Félix-de-Caraman accueillit le premier grand concile cathare en 1167, au cours duquel les bases de l'Église réfractaire furent définies. Saint Dominique choisit alors de se fixer à Fanjeaux pour ramener les brebis égarées dans le droit chemin. La suite de l'histoire prouvera qu'il n'y a pas vraiment réussi. Les voies du Seigneur sont parfois totalement impénétrables.

CASTELNAUDARY (11400)

Capitale du Lauragais, Castelnaudary dominait autrefois une vallée plantée de moulins à vent, que Don Quichotte aurait sûrement appréciée. Mais aujourd'hui ce bourg de 12 000 habitants semble se contenter de sa réputation « rugby-cassoulet », et en oublie un peu la vie culturelle et touristique. Cependant, vieille ville aux allures méridionales se reflétant dans le bassin du canal du Midi et sa population avenante nous ont séduits. Son farniente typique du Sud plaira aux routards qui profiteront de cette ambiance nonchalante avant de partir à l'assaut des citadelles cathares. Si vous ne faites qu'y passer, essayez que ce soit un lundi : grand et beau marché.

Enfin notons que la ville est une étape importante sur le canal du Midi, avec le plus grand plan d'eau du canal (4 ha, demi-tour possible) et quatre écluses.

Adresses utiles

🏠 **Office du tourisme :** place de la République. ☎ 04-68-23-05-73. Fax : 04-68-23-61-40. Ouvert toute l'année de 9 h à 12 h 30 et de 14 h à 18 h 30. Fermé le dimanche hors saison.

🚂 **Gare S.N.C.F. :** au sud du centre-ville. ☎ 08-36-35-35-35 (ligne surtaxée) ou 04-68-94-41-55.

■ **Location de bateaux :** *Crown Blue Line,* sur le grand bassin. ☎ 04-68-94-52-72. Fax : 04-68-94-52-73.

La capitale du cassoulet

« Mondiale », même, ajoutent les Chauriens (habitants de Castelnaudary) ! Les gastronomes s'accordent à dire que Castelnaudary est le père du cassoulet (qui y est né au XVe siècle), Carcassonne en étant le fils et Toulouse le Saint-Esprit ! Ici, la tradition est stricte. La *cassole* (grand bol qui a donné son nom au plat) doit être en argile d'excellente qualité. De plus, il faut que les produits proviennent de la région, que la cuisson, douce et de longue durée, soit faite au four de boulanger, avec des ajoncs de la Montagne Noire, tandis que les haricots se cuisent dans l'eau de la ville... non mais ! Question haricot, on préférera le lingot. Il devra rester ferme. Côté viande, la composition diffère des rivaux voisins : confit de canard ou d'oie, saucisses de Toulouse (jamais de Strasbourg !), couennes, jarret et côtes de porc (surtout pas de viande fumée).
Les puristes affirment qu'il n'y a plus de grande adresse où déguster le cassoulet de Castelnaudary. Les habitants rétorquent qu'il est bon dans tous les restaurants de la ville. Allez savoir qui a raison...
— On peut en rapporter chez soi, en boîte : c'est autre chose que du Garbit ou du William Saurin... Deux bonnes adresses :

– **Maison Rivière :** 37, place de Verdun et av. Frédéric-Passy ; dans la zone industrielle d'En-Tourre (route de Mirepoix). ☎ 04-68-94-01-74. Fax : 04-68-94-05-22. Environ 50 F la grosse boîte pour 3 personnes (au confit). Vend aussi du foie gras.

– **Maison Escourrou :** 9, rue Jean-Baptiste-Perrin (magasin au 30, rue de Dunkerque). ☎ 04-68-23-16-88. Même ordre de prix, même genre de produits. Bonne réputation aussi.

Où dormir ? Où manger ?

I●I **Time to Eat :** 17, rue des Carmes. ☎ 04-68-23-56-96. Ouvert à partir de 11 h 30 le midi et 18 h 30 le soir. Fermé le mardi et le dimanche, et 15 jours en août-septembre. Lui, il est dingue des *States* et des *fifties*. Donc, il a ouvert un bar fast-food qui rappelle de loin celui de la série mythique *Happy Days*. Il ne manque que Fonzie et sa moto pour

qu'on s'y croit vraiment. Hamburgers, T Bone steak, chili con carne, pizzas, salades et glaces. On mange pour 50 F. Ambiance assez ado. Les jeunes du coin qui sont las du cassoulet se retrouvent ici. Café offert à nos lecteurs.

I●I **Le Gondolier :** place de la République. ☎ 04-68-23-03-41. Fermé les lundi soir et mardi (le mardi uniquement en saison) et 3 semaines en novembre. Un restaurant-pizzeria plutôt bien situé, avec une terrasse agréable sur la place de la République. On y trouve à bon prix de quoi se sustenter : pizzas bien sûr (au feu de bois), mais aussi d'honnêtes plats régionaux servis dans la bonne humeur. Parfait menu du jour à 55 F, quart de vin compris, et menu régional à 85 F, avec, évidemment, un cassoulet maison.

Prix moyens

≜ |●| *Hôtel du Centre et du Lauragais :* 31, cours de la République. ☎ 04-68-23-25-95. Fax : 04-68-94-01-66. Fermé de début janvier au 10 février. À l'intérieur d'une massive maison bourgeoise, des chambres propres, très bien tenues, confortables et donnant sur la place principale de la ville. Doubles de 180 F avec lavabo et w.-c. à 220 F avec bains, w.-c. et TV. Cuisine traditionnelle servie dans un cadre assez cossu. Cassoulet (évidemment !), foie gras, tripes du chef, magret de canard aux morilles, pigeonneau du Lauragais aux cèpes. Menus à 90 F (95 F le dimanche), 120 F et plus. Accueil un peu distant et service irréprochable. Apéritif offert à nos lecteurs.

≜ *Hôtel du Canal :* 2 ter, av. Arnaut-Vidal. ☎ 04-68-94-05-05. Fax : 04-68-94-05-06. En face de la gendarmerie. Hôtel de construction récente, au bord du canal du Midi (accès à la promenade). Les chambres, modernes, spacieuses et bien tenues, sont à 250 ou 270 F avec bains, w.-c. et TV. Parking gratuit. Accueil souriant. Une bonne adresse à Castelnaudary, sans mauvaise surprise.

Où dormir ? Où manger aux environs ?

≜ |●| *Camping, table et chambres d'hôte de la Capelle :* 11400 Saint-Papoul. À 4 km à l'est de Castelnaudary : prendre la route de Saissac (D103), puis c'est indiqué sur la gauche. ☎ 04-68-94-91-90. Camping ouvert d'avril à octobre. Petit camping tranquille et propre, pas cher (65 F pour deux). Chambres bien équipées à 250 ou 300 F pour deux, petit déjeuner compris. À table, cassoulet formidable, authentique, garanti fameux (sur réservation). Repas à 110 F tout compris (apéro, vin, café...). Accueil gentil de Maryse et Jacques Sabatte.

≜ |●| *Ferme-auberge Le Bout du Monde :* ferme de Rhodes. ☎ 04-68-94-95-96 ou 04-68-94-20-92. Fax : 04-68-94-96-02. Prendre la D103 vers Saissac et suivre les flèches. Sur leur vaste exploitation, les Trinquelle vous proposent diverses formules : une ferme-auberge typique avec des menus entre 120 et 250 F tout compris et des spécialités de poulet aux écrevisses, chapon, pintade au foie gras, truite. Il y a aussi un gîte de 13 lits à 55 F par personne la nuit et une aire de camping. Ambiance garantie lorsque c'est complet !

À voir

★ *Le Grand Bassin :* on ne peut pas le rater. Des écluses y retiennent l'eau du canal du Midi, qui traverse la ville au sud. Base de navigation en été, c'est aussi un lieu agréable de promenades (belle vue sur la ville).

★ *La collégiale Saint-Michel :* dans la partie haute de la ville ancienne. Étonnante tour-clocher de 56 m de haut, à cheval sur une petite rue (on passe sous son arcade brisée). Fermeture des portes à 19 h en été. L'imposante église, édifiée aux XIIIe et XIVe siècles, a été reconstruite après l'incendie de la ville. Nef unique de 40 m de long, orgues superbes du XVIIIᵉ (qu'on entend le dimanche), belle croix sculptée du XVIᵉ dans l'une des chapelles.

★ *Le présidial :* non loin de l'église. Ouvert à la visite l'été. Cet ancien castellum donna son nom à la ville. Le château fort, démantelé par Richelieu, servit ensuite de prison puis de présidial (tribunal civil et militaire). Pour visiter le plus vieux bâtiment de la ville (fondations deux fois millénaires), s'adresser à la mairie.

★ *La chapelle Notre-Dame-de-la-Pitié :* derrière l'hôpital. À voir pour ses magnifiques boiseries dorées du XVIIIᵉ siècle. La vie du Christ y est retracée. Belle pietà en pierre dans le chœur.

★ *L'hôpital Saint-Jacques :* rue de l'Hôpital. Ouvert en été. Escaliers du XVIᵉ siècle et belles grilles en fer forgé. À l'intérieur, on peut admirer (sur rendez-vous) l'*apothicairerie* : vieilles boiseries et collection d'une centaine de pots en faïence et porcelaine du XVIIIᵉ siècle.

★ *Le moulin de Cugarel :* entièrement restauré et parfaitement représentatif des 32 moulins que comptait Castelnaudary. Visite l'été de 10 h à 12 h et de 15 h à 19 h et l'hiver uniquement sur réservation pour les groupes. Le canal du Midi, creusé en 1681, permit à la ville de devenir une place commerciale importante. Seul grand port entre Toulouse et la mer, les environs devinrent le grenier de la région. Le toit conique tournait au gré du meunier et du vent afin que les ailes entraînent les meules pour fabriquer la farine.

Aux environs

★ *L'abbaye de Saint-Papoul :* à Saint-Papoul, à 10 km au nord-est de Castelnaudary. Ouverte d'avril à octobre de 10 h à 12 h et de 14 h à 18 h (non-stop en juillet et août, jusqu'à 19 h). Visite commentée ; entrée : 20 F. Saint-Papoul était le siège d'un évêché de 1317 à la Révolution, d'où l'importance de son abbaye. L'église (cathédrale donc) possède de remarquables chapiteaux extérieurs, attribués au Maître de Cabestany. Beau cloître à décor végétal du XIVᵉ siècle, où subsistent des monstres inspirés du bestiaire roman. Notez aussi, du chevet, la vue sur le toit de l'abside en grès sculpté : rarissime.

★ *Baraigne (11410) :* beau village typique du Lauragais, avec un château construit au XVᵉ siècle. Cour Renaissance des plus intéressantes. Église datant du début du XIIᵉ siècle. Nef et chœur possèdent quelques jolis chapiteaux romans, même si l'ensemble a été largement remanié au XIXᵉ siècle. Au fond, croix du Sépulcre du XIIᵉ siècle, décorée d'une ancre, d'un oiseau et d'une croix en triangle. Curieux !

L'AUDE

Où dormir ? Où manger dans le coin ?

⌂ |●| *Hostellerie Étienne :* RN113, 11320 Labastide-d'Anjou. De l'autre côté du canal du Midi. ☎ 04-68-60-10-08. Fax : 04-68-60-14-54. Fermé du 15 novembre au 15 décembre. Au milieu d'un parc peuplé d'oiseaux, le cadre est plutôt sympathique, mais les chambres ont vécu (180 ou 200 F la double). On vient plutôt ici pour la cuisine agréable servie dans une salle où trônent les innombrables diplômes décernés au chef pour son cassoulet, baptisé « impérial ». Pour 80 F, on vous le sert à volonté. Menus aussi nombreux que les diplômes, de 68 à 246 F. Carte des vins impressionnante. Terrasse en été.

⌂ |●| *Auberge-hôtel Le Cathare :* château de la Barthe, 11410 Belflou.

☎ 04-68-60-32-49. Fax : 04-68-60-37-90. Fermée le vendredi soir et le samedi midi du 1ᵉʳ octobre au 30 avril. Une petite auberge de campagne loin de tout, simple et agréable. 5 chambres à 175 F. Menus copieux de 60 à 140 F. À côté du barrage de l'Estrade, camping dans la forêt. Apéritif offert à nos lecteurs.

FANJEAUX (11270)

Adorable vieux village bâti sur une colline. Un site oublié des visiteurs, aux rues et aux maisons authentiques. Voir les halles, superbes, l'église gothique pour son chœur, ses tableaux, son Trésor... Mais Fanjeaux est surtout connu pour son panorama sur les environs, du haut du Seignadou, belvédère d'où saint Dominique aurait vu des boules de feu s'abattre sur le hameau voisin de Prouille ! Pour fêter ce « miracle », il y fonda sa première communauté en 1206. Rasé pendant la Révolution, le couvent est remplacé désormais par un monastère assez laid.

Où dormir aux environs ?

▲ *Camping du Lac :* domaine de Borde Basse, 11420 Cahuzac par Belpech (accès par la D102). ☎ 04-68-60-51-65. Entre Castelnaudary et Mirepoix, à l'ouest de Fanjeaux, un camping très agréable au milieu de 3 ha de belle nature. Fermé avec les mauvais jours. Confortable et accueil chaleureux. Lac avec plage. Bar-resto. Idéal pour une vraie détente ! 20 F par personne et 25 F pour l'emplacement.

À voir aux environs

★ *L'église Notre-Dame :* 11270 *Cazalrenoux ;* à 8 km à l'ouest de Fanjeaux par la D102, puis la D402. Encore une belle église romane des XIᵉ et XIIᵉ siècles. Nef unique voûtée en berceau. Tout autour de la nef court une corniche sculptée de damiers et de palmettes géométriques. Le motif se prolonge à l'extérieur sur les tailloirs.

LE RAZÈS

De Limoux à Rennes-le-Château, l'Aude traverse le Razès, microrégion aussi appelée pays de Rhedez, du nom de l'ancienne capitale wisigothique *Rhedæ,* devenue aujourd'hui Rennes-le-Château. Le Razès au Moyen Âge s'étendait de l'Espagne à Carcassonne et de Termenes à Foix. Aujourd'hui, la capitale de cette petite région n'est autre que Limoux, le pays de la blanquette. Le littoral se trouve à plus de 100 km et les paysages changent. Ici, le Languedoc perd insensiblement sa coloration méditerranéenne pour paraître plus aquitain.

LIMOUX (11300)

Quand on vous dit Limoux, vous répondez blanquette. Seuls les incultes s'attendent encore à y manger du veau! En revanche, nous vous avouerons avoir appris deux choses en visitant cette agréable petite ville : 1°) que la blanquette n'était pas une copie du champagne, lui étant de loin antérieure (elle fut inventée au XVIe siècle!) et 2°) qu'elle était loin de lui être inférieure en qualité, certaines marques valant largement mieux que certains champagnes... Peut-être est-ce la raison pour laquelle la ville est si animée, si active, même si l'industrie textile développée grâce à la rivière a disparu. Et puis, on vit ici pour le carnaval, une tradition qui remonterait au XIVe siècle. Les meuniers célébraient la remise de leurs redevances au monastère de Prouille. La tradition séculaire se perpétue aujourd'hui dans une profusion de confettis... Carnavalesque.

Adresses utiles

◘ *Office du tourisme :* promenade du Tivoli. ☎ 04-68-31-11-82. Fax : 04-68-31-87-14. De début juin à début septembre, ouvert de 9 h à 19 h; le reste de l'année, de 10 h à 13 h et de 14 h à 19 h. Propose un topo historique bien fait, intitulé « promenade en ville ».

■ *Location de vélos :* Ets Taillefer, 18, esplanade F.-Mitterrand. ☎ 04-68-31-02-01.

Où dormir? Où manger?

Prix moyens

🏠 |●| *Grand Hôtel Moderne et Pigeon :* 1, place du Général-Leclerc, B.P. 10. À côté de la poste. ☎ 04-68-31-00-25. Fax : 04-68-31-12-43. Fermé du 5 décembre au 15 janvier. Restaurant fermé le lundi et le samedi à midi. Cette superbe maison fut un couvent, puis l'hôtel particulier d'une grande famille, puis une banque, avant de se transformer en hôtel au début du siècle! On ne le regrette pas. Remarquez les fresques du bel escalier. Confortable et très bien tenu, cependant une adresse où l'on sait rester simple et ça, on aime beaucoup. Belles chambres de 330 F la double avec douche et w.-c. à 530 F avec bains, w.-c. et TV. Salle à manger au décor raffiné et à l'ambiance feutrée. Un premier menu à 155 F. Celui à 235 F est évidemment délicieux (magret de pigeon au foie gras de canard, cassoulet au confit, la table des fromages puis dessert). Une spécialité maison à goûter : le canard à la limouxine (au safran). On peut aussi se contenter d'une flûte de blanquette dans la cave, repaire des joueurs de billard... En tout cas, saluez André pour nous!

|●| *La Maison de la Blanquette :* 46 *bis,* promenade du Tivoli. ☎ 04-68-31-01-63. Fermé le mercredi soir hors saison. Un restaurant pas comme les autres : il n'y a pas un patron mais plusieurs. Ce sont les vignerons de Limoux! Et ce sont leurs femmes qui vous servent... Plusieurs menus au choix, de 75 à 175 F. Menu régional à 115 F. Tester la fricassée, sorte de cassoulet à base de saucisson de Caune, de terrine (cornichons, jambons...) et de viande de porc, accompagnée de haricots blancs. Une adresse où l'on mange bien et où l'on boit bien : apéritif et bouteille de vin (pour les menus) sont offerts! Hélas, le cadre n'est vraiment pas à la hauteur.

L'AUDE

Camping

🛏 *Camping municipal du Breil :* av. Corbières. ☎ 04-68-31-13-63. Ouvert de mi-mai à fin septembre.

50 emplacements. Très bien situé, au sud de la ville et au bord de l'Aude. Près de la piscine également. Un règlement un peu strict et pointilleux, mais des prix doux.

Où dormir ? Où manger aux environs ?

🛏 |●| *Le Fricassou :* 11240 Cailhau. Sur la D623 entre Limoux et Castelnaudary. ☎ 04-68-69-08-78. Fax : 04-68-69-07-65. Ouvert tous les jours. Relais touristique tenu par un Belge, sosie de l'acteur Peter Lorre, qui propose quelques chambres correctes à 200 F. Mais on vient surtout pour le resto, sans doute l'un des meilleurs de la région, et son étonnant menu à 80 F (sauf le week-end), vin compris ! Cuisine délicieuse, assez sophistiquée et légère. Très subtile combinaison des ingrédients et des sauces et bon choix de vins locaux. D'autres menus, tous recommandés, mais plus chers, de 100 à 235 F. Parmi les spécialités, le cassoulet, le filet de bar braisé au chardonnay et les rognons de veau à la graine de moutarde. En dessert, une tarte Tatin superbe. Remise de 10 % sur le prix de la chambre offerte à nos lecteurs.

🛏 *Chambres d'hôte Aux Deux Colonnes :* 3, av. de Limoux, 11250 Saint-Hilaire (à 1 km au nord-est de Limoux par la D104). ☎ 04-68-69-41-21. Au centre du village, belle maison de maître restaurée avec goût. Pierre est peintre et décorateur, ça aide. Joli mobilier d'antiquaires. 2 chambres avec sanitaires à 220 F pour deux, petit déjeuner compris (jus d'orange pressée, confitures et gâteau maison). Barbecue à disposition.

🛏 |●| *Chambres d'hôte Marie-Claire et Jean-Pierre Ropers :* domaine du Couchet, 11230 Peyrefitte-du-Razès ; à 20 km à l'ouest de Limoux. ☎ et fax : 04-68-69-55-06. Fermé de novembre à Pâques sauf pour des séjours de 3 jours minimum et sur réservation. Accès : à Peyrefitte, prenez la direction de Bellegarde. Dans un environnement de collines et de prairies, belle maison du XVIIIᵉ siècle restaurée. Marie-Claire et Jean-Pierre y ont aménagé 4 chambres très confortables, décorées avec beaucoup de goût. La « Puivert » est pour 2 ou 3 personnes, la « Montségur », avec son mobilier en bois clair, pour deux, la « Puilaurens » pour deux ; elles peuvent chacune être complétées par une chambre annexe avec 2 lits superposés pour des enfants. Comptez 320 F pour deux, petit déjeuner inclus. Marie-Claire fait table d'hôte, pour 110 F, apéritif, vin et café compris : vol-au-vent de fromage de chèvre, *mountjetoude* (cassoulet ariégeois), aubergines farcies, soupe de fraises. Vaste bibliothèque à disposition. Accueil soigné, une excellente adresse pour se mettre au vert.

À voir

★ *Le belvédère Montecristo :* à l'est de la ville. Franchir l'Aude du pont Neuf et continuer tout droit en remontant le chemin de Montecristo. Le beau panorama donne une meilleure idée de la configuration de Limoux. De grandes avenues traversent la ville, parallèles au fleuve. Nichée dans l'une de ses courbes, la vieille ville, blottie contre la superbe église au clocher effilé.

★ *Le pont Neuf :* là on rigole car le pont Vieux, situé juste à côté, est le plus jeune des deux ! Construit au début du XIVᵉ siècle, le faux pont Neuf ressemble assez au vrai pont Vieux de Carcassonne avec ses belles arches « à becs » (censées protéger les piétons).

★ *L'église Saint-Martin :* ouverte de 9 h à 12 h et de 14 h à 17 h (18 h 30 en été). On l'appelle aussi improprement cathédrale, l'église romane (dont il reste un beau portail) ayant été élevée à ce rang au XIV⁰ siècle. Mais les travaux, annulés, stoppèrent l'élégant vaisseau dans son envol. À l'intérieur, grand retable du maître-autel (XVIIᵉ), jolies toiles françaises du XVIIIᵉ et surtout du XVᵉ siècle, représentant saint Martin, recouverte de vermeil et d'argent (dans la sacristie).

★ *La place de la République :* le poumon de la ville pendant le marché, son cœur pendant le carnaval. Belles arcades surnommées « couverts ». Ces anciennes galeries en bois, victimes d'incendies, ont été reconstruites en pierre. Quelques maisons à colombages au-dessus.

★ Se promener dans les ruelles voisines, *autour de l'église et sur les bords de l'Aude :* quelques agréables surprises architecturales, comme dans la rue de la Mairie (beaux hôtels particuliers), celle de la Blanquerie, sur l'autre rive (voir l'étonnant patio XVIᵉ de l'hôtel de Clercy, au 59), la rue Jean-Jaurès, celle du Palais...

★ *Le musée Petiet :* promenade du Tivoli. Entrée par l'office du tourisme (mêmes horaires). Entrée payante (15 F). Collection de tableaux académiques du XIXᵉ siècle, léguée à la Ville par les frères Petiet, Léopold et Auguste, eux-mêmes peintres. Mais c'est la fille de Léopold, Marie, également artiste, qui s'en tire le mieux. Ses *Blanchisseuses* sont fort réussies.

★ *Catha-Rama :* 47, rue Fabre-d'Églantine. ☎ 04-68-31-48-42. Ouvert de Pâques à septembre ; de 10 h 30 à 19 h en juillet et août, de 10 h 30 à 12 h et de 14 h à 19 h les autres mois. Entrée : 25 F. Spectacle audiovisuel de 30 mn retraçant l'histoire des cathares. Très bien conçu, concis et plaisant, c'est la meilleure visite du genre qu'on ait vue dans le département. À noter, une salle de projection spéciale pour les enfants (« Au temps des chevaliers »). Un bon complément à la découverte des châteaux cathares.

★ *Notre-Dame-de-Marceille :* toujours sur la commune de Limoux, mais un peu excentré, à 2 km au nord-est par la D104. Célèbre chapelle du XIIᵉ, dont la source « miraculeuse » attire de nombreux pèlerins le 7 septembre. Comme eux, on admire la statue de la Vierge noire (du XIᵉ siècle).

Manifestations

– *Marché :* chaque vendredi, place de la République et promenade du Tivoli.
– *Carnaval :* de mi-janvier à fin mars, les samedis et dimanches. 3 « sorties » par jour, vers 11 h, 17 h et la dernière de 22 h à 24 h. À ne pas manquer. Les « bandes » font le tour de la place des Arcades en dansant selon un rite précis et les Fécos mènent la parade dans leurs somptueux déguisements. Chaque sortie est plus longue que la précédente, les joyeux fêtards s'arrêtant à chaque fois dans tous les bistrots !
– *Foire aux produits locaux :* le 2ᵉ week-end d'août.

Aux environs

★ *L'abbaye de Saint-Hilaire :* à 12 km au nord-est par la D104. Visites guidées en juillet et août (☎ 04-68-69-41-15). Pour les fines colonnades de son merveilleux cloître fleuri du XIVᵉ siècle, et son remarquable monument funéraire de saint Saturnin (XIIᵉ siècle), chef-d'œuvre de la sculpture romane attribué au Maître de Cabestany.

★ *Le musée des Dinosaures :* av. de la Gare, 11260 *Esperaza;* à 15 km au sud de Limoux par la D118. ☎ 04-68-74-02-08. Fax : 04-68-74-05-75. Ouvert tous les jours, de 10 h à 19 h en été, de 10 h à 12 h et de 14 h à 18 h hors saison. Une étonnante exposition qui vous permet de retrouver dans leur milieu naturel les maquettes des dinosaures qui peuplaient la vallée de l'Aude il y a 70 millions d'années. Vous y trouverez des squelettes grandeur nature (certains font plus de 11 m!), une vidéo sur les fouilles ou un diorama sur la vie de ces inquiétants monstres. Une exposition pour les petits comme pour les grands.

À faire

– Quelques intéressantes *randonnées* dans la région. Deux circuits balisés partent du belvédère Montecristo, de 5 et 10 km.
– *Équitation :* ferme équestre de Gautare, Nerige, 11300 Saint-Martin-de-Villereglan. À 7 km au nord-ouest de Limoux. ☎ 04-68-31-09-43. Organise de véritables raids de 2 à 10 jours avec hébergement en gîte, auberge ou hôtel. Au choix : Marches pyrénéennes, chemins et châteaux cathares... Un exemple pour une randonnée équestre de 6 jours : 3 500 F pour un héberge-ment en chambre à 4 ou dortoir ; 3 800 F pour un hébergement en chambre double. Réduction accordée à nos lecteurs.

Les caves

Vous êtes venu pour ça, avouez... Il y a plusieurs petits producteurs indé-pendants aux environs de Limoux, mais la coopérative est la plus représen-tative.

– *Coopérative Aimery - Sieur d'Arques :* av. du Mauzac, à l'est de la ville (par l'avenue Charles-de-Gaulle). ☎ 04-68-74-63-00. Animée par la Société des vignerons produc-teurs de Limoux. Visite appuyée d'un film, puis d'une dégustation gra-tuite. Personnel très sympa. Si vous achetez, nous vous conseillons le crémant sieur d'Arques ou encore la blanquette diaphane, c'est fameux. Beau petit bar en pierres réservé aux visiteurs !
– *Château de Routier :* à 12 km au nord-ouest de Limoux, par la D623 puis la D309 direction Alaigne. ☎ 04-68-69-06-13. Très belle cave dirigée par une jeune femme passionnée. Bonne sélection de vins de qualité (côtes-de-malepère et vin de pays de l'Aude). 15 à 20 F la bouteille.
– *Domaine de Matibat :* près du petit village de Saint-Martin-de-Ville-reglan, à 8 km au nord de Limoux par la D118 puis la D19. ☎ 04-68-31-15-52. M. Turetti produit le meilleur malepère rouge de la région et un blanc (chardonnay) formidable, ce qui est assez rare ici pour être sou-ligné. Environ 18 F la bouteille. Y al-ler aussi pour son incroyable chien, qui joue au football avec les visi-teurs. Presque aussi doué que Ma-radona...

ALET-LES-BAINS (11580)

Petite station thermale qui existait déjà au temps des Romains et qui bénéfi-cie d'un microclimat agréable. Cette petite ville fut surtout célèbre pour son évêché. La cathédrale bâtie au XIIᵉ siècle était un monument splendide. Il fut détruit par la folie des guerres de Religion en 1577. Les protestants sacca-gèrent l'église, et aujourd'hui c'est une ruine. Elle ne fut jamais reconstruite, pas même par Nicolas Pavillon, prêtre réfractaire à l'autorité janséniste du XVIIᵉ siècle, qui fut nommé de force évêque d'Alet par Richelieu. Le caractère intime, discret et humble de ce village lui plut ; il resta ici durant près de 40 ans.

Le village est toujours aussi accueillant. Les ruelles étroites recèlent quelques demeures superbes des XIIIe, XIVe et XVe siècles. Colombages, encorbellements, fenêtres géminées... Séduisant, quoi ! De plus, l'eau d'Alet est réputée soigner efficacement les maladies du tube digestif et du système nerveux.

Où dormir ? Où manger ?

⌂ ◗ *Hostellerie de l'Évêché :* ☎ 04-68-69-90-25. Fax : 04-68-69-91-14. Ouverte d'avril à octobre. Dans l'ancien palais épiscopal, à côté des superbes ruines de la cathédrale. Chambres spacieuses, simples et propres. Doubles à 155 F avec lavabo et bidet, et de 240 à 280 F avec bains et w.-c. Resto servant une cuisine classique de bon aloi. Cassoulet et mousseline de saumon à la blanquette. Menus de 68 F (sauf dimanche) à 215 F. Superbe terrasse. Apéritif offert à nos lecteurs.

RENNES-LE-CHÂTEAU (11190)

Au sommet de ce belvédère pourvu de défenses naturelles et impossible à assiéger tant il regorge de sources intarissables, les Wisigoths établirent une ville de 30 000 habitants. En 410, après avoir pillé Rome en emportant le fabuleux trésor de Jérusalem ramené en l'an 10 par Titus, ils occupèrent le sud de la Gaule et l'Espagne. La cité, véritable place de guerre fortifiée avec deux citadelles et une double ceinture de remparts, ne prit une réelle importance qu'à la victoire de Clovis. Refoulés au pied des Pyrénées, après la bataille de Vouillé, les Wisigoths, chassés de leur capitale, Toulouse, investirent Carcassonne. Le royaume wisigoth, s'étendant jusqu'à Tolède, dut subir les invasions arabes. Mais Rennes fut épargnée.

La ville devint cité royale par le mariage d'Amalric, fils d'un roi wisigoth et d'une princesse franque. Et quand on voit ces espaces déserts, on a du mal à imaginer cette cité aussi grande que celle de Carcassonne. Elle fut entièrement détruite par les troupes du roi d'Aragon en 1170. Pour éradiquer l'hérésie cathare, Simon de Montfort mit la région à feu et à sang. Des pillards de toutes sortes finirent de détruire la fière cité. La chute de cette extraordinaire forteresse militaire allait marquer quelques années plus tard le début d'une incroyable histoire, un mystère absolu qui a soulevé et soulève encore toutes les passions et toutes les polémiques.

L'incroyable histoire de l'abbé Saunière

Janvier 1781 : l'héritière des Hautpoul de Blanchefort est sur le point de mourir sans héritier. Elle décide de confier un secret d'une importance considérable à son confesseur, l'abbé Antoine Bigou, lui faisant promettre de ne le révéler qu'à quelqu'un de confiance. L'abbé panique. Ne pouvant garder un si lourd secret, il fait graver sur une dalle l'épitaphe de la défunte. Seulement, elle présente des anomalies cryptographiques qui doivent permettre de trouver le lieu où il a caché le secret.

Un siècle plus tard, en 1885, l'abbé Saunière est nommé curé de Rennes-le-Château. Il décide de restaurer l'église Sainte-Madeleine. Tandis qu'il met l'église sens dessus dessous, en 1891, il découvre quelque chose. Il s'agirait d'une fiole contenant un parchemin.

De là débute l'enrichissement incompréhensible de Béranger Saunière. Avec sa gouvernante, Marie Dénarnaud (il fallait une femme !), ils dépensent l'argent sans compter, narguant toute la hiérarchie de l'Église jusqu'au Vatican. Accusé de violation de sépultures (il déplace les tombes la nuit), de trafic de messes, il échappe à toute poursuite. La restauration de l'église se poursuit. Des sommes somptuaires sont englouties dans ces travaux. Il achète des terrains autour du presbytère et fait construire une tour néogothique, une maison de style Renaissance, la villa Bethania, une orangerie, et un parc avec fontaines et jardin. Quant au vœu de pauvreté, il est oublié ! Béranger Saunière meurt en 1917, léguant tous ses biens à Marie. Celle-ci s'éteint à son tour en 1953, sans révéler quoi que ce soit.

Alors, quel est ce secret ? Désolés, mais nous n'en savons rien. Chacun en est réduit à des hypothèses toutes plus plausibles les unes que les autres mais absolument invérifiables.

On ne va quand même pas vous laisser sur votre faim. Voici quelques-unes des explications les plus courantes. L'abbé aurait découvert le fameux trésor de Jérusalem qui aurait été laissé ici par les Wisigoths au Ve siècle après la poussée des Francs. Ce trésor pourrait être celui de Blanche de Castille, la rançon demandée pour la libération de Saint Louis. Elle l'aurait caché ici en apprenant sa mort. Autre hypothèse : il s'agirait d'un butin accumulé pour réinstaller sur le trône de France la dynastie mérovingienne, ce qui expliquerait les contacts fréquents de l'abbé avec les familles royales d'Europe. Et pourquoi pas le trésor cathare dont on perd la trace au moment de la reddition de Montségur ? L'abbé aurait retrouvé l'Arche d'Alliance de Moïse contenant les Tables de la Loi, le Saint-Graal contenant le sang du Christ (dommage pour Indiana Jones) ou encore la Ménorah des juifs... Allons plus loin. L'abbé Saunière aurait découvert le plus grand des secrets, celui qui aurait remis en cause toute l'histoire de l'humanité depuis 2 000 ans, détruisant les croyances, les convictions, les certitudes. Il aurait tout simplement retrouvé le tombeau de Jésus ou un document prouvant que Jésus serait mort ici. Bonjour le scoop ! Cela mérite un éclaircissement. Après sa crucifixion, Jésus ne serait pas mort. Pas de mort, donc pas de résurrection. Il se serait enfui avec Marie Madeleine pour venir ici, se marier et vivre heureux longtemps en ayant beaucoup d'enfants. Une remise en cause absolue du dogme chrétien. Et notre bon abbé, quelque peu troublé dans sa foi (il y aurait de quoi !), décida alors de faire chanter l'Église qui, bien sûr, s'inclina plutôt que de se remettre en cause. Y avait-il une autre solution pour le Vatican ?

Nombre de personnalités se sont penchées sur l'affaire au fil du temps : certains tableaux de Poussin et de Delacroix évoquent Rennes ; George Sand, passionnée d'occultisme, s'est souvent rendu dans le village et Jules Verne aurait consacré un roman crypté à l'affaire : *Clovis Dardentor.*

Quel qu'il soit, ce secret a suscité toutes les passions. À tel point que désormais les fouilles sont interdites dans la commune. On a vu des chercheurs creuser dans les rues à la dynamite ! D'autres ont transformé le sous-sol en gruyère à force d'ouvrir des galeries provoquant des affaissements. Cette époque est bien révolue, mais le secret demeure intact.

Où dormir ? Où manger aux environs ?

☎ |●| *Château des Ducs de Joyeuse :* 11190 Couiza. Au pied de Rennes-le-Château. ☎ 04-68-74-02-80. Fax : 04-68-74-14-65. Fermé le dimanche et le lundi hors saison, ainsi qu'en janvier et février.

Construit par Jean de Joyeuse, premier gouverneur de Narbonne, au milieu du XVIe siècle, il devint hôpital militaire, gendarmerie, magasin de laine. Restauré il y a plus de 30 ans, le château s'est métamorphosé en un bel hôtel plein de charme et cossu. Chambres doubles à 280 F. Menus de 90 à 190 F pour une cuisine classique.

🛏 |●| **Chambres d'hôte les Pailhères :** chez Monique et André Pons, Calderon, 11260 Esperaza (à 12 km à l'ouest de Rennes-le-Château ; direction Couiza puis à gauche vers Quillan, puis chemin sur la gauche sur 2 km). ☎ 04-68-74-19-23. Le petit chemin qui mène à la ferme serpente au milieu des vignes, qui appartiennent à vos hôtes, vignerons et éleveurs depuis plusieurs générations. Dans une ancienne grange, 4 chambres avec accès indépendant et sanitaires privés. 220 F pour deux, petit déjeuner compris (jus de raisin maison). Table d'hôte servie dans la chaleureuse salle à manger, avec sa cheminée et sa vieille horloge au tic-tac rassurant. Repas à 80 F ; priorité aux produits de la ferme. Accueil authentique. Une bonne adresse.

À voir

★ **L'église Sainte-Madeleine :** le secret serait à l'intérieur de cette église restaurée par l'abbé Saunière durant neuf années. Tout dans cet édifice est codé. À l'entrée, le diable vous accueille. Il est sous le bénitier. Unique, on n'en trouve pas ailleurs. Le dallage constitue un échiquier. Dans le chœur, deux statues représentant Joseph et Marie, chacun avec l'Enfant-Jésus. Une légende veut que Jésus ait eu un jumeau ! Le bas-relief sous l'autel confirmerait cette croyance. Marie Madeleine est agenouillée devant une grotte. Devant, une croix à deux branches dont l'une des branches seulement est vivante. Jeux de lumières dans les vitraux, chemin de croix codé.

★ **Le domaine de l'abbé Saunière :** ☎ 04-68-74-31-16. Ouvert toute l'année de 10 h à 19 h sans interruption. Beaucoup de documents et de pièces à conviction concernant cette affaire. Le domaine retrace aussi l'histoire de la ville.

Aux environs

★ **Le château d'Arques :** 11190 Arques (à 11 km à l'est de Couiza par la D613). ☎ 04-68-69-82-87. D'avril à octobre, ouvert tous les jours de 10 h à 18 h (jusqu'à 17 h en avril et octobre et jusqu'à 19 h en juillet et août) ; le reste de l'année, ouvert le week-end et pendant les vacances scolaires de 10 h à 17 h. Entrée : 20 F. Nulle résistance cathare en ces murs, postérieurs au passage de Simon de Montfort – qui s'empara tout de même du village fortifié ; Pierre de Voisins, son compagnon d'armes, est confirmé baron d'Arques en 1226. Le château a été construit un peu plus tard, aux XIIIᵉ et XIVᵉ siècles, et se compose d'une enceinte rectangulaire entourant un donjon carré assez bien conservé. Le billet donne droit à l'exposition sur le catharisme à la maison de Déodat Roché au village d'Arques.

À faire

– **Promenade à cheval :** au village d'Arques, avec *Cheval N'Arquois* (53, route des Corbières, face à l'église ; ☎ 04-68-69-86-65). Prix attractifs et découverte du village et des environs à cheval ou à poney. Promenade ou rando.

LES PYRÉNÉES AUDOISES

Comme son nom l'indique, ce secteur offre un paysage de massif ancien, de villages de montagne, d'herbages à vaches, de gorges et de torrents – un paysage pyrénéen. Quillan en est l'avant-poste et la capitale : on y vient au marché, on s'y rencontre aux terrasses des cafés. Vers l'ouest, le Quercorb, vieux « pays » au relief assez doux, d'élevage et de forêt, que domine Puivert et son château cathare ; plus haut, plein sud, Axat et les gorges de l'Aude, haut lieu de la rando et des activités en eau vive ; entre les deux, le plateau de Sault, entre 900 et 1 200 mètres d'altitude, aux paysages tout à fait montagnards, bordé de hauts sommets (pic d'Ourthizet, 1 904 m), ça grimpe !

QUILLAN (11500)

Le bourg s'étire le long de l'Aude et se situe au carrefour routier de la D117 (Foix-Perpignan) et la D118 (Quillan-Carcassonne). À l'ouest de la commune se trouvent le *Quercorb* au nord et le *Pays de Sault* au sud : deux microrégions bien typées.

Quillan conserve une atmosphère bien sympathique, très couleur locale, et vit encore d'activités de transformation du cuir et du bois – s'y trouve notamment l'entreprise *Formica*, aux installations assez importantes.

À voir, dans le centre ancien, la curieuse église (fin XIIe, agrandie au XVIIe siècle) recouverte de galets de rivière. La mairie, quant à elle, occupe un bel hôtel particulier. Place de la République, où donne le pont Vieux, marché animé le samedi matin et le mercredi toute la journée.

Adresses utiles

🏠 *Office du tourisme de Quillan :* place de la Gare. ☎ 04-68-20-07-78.

🏠 *Office du tourisme du Pays de Sault :* centre commercial, 11340 Belcaire. ☎ 04-68-20-75-89.

Où dormir ? Où manger ?

🛏 🍽 *Hôtel-restaurant La Pierre Lys :* av. de Carcassonne. ☎ 04-68-20-08-65. Fermé de mi-novembre à mi-décembre. À la sortie de Quillan, sur la gauche de la route de Carcassonne. Établissement classique fort bien tenu. La double à 180 F avec douche et w.-c., 240 F avec bains et TV. Chambres assez spacieuses, certaines avec vue sur la rivière. Au restaurant, cuisine traditionnelle de bon aloi (menus à partir de 67 F). Demi-pension à 430 F pour deux et soirée-étape à 280 F. Bonne ambiance et accueil aimable.

Où dormir ? Où manger aux environs ?

🛏 🍽 *Hôtel-restaurant Bayle :* 11330 Belcaire (à 30 km au sud-ouest de Quillan, par la D613, route d'Ax-les-Thermes). ☎ 04-68-20-31-05. Fax : 04-68-20-35-24. Un hôtel-restaurant familial à l'aspect bien « montagne ». Chambres propres, claires et calmes, de 180 à 230 F la double. Cuisine régionale et campagnarde d'un bon rapport qualité-prix. Menu à 85 F et carte. Une étape tranquille assurément.

♠ |●| *Le Relais du Pays de Sault :* 11340 Espezel (6 km avant Belcaire sur la route d'Ax-les-Thermes). ☎ 04-68-20-72-89. En saison, ouvert tous les jours midi et soir sauf le dimanche soir ; hors saison, ouvert le midi et le samedi soir. Fermé de mi-novembre à février. On connaît bien l'adresse dans la région, pour son excellent rapport qualité (et quantité !) prix. Menu à 85 F avec apéritif et vin à volonté, entrées, fromage et copieux plat de résistance. Dans le menu à 120 F, foie gras mi-cuit maison. Deux salles rustiques, tablées de six, ambiance bonne franquette et rando. Fait également gîte d'étape (65 F la nuit).

À voir aux environs

★ *Le défilé de la Pierre Lys :* la route de Quillan à Axat longe l'Aude par ce défilé assez spectaculaire. Surplombant la rivière, elle emprunte trois tunnels, dont le dernier, appelé *Trou du Curé,* est l'œuvre d'une figure locale, le père Félix-Armand (1742-1823). Cet homme extraordinaire, curé de Saint-Martin-Lys, perça ce tunnel de ses propres mains, à coups de pioche (avec l'aide de ses paroissiens).

★ *Le musée du Quercorb :* 16, rue Barry-du-Lion, 11230 **Puivert** (à 16 km au nord-ouest de Quillan par la D117). ☎ 04-68-20-80-98. Ouvert d'avril à septembre de 10 h à 18 h (19 h en juillet et août) ; sur réservation d'octobre à mars. Entrée : 25 F. De présentation claire, moderne et attractive, ce musée du Quercorb vaut qu'on s'y arrête. Illustration de la vie locale et de ses métiers disparus, avec reconstitution d'une cuisine d'antan, d'une forge, d'un atelier de tourneur sur bois. « A Pepert, fan flaütas e roubinelhos » : à Puivert, ils font des flûtes et des robinets. Il y avait une vingtaine d'ateliers de tourneurs sur bois au XIXᵉ siècle. On trouvait aussi des peigniers, fabricants de peignes en buis. Un document sonore accompagne chaque scène. Bornes vidéo également. Reproduction des culots historiés du château, musiciens jouant de la guiterne et du psalterium, et reconstitution de ces instruments. Dans la boutique, chouettes peignes à moustache (pour votre Jules, madame... ou vous-même, si vous avez le système pileux développé).

★ *Le château de Puivert :* 11230 Puivert (à 16 km au nord-ouest de Quillan par la D117). ☎ 04-68-20-81-52. Ouvert en saison uniquement ; hors saison, visite guidée sur rendez-vous. Entrée : 25 F. Un château cathare composé d'une partie ancienne assez ruinée (XIIᵉ siècle) et d'une autre du XIVᵉ, dont un donjon massif de 35 mètres de haut. Simon de Montfort l'assiégea en 1210. À l'intérieur, remarquable salle dite des musiciens, où huit personnages portant différents instruments sont représentés sur les culots de voûtes. C'est une illustration des fameuses « cours d'amour » du Languedoc médiéval, où troubadours et poètes animaient la vie culturelle.

AXAT (11140) ET LES GORGES DE L'AUDE

Axat, modeste chef-lieu de canton, est bâti à flanc de coteau dans un site pittoresque, environné de monts. Son histoire et son nom sont liés à l'Aude, dont la dénomination gauloise était « Atacine », signifiant « fleuve audacieux » ; cet Atacine se transforma en Aldae, et le bourg d'Axat n'était autre qu'Aldesatus. Et c'est aux environs d'Axat, sur le site de Saint-Georges, que fut mise en service la toute première centrale hydroélectrique jamais construite en France, le jour de Noël 1900.

Le fleuve audacieux reste l'atout principal d'Axat, point de départ de randonnées et d'activités diverses : canoë-kayak, rafting ou hydrospeed dans les gorges de l'Aude, où l'on trouve des rapides aux noms évocateurs (*La Triple*

Chute, Le Flipper...), mais aussi grimpette et descente, à pied, à vélo ou à cheval, tir à l'arc, lancer de marteau etc. Aux environs, le château de Puilaurens, l'un des « cinq fils de Carcassonne », est un site grandiose.

Adresses utiles

■ *Pays d'accueil d'Axat :* 11140 Axat (sur la D117 en venant de Quillan, au carrefour pour monter au village). ☎ 04-68-20-59-61. Fax : 04-68-20-53-45. Tout sur tout à Axat et dans les environs. Bonne documentation et fiches rando. Réservations.
■ *Sud Rafting :* pont d'Aliès, Axat. ☎ 04-68-20-53-73. Raft et fun-raft, hydrospeed, « a good physical condition is imperatively required ! », dit la brochure. On veut bien le croire !
■ *Association Pyrène :* camping du Pont-d'Aliès, Axat. ☎ 04-68-20-52-76. Hydro, spéléo, rafting, hotdog, escalade. Bref, tout pour les fondus de sensations fortes et d'efforts musclés.

Où dormir ? Où manger ?

|●| *Auberge El Garric :* 11140 Gesse ; au carrefour de la D118 et de la D20. ☎ 04-68-20-33-12. Ouverte toute la journée de mars à novembre. Une auberge où l'on sert une cuisine traditionnelle, notamment à base de champignons. Grande cheminée dans la toute petite salle à manger. Quant au prix, tenez-vous bien : entrée, plat et légumes, fromage, dessert, café et vin pour... 80 F ! Un autre menu à 110 F. Une adresse de qualité.

Prix moyens

≜ |●| *Hostellerie du Grand Duc :* 2, route de Boucheville, 11140 Gincla ; à 5 km du château de Puilaurens. ☎ 04-68-20-55-02. Fax : 04-68-20-61-22. Fermée le mercredi midi hors saison et de mi-novembre au 1er avril. Ancienne maison de maître agréable et pleine de cachet, dans un joli jardin agrémenté d'un bassin. Service attentionné mais un peu lent. Qu'importe, on a tout le temps ! Un menu à 125 F, quart de vin compris. Pour les plus gros appétits, des menus avenants à 160, 190 et 260 F, avec notamment un duo de lotte et saumon sur fondue de poireaux, un faux-filet au foie gras et aux griottes, une baignade de sépioles au fitou... Des chambres rustico-bourgeoises de 290 à 310 F avec bains et w.-c. Un cadre agréable et isolé, idéal pour des déjeuners à deux où l'on prend de graves et sages décisions ! Apéritif offert à nos lecteurs.

Campings

≜ *Camping sauvage* autorisé et gratuit sur la route du village au château.
≜ *Camping La Crémade :* 11140 Axat. Un peu avant le village d'Axat, à l'ouest de Puilaurens. À l'écart de la D117, sur la gauche, en pleine forêt. ☎ et fax : 04-68-20-50-64. Ouvert de début mai à fin septembre. Site superbe, un peu surélevé, avec vue sur les montagnes alentour. Terrain bien tenu et ombragé, ce qui est utile en été. Bar, buvette et petit bassin. On peut y séjourner également en gîte d'étape.

À voir aux environs

★ *Les grottes de l'Aguzou :* ☎ 04-68-20-45-38. Grand parking. Ouverture sur réservation seulement. Visite d'une journée par petits groupes, avec repas à 600 mètres sous terre. En tout, plus de 8 h à la Jules Verne! On visite la salle des Mille et Une Nuits, celle de la Couronne de la Reine (féerique), les cierges bougeoirs, etc. Et l'on boit l'eau des fontaines souterraines! Un sacré moment.

★ **Les gorges de l'Aude :** situées à l'extrême sud-ouest du département, à un jet de pierre des voisins de l'Ariège... À partir d'Axat, prendre la D118, espèce d'intestin grêle qui longe la frontière départementale pour conduire à Mont-Louis (Pyrénées-Orientales). Peu après Axat, on longe les gorges Saint-Georges, peu étendues (en longueur) mais étroitement bordées de hautes falaises. On atteint l'Aude un peu plus loin, parallèle à la route sur plusieurs kilomètres dans un décor montagneux bordé par la forêt de Gesse. Puis apparaissent dans la végétation luxuriante des blocs de pierre aux formes rebondies. On entre dans les gorges de l'Aude, pas si impressionnantes mais tout de même assez sauvages, au fur et à mesure que la route se fait plus étroite...

★ **Le château de Puilaurens :** d'Axat, prendre la D117 vers Saint-Paul-de-Fenouillet pendant 6 km. On rejoint le château par la D22, direction Gincla. Il se trouve sur un rocher haut de 700 m. Il faut un peu marcher pour atteindre le sommet. ☎ 04-68-20-65-26. Ouvert de Pâques à mi-novembre de 9 h à 19 h. Accès : 20 F.
Découpant sa silhouette féodale sur le ciel, on aperçoit de loin ses gros donjons et ses remparts épais posés sur un piédestal. Puilaurens avait pour mission de garder la haute vallée du Fenouillèdes. Pas compliqué, il n'y avait qu'une route et elle passait au pied du château. Ce dernier appartenait en fait avec Aguilar, Quéribus, Termes et Peyrepertuse à un réseau de postes avancés protégeant la frontière avec l'Aragon. On les surnomma « les cinq fils de Carcassonne ». Les cathares, pacifistes convaincus, n'ont jamais construit ces citadelles qu'on leur attribue par abus de langage. Propriétés des seigneurs occitans qui les prenaient sous leur protection tout en défiant les croisés, ces forteresses médiévales étaient leur seul refuge. Plutôt sûr comme refuge! Puilaurens est un modèle d'architecture militaire. Tout avait une logique de défense rendant la prise du château pratiquement impossible. D'ailleurs, le château résista bien aux attaques des croisés. Montségur vaincu, Puilaurens résistait encore pour ne capituler qu'en 1256. À la signature du traité des Pyrénées au milieu du XVIIᵉ siècle, le château, n'ayant plus de mission de protection des frontières, perdit toute son importance. Pendant un temps transformé en prison, il fut abandonné aux vents, au temps et... aux touristes.

LES CORBIÈRES

Première image en évoquant le pays des Corbières, celle du vin. Produit sur près de 23 000 ha. La montagne à vin permet de découvrir des paysages insensés. Chaos de monts rocailleux, vallons étroits et torturés, coteaux escarpés... Derrière une apparence rude, et même dure, l'endroit garde son unité dans la clarté lumineuse du ciel, dans son climat tout méditerranéen et dans le charme presque magnétique des couleurs et des paysages qui opère dès que l'on pénètre dans ces reliefs chargés d'histoire et de drames. Dans chacune des garrigues parfumées, derrière tous les cyprès ballottés par les vents, on s'attend à trouver quelque chose d'encore plus beau.
Certes la terre est rude, mais la vigne récompense amplement ceux qui l'aiment. Les vins élevés dans ces vignobles reflètent parfaitement les paysages. Tendre et velouté dans la partie maritime, il devient charpenté et tannique dans les hautes Corbières. Dans les monts d'Alaric (entre Narbonne et

Carcassonne), où l'influence atlantique se fait sentir, il prend des arômes et une fraîcheur bien agréables. Dans le centre, où les variations de températures sont importantes, les vins sont très complets et de grande classe. D'autant que la période de production intensive est passée, la qualité primant largement sur la quantité. Qui s'en plaindra ?

Toutefois l'essentiel n'est pas là. La nature sauvage et torturée des Corbières, les vallées de terre rouge, les collines dénudées frisant l'ascétisme constituèrent le terreau du catharisme. Dans les Corbières, l'histoire se confond avec la géographie et les citadelles de pierre fusionnées dans la roche scandent le Pays cathare.

LES GORGES DE GALAMUS

Le genre de site qui enquiquine bien les rédacteurs du *Routard!* Ces gorges somptueuses sont situées dans deux départements à la fois : l'Aude et les Pyrénées-Orientales. Nous avons donc pris notre double décimètre pour savoir quel département s'en appropriait la plus grande partie. En kilomètres, les Pyrénées-Orientales l'emportent. Nous avons alors pris notre pittoresquomètre et notre merveilloscope : la plus belle partie des gorges se trouve sans conteste dans l'Aude. Va pour l'Aude, et que les P.-O. nous pardonnent ! Si vous venez d'Axat ou de Puilaurens, prendre la D117 jusqu'à Saint-Paul-de-Fenouillet et à gauche la D7 qui s'enfonce dans les gorges. L'Agly a creusé ici l'une des plus belles cluses de la région. Sur 4 km, ce n'est qu'escarpements où seuls quelques genêts, arbousiers et chênes kermès ont réussi à se cramponner. Au fond, le torrent tumultueux parcourt une superbe gorge étroite. Quelques marmites géantes font office de bassins naturels, d'ailleurs les autochtones s'y baignent en été ! On ne peut rêver piscine plus agréable... En continuant, on est frappé par la blancheur de la roche. À certains endroits de la route, la profondeur de la gorge est proprement vertigineuse. Visions fantastiques de l'eau verte coulant dans le ravin... Mais les surprises ne sont pas terminées. Avant un tunnel creusé dans la roche, un parking : en descendant le sentier qui part de l'aire de stationnement, on aboutit à travers les broussailles, après un petit tunnel, à un *ermitage* créé au VIe siècle ! Planquée dans la paroi rocheuse, une incroyable chapelle... On comprend mieux la délirante situation de l'ermitage Saint-Antoine-de-Galamus en poursuivant la route. Situé peu après le tunnel, un belvédère surplombe les gorges. Bien observer les parois rocheuses : là, en face, lovées comme une portée de lézards-caméléons, les minuscules façades épousent la couleur de la roche, reconnaissables aux tuiles mordorées de leurs toits... On se pose pour souffler en se demandant comment la foi a pu permettre un tel prodige. Est-ce l'homme qui soulève les montagnes ? Ou l'inverse ?

CUCUGNAN (11350)

« L'abbé Martin était curé... de Cucugnan. Bon comme le pain, franc comme l'or, il aimait paternellement ses Cucugnanais ; pour lui, son Cucugnan aurait été le paradis sur terre, si les Cucugnanais lui avaient donné un peu de satisfaction... ». Tirée des *Lettres de mon moulin*, l'édifiante histoire du curé de Cucugnan narrée par Alphonse Daudet allait immortaliser ce charmant village que tout le monde croyait imaginaire !

Joliment posé sur une butte aux pieds baignés de vignes, Cucugnan est l'archétype du village pittoresque : ruelles anciennes, maisons aux couleurs chaudes, échoppes d'artisans, population débonnaire...

Où dormir? Où manger?

🛏 ◉| *Auberge du Vigneron :* 2, rue Achille-Mir. ☎ 04-68-45-03-00. Fax : 04-68-45-03-08. Fermée le dimanche soir hors saison, le lundi, ainsi que de mi-décembre à mi-février. Une maison bien agréable. Le brave Alphonse (Daudet) a immortalisé Cucugnan grâce à son curé. Il ne s'agirait en fait que d'un plagiat. L'histoire aurait été écrite avant Daudet par le bon Achille (Mir), enfant du pays et auteur méconnu. Les Cucugnanais lui ont dédié un théâtre. Juste en face, l'*Auberge du Vigneron* offre un gîte tout mignon. Chambres rustiques aux pierres apparentes. Doubles à 240 F avec douche et w.-c. En bas, dans l'ancien chai du vigneron, belle salle de resto avec des tonneaux géants, comme la cheminée. Menus de 100 à 185 F. Magret aux cerises, écrevisses en fricassée, omelette aux pommes. Rien d'exceptionnel mais tout est cuisiné avec beaucoup de savoir-faire et l'accueil est charmant. Apéritif offert à nos lecteurs.

Où dormir? Où manger aux environs?

🛏 ◉| *L'Auberge de Peyreper-tuse :* au village de Rouffiac-des-Corbières, 8 km à l'ouest de Cucugnan. ☎ et fax : 04-68-45-40-40. Fermé le mercredi hors saison, une semaine fin août et début septembre. Auberge à l'ambiance simple et conviviale, très « rando », proposant une cuisine régionale reconstituante. Dans le menu à 95 F, charcuterie locale (connaissez-vous le *boutifac,* boudin de tête de porc?), crudités d'ici, lapin au romarin puis fromage et dessert, pichet de vin compris. Quelques spécialités aussi, magret de canard grillé (120 F) ou civet de sanglier (135 F). On avale tout ça dans un cadre rustique, pierres, poutres et tables en bois, ou sur la petite terrasse. Le patron, s'il est en forme, ne manquera pas de vous distraire avec ses histoires drôles – celle du monsieur qui en a une de 50 centimètres et que ça gêne, et qui, sur les conseils d'un sorcier africain, va trouver la grenouille au cœur de la forêt, est inoubliable. Ah ah! Oh oh! On en rit encore... Traverser la route pour trouver les chambres, dans un bâtiment retapé (mais bien mal insonorisé) : 200 F la double avec douche et w.-c., fonctionnelle, propre et dans les tons doux.

🛏 ◉| *Chambres et table d'hôte La Giraudasse :* 11350 Soulatgé. Sur la D14, à 8 km à l'ouest de Duilhac. ☎ 04-68-45-00-16. Fermé de mi-décembre au 15 février. Un vieux village paisible et une belle maison habitée par un jeune couple d'écolos adorables, Marie-Anne et Norbert. Intérieur décoré avec goût, chambres claires et spacieuses, tableaux aux murs, vieilles poutres... Bref, l'endroit parfait pour se mettre au vert et visiter la région. Certaines chambres ont même une belle vue sur les montagnes et les ruines de Peyrepertuse. Environ 260 F la chambre double avec douche et w.-c. privés. Attention : pour non fumeurs exclusivement. La table d'hôte est réservée aux occupants des chambres, et la demi-pension est obligatoire pendant les vacances scolaires. Menu unique (110 F sur réservation), à base de bons produits fermiers, la plupart issus de leur maraîchage agrobiologique, avec par exemple volaille, lapin, légumes du jardin, etc. Une adresse à ne pas négliger tant on s'y sent à l'aise... Réservation obligatoire.

🛏 *Gîte d'étape :* rue des Quatre-Vents, 11350 Duilhac. Situé sur le GR36 et le sentier cathare. ☎ 04-68-45-01-74. Fermé en janvier. 50 F la

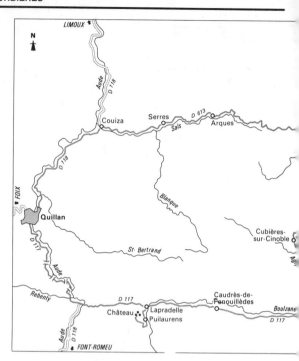

nuit. Possibilité de se faire à manger. S'adresser à Mme Moulin (maison voisine du salon de coiffure).

🛏 ⎮●⎮ *Auberge du Vieux Moulin :* 14, rue de la Fontaine, à Duilhac, près de l'église. ☎ 04-68-45-02-17. Fax : 04-68-45-02-18. Fermée le lundi en hiver, et de mi-décembre à début février. Grande salle à manger rustique. Haut plafond aux belles poutres, grosse cheminée, nappes à carreaux, etc. Menu snack très bon marché à 48 F, composé de crudités à volonté, d'un plat chaud garni et d'un dessert ! Menus resto plus copieux, de 88 à 120 F. Bons produits campagnards, gibier et autres. Chambres doubles avec douche ou bains et w.-c. à 220 F.

⎮●⎮ *L'Oustal d'al Pech :* 11190 Bugarach. À 19 km du château, toujours sur la superbe D14. ☎ 04-68-69-87-59. Fermé le mercredi et le dimanche soir (sauf en juillet et août), ainsi qu'en janvier. Une petite auberge de campagne totalement perdue dans un village oublié au cachet intact. Décor rustique très agréable pour une étape gastronomique réputée. Cuisine classique, savoureuse, élaborée à partir de bons produits. Omelettes aux truffes, écrevisses à la Bugarach, civet de sanglier, tout est fait maison. Menus de 97 à 220 F, café offert. Resto tenu par des jeunes qui méritent tous nos éloges.

À voir

★ *L'église* du village est célèbre dans la région pour son incroyable statue d'une Vierge... enceinte ! Ouverture de 9 h à 19 h.

★ *Le théâtre Achille Mir :* ☎ 04-68-45-03-69. En février, mars, novembre et décembre, ouvert les week-ends et pendant les vacances scolaires, de

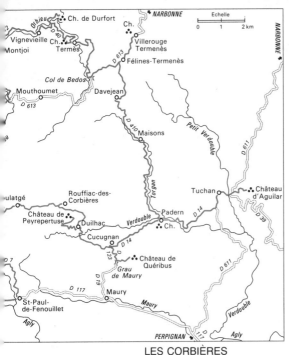

LES CORBIÈRES

10 h à 18 h ; en avril et octobre, tous les jours en continu de 10 h à 19 h ; en mai, juin et septembre, tous les jours en continu de 10 h à 20 h ; en juillet et août, tous les jours en continu de 10 h à 21 h. Entrée payante. Le billet comprend le spectacle, qui dure une vingtaine de minutes, et la visite du château de Quéribus (voir « Aux environs »).

Spectacle de théâtre virtuel sur le « sermon du curé de Cucugnan ». Au cœur du village, un théâtre de poche, dédié à Achille Mir, écrivain audois et auteur d'une version en occitan et en vers du « sermon du curé de Cucugnan », présente l'adaptation française de ce conte naïf du XIXᵉ siècle. Confiée au conteur Henri Gougaud, elle plonge le spectateur dans l'ambiance poétique et haute en couleur de ce personnage. Ainsi, la salle de théâtre se transforme tour à tour en intérieur d'église, en paradis, en enfer...

Aux environs

★ **Le château de Quéribus :** à 2 km par la D123. Ouvert de 10 h à 17 h en hiver, tous les jours de 10 h à 19 h en moyenne saison, et de 9 h à 20 h en juillet et août. Visite accompagnée tous les jours en juillet et en août. Renseignements : ☎ 04-68-45-03-69. Compter 15 minutes de marche pour y accéder. Entrée : 25 F, donnant droit à un spectacle en continu au théâtre Achille Mir à Cucugnan. Du haut de ses 730 mètres, la citadelle surveille la plaine du Roussillon, tournant le dos à l'Aude (on est à la frontière des deux départements). Panorama sur les Pyrénées et les Corbières. Édifiée au XIᵉ siècle, la forteresse de Quéribus est considérée comme le dernier îlot de la résistance cathare, vaincu en 1255. Transformé aux XIIIᵉ et XIVᵉ siècles en fief royal, le château présente désormais un imposant donjon dans lequel on peut encore voir une belle salle voûtée. Mais la dure montée est surtout récompensée par le panorama sur les Pyrénées et les Corbières.

★ *Rouffiac-des-Corbières (11350) :* on ne passe pas forcément par ce modeste village situé en contrebas du château de Peyrepertuse (lui-même se trouvant sur la commune voisine de Duilhac), un peu à l'écart de la D14. On a tort, car il est charmant. Outre l'*Auberge de Peyrepertuse* (voir plus haut) s'y trouve un joli lavoir, une charmante église et un *Centre du Bonzaï* (☎ 04-68-45-00-81) où l'on pourra acheter des figuiers ou des oliviers nains et autres jardins japonais en pots.

★ *Le château de Peyrepertuse :* accès au château à partir de la D14 par le chemin de gauche à l'entrée du village de Duilhac. Parking au bout de la petite route. De là, sentier cahoteux qui mène au sommet en 20 bonnes minutes de marche. Éviter les talons aiguilles : on n'est pas à Fontainebleau ! Entrée payante (20 F) du 1er février au 11 novembre ; après le 11 novembre, entrée payante les week-ends et pendant les vacances de Noël ; entrée gratuite en janvier. De cette gratuité chichement dispensée (mais toujours bonne à prendre), nous ignorons la cause. Éviter de s'y rendre seul, surtout de nuit ou par mauvais temps, car rien ne protège des chutes.

En revanche, ne pas oublier son stock de pelloches : les ruines de cette énorme construction militaire médiévale sont fabuleuses, sur fond de paysages époustouflants. Depuis la route, les remparts blanchis par le temps se confondent avec l'arête rocheuse de la montagne. Plus on s'approche, plus l'étonnement est grand : il y a bien 2,5 km de murs de pierre, enserrant ce qui fut presque une ville ! Édifiée au début du XIe siècle, la citadelle fut renforcée sous Saint Louis d'un second château, auquel on accède, à l'intérieur de l'enceinte du premier, par un escalier taillé dans le roc. Prévoir une bonne heure pour faire le tour de ces superbes ruines.

TUCHAN (11350)

Village qui n'a rien d'extraordinaire, rien de vilain non plus, vivant au rythme des cigales et de la viticulture. Aux environs, un bon petit resto et un bon petit château.

Où manger aux environs ?

I●I *Le Merle Bleu :* place de l'Église, 11350 Paziols (à 4 km au sud de Tuchan par la D611). ☎ 04-68-45-02-48. Ouvert tous les jours en saison ; hors saison, sur réservation – mais il est prudent de toujours réserver : une vingtaine de couverts seulement. Un petit coin de paradis que ce *Merle Bleu* perché sur le haut du village, avec les Corbières à perte de vue. Jacqueline, la patronne, vigneronne et cuisinière, reçoit dans une salle blanche et fleu-rie, décorée de toiles de ses amis... et de chaussures de collection, sa grande passion. Dans un coin, un piano dont Maurice Vander ou Eddy Louis jouent parfois, pour des soirées inoubliables. Nougaro (salut à toi, Claude, jazzman et chanteur génial !) aussi vient de temps en temps, en gastronome appréciant le savoir-faire de Jacqueline : pintade à la catalane, canard aux cerises, boules de *picoulat*... Carte uniquement ; compter 140 F.

À voir aux environs

★ *Le château d'Aguilar :* à 4 km à l'est de Tuchan. Ouvert toute l'année. Entrée payante du 15 juin au 15 septembre (10 F), gratuite le reste de l'année. On y accède après 10 mn d'ascension : le château domine le pays du haut d'une colline haute de 400 m. C'est un très ancien site fortifié, contrôlant l'accès aux Corbières centrales. Simon de Montfort l'occupe en 1210. Il se compose de deux enceintes polygonales assez ruinées, la première datant du XIIIe siècle ou du début XIVe, la deuxième du XIIe siècle. Beau panorama sur Tuchan et les Corbières.

VILLEROUGE-TERMENÈS (11330)

Dans un décor sauvage de collines rouges, de maquis et de vignes, un pittoresque village médiéval blotti autour de son imposante forteresse sauvée des ruines. Le château de Villerouge est connu pour avoir été le théâtre de la fin officielle du catharisme languedocien. Le dernier des « parfaits », Bélibaste, y fut brûlé en 1321.

Adresses utiles

■ *Mairie :* ☎ 04-68-70-06-99.
■ *ADAM :* l'Association pour le Développement des Animations Médiévales pourra vous renseigner sur les festivités prévues, repas médiévaux, jongleries et spectacles de saltimbanques, ou journées costumées. ☎ 04-68-70-06-24.

Où manger ?

|●| *La Rôtisserie du Château :* château de Villerouge-Termenès. ☎ 04-68-70-06-06. Fermé les dimanche soir et lundi, et en janvier. Dans le château même. Tables, bancs et vaisselle sont des répliques de mobilier du XIIIe siècle, et l'on vous sert, en costume d'époque, des recettes médiévales, retrouvées telles quelles dans de vieux grimoires. Tourtes, viandes à la broche, plats mitonnés, fruits cuits... L'été, banquets seigneuriaux. Pendant le repas, leçon de « courtoisie de table » (par exemple, apprenez qu'on se sert de trois doigts pour manger, et pas n'importe lesquels). Original et bon. Menus de 140 à 220 F tout compris.

Où dormir ? Où manger aux environs ?

â |●| *Chambres d'hôte :* chez Mme Tavard, 24, rue des Fleurs, 11330 Davejean. À 7 km au sud de Villerouge. ☎ 04-68-70-01-85. Davejean est un joli village au cachet provençal (tuiles roses et orange des toits). Maison simple mais assez mignonne avec son crépi et ses lambris. Adresse idéale pour les budgets serrés : la chambre à 160 F pour deux, petit déjeuner compris. Repas à 60 F (apéro et café offerts à nos lecteurs, ouais !).

À voir

★ *Le château :* ☎ 04-68-70-09-11. En saison, visite tous les jours de 9 h à 20 h ; hors saison (de novembre à début avril), ouvert les week-ends et vacances scolaires. Fermé en janvier. Entrée payante.

L'AUDE

C'est un quadrilatère protégé par de grosses tours circulaires. Quelques salles vides dont certaines conservent des vestiges médiévaux. Une déclaration d'utilité publique a permis à la commune de racheter le monument pour le restaurer entièrement et lui rendre son éclat d'antan. Visite d'environ 1 h, animée d'audioguide et de vidéos fort bien faits, où sont interprétées des scènes historiques. L'histoire du dernier des cathares (Bélibaste) nous montre un « parfait » capable de désirs charnels (concubinage) et de coups de sang (homicide volontaire). Parfaitement !

★ *L'église Saint-Étienne :* voir l'étonnant retable composé de 8 panneaux en bois peint.

★ *Dans le village :* pont Vieux, vestiges des portes et des remparts, maisons des XVIᵉ et XVIIIᵉ siècles.

Fête

– *Fête médiévale :* en été, tous les deux ans. Grande fête avec marché traditionnel, fête de rue, musiques, récits, reconstitution de scènes historiques, débats, joutes, repas campagnard et spectacle nocturne. Se renseigner à la mairie ou auprès de l'ADAM pour avoir les dates.

Aux environs

★ *Le château de Termes :* ☎ 04-68-70-09-20. À 12 km à l'ouest de Villerouge (D613 puis D40 au col de Bedos). Ouvert tous les jours ; de 10 h à 17 h d'octobre à avril, de 10 h à 18 h en mai, juin et septembre, et de 9 h 30 à 19 h 30 en juillet et août. Entrée : 20 F. Véritable nid d'aigle, cette citadelle cathare du XIIIᵉ siècle se rendit après un siège de quatre mois, ses courageux occupants ayant été vaincus par la soif et la dysenterie ! Mais les ruines bien pittoresques de la double enceinte et du donjon central, qu'on peut arpenter aujourd'hui, semblent dater du XIVᵉ siècle. S'équiper de bonnes chaussures (ascension difficile) et surveiller les enfants pour raison de sécurité.

LAGRASSE (11220)

Au cœur des Corbières, à mi-hauteur de Narbonne et Carcassonne. En venant de Narbonne, 40 km par l'autoroute puis la D613. Ancienne capitale des Corbières, Lagrasse est une toute petite ville médiévale superbe : vieux pont, ruelles charmantes, vieilles halles de toute beauté... et sa fameuse abbaye.

Adresse utile

🏠 *Syndicat d'initiative :* 6, bd de la Promenade. ☎ 04-68-43-11-56. Ouvert en été et pendant les vacances scolaires, de 10 h 30 à 12 h 30 et de 15 h à 19 h.

Où dormir ? Où manger ?

â *Camping municipal Boucocers :* route de Lézignan, au sud du village. ☎ 04-68-43-10-05. Fax : 04-68-43-10-41. Ouvert de mars à octobre. Une cinquantaine d'emplacements, bien équipés, avec une vue imprenable sur le village. De plus, bon marché.

â Demander la liste des *gîtes* à la mairie.

â |●| *Les Trois Grâces :* 5, rue du Quai (dans le village). ☎ et fax : 04-68-43-18-17. Une petite auberge, des chambres d'hôte et un gîte tout ce qu'il y a de plus sympa. Ambiance simple et conviviale. Les jeunes qui officient ici y sont pour beaucoup. Cuisine simple. Menus de 70 à 120 F. Chambres modernes et dépouillées, avec des couettes bien épaisses. Doubles à 200 F, petit déjeuner à 30 F. Gîte à 60 F. Une bonne adresse. Apéritif offert à nos lecteurs.

Où dormir ? Où manger aux environs ?

â |●| *Le Clos des Souquets :* av. de Lagrasse, 11200 Fabrezan (à 10 km au nord-est de Lagrasse par la D212, route de Lézignan). ☎ 04-68-43-52-61. Fax : 04-68-43-56-76. Fermé le dimanche soir et de novembre à mars. 5 chambres en tout et pour tout, mais une petite merveille à s'offrir. La famille Julien passe l'hiver dans les Caraïbes, et ça se voit dans la décoration des chambres, comme dans les plats servis autour d'une des deux piscines. La double de 285 à 380 F (2 chambres appelées Antilles et Provençales, avec jardin privé et piscine pour elles deux). Superbe petit menu à 100 F (salade méridionale, bonne et vraie pizza, fromage blanc au miel). Prenez celui à 145 F pour goûter au colombo d'agneau. Très bon carpaccio de poisson ou de viande, mais l'idéal reste encore le poisson grillé du jour.

À voir

★ *L'abbaye :* ☎ 04-68-58-11-58. Visite de 10 h 30 à 12 h 30 et de 14 h à 18 h 30 (19 h en été), à l'exception du dimanche matin ; entre octobre et mars, ouverte de 14 h à 17 h. Entrée payante.

On ne devine pas son âge en découvrant son aspect extérieur, sans grand charme. Pourtant, l'abbaye Sainte-Marie-d'Orbieu a plus de 12 siècles ! Fondée sous la protection de Charlemagne, elle connut un développement rapide qui en fit longtemps l'une des abbayes les plus prospères du Midi de la France. Du XIIIᵉ au XVIIIᵉ siècle, les 64 abbés qui s'y succèdent participent activement à la vie politique et religieuse du sud du pays. Ayant décliné comme beaucoup de ses consœurs à la Révolution, l'abbaye est désormais privée, classée monument historique. On visite, dans l'ordre, le *palais abbatial* (XVIIIᵉ siècle), le *cloître* en grès rose de la même époque (style un peu lourd), une *tour préromane* (Xᵉ siècle), un grand *dortoir* du XIIIᵉ aux arcs magnifiquement conservés, représentant une coque de vaisseau renversé, une *chapelle* au beau carrelage vernissé, les vieux *celliers,* l'*église* (XIᵉ au XVᵉ siècle), etc. En fin de parcours, panorama depuis le sommet de la tour sur le village...

★ *Le pont Vieux :* belle arche légèrement bombée, du XIIᵉ siècle, reliant l'abbaye au village.

L'AUDE

★ *Dans le village :* grande halle du XIVᵉ siècle. Belles poutres et imposants piliers. Quelques vestiges des anciens remparts disséminés, comme la porte de l'Eau, la tour de Plaisance, etc.

★ Rendre visite à la *Coopérative des producteurs de vin,* à l'angle de la Promenade et de la route du camping.

Aux environs

★ De charmants villages à découvrir au gré de promenades pédestres, cyclistes ou motorisées. Parmi ceux-ci, citons *Fabrezan (11200)* ou *Ferrals-les-Corbières (11200),* aux places et toitures écrasées de soleil, aux vieilles églises modestes et belles. À Ferrals, halte sympathique au café du village, place de la République, où se trouve également une petite brocante (*La Brocante de Ferrals,* ☎ 04-68-43-50-65, ouvert tous les jours de 10 h à 20 h), tenue par Sylvie et Anne (salut les filles !) et où les chineurs pourront dénicher qui une carafe de bistrot des années 50, qui un guéridon 1930, qui un bon bouquin...

LÉZIGNAN-CORBIÈRES (11200)

Bourg assez étendu, entre Corbières et Minervois et à mi-chemin de Narbonne et Carcassonne, traversé par la N113 et desservi par l'autoroute des Deux Mers, Lézignan-Corbières ne présente par ailleurs pas d'intérêt touristique majeur. On y trouve cependant quelques bonnes adresses, et un intéressant *Musée de la Vigne et du Vin.* C'est en outre une halte assez proche du canal du Midi.

Où dormir ? Où manger ?

🛏 🍽 *Hôtel Le Tassigny - Restaurant Le Tournedos :* rond-point de-Lattre-de-Tassigny. ☎ 04-68-27-11-51. Fax : 04-68-27-67-31. Fermeture annuelle la 2ᵉ semaine d'octobre ; hôtel fermé le dimanche soir ; restaurant fermé les dimanche soir et lundi. Banale à l'extérieur, conviviale à l'intérieur, la maison est d'abord connue pour son restaurant, *Le Tournedos,* fréquenté par les gens du pays. Menus à 74 F (sauf dimanche), 112 et 135 F. Spécialités copieuses du chef, Pierre, qui n'est ni maigre ni triste. Chambres impeccables avec bains, à 240 F la double.

Où manger aux environs ?

🍽 *Les Dinedourelles :* impasse des Pins, 11200 Escales (à 7 km au nord-ouest de Lézignan, direction Olonzac puis à gauche la D127 vers Escales). Sur le haut du village. ☎ 04-68-27-68-33. Fermé le lundi et le mardi midi hors saison, et de novembre à février. Un bon esprit anime cette jeune adresse, au cadre insolite et plaisant, à la cuisine généreuse et originale, assez sucré-salé. Avez-vous jamais mangé un feuilleté de selle d'agneau au sucre roux et au zeste de citron dans un tonneau (vous, dans le tonneau, pas le feuilleté) ? Vous le pourrez ici, où l'on trouve ce mets dans le menu à 89 F, précédé d'une salade folle (force melon et pastèque) et suivi (par exemple) d'une carbonade flamande, de fromage local et d'un dessert, et où l'on peut s'attabler dans un foudre, tonneau de 10 000 litres (6 personnes) ; ou, si l'on préfère, en amoureux sur une charrette (2 personnes). Chouette terrasse également, sous les pins, avec panorama sur la Montagne Noire. Autres menus à 120 et 155 F. Hors saison, le vendredi soir 2 ou 3 fois par mois, soirée-spectacle : chanson française, jazz, contes, théâtre...

À voir

★ *Le musée de la Vigne et du Vin :* 3, rue Turgot (en face de la gare). ☎ 04-68-27-07-57. Ouvert tous les jours de 9 h à 12 h et de 14 h à 19 h. Entrée libre. Intéressant musée sur le vin et ses techniques de fabrication du début XIXe à la première moitié du XXe siècle. Exposition de cuves à vin, charrue sulfureuse, etc. Salle consacrée au transport des vins sur le canal du Midi et de la Robine. Centre de recherche sur la viticulture. Visite du domaine viticole et de son petit musée sur le thème des 200 ans de la viticulture. Dégustation de vin à la fin de la visite.

LE NARBONNAIS ET LA CÔTE

De Narbonne à la frontière séparant l'Aude des Pyrénées-Orientales, le routard découvre avec surprise une côte plutôt bien préservée. Et, sauf les stations balnéaires de Port-la-Nouvelle ou Port-Leucate, très bétonnées mais circonscrites à quelque 5 ou 10 kilomètres de littoral, ce sont de vastes étendues de plages séparant la mer d'une multitude d'étangs où nichent flamants roses et vieux villages de pêcheurs. Venez vite avant que le béton n'ait tout dévoré !

NARBONNE (11100)

Mille ans avant notre ère, Narbonne était une halte sur la route allant de Marseille vers l'Espagne. Les Romains en firent leur capitale, commandant toute la région – d'ailleurs appelée Narbonnaise. D'une ville grise, triste, aux maisons de torchis, le génie architectural de la Rome toute-puissante transforma Narbonne en un port magnifique. Place commerciale de premier ordre, port important, industrie drapière florissante, l'âge d'or dura du VIIIe au XIVe siècle. Le port détruit, Narbonne se retrouve brutalement isolée, entourée de vase, frappée par la peste. Abandonnée par ses habitants survivants, elle était promise à une destruction certaine. Mais Louis XII en fait une place forte, édifiant remparts et tours avec les pierres des monuments romains et détruisant ainsi un témoignage unique de la période la plus faste de la ville. Son rôle militaire s'achève à la signature du traité des Pyrénées. La frontière s'éloignait et la menace aussi.

Aujourd'hui, quelque peu endormie, la vieille cité a la nonchalance d'une sous-préfecture de province. Bien qu'étant la première ville du département en nombre d'habitants, culture et divertissements paraissent manquer ; mais le voyageur prendra plaisir à flâner dans les quartiers populaires et le long du romantique canal de la Robine.

Adresses utiles

◼ *Office du tourisme* (plan B2) : place Salengro ; face à la Maison vigneronne. ☎ 04-68-65-15-60. De février à juin, la mairie organise d'intéressants « week-ends du patrimoine ». Informations au service culturel de la mairie, ☎ 04-68-90-30-66.

🚋 *Gare S.N.C.F.* (plan C1) : av. Carnot, au nord-est du centre-ville. ☎ 08-36-35-35-35 (2,23 F/mn).

Où dormir ?

– Nombreux *campings* sur la côte (voir plus loin).

▉ *Centre international de séjour* (plan B2, 10) : M.J.C., place Salengro ; à l'angle de la rue Deymes. ☎ 04-68-32-01-00. Fax : 04-68-65-80-20. Adresse postale : B.P. 403, 11104 Narbonne Cedex. Centre moderne et bien tenu, disposant de 82 lits. Sur réservation écrite, mais les routards de passage sont acceptés s'il reste de la place (pas souvent en été : mieux vaut téléphoner). On y trouve foyer TV, distributeurs et salle polyvalente. 66 F la nuit en dortoir (3 à 5 lits), avec douche. Très bien pour les couples : les chambres du 2ᵉ étage n'ont que 2 lits, avec douche et w.-c., pour 85 F. Le petit déjeuner est inclus dans les deux cas. Pour ceux qui ont aussi un petit creux, on peut y manger.

▉ *Hôtel de France* (plan C3, 11) : 6, rue Rossini. ☎ 04-68-32-09-75. Fax : 04-68-65-50-30. Dans une rue tranquille à côté des halles, cette jolie maison du début du siècle dispose de chambres propres et assez confortables. Doubles à 135 F avec cabinet de toilette. De 220 à 240 F avec douches, w.-c. et TV. Accueil simple et cordial.

▉ *Hôtel Le Régent* (plan D2, 12) : 50, rue de la Mosaïque et 15, rue de Suffren. ☎ 04-68-32-02-41. Fax : 04-68-65-50-43. Un petit hôtel familial, propre et sans prétention, pratiquant des prix raisonnables. Doubles à 220 F avec douche et TV, et à 240 F avec douche ou bains, w.-c. et TV également, mais beaucoup plus spacieuses. Remise de 10 % à nos lecteurs, de décembre à avril inclus. Beaucoup de charme, de simplicité et de gentillesse.

Prix moyens

▉ *Hôtel du Lion d'Or* (plan D1, 13) : 39, av. Pierre-Sémard. ☎ 04-68-32-06-92. Fax : 04-68-65-51-13. Fermé de mi-octobre à Pâques et le dimanche hors saison. Tout près de la gare S.N.C.F. Petit 2 étoiles que la même famille tient depuis 1936. La dame est sommelière (4ᵉ au concours européen de dégustation d'armagnac, beau résultat) et on la surnomme dans la région « mamie Alambic » ! Toutes les chambres sont à 220 F, avec salle de bains et w.-c. ; certaines ont la télé. Literie et déco un peu fatiguées cependant. 10 % de remise sur présentation du guide, sauf en juillet et août.

▉ *Will's Hôtel* (plan C1, 14) : 23, av. Pierre-Sémard. ☎ 04-68-90-44-50. Fax : 04-68-32-26-28. Dans l'avenue en face de la gare. La belle façade de cette maison bourgeoise transformée en hôtel met en confiance. L'accueil amical du patron conforte cette impression. Chambres rénovées, propres, aux couleurs pastel, sans grande originalité. Prix raisonnables. Doubles à 180 F avec lavabo et bidot, de 200 F à 220 F avec douche, w.-c. et TV, et à 250 F avec bains, w.-c. et TV.

Plus chic

▉ *La Dorade* (plan B2, 15) : 44, rue Jean-Jaurès. ☎ 04-68-32-65-95. Fax : 04-68-65-81-62. Dans le quartier historique, superbe maison rose surplombant le canal. Fondée en 1648, la première hostellerie de la ville hébergea Louis Bonaparte (le frère de l'autre), les reines d'Espagne et de Hollande et quelques princes... L'hôtel offre des chambres spacieuses et correctement équipées. Prix raisonnables : de 250 à 300 F la double. Accueil un peu nonchalant tout de même. Pour nos lecteurs, remise de 10 % sur le prix de la chambre... en fonction du remplissage de l'hôtel et de votre sourire. C'est-à-dire que si l'hôtel est bien rempli, ce n'est pas évident d'avoir la réduc, même en souriant. Et s'il est vide mais que vous ne souriez pas bien, pas évident non plus. Conclusion : apprenez à sourire et venez en février.

Où manger ?

Bon marché

|●| *L'Estagnol* (plan C3, *20*) : 5 bis, cours Mirabeau. ☎ 04-68-65-09-27. Fax : 04-68-32-23-38. Fermé le dimanche hors saison. Une brasserie sans surprise. Cuisine de bonne facture à prix raisonnables. Menus de 60 F (le midi) à 128 F. Pour ceux qui veulent manger rapidement en toute simplicité. Terrasse en été et chauffée en hiver. On y croise parfois Charles Trenet, Michel Serrault ou les Deschiens qui viennent y dîner après le théâtre. Apéritif offert à nos lecteurs.

De prix moyens à plus chic

|●| *Le Petit Comptoir* (plan B2, *21*) : 4, bd du Maréchal-Joffre. ☎ 04-68-42-30-35. Fax : 04-68-41-52-71. Service jusqu'à 22 h. Fermé le dimanche et le lundi hors saison, ainsi que les 15 premiers jours de février et de juin, et une semaine fin novembre. Autant réserver car ce resto-bistrot est devenu à la mode grâce à son cadre plaisant, son patron enjoué toujours attentif au choix de ses produits. Menus à 98, 128 et 168 F. On y trouvera, entre autres, une salade tiède au thym, une tarte Tatin à la tomate et au miel, un tournedos de canard en écrin de sel... Mais il y a du changement chaque semaine en fonction des arrivages et de l'humeur du chef (c'est ce que le patron appelle « la cuisine spontanée »). Une bonne petite adresse.

|●| *Aux Trois Caves* (plan B3, *22*) : 4, rue Benjamin-Crémieux. ☎ 04-68-65-28-60. Ouvert toute l'année. Un vrai décor de cinéma, dès l'entrée, qui nous plonge dans une ambiance médiévale. En fait, la salle est installée dans d'anciennes caves romaines. La cuisine n'a rien à envier au cadre. Menus de 99 à 230 F portant les noms des mousquetaires. Caille sur lit de chou aux lardons fumés, cassoulet de Saint-Jacques et de gambas, et des escargots à la narbonnaise superbes. Accueil chaleureux de Robert Garrigue, sommelier de son état. Apéritif offert à tous les routards (sur présentation du *G.D.R.*) et le digestif à volonté à tous les clients ! Sa cave n'est pas mal et les prix demeurent raisonnables.

Où boire un verre en écoutant de la musique ?

▼ *Les 1000 et 1 Notes* (plan A2, *30*) : 21, av. des Pyrénées. ☎ 04-68-41-05-74. Un café concert qui mise sur la qualité et invite de bonnes formations musicales. Chaque weekend, les vendredi et samedi soir, jazz, blues ou musique expérimentale. Le seul établissement du genre dans le département. Entrée : 50 F, boisson comprise.

Où dormir ? Où manger aux environs ?

▲ |●| *Le Mas de la Berchère :* route de Carcassonne, à Montredon. ☎ 04-68-41-20-57. Fax : 04-68-41-26-60. Fermé le lundi. Bâtisse du

NARBONNE

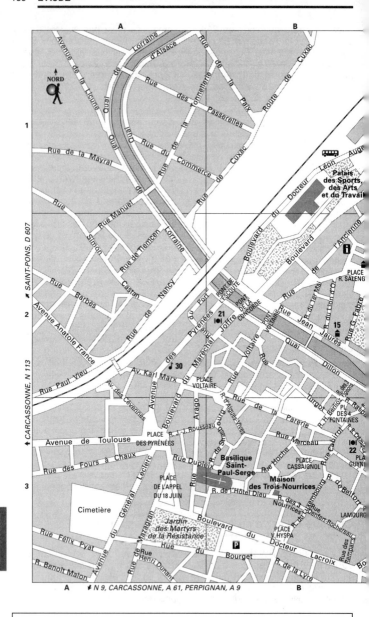

NARBONNE

A · N 9, CARCASSONNE, A 61, PERPIGNAN, A 9 · B

■ **Adresses utiles**

â Office du tourisme
♒ Gare SNCF
🚌 Gare routière
✉ Poste

â **Où dormir ?**

10 Centre international de séjour
11 Hôtel de France
12 Hôtel Le Régent
13 Hôtel du Lion d'Or

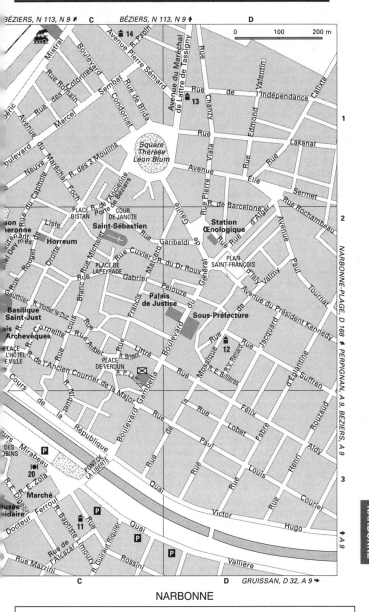

NARBONNE

XVIIIe siècle au milieu des pins. Chambres agréables avec bains, à 240 F. Quelques problèmes d'entretien cependant, durant la saison 98. Piscine au milieu des bâtiments. Menus de 75 à 190 F. Bien bonne cuisine, d'ailleurs couronnée d'une Casserole d'Or au concours Logis de France Pyrénées 1998 (et une casserole d'or sur la tête, c'est toujours mieux qu'un entonnoir !). Apéritif offert à nos lecteurs.

|●| *Auberge la Potinière :* 1, rue des Arts, 11110 Vinassan (5 km à l'est de Narbonne par la D68). Au cœur du village. ☎ 04-68-45-32-33. Fermée le mercredi (sauf le soir en saison) et le samedi midi, ainsi que 3 semaines en janvier-février. Une petite auberge au cadre coquet et au service attentionné, où le chef compose une savoureuse cuisine régionale. Premier menu « Daudet » à 89 F : soupe de poisson, volaille fermière aux cèpes et lardons, fromage et mousse au chocolat (à la cuillère) ; le suivant, dit « Pagnol » (139 F), comporte poisson et viande (saumon à la provençale, rosette d'agneau au miel). Un bon rapport qualité-prix. Une trentaine de couverts seulement : prudent de réserver.

|●| *L'Os à Moelle :* 88, av. Jean-Jaurès (route de Salles-d'Aude), 11110 Coursan (7 km au nord-est de Narbonne par la N9). ☎ 04-68-33-55-72. Fax : 04-68-33-35-39. Fermé le dimanche soir et le lundi (sauf en juillet et août). À 7 km par la N9. Maison particulière sans vraiment de charme. Salle plus cossue et bien décorée. Tout l'intérêt de l'endroit réside dans sa cuisine. Menus de 112 à 192 F. Terrine de foie gras fourré aux figues, croustillant de fruits frais et sa crème légère. Dans les deux derniers menus, on vous offre un... avant-dessert (petite fraîcheur de mandarines, crème catalane). Accueil charmant.

À voir

Sur l'une des rives du canal de la Robine, un grand quartier contient à lui seul la quasi-totalité des curiosités de la ville : la basilique Saint-Just, son cloître et ses jardins, le palais des Archevêques, ses musées, ses donjons et son hôtel de ville.

Des visites guidées sont organisées tous les jours du 15 juin au 15 septembre et sur rendez-vous hors saison. 5 visites à thèmes par jour (de 1 h ou 2 h) en passant notamment par le palais des Archevêques, la cathédrale Saint-Just, l'Horreum, la basilique Saint-Paul, l'église Notre-Dame-de-la-Mourguié et le Musée lapidaire – ce dernier comportant un très important fonds gallo-romain. Permet d'avoir un point de vue sur la ville. *Renseignements :* service culturel de la mairie, ☎ 04-68-90-30-66.

★ *La cathédrale Saint-Just :* ouverte de 9 h 30 à 12 h 15 et de 14 h à 18 h (Dieu se couche tôt à Narbonne !). Commencée au XIIIe siècle, elle ne fut jamais achevée, à l'exception de son chœur. Ce qui ne se voit pas du premier coup d'œil, à moins d'être un spécialiste. Les consuls de la ville s'opposèrent à la poursuite des travaux au XIVe siècle pour éviter la destruction d'un rempart romain. L'histoire leur donna raison d'une certaine manière, le rempart ayant protégé Narbonne des Anglais par la suite... D'un style gothique déjà proche du flamboyant, la basilique est néanmoins une belle réussite, à commencer par sa voûte, l'une des plus hautes de France après celles d'Amiens, Beauvais et Metz. Dans le chœur : orgue somptueux, couvert d'angelots-musiciens, maître-autel dessiné par Mansart et belles stalles...

Dans les *chapelles,* vitraux du XIVe et très riche mobilier. Celle du Sacré-Cœur nous plaît bien. On y voit une statue en marbre blanc du XVe, aux traits d'une grande pureté, magnifique quand les bougies l'éclairent. En face, le tombeau d'un cardinal, au dais de pierre finement sculpté et peint

(XIVᵉ siècle). Du même côté, un couloir conduit à la *salle du Trésor :* de mi-septembre à mi-juin, ouverte de 14 h 15 à 16 h, fermée les lundi et mercredi ; de mi-juin à mi-septembre, ouverte tous les jours de 9 h 30 à 11 h 30 et de 14 h à 17 h 30. Sa voûte en brique lui donne une curieuse résonance qui lui a valu le nom de salle acoustique. On y trouve d'admirables raretés comme cette tapisserie de soie tissée d'or (fin du XVᵉ siècle), cette plaque en ivoire du IXᵉ, des pièces d'orfèvrerie, des livres enluminés, un coffret en cristal, etc.

★ *Le cloître :* de la fin du XIVᵉ siècle, il est assez mal conservé à part ses gargouilles sculptées. D'un côté, les jardins, de l'autre, le pittoresque passage de l'Ancre qui sépare le palais Neuf du palais Vieux.

★ *Le palais des Archevêques :* en deux parties, l'une du XIIᵉ et l'autre du XIVᵉ siècle. Cette dernière abrite le *Musée archéologique* et le *musée d'Art et d'Histoire.* Du 2 mai au 30 septembre, ouverts de 9 h 30 à 12 h 15 et de 14 h à 18 h ; du 1ᵉʳ octobre au 30 avril, de 10 h à 12 h et de 14 h à 18 h. Fermés le lundi en hiver. Entrée payante. Les salles d'archéologie renferment des antiquités préhistoriques mais surtout gallo-romaines, trouvées à Narbonne. Le musée d'Art est installé dans les anciens appartements des Archevêques (qui ne vivaient apparemment pas dans le dénuement prêché par le Christ !), où s'installèrent Louis XIII – pendant le siège de Perpignan –, puis Louis XIV. Leur chambre possède un magnifique plafond à caissons. Au sol, une belle mosaïque romaine et, aux murs, de très académiques tableaux du XVIIᵉ siècle. La grande galerie se distingue par sa collection de pots à pharmacie en faïence de Montpellier. Un peu partout, des tableaux italiens et flamands, mais rien de sensationnel. Dans la chambre à coucher, très beau mobilier Louis XV. Dans le cabinet de travail, un immense Tintoret. D'autres salles encore mais les toiles les plus importantes sont dans le grand salon : Rigaud, Boucher, Oudry, Greuze, etc.

★ *Le donjon Gilles-Aycelin :* dans la cour d'honneur du palais Neuf, face à l'entrée du Musée archéologique. Belle tour du XIIᵉ siècle érigée par un archevêque soucieux d'affirmer son pouvoir... Depuis le sommet, panorama sur la ville et les environs.

★ *La place de l'Hôtel-de-Ville :* la mairie est installée dans une partie du palais Neuf mais la façade fut refaite au XIXᵉ siècle par Viollet-le-Duc (qui n'avait pas le meilleur des goûts). Trois donjons médiévaux se dressent de chaque côté. Très chouette : le tracé de l'ancienne voie domitienne a été dégagé sur le parvis de l'Hôtel de Ville, formant une belle excavation archéologique, bien mise en valeur par son écrin de marbre.

★ De la place, remonter la *rue Droite,* piétonne et très animée, pour pénétrer dans les vieux quartiers.

★ *L'Horreum :* rue Rouget-de-Lisle. Ouvert de 9 h 30 à 12 h 15 et de 14 h à 18 h. Fermé le lundi de début octobre à mi-mai. Cet entrepôt romain est le seul monument antique conservé par la ville, ce qui est tout de même un comble quand on sait l'importance qu'elle eut pour les Romains. Longtemps enterrées, les longues galeries de l'Horreum (« grenier » en latin) ne furent explorées qu'au début du siècle. Les recherches ne sont d'ailleurs pas terminées tant cette cave, autrefois située sous un marché, semble immense. L'Horreum, monument unique en son genre, reste assez mystérieux : on n'en connaît toujours pas la fonction. Un peu trop monumental et ornementé pour avoir été un simple entrepôt, il n'a pas non plus figure de temple... Bref, on se pose des questions. Visite intéressante, et bien agréable en été (fraîcheur constante). Dans les nombreuses petites cellules jouxtant les galeries, des bustes, des masques, des frises et des plaques sculptées font revivre toute une Antiquité enfouie. L'atmosphère qui règne dans ce dédale de pierre est tout à fait étrange.

À voir encore

★ **La Maison vigneronne :** face à l'office du tourisme. Ancienne poudrière (XVIIᵉ siècle) convertie en musée du vin. Expos temporaires.

★ **L'église Saint-Sébastien :** rue Michelet (parallèle à la rue Droite). Édifiée au XVᵉ siècle, elle étonne dans ce quartier un peu à l'abandon. Façade assez émouvante et beaux tableaux à l'intérieur. Dédiée au célèbre martyr, l'église serait, paraît-il, construite à l'emplacement de sa maison natale.

★ **La basilique Saint-Paul-Serge :** de l'autre côté du canal, dans le quartier de Bourg. Ancienne collégiale romane édifiée sur le tombeau du premier évêque de Narbonne. Selon un poète local, « le vieux clocher de Saint-Paul est l'âme de Narbonne ». L'intérieur, et notamment le chœur (du XIIIᵉ siècle), étonne par ses dimensions. Riche mobilier : tapisseries d'Aubusson, retables, reliques, tableaux, grandes orgues, sarcophages, etc. À noter, le « bénitier à la Grenouille » qui inspira une amusante légende : troublant une messe de ses coassements hérétiques, la pauvre bête fut pétrifiée sur place ! À voir aussi, la crypte paléochrétienne (s'adresser au sacristain). Cette nécropole du IXᵉ siècle recèle d'intéressants sarcophages, dont l'un est considéré comme le plus vieux de la Gaule chrétienne.

★ **L'ancienne église Notre-Dame-de-la-Mourguié :** du pont de la Liberté, remonter le boulevard du Docteur-Ferroul et tourner à droite. L'église du XIIIᵉ siècle, désaffectée, héberge le musée lapidaire de la ville. Plus de 1 000 pièces y sont rassemblées : souvenirs de l'époque romaine, fragments de sculptures médiévales, stèles, sarcophages, autels, statues, etc.

Aux environs

★ **Le massif de la Clape :** entre Narbonne et la mer, le massif de la Clape se parcourt à pied ou à vélo ; des routes secondaires le traversent également, passant par de pittoresques villages. Le massif est un site naturel au relief étonnant (gorges, falaises, chaos de pierres blanches) qui abrite une flore et une faune riches et singulières : essences méditerranéennes (pin d'Alep, pin parasol, quelques chênes verts ou kermès, genêts et pistachiers) et de belles plantes qui fleurissent en avril-mai : orchidées, tulipe sauvage, genévrier... On y trouve aussi une centaurée acaule unique au monde : la *corym bosa,* qui, certainement, fait bon ménage avec les criquets – dont trois espèces sont également uniques au monde.
Au nord du massif, entre Saint-Pierre-sur-Mer et Fleury, se trouve le *gouffre de l'Œil-Doux,* spectaculaire et formant une piscine naturelle, mais *achtung !* : plusieurs disparitions d'imprudents, mystérieusement happé par le gouffre, tels, on imagine, des insectes pris dans le tourbillon d'une baignoire. Affreux ! Les corps n'ont jamais été retrouvés...

NARBONNE

NARBONNE-PLAGE (11100)

À 15 km de la ville par la D168, jolie route au paysage de pins et de pierraille, de plus en plus sauvage à mesure que la mer approche. La plage s'étend en ligne droite sur plusieurs kilomètres, malheureusement bordée de maisons récentes sans aucun charme.
On y trouve les activités et loisirs habituels : plongée, voile, pêche, golf, parc d'attractions et le *parc Aquajet* (route de Gruissan). ☎ 04-68-49-92-25. Ouvert du 15 avril au 15 octobre, de 10 h à minuit. Restaurant.

Où dormir ?

≜ *Camping-caravaning munici-
pal La Falaise :* à l'écart de la plage.
☎ 04-68-49-80-77. Fax : 04-68-49-
40-44. Fermé d'octobre à fin mars.
Très bien équipé (c'est un 4 étoiles)
mais fait vraiment trop camp de vacances... Près de 350 emplacements.
≜ *Camping Côte des Roses :*
route de Gruissan. ☎ 04-68-49-
83-65. Fermé d'octobre à fin mars.

Dans des marais encerclant un la-
gon et une plage. Immense (plus de
800 emplacements). Là aussi, pour
ceux qui aiment vraiment la foule !
De plus, pas vraiment bon marché.
≜ *Camping Le Soleil d'Oc :* route
de Gruissan. ☎ 04-68-49-86-21.
Fax : 04-68-49-30-55. Fermé de novembre à mars. Presque le plus humain, il n'y a que 210 emplacements.

GRUISSAN (11430)

À 10 km au sud de Narbonne-Plage. Gruissan apparaît entouré du miroite-
ment des eaux des étangs peuplés de flamants roses. Le vieux village possède un cachet extraordinaire avec ses maisons couleur de terre brûlée par
le soleil, aux toits rouges. Il est construit sur un plan circulaire et semble
encore sous la protection du château de Barberousse. Un « tribunal des
prud'hommes pêcheurs » et le *Café de la Paix,* siège du club de rugby,
achèvent de conférer au lieu toute son authenticité. Voilà pour le côté paradisiaque de l'endroit ! En 1963, l'État ayant décidé de « mettre en valeur le littoral du Languedoc-Roussillon », les promoteurs investirent les lieux. On
creusa une marina et Port-Gruissan sortit de terre. L'ensemble n'est certes
pas très joli d'un point de vue architectural, mais on a vu pire. Ambiance
chaude en juillet et août.

Adresse utile

🛈 *Office du tourisme :* palais des
Congrès, av. de Narbonne. ☎ 04-68-
49-03-25. Fax : 04-68-49-33-12.
Hors saison, ouvert tous les jours
sauf dimanche, de 9 h à 12 h et de

14 h à 18 h ; en saison, tous les jours
de 9 h à 13 h et de 15 h à 19 h. Personnel compétent et dévoué. Bonne
documentation sur Gruissan et sa
région.

Où dormir ? Où manger ?

≜ |●| *Hôtel-restaurant Corail :*
quai du Ponant, Port-Gruissan.
☎ 04-68-49-04-43. Fax : 04-68-49-
62-89. Fermé en novembre, décembre et janvier. Sans surprise.
Chambres modernes, bien équipées
et propres. Préférer celles donnant
sur le port. Doubles de 340 à 430 F
suivant la saison, avec bains et
w.-c., bien équipées. On y dort bien
et on y mange correctement. Menus
de 92 à 178 F mettant le poisson à

l'honneur. Terrasse agréable. Service attentionné. L'équipe de Jean-
Jacques Beinex s'est arrêtée ici pour
tourner *37,2° le matin.* Apéritif offert
à nos lecteurs.
|●| *La Ferme Landaise :* bd de la
Corderie (face à la cave coopérative). ☎ 04-68-49-45-00. De fin juin
à mi-septembre, ouvert tous les
jours ; hors saison, le vendredi soir,
le samedi et le dimanche midi.
Fermé de janvier à fin mars. On

vient nombreux dans ce restaurant aux tables assez rapprochées, pour le foie gras et les confits de canard qui sont la spécialité maison. Copieux menu à 95 F, et d'autres menus jusqu'à 195 F. Petite terrasse également.

|●| Le Lamparo : 4, rue Amiral-Courbet (vieux village, en bordure d'étang). ☎ 04-68-49-93-65. Fermé les dimanche soir et lundi (sauf en juillet et août), 1 semaine début octobre et 3 semaines en janvier. Un bon restaurant spécialisé dans les poissons et crustacés, à prix raisonnables. Salle bien propre, tables rondes et nappes saumon, et quelques tables en terrasse face à l'étang. Redoutable menu à 99 F : huîtres rôties au magret de canard, filet de daurade grillé et sa tapenade d'olive, fromage puis truffé au chocolat. Rien à redire, sinon merci. Le midi, formule rapide à 78 F (plat, fromage ou dessert et verre de vin). Autres menus à 145 et 180 F.

À voir

★ **La tour Barberousse :** tout ce qu'il reste d'un château médiéval. On y monte par un étroit escalier taillé dans le rocher (accès depuis le centre du village). Panorama admirable sur les étangs, le massif de la Clape et les Corbières. On remarque mieux d'ici la disposition du village, construit en rayons concentriques. Remarquer également la belle couleur des maisons : terre pour les murs, ocre pour les tuiles. Un sentier contourne la colline, à travers pins et broussailles.

★ **Les chalets de la plage :** vers 1850, sous Napoléon III, les bains de mer deviennent un phénomène de société. Les Narbonnais qui pouvaient se le permettre viennent alors en masse à Gruissan et se mettent à construire des petites baraques en bois. Habitations de vacances, ces chalets n'ont jamais eu la vocation de maisons de pêcheurs. Le port était près du village et chacun vivait de son côté. À la fin juin, les familles préparaient leur installation à la plage pour échapper à la fournaise de la ville. Une véritable expédition. On emmenait les lits, un fourneau, du bois, des récipients pour l'eau... Les hommes partaient les premiers pour remettre en état les habitations, le reste de la famille suivait peu après. En 1899, un violent coup de mer emporta tout, le canal aménagé devint un centre touristique apprécié. On construisit à nouveau des « baraques ». La plage était belle, le rivage peu profond et nombre de familles y passaient leurs vacances sans eau ni électricité. Après la guerre, l'activité touristique prit de l'ampleur. Et dans les années 60, on comptait plus de 1 300 chalets. Aujourd'hui, ils ont l'eau et l'électricité, mais parfois la mer reprend ses droits en inondant les rues. L'endroit servit de décor au film de Jean-Jacques Beinex, *37,2° le matin.*

★ **Le cimetière marin :** à 4 km au nord, direction Notre-Dame-des-Aouzils. Une allée de cyprès monte vers ce sanctuaire où les tombes sont vides. On a donc affaire à des cénotaphes. Pas de corps ici, les marins de Gruissan ont tous disparu en mer. Inscriptions émouvantes sur les dalles. On parvient ensuite à la chapelle. Ne pas manquer les peintures de G. Deboul, de J. Charron, ainsi que le socle de l'autel. Beau panorama sur la région. À l'intérieur, amusants ex-voto de marins : petits tableaux, maquettes, remerciements des pêcheurs ayant eu des difficultés en mer.

Manifestation

– **La fête des Pêcheurs :** le 29 juin. Messe spéciale, procession puis bénédiction en mer des filets !

Où trouver quelques bons petits vins ?

Depuis plus de deux millénaires, on élève du vin à Gruissan. Une tradition bien implantée et quelques bonnes surprises.

– *Domaine de l'Oustalet :* dans le vieux village. ☎ 04-68-49-23-32. Ouvert tous les jours. En saison, de 9 h à 13 h et de 17 h à 20 h; hors saison, de 10 h à 12 h.

– *Château Bel Évêque :* sur l'île Saint-Martin. ☎ 04-68-49-26-91. Le domaine de Pierre Richard. Ouvert tous les jours de 10 h à 13 h et de 16 h à 20 h en saison.

L'ABBAYE DE FONTFROIDE

À 15 km au sud-ouest de Narbonne. Prendre la A9 (sortie Narbonne-Sud) puis la N113 direction Carcassonne, et enfin la D613. ☎ 04-68-45-11-08. Fax : 04-68-45-18-31. Visites guidées tous les jours; du 10 juillet au 31 août, de 9 h 30 à 18 h; du 1er avril au 9 juillet et du 1er septembre au 31 octobre, de 10 h à 12 h et de 14 h à 17 h; du 1er novembre au 31 mars, de 10 h à 12 h et de 14 h à 16 h. La visite dure une bonne heure; départ toutes les 30 mn en saison. Entrée payante.

L'une des plus belles abbayes de l'Aude, dans un site enchanteur et sauvage, propice à la prière et au calme. Fondée au XIe siècle, elle prospéra pendant les XIIe et XIIIe siècles, donnant un pape, quelques cardinaux, et essaimant d'autres abbayes. Ses biens furent vendus après la Révolution, puis la propriété devint privée au début du siècle. La restauration est une réussite et la visite ne déçoit pas, grâce à de jeunes guides très compétents.

Où manger ?

|●| *La Bergerie :* abbaye de Fontfroide. ☎ 04-68-41-86-06. Fermé en décembre, janvier et février. Installés dans l'ancienne bergerie de l'abbaye, grand bâtiment à belle charpente, deux restaurants : l'un « bistrot », ouvert le midi, avec des menus de 84 F (sauf week-end) à 140 F et un plat du jour à 45 F; l'autre « gastro », ouvert le soir sauf le lundi, proposant des menus de 170 à 350 F. On a essayé le bistrot, et c'était correct. Cuisine méditerranéenne proprement réalisée et service professionnel. Une bonne halte déjeuner avant ou après la visite de l'abbaye.

À voir

★ *L'ancien réfectoire :* pour sa superbe voûte.

★ *La cour Louis-XIV :* bâtiment du XIIIe, fronton du XVIIe siècle.

★ *Le cloître :* de la première moitié du XIIe siècle. D'une élégance rare avec ses colonnettes géminées en grès et en marbre de Caune, finement sculptées. Voûte du XIVe. Les larges tympans des arcades permettent un meilleur éclairage des galeries, qu'apprécieront les photographes.

★ *L'église abbatiale :* édifiée au XIIe siècle. La grâce touchante des proportions parfaites, la chaude couleur de ses pierres, contrastent admirablement avec la nudité austère des lieux. La voûte en berceau brisé de 20 m de haut en fait l'une des plus hautes abbayes cisterciennes de France. Des messes et des chorales y sont encore données.

★ **Le promenoir :** à l'étage. Dominant le cloître, sa terrasse lui sert en fait de toit. Sa déclivité servait à récupérer l'eau de pluie.

★ **Le dortoir des frères :** splendide grâce à ses tons ocre, orangés, roses. Beaux coffres espagnols du XVIIe siècle. Le silence y était obligatoire. Les frères n'avaient d'ailleurs le droit de s'adresser la parole qu'un quart d'heure par jour !

★ **Le cellier :** construit en partie dans la roche. Ses dimensions rappellent qu'il y avait 300 bouches à nourrir...

★ **La cour d'honneur :** étonne par son faste, plus habituel dans un château.

★ **La roseraie :** inaugurée pendant l'été 90, elle a déjà reçu un prix. Plus de 2 000 rosiers joliment disposés autour d'un bassin.

L'ÎLE SAINTE-LUCIE

À une quinzaine de kilomètres au sud de Narbonne. Accès par le canal de Robine, à Port-la-Nouvelle. S'arrêter à l'écluse de Mandirac. Autrefois nommée Cauquène, l'île Sainte-Lucie fut une zone de troc importante dès l'Antiquité. En dépit de ce riche passé, elle est aujourd'hui isolée dans les étangs narbonnais. Végétation particulièrement exubérante : plus de 300 plantes et fleurs, dont un tiers d'espèces rarissimes. Une demi-journée de marche suffit pour en faire le tour.

BAGES (11100)

À 10 km au sud de Narbonne. Prendre la N9, direction Perpignan, et tourner à gauche dans la D105. On longe les étangs avant d'apercevoir les habitations à flanc de coteau. Se promener dans le vieux village en empruntant la rue du cadran solaire. On débouche en contrebas sur le petit port de pêche, tout en surplombant les toits des maisons recouverts de lichen. Un lieu touchant et pittoresque, miraculeusement préservé du syndrome « plagification ». À visiter par un matin ensoleillé...

Où manger ?

|●| *La Table du Pêcheur :* rue de l'Ancien-Puits. ☎ 04-68-41-02-34 ou 04-68-41-15-11. Fax : 04-68-41-29-41. Fermé le mardi soir et le mercredi. En hiver, ouvert du vendredi soir au lundi midi. Restaurant-brocante tout ce qu'il y a de plus charmant. Déco de charmant bric-à-brac. Vue sur l'étang. Beaucoup de poisson et de crustacés qui vont directement de la mer à l'assiette après un petit séjour en cuisine. Menus de 100 à 200 F. Une spécialité : les gambas sauce citron. Délicieux !

Un peu plus chic

|●| *Le Portanel :* au cœur du village. ☎ 04-68-42-81-66. Fermé le dimanche hors saison et le lundi, ainsi que pendant les vacances de la Toussaint. *Le Portanel* est une adresse discrète, aux deux petites salles claires (par les fenêtres, vue sur l'étang qu'on domine) et élégantes. Produits de la mer (que Didier Marty, le patron-pêcheur, a pris dans ses filets) et cuisine finement travaillée sous la conduite de Rose-

mary son épouse. Nous avons tâté le menu à 120 F, « Autour de l'étang » : mousse de crabe en mise en bouche, capuccino de *cranquet* (quel délice !), gougeonnette de *lessou* au jus de coriandre et endivettes, puis une pâtisserie maison parfaite. Autres menus à 98 F (sauf week-end), 130, 158 et 195 F. Spé-cialité d'anguilles dans un formidable menu à 220 F, où on les déguste en sept plats successifs (sautées, « au vert », à la narbonnaise, en bourride, en civet, etc.) avant de conclure par un « dessert des garrigues ». Service aimable et diligent. Une halte gastronomique valant le détour.

De Bages à la réserve africaine par les étangs

Prendre la D105, direction Peyriac-de-Mer. On longe alors une étroite bande de terre bordée à droite par les marais salants, à gauche par les étendues d'eau de Bages et Sigean. Magnifique, surtout quand les mouettes et les colonies de flamants sont de la partie.
À Peyriac, prendre la N9 direction Sigean. La réserve africaine est indiquée.

LA RÉSERVE AFRICAINE DE SIGEAN (11130)

☎ 04-68-48-20-20. Minitel : 36-15, code CITEL. Ouverte tous les jours, de 9 h à 18 h 30. Entrée payante (et pas donnée : 98 F).
L'un des rares « espaces de liberté » pour animaux en France, sur 200 ha de garrigues et d'étangs. Créée en 1974 à l'initiative de Paul de La Panouse et de Daniel de Monfreid, la réserve accueille désormais plus de 1 200 oiseaux, 300 mammifères et 150 reptiles, dont de nombreuses espèces en voie de disparition : ara Macao, autruche, éléphant d'Asie, âne de Somalie, rhinocéros blanc, ours du Tibet, tortue grecque, etc. Outre ces bébêtes devenues rares (on ne se demande plus à cause de qui...), le site choisi fait tout l'intérêt des lieux, avec sa végétation de type quasi africain et son superbe étang peuplé de flamants roses, rouges et blancs, de hérons, pélicans, oies sauvages, cygnes, etc.
À voir également, les différents parcs dominant l'étang et menant à la « plaine africaine ». On y trouve dromadaires, éléphants, zèbres, guépards, girafes, impalas, wallabies, cochons du Vietnam... Ainsi que nombre d'oiseaux, paons et autres en totale liberté. Tout ce petit monde a l'air bien traité, il faut le reconnaître. L'espace et le soleil doivent aider, on n'est pas à Vincennes !
En revanche, les parcs à ours, à rhinocéros blancs et à lions font assez pitié. Ils ne se visitent qu'en voiture (ou dans la navette gratuite de la réserve) et les dispositifs de sécurité ne se laissent pas oublier. Dommage.

L'AUDE

SIGEAN (11130)

Tranquille et pas trop envahie de touristes, l'ancienne ville étape de la voie romaine Domitienne (ralliant Nîmes aux Pyrénées) possède de vieilles rues pittoresques...

Adresses utiles

◻ *Syndicat d'initiative :* place de la Libération, dans le musée des Corbières (fouilles archéologiques, outils agricoles, etc.). ☎ 04-68-4814-81. En été, ouvert tous les jours de 10 h à 12 h et de 17 h à 19 h ; en hiver, les mardi et vendredi matin de 10 h à 12 h.

■ *Cercle nautique des Corbières :* base nautique de Port-Mahon. ☎ et fax : 04-68-48-44-52. De la voile pour tous ! Pas mal de possibilités pour les gamins.

Où manger aux environs ?

|●| *L'auberge du Vieux Puits :* 11360 Fontjoncouze. ☎ 04-68-44-07-37. À une vingtaine de kilomètres à l'ouest de Sigean, dans les Corbières. Aller à Portel-des-Corbières ; de là, prendre la D611 direction Thézan (Ferrals), tourner à gauche au hameau de Montplaisir ; Fontjoncouze est à 5 km de là. Tenue par Gilles Goujon, meilleur ouvrier de France, et par son épouse Marie-Christine, épouse du meilleur ouvrier de France, voici une auberge de charme, au cœur d'un village perdu et beau des Corbières. Menus de saison à 160 et 230 F, le premier s'avérant excellent : tartelette au poivron et aux anchois, cochon de lait aux pois, chèvre à l'huile d'olive et à la purée d'olives noires, puis une étonnante et bonne glace au pain d'épice, accompagnée de mignardises... Un grand repas donc, et un service à la hauteur, soigné et en smoking mais pas guindé. Déco de bon goût itou.

À faire. À voir

– Une *promenade* sympa si l'on a du temps : l'étang et Les Cabanes. Prendre la direction Port-la-Nouvelle à la sortie de Sigean. À la fabrique de tuiles, prendre le chemin de gauche vers la S.I.V.O.M. Continuer tout droit à travers les vignes. Le hameau *Les Cabanes* est en contrebas. Au milieu des marais, une poignée de descendants de pêcheurs tente d'y survivre. Décor de fin du monde : barques peintes éventrées, vieux filets, carcasses de voitures, maisons dévastées... Au bord de l'étang, des traînées blanches laissées par les salins. Le calme plat de l'étang, percé du cri des mouettes, ajoute à la désolation des lieux une touche poétique. Voici le dernier authentique village de pêcheurs...

– Se renseigner pour les *balades en bateau* vers les îles.

★ *Le château Lastours :* 11490 Portel-des-Corbières. ☎ 04-68-48-29-17. En pleine garrigue, un château situé en bordure de la voie Domitienne. Les propriétaires, d'abord vignerons, proposent des virées en 4 x 4 et une cuisine conçue pour faire chanter les vins. Les allergiques aux 4 x 4 ont tout de même 800 ha de garrigue à leur disposition pour se balader. Les veinards !

★ *Le musée des Corbières :* à l'office du tourisme (mêmes horaires). Musée d'archéologie principalement, présentant urnes funéraires, amphores, poteries, outils et bijoux divers, trouvés en partie lors des fouilles de *Pech de Mau*. Ces témoignages anciens (phéniciens, grecs, étrusques, romains et gallo-romains), s'il ne sont pas toujours en parfait état, n'en sont pas moins remarquables.

Aux environs

★ *Terra Vinea, les caves Rocbère :* chemin des Plâtrières, 11490 ***Portel-des-Corbières*** (à 6 km au nord-ouest de Sigean). ☎ 04-68-48-64-90. En juin, juillet et août, ouvert de 10 h à 20 h avec visite toutes les 30 mn ; en avril, mai et septembre, de 10 h à 12 h et de 14 h à 18 h 30, avec trois ou quatre visites par jour ; le reste de l'année, ouvert de 10 h à 12 h et de 14 h à 17 h, visite à 15 h 30. Visite payante, 30 F. Une visite de caves assez originale, puisqu'il s'agit d'anciennes mines de gypse reconverties en chais. Longues, larges et fraîches galeries bordées de fûts millésimés, des centaines de barriques qui pourraient soûler plusieurs régiments pendant plusieurs années. Quelques mises en scène : villa gallo-romaine modestement reconstituée, expo de matériel de viticulture, topos vineux (« Le vin est la plus saine et la plus hygiénique des boissons », *dixit* Louis Pasteur, hips !)... On termine par une dégustation (bien chiche : nous n'avons pas eu droit au vin pétillant, malgré notre demande). Enfin, disons qu'on regrette surtout d'avoir à payer pour voir des caves, ce genre de visite étant aussi (et avant tout) promotionnel.

LEUCATE (11370)

À 15 km au sud-ouest de Sigean. N9 puis D27. Il y a Leucate-Village et Leucate-Plage, isolés sur leur presqu'île, entre la mer et un énième étang, immense et recouvert de planches colorées l'été. La plage de sable s'étend à perte de vue de Cap-Leucate à Port-Leucate. À notre avis plus intéressante que celle de Narbonne. Moins de monde en saison. Et puis il y a les huîtres !

Adresses utiles

▣ *Syndicat d'initiative :* rue de Dour, 11370 Port-Leucate. ☎ 04-68-40-91-31.

■ *Location de V.T.T. :* place Nicolas-Martin, Leucate-Village.

Où dormir ? Où manger ?

▲ *Camping municipal :* Leucate-Plage. ☎ 04-68-40-01-37. Fax : 04-68-40-09-36. Ouvert à l'année. Un 2 étoiles de 250 emplacements. Forfait 2 personnes, électricité comprise : 80 F. Alimentation à l'extérieur.

|●| *Le Clos de Ninon :* 12, av. Francis-Vals, Leucate-Village. ☎ 04-68-40-18-16. Fermé le lundi, et en décembre. Grande salle qui consacre la rencontre électrique d'une déco avant-gardiste et d'une bâtisse typiquement rustique, spécialisée dans les grillades. Le midi en semaine, menu à 79 F : buffet de hors-d'œuvre, plat du jour, fromage ou dessert. Pour 119 F, cinq plats dont un poisson, fromage, dessert, etc. Pas cher non plus à la carte : douzaine d'huîtres de Leucate à 55 F, moules à 50 F, viande... ou, pour les plus joueurs, les gambas au pastis à 85 F. Menu gourmet concocté par Alain, le fils de Ninon, à 198 F avec salade de Saint-Jacques, cassolette de moules, magret de canard au miel ou au grenache. Ou encore la très abordable assiette Neptune à 85 F (fruits de mer). Le service est impeccable.

L'AUDE

FITOU (11510)

Vieux village de type provençal, aux toits devenus ocre jaune sous l'action conjuguée du lichen et du soleil...

Où manger ?

|●| *La Cave d'Agnès :* 29, rue Salamo ; en haut du village. ☎ 04-68-45-75-91. Fermé le mercredi, et d'octobre à fin mars. Dans une ancienne cave à vin au décor rustique, simple et de bon goût, vous serez accueilli avec beaucoup de gentillesse par une Écossaise expatriée en Pays cathare, section vinicole. Toujours bondé. Forcément, c'est copieux et délicieux. Menus à 115 et 150 F, et carte « retour de marché ». Grand buffet de hors-d'œuvre et charcuterie locale, lapin aux cèpes de vigne et quelques petits vins bien agréables. En dessert, notable mousse au miel de romarin.

Où manger aux environs ?

|●| *Le Lézard Bleu :* rue de l'Église, 11540 Roquefort-des-Corbières. ☎ 04-68-48-51-11. Ouvert de juillet à fin septembre. Suivez le lézard, il vous conduira à la porte de cette adresse placée sous le signe bleu. Promis, on ne voit pas d'éléphants roses ! Porte bleue, murs bleus... et des peintures modernes aux murs. Patronne gentille et passionnée qui vous mitonnera de bons petits plats, surtout à base de canard. Foie gras, confits, magrets et un canard à l'orange fin et délicieux. Menus à 95 et 130 F. En sortant, on se dit que la France recèle vraiment des petits trésors. Pensez à réserver.

À voir

★ Monter au *château* de pierre qui a fêté ses 1 000 ans en 1990 : beau point de vue sur les maisons, les collines et la mer. Le château, retapé tant bien que mal, abrite un resto cher et banal, ouvert seulement le week-end. ☎ 04-68-45-65-92.

★ De l'autre côté de l'autoroute, *Port-Fitou,* petite station de loisirs axée sur les possibilités offertes par l'étang de Leucate. À quelques kilomètres seulement, la frontière avec le département des Pyrénées-Orientales et, juste derrière, la magnifique forteresse de Salses (voir « Aux environs de Perpignan »).

LE CANAL DU MIDI

Remarque introductive : nous avons regroupé ici quelques haltes du canal du Midi sur un tronçon d'une quarantaine de kilomètres, de Trèbes (Aude) à Poilhes (Hérault) – sorte de trait d'union entre les deux départements. Mais pour les autres villes où passe le canal du Midi en Languedoc-Roussillon (Castelnaudary, Carcassonne, Béziers, Agde, Sète), on se reportera aux chapitres les concernant.

Le plus grandiose monument du Midi se trouve-t-il à Toulouse, à Sète, à Carcassonne ou à Béziers? Réponse : partout. De Toulouse à l'étang de Thau serpente une voie verte coupée de 64 écluses, 55 aqueducs, 7 ponts canaux (!) et 126 ponts en dos d'âne. Un ouvrage si remarquable et unique qu'il est, depuis 1996, classé par l'Unesco au Patrimoine mondial de l'humanité, au même titre que la Grande Muraille de Chine ou le château de Versailles! Imaginez 240 km d'une route liquide sous un frais tunnel de platanes, paressant parmi les vergers et les vignes, traversant des cités 3 étoiles, enjambant les fleuves d'un jet d'aqueduc et se haussant du col par des accolades d'écluses (jusqu'à huit à la fois) aux ovales gracieux... Détail : tout le canal du Midi est dessiné Grand Siècle. « On y voit le pays autant et mieux qu'en diligence », s'exclamait Stendhal dans son coche d'eau, tiré par trois chevaux. Un demi-siècle avant, l'agronome anglais Arthur Young en était resté éberlué : « C'est là le plus beau spectacle qu'il m'ait été donné de voir en France. Louis XIV, tu es vraiment un grand roi! ».

Lorsque Pierre-Paul Riquet, surintendant des gabelles, vient présenter le projet, c'est tout juste si Colbert ne le traite pas de farfelu. En revanche, le Roi-Soleil, qu'aucun travail colossal ne fait sourciller, trouve l'idée séduisante; 12 000 hommes sont engagés pour creuser à la pelle le canal, pendant 14 ans. Ils capteront les ruisseaux de la Montagne Noire (idée géniale et pari de Riquet qui, en enfant du pays, avait remarqué le débit constant de ces ruisseaux, et pensé, envers et contre tous, qu'ils suffiraient à alimenter le canal), et bichonneront des ouvrages de Titan. Le Trésor royal est asséché par Versailles et les guerres? Riquet met la main à la poche, puis dans celle de sa femme : leurs descendants mettront 40 années à rembourser les créanciers.

Dès l'ouverture, en 1681, c'est la ruée. La première liaison Atlantique-Méditerranée va transformer la région. De Toulouse à Sète (ville née du canal!), on ne voyage plus qu'en bateau. Relais, chapelles et maisons closes s'agglutinent le long du canal. Riquet avait vu grand.

Location de house-boats

Si, depuis 1988, l'activité commerciale a totalement cessé, de nombreuses compagnies proposent des croisières de 2 à 7 jours entre *Trèbes* et *Marseillan*. Départs possibles de Castelnaudary et Port-Cassafière. Bon à savoir : les tarifs de location (de 2 à 12 personnes) sont deux fois moins élevés en basse saison.

■ *Quiztours :* bassin de la Villette, 19-21, quai de Loire, 75019 Paris. ☎ 01-42-40-81-60. Fax : 01-42-40-77-30. On embarque à bord d'un confortable bateau de *Crown Blue* Line au départ de Castelnaudary ou de Port-Cassafière, pour une aventure fluviale de 6 km à l'heure. À vous la vie itinérante des mariniers au rythme des écluses et ponctuée d'escales touristiques : Carcassonne, Puichéric et le château de Saint-Annay, Homps, Argens, Argeliers, Nissan-lez-Ensérune. Puis on franchit le tunnel de Malpas et on navigue jusqu'à Béziers que l'on découvre du haut de l'impressionnante échelle de 7 écluses de Fonsérannes. Enfin, c'est l'arrivée à l'étang de Thau. Et vogue le navire...

■ *Crown Blue Line :* Port-Cassafière, 34420 Portiragnes. ☎ 04-67-90-91-70. Le Grand Bassin, 11400 Castelnaudary. ☎ 04-68-94-52-72.

■ *Connoisseurs Cruisers :* 7, quai d'Alsace, 11100 Narbonne. ☎ 04-68-65-14-55 ou 03-84-64-95-20.

■ *Luc Lines :* Port-Minervois, 11200 Homps. ☎ 04-68-91-24-00. Balades à la journée, la demi-journée, avec possibilité de dégustations de vins au caveau de Jouarre (Minervois).

■ *Béziers Croisières :* Port-Neuf, 34500 Béziers. ☎ 04-67-49-08-23. Croisières à la journée ou la demi-journée.

Juin ou septembre sont les meilleurs mois. Partir si possible à quatre : il y en a toujours un sur la berge qui fait son jogging (il va plus vite que le bateau !), deux aux manœuvres pour passer les écluses, et le dernier à la barre. C'est tout de même jouable à deux, les éclusiers et les voisins donnent souvent un coup de main.

Conduite très facile, sans permis. On découvre dans le calme, à travers les voûtes de platanes, un paysage superbe.

LE CANAL DU MIDI DE TRÈBES À MARSEILLAN

★ TRÈBES (11800)

D'origine romaine, le village fortifié est, au Moyen Âge, un poste avancé de Carcassonne. Belle église Saint-Étienne des XIIᵉ et XIIIᵉ siècles, intéressante par ses 350 corbeaux peints. L'Aude, l'Orbiel et le canal du Midi traversent le village ; on les franchit par des ponts remarquables, notamment un pont à cinq arches en partie romain et un pont-canal construit par Vauban en 1686 permettant de traverser l'Orbiel.

Arriver vers 16 h. Un technicien vous initie et vous explique tous les secrets du bateau : réserve d'eau, moteur, pompe à eau. Parking gardé pour les voitures. Si vous êtes en forme, vous passez vos premières écluses et vous filez vers Marseillette ; sinon, vous pouvez dîner sur place.

★ MARSEILLETTE (11800)

Amarrer après le pont et avant les écluses, puis faire le plein d'eau sur le quai. Jolie vue sur la campagne des terrasses de l'église. Étonnante tour du Télégraphe. Pour ceux qui ont un scooter ou un vélo, direction Peyriac-Minervois et Rieux-Minervois : remparts, églises romanes et caves.

Et si vous voulez avoir l'air branché, réglez-vous sur *Radio Marseillette,* 101.3 (véridique !).

Où dormir ? Où manger ?

🏠 l●l *La Muscadelle :* à l'entrée de Marseillette, sur la droite de la D610 en venant d'Olonzac. ☎ 04-68-79-20-90. Fax : 04-68-79-05-14. Fermé du 10 décembre au 15 février. À 100 m du canal, un hôtel bien tenu et au confort correct. De 170 F la double (avec lavabo et bidet) à 280 F (douche et w.-c.). Climatisation, TV. Un peu proche de la route cependant, préférez les chambres donnant sur le jardin propret, où trône un petit corps de moulin transformé en gîte (cuisine, chambre, salle d'eau, TV ; 2 800 F la semaine). À table, une cuisine généreuse avec, par exemple, un super cassoulet ou un notable civet d'oie aux petits légumes. Menus de 70 à 150 F. Soirées spectacles de temps en temps : Pascal Danel, François Deguelt, Lény Escudero, Nicole Rieu sont des habitués... Apéritif offert à nos lecteurs.

Aux environs

★ Les mardi et vendredi matin, amarrer après l'écluse d'Aiguille pour faire le marché à **Puichéric,** avant de continuer jusqu'à Escales et sa tour. Profitez-en pour voir les originales sculptures sur bois réalisées par l'éclusier d'Aiguille.

🛏 *Château de Saint-Aunay :* 11700 Puichéric. À 3 km du canal du Midi, sur la D610, à 3 km de Puichéric. ☎ 04-68-43-72-20 ou 04-68-43-71-03. Fax : 04-68-43-76-72. Fermé de mi-octobre à mi-avril. 6 chambres d'hôte à 280 F pour deux, petit déjeuner inclus. Domaine viticole. Belle maison à vitraux. Accueil chaleureux. Salle de billard. Piscine. Possibilité d'y prendre ses repas : menus à 140 F, apéritif, vin et café compris. Location de V.T.T. pour se promener le long du canal du Midi.

★ *HOMPS (11200)*

Encore un village traversé par cette belle « route liquide » qu'est le canal du Midi.
Amarrer pour la nuit à Homps, sans oublier le plein d'eau. Attention, les robinets perdent un peu. Beaucoup de bateaux, manœuvres délicates, mais étape incontournable au pied de la tour.

Où dormir ? Où manger ?

🛏 ● *Auberge de l'Arbousier :* route de Carcassonne à Homps. ☎ 04-68-91-11-24. Fax : 04-68-91-12-61. Fermée le mercredi et le dimanche soir hors saison, le lundi en saison, ainsi que 3 semaines en février et en novembre. Juste à côté du canal. Auberge au décor alliant vieilles pierres, poutres apparentes et art contemporain. Un bel endroit avec une terrasse ombragée l'été et des chambres calmes et confortables. Pour un peu, on se croirait dans une chambre d'hôte. Doubles de 230 à 270 F avec bains ou douche et w.-c. Utilisation fine des produits du terroir. Râble de lapin au miel et au citron, filet de rouget à l'huile d'olive... Menus de 85 F (sauf week-end) à 210 F.

● *Restaurant Les Tonneliers :* sur le port. ☎ 04-68-91-14-04. Fermé du 15 décembre au 15 février. À 10 m du canal se tient une bonne maison. On y mange bien, mais sans la vue. Peu importe, le canal est là, tout près... et en tendant l'oreille, on peut presque l'entendre. 4 menus à 80, 98, 125 et 185 F avec quelques spécialités maison comme le saumon mariné au citron, le cassoulet au confit de canard, la tarte Tatin... Le soir, beaucoup de touristes « canalistes ». Beau jardin et terrasse ombragée dès les beaux jours.

Où dormir ? Où manger aux environs ?

|●| *Restaurant du Minervois, Bel :* av. d'Homps, à Olonzac (2 km au nord d'Homps). ☎ 04-68-91-20-73. Fermé le samedi hors saison, et en novembre (à confirmer). Vaste salle rose et vert pâle, éclairage au néon et serveur en Spirou (veste rouge et pantalon noir) ; l'endroit vaut le coup d'œil, le coup de fourchette aussi : très bonne cuisine traditionnelle autour des produits du terroir. Premier menu à 60 F où paraît déjà le savoir-faire du chef et patron dans l'assai-sonnement, la terrine maison ou l'omelette aux fines herbes impeccable. Menus suivants à 105, 125, 155 et 250 F (sur réservation), ce dernier à se casser le ventre et pleurer de bonheur. Riche carte de vins régionaux à bons prix. Une table héraultaise solide et méritante.

☎ |●| Voir aussi nos adresses d'hôtels et restaurants à *Lézignan-Corbières* (Aude) ou vers *Minerve* (Hérault).

Suite de la croisière fluviale

★ À l'écluse de **Pechlaurier,** possibilité d'acheter des fruits et légumes du jardin et de vraies tomates !

★ Amarrer pour la nuit à **Argens.** Faire le plein d'eau et retourner par le chemin de halage, avec une lampe de poche. À Argens, visiter le village, son vieux château, superbe forteresse. Faites un saut à **Lézignan-Corbières** *(11120)* pour visiter le *musée de la Vigne et du Vin* et *Chaix des vignerons.* ☎ 04-68-27-00-36. Du lundi au vendredi de 8 h à 12 h et de 14 h à 18 h, et le samedi de 9 h 30 à 12 h et de 14 h 30 à 18 h 30.

★ Plus d'écluses pendant 54 km. Le paysage se déroule entre les méandres ; échappées sur les vignes, les villages et garrigues. Quelques ponts en dos d'âne étroits, ralentir, centrer, passer plein gaz.

★ À **Roubia** *(11200),* pas d'eau mais une boucherie (attention, elle ferme à midi pile). Des tables en bois sous les arbres, un gril, quelques sarments, une étape bucolique comme on n'en fait plus.

★ Petite halte après Paraza, pour admirer l'aqueduc-pont-canal de Repudre, très étroit.

★ LE SOMAIL (11120)

À peine un village, un gros hameau plutôt, admirablement situé sur le canal du Midi. Notre coup de cœur entre Narbonne et Carcassonne. Bateaux et vedettes fluviales glissent sur l'eau douce, passent sous l'arche d'un vieux pont patiné, surmonté d'une chapelle. Puis ils s'éloignent, grosses puces multicolores sous la voûte des arbres. En été, Manuel Bernabeu et son épouse (chambres d'hôte) en voient défiler en moyenne près d'une cinquantaine par jour ! Car Le Somail vit au rythme, lent et aquatique, du canal. C'est comme ça depuis plus de trois siècles. Rien n'a changé ou presque, sauf bien sûr le château d'eau qui domine le pays : un artiste inspiré l'a totalement repeint à sa manière...

Bref, voilà un bon coin pour passer une nuit, loin des foules de la côte et des embouteillages des autoroutes. Une curiosité : Le Somail compte 200 habitants administrés par 3 communes.

Où dormir ?

🛏 **Chambres d'hôte :** chez Manuel Bernabeu, au port de Somail, 11120 Ginestas. ☎ 04-68-46-16-02. Fermé de début novembre à fin février. C'est la grande maison couverte de vigne vierge près du pont. Construite en même temps que le canal, elle date du XVIIᵉ siècle. On est reçu par un couple très gentil. Mme Bernabeu s'occupe de ses chambres. Propre, spacieux, pas cher : compter 245 F, petit déjeuner à la table des Bernabeu compris. Demander une chambre côté canal évidemment. Garage pour les deux roues et animaux bienvenus. Appartements dans la même maison pour 2 à 4 personnes, bien équipés : 3 200 F la semaine en juillet et août, 2 700 F le reste de l'année.

À voir

Le tour du village est vite fait à pied.

★ **La chapelle-pont :** pendant longtemps, les gens du canal venaient y faire leur prière au cours d'une escale au Somail.

★ **Le musée du Chapeau :** ☎ 04-68-46-19-26. En saison, ouvert du lundi au samedi de 9 h à 12 h et de 14 h à 19 h et le dimanche de 14 h à 19 h ; hors saison, ouvert l'après-midi. Chapeau à celui qui a eu l'idée de réunir autant de chapeaux différents en pleine campagne audoise. 6 500 couvre-chefs exposés, provenant de 85 pays. Peu d'antiquités, les plus anciens datant du siècle dernier. Pourquoi les chapeaux ? Réponse du propriétaire : « Y'en a c'est les timbres, moi c'est les chapeaux ». Imparable !

Aux environs

★ On peut poursuivre jusqu'à **Mirepeisset** *(11120),* charmant petit bourg médiéval.

★ On a le choix entre la descente de la Roubine vers Narbonne et la continuation. Nous proposons cette option. Le passage de Pont-Minervois n'est pas simple, il y a un bras mort, des ponts, du courant et, ô merveille ! de magnifiques pins parasols ; passage technique. Nombreux méandres, à la sortie d'une boucle, juste après le pont d'Argeliers. Amarrer pour faire une halte chez Gillian et André, sous la treille de la maison cantonnière : *Au Chat qui Pêche.* ☎ 04-68-46-28-74. Une cuisine cosmopolite avec *gaspacho, tapas* et un zeste d'humour anglais.

★ À **Capestang** *(34310),* faire le plein d'eau. Marché les mercredi et dimanche matin. Joli clocher de 44 m et belles fenêtres ogivales sur la façade du château.

★ **Domaine de Guéry :** eux, ils sont malins, ils ont même un port pour faciliter l'accostage et permettre la visite de leur propriété vieille de 400 ans. Ne cédez pas trop à la tentation bachique, car l'escale de Poilhes est particulièrement corsée. Nombreux bateaux, virages dangereux. Là aussi l'eau est payante (10 F les 17 mn). On a intérêt à ouvrir grand le robinet et à éviter les fuites. Ridicule statue microscopique de Pierre-Paul de Riquet.

★ *POILHES (34310)*

Où manger ?

Chic

I●I *La Tour Sarrasine :* bd du Canal. ☎ 04-67-93-41-31. Fermé le dimanche soir et le lundi hors saison (lundi midi en saison). Menus à 130 F (vin compris), 168, 235 et 295 F. Cadre très élégant et croustillant de pigeon fourré au foie gras dont nous rêvons encore. Choisissez la table n° 2, avec vue sur le canal du Midi.

À voir

★ *Les ruines romaines* éparpillées dans le village et l'Orme de Sully.

★ Se lever tôt pour avoir le temps de visiter l'*oppidum d'Ensérune.* Pour cela, amarrer juste à l'entrée du tunnel de Malpas. Un sentier puis une route et un raccourci conduisent à ce site gréco-italiote-ibéro-celtique, en bref pré-romain. En contrebas, l'étang asséché de Montady et ses curieux rayons.

I●I Déjeuner rapidement au *château de Colombier :* ☎ 04-67-37-06-93. Fax : 04-67-37-63-11. Fermé en janvier et février. Arriver à midi et partir à 13 h 30, car il faut passer les écluses de *Fonsérannes,* à l'entrée de Béziers, avant 15 h. Menus à 65, 100, 130, 150 et 250 F ; ou carte.

★ Découvrir Béziers et son promontoire est un spectacle extraordinaire mais n'en profitez pas pour harponner les autres. Le pont-canal, l'écluse de l'Orb et celle de Béziers s'enchaînent ensuite rapidement. Amarrer après l'écluse de Béziers pour passer la fin de l'après-midi dans la cité du « ruby ».

★ Après avoir retrouvé la péniche, faire une halte à *Villeneuve-lès-Béziers (34420)* pour son marché puis, 3 km plus loin, après le très étroit pont de Caylus, s'arrêter à la pisciculture pour acheter des écrevisses ou pêcher des truites. On peut les garder dans un linge mouillé jusqu'au lendemain ou les déguster au bord du canal à Port-Cassafière, port privé dans lequel l'eau est gratuite et à volonté.
Les platanes se font rares ; nénuphars et roseaux bordent les rives, les canards sauvages traversent sans regarder. On aperçoit un curieux ouvrage au-dessus du Librou, construit sous Vauban pour maîtriser les eaux de ce petit torrent.

★ Passer la superbe écluse ronde d'*Agde (34300)* et amarrer cette brave péniche sous les arbres. Attention, on n'a pas le droit de descendre l'Hérault. I●I Ce soir vous dînez très, très chic à *La Tamarissière* (voir « Où dormir ? » à Agde).

★ Une seule écluse à *Bagnas.* Avant, à *Prades,* une écluse de garde en général ouverte. Si elle est fermée, c'est un jeu d'enfant de l'ouvrir (tourner les manivelles !). Ne pas attendre l'éclusier, il n'y en a pas !

★ Le parcours se termine en apothéose, entre l'étang de Bagnas et celui de Thau, au milieu des flamants roses et des mouettes. Éviter les parcs à huîtres, heureusement bien signalés. Le chenal, lui, n'est pas indiqué. Pas de difficulté majeure mais, par grand vent, mieux vaut ne pas s'y risquer. On débarque à *Marseillan (34340).*

LE CANAL À PIED OU À V.T.T.

Qui dit canal ne dit pas forcément bateau, et ce canal du Midi, on peut aussi le parcourir à pied ou à V.T.T., le long du chemin de halage. C'est une découverte nouvelle, un rythme différent, un regard autre. Flâner sous les platanes, les frênes, les pins parasols, les micocouliers, les saules, les peupliers, observer les jeux de lumière à la surface de l'eau et les manœuvres des éclusiers... La promenade s'avère délicieuse.

D'Agde à Carcassonne, sur une distance de 126 km, le canal connaît sa portion la plus riche. Les marcheurs les plus résistants mettront environ une semaine pour les parcourir, avec une moyenne journalière de 18 km. Les vététistes, quant à eux, pourront le faire en 4 jours, suivant une moyenne approximative de 31 km par jour.

Mais, pas de panique, le *Routard* attentionné a concocté pour ses lecteurs *5 balades* à moduler selon le courage et les goûts de chacun. Le retour au point de départ pourra se faire en train ou en bus :

1) Des Onglons à Agde (8 km) ;
2) De Béziers à Capestang (19 km) ;
3) Du Somail à Homps-Minervois (21 km) ;
4) De Marseillette à Trèbes (9 km) ou Carcassonne (21 km) ;
5) De Narbonne-Mandirac à l'île Sainte-Lucie par le canal de la Robine (19 km).

Pour éviter les redites, se reporter soit aux pages précédentes (de Trèbes à Marseillan), soit aux villes concernées (Béziers, Agde, Narbonne, etc.) pour les rubriques « Où dormir ? », « Où manger ? » et « À voir ».

★ *BALADE Nº 1*

La pointe des Onglons se situe à 8 km en aval d'Agde et marque la terminaison du canal du Midi. C'est ici, au bord de l'*étang de Thau,* dans ce paysage bas et marécageux, que s'est achevé il y a 300 ans la construction de ce « canal des Deux Mers ».

Pour cette jolie balade qui mène *de l'étang du Bagnas à l'étang de Thau,* mieux vaut partir de la très belle écluse ronde d'Agde.

La réserve naturelle de l'*étang de Bagnas* est gérée par une association qui organise des visites guidées : observation des oiseaux et informations intéressantes sur l'écosystème de l'étang. Visite payante. Renseignements : ☎ 04-67-01-60-23.

Retour en train vers Agde par la petite gare de *Marseillan-Plage.* 4 liaisons par jour.

★ *BALADE Nº 2*

Voici la partie la plus méditerranéenne de la traversée. On part du majestueux pont-canal de *Béziers* pour aller jusqu'à *Colombiers* (8 km), en passant par l'ingénieuse construction des 9 écluses de *Fonsérannes.*

Retour :

– *Transports GIL :* ☎ 04-67-31-14-40. Service d'autocars. 4 liaisons par jour vers Béziers.

🚆 *S.N.C.F. :* gare de Nissan (2 km). 2 ou 3 liaisons quotidiennes vers Béziers.

Pour les plus courageux, poursuivre le chemin vers *Poilhes* (6 km) en passant par le fameux tunnel de *Malpas* (160 m de long). Afin d'éviter les dérapages, nous conseillons aux vététistes de mettre pied à terre. Ensuite, une petite digression vers l'*étang de Montady* s'impose : quitter le chemin de halage et emprunter la petite route en contre-haut sur 1 km (attention, ça grimpe !) Ce curieux étang moyenâgeux a été asséché grâce à des canaux de drainage disposés en étoile. Plus on monte, plus sa forme se précise. Magnifique ! Du sommet, vue admirable sur l'*oppidum d'Ensérune,* les Pyrénées, les bordures du Massif central et la plaine du Languedoc... Les vignes, les cigales, les vestiges d'un passé prestigieux, un petit parfum d'Antiquité et les premières influences de la Méditerranée, voilà de quoi devenir poète ! Redescendre vers le canal et rejoindre *Poilhes,* étape charmante, puis *Capestang* (5 km).

★ *BALADE N° 3*

Dans cette partie, on longe les franges du Minervois et son vin. Parcours agréable et très calme, qui traverse de beaux villages perchés comme celui d'*Argens.* Prendre le temps, ici, d'admirer les jardins fleuris et les jolies maisons d'éclusiers qui se succèdent.
– Pour arriver au *Somail,* 3 liaisons d'autocars par jour au départ de Narbonne. Renseignements : *Transports Michau,* ☎ 04-68-42-06-28.
– Se rendre à *Paraza* (8 km) en passant par *Venténac,* à mi-chemin environ. De Venténac, possibilité de retour direct sur Narbonne, en autocar. 2 liaisons par jour.
Le joli village de Paraza surplombe le canal. À noter que le château du XVIIe siècle fut la résidence de Riquet, le concepteur du canal du Midi, pendant la réalisation des travaux.
De Paraza à Roubia (3 km), retour possible vers Narbonne. Renseignements : *Transports Michau.* ☎ 04-68-42-06-28.
– *De Roubia à Homps* (10 km), vous verrez sur cette portion du canal sans doute les plus belles écluses. Petites maisons pimpantes aux volets peints de couleurs vives, saules majestueux et un véritable feu d'artifice de fleurs multicolores. Au printemps, c'est magique !
Retour vers Carcassonne : service d'autobus *Trans-Aude.* ☎ 04-68-25-13-74. 2 liaisons par jour.

★ *BALADE N° 4*

Cette portion pourrait s'intituler « le canal en majesté », car majestueux, il l'est vraiment ***entre Marseillette et Carcassonne.*** L'eau devient d'un vert profond, la végétation prend de l'ampleur et le chemin de halage des allures d'« allées du roi ».
Sur le chemin, deux superbes ponts-canaux à contempler : celui d'*Orbeil* (1 km avant Trèbes) et celui du *Fresquel* (18 km).
Retour :
– Liaison S.N.C.F. *Carcassonne-Trèbes* fréquente.
– Liaison autocar *Carcassonne Trèbes-Marseillette* dans les deux sens par la *Trans-Aude :* ☎ 04-68-25-13-74.

★ *BALADE N° 5*

Perpendiculaire au canal du Midi, le ***canal de la Robine*** relie Narbonne à Port-la-Nouvelle et s'ouvre sur la Méditerranée. Postérieur dans sa construction et moins grandiose dans sa conception que son illustre « grand frère », le canal de la Robine traverse pourtant, entre Mandirac et Port-la-Nouvelle, un paysage étonnant qui mérite vraiment le détour.
Le joyau de cette promenade est l'***île Sainte-Lucie*** (voir descriptif au chapitre correspondant). À noter que l'île est gérée par le Conservatoire du Littoral, que les chiens et le camping sont interdits, et qu'il y a plein de chouettes balades à faire pour le plus grand bonheur des vététistes ! Vues extraordinaires sur tous les étangs du Narbonnais.

Pour accéder à l'île Sainte-Lucie, plusieurs possibilités :
– départ de *Port-la-Nouvelle* : par le canal (3,5 km) ;
– départ de *Narbonne* : pour les vététistes et les bons marcheurs, cette option est plus intéressante. Pour réduire un tantinet la distance, et pour ceux qui sont véhiculés, possibilité d'arriver en voiture à *Mandirac*. À partir de là, il faut compter 11 km pour atteindre l'île.
Le chemin de halage défile entre les roseaux et les genêts, la bande de terre se resserre tandis que le canal se trouve coincé entre les étangs de *Sigean* et de l'*Ayrolles*. Terre, eau et ciel semblent se confondre, et même la voie ferrée, seul élément de modernité dans cet univers aquatique, sait se faire discrète. Une balade à faire tôt le matin ou plutôt en fin de journée.
Retour de la gare de Port-la-Nouvelle.

L'HÉRAULT

Un amphithéâtre adossé aux contreforts du Massif central, et descendant vers la mer.

Du poulailler, le col d'Arboras, par exemple, un spectacle étonnant s'offre à vous, l'Hérault dans une mise en scène foisonnante : des sites grandioses, des gorges profondes (d'Héric), une montagne blanche (la Séranne).

Au balcon, les garrigues, suivez les sentiers qui mènent à la découverte d'une commanderie perdue, d'une chapelle isolée ou de la somptueuse abbaye de Saint-Guilhem.

À l'orchestre, la plaine et ses vignes émaillées de villages autour de Montpellier. À l'avant-scène, la mer et le littoral, par endroits malheureusement bétonné, mais, ce qu'on sait moins, non construit et préservé à 60 %. De vastes horizons de sable, d'étangs et de lagunes. Un pays entre terre et eau, et que domine Sète, du haut de son mont Saint-Clair.

Terre de contrastes donc – mer et montagne, terroir et pêche –, l'Hérault se partage aussi entre les « deux Sud », Languedoc et Provence, aux cultures bien marquées : cassoulet, occitan et rugby d'un côté, bouillabaisse, caractère provençal et football de l'autre. À cette variété s'ajoute celle de villes à caractère fort, Montpellier la jeune, l'active, Béziers l'authentique, la rude, et Sète l'inclassable, la presque insulaire.

Difficile alors de parler d'identité héraultaise, tant on y trouve de paysages, de figures et d'attraits. Tout de même le soleil et la vigne sont partout présents (même à Sète, sur le lido !), les bonnes tables aussi. Ajoutez-y la Grande Bleue et la belle nature de l'arrière-pays, et vous saurez où passer vos vacances.

Spécial hébergement dans l'Hérault

Il faut signaler une initiative intéressante du Conseil général de l'Hérault qui a eu l'idée de promouvoir une structure d'hébergement originale à des prix imbattables : la chaîne des *Campotels*. Il s'agit de 21 mini-villages situés à l'intérieur ou à proximité immédiate des villages typiques du département. Chaque *Campotel* se compose d'un ensemble de 4 à 18 logements qui ont été construits avec une volonté d'intégration dans l'environnement. Ainsi, par exemple, à Olargues, on peut loger 5 personnes dans un petit appartement pour... 220 F la nuit !

Mais attention, tous les *Campotels* ne se ressemblent pas : certains sont lugubres tandis que d'autres ressemblent à de petits Club Med. C'est pourquoi nous les avons systématiquement visités pour ne signaler que les perles. Soyez à l'affût de ces bons plans. Liste disponible au *Comité départemental du tourisme*, Maison du tourisme, av. des Moulins, 34000 Montpellier. ☎ 04-67-84-71-71 ou 70.

Adresses utiles

■ *Comité régional du tourisme du Languedoc-Roussillon :* 20, rue de la République, 34000 Montpellier. ☎ 04-67-22-81-00. Fax : 04-67-58- 06-10. Ouvert du lundi au vendredi de 8 h 45 à 12 h 45 et de 14 h à 18 h. Le centre névralgique du tourisme dans toute la région. On y

L'Hérault,

ça va vous changer des vacances

Partez au galop, descendez les fleuves, impassible, plongez dans l'eau bleue du Golfe du Lion, soupirez d'aise au creux d'un lit réconfortant. C'est si facile de trouver, même au dernier moment, le nid douillet d'où l'on peut tenter l'aventure.

Photo Lallemand

L' Hérault
en Languedoc

Département Hérault
Conseil Général

Comité Départemental du Tourisme
Maison du Tourisme, Avenue des Moulins
B.P.3067, 34034 Montpellier cedex 1
Tél. 04 67 67 71 71, Fax 04 67 67 71 77
http://www.herault-en-languedoc.com
e-mail : cdt@cdt-herault.fr
C.D.T. Loisirs Accueil
Tél. 04 67 67 71 40, Fax 04 67 67 71 34

Les Chaussures du ROUTARD by A.G.C.

IROQUOIS

ANNAPURNA

OKLAHOMA

VIZZAVONA

KATMANDU

BOTSWANA

Les chaussures du Routard sont distribuées par les chausseurs et en VPC, par la **CAMIF** (téléphone du lundi au samedi de 8 à 20h : 0803 060 060 - web CAMIF : www.camif.fr).

La collection complète et la liste des points de vente sont visibles sur Internet **www.club-internet.fr/routard**

Pour tout renseignement complémentaire :

Tél. +32 71 82 25 00 - Fax +32 71 81 72 50
E-mail : joe.garot.agc@skypro.be

trouve toutes les brochures, toutes les adresses, en somme tout ce qu'il faut savoir sur les cinq départements du Languedoc-Roussillon.

■ *Comité départemental du tourisme de l'Hérault :* av. des Moulins, B.P. 3067, 34034 Montpellier Cedex 1. ☎ 04-67-67-71-71. Fax :

04-67-67-71-77. Dans un quartier excentré (celui des facultés), pas facile à trouver.

■ *Relais départemental des Gîtes de France :* Maison du tourisme, av. des Moulins, B.P. 3070, 34034 Montpellier Cedex. ☎ 04-67-67-71-66. Fax : 04-67-67-71-69.

Animaux emblématiques et traditions

Le bestiaire de l'Hérault vous étonnera. On y rencontre un chameau et des escargots, côtoyant un âne et un bœuf.

– *Le poulain de Pézenas :* la jument du roi Louis VIII, fort belle (non, ce n'était pas Rossinante), tombant malade à Pézenas, le souverain la laissa au gouverneur. À son retour, la jument guillerette l'accueillit avec son poulain. Pour perpétuer la mémoire de cet instant, ô combien émouvant, le roi demanda qu'on construise un poulain que l'on sortirait pour toutes les fêtes publiques. C'est un cheval fait de bois et de cerceaux de châtaigniers, recouvert d'un tissu bleu fleurdelisé. On le sort pour Mardi gras et au mois d'août, suivi de fifres et de tambourins. Estienou et Estieinetto se tiennent sur son dos en souvenir du maréchal de Bassompierre qui aurait transporté une femme de Pézenas en croupe pour lui faire traverser la rivière.

– *Le chameau de Béziers :* Aphrodise, premier évêque de la ville, avait un chameau. Il avait fui les persécutions romaines d'Héliopolis. L'évêque décapité, le chameau fut donné à des pauvres gens avec quelques terres pour le nourrir. À la mort du chameau, le domaine fut affecté à la charité publique. Le chameau sort en avril pour la fête de Saint-Aphrodise. Une tête en bois, le corps couvert d'oiseaux bariolés, il est mené par un guide nommé Papari.

– *L'âne de Gignac :* il sauva la ville, en pleine nuit, car il se mit à braire, alertant les habitants qui purent ainsi repousser les assaillants sarrasins. L'âne Martin ne danse pas, il gambade en essayant de bousculer la foule.

– *Le bœuf de Mèze :* un légionnaire romain du temps de Néron ne possédait qu'un bœuf colossal qui, à lui seul, faisait la besogne de quatre. À sa mort, pour lui rendre hommage, on étendit sa dépouille sur les branches d'un pin. Depuis, une bête en toile est sortie au mois d'août et mugit sur son passage.

– *L'âne de Bessan :* jadis se tenait une foire aux ânes sur le chemin des Ânes. Le plus beau, l'« ase désignat », était promené au son du hautbois. La tradition de sortir un âne en bois couvert d'oiseaux se perpétue, tous les 10 août, et on offre des fleurs au maire et au curé ce jour-là.

– *La procession des escargots de Saint-Guilhem :* la nuit du Jeudi saint, une procession a lieu dans les rues à la lueur de lampes à huile posées sur les façades.

– *Les « Pailhasses » de Cournonterral :* on quitte le règne animal. Le Bayle Pailhas eut l'idée au XIVe siècle d'habiller les habitants de façon effrayante : le corps recouvert d'un sac de jute piqué de buis et de plumes de dinde, une peau de blaireau sur le tête, de quoi dérouter une armée, en l'occurrence celle constituée par les habitants d'Aumelas, un village voisin. Depuis ce jour, le mercredi des Cendres, de jeunes « Pailhasses » se roulent dans la lie de vin et poursuivent les autres avec l'intention de les tacher.

– *La légende des pics Saint-Loup, Saint-Guiral et Saint-Clair :* il était une fois, dans le paisible village de Saint-Martin-de-Londres : Loup, Guiral et Clair, beaux, riches et amoureux de la même belle. Elle se promit au plus vaillant. Les voilà donc partis en guerre ; las, à leur retour, la belle était pas-

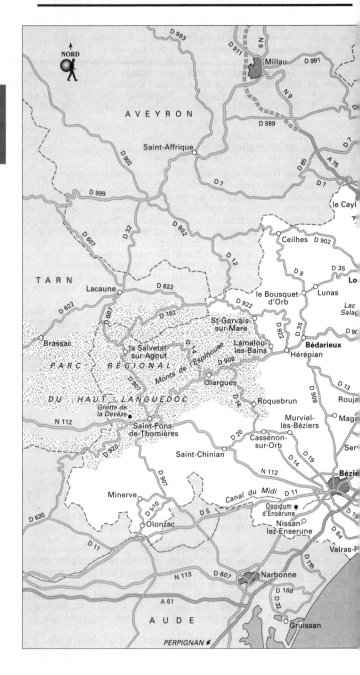

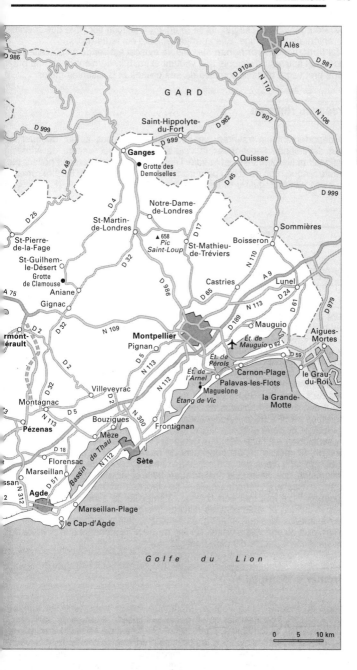

L'HÉRAULT

sée. Pour noyer leur chagrin, ils se réfugièrent chacun sur l'une des collines qui entouraient le village. Elles portent aujourd'hui leurs noms.

– *La bouteille de Frontignan :* le célèbre muscat est vendu en bouteille torsadée, en souvenir d'Hercule qui, voulant extraire la dernière goutte du précieux breuvage, tordit la bouteille de ses divines et puissantes mains.

Présence romaine

Le département est traversé par deux voies romaines autour desquelles s'est développée l'économie : la *voie Domitienne* qui, venant de Nîmes, rejoignait la Narbonnaise ; et la *voie Tegulae* qu'empruntaient les potiers de Graufesenque près de Millau pour transporter vers Nîmes et l'Empire romain les tuiles plates *(tegulae)* et les tuiles canal *(imbrices)*.

MONTPELLIER ET SES ENVIRONS

MONTPELLIER (34000)

Ici, pas de doute : c'est la grande ville. Le chef-lieu de l'Hérault est également la capitale du Languedoc-Roussillon. Surtout, ne vous dites pas « j'y suis passé l'an dernier, je connais ». Faux ! Cette ville change à la vitesse grand V. Elle a plus de 1 000 ans d'existence mais s'est réellement réveillée il y a à peine 35 ans. L'arrivée massive des rapatriés d'Algérie, la concentration administrative (en province aussi ça existe !), les facultés, un maire boulimique, ont fait que la ville s'est très vite affirmée comme le moteur (envié) de toute une région. Et, à part Nîmes et Perpignan, les autres agglomérations du Languedoc-Roussillon ont du mal à suivre...

Il faut dire que les habitants de toute la région voient inévitablement leurs chérubins partir étudier « à la capitale ». Un phénomène déterminant pour Montpellier puisque la concentration d'étudiants (65 000, plus d'un quart de la population !) est l'une des plus fortes de l'Hexagone. Aussi, à part les universités, l'immense centre hospitalier, le barreau, IBM et une multitude de PME *high tech,* vous découvrirez une vraie cité, un centre presque entièrement piéton, une vieille ville chaleureuse, belle et vivante, composée de passages, d'escaliers, d'étroites ruelles, de placettes ombragées, de terrasses reposantes qui font tout son charme. Montpellier la surdouée chouchoute aussi la culture, et rares sont les villes de province qui proposent tant de soirées animées : musique, théâtre, café-théâtre, petites salles de rock. Montpellier, plus qu'une ville à visiter, un lieu de vie. Pas étonnant que nombre de Parisiens aient décidé d'y élire domicile.

Circuler à Montpellier

Attention, obsédé de la voiture, Montpellier saura vous tenir en échec ! Presque tout le centre-ville, qu'on appelle l'Écusson à cause de sa forme, est interdit aux automobiles. Tant mieux. Quel pied de se balader dans les rues en entendant les oiseaux, les cris des enfants et les musiciens ! Si vous êtes en voiture, n'insistez pas, il est impossible de se garer dans le centre. Une seule solution : utiliser l'un des nombreux parkings souterrains très pratiques (mais assez chers) sous le centre, et se munir d'un plan : les rues, même dans la périphérie, sont toutes en sens unique. Un vrai casse-tête chinois. Mais ce choix politique fort a permis de faire respirer la place de la Comédie qui est ainsi devenue, en 1985, l'une des plus grandes places piétonnes de France. Bravo !

Un peu d'histoire

Les experts ne sont pas d'accord sur l'origine du nom. Les hypothèses s'affrontent : Mont du Pastel (une herbe qui servait à fabriquer le bleu), le Mont Pelé, Mons Pessulanus, le Mont Fermé et le Mont Puellarum (des jeunes filles). Cette dernière hypothèse parait crédible : ne dit-on pas que les plus belles femmes de France sont de Montpellier ? (*L'Homme qui aimait les femmes*, de François Truffaut).

Des pastels ou des pucelles, la ville est la plus jeune de ses grandes voisines Nîmes, Béziers et Narbonne. Son acte de naissance se situe vers l'an mille, où le comte de Mauguio donne à un certain Guilhem (prononcer Guilien) un manse (surface agricole pouvant faire vivre une famille) pour services rendus. Un siècle plus tard, la dynastie des Guilhem a fait fructifier son bien de manière étonnante : le manse est devenu une petite agglomération fortifiée qui, à la fin du XIIe siècle, sera englobée avec ses faubourgs dans une nouvelle enceinte, dont le périmètre est précisément celui de ce qu'on appelle aujourd'hui l'*Écusson*.

Montpellier est alors une étape importante sur la route des grands pèlerinages, et le commerce maritime s'effectue par le port de Lattes. Mais elle est aussi une prestigieuse université où l'on enseigne le droit et la médecine grecque. On vient alors de loin pour y travailler (au XIVe siècle, 65 % des étudiants ne sont pas français !) et, plus tard, au XVIe siècle, les illustres Rondelet, Nostradamus et Rabelais y seront formés. Notons que ce dernier fut tenu pour l'un des six plus grands médecins d'Europe, et que, professeur à la faculté, il commentait Hippocrate dans le texte grec. Un cerveau, ce Rabelais ! Plus tard encore, Lapeyronie, chirurgien de Louis XV, étudiera à Montpellier, et, aujourd'hui, la faculté, toujours renommée, reste la plus ancienne au monde encore en exercice.

Mais revenons au Moyen Âge, qui ne fut pas tendre pour Montpellier. En effet, après une longue période prospère jusqu'au XIIIe siècle, où la seigneuresse de Montpellier épouse le puissant roi d'Aragon, les calamités se succèdent. Guerre de Cent Ans, épidémies, rien ne va plus, on meurt par milliers (de 50 000 habitants, la population passe à 15 000 en deux petits siècles). Cependant, ô miracle ! pour conjurer la peste on fit fabriquer un cierge de même longueur que le périmètre des remparts (3 888 m !) : l'épidémie disparut quand il fut brûlé ! Au milieu du XVe siècle, la situation s'améliore un peu, avec notamment Jacques Cœur qui renfloue le commerce ; mais un siècle plus tard, les guerres de Religion briseront cet élan. Trente-neuf églises sont alors rasées, c'est-à-dire toutes sauf la cathédrale Saint-Pierre, si massive qu'elle a résisté.

Le calme et la stabilité reviennent avec Louis XIII, qui reprend la ville en 1622. On reconstruit les églises, on bâtit la citadelle (aujourd'hui lycée Joffre) et le collège de jésuites (aujourd'hui musée Fabre en partie). L'arc de triomphe et la promenade du Peyrou arrivent avec Louis XIV. Noblesse de

robe et bourgeois réaménagent les belles maisons médiévales, les « refaçadent », créant des rues entières d'hôtels particuliers absolument charmantes.

Avec le chemin de fer et la viticulture, Montpellier se développe ensuite tranquillement, comme ses voisines Nîmes ou Béziers, dont elle se démarque subitement avec l'arrivée en masse, dans les années 60, des rapatriés d'Algérie, dont elle favorise l'installation. Ainsi, en 30 ans, la population est passée de 80 000 à 251 000 habitants (350 000 avec la proche banlieue). Un dynamisme dû aussi à ses universités, ses centres de recherche de pointe (médecine, pharmacie, agronomie...).

Aujourd'hui, à côté de la vieille cité bien corsetée dans son Écusson, a germé le Montpellier de l'an 2000, avec ses pôles d'activités technologiques, son Corum, son opéra aussi grand que l'Opéra-Bastille, le quartier d'Antigone néo-gréco-latino-classique, sa superbe piscine olympique et son Port-Marianne (où se trouve la fac de sciences éco Richter et où l'on va construire un futur port...). C'est par là que se développe la ville... vers la mer.

Adresses utiles

❶ *Office du tourisme de la région de Montpellier (plan C2) :* 30, allée Jean-de-Lattre-de-Tassigny (au début de l'esplanade, côté place de la Comédie ; *plan C2*). ☎ 04-67-60-60-60. Fax : 04-67-60-60-61. Ouvert tous les jours de 9 h (10 h les samedi et dimanche) à 13 h, et de 14 h (15 h le dimanche) à 18 h. Réservations d'hôtels, change et boutique de produits locaux. Organise de très bonnes visites guidées du centre historique (cf. « À voir »).

❶ *Offices du tourisme annexes :*
● *Moulin de l'Évêque,* Antigone. Sortie Est de l'autoroute. ☎ 04-67-22-06-16. Ouvert de 9 h à 13 h et de 14 h à 18 h.
● *Rond-point des Prés-d'Arènes.* Sortie Sud de l'autoroute. ☎ 04-67-22-08-80. Ouvert du 15 juin au 15 septembre du lundi au jeudi de 9 h à 13 h et de 15 h à 19 h, et le vendredi de 10 h à 13 h et de 15 h à 19 h.
● *À la gare (plan C3).* ☎ 04-67-92-90-03. Ouvert de mi-juin à mi-septembre du lundi au vendredi de 9 h à 13 h et de 15 h à 19 h.

✉ *Poste :* place Rondelet *(plan B3)* ou place du Marché-aux-Fleurs, face à la préfecture. À Antigone également, rue Léon-Blum.

🚂 *Gare S.N.C.F. (plan C3) :* place Angnoti-Gibert. À 5 mn de la place de la Comédie. Renseignements : ☎ 08-36-35-35-35.

🚌 *Gare routière (plan C3) :* rue Jules-Ferry. Derrière la gare S.N.C.F. ☎ 04-67-92-01-43.

Transports en ville

– *Les calèches :* en bordure de l'Esplanade et de la Comédie, tous les jours de 15 h à 23 h. ☎ 04-67-78-14-14 ou 04-67-60-41-47. On peut faire le tour de la ville ancienne en calèche. Selon la durée, de 50 à 300 F.

– *Vill'à Vélo :* sur l'esplanade. ☎ 04-67-60-82-70. Toute l'année sauf 2ᵉ quinzaine de décembre, de 10 h à 20 h, location de vélos moyennant une caution de 1 000 F et une pièce d'identité, restituées lorsque vous rendez le vélo. Location à l'heure (5 F), à la demi-journée (15 F) ou à la journée (25 F), voire plus longtemps. Mais pas de tarifs dégressifs. Excellente solution pour visiter la ville et ses environs.

– *Le petit train sur pneus :* circule dans le centre-ville et à travers Antigone (25 F le circuit long ; réduction enfants). Départ de la place de la Comédie.

Fonctionne à partir de 14 h. En 45 mn, un chouette aperçu, pour les grands et les petits, de la ville ancienne et de la ville moderne. Le petit train, c'est bien.

– **Petibus :** une ligne de minibus qui circule dans le vieux centre piéton. Cela permet aux fainéants et/ou aux personnes âgées de traverser le centre sans se fatiguer. Passe environ toutes les 5 mn. Payant (billet valable 1 h, 7 F). Fait la jonction avec les lignes SMTU. Le même billet sert pour les correspondances.

– **Taxis :** place de la Comédie ou devant la gare. Ce sont les deux endroits où l'on en trouve le plus. ☎ 04-67-58-10-10 ou 04-67-92-20-20 (24 h sur 24).

Où dormir ?

Ami estivant, ne vous attendez pas à rencontrer une animation débordante en août, car tout le monde a filé au bord de la mer. Est-ce pour cela que la ville est si mal lotie en petits établissements bon marché ? En revanche, en 2 étoiles, choix assez large.

Bon marché

🛏 **Auberge de jeunesse** (plan B1, 10) : rue des Écoles-Laïques. Entrée par l'impasse de la Petite-Corraterie. ☎ 04-67-60-32-22. Fax : 04-67-60-32-30. Ouverte toute l'année (sauf à Noël), de 7 h à 2 h. De la gare, bus n⁰ˢ 2, 5, 14 ou 16; arrêt « Ursulines ». Accueil de 8 h à minuit. 19 chambres et 89 lits en tout, en dortoirs de 2 à 10 lits. Tenue globalement correcte. 82 F la 1ʳᵉ nuit (location de draps obligatoire comprise dans le prix), 66 F les suivantes, petit déjeuner compris (obligatoire). Consigne gratuite. L'été, agréable terrasse-resto ombragée. Plats servis le soir. Bar, baby-foot et billard, ouvert de 18 h à minuit.

🛏 **Hôtel Les Fauvettes** (plan A1, 11) : 8, rue Bonnard. Derrière le jardin des Plantes. ☎ 04-67-63-17-60. Fermé les dernières semaines de juillet et de décembre. Notre meilleure adresse à Montpellier dans sa

🛏 **Où dormir ?**		36	La Crêperie des Deux Provinces
	10 Auberge de jeunesse	37	Restaurant Le Nem
	11 Hôtel Les Fauvettes	38	Isadora
	12 Hôtel des Étuves	39	La Bonne Bouille
	14 Hôtel Floride	40	Le César
	16 Hôtel Verdun-Colysée	42	Fazenda do Brazil
	17 Hôtel Le Mistral	43	La Maison de la Lozère
	18 Les Arceaux	44	Le Ménestrel
	19 Hôtel de la Comédie	45	La Diligence
	20 Citadines Antigone	46	L'Olivier
	21 Hôtel Ulysse	47	Le Jardin des Sens
	22 Hôtel du Parc		
	23 Hôtel du Palais	🍸 **Où boire un verre ?**	
	24 Hôtel Le Guilhem	**Où écouter de la musique ?**	
	25 La Maison Blanche	**Où danser ?**	
		60	Café Bibal
🍽 **Où manger ?**		61	Arts et Buffet
	30 La Posada	62	Pepe Carvalho
	31 La Tomate	63	Le Rockstore
	32 La Table Sainte-Anne	64	Mimi-la-Sardine
	33 Le Bouchon Saint-Roch	65	Le Sax'aphone
	34 Chez Marceau	66	L'Antirouille
	35 L'Image	67	Le Cargo

MONTPELLIER

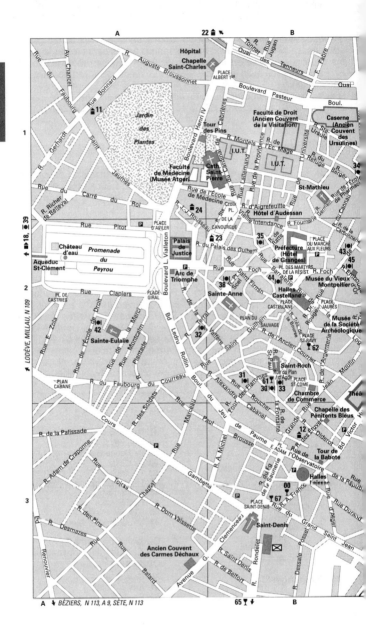

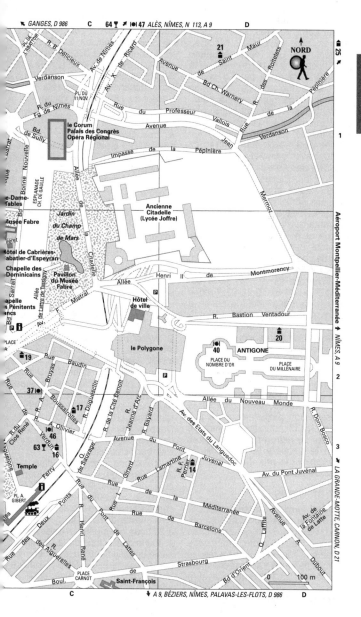

MONTPELLIER

catégorie. L'hôtel le moins cher de la ville, tenu par un couple très gentil. Une petite maison, dans une rue calme. Les chambres, simples mais propres, sont tranquilles, car elles donnent sur une cour intérieure (seulement 2 sur 18 donnent côté rue). On prend le petit déjeuner (22 F) sous une véranda. Beaucoup de jeunes et de moins jeunes y descendent dès les beaux jours. Les prix ? Imbattables : 120 F la double avec lavabo et bidet, 160 F avec douche, 180 F avec douche et w.-c., et 210 F avec bains et w.-c.

≜ **Hôtel des Étuves** *(plan B3, 12)* **:** 24, rue de Étuves. ☎ 04-67-60-78-19. Pas le grand luxe mais un bon sans étoile, propre et gentil. Et des prix raisonnables qui plairont aux routards : 160 F la double avec douche et w.-c., 185 F avec bains. Pas mal dans sa catégorie, et à deux pas de la place de la Comédie.

≜ **Hôtel Floride** *(plan D3, 14)* **:** 1, rue François-Perrier. ☎ 04-67-65-73-30. Fax : 04-67-22-10-83. Proche de la gare, dans une rue calme à deux pas du nouveau quartier d'Antigone. Roland et Fabienne vous accueilleront chaleureusement dans leur hôtel qu'ils viennent de rénover (moquette, TV...). Chambres à 135 F avec lavabo (douche et w.-c. sur le palier), 175 F avec lavabo et w.-c. et 230 F avec douche ou bains et w.-c. On préfère celles qui donnent sur la terrasse. Bon petit déjeuner à prix spécial (15 F) pour les lecteurs du *Routard*. Le patron en est d'ailleurs un de la première heure ! 10 % de réduction sur le prix de la chambre sur présentation du guide.

Prix modérés

≜ **Hôtel Verdun-Colisée** *(plan C3, 16)* **:** 33, rue de Verdun. ☎ 04-67-58-42-63. Fax : 04-67-58-98-27. Donne sur une rue vivante mais pas bruyante. Chambres dans toutes les gammes de prix, refaites récemment et correctes. De 155 F (avec lavabo) à 275 F (bains et w.-c.). Bon accueil.

≜ **Hôtel Le Mistral** *(plan C3, 17)* **:** 25, rue Boussairolles. ☎ 04-67-58-45-25. Fax : 04-67-58-23-95. Fermé du 24 décembre au 2 janvier. Une petite adresse toute simple, proche

de la gare. Les chambres n'ont pas grand intérêt mais si vous êtes quatre, les tarifs sont pratiquement imbattables : 300 F avec douche et w.-c. Sinon, doubles à 225 F avec douche et w.-c., et 250 F avec bains et w.-c. Choisissez les chambres 31, 32, 33, 34, situées au dernier étage. Pour dépanner. Accepte la carte Visa et les chèques de voyage.

Prix moyens

≜ **Les Arceaux** *(hors plan par A2, 18)* **:** 33-35, bd des Arceaux. ☎ 04-67-92-03-03. Fax : 04-67-92-05-09. Derrière la promenade du Peyrou. Une jolie maison avec perron dans un jardin donnant de l'autre côté de l'aqueduc du XVIIe siècle, près des jardins du Peyrou. Atmosphère familiale. Chambres confortables, entièrement rénovées, aux couleurs fraîches et agréables. Doubles avec douche, w.-c. ou bains de 265 à 295 F. Petit déjeuner : 33 F. Au rez-de-chaussée, la chambre n° 302 dispose d'un balcon. Plusieurs chambres peuvent accueillir une troisième personne. Excellent rapport qualité-prix.

≜ **Hôtel de la Comédie** *(plan C2, 19)* **:** 1 *bis*, rue Baudin. ☎ 04-67-58-43-64. Fax : 04-67-58-58-43. À côté de la place de la Comédie. Difficile de faire plus central comme situation. Bon hôtel tranquille, tenu par un monsieur sympathique. Chambres rénovées, propres et accueillantes. Doubles de 275 à 305 F avec douches, w.-c., TV satellite et clim. Une bonne adresse.

≜ **Citadines Antigone** *(plan D2, 20)* **:** 588, bd d'Antigone (donne aussi place du Millénaire). ☎ 04-67-20-70-70. Fax : 04-67-64-54-64. Réception ouverte de 7 h 30 à 21 h 30 en semaine, de 8 h à 12 h et de 14 h à 20 h les week-ends et jours fériés. À 300 m de la place de la Comédie, dans un bâtiment du quartier moderne dessiné par Bofill. Des studios et des appartements, avec services hôteliers à la carte (change de linge, ménage, petit déjeuner, etc.). 280 F la studette, 330 F le studio, 440 F le 2 pièces et 570 F le 3 pièces. Tarifs dégressifs à partir d'une semaine. Caution de 1 000 F demandée. Gros plus : il y a toujours une cuisine équipée, bonjour l'économie sur le budget resto ! Et compte tenu du confort – sans grand charme sans doute, mais fonctionnel, spacieux et propre, avec TV et tout –, l'un dans l'autre on n'est pas volé. La différence avec l'hôtel traditionnel ? On peut vous téléphoner directement ou sonner à votre porte, comme à la maison. 10 % de réduction sur le prix de la chambre sur présentation du guide de septembre à mai.

Un peu plus chic

▲ *Hôtel Ulysse (plan D1, 21) :* 338, av. Saint-Maur. ☎ 04-67-02-02-30. Fax : 04-67-02-16-50. « Heureux qui comme Ulysse a fait un beau voyage » pour arriver dans ce quartier calme et y découvrir cet hôtel tenu par des Suisses amateurs de soleil et d'hospitalité. Longue maison dans le style du Sud. Décoration moderne et chaleureuse à la fois. Absolument impeccable. Chambres de 260 à 295 F avec douche et w.-c., de 295 à 350 F avec bains et w.-c. Mobilier en fer forgé et bois, chacune dans une tonalité différente. Au fait, le parking est gratuit !

▲ *Hôtel du Parc (hors plan par B1, 22) :* 8, rue Achille-Bège. ☎ 04-67-41-16-49. Fax : 04-67-54-10-05. À 300 m de la cathédrale, de l'autre côté du Verdanson. Ancien hôtel particulier, du XVIIIᵉ siècle. Lieu de charme dans un jardin très calme. Terrasses fleuries. Prix doux pour le confort. Accueil gentil. Tenue parfaite. Chambres confortables, propres et climatisées. Doubles à 340 F avec douche et w.-c. ou bains et w.-c., minibar, téléphone, TV. Petit déjeuner : 40 F. Dommage toutefois que le jardin serve aussi de parking. 10 % de réduction sur le prix de la chambre sur présentation du guide.

▲ *Hôtel du Palais (plan B2, 23) :* 3, rue du Palais-des-Guilhem. ☎ 04-67-60-47-38. Fax : 04-67-60-40-23. Idéalement situé dans l'Écusson, très bel établissement du siècle dernier. Tout près d'une placette au calme, à 5 mn du centre. Hall d'entrée en peinture marbrée. Chambres coquettes, meublées de copies d'ancien qui lui confèrent un aspect provincial et chaleureux. Doubles climatisées avec double-vitrage, de 330 à 350 F avec douche et w.-c., de 360 à 390 F avec bains et w.-c. Petit déjeuner copieux : 50 F. Une très bonne adresse, offrant une ambiance familiale.

Bien plus chic

▲ *Hôtel Le Guilhem (plan A1, 24) :* 18, rue Jean-Jacques-Rousseau. ☎ 04-67-52-90-90. Fax : 04-67-60-67-67. La maison, en plein cœur du centre historique, se cache dans une petite rue pleine de charme. Les chambres donnent sur un jardin mystérieux digne des Feuillantines, et, plus loin, sur la cathédrale. Les cloches rythment donc la vie, mais pas d'inquiétude, elles respectent votre sommeil. Hôtel totalement refait, avec beaucoup de goût. Chambres superbes où l'on se sent vraiment bien. Doubles de 330 à 360 F avec douche et w.-c., à 380 F avec bains et jusqu'à 650 F pour les plus grandes. Accueil adorable de M. et Mme Charpentier.

▲ *La Maison Blanche (hors plan par D1, 25) :* angle 1796, av. de la Pompignane et 46, rue des Salaisons. ☎ 04-99-58-20-70. Fax : 04-67-79-53-39. Dans un petit parc classé, aux arbres pluriséculaires, une maison de style sudiste digne des crinolines de Scarlett. Chambres spacieuses, équipées dans un style moderne, où sont déclinés tous les tons de gris. Moquette moelleuse, confort total. Petite piscine. C'est l'hôtel où descendent de nombreux artistes de passage en ville : Rostropovitch, W. Sheller, Didier Lockwood, Alain Delon, et notre Johnny national. Non seulement ils sont tranquilles, loin des hordes de fans, mais de plus l'endroit est calme. Le Grand Sud mythique de 420 F pour les chambres simples à 490 F pour les doubles. Petit déjeuner : 50 F. 10 % de réduction sur le prix de la chambre sur présentation du guide.

Où dormir aux environs ?

🛏 *Hôtel-résidence Paladien les Pins :* chemin des Romarins, 34830 Clapiers. À 8 km de Montpellier. ☎ 04-67-59-33-00. Ouvert de mars à décembre. Dans une pinède de 7 ha, cet hôtel-résidence de bon confort moderne propose la demi-pension à la semaine (de 1 770 à 2 600 F par personne). Activités diverses : tennis, V.T.T., balades équestres, plongée sous-marine, golf...

Où manger ?

De bon marché à prix moyens

|●| *La Posada (plan B2, 30) :* 20, rue du Petit-Saint-Jean. ☎ 04-67-66-21-25. Ouvert toute l'année 7 jours sur 7. Très gros succès pour cette jeune adresse qui s'impose dans le créneau bon marché grâce à des produits de saison, des recettes simples et sûres, du fait main (frites coupées à la hache) et de bonnes portions. Un menu express à 48 F (entrée, plat, dessert), et d'autres menus à 69 et 115 F. Jolie terrasse sur la placette et petite salle bondée. Prudent de réserver.

|●| *La Tomate (plan B2, 31) :* 6, rue du Four-des-Flammes. ☎ 04-67-60-49-38. Fermé les dimanche et lundi, ainsi qu'en août. Trois petites salles lambrissées dans ce resto connu depuis des lustres par les Montpelliérains qui y vont pour le menu du jour à 50 F, genre charcutailles, poulet à la diable et tarte aux fraises, ou pour les spécialités, notamment les moules à la narbonnaise ou la crêpe aux fruits de mer. Autres menus à 57 F (soupe de poisson et cassoulet) et 70 F (cailles à la vignoronne). Une cuisine généreuse et l'inimitable tour de main d'un cuistot titulaire d'une « Poêle d'Or 1970 », ça ne s'invente pas. Vins régionaux bon marché et le quart à 6 F !

|●| *La Table Sainte-Anne (plan A2, 32) :* 20, rue Terral. ☎ 04-67-60-45-35. Fermé les samedi midi et dimanche midi. Gentille petite table proposant au déjeuner son menu à 50 F, quart de vin compris. Simplicité d'un cadre agréable et rustique, bonhomie de l'accueil, qualité de la table (pavé de thon, cassolette d'escargots sur tapenade et tomates confites). Plats français classiques. Le soir, menus plus élaborés à 65, 80 et 110 F. Apéritif offert sur présentation du guide.

|●| *Le Bouchon Saint-Roch (plan B2, 33) :* rue du Plan-d'Agde. ☎ 04-67-60-94-18. Fermé le dimanche midi. Une petite terrasse dans une rue calme, une cuisine de maman, simple et chaleureuse, et, au service, sa fille souriante ; on a bien aimé *Le Bouchon Saint-Roch.* Quatre menus de 50 à 98 F servis midi et soir, et des plats savoureux : salade de pélardon, cassoulet de la mer, poêlée de Saint-Jacques, c'est bon !

|●| *Chez Marceau (plan B1, 34) :* 7, place de la Chapelle-Neuve. ☎ 04-67-66-08-09. Ouvert midi et soir. Fermé le dimanche midi. Sur une délicieuse placette ombragée de platanes, un bistrot-resto en terrasse, parfait pour le déjeuner. Petite cuisine simple et bien faite, pas chère, copieuse, mais qui souffre parfois d'une certaine baisse de régime. Petit menu à 59 F le midi, tout à fait revigorant. Le soir, on mange pour 89 et 109 F. Beau magret de canard à l'orange, mais aussi beaucoup de poisson frais.

|●| *L'Image (plan B2, 35) :* 6, rue du Puits-des-Esquilles. ☎ 04-67-60-47-79. Fermé le dimanche en août. Les claustrophobes préféreront la petite salle du haut. Vous êtes dans l'un des repaires montpelliérains. Cuisine simple et géné-

reuse aux saveurs du Midi. Premier menu à 65 F servi avant 20 h en semaine. Autres menus de 75 à 125 F et quelques spécialités comme les fondues bourguignonne, landaise ou savoyarde, le croustillant de magret de canard au miel et poires et les pierrades.

lol *La Crêperie des Deux Provinces (plan B2, 36) :* 7, rue Jacques-Cœur. ☎ 04-67-60-68-10. Ouverte de 11 h 45 à 14 h 15 et de 18 h 45 à minuit. Fermée le dimanche. Serveurs aimables et alertes, ambiance de cantine et des salades et des crêpes, des crêpes et des salades bonnes et copieuses. Grand choix (environ 160 crêpes !) et prix populaires : de 25 à 50 F la salade, de 30 à 55 F la galette de sarrasin et de 12 à 50 F la sucrée. Une salade ou une crêpe puis un dessert suffisent pour déjeuner.

lol *Restaurant Le Nem (plan C2, 37) :* 16, rue Boussairolles. ☎ 04-67-58-57-24. Proche de la place de la Comédie. Le cadre repose l'esprit dès qu'on y pénètre ici. Sobriété, simplicité et ambiance très zen. Pas de bimbeloterie ostentatoire, l'endroit est même plutôt chic dans le dénuement. Cuisine asiatique habituelle : nems, canard laqué, daurade à la vapeur ou au gingembre. Menus à petits prix : 49 F (le midi), 69 et 98 F.

Prix moyens

lol *Isadora (plan B2, 38) :* 6, rue du Petit-Scel. ☎ et fax : 04-67-66-25-23. Fermé les samedi midi et dimanche en saison. Menus à 80, 130 et 160 F et un menu dégustation à 260 F. Encore une superbe salle voûtée du XIIIe siècle au décor Art nouveau en sous-sol où l'on apprécie sans réserve les délicieuses spécialités de la mer. Cuisine fine, servie avec délicatesse par un hôte qui sait soigner ses clients. Une table qui fait l'unanimité à Montpellier.

lol *La Bonne Bouille (hors plan par A2, 39) :* 6, bd des Arceaux. ☎ 04-67-52-94-27. Fermé les samedi midi et dimanche. Du poisson et encore du poisson dans cette *Bonne Bouille* à l'ambiance toute sétoise (grandes peintures murales aux tons vifs, façon Di Rosa). Le midi, une formule TGV à 55 F (poisson, dessert, quart de vin) et une formule gril à 70 F. Bon menu à 110 F avec, par exemple, un tartare de saumon frais, escalope de loup avec une sauce aux cèpes puis un cassoulet du pêcheur qu'on avale sans se plaindre.

lol *Le César (plan D2, 40) :* place du Nombre-d'Or, Antigone. ☎ 04-67-64-87-87. Fermé le samedi et du 24 décembre au 2 janvier. Service jusqu'à 22 h 30. Dans ce genre brasserie *Le César* se tient et on peut y tâter un menu languedocien à 118 F tout à fait bien, fondants de volailles ou capions en entrée, puis aïoli de morue fraîche ou gardiane de toro, et dessert maison. Menu plus commun à 90 F. Animations également avec, chaque 1er vendredi du mois (sauf juillet et août), la réunion du club Marie Sara, reine de la *rejeneadora* (corrida à cheval) et dame Leconte à la ville, ou encore avec le café des femmes, le 1er lundi de chaque mois, à 18 h 30. Grande terrasse sur la place du Nombre-d'Or. Une bonne adresse à Antigone, et une bonne nouvelle pour vous, cher lecteur : 10 % de réduction sur présentation du guide. Ouais, super !

lol *Fazenda do Brazil (plan A2, 42) :* 5, rue de l'École-de-Droit. ☎ 04-67-92-90-91. Au pied du Peyrou. Ouvert uniquement le soir. Fermé le dimanche. On ne s'est pas trop attardé sur le cadre, simple et coloré. On a l'impression d'être transporté là-bas. Sentiment renforcé lorsque arrivent les assiettes.

Spécialité de *churrascos* (viandes grillées au feu de bois accompagnées de manioc, de *feijo* – haricots noirs brésiliens –, d'oignons et de bananes frites). 5 formules différentes en fonction de l'appétit et du porte-monnaie : à 90 F (carré de porc mariné au citron vert), 93 F (rumsteck au gros sel), 95 F (avec 4 viandes), 115 F (avec 6 viandes) et 155 F (avec 9 viandes à volonté). Service un peu long parfois pour certains plats qui nécessitent un temps de cuisson (pour les viandes, servies au fur et à mesure : les accompagnements refroidissent). Quelques découvertes à faire dans les vins argentins et chiliens. Et la meilleure *piñacolada* qu'on connaisse...

Plus chic

|●| *La Maison de la Lozère* (plan B2, 43) : 27, rue de l'Aiguillerie. ☎ 04-67-66-36-10. Service de 12 h 15 à 14 h et de 20 h à 22 h. Fermé le dimanche, le lundi midi, les 2 premières semaines d'août et tous les midis en juillet et août. Destinée à promouvoir les produits lozériens, sa petite sœur officie à Paris et toutes deux remplissent leur mission à merveille. En entrant, on entend déjà hurler les loups, gronder les torrents et pousser les champignons. Cuisine à la hauteur. Dans la superbe salle voûtée du sous-sol, on déguste le midi un menu à 430 F comprenant, tenez-vous bien, une assiette de charcuterie des montagnes, une joue de porc à la coriandre, un aligot et un sompueux plateau de fromages. Le soir, pour 165 F... hm !... on tombe de plaisir. Autres menus à 215 et 330 F. C'est aussi une épicerie fine de haute volée. Plein de produits à rapporter à la maison. Beau choix de vins du Languedoc, sélectionnés avec intelligence.

|●| *Le Ménestrel* (plan B2, 44) : 2, impasse Perrier. ☎ 04-67-60-62-51. Fermé le dimanche et le lundi, et les premiers jours de janvier. Indispensable de réserver pour profiter de la sompueuse salle à manger voûtée.

Ambiance assez chic et conformiste. Grande cheminée devant laquelle il ne manque que le labrador pour compléter le cliché. Formule entrée + plat ou plat + dessert à 90 F le midi ; menu à 150 F. Cuisine de tradition bourgeoise française bien faite. Excellente bouillabaisse en gelée, pintade farcie au pain d'épices, terrine de porc à la confiture d'oignons et superbes desserts servis sur des nappes en dentelle, dans une ancienne halle aux grains.

|●| *L'Olivier* (plan C3, 46) : 12, rue Aristide-Ollivier. ☎ 04-67-92-86-28. Fermé le dimanche, le lundi, les jours fériés, ainsi qu'en août. Deux menus à 185 et 205 F. Ce restaurant qui vient d'être rénové. Cadre moderne et bourgeois. Cuisine d'une grande finesse que les bonnes bouches de la ville connaissent bien. On travaille ici aussi bien le poisson que la viande : gratin de filet de soles et langoustines, brouillade aux truffes fraîches de Montagure, fricassée de palourdes de Bouzigues au thym, blanquette de baudroie aux coquilles Saint-Jacques et langoustines, ris d'agneau aux morilles... Raffinement des sauces, soin de la présentation, et patronne rythmant le service avec efficacité. Une bonne et belle table, sans défaut, qui laissera à vos papilles gustatives des souvenirs impérissables.

|●| *La Diligence* (plan B2, 45) : 2, place Pétrarque. ☎ 04-67-66-25-23. Fermé les samedi midi et dimanche. Bien situé dans l'Écusson (le centre ancien) et partageant les murs du bel hôtel *Pétrarque*, ce restaurant profite d'un cadre superbe, pierres et nobles voûtes. On y déguste une très honnête cuisine classique, dans un menu complet à 145 F : nous avons bien aimé la tête de veau ravigote, puis le foie de veau sauce au miel (nos voisins, par ailleurs, semblaient se délecter d'une lotte aux écrevisses). En fromage, un vrai Brie (rare sous ces latitudes !) ; puis bon dessert maison. Autre menu à 85 F le midi en semaine. Service compétent. Prudent de réserver, les vendredi et samedi soir surtout.

Beaucoup plus chic

|●| *Le Jardin des Sens* (hors plan par C1, **47**) **:** 11, av. Saint-Lazare. ☎ 04-67-79-63-38. Fax : 04-67-72-13-05. Restaurant fermé le dimanche et le lundi midi. Deux jeunes cuisiniers, Jacques et Laurent Pourcel, frères jumeaux, tiennent cet établissement chic récemment honoré d'une très haute distinction : l'entrée dans le gotha des trois étoiles Michelin, qui ne compte guère qu'une vingtaine d'élus en France. Avec un premier menu à 270 F (uniquement le midi en semaine), voici enfin l'opportunité offerte à tous (ou presque) de se faire plaisir en allant dans un vrai grand restaurant, pensionsnous. On a donc testé ce premier menu, et, disons-le, nous sommes ressortis déçus. On s'attendait à un festival, un sommet inégalé : nous avons eu droit à une terrine de pintade au foie gras, bonne sans doute, puis à du thon, bon sans doute (le thon, c'est bon !) ; seul le dessert a été formidable (point de fromage dans ce premier menu). Bref, c'était bon et fin, mais sans magie, sans dépasser ce qu'on a déjà vu ailleurs... Sans doute faut-il passer aux menus suivants (350 et 550 F) ou à la carte pour trouver la fameuse *Pourcel's touch.* Le cadre, spacieux, moderne mais froid, genre hall d'aéroport – ouvrant toutefois sur un beau jardin un peu japonais –, et le service par trop sérieux et tendu ajoutent sans doute à notre impression mitigée. Dispose aussi de chambres de grand confort à partir de 650 F la double.

Où boire un verre dans la journée ou le soir ?

Avec ses dizaines de placettes ombragées, ses grandes esplanades et ses petites terrasses camouflées, Montpellier est la ville rêvée pour faire une pause au soleil. Nous distinguons les endroits où l'on prend un verre dans la journée des lieux de nuit. Voici quelques propositions, mais vous en rencontrerez bien d'autres en vous baladant.

♈ *Café Bibal* (plan B-C2, **60**) **:** 4, rue Jacques-Cœur. ☎ 04-67-60-61-42. Juste derrière la place de la Comédie, dans le réseau des rues piétonnes. Ouvert jusqu'à 19 h. Fermé le dimanche. Certainement les meilleurs cafés de la ville. On en sert 9 sortes différentes (que la maison torréfie elle-même), ainsi que de bons thés et un excellent chocolat traditionnel à la crème fraîche. Sièges en osier en terrasse. Un classique en ville.

♈ La place de la Comédie compte une bonne dizaine de *cafés-terrasses,* mais celui qu'on préfère c'est indéniablement le *Café Riche.* Si la terrasse ressemble à toutes les autres, à l'intérieur les clients datent pour la plupart de la fin du siècle dernier. La déco change, mais pas les consommateurs. Le poids de l'authentique, le choc des générations !

♈ *Arts et Buffet* (plan B2, **61**) **:** place Saint-Roch, au 7, rue Vallat ; face à l'église Saint-Roch. ☎ 04-67-60-87-87. Ouvert jusqu'à minuit en été, 19 h hors saison. Fermé les lundi et mardi. Un petit café-galerie-salon de lecture avec terrasse. Du thé et des gâteaux pour l'estomac, des bouquins pour l'esprit (en tout genre, même pour les enfants) et des toiles pour les yeux. Sièges confortables. Sert également des salades et de petites spécialités bon marché. Petit déjeuner à toute heure.

♈ *La place Jean-Jaurès* (plan B2) **:** à deux pas de la Comédie, cette petite place concentre tous les bistrots branchés de la ville. Le taux de rotation de ces établissements est si élevé qu'il est impossible de prévoir ceux qui seront « in » à la sortie du bouquin. Se fier à son intuition. Cependant, nous pouvons mentionner *La Crypte,* où, depuis des années maintenant, se retrouve une jeunesse allumée, rock, post-punk ou grunge, comme on voudra. Et ces derniers temps, le *Mex* (3, rue Collot) est le troquet, déguisé en hacienda de poche, qui vibre le plus. À suivre.

♈ *Pepe Carvalho* (plan B2, **62**) : 2, rue Cauzit. ☎ 04-67-66-10-10. Ouvert tous les jours de 12 h à 1 h ; le dimanche, de 19 h à minuit. Fermé du 25 décembre au 2 janvier. Ambiance méditerranéenne et jolie déco (expo de peintres locaux) dans ce bar à tapas très animé. On y vient pour parler, prendre un verre ou encore grignoter des tapas en sifflant un demi (« formule magique » à 50 F : 5 tapas et une boisson). Autre menu à 150 F. Portraits de Montalbàn, l'écrivain barcelonais créateur de Pepe Carvalho, détective privé. Et, si l'on veut, bibliothèque de ses œuvres (à lire, *Le Pianiste* ou *Les Mers du Sud*). Une adresse qui a le vent en poupe.

Où écouter de la musique ? Où danser ?

À Montpellier, bizarrement, les lieux animés petits ou grands ferment à 1 h, sauf *Le Rockstore* et une boîte lambda où nous avons échoué un méchant soir de cuite (le *Fizz* ou quelque chose comme ça). Les insomniaques trouveront force discothèques à pistes multiples et lasers et tout le tralala sur la route de Palavas (prudence au volant !), mais sachez que si, passé 1 h, on n'entre plus dans la plupart des bars à musique ou cafés-concerts montpelliérains, on y reste souvent jusqu'à bien plus tard.

– *Le Rockstore* (plan C3, **63**) : 20, rue de Verdun. ☎ 04-67-58-70-10. Ouvert tous les jours de 23 h (en général) jusqu'à 4 h. Le temple du rock montpelliérain, le mot n'est pas trop fort. L'arrière de la Cadillac qui gicle de la façade donne le ton. Dans l'antichambre de la salle de concert-dancing, le café du *Rockstore* est devenu le premier endroit où l'on cause... rock et où l'on compare ses... rock'n'roll attitudes. L'entrée des soirées-danse est le plus souvent gratuite. Concert plusieurs fois par semaine. Formations de toutes pointures. Prix des concerts très variables : de 30 à 110 F environ ou même gratuits. Un lieu pour boire un coup, pour écouter de la musique et pour danser. Un tiercé qui draine une bonne partie de la jeunesse locale. Bière pas chère.

– *Mimi-la-Sardine* (hors plan par C1, **64**) : 694, chemin des Cauquillous, Castelnau-le-Lez. ☎ 04-67-99-67-77. Ouvert jusqu'à 1 h, comme tout le monde. Fermé les dimanche et lundi, ainsi que du 20 août au 5 septembre. De Montpellier centre ; prendre la RN113 (route de Nîmes) ; au rond-point pour Castelnau (place Charles-de-Gaulle), filer tout droit direction Nîmes toujours, et tourner à droite au 2e feu puis rouler environ 500 m jusqu'à un petit croisement de 5 rues ; là, prendre à droite le chemin des Cauquillous : *Mimi* est un peu plus loin sur la droite. *Mimi-la-Sardine* a déménagé mais a emporté son bar original, en forme, pardi, de sardine, sa bonne ambiance et ses soirées musicales. Beaucoup de créatifs locaux (Regg'Lyss, Les Hurleurs) et de musique brésilienne ou afro-cubaine, du genre relax, souriant et festif. Toujours un des piliers des nuits montpelliéraines.

– *Le Sax'aphone* (hors plan par B3, **65**) : 24, rue Ernest-Michel. ☎ 04-67-58-80-90. Ouvert de 20 h à 1 h. Fermé les dimanche et lundi, mais pas toujours, ainsi que du 15 juillet au 1er septembre. Entrée de 40 à 60 F. Dans cette grande et belle salle, qui fut un entrepôt à grains, se produisent des formations de jazz de bon niveau, voire excellent, avec des incursions blues, boogie ou salsa. Petite restauration aussi pour une salade, une crêpe ou un menu du soir à 69 F. Beaucoup de musicos parmi la clientèle, et, une fois par semaine (le mercredi, mais ça peut changer), des bœufs d'enfer.

– *L'Antirouille* (plan B3, **66**) : 12, rue Anatole-France. ☎ 04-67-58-75-28. Ouvert de 21 h 30 à 1 h. Fermé les dimanche et lundi. En-

trée : 50 F (30 F pour les chômeurs). Le bar-spectacles dans l'air du temps avec toutes sortes de musiques d'un peu partout, dites « musiques du monde » justement : java celtique *(sic),* chanson française, salsa, musique africaine, réunionnaise ou des Balkans. Et du rock, yeah !
– *Le Cargo (plan B3, 67) :* 5, rue du Grand-Saint-Jean. ☎ 04-67-92-

56-05. Ouvert de 21 h à 1 h. Fermé le dimanche, ainsi qu'en juillet et août. Entrée parfois libre, parfois payante (20 F). Encore de la zizique *live* mais cette fois résolument blues et nord-américaine, soul et funky. Long bar, longue salle et longue mezzanine. Tapas, miam ! Billard au sous-sol. Bibine. Le lundi, soirée *unplugged,* c'est-à-dire acoustique, en français de chez nous.

À voir

À Montpellier, il y a de chouettes musées et des balades sympas, de quoi s'occuper les jambes et la tête agréablement. Soulignons la qualité des œuvres présentées au musée Fabre, qui en font l'un des plus riches musées de province.
– *Visite guidée du centre historique :* balade de 2 h organisée par l'office du tourisme tous les jours à 10 h et 17 h. Inscription obligatoire à l'office du tourisme. Prix : 39 F ; étudiants et enfants : 25 F. Pour infos, ☎ 04-67-60-60-60. On passe en revue les façades et les ruelles les plus intéressantes. Excellente approche architecturale et découverte d'une histoire riche et singulière. Propose également des visites guidées à vélo.

LES MUSÉES

★ *Le musée Fabre (plan C2) :* 39, bd Bonne-Nouvelle. ☎ 04-67-14-83-00. Ouvert du mardi au vendredi de 9 h à 17 h 30, et les samedi et dimanche de 9 h 30 à 17 h. Fermé le lundi. Aménagé au début du XIXe siècle dans l'hôtel de Massilian pour les collections de son fondateur, le peintre montpelliérain François-Xavier Fabre (1766-1837 ; dont on verra ici un beau *Saint Sébastien*), puis agrandi d'une partie du collège des jésuites (fin XVIIe siècle). Il devrait encore se développer en l'an 2000 en occupant les locaux de la bibliothèque voisine, qui déménage à Antigone. Beaucoup d'espace donc, un minimum pour ce musée municipal parmi les plus riches de France. Actuellement, sur 6 niveaux, 1 600 œuvres peintes ou sculptées.
● *Niveaux 0, 1 et 2 :* écoles européennes des XVIIe et XVIIIe siècles (Véronèse, Poussin, Bourdon, Guardi, Zurbarán, etc.) et sculptures de Houdon (dont un chouette *Voltaire).* Néoclassicisme avec notamment David, et remarquable collection de Flamands et Hollandais.
● *Niveau - 2 :* céramiques et faïences, dont de rares Montpellier aux jaune et bleu caractéristiques.
● *Niveau - 3 :* la collection du mécène Alfred Bruyas. Artistes de premier plan avec huit Delacroix, treize Courbet (dont le *Bonjour Monsieur Courbet,* superbe et bien connu des philatélistes) et quatre Géricault, sans oublier les Ingres, Corot, Théodore Rousseau et autres Millet.
● Remonter au *niveau 3* pour voir encore le XIXe siècle, particulièrement bien représenté ici : Bazille (*La Toilette,* quel canon !), Degas, Manet (très beau portrait d'*Antonin Proust),* Morizot (fameuse, Berthe !).
Un grand musée vraiment, mais attention : les œuvres sont parfois prêtées ; si vous venez spécialement pour tel artiste, renseignez-vous avant. À l'entrée, *La Femme qui marchait sur l'eau* de Maillol : la grâce même.
Pour le XXe siècle, voir au *pavillon du musée Fabre* (billet commun), également formidable.

★ **Le pavillon du musée Fabre** (plan C2) **:** en bordure de l'esplanade, entre la place de la Comédie et le musée. ☎ 04-67-66-13-46. Mêmes horaires que le musée. Cadre clair, aéré pour une peinture du XXe siècle bien représentée avec des artistes majeurs et, surtout, des œuvres de qualité. Maurice Denis ou Caillebotte (très beau pastel, *Portrait de Madame X*), une *Nature morte aux couteaux noirs* de Matisse, un de Staël du meilleur cru, une petite *Corrida* de Dufy comme on aime. Soulages aussi, Van Dongen, et de bons artistes régionaux (Dezeuze, *Autoportrait*, Camille Descossy, grande *Nature morte aux verres et aux harengs*). Notons aussi ce Vieira da Silva, artiste portugais trop peu exposé en France, ou ce « tableau » de Louis Cane, *Louis Cane Artiste Peintre,* où ne figurent que ces 4 mots répétés : Louis Cane Artiste Peintre. De qui c'est déjà ce tableau ? Ah mais, ce ne serait pas le fameux Louis Cane ? On reconnaît son style.

★ **Le Musée languedocien et de la Société archéologique** (plan B2) **:** 7, rue Jacques-Cœur. ☎ 04-67-52-93-03. Ouvert du lundi au samedi, sauf les jours fériés, de 15 h à 18 h en été, de 14 h à 17 h hors saison. Un incontournable de Montpellier dans l'un des plus beaux hôtels particuliers de la ville. Restauré et ouvert depuis peu au public, ce fut au XVe siècle l'une des résidences de Jacques Cœur, qu'il conserva pendant 10 ans pour surveiller son commerce. Depuis, murs et cloisons n'ont pas bougé et même trois plafonds peints subsistent. Au XVIIe siècle, les Trésoriers de France occuperont l'endroit, élargissant les fenêtres et dressant un somptueux escalier. Écrin remarquable donc, pour des collections qui ne le sont pas moins. Entre autres, superbe sculpture romane provenant du cloître de Saint-Guilhem-le-Désert, rares objets en bois du Moyen Âge (XIIe et XIIIe siècles, la plus importante collection du genre), le sceau de l'université de Montpellier, de délicats panneaux peints illustrant le mariage de la seigneuresse de Guilhem et du roi d'Aragon (image poétique de la belle cueillant un des fruits rouges et bizarres d'un arbre... à phallus !), la sphère céleste du cosmographe italien Coronelli (1693), etc. Et, partout, mobilier et tableaux pas piqués des vers. Au second étage, riches collections d'objets préhistoriques, égyptiens, étrusques, grecs, gallo-romains... Un *must* vraiment, on y passerait des heures. À souligner, il s'agit d'un musée privé : bravo !

★ **Le musée du Vieux Montpellier et le musée du Fougau** (plan B2) **:** rue de l'Embouque-d'Or, dans l'hôtel de Varenne. ☎ 04-67-66-02-94. Au 1er étage, le *musée du Vieux Montpellier* (ouvert du mardi au samedi de 9 h 30 à 12 h et de 13 h 30 à 17 h) évoque la ville au travers de vues et plans anciens (plan de 1771). Mobilier d'époque (curieuse armoire à 4 serrures, contenant les chartes de la Ville : c'était le moyen de protéger les chartes, puisqu'il fallait que les quatre responsables soient présents en même temps pour ouvrir le chartier) ; beaux bâtons de procession des pénitents et, au rez-de-chaussée, accueil muet (et pour cause) des gisants Urbain V et Jacques d'Aragon.

En haut, le *musée du Fougau* (ouvert les mercredi et jeudi, de 15 h à 18 h 30), tenu par des bénévoles ravis de vous faire la visite, expose costumes traditionnels, antiques machines à coudre, artisanat local, etc.

★ **L'hôtel de Cabrières-Sabatier d'Espeyran** (plan C2) **:** 6 bis, rue Montpellieret. Visite guidée sur rendez-vous, se renseigner au musée Fabre. ☎ 04-67-14-83-00. Aujourd'hui annexe du musée Fabre, cet hôtel particulier du XIXe siècle a été donné à la Ville voici plus de 30 ans par Mme de Cabrières-Sabatier d'Espeyran. Nous l'en remercions. Au 1er étage, meubles Second Empire sur mesure et décor somptueux. Au second, prestigieux mobilier du XVIIIe siècle estampillé des meilleurs ébénistes, orfèvrerie, tableaux. Un plaisir pour les amateurs et, pour chacun, une visite charmante.

★ **Le musée Atger** (plan A1) **:** 2, rue de l'École-de-Médecine. ☎ 04-67-66-27-77. Fax : 04-67-66-19-24. Ouvert les lundi, mercredi et vendredi de 13 h 30 à 17 h. Fermé en août. Dans la faculté, entre la bibliothèque qui abrite des manuscrits inestimables et le musée d'Anatomie (ou des horreurs, on ne sait plus bien!), se cache un petit musée, véritable joyau méconnu regroupant toute la collection de dessins de maîtres de Jean-François Atger (XVIIIe siècle). Portraits, caricatures, paysages, crayon, plume ou lavis, il voyait dans le dessin « la partie des arts la plus attrayante et la plus noble » mais aussi la plus difficile à apprécier car les dessins s'adressent « plus à l'esprit qu'aux yeux ». Sa collection est également présentée, réunissant les plus grands maîtres européens du XVIe au XVIIIe siècle : Tiepolo, Carrache, Rubens, Champaigne, Rigaud, Fragonard, Watteau, etc. Un ensemble absolument remarquable, unique au monde. 500 dessins sont exposés en permanence, les autres sont classés dans des tiroirs à disposition des amateurs avertis.

BALADE DANS LE VIEUX MONTPELLIER

Aujourd'hui, la ville possède l'un des plus beaux centres piétons de France. Toutes les ruelles, et même certains grands axes du centre, sont parvenus à bannir les voitures. Tant mieux. À Montpellier, se balader est vraiment un plaisir.

Cette ville de prime abord ouverte, facile et par certains côtés un peu superficielle, comme peut l'être parfois la jeunesse, nombreuse ici, est en réalité discrète, secrète. On n'en finit pas de lui découvrir des détails d'architecture, des recoins pittoresques. Rappelons que, malmenée par l'Histoire – toutes ses églises ont été rasées au XVIe siècle durant les guerres de Religion, sauf la cathédrale, d'ailleurs très restaurée –, Montpellier a toutefois gardé, à peu de choses près, son plan médiéval dans tout l'Écusson. Ruelles et placettes ombragées, et, ici et là, quelques nefs romanes ou gothiques, vestiges de maisons civiles des XIIIe et XIVe siècles. On remarque surtout les belles façades d'hôtels particuliers, redessinées à l'époque classique (XVIIe et XVIIIe siècles).

Ces maisons de ville, sobres d'aspect, cachent des cours intérieures lumineuses et fraîches avec parfois de superbes escaliers monumentaux. C'est qu'ici il n'est pas élégant d'afficher sa fortune, on décore l'intérieur pour soi et ses amis. Et c'est une tradition bien méditerranéenne : la vie et ses agréments se retrouvent dans l'atrium gallo-romain, le patio espagnol, tout comme dans les cours des hôtels médiévaux et classiques montpelliérains. On ne manquera pas, pour y avoir accès, de s'adresser à l'office du tourisme qui organise d'excellentes visites guidées.

Autres lieux de promenade, les esplanades, le jardin des Plantes, le Peyrou, la place Jean-Jaurès, la place de la Comédie et, bien sûr, les rues commerçantes toujours animées.

★ *La place de la Comédie (plan B-C2) :* même si elle n'est pas située au milieu du centre-ville, elle en est malgré tout le cœur. Encombrée par la circulation jusqu'en 1985, elle a été rendue aux piétons lors des fêtes du millénaire de la ville. Cela donne un gigantesque espace libre (et souvent ensoleillé) où s'étalent les terrasses des cafés et où jouent les artistes de rue, mimes ou musicos. Véritable lieu de passage, carrefour de rencontres et d'échanges, mais aussi aire de repos. Aménagée au milieu du XVIIIe siècle, presque en même temps que le théâtre, cette place se modifia doucement au cours du temps, sans jamais perdre ses proportions.

Plusieurs fois incendié, le *théâtre*, le plus grand de province après celui de Bordeaux, prit son allure définitive à la fin du XIXe siècle sous l'égide de Garnier, qui venait de terminer celui de Paris. Dans la foulée, on refit les immeubles dans le goût francilien, avec toits d'ardoise (une absurdité sous un tel soleil) et façades chargées : balustrades, pilastres, masques, macarons, guirlandes, tourelles, alternant les balcons de fer forgé et ceux de pierre, les avancées et les parties en retrait.

La *fontaine des Trois-Grâces*, de la fin du XVIIIe siècle, complète harmonieusement l'ensemble. C'est une copie. L'original est dans le théâtre. Elle est située dans ce qu'on surnomme familièrement « l'Œuf », c'est-à-dire l'ancien trottoir central (en forme d'œuf), sorte de rond-point qui guidait la circulation autrefois. Aujourd'hui l'Œuf n'existe plus mais il est matérialisé au sol par une bande de couleur. Un regret tout de même : deux fast-foods ont déjà colonisé la place.

★ *L'esplanade Charles-de-Gaulle (plan C1-2) :* ancien terrain vague et dépotoir, il fallut attendre le XVIIIe siècle pour que ce bel espace fût organisé en promenade avec allées de platanes, bassins, jets d'eau et aire de jeux. En fait, l'esplanade n'a jamais été aussi majestueuse et ombragée qu'aujourd'hui. Avec ses bancs, ses terrasses, et ses boulingrins, elle constitue un trait d'union parfait entre la place de la Comédie et le Corum, opéra-palais des Congrès de la ville. Sur la droite de l'esplanade, on trouve le jardin du Champs-de-Mars. C'est le long du boulevard Sarrail qu'on trouve le musée Fabre (voir, plus haut, « Les musées »).

★ *La tour de la Babote et sa placette (plan B3) :* à l'angle du boulevard de l'Observatoire et du boulevard Victor-Hugo. Remarquablement restaurée, ancien vestige des fortifications avec la tour des Pins, la tour de la Babote joua un grand rôle. Édifiée au XIIe siècle, elle était entourée de créneaux et mâchicoulis. Rehaussée au XVIIIe, additionnée de tours, elle prit une élégante allure. C'est là que, tel Icare, un citoyen aurait pris son envol à bord d'un parapluie ! Le 29 décembre 1783, Louis-Sébastien Lenormand, en présence de Joseph de Montgolfier, accomplit son exploit à bord de sa machine qu'il nomma lui-même parachute, en fait un parasol de 60 pouces de diamètre avec manche renforcé. Un saut qui n'a jamais été homologué, malgré la gravure d'époque authentifiant l'événement.

★ *La place Saint-Côme (plan B2) :* elle abrite la chambre de commerce. Édifié au XVIIIe siècle par le chirurgien de Louis XV, l'ancien *hôtel Saint-Côme* devint un amphithéâtre anatomique pour la dissection des cadavres. Malheureusement fermé à la visite. On peut néanmoins admirer la courette et le petit édifice octogonal qui abritait la coupole sous laquelle se déroulaient les charcutages. Bel ensemble architectural avec pilastres à chapiteaux, corniche et balustrade. Porte de bois ciselé.

★ *La rue de l'Ancien-Courrier (plan B2) :* s'y trouvait jadis l'hôtel des Postes (au XVIIe siècle, le facteur s'appelait Cupidon !). Pittoresque avec ses commerces de luxe installés sous des voûtes moyenâgeuses. Tous ces rez-de-chaussée étaient autrefois des entrepôts. La plupart des boutiques et restos ont conservé et mis en valeur ces voûtes, où subsistent parfois des anneaux qui servaient à suspendre les ballots de marchandises, et non, comme on pourrait croire, à attacher les chevaux. On entre, on jette un coup d'œil aux fringues et on en profite pour admirer le cadre. Perpendiculaire, la croquignolette *rue Bras-de-Fer* avec ses marches et ses passages voûtés.

★ *La rue de l'Argenterie (plan B2) :* au no 3, façade avec de nombreux macarons aux fenêtres. Au no 8, porte à bossage avec un curieux masque au fronton. Au no 10, porte du XIVe siècle, l'un des derniers vestiges du passage des rois d'Aragon. Arc brisé et frises. Au no 20, hôtel Fourcade, rampe de fer forgé dans la cour (souvent fermé).

★ *La place Saint-Ravy (plan B2) :* beau décor avec quelques éléments médiévaux. Sur une façade on devine encore les tracés gothiques des fenêtres et des claires-voies fermées au XVIIIe siècle. Les rois d'Aragon auraient, dit-on, séjourné ici. Sur la place, un agréable café en terrasse, moderne et au calme. Jolie fontaine centrale.

★ *La rue des Trésoriers-de-la-Bourse (plan B2) :* l'une des plus belles rues avec notamment, au no 15, une façade du XVIIe siècle. Au no 4, *l'hôtel de Rodez de Benavent.* Sans doute le plus bel ensemble architectural de la ville. Se visite du lundi au vendredi avec l'office du tourisme. Jolie cour avec, à gauche, un superbe escalier de pierre dessiné par Giral, architecte du XVIIIᵉ siècle. Larges baies ouvertes et élégante balustrade. Voir l'allégorie de l'Automne au-dessus de la porte. C'est ici que résidaient les trésoriers de la Bourse, chargés de percevoir l'impôt des états du Languedoc.

★ *La rue Saint-Guilhem (plan B2) :* longue artère commerciale. Au n° 23, intéressante porte à guirlandes et, au-dessus, terrasse avec balcon de pierre. Au n° 31, *hôtel de Castries* du XVIIᵉ siècle.

★ *La rue de la Loge (plan B2) :* anciennement rue de la Daurade. C'est aujourd'hui la rue la plus commerçante de la ville, piétonne évidemment. Au n° 20, porte avec agrafe et belles guirlandes de vignes. Au n° 19 *bis,* dans le fond d'un bar-tabac, on trouve le puits de Saint-Roch. Il n'est visible que le 16 août, jour où les pèlerins venus d'un peu partout font la queue pour recevoir l'eau qui autrefois désaltéra le saint, de passage à Montpellier. La journée se poursuit par une procession et un office à l'église qui porte son nom. On ne tire pas d'eau en dehors de ce jour-là.

★ *La place Jean-Jaurès (plan B2) :* dallée de marbre, elle était au XIIᵉ siècle le symbole de l'activité commerciale de la ville. C'est là qu'aboutissaient les routes de Toulouse, de Nîmes et du port maritime. Un négoce fiévreux régnait devant l'église Notre-Dame-des-Tables, appelée ainsi à cause des tables de changeurs, qui prirent littéralement possession de la place. L'église fut entièrement détruite lors des guerres de Religion. Aujourd'hui la place Jean-Jaurès est devenue l'un des hauts lieux de la jeunesse estudiantine. Elle est bordée d'une bonne dizaine de cafés plus ou moins branchés. Chacun a son préféré, son lieu de rendez-vous favori, mais si l'on n'y distille pas la même musique, on y sert la même bière. Les bars changent de noms comme de chemise, et leur notoriété monte et descend à la vitesse d'un yoyo. Les soirs de printemps, c'est ici qu'on vient prendre le pouls de la jeunesse.

★ *L'hôtel de Manse (plan B2) :* 4, rue de l'Embouque-d'Or. La cour intérieure cache un remarquable escalier du XVIIᵉ siècle. Malheureusement, toujours fermé par un digicode.

★ *La rue de l'Aiguillerie (plan B2) :* on y vendait de la mercerie, d'où son nom. Les fans de décorations de façades jetteront un coup d'œil, au n° 25, à l'*hôtel de Planque* dont les fenêtres du 1ᵉʳ étage s'ornent de masques et macarons. Au *n° 31,* un linteau de porte où apparaissent deux globes terrestres et des instruments de mesure. Normal, c'était l'hôtel de la société des Sciences.

★ *L'hôtel de Granges (plan B2) :* dans la rue Cambacérès. De cet ancien hôtel particulier ne subsiste que la façade décorée de beaux pilastres. Sur la *place Chabaneau,* juste en face, belle fontaine de Cybèle du XVIIIᵉ siècle, allégorie de la Ville donnant l'eau aux habitants.

★ *L'arc de triomphe (plan A2) :* édifié sous Louis XIV et dédié à sa gloire, il date de la fin du XVIIᵉ siècle. Harmonieux mais d'un style ennuyeux, il donne accès au pont de pierre et à la promenade du Peyrou. Sur le côté droit de l'arc de triomphe, sur la rue Foch, le palais de justice.

★ *La promenade du Peyrou (plan A2) :* il s'agit d'une longue place royale de pierre *(peyrou)* qui fut réalisée par J.-A. Giral. Lieu de fêtes et de réjouissances sous Louis XIV, on remodela et améliora sans cesse son aménagement tout au long du XVIIIᵉ siècle. Après l'arc de triomphe, on plaça en plein centre une statue équestre à la gloire du Roi-Soleil. L'original ayant été fondu à la Révolution, celle-ci est une réplique du XIXᵉ siècle. Au bout de la promenade, quelques marches mènent à un château d'eau en forme de temple corinthien entouré d'une pièce d'eau. Du XVIIIᵉ siècle, on le doit à l'architecte Giral. De là, vue panoramique sur la ville et même sur la mer au loin. Dans l'axe, l'aqueduc Saint-Clément. Dessiné sur le modèle du pont du Gard, on surnomme ce bel ensemble *Les Arceaux.* Il prolonge harmonieusement la promenade.

★ *La cathédrale Saint-Pierre (plan B1) :* sur la place du même nom, couverte de pavés assassins, au nord-ouest de l'Écusson. Ouverte de 9 h à 12 h et de 14 h 30 à 19 h sauf le dimanche après-midi. Ancienne chapelle d'un collège bénédictin, cet édifice austère frappe par son originalité plus que par sa grâce. Regarder le porche tout d'abord. Deux silos pointus et lourds servent d'appui à un baldaquin qui garde l'entrée. Curieux mais, malgré tout, charmant. Ce porche est l'un des seuls éléments architecturaux d'origine, avec les tours au-dessus du chœur et de la nef. Cette véritable forteresse fut édifiée au XIVᵉ siècle. Les guerres de Religion l'endommagèrent en grande partie avant qu'elle ne soit restaurée au XVIIᵉ siècle. Sur la gauche, la façade se prolonge par la faculté de Médecine. À l'intérieur, outre la nef, citons le superbe buffet d'orgue (fin XVIIIᵉ) ainsi que le monument funéraire du cardinal de Cabrières. Bref, pas grand-chose à voir.

★ *Le jardin des Plantes (plan A1) :* 163, rue Broussonet. ☎ 04-67-63-43-22. En juillet et août, ouvert du lundi au samedi de 8 h 30 à 12 h et de 14 h à 18 h (fermé le samedi en août) ; d'avril à septembre, ouvert du mardi au samedi de 10 h à 19 h ; le reste de l'année, de 10 h à 17 h. Fondé en 1593 pour l'étude des plantes médicinales, c'est l'un des plus beaux d'Europe et le plus ancien. Sur 4,5 ha, on découvre des serres tropicales, une orangerie du XIXᵉ siècle, une école systématique, une école forestière, un institut de botanique et un jardin anglais. Au fil des allées, vous rencontrerez une *Phillyrea latifolia* datant de la création du jardin (son tronc crevassé sert de boîte aux lettres pour les amoureux), un chêne vert vieux de quatre siècles, une glycine ancestrale, et le plus vieux *gingko biloba* français, planté en 1795. Une balade passionnante. Depuis son origine, c'est une dépendance de la fac de Médecine. Les statues d'éminents botanistes et humanistes (dont Rabelais) vous accompagnent dans les allées. Orangerie, serres, bassins, fontaines, vases d'Anduze et bambous font le décor.

★ *Le Mikvé :* datant sans doute de la fin du XIIᵉ siècle - début du XIIIᵉ siècle, il s'agit du plus ancien bain juif d'Europe. Visite guidée organisée par l'office du tourisme. Intact et souterrain, creusé pour recueillir l'eau pure d'une source en un bassin d'environ 3 m x 2 m, il témoigne de la présence ancienne de la communauté juive à Montpellier. Notons qu'au Moyen Âge, juifs, catholiques et Arabes faisaient bon ménage. *Mikvé* est un mot hébreu ; en occitan, on parle de *cabussade* – de *cabusser* (plonger). Et c'est vrai qu'on y piquerait bien une petite tête !

LA VILLE NOUVELLE

★ *Le Corum (plan C1) :* tout au bout de l'Esplanade, un bunker, c'est le nouvel opéra - palais des Congrès imaginé par l'architecte Vasconi. Visite le samedi toutes les heures de 14 h à 19 h ; l'été, les samedi et dimanche. Gratuit. C'est le bâtiment qui fut le plus controversé de la ville. Vue extérieure : béton et granit rose. Vue intérieure : tout d'un hall d'aéroport. Il abrite heureusement un écrin : une superbe salle de 2 000 places, l'opéra Berlioz.

★ *Antigone (plan D2) :* le Montpellier de l'an 2000. Une preuve supplémentaire du dynamisme de la Municipalité, s'il en fallait. Antigone, c'est le nouveau quartier de la ville, qui n'en finit pas de s'étirer vers l'est. Sur 1 800 m, la longueur exacte des Champs-Élysées parisiens, l'architecte catalan Ricardo Bofill s'est inspiré de styles variés pour dessiner ce vaste ensemble de logements sociaux, bureaux et commerces. Ricardo est allé chercher son inspiration chez nos ancêtres les Grecs et les Romains, et cer-

tainement aussi dans les bandes dessinées de Bilal, pour réaliser ce majestueux décor de théâtre qui s'anime peu à peu. Antigone, on aime ou on n'aime pas. Nous on aime. On trouve qu'après les tentatives architecturales arrogantes et démesurées des années 70, cet ensemble étonne par sa cohérence, son élégance, son respect des proportions humaines, et la place donnée aux espaces piétons, aux espaces verts, bref à une certaine convivialité. Quant à savoir si l'ensemble vieillira bien, c'est une autre histoire...
De la place de la Comédie on accède à Antigone en traversant le centre commercial du Polygone. On parvient à la place du Nombre-d'Or, qui se prolonge par une longue esplanade bordée d'immeubles. Superbe piscine olympique. Tout au bout, un vaste ensemble en demi-lune et au bord du Lez, le Port-Juvénal, superbement aménagé. Sur l'autre rive, l'hôtel de Région.
Antigone est une belle expérience urbaine, un essai en passe d'être transformé. Et les projets ne s'arrêtent pas là. La ville va poursuivre son petit bonhomme de chemin vers la Grande Bleue. Le maire ne s'est jamais remis de l'absence de la mer si proche : il espère aller la chercher... en bateau !

★ **Les quartiers nord :** la Paillade, plus connue pour son stade de foot que pour ses tours bâties il y a 30 ans. On peut se contenter d'une balade le dimanche matin au marché aux puces. Mais on ne perd rien à passer sans voir une ZUP comme tant d'autres. Les poètes pourront passer devant la *Tuilerie de Massane* où vécut et mourut l'écrivain Joseph Delteil au milieu de ses 70 ha de vignes qu'il cultivait lui-même.

★ **Le zoo de Lunaret :** av. du Val-de-Monferrand. Ouvert tous les jours de 8 h à 18 h (19 h l'été). ☎ 04-67-54-45-23. Gratuit. De la gare, bus n° 5. Le seul espace vert digne de ce nom à Montpellier. Véritable parc méditerranéen, il accueille les animaux en semi-liberté. Sur 80 ha on trouve de grands enclos naturels, des volières, un sentier de découverte, et 9 km de chemins pédestres. Une belle réussite puisqu'on peut décider d'y venir aussi bien pour voir des animaux que pour se relaxer ou faire son jogging. Ne pas manquer de descendre jusqu'à l'immense serre. Faune et flore exotiques garanties. En face, bois de Montmour.

Les festivals et les congrès

Montpellier est une ville culturelle d'un dynamisme époustouflant.
– **Le Printemps des comédiens :** de mi-juin à début juillet. ☎ 04-67-63-66-66. Un excellent festival de théâtre. L'originalité : éclater au maximum les spectacles dans les petites villes du département. Pari réussi. Habile mélange d'intellos et de stars : Galabru, Terzieff, Huster, Arditi, Toto Roulette...
– **Festival Montpellier Danse :** généralement, fin juin et début juillet. ☎ 04-67-60-07-40. Durée : 8 à 10 jours. Dirigé par J.-P. Montanari. La danse dans tous ses états : des derviches tourneurs à Maïa Plissetskaïa. Notons l'importance de ce festival, mondialement reconnu, dans un domaine (la chorégraphie) où Montpellier se distingue particulièrement.
– **Festival de Radio France et de Montpellier :** vers la mi-juillet et jusqu'à début août. ☎ 04-67-61-66-81. On y entend des airs connus interprétés par de jeunes artistes, on y redécouvre des merveilles dégottées dans des fonds de tiroirs et interprétées par des vedettes internationales. De nombreuses communes des environs y participent. Durant le festival, concert de jazz gratuit aux Ursulines.
– Fin des festivités début août : la ville se vide... et le maire part en vacances.
– **Festival du Cinéma méditerranéen :** vers la fin octobre. Durée : une semaine. ☎ 04-67-66-36-36. Tous les films sont axés sur la culture méditerranéenne. Cannes sans les paillettes.

Quitter Montpellier

En train

🚆 *Gare S.N.C.F. (plan C3) :* place Auguste-Gibert. ☎ 08-36-35-35-35 (2,23 F la minute). Nombreux trains express pour Lunel, Sète, Agde, Béziers, mais aussi le T.G.V. et le *Talgo* pour Barcelone. Pour Paris, 6 liaisons par jour. Durée : 4 h 40.
En face, on peut visiter le nouveau *McDo* (et pourtant ce n'est pas notre genre) décoré par les frères Di Rosa, Sétois célèbres.

En bus

🚌 *Gare routière (plan C3) :* rue Jules-Ferry. À côté de la gare S.N.C.F. ☎ 04-67-92-01-43. Un escalier roulant fait communiquer les deux gares. *Les Courriers du Midi* quadrillent le département. Certaines lignes sont saisonnières, Saint-Guilhem-le-Désert par exemple. De la gare routière, on trouve des bus pour toutes les destinations touristiques de la région. Pour tout renseignement, appelez la *Sodéthré :* ☎ 04-67-84-67-85; ou composez le 36-14, code DEP 34 sur votre Minitel.
– *S.M.T.U. :* 23 *bis,* rue Maguelone. C'est la Société montpelliéraine de transports urbains. Elle dessert la ville de Montpellier ainsi que les 15 communes du district. Les lignes 1 à 14 desservent la ville. La ligne 15 conduit au domaine de Grammont où l'on trouve notamment le théâtre des Treize Vents, le Zénith, le complexe sportif et culturel. La ligne 16 ceinture la ville. Les lignes 17, 18, 20 à 29 desservent respectivement depuis la gare routière : Palavas, Lattes, Le Crès, Vendargues, Jacou, Clapiers, Montferrier, Grabels, Juvignac, Saint-Jean-de-Védas, Maurin-Lattes, Pérols-Baillargues. Plusieurs services dans la journée. L'été, toutes les demi-heures environ pour Palavas. Pour les communes des environs, départ de la gare routière. Pour Palavas, il existe une formule bus + vélo l'été. Se renseigner à la gare routière : ☎ 04-67-22-87-87.

En avion

✈ *Aéroport international Montpellier-Méditerranée :* route de Carnon (à 10 km du centre-ville). ☎ 04-67-20-85-00. Une navette pour l'aéroport part de la gare routière 1 h avant chaque vol. Durée : 20 mn. Sinon, le taxi.
– *Air France :* ☎ 0-802-802-802. Pour Paris, de 10 à 15 liaisons quotidiennes.
– *Air Littoral :* ☎ 0-803-834-834. Dessert Bordeaux, Nice, Lyon, Perpignan, Clermont-Ferrand, Strasbourg, Genève et Barcelone.

Aux environs

AU SUD PAR LA D986

★ *LATTES (34970)*

Autrefois le port de Montpellier. On trouve encore, çà et là, les fondations de Lattara. Cette petite cité joue les Babaorum et s'offre un Port-Ariane pour faire la nique à Port-Marianne, prévu quelques kilomètres en amont.

Où manger dans le coin?

⏺❙ *Restaurant des vins coteaux du Languedoc (Le Mas de Saporta) :* ☎ 04-67-06-88-66. Fermé le samedi midi et le dimanche toute la journée. De Montpellier-Sud, prendre direction Palavas; 1ᵉʳ feu à droite en sortant de l'agglomération; suivre les flèches « Coteaux du Languedoc ». Ce n'est pas une ferme-auberge mais un restaurant attenant à la direction de l'Agriculture. Le temple du vin et de la gastronomie de terroir. Plusieurs formules à tous les prix. Le seul restaurant du coin où un sommelier sait décrire le vin depuis la robe jusqu'à la dernière note réglissée en fin de gosier. Déjeuner dans la salle Rabelais. Divers menus de 84 F (le midi uniquement) à 140 F et carte, dans la tradition culinaire de la région. En juillet et août, le soir, menu à 120 F uniquement, et petit marché paysan nocturne tous les mardis soir l'été. En attendant la carte, on peut lire la liste des jeux de Gargantua, aux noms savoureux qui mettent en appétit. Il y a beaucoup de monde mais c'est original et convivial.

MONTPELLIER et ses environs

À voir

★ ***Le musée archéologique Henri-Prades :*** 390, route de Pérols. ☎ 04-67-99-77-20. Ouvert tous les jours sauf le mardi, de 10 h à 12 h et de 14 h à 17 h 30. Fermé les 1ᵉʳ mai, 14 juillet, 25 décembre et 1ᵉʳ janvier. On expose ici le résultat des fouilles entreprises par Henri Prades et son équipe. Ils ont dévoilé toute la richesse du site portuaire. Le musée présente un large aperçu des découvertes retraçant la vie quotidienne à l'âge du bronze, pendant la protohistoire du port de Lattara : monnaies, verres soufflés, etc. Au premier niveau, expositions temporaires annuelles toujours passionnantes. Vue imprenable sur le site de fouille.

★ ***PALAVAS-LES-FLOTS (34250)***

Rendu célèbre au début des congés payés, le village fut immortalisé par Dubout; son petit train circule encore dans les rues pendant l'été. Son charme pittoresque, son port de pêche croquignolet n'ont rien perdu malgré les quelque 80 000 touristes qui passent par là durant la saison. Il suffit donc d'ignorer les nouvelles constructions et de se contenter d'une balade dans le centre et sur les quais pour se rendre compte que Palavas-les-Flots reste l'une des plus authentiques et sympathiques stations balnéaires de la côte.

Adresse utile

❙ ***Office du tourisme :*** bd Joffre. ☎ 04-67-07-73-34. Fax : 04-67-07-73-58. Hors saison, ouvert du lundi au samedi, de 9 h à 12 h et de 14 h à 18 h; en avril, mai, juin et septembre, ouvert tous les jours aux mêmes horaires; en juillet et août, de 9 h à 20 h.

Où dormir ? Où manger ? Où boire un verre ?

🛏 Rive droite, le *Palavas Camping,* le dernier après le grau de Prévost. Avant le parking pour Maguelone. ☎ 04-67-68-01-28. De taille raisonnable, sans ombre, mais en première ligne.

|●| Rive gauche, on peut déguster des coquillages dans une guinguette, *La Passerelle,* quai Paul-Cunq. Les pieds dans l'eau du canal. Pas le choix, c'est la seule. Tables en faïence rouge et blanche entourée de bois. Propose des assiettes de fruits de mer et des moules-frites à prix doux.

|●| Vous trouverez près du casino une accumulation de *restos* interchangeables. Tous moyens.

|●| *L'Artimon :* port de plaisance, rive droite. ☎ 04-67-68-45-02.

Fermé le dimanche soir hors saison, et 3 semaines de fin décembre à mijanvier. Au bout du quai face au casino, au-dessus de la capitainerie. Vue sur les gréements, les yachts et les flots de la terrasse en étage ou derrière les baies vitrées, où l'on est aux premières loges. Un menu à 98 F, d'autres à 113 F, 148 et 230 F : beau gigot de lotte aux morilles ou aux cèpes, bouillabaisse (sur réservation), filet de loup à l'oseille satisfaisant, puis fromage et dessert. Serveurs en chemise blanche d'officier de marine, diligents mais un peu débordés quand il y a foule, et c'est souvent le cas. Un bon resto de poisson tout de même. Il est conseillé de réserver.

À voir

★ *Le musée Albert Dubout :* la Redoute de Ballestras. ☎ 04-67-68-56-41. En juillet et août, ouvert tous les jours de 16 h à minuit ; en avril et octobre, tous les jours sauf lundi, de 14 h à 18 h ; en mai, juin et septembre, tous les jours sauf lundi, de 14 h à 19 h ; du 1er novembre au 31 mars, ouvert uniquement les week-ends et jours fériés, ainsi que pendant les vacances scolaires. Accessible par la navette-bateau gratuite. Tels les cloîtres reconstruits pierre par pierre à New York, la Redoute a émergé de sa cachette le château d'eau, et s'est réimplantée sur l'étang. Le musée renferme les œuvres du célèbre dessinateur, et notamment *Le Petit Train* où l'on voit une héroïne fellinienne étouffer son gringalet de mari entre ses deux énormes seins.

À faire

– *Le Transcanal Mickey :* au bout du canal. Un télésiège qui permet de traverser cette monumentale *(sic)* pièce d'eau. Certainement l'une des plus grandes inventions de l'homme depuis le feu, l'avion et le téléphone ! D'une laideur absolue, mais cela aurait tendance à le rendre attachant.

★ MAGUELONE

Y aller à pied pour profiter de l'étang peuplé de flamants roses, surtout le soir, au soleil couchant ; on ne vous fait pas un dessin.
Ouvert tous les jours de 9 h à 18 h 30 d'octobre à mai et jusqu'à 21 h de juin à septembre. Parking payant. Au milieu des vignes, sur une île reliée à la terre au XVIIIe siècle, l'ancienne *cathédrale Saint-Pierre* se dresse fièrement au milieu des pins, des cyprès et des micocouliers, témoin de l'époque lointaine où la chrétienté médiévale édifiait des églises forteresses. Mague-

lone devient siège épiscopal au VIᵉ siècle. Les Wisigoths rendent l'endroit prospère et célèbre. Devenue base mauresque, la ville sera rasée par Charles Martel en 737. Et ce n'est que trois siècles plus tard que la cathédrale est reconstruite. Tête de pont catholique dans un monde cathare, Maguelone résistera face à l'hérésie, mais les querelles politiques des souverains auront raison de ce lieu de méditation incomparable. En 1536, l'évêché est transféré à Montpellier.

La magistrale unité architecturale de ce grand vaisseau de la chrétienté est frappante, même si l'ensemble évoque davantage une forteresse qu'une église : mâchicoulis, meurtrières, façade très haute, etc. Portail merveilleux surmonté d'un linteau trop long pour la porte et d'un art très évolué. Il est orné de rosaces et de feuillages d'une perfection totale.

À l'intérieur, nef unique de 28 m x 10 m par laquelle on se sent comme écrasé. Si vous savez choisir le moment de votre visite en fonction du soleil, ce vaisseau de pierre deviendra une œuvre d'art éphémère, tableau en mouvement où les clairs-obscurs seront dignes de ceux de Claude Gellée. La tribune était destinée aux chanoines. Çà et là, des dalles funéraires d'anciens évêques (XIVᵉ et XVIIᵉ siècles) et, dans la chapelle du Saint-Sépulcre, mausolée du cardinal de Canilhac et sarcophage en marbre gris à pilastres cannelés qui serait le tombeau de « la Belle Maguelone ».

★ *CARNON-PLAGE (34280)*

Sur la D21 à l'est de Palavas, cette ancienne station familiale est aujourd'hui la base de départ pour les croisières sur le canal du Rhône.

Où manger ? Où boire un verre ?

I●I *Canastel :* bistrot planté sur la plage, à l'entrée du port. Il a la bonne idée d'être ouvert toute l'année. Salades agréables sur fond de coucher de soleil. Plat du jour à 38 F servi également le week-end.

I●I *Poissonnerie du Port :* sur le port. ☎ 04-67-68-16-43. Ouvert du 21 juin au 15 septembre. Plateaux de coquillages ultrafrais, accompagnés d'un petit vin régional. Bon accueil et prix sages. Premier menu à 68 F, puis menus de 238 à 279 F pour deux personnes. Apéritif maison ou café offert à nos lecteurs sur présentation du guide.

I●I *Le Toukan :* la seule guinguette sur la plage rive droite, à la limite de Palavas, av. Samuel-Bassager. ☎ 04-67-50-75-43. Ouvert du 20 avril à fin septembre. Vous êtes les pieds dans le sable, face à la mer. Ce n'est pas de la grande cuisine mais prix en conséquence, portions généreuses et vrais verres pour boire le vin. Le patron navigue sur un voilier. Il a plein d'histoires à raconter et des recettes exotiques : accras de morue, boudin créole... et moules-frites ! Enfin, il y a une douche dans un coin.

À faire

– *Caminav :* base fluviale de Carnon. ☎ 04-67-68-01-90. Recommandée, la promenade le long du chemin de halage au bord des étangs de Pérols et Mauguio. Après le petit Travers, des dunes, et une immense plage très fréquentée.

★ *PÉROLS (34470)*

– **Les Périples du Petit Rhône :** allée du Trident. ☎ 04-67-50-10-27. Sorties privées à travers la Camargue en bateau et à cheval. Table d'hôte flottante. René et Adèle vous font découvrir la Camargue secrète et authentique. Vous dormez (selon votre budget) sous la tente, dans une ferme ou dans un hôtel de caractère. On a testé le grand « périple » : château Davignon-Aigues-Mortes par le petit Rhône et le canal. L'arrivée au soleil couchant, avec la tour de Constance qui se profile dans le décor, laisse d'impérissables souvenirs.

★ *LA GRANDE-MOTTE (34280)*

Symbole du tourisme de masse, La Grande-Motte ne laisse vraiment personne indifférent. Certains jurent ne pouvoir passer leurs vacances ailleurs qu'ici, d'autres fuient cet endroit, archétype de la destruction d'un littoral qui n'avait pas besoin de cela. Toujours est-il que La Grande-Motte répondait à un besoin : née du néant il y a trente ans, elle a toute une histoire.

Un peu d'histoire

En 1958, le gouvernement prit la décision d'aménager les 200 km du littoral du Languedoc-Roussillon, de la Camargue aux Pyrénées. Il fallait absolument fixer le tourisme pour éviter la trop forte migration vers l'Espagne et surtout empêcher un développement anarchique qui aurait été catastrophique d'autant que cette zone souffrait d'insalubrité depuis toujours. En 1961, l'argent est débloqué et l'État commence à acheter les terres qui formeront la future station. En 1966, la première pierre est posée... Comme quoi, parfois l'État peut agir vite.
Dans un premier temps, on entreprit une gigantesque opération de démoustication. Pas question d'éradiquer totalement les insectes, il fallait toutefois réduire leurs nuisances à un niveau supportable.
Une fois réglé ce problème, l'architecte pouvait entrer en scène. Jean Balladur, le cousin de l'autre, se mit au travail. On lui confia « une terre immense et belle en lui demandant de l'éveiller à la vie ». Il établit les plans de la ville balnéaire en se démarquant totalement de l'esthétique fonctionnaliste de l'architecture française. Se lançant dans une recherche sur un nouveau « baroque », il associa des volumes originaux (pyramides...) à une logique de courbes, de triangles et de trapèzes afin de rétablir la primauté de la forme plastique sur les contraintes fonctionnelles. Trois démarches ont animé l'architecte. Tout d'abord, il conçut La Grande-Motte en pensant au temple de Teotihuacán au Mexique. Ensuite, il lui fallait créer un espace mâle, ordonné et un peu raide (les pyramides du Ponant) et un espace femelle, plus flexible, aux lignes courbes (le Couchant). Enfin, il souhaitait nourrir la ville de symboles spirituels. Balladur dédia donc sa ville au soleil.
En juillet 1968, les premiers touristes s'installent dans la tour Provence encore inachevée. En 1974, la commune de La Grande-Motte est officiellement créée. Depuis plus de vingt ans, la ville n'a cessé de bouger, de grandir, de vivre.
Tournant le dos au style régionaliste, résolument avant-gardiste, La Grande-Motte n'a pas fini de générer passions et discussions. Mais on peut être sûr que dans l'avenir, cette ville sera une sorte de référence obligée en termes d'architecture.

Adresses utiles

🛈 *Office du tourisme :* place de la Mairie. ☎ 04-67-29-03-37. Fax : 04-67-29-03-45. Ouvert tous les jours de 9 h à 12 h 30 et de 14 h à 18 h ; en juillet et août, de 9 h à 21 h.

■ *Location de motos et mountain bikes : Holidays Bikes,* 482, av. Melgueil. ☎ 04-67-29-14-30. Tarifs compétitifs (malgré des cautions parfois un peu élevées !). Matériel fiable.

Où manger ?

|●| Au royaume du béton, les routards amoureux du terroir sont malheureux. Dans cette succession de restaurants tous pareils, on peut vous conseiller le *Clipper's,* quai du Général-de-Gaulle ; ☎ 04-67-56-53-81. Fermé du 10 décembre au 1er février ; le lundi soir et le mardi hors saison. Service en saison de 12 h à 14 h 30 et de 19 h à minuit. Salle agréable avec des sièges confortables, un luxe de végétation, et vue sur les voiliers du port. Menu à 76 F (sauf le dimanche) avec huîtres en entrée, et menus suivants à 117 et 162 F. Coquillages et poisson à l'honneur.

À L'EST DE MONTPELLIER

★ *MAUGUIO (34130)*

Limite extrême de la petite Camargue, près de l'étang de l'Or ou de Mauguio. En partant de Montpellier, prendre la D189 puis la D24. Petit village charmant qui a su préserver son petit côté provençal.

Où dormir ? Où manger ?

🛏 |●| *Auberge du Cheval Blanc :* 219, Grand'Rue. ☎ 04-67-29-31-88. Fermée les week-ends et fêtes. Charmant petit hôtel. Confort rudimentaire mais ensemble correct. Salle à manger agréable grâce aux nappes provençales colorées. Chambres doubles de 140 à 170 F. Vraiment donné pour la région. Demi-pension à 190 F. Petit menu à 66 F, vin compris. 10 % de réduction sur le prix des chambres sur présentation du guide.

|●| *Le Patio :* impasse Molière. ☎ 04-67-29-63-90. Ouvert tous les soirs. Ne prend pas de carte bancaire. Dans une ancienne cave à vin, un petit resto à l'ambiance *un-*dergroud languedocienne. Salle assez kitsch au mobilier de récupération. Au milieu, comme un trône, un gril sur lequel cuisent magrets, gambas, etc. Excellente gardiane. En été, terrasse dans la cour. Menu à 80 F ; on peut bien manger pour environ 100 F.

Plus chic

|●| *Club Européen Bacchus :* B.P. 57, route de Vauguières, 34131 Mauguio Cedex. ☎ 04-67-29-25-29. Sur la D24, à gauche en sortant de Mauguio. À l'entrée, un mur de bouteilles vous accueille : ici vous êtes dans la patrie du vin ! Dans une ambiance camarguaise, propose des

vins locaux au prix des producteurs. Le cadre est chouette, et on se régale. Menus gargantuesques à partir de 96 F et une carte avec plus de 50 plats au choix. Tous les poissons et les viandes sont présentés dans la salle et grillés au feu de bois (il y a trois cheminées). Le samedi, soirée musicale et spectacle : 280 F par personne, tout compris et tout à volonté.

À faire

– *Centre équestre de l'Étang de l'Or :* le Boscnil. ☎ 04-67-29-52-01.

★ *FLAUGERGUES*

Prendre le bus n° 15, arrêt Montauberou. En voiture, ancienne route de Mauguio et direction Grammont-le-Zénith. Château fin XVIIe - début XVIIIe siècle. ☎ 04-67-65-51-72. Visite guidée tous les jours sur rendez-vous. En juillet et août, ouvert tous les jours sauf lundi, de 14 h 30 à 18 h 30. Très harmonieux. À l'intérieur, magnifique mobilier. La terrasse, décorée d'une grille en fer forgé, conduit à un jardin à la française. Détour par le chai pour acheter du vin des coteaux de la Méjanelle.

★ *LE DOMAINE DE GRAMMONT*

Vaut surtout le détour pour son parc. Cèdres impressionnants. Escalier extérieur à double volée, belles salles romanes au rez-de-chaussée. Un peu à l'extérieur en suivant les flèches, la mare écologique, microréserve pour les oiseaux et la flore en perdition.

Où manger ?

|●| On peut manger derrière la chapelle, dans un petit *bistrot* où l'on côtoie la troupe des Treize Vents (le centre dramatique) et l'équipe de foot. Pas cher, ambiance hétéroclite.

★ *LA MOGÈRE*

Par la D189 et la route de Vauguières. Visite de 14 h 30 à 18 h 30 de la Pentecôte à fin septembre. Qu'on se le dise, la plus belle allée de platanes. Classé monument historique, le château dû à Giral est un petit bijou. Dans le parc, un buffet d'eau de style rocaille.

★ *CASTRIES (34160)*

Par la D189, Saint-Aunès et Vendargues. Le château XVIIe domine la plaine. En langue d'oc, castrum se prononçait « castre ». L'usage a maintenu la prononciation.

Où manger ?

|●| *L'Art du Feu :* 13, av. du 8-Mai-1945. ☎ 04-67-70-05-97. Fermé le mardi soir et le mercredi. Une ancienne ferronnerie transfor-

mée. Une fine cuisine du terroir, accompagnée de vins régionaux. Menus à 68 et 90 F. Apéritif maison offert sur présentation du guide.

À voir

★ *Le château :* aujourd'hui propriété de l'Académie française. Visite de 10 h à 12 h et de 14 h à 18 h. Fermé le lundi et en janvier. Une visite à ce Versailles du Languedoc s'impose. Jardin à la française.

★ *L'aqueduc :* sur 6,5 km, il alimente en eau le parc du château. Très belle promenade, suivre les arceaux puis les sentiers lorsque la partie souterraine débute. En pleine garrigue, classique mais chouette.

★ *La commanderie des Templiers :* beaucoup moins connue. Laissez votre voiture à la cave coopérative, à l'entrée du village. Puis continuez l'avenue de la Cadoule. Au carrefour, prenez à gauche la petite route, un petit pont enjambe la Cadoule ; poursuivez votre route et, à 2 km dans une combe, vous découvrez la commanderie, perdue au milieu des vignes. Ça vous a plu ? En continuant un peu, la route monte. Beau point de vue sur l'ensemble et sur Castries, jolie balade.

★ ASSAS (34820)

Par la D26 au nord-ouest de Castries. Très beau *château* du XVIIIe siècle, œuvre de Giral (encore !). ☎ 04-67-59-62-45. Visite de 14 h à 18 h les dimanche et jours fériés du 1er mai au 2 novembre ; le mercredi après-midi en période scolaire ; et toute l'année sur rendez-vous. À l'intérieur, un clavecin étonnant.

À L'OUEST DE MONTPELLIER

★ ARGELLIERS (34380)

Une commune très morcelée, loin des sentiers battus.

Où dormir ? Où manger dans le coin ?

🛏 🍴 *Auberge de Saugras :* sur la route de Viols-le-Fort, à 6 km de Vailhauquès, perdue en pleine garrigue. ☎ 04-67-55-08-71. Fax : 04-67-55-04-65. Fermée le mardi et le mercredi (mercredi uniquement en saison) et du 15 janvier au 30 juin. Un très gourmand toubib nous a indiqué cette adresse. Des menus de 97 à 300 F avec un grand choix de plats parfumés au thym, au romarin et aux pélardons. Gibier en saison. Chambres d'hôte dans un mas du XIIe siècle. Doubles avec bains et toilettes à 220 F, petit déjeuner compris. À ne manquer sous aucun prétexte.

★ MURVIEL-LÈS-MONTPELLIER (34570)

À la sortie de cette paisible bourgade, un champ de fouilles met au jour un important oppidum. On peut déjà admirer les murailles d'enceinte et un temple. L'itinéraire est balisé en bleu et orange. Dans le village, *fontaine romaine* et *musée* gratuit (ouvert le samedi de 14 h à 16 h) contenant les découvertes des fouilles.

★ *COURNONTERRAL (34660)*

Un petit village plein de charme avec ses remparts du XIVe siècle percés d'une ouverture pour permettre aux habitants d'aller tirer l'eau à la fontaine hors les murs. Voir la *tour sarrasine,* vestige du château féodal, la pittoresque rue des Huguenots et la rue des Balcons (rue du Docteur-Malabouche), bordée de maisons traditionnelles de viticulteurs : en dessous, les magasins pour entreposer le matériel ; au-dessus, les habitations.

★ *LE CHÂTEAU DE LA MOSSON*

À la sortie juste avant Juvignac. Visite libre du parc avec un buffet d'eau et du salon de musique à l'italienne, une petite merveille.

LUNEL (34400)

Trait d'union entre Nîmes et Montpellier, Lunel est une petite bourgade de l'Hérault et de la Petite Camargue (cf. « La Petite Camargue », département du Gard), nourrie du charme des villes du Sud : platanes, arènes... La fondation de la ville serait due à l'arrivée d'une colonie juive après la prise de Jéricho (sans les trompettes) par l'empereur Vespasien. Venant de la ville de la lune pour fonder Lunel, cela mérite qu'on y croit. Au XIIe siècle, la cité abrita une vigoureuse colonie hébraïque qui acquit une réputation culturelle incontournable. Tout s'arrêta en 1306, lorsque Philippe le Bel chassa les juifs du royaume de France.

Entièrement vouée à la vigne, Lunel produit un excellent muscat plein de soleil et de générosité.

Adresse utile

◘ *Office du tourisme - syndicat d'initiative :* cours Gabriel-Péri. ☎ 04-67-87-83-97 ou 04-67-71-01-37. Fax : 04-67-71-26-67. En saison, ouvert du lundi au samedi de 9 h à 12 h et de 14 h à 19 h, et les dimanche et jours fériés de 9 h 30 à 12 h 30 ; hors saison, de 9 h à 12 h et de 14 h à 18 h.

Où dormir ? Où manger ?

I●I *L'Auberge des Halles :* 26, cours Gabriel-Péri (centre). ☎ 04-67-83-85-80. Fermé le dimanche soir et le lundi, et en février. Juste à côté des halles, ce restaurant bien connu ici propose une honnête cuisine traditionnelle et de saison. Le menu du dimanche (100 F), élaboré selon le marché, nous a contentés : bouchée financière au ris de veau, bonne chaudrée du pêcheur (moules, baudroie, saumon) puis dessert maison. Autres menus à 90 et 130 F. Quelques tables en terrasse. Service féminin souriant.

Camping

⌂ *Camping du Pont de Lunel :* RN113, à la sortie de Lunel, direction Nîmes. ☎ 04-67-71-10-22. Fermé de mi-octobre à mi-mars. Ombragé et de taille moyenne.

Où dormir ? Où manger aux environs ?

🏠 *Mas Saint-Félix :* à Saint-Séries ; à 7 km de Lunel en allant vers Sommières. ☎ 04-67-86-05-83. Ouvert toute l'année. 500 m après le village, le mas est indiqué ; tournez à droite (attention aux platanes !), vous voyez les chevaux derrière leur clôture, c'est là ! Si vous ne trouvez pas, demandez Mme Michel ou Mme Rouvière. Chambres d'hôte spacieuses, claires et confortables (250 F par couple, petit déjeuner compris ; 50 F par personne supplémentaire) dans ce vaste mas, qui servit de relais de poste aux chevaliers de Malte et fut (en son temps) un prieuré. Vieilles pierres « made in Moyen Âge », avec toutefois de modernes commodités : cuisine équipée à disposition, lave-linge. À noter : vous pouvez venir à cheval, votre compagnon sera hébergé. Adresse charmante, donc.

🏠 |●| *Chambres d'hôte Les Bougainvillées :* 343, chemin des Combes-Noires, à Villetelle. ☎ et fax : 04-67-86-87-00. Prendre la direction Sommières puis, 2 km après la sortie de Lunel, prendre à droite direction Villetelle ; là, demander,

tout le monde connaît. Dans leur villa récente plantée dans la garrigue, Daniel et Simone Barlaguet, ex-décorateurs, ont aménagé avec goût des chambres indépendantes, chacune dans son style, avec tout le confort (330 F pour 2 personnes, petit déjeuner copieux compris). Certaines sont des studios avec mezzanine et reçoivent aisément 4 personnes (570 F). Prévoir 100 F pour un lit supplémentaire avec petit déjeuner. Piscine et tennis privés, parc animalier (oies, canards, moutons) sont des plus appréciables, tout comme le dîner à la table d'hôte, composé exclusivement de produits de la ferme (servi en semaine uniquement : 100 F). Il est prudent de réserver.

🏠 |●| *Hôtel-restaurant Sophia :* 10, rue Le Versant, à Saint-Brès. À 7 km de Lunel, sur la route de Montpellier. Bien indiqué. ☎ 04-67-70-77-56. Fax : 04-67-70-46-84. Hôtel moderne, calme et sans prétention. Compter 220 F la chambre pour deux personnes. Plutôt pour dépanner. Fait aussi restaurant (fermé le vendredi et le samedi midi).

À voir

★ *La place des Martyrs-de-la-Résistance :* on a apprécié la sculpture de l'héroïque et moustachu capitaine Ménard, mort au Soudan (1862-1892), représenté ici dans le feu de l'action ultime, revolver au poing, vendant cher sa peau... Dans la vie, il y a des cactus !

★ *La vieille ville,* avec la rue des Caladons, une enfilade de voûtes superbes du début du XIIIᵉ siècle. Vestiges de la commanderie des Templiers enfouis dans l'enceinte.

★ *L'église Notre-Dame-du-Lac :* le clocher repose sur la tour de guet. À l'intérieur, très bel orgue d'Aristide Cavaillé-Coll, le maître romantique.

★ *Le Fonds Médard :* pour l'édition rarissime des *Oiseaux* de Buffon, à la bibliothèque municipale. Sur rendez-vous uniquement.

★ *Le parc Jean-Hugo :* dessiné par Le Nôtre.

Aux environs

★ *Le site d'Ambrusum :* l'office de tourisme donne un itinéraire partant de la ville par la route de Sommières. Il s'agit des vestiges de la voie Domitienne qui traversait tout le Languedoc et reliait les Alpes aux Pyrénées il y a 2 000 ans. Les sillons creusés par les charrettes romaines témoignent des arrêts devant le péage (déjà!) du pont. Parcours balisé en bleu autour du site. Pour les groupes, visite guidée proposée par l'office du tourisme.

L'ÉTANG DE THAU

Il y a huîtres de Marennes, mais il y a aussi huîtres de Bouzigues, et depuis longtemps, puisque les Romains, toujours eux, les élevaient déjà. Bien que très construits, les abords de l'étang ne manquent pas de charme. L'arrivée du canal du Midi, les parcs à huîtres, les villages de Bouzigues, Mèze, Balaruc... et la capitale, Sète. La « Venise du Languedoc », n'ayons pas peur des mots, dominée par le mont Saint-Clair (182 m!), fut célébrée par Paul Valéry et Georges Brassens, le copain des copains.

FRONTIGNAN (34110)

Capitale mondiale du muscat, dont les origines remontent à l'Antiquité. Importé par les Romains, il eut même droit aux honneurs dans les *Lettres* de Pline le Jeune. Au XVIIᵉ siècle, on affirmait qu'il surpassait toute autre nature de vin en générosité. Thomas Jefferson, futur président des États-Unis, en commandait des caisses entières de Philadelphie. Aujourd'hui, les 800 hectares de vignes produisent un peu moins de 20 000 hl par an.

Au XVIᵉ siècle, la cité résiste victorieusement aux protestants. La Réforme n'est pas passée par là. En récompense, Richelieu et Louis XIII font de la cité une amirauté. Le port s'agrandit et sous Louis XIV, il est le plus grand du Languedoc, sans aucun rival. Sa situation est redevenue beaucoup plus banale aujourd'hui. Frontignan présente toutefois un visage méditerranéen typique, plein de cachet et de bons vins.

Adresse utile

🏠 *Office du tourisme :* rue de la Raffinerie. ☎ 04-67-48-33-94. En juillet et août, ouvert du lundi au samedi de 9 h à 19 h et le dimanche de 10 h à 12 h; le reste de l'année, du lundi au vendredi de 9 h à 12 h et de 14 h à 18 h, et le samedi de 10 h à 12 h et de 14 h 30 à 16 h 30.

À voir

★ *L'église de la Conversion-de-Saint-Paul :* édifice trapu, massif, imposant et fortifié, construit au XIIᵉ siècle. Portail principal à archivolte et frise de poissons et de bateaux. Normal, le port était célèbre ! Chœur à cinq pans en croisées d'ogives. Mobilier intéressant : fonts baptismaux et retable en bois doré du XVIIᵉ siècle; Christ en croix du XVIᵉ siècle et une statue de saint Paul en bois doré Renaissance.

★ *Le musée de Frontignan :* 4 *bis*, rue Lucien-Salette. ☎ 04-67-46-31-19. Ouvert de 10 h à 12 h et de 14 h 30 à 18 h 30. Fermé le mardi. Juste à côté de l'église, il est installé dans l'ancienne chapelle des Pénitents-Blancs. Retraçant l'histoire locale à travers les joutes, les traditions et le vin, on remarque toute une vitrine consacrée au muscat avec une bouteille (pleine) de 1865. Belle collection de tableaux du XIXᵉ siècle, ainsi qu'une série d'objets retrouvés sur les épaves de deux vaisseaux napoléoniens échoués au large de Frontignan en 1809.

Aux environs

★ *La plage des Aresquiers :* longtemps cul-de-sac routier (on ne pouvait y accéder que par Frontignan), elle est reliée par un nouveau pont à une voie (les défenseurs de l'environnement ont obtenu un tout petit pont et ont ainsi évité la grande rocade chère aux promoteurs) à la route de Montpellier, par Vic-la-Gardiole. Au-delà des deux restaurants (très moyens... et pas bon marché), le sable est apprécié des naturistes. Et, l'été, grosse ambiance autour des guinguettes branchées jazz, Brésil, rock ou techno – un « Woodstock permanent », selon des autochtones. Grillades sur la plage, jolies filles et surfeurs.

★ *Vic-la-Gardiole (34110) :* sur une colline dominant l'étang, quelques vestiges de remparts. Église des Aresquiers en « cul de four », du XIIᵉ siècle. Promenades sur le massif ou autour de l'étang pour les flamants roses, les mouettes, les canards sauvages. 50 km de sentiers balisés. Renseignements au *Syndicat mixte des Espaces naturels de la Gardiole et des Étangs :* mairie de Frontignan. ☎ 04-67-48-25-25, poste 137.

★ *Mireval (34110) :* un muscat moins connu que celui de Frontignan, très apprécié de Rabelais, témoin l'effigie d'icelui sur les dives bouteilles. Prendre la N112 pendant 5 km environ et à gauche une petite route vers Fabrègues. À un croisement juste avant le pont de l'autoroute, petite route très raide pour une superbe promenade autour de l'ermitage de Saint-Bauzille.

★ *Gigean (34770) :* départ de la randonnée vers l'abbaye de Saint-Félix-de-Montceau. Après la cave coopérative, prendre à droite la route en lacet vers l'abbaye. Autrefois couvent de religieuses bénédictines un peu coquines qui se permettaient d'assister à des veillées militaires et à des noces. L'évêque de Maguelone dut les rappeler sévèrement à l'ordre, on ne nous dit pas comment. Balades d'une quinzaine de kilomètres balisées en bleu, vue imprenable sur le littoral et les vignobles.

★ *Balaruc (34540) :* par Poussan et le château de la Garenne, on retrouve le bassin de Thau, Balaruc-le-Vieux et ses remparts. Camping à la baie de l'Angle.

SÈTE (34200)

Elle apparaît comme un mirage. Au loin, cette montagne au bord de la mer ressemble à une île, coincée entre l'étang de Thau et la Grande Bleue. Singulier, non ? C'est le petit nom de Sète, l'« île singulière ». On parle aussi de « Venise languedocienne », et le fait est que Sète est avant tout une ville ouverte sur la mer. Elle détient le titre de premier port de pêche du littoral français méditerranéen, jolie performance pour une commune de 42 000 habitants. On pourrait dire aussi qu'elle détient le titre de ville la plus méditerranéenne de France – avec, peut-être, Marseille. C'est que, en effet, cette ville jeune, née pour ainsi dire du canal du Midi (qui rejoint la mer par l'étang de Thau), s'est surtout peuplée de colonies méditerranéennes, et d'abord italiennes : prenez l'annuaire, vous comprendrez. Ainsi retrouve-t-on, côté maternel, du sang italien chez ces deux monuments sétois : Paul Valéry et Georges Brassens.

À ce sujet – les monuments des arts et de l'esprit, les phares – Sète, là encore, se distingue. Car la liste est longue des talents nés ici : Brassens et Valéry sans doute, mais aussi Jean Vilar, l'homme de théâtre, Agnès Varda, qu'on ne présente plus, et les frères Di Rosa, peintres et sculpteurs partout reconnus. Quel palmarès !

On vient donc à Sète pour le charme du port et des canaux, du mont Saint-Clair, pour la plage de la Corniche, toujours agréable même si méchamment bétonnée, pour se régaler (de poisson notamment), pour les bons musées et les quelques lieux animés le soir. On vient à Sète parce qu'on aime cette ville, cet endroit, son atmosphère unique. Bref, on vient à Sète parce qu'on aime ça et on a bien raison.

SÈTE

Capitale des joutes

Les tournois de joutes, une tradition qui remonte au Moyen Âge. Pour tromper leur ennui avant de partir pour les croisades, les soldats et matelots montaient sur de légères embarcations et se combattaient. Le jour de la Saint-Louis (Louis IX est mort pendant les croisades), les rouges et les bleus s'affrontent en tournois singuliers. Le règlement de ce sport est fort complexe : pas moins de 20 articles dont on vous épargnera la liste, sans compter les variantes lyonnaises et parisiennes. En résumé, sur la *tintaine,* sorte d'échelle à l'arrière des barques, le jouteur habillé de blanc, armé d'une lance et protégé d'un *pavois* (bouclier ou écu), croise le jouteur de l'équipe adverse qu'il doit envoyer à l'eau ; on dit « le tomber ». Pas n'importe comment, avertissements et disqualifications pleuvent. Le tout se déroule dans une ambiance pittoresque au son des fanfares, vieux hautbois et tambours, installés sur les barques. Les villes se rencontrent pour des championnats très sérieux où la troisième mi-temps est copieusement arrosée.

À table !

Il existe une cuisine proprement sétoise, issue d'une longue tradition de bien manger et d'un mélange de cultures unique. Languedocienne et méditerranéenne, riche d'apports italiens et nord-africains, forte de bons produits (huîtres et moules de Thau, picpoul mûri sur le lido, poisson bien sûr mais aussi fromages, charcuteries, vins, fruits et légumes de l'arrière-pays), elle offre bien du plaisir et quelques spécialités : fameuse *tielle* (tourte au poulpe et à la sauce tomate relevée), bouillabaisse et aïoli « à la sétoise », et – mais vous n'en trouverez pas dans les restaurants – *macaronade,* macaronis farcis, une préparation typiquement sétoise, populaire et familiale qui a son académie et même, tenez-vous bien, son championnat du monde ! Alors, avis aux amateurs : à Sète, on sait ce que manger veut dire, et les bonnes et très bonnes tables s'y pressent.

Adresses utiles

❶ *Office du tourisme* (plan A2) : 60, Grand-Rue-Mario-Roustan. ☎ 04-67-74-71-71. Fax : 04-67-46-17-52. D'octobre à fin avril, ouvert du lundi au vendredi de 9 h à 12 h et de 14 h à 18 h ; en mai, juin et septembre, ouvert tous les jours de 9 h à 12 h et de 14 h à 18 h ; en juillet et août, tous les jours de 9 h à 20 h. Propose des visites guidées de la ville autour de plusieurs thèmes (dont la criée, super !) en juillet et août.

✉ *Poste* (plan A1) : bd Danielle-Casanova ; derrière le quai de-Lattre-de-Tassigny.

🚌 *Gare routière* (plan B1) : 4, quai de la République. ☎ 04-67-74-66-90. *Les Courriers du Midi* assurent une douzaine de rotations par jour, vers Montpellier, Marseillan, Frontignan. L'été, excursions.

🚂 *Gare S.N.C.F.* (hors plan par B1) : quai Maréchal-Joffre, au bout de l'avenue Victor-Hugo. ☎ 08-36-35-35-35 (2,23 F/mn). Un départ toutes les 30 mn environ pour Montpellier.

✈ *Aéroport :* à Montpellier.

■ *Sète Croisières* (plan B2) : quai du Général-Durand. ☎ 04-67-46-00-46 ou 10. Fermé les samedi et dimanche. Sorties en mer et sur l'étang.

■ *Cycles Estopina :* 4, rue Voltaire. ☎ 04-67-74-74-77. Location de vélos.

Où dormir ?

Bon marché

▲ *Auberge de jeunesse* (plan A1, 10) : Villa Salis, rue Général-Revest. ☎ 04-67-53-46-68. Accueil fermé de 12 h à 18 h. Un site superbe, dominant le vieux Sète et tout arboré, et d'anciens bâtiments administratifs des années 30 : cette A.J. serait vraiment extra si elle était mieux tenue et animée. Des chambres genre caserne, rudimentaires, de 4 lits superposés, à 80 F la nuit ; 118 F en demi-pension. Pas mal quand même pour les bandes de jeunes qui s'éclatent.

▲ *Le P'tit Mousse* (hors plan par A3, 11) : rue de Provence. ☎ 04-67-53-10-66. Fermé d'octobre à mars. Petite maison de couleur ocre soutenu, dans une ruelle calme de la corniche, très près de la mer. Chambres propres mais assez petites, à 150 F avec lavabo et bidet, 170 F avec douche et w.-c., 190 F avec balcon en plus. Une chambre pour 4 personnes (2 grands lits) à 250 F. Menus à 77 et 99 F. Demi-pension obligatoire en juillet et août (175 F). Ambiance familiale. Au resto, menus à 77 et 99 F. Cuisine simple et correcte.

Prix moyens

▲ *Le Bosphore* (hors plan par A3, 12) : la Corniche (caché derrière le casino, passer à gauche de celui-ci). ☎ 04-67-53-05-53. Une villa début de siècle, perchée sur le haut de la Corniche, discrète et mignonne, dotée d'un jardin calme et à 300 m de la plage en contrebas. Des chambres diverses, de 150 F côté jardin en basse saison (avec douche, mais w.-c. sur le palier) à 400 F la plus belle au mois d'août, spacieuse, entièrement refaite, avec jolie vue sur mer (et béton : la plage de la Corniche en est malheureusement bordée) et grande salle de bains. Tarifs dégressifs à la semaine et demi-pension facultative (environ 90 F de plus par personne et par jour). Inconvénient : le week-end, il y a parfois des concerts au casino, ça peut déranger certains soirs. Restaurant avec menu du jour à 88 F, normalement réservé aux résidents, mais sans exclusive : le quidam de passage peut tout de même casser la croûte... Bien bon accueil, ambiance relax. 10 % de réduction sur le prix du menu et une boisson de votre choix en guise de bienvenue sur présentation du guide.

▲ *La Conga* (hors plan par A3, 13) : plage de la Corniche. ☎ 04-67-53-02-57. Idéalement placée face aux flots enchanteurs de la Méditerranée, à quelques mètres de la plage, *La Conga* souffre d'une architecture rectiligne, comme tout le quartier du reste, mode béton. Mais on y trouve des chambres propres et plutôt agréables. Doubles de 175 à

350 F selon confort et saison. Son restaurant, *La Table de Jean,* est une bonne adresse également. Menus de 68 à 190 F.

Plus chic

🛏 *Le Grand Hôtel* (plan A1, *14*) : 17, quai de-Lattre-de-Tassigny. ☎ 04-67-74-71-77. Fax : 04-67-74-29-27. Magnifique adresse que ce *Grand Hôtel,* bâti dans les années 1880, ayant conservé tout son charme louis-philippard et grand-bourgeois. Spacieux, meublé d'époque, il abrite un patio remarquable qu'une verrière à armature métallique, genre Baltard, protège des intempéries. Chambres à partir de 195 F, jusqu'à 620 F suivant confort et saison, et plus si l'on veut un appartement ou une suite. Parking payant (40 F). Service impeccable, digne d'un *Grand Hôtel.*

🛏 *Les Terrasses du Lido* (hors plan par A3, *15*) : rond-point de l'Europe, la Corniche. ☎ 04-67-51-39-60. Fax : 04-67-51-28-90. Ouvert tous les jours en été. Fermé le dimanche soir et le lundi hors saison, ainsi que 15 jours en février. Michel et Colette Guironnet tiennent leur hôtel-restaurant avec beaucoup de bon goût et savoir-faire. Aux *Terrasses,* tout est réussi : la déco des chambres comme celle du salon ou de la salle de restaurant, l'accueil doux, la cuisine (bravo Colette !) préparée avec art, avec une prédilection pour le poisson et les crustacés. Bouillabaisse, huîtres pochées sur purée de courgettes safranées, lasagnes de homard aux cèpes... On se régale et on s'y sent bien. Il y a même une petite piscine où se rafraîchir. Les prix ? Chambres (avec bains, TV, mini-bar, coffre individuel, climatisation et insonorisation pour toutes les chambres avec terrasse) de 240 à 480 F selon la saison pour deux personnes ; suite pour 2 à 4 personnes : 650 F (basse saison) et 750 F (haute saison). Petit déjeuner : 45 F. Menus à 140, 200 et 300 F. En conclusion, une très bonne adresse dans sa catégorie. Attention : pensez à réserver, il n'y a que 9 chambres. 10 % de réduction sur présentation du *Routard* sauf haute saison.

Où manger ?

Bon marché

|●| *Le Bar du Port* (plan B1, *20*) : place Delille. ☎ 04-67-74-92-89. Fermé le dimanche. Vieux bar sétois avec flipper et zinc et peu de tables, où la patronne prépare des plats du jour à 40 F tout à fait simples et corrects, couleur locale.

|●| *La Patelle* (hors plan par A3, *21*) : chemin des Quilles, la Corniche. ☎ 04-67-53-07-36. Ouvert midi et soir. Fermé le samedi midi, pendant les vacances de février, et entre Noël et le Jour de l'An. Une adresse connue depuis longtemps à Sète pour son ambiance relax et pour sa capacité d'accueil, la place ne manquant pas. Service zélé pour une cuisine sans prétention, couleur locale. Menu à 68 F. Plat du jour à 35 F (si, si !) : moules gratinées, encornets, poisson grillé ou coquilles Saint-Jacques.

|●| *La Goguette* (plan A1, *22*) : 30, rue Révolution. ☎ 04-67-53-34-36. Fermé les mardi soir et samedi midi hors saison ; en saison, ouvert tous les soirs et le dimanche midi. Assez planquée dans une rue peu touristique, *La Goguette* respire la bonne humeur sétoise. Déco Art nouveau naïve et colorée, mini-terrasse, mini-salle et mini-mezzanine. Servie prestement par une jolie dame, une cuisine maison simple et copieuse, bon marché, avec un plat du jour à 35 F, des menus à partir de 60 F et des moules-frites à emporter à 25 F. Cuisine indienne le vendredi soir. Une adresse à l'ambiance vive et joyeuse, prisée des jeunes chevelus du pays et des chauves aussi. Ça fait du monde, réservez !

|●| *Le Resto du Musée* (plan A1, *23*) : au Musée imaginaire de la Sardine, 2, rue Alsace-Lorraine. ☎ 04-

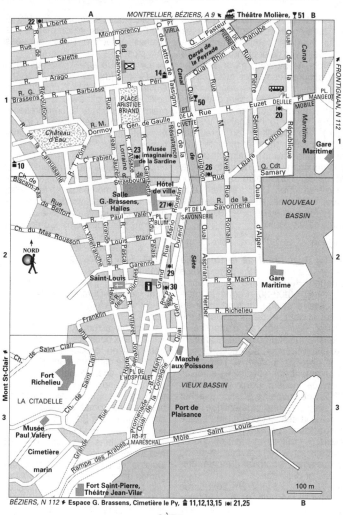

SÈTE

■ Adresses utiles

🛈	Office du tourisme
⊠	Poste
🚌	Gare routière
🚂	Gare S.N.C.F.

■ Où dormir ?

- 10 Auberge de jeunesse
- 11 Le P'tit Mousse
- 12 Le Bosphore
- 13 La Conga
- 14 Le Grand Hôtel
- 15 Les Terrasses du Lido

|●| Où manger ?

- 20 Le Bar du Port
- 21 La Patelle
- 22 La Goguette
- 23 Le Resto du Musée
- 25 Le Restaurant de la Corniche
- 26 The Marcel
- 27 Le Buffalo Grill
- 29 Le Chalut
- 30 Le Palangrotte

Ŧ Où sortir ?
Où boire un verre ?

- 50 La Bodega
- 51 Le Wembley Pub

67-74-91-75. Restaurant ouvert tous les jours en juillet et août ; fermé le lundi, mardi et mercredi le reste de l'année. Dans ce petit musée insolite et drôle, la sardine, mets d'exception, à toutes les sauces et toutes les cuissons. En rillettes, en tartare, frite, poêlée, flambée, panée, en beignet, marinée, confite, à l'escabèche, farcie (à l'oranaise, un délice !), en papillote ou gratinée, sardine polymorphe et multiple, sardine totale, divine ! Vraiment super, ces variations qu'on déguste au patio ou dans une petite salle couleur bleu-blanc-mer. Pour s'en faire une idée, belle « assiette du musée » à 75 F. Avec un ou deux verres de picpoul, ça va de soi.

Prix moyens

|●| **Le Restaurant de la Corniche** (hors plan par A3, 25) : place Édouard-Herriot (face au casino). ☎ 04-67-53-03-30. Fermé le mercredi hors saison, le lundi midi en juillet et août, et de mi-janvier à mi-février. Avec son air d'attendre le touriste au rond-point, ce restaurant paraîtrait presque suspect... Erreur ! L'adresse est bonne, et l'on y sert proprement des spécialités sétoises bien balancées. Dans le menu à 97 F, une soupe de poisson à lécher la soupière, une authentique baudroie à la sétoise, une crème brûlée respectable. En somme, un repas copieux, goûteux et pas trop chérot. Autre menu à 148 F avec assiette de coquillages, bourride du chef, fromage et dessert.

|●| **The Marcel** (plan B1, 26) : 5, rue Lazare-Carnot. ☎ 04-67-74-20-89. Ouvert jusqu'à 23 h (minuit les vendredi et samedi). Fermé le dimanche. The Marcel a la volonté d'être avant tout un lieu de rencontres, de culture ; pas, en tout cas, l'un de ces restos où l'on ne pense qu'à plumer le touriste. Le cadre est beau : vaste salle-atelier, où sont exposées des toiles contemporaines (le patron tient la galerie voisine). On se sent très à l'aise, pas du tout compressé, pas davantage pressé, alors on prend le temps de déguster une cuisine correctement travaillée, sans fausse note, sur fond de jazz ou classique. Compter de 150 à 200 F. On vous recommande les seiches grillées à l'aïoli, arrosées d'un picpoul.

|●| **Le Buffalo Grill** (plan A2, 27) : 12, Grand-Rue. ☎ 04-67-74-76-99. Ouvert de 20 h à 2 h. Fermé le jeudi soir. Rien à voir avec une chaîne maintenant connue et omniprésente de restaurants stéréotypés. Le Buffalo est dans la place depuis longtemps. Il faut se lever tôt pour trouver meilleure viande qu'au Buffalo Grill de Sète, foi de carnivore ! C'est avec amour et science que le patron choisit ses morceaux et les grille, pour le grand plaisir des amateurs de filets, magrets, lapereaux, etc. Portions très copieuses. Compter de 150 à 200 F le repas complet. Pensez à réserver, les places sont chères (une douzaine de tables seulement).

|●| **Le Chalut** (plan A-B2, 29) : 38, quai Général-Durand. ☎ 04-67-74-81-52. Fermé le mercredi, et en janvier. Le moins qu'on puisse dire, c'est qu'on le remarque, Le Chalut. Façade aux couleurs criardes, décor néo-louisiano-rococo-baroque. Un peu chargé mais amusant. Détail important : le chef connaît son affaire. Bonne cuisine, branchée poisson et fruits de mer. Brochettes de moules grillées aux aromates, blanquette de seiche. Menus à 90, 130 et 170 F.

|●| **La Table de Jean** : voir l'hôtel La Conga dans « Où dormir ? ». Le restaurant mérite qu'on s'y arrête. Cuisine toute méditerranéenne, parsemée de quelques bonnes spécialités sétoises. Coquillages, poisson frais et, sur commande, un grand aïoli superbe. Menus à 68 F (le midi), 98, 140 et 190 F. Service prévenant et décor agréable avec une pointe d'exotisme. Et quel plaisir de manger face à la Grande Bleue !

Plus chic

|●| **La Palangrotte** (plan A-B2, 30) : quai de la Marine, rampe Paul-Valéry. ☎ 04-67-74-80-35. Fermé les dimanche soir et lundi (sauf en juillet et août). Une maison claire et distinguée, au cadre néo-vénitien. C'est le resto gastronomique de Sète depuis

plus de 20 ans, une institution. Goûter l'*eausel,* façon sétoise et traditionnelle de préparer le poisson, que le patron et chef Alain Géminiani maîtrise parfaitement. Ainsi accommodé, le turbot devient véritablement divin. Goûter le saumon confit à l'huile d'olive, le clafoutis de moules de Bouzigues ou la bourride de queues de lotte. Un repas fin et délicieux. Menus à 110 F et de 150 à 200 F (menu gastronomique). En été, menu dégustation à 320 F.

IOI *Les Terrasses du Lido :* rondpoint de l'Europe, la Corniche. ☎ 04-67-51-39-60. Voir « Où dormir ? ». Bien que déjà mentionné plus haut, cet hôtel-restaurant vaut qu'on y vienne. On se régale et on s'y sent bien. Premier menu à 140 F. Autre menu à 220 F et menu gastronomique à 320 F.

Où sortir ? Où boire un verre ?

Ⴒ *La Bodega (plan B1, 50) :* 21, quai Noël-Guignon. ☎ 04-67-74-47-50. Ouvert de 22 h à 3 h. Fermé le dimanche d'octobre à mai. Un endroit bien cool, où ça swingue. Les vendredi et samedi soir (et en semaine pendant l'été), des musicos se produisent, tendance jazz. Alors, au bar ou de la mezzanine, on peut se régaler de musique et (par exemple) de « Grunge Paf » (3 verres d'un cocktail bien dosé pour 40 F).

Ⴒ *Le Wembley Pub (hors plan par B1, 51) :* 36, av. Victor-Hugo. ☎ 04-67-74-67-67. Ouvert 7 jours sur 7, de 20 h à 4 h. L'autre adresse pour Sétois noctambules. Ici, place au rock et aux damnées guitares. Concerts les jeudi, vendredi et samedi. Large panel de bières, et, derrière le bar, ce bon conseil : « Si tu bois, tu meurs. Si tu bois pas, tu meurs quand même. Alors bois ! ». Est-ce bien sérieux ?

Ⴒ Pendant la journée, de nombreux bars vous accueillent un peu partout, notamment vers les quais Lucciardi et Durand, le *Bo-Bar* et le *Pacheco,* bars typiques et populaires, ou le *Bar de la Marine,* ambiance jeune et Harley-Davidson, tout un programme...

À voir

★ *Le mont Saint-Clair :* domine fièrement la ville du haut de ses 182 m. Panorama sur la cité, les étangs, les plages. À pied, commencer l'ascension en partant de l'hôtel de ville, prendre la rue Paul-Valéry puis, presque en face, la rue Ramond, qui se prolonge par la rue Belfort. Ça grimpe, ça fait du bien. Un peu plus haut sur la gauche, le chemin de Biscan-Pas est un escalier de 200 m : il mène au sommet du mont Saint-Clair et à Notre-Dame-de-la-Salette. Vue sur le port. De là, le chemin des Pierres-Blanches conduit au lieu-dit les Pierres Blanches, justement (un bon kilomètre), de l'autre côté du mont. Il se prolonge par une impasse ; au bout, table d'orientation : panorama sur la mer et l'étang, très chouette. Alentour, vaste secteur de verdure et circuits pédestres.

★ *Notre-Dame-de-la-Salette :* au mont Saint-Clair, tout là-haut, la chapelle Notre-Dame-de-la-Salette reçoit pèlerins et touristes indifféremment. Curieuse chapelle, basse et sombre, dont les murs ont été décorés de fresques par Bringuier, en 1954 : vision très sombre et expressionniste de l'apparition de la Vierge, à La Salette, en 1846. Un peu spécial, et peut-être angoissant, mais non dénué d'intérêt. Pour ceux que ça intéresse, possibilité de se procurer des bouquins relatant ladite apparition, qui a de quoi rendre perplexe même l'endurci mécréant, et de quoi faire rêver les autres.

★ **Le musée Paul Valéry** (plan A3) **:** rue François-Desnoyer; derrière le cimetière marin. ☎ 04-67-46-20-98. Fax : 04-67-74-40-79. Ouvert de 10 h à 12 h et de 14 h à 18 h. Fermé les mardi et jours fériés hors saison. Dans un bâtiment moderne (1970), le musée Paul Valéry abrite plusieurs salles ayant chacune leur thème. D'abord, une *histoire de Sète* (qui s'est orthographiée « Cette », avant qu'un arrêté municipal de 1928 ne tranche la question définitivement), par le biais d'affiches, plans cadastraux et maquettes; puis son *folklore* (principalement les joutes) est présenté. Au sous-sol sont exposés des *artistes contemporains* sétois ou régionaux; la figuration libre y est très présente avec Combas et les frères Di Rosa, célèbres jusqu'à Paris! Beaucoup de marines, de vues du port de Sète et de scènes de joutes.
À l'étage (mais attention, sauf lors des expos temporaires fréquentes!), des *peintres classiques* des XVIIIe et XIXe siècles (plaisir toujours assuré avec les petits maîtres d'alors, genre Cabanel, qui avaient un savoir-faire et une touche remarquables), mais aussi de peintres entrés au panthéon : Courbet, Gustave Doré... C'est là aussi que se trouve la *salle Paul Valéry.* Portraits, documents autographes, dessins, aquarelles (car il maîtrisait également ce domaine). Pêchés au détour d'une vitrine, ces mots : « Socrate, je meurs!... Donne-moi de l'esprit! » *(L'Âme et la Danse),* ou encore : « Une œuvre d'art devrait toujours nous apprendre que nous n'avions pas vu ce que nous voyons », pertinente et profonde définition. Bon, quand on ressort du musée Paul Valéry, c'est comme lorsqu'on ressort de l'un de ses écrits : on se dit que l'intelligence n'est pas la chose la mieux partagée du monde.

★ **Le cimetière marin** (plan A3) **:** rue Dunoyer. Ah! que le monde est petit : le revoilà, notre poète Paul Valéry. Sur son caveau de famille (famille Grassi), par ailleurs très sobre, cette inscription : « Ô récompense après une pensée / Qu'un long regard sur le calme des dieux. » *(Le Cimetière marin).* Il faut là faire une pause, méditer. Bel endroit que ce cimetière qui s'étage au bas du flanc sud-est du mont Saint-Clair et domine les flots. À voir, en aval, dans l'autre partie du cimetière, la sépulture somptueuse des époux Paul Goudart, et celle, modeste, des deux courageux pilotes, Richard et Barthélemy, qui ont péri en mer, le 6 janvier 1867, en allant porter secours à un navire américain. En ces temps héroïques, la France secourait l'Amérique!

★ **L'Espace Georges-Brassens** (hors plan par A3) **:** il a rendez-vous avec nous, au 67, bd Camille-Blanc, de juin à septembre tous les jours de 10 h à 12 h et de 14 h à 18 h (19 h en juillet et août), et le reste de l'année aux mêmes horaires, sauf le lundi. ☎ 04-67-53-32-77. Oui, il a rendez-vous avec nous et c'est formidable, car c'est une réussite que cet Espace G.-B., inauguré en 1991. Il s'agit d'un bâtiment moderne et discret où, équipé d'un casque audiophonique hertzien (quelle barbarie!), on suit, de salle en salle, l'adolescence, les préoccupations, la musique et les mots du troubadour monumental. Ainsi est-on saisi de l'entendre discuter, comme d'outre-tombe, et sa voix unique nous réveille enfin. Foin des hit-parades : Tonton Georges nous parle! Il est vivant!
Vraiment, cet Espace vaut le détour, surtout pour ceux (nombreux) qui apprécient le bonhomme. Ses thèmes majeurs y sont évoqués : les femmes, la poésie, le Bon Dieu, l'anticonformisme, la mort, la musique et la chanson, et bien sûr l'amitié. Dans chaque section, la bande-son nous accompagne, grâce donc au fameux casque, et on regarde les documents (par exemple cet article délirant signé Géo Cédille, journaliste libertaire engagé, pas encore Gorille), diaporamas, affiches des premiers spectacles, photos peu diffusées (portraits de Jeanne et de Püppchen), en écoutant les commentaires de Georges, ses réflexions diverses, son ton tellement pondéré. Il y a aussi une salle vidéo où sont projetés des films genre concert à Bobino ou soirée Jacques Chancel. Alors, grand merci aux initiateurs et fondateurs de cet Espace, qui ont su restituer l'essentiel d'une œuvre et la présenter de façon vivante et synthétique, en respectant Georges Brassens, sa pudeur et le sens de son travail.
– L'été, expositions à thèmes et soirées musicales.

★ *Le Musée imaginaire de la Sardine* *(plan A1)* : 2, rue Alsace-Lorraine. ☎ 04-67-74-91-75. Ouvert de 10 h 30 à 19 h. Fermé le lundi. Dans la maison natale de Jean Vilar, où se trouvaient également les bains-douches municipaux. Le sardinologue Philippe Anginot nous présente les différents aspects, culturel, sociologique, industriel, écologique, psychologique et métaphysique de la sardine. Puxisardinophile mordu, sa collection de boîtes est impressionnante : polonaises, mexicaines, il en vient de partout. Les plus belles ? *Les Miroitantes* ou *Les Déesses,* style 1900. La plus drôle ? Peut-être bien *Air de Paris.*
Rappel : les puxisardinophiles sont les collectionneurs de boîtes de sardines. Puxisardinophiles célèbres : Pierre Tchernia, Jérôme Bonaldi.
Authentique cercueil provenant d'un Enterrement de la Sardine, tradition espagnole de deuil burlesque. Topos sur les techniques de pêche, de conservation, de fabrication de la boîte. Question de fond : existe-t-il une pensée sardinière ? Possibilité de se trouver en situation de sardine, grâce à une boîte géante où l'on tient debout : une expérience ! Enfin, au *Resto du Musée,* bon et pas cher (voir « Où manger ? »), cinquante façons de déguster la bête. On l'aura compris, ce récent musée, en nous familiarisant avec la sardine, son importance, sa modestie, son humilité aussi, et sa valeur culinaire – toujours avec un bel humour –, s'imposait à Sète, premier port sardinier de France.

★ *Le cimetière Le Py* *(hors plan par A3) :* bd Camille-Blanc. Brassens (1921-1981), à défaut d'un « petit trou moelleux sur la plage de la Corniche » *(Supplique pour être enterré sur la plage de Sète),* repose auprès de ses parents dans ce cimetière plus modeste et populaire que le cimetière marin où sont les notables – dont Paul Valéry, « le bon maître ». Tombe toute simple, très visitée.

★ *La pointe Courte :* dans le prolongement de l'ex-canal Royal, petit port très pittoresque, quadrillé de ruelles et de maisonnettes, et où sèchent les filets et mouillent les barques sur l'étang de Thau. Un autre monde.

★ *Le môle Saint-Louis :* le port de plaisance, très couru par les amateurs de voiles depuis que Marc Pajot s'y est entraîné (base *America's Cup*).

★ *La criée :* à 16 h 30, quai Maximin-Licciardi, les chalutiers débarquent 139 sortes de poisson. Haut en couleur. Désolé, mais on ne peut pas y accéder sauf en été, avec les visites organisées par l'office du tourisme.

★ *L'Espace Fortant de France :* 278, av. du Maréchal-Juin. Ouvert tous les jours de 11 h à 19 h. Entrée libre. Peintres contemporains exposés au milieu des cépages et des cuves. On peut y voir des œuvres de Combas ou des Di Rosa.

★ Au hasard des rues du centre, vers la mairie, *façades* aux couleurs chaudes restaurées par Pascal Rouzaud. Très gaies. Et dire qu'une certaine génération les avait revêtues d'un uniforme gris !

Manifestations

– *Grand pardon de la Saint-Pierre :* le 2e dimanche de juillet. Sortie en mer du saint patron des pêcheurs. Procession dans toute la ville, manifestation haute en couleur.
– *Les tournois de joutes :* depuis le XVIIe siècle, une institution à Sète, qui culmine le 25 août (jour de la Saint-Louis, patron du port de Sète), et anime la ville et le Grand Canal pendant tout l'été. Très touristiques mais aussi très authentiques. On ne plaisante pas avec les règles de la « tintaine », et la traversée de Sète à la nage est une épreuve également disputée pendant ces fêtes. Animations de rues.

À faire

– *Pêche à la daurade :* fin septembre - début octobre, les daurades transhument par bancs entiers. Difficile de se faire une petite place le long du canal et plus encore à la « plagette », face à la pointe Courte, à moins d'avoir des relations.

– *Randonnées* dans les environs, autour de l'étang ou le long de la plage. De préférence le soir en saison. Belle lumière. Super-clichés assurés.

BOUZIGUES (34140)

Capitale languedocienne des coquillages, déjà appréciés par les Grecs et les Romains. Dégustation pendant la *fête de l'Huître,* la 2e quinzaine d'août. Pour les amateurs, des photos inoubliables à faire au soleil couchant sur l'étang.

Où dormir ?

⌂ *Camping Lou Labech :* en bordure du bassin, chemin du stade. ☎ 04-67-78-30-38. Ouvert de juin à septembre. Environ 115 F pour deux.

Plus chic

⌂ *La Côte Bleue :* av. Louis-Tudesq. ☎ 04-67-78-31-42. Fax : 04-67-78-35-49. Chambres agréables, calmes, donnant sur une piscine. De 200 à 350 F la double. Une chambre à trois lits à 440 F. Bonne adresse. Également un restaurant gastronomique face au mont Saint-Clair. À partir de 150 F. Un menu (en semaine le midi seulement) aux environs de 100 F.

Où manger ?

On peut se faire ouvrir à tous les coins de rues sa douzaine de coquillages, même pendant les mois sans « r ». Fraîcheur garantie !

Bon marché

|●| *Chez La Tchèpe :* av. Louis-Tudesq. ☎ 04-67-78-33-19. Ouvert toute l'année, tous les jours ; sert à toute heure. Se remarque à sa petite terrasse – quelques chaises et tables en plastique –, souvent bondée. Encore une vente directe « du producteur au consommateur », mais ici au meilleur prix. Pour exemple, 24 huîtres, 12 moules, 1 violet, 2 *tielles* chaudes (petits soufflés au calmar et à la sauce tomate, spécialités sétoises) et une bouteille de blanc pour 112 F ! On comprend qu'il y ait du monde. En fait, on choisit ce qu'on veut à l'étal, à manger sur place ou à emporter. Propose aussi un menu à 120 F pour deux personnes. Le bon plan, mais attention : n'accepte pas les cartes de crédit.

Plus chic

|●| *Restaurant Le Saint-Pierre :* 23, av. Louis-Tudesq. ☎ 04-67-78-31-20. Fermé les dimanche soir et lundi. On aime bien cet endroit remis à neuf récemment avec goût : vieilles poutres, pierres apparentes, abondance de plantes vertes et surtout de photos de Brassens, l'enfant

du pays et camarade de classe du patron ! Menus à 110 et 160 F. Nous vous conseillons notamment la spécialité du lieu : la bourride à 95 F. Pâtisserie maison à emporter.

I●I *Les Jardins de la Mer :* av. Louis-Tudesq. ☎ 04-67-78-33-23. Fermé le jeudi, une semaine en octobre, et en janvier. Joli restaurant situé au cœur d'une exploitation conchylicole, sur l'étang. Terrasse ombragée de grandes voiles blanches et des coquillages comme s'il en pleuvait. Dans le menu à 95 F, un gratin de moules aux poireaux à déguster tranquille. Second menu à 135 F, plus conséquent. Plateaux de fruits de mer, bien sûr. Et, pour ceux qui préfèrent, de bien bonnes grillades aux ceps de vigne. Apéritif maison offert sur présentation du guide de septembre à mai.

À voir

★ *Le musée de l'Étang de Thau :* quai du Port-de-Pêche. ☎ 04-67-78-33-57. En été, ouvert de 10 h à 12 h et de 14 h à 19 h ; de novembre à février, de 10 h à 12 h et de 14 h à 17 h ; de mars à mai et en octobre, de 10 h à 12 h et de 14 h à 18 h. Le musée est entièrement dédié aux « paysans de la mer » et permet de tout connaître sur l'historique des techniques d'élevage avec les premiers essais infructueux sous forme de pyramide en béton, les pieux en palétuvier pour arriver aux techniques récentes. Également pour tout connaître sur le travail du conchyliculteur (éleveur de coquillages).

Aux environs

★ *Loupian (34140) :* très vieux village. Villa gallo-romaine en cours de restauration. Remparts, ruelles étroites avec arcades. Visites guidées organisées par la mairie à partir de 17 h l'été (visite libre de 10 h à 12 h et de 14 h à 17 h) ; l'hiver, visite sur demande à la mairie : ☎ 04-67-43-82-07.
▲ *Camping* municipal calme et ombragé. Ouvert de juin à mi-septembre. Réservation à la mairie. ☎ 04-67-43-57-67.

MÈZE (34140)

Le bourg s'étend entre l'étang et la route nationale. Sans grand charme mais une base de repli calme entre Sète et Agde.

Adresses utiles

🛈 *Syndicat d'initiative :* rue Massaloup. ☎ 04-67-43-93-08. Fax : 04-67-43-55-61. De mi-mai à mi-septembre, ouvert tous les jours sauf lundi, de 9 h à 12 h et de 15 h à 19 h ; hors saison, ouvert tous les jours sauf samedi et dimanche, de 9 h à 12 h et de 15 h à 17 h.

■ *La Touline :* centre nautique du Taurus, 52, rue de la Méditerranée (étang de Thau). ☎ 04-67-43-05-97. Location de dériveurs, canoës, kayaks de mer et canots à moteur. Propose également la découverte de l'étang de Thau, sa faune, sa flore, ses petits coins secrets. Le bon plan.

Où dormir ?

🛏 *Camping Beau Rivage :* route de Montpellier, en bordure de l'étang. ☎ 04-67-43-81-48. Fax : 04-67-43-66-70. Ouvert de début avril au 1er octobre. Face au mont Saint-Clair. Location de mobile homes et de bungalows. Un camping pas très bon marché mais propre et bien aménagé (piscine notamment). Compter 115 F pour deux. Club enfants, TV au bar.

🛏 *Hôtel de Thau :* rue de la Parée. ☎ 04-67-43-83-83. Fax : 04-67-43-69-45. Ouvert toute l'année. À 100 m du port. Chambres spacieuses et très propres, de 230 F (avec douche) à 270 F (pour trois) avec baignoire. À signaler : les chambres du rez-de-chaussée avec mezzanine, pour les routards en horde. Enfin, dispose d'un parking privé (4 voitures maximum).

Où manger ?

|●| *Le Pescadou :* 33, bd du Port. ☎ 04-67-43-81-72. Fermé les mardi soir et mercredi, ainsi qu'en janvier. Une jolie terrasse sur le port ; une salle spacieuse et bien décorée avec des gravures de bateaux et des plantes vertes qui donnent un côté frais et reposant à l'endroit. Très fréquenté par les gens du coin. Menus sympas à 75 F (le midi en semaine), 99, 148 et 185 F. Poisson, huîtres, moules et escargots de mer venant de l'étang, bien sûr !

|●| *Ferme-auberge, Domaine de Creyssels :* route de Marseillan. ☎ 04-67-43-80-82. Fermée du lundi au vendredi pendant les vendanges (de mi-septembre à mi-octobre). En venant de Mèze (vers Marseillan), prendre la seule et unique passe-relle sur la droite ; ensuite, c'est bien indiqué. Le domaine, qui date du XVIe siècle, a appartenu au chevalier de Latude. On est en plein roman ! Voilà une bonne adresse ! Tout d'abord, une bonne table : en hiver, menu à base de gibier, foie gras et cassoulet (il faut bien se réchauffer) ; en été, poisson et fruits de mer. On déguste dans une vaste salle à manger où trône une imposante cheminée. Menus de 85 à 130 F, vin compris. Enfin 3 gîtes très corrects, où l'on peut goûter les charmes de la solitude dans la pinède. Compter de 1 000 à 1 600 F la semaine pour 4 personnes, suivant la saison (fermés en hiver car non chauffés !). Apéro ou café offerts sur présentation du guide.

À voir

★ *Le marché,* pittoresque : halles récemment repeintes.

★ *La chapelle des Pénitents :* pour sa nef unique et ses 5 travées.

★ *La station de lagunage :* à la sortie vers Le Mourre-Blanc. ☎ 04-67-43-87-67. Visite tous les jours, de 10 h à 18 h en été et de 14 h à 18 h hors saison. Une ferme aquatique impressionnante avec ses poissons d'ornement, mais aussi une réserve d'oiseaux migrateurs.

Animations

– *Les cavalcades :* les 1er et 8 mai, folles cavalcades dans la cité. Chars, groupes folkloriques, ivresse des jours de fête.
– *Festival de Jazz :* vers le 20 juillet, pendant 2 jours, Mèze devient capitale régionale du jazz et des jazzeux. Un succès croissant d'année en année.

Aux environs

★ *Le Mourre-Blanc :* une véritable petite ville de conchyliculteurs et ostréiculteurs, avec une immense usine à nettoyer et emballer les coquillages. Pas vraiment Venise mais des centaines de petites cabanes au bord de canaux. À voir tôt le matin, pour profiter de l'envers du décor et rencontrer les travailleurs de l'étang.

MARSEILLAN (34340)

Port très animé, arrivée des bateaux ayant fait le canal du Midi. Quais en pierre basaltique, maisons en pierre noire du volcan d'Agde.

L'HÉRAULT

Où dormir ?

▲ *Domaine de la Grenatière :* route de Pomerols, à 3 km. ☎ 04-67-77-02-73. Fermé de novembre à fin mai. C'est une chouette propriété de viticulteurs, isolée, légèrement surélevée sur une colline et qui offre une vue superbe sur l'étang de Thau. Gîte récemment restauré, en bordure d'une pinède. Bien équipé. 350 à 400 F le week-end hors saison. 1 000 à 1 800 F la semaine, selon la saison. Fait aussi camping (70 F l'emplacement pour deux personnes). Endroit agréable pour séjourner et sillonner les environs.

Où manger ?

Prix moyens

|●| *Restaurant Le Château du Port :* 9, quai de la Résistance, sur le port. ☎ 04-67-77-31-67. Fermé le mercredi midi (sauf juillet et août), ainsi que de fin octobre à début avril. On aime ce restaurant au rez-de-chaussée de cet hôtel particulier du XIXᵉ siècle. La vue est imprenable sur le port et on aperçoit (si, si!) au loin le mont Saint-Clair. Rapport qualité-prix excellent : menus à 78 F (sauf les dimanche et jours fériés) et 128 F. L'hôtel dans la même bâtisse est géré à part. ☎ 04-67-77-65-65. Fax : 04-67-77-67-98. Il a été retapé entièrement avec le meilleur goût. Chambres superbes, mais le luxe se paie : à partir de 350 F (moins cher hors saison).
|●| *Le Jardin du Naris :* 24, bd Pasteur. ☎ 04-67-77-30-07. Fermé le mardi hors saison, et en février. Des jeunes très sympas pour une adresse un poil marginale. Le jardin intérieur permet de manger sous les arbres et dans les fleurs. Cuisine simple et de bon aloi. Lotte à l'agathoise, magret de canard aux myrtilles ou moules façon poulette. Menus à 59, 98, 138 et 165 F. Les crayons sur les tables ne servent pas seulement en cas d'additions difficiles, mais aussi pour dessiner si vous vous sentez l'âme d'un artiste. Ici, on collectionne vos œuvres.

Plus chic

|●| *La Table d'Émilie :* 8, place Carnot. ☎ 04-67-77-63-59. Fermé le lundi midi en saison et le mercredi et le dimanche soir hors saison, ainsi que 3 semaines de mi-novembre à début décembre et durant les vacances scolaires de février. Superbe salle voûtée dans une petite maison proche des halles. Jardin-patio l'été, curieux mélange à la fois rustique et sophistiqué. À l'image du cadre, la

cuisine est à la fois originale et traditionnelle. Bonne adresse gastronomique. Menu terroir à 95 F avec carpaccio de saumon, montgolfière de Saint-Jacques et crevettes ou lasagnes de filet de bœuf au foie gras. On peut encore monter en gamme : menus à 180, 230 et 270 F.

À voir. À faire

★ *Noilly-Prat :* sur le port. ☎ 04-67-77-20-15. Pour découvrir les secrets de fabrication de ce célèbre apéritif. Ouvert tous les jours, de 10 h à 11 h 30 et de 14 h 30 à 18 h. Fermé en janvier et février.

– *Promenade à pied :* le long du chemin de halage, de la pointe des Onglons à Agde, près des étangs de Blagnas et de la réserve. Pour le paysage, les oiseaux et le plaisir.

AGDE (34300)

La splendeur d'Agde (les Grecs disaient « Agathê » : la belle) vous laissera d'étranges impressions. Quelque chose ici ne colle pas avec les lumières de la côte, les façades dorées de Sète ou de Béziers. Regardez mieux la grosse cathédrale, l'hôtel de ville, les hôtels particuliers : à Agde, tout est noir. Comme à Clermont-Ferrand. Nos Méditerranéens n'ont pas eu à chercher loin la lave : Agde est assise sur un volcan. Il y a moins d'un million d'années, il surgit de la mer. Agde, c'est l'autre extrémité de la fissure qui ouvre la France en deux, boutonnée par les volcans du puy de Dôme, du puy de Sancy, du Cantal, de l'Aubrac et de l'îlot de Brescou, au large de Cap-d'Agde. Haroun Tazieff, c'est sûr, ne doit dormir que d'un œil...
Difficile de résister au charme de la « Perle noire du Languedoc », lumineuse dans sa pierre volcanique, un labyrinthe de ruelles avec des maisons de guingois contrastant avec les quais de l'Hérault, très fière d'avoir conservé depuis des siècles le joyau de la cité : l'Éphèbe.

Adresses utiles

❶ *Office du tourisme (plan B1) :* espace Molière. ☎ 04-67-94-29-68. Fax : 04-67-94-03-50. Ouvert du lundi au samedi de 9 h à 12 h et de 14 h à 18 h en hiver ; en été, tous les jours de 9 h à 19 h. Leur demander les adresses des chambres chez l'habitant.

✉ *Poste (plan B1) :* 1, av. du 8-Mai-1945. ☎ 04-67-01-02-30.
■ *Commissariat de police :* rue René-Subra. ☎ 04-67-21-22-22.
■ *Navette de bus :* pour Cap-d'Adge, la cité des loisirs, la capitale des boîtes de nuit et du naturisme, un État dans l'État.

Où dormir ?

Nous vous proposons ici une sélection d'hôtels à AGDE et non à CAP-D'AGDE. Pour des raisons évidentes.

L'HÉRAULT

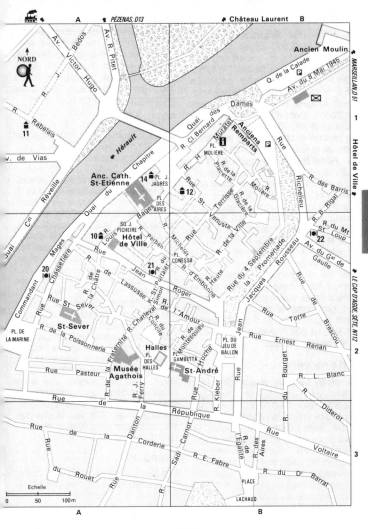

AGDE

Bon marché

🛏 *Hôtel des Arcades* (plan A2, 10) : 16, rue Louis-Bages. ☎ 04-67-94-21-64. Dans un ancien couvent, au fond d'une cour fleurie. De 175 à 235 F la chambre pour deux. La n° 3, la plus grande, donne sur l'Hérault. Mobilier et déco fatigués mais patronne sympathique. L'un dans l'autre, ça va. 10 % de réduction sur le prix de la chambre sur présentation du guide (hors juillet et août).

🛏 *Hôtel Bon Repos* (plan A1, 11) : 15, rue Rabelais. ☎ 04-67-94-16-26. Une bonne adresse sympa dans une rue très tranquille, à 200 m du centre. Un couple jovial a repris il y a quelque temps ce vieil hôtel. Depuis, il le bichonne, le retape, le rénove. Car le lieu est chargé d'histoires de l'Histoire ! Avant d'être cet adorable petit hôtel modeste où l'on aime flâner sur les grandes terrasses fleuries, il fut le bordel de cette bonne ville d'Agde, avant d'être transformé en commissariat en 1946. Chambres à partir de 155 F avec douche et jusqu'à 230 F avec bains et w.-c. Très bonne adresse.

Prix moyens

🛏 *Hôtel Le Donjon* (plan B1, 12) : place Jean-Jaurès. ☎ 04-67-94-12-32. Fax : 04-67-94-34-54. Pour ainsi dire voisin de l'ancienne cathédrale Saint-Étienne, *Le Donjon* se cache sur une place agréable et animée en été. Garage fermé. Immeuble en vieille pierre et chambres confortables, rénovées et très bien tenues. Doubles de 250 à 320 F avec douche ou bains et w.-c. Accueil doux. En somme, un bon rapport qualité-prix.

🛏 *La Galiote* (plan A1, 14) : 5, place Jean-Jaurès. ☎ 04-67-94-45-58. Fax : 04-67-94-41-33. Des chambres toutes différentes, avec lit gothique ou mobilier pseudo-

Louis XVI et draps de soie pour la n° 14 et d'autres plus quelconques. Vue magnifique sur le fleuve et la place. Fait corps avec la cathédrale. Selon le confort, doubles de 250 à 280 F en basse saison, de 250 à 350 F en haute saison. Fait aussi restaurant (menus de 60 à 250 F).

Plus chic

🛏 *La Tamarissière* (hors plan par A2, 13) : rive droite de l'Hérault, lieu-dit La Tamarissière. ☎ 04-67-94-20-87. Fax : 04-67-21-38-40. Fermé de début janvier à mi-mars ; restaurant fermé les dimanche soir et lundi (le lundi midi seulement en saison). Prendre le quai du Commandant-Réveillé, puis la D32 pendant 4 km. Le bistrot de maman planté devant le canal est bien loin. Aujourd'hui, l'hôtel niché dans un jardin de roses, bordé par une pinède, est l'un des plus réputés de la région. Chambres élégantes, modernes, de 380 à 620 F. Piscine. Excellente cuisine aux saveurs ensoleillées, alliant intelligemment tradition et raffinement. Salade de rougets sur lit de calmars, pigeon fermier aux épices, morue fraîche aux haricots blancs et pétales d'ail. Menus à 160, 240 et 360 F. Cela peut paraître cher, mais Nicolas Albano est vraiment un grand. Cadre frais, sans snobisme. Réduction de 10 % sur le prix des chambres sur présentation du *Routard* du 16 septembre au 31 mai.

Campings

Les plus sympas sont au Grau, tellement petits qu'ils ne sont pas répertoriés par la préfecture.

🛏 *Aire naturelle Les Cadières* : route de Marseillan. ☎ 04-67-94-09-20. Ouvert du 15 juin au 15 septembre. En allant vers le cap. Prairie ombragée et chevaux bienvenus. Club équestre sur place, tous niveaux.

Où dormir aux environs ?

🛏 *L'Éphèbe* : 12, quai du Commandant-Méric, le Grau-d'Agde. ☎ 04-67-21-49-88. Fermé

du 15 novembre au 15 mars. Petit hôtel donnant sur l'Hérault et le joli port du Grau-d'Agde, avec la plage à

100 m. Des chambres simples et correctes, avec TV, de 160 à 220 F selon confort et exposition. Plus cher en juillet (de 190 à 270 F) et surtout en août (de 270 à 310 F). Hors saison, intéressant « forfait-soleil » : 5 nuits pour deux, petit déjeuner compris, à 850 F. Patron aimable. 10 % de réduction sur le prix de la chambre sur présentation du guide hors juillet et août.

Où manger ?

De bon marché à prix moyens

|●| ***Chez Bébert, Lou Pescadou*** *(plan A2, 20)* **:** 18, rue Chassefière. ☎ 04-67-21-17-10. Fermé le lundi et en novembre. Du 15 juillet à fin août, le soir, service unique à 20 h. Pas de paiement par carte bancaire. *Chez Bébert,* c'est tout simple : une salle dépouillée à longues tables et bancs de bois, où l'on a vite fait de trinquer avec les voisins – surtout les soirs d'été. Étonnant menu unique à 75 F : rude soupe de poisson (des Anglais de passage : « *Hm, this is soupe!* »), platée de moules à la tomate et aux grosses rondelles de courgettes *(this is courgette),* terrine de pâté (des fois qu'on aurait un creux), limande brute, fromage et dessert massif, vous en reprendrez un peu ? Certes, les fins gourmets tousseront un peu, notamment sur le pâté, et d'aucuns ne comprendront pas qu'après une telle soupière et une telle portion de moules il faille manger encore. Les autres trouveront l'adresse excellente.

|●| ***La Fine Fourchette*** *(plan B2, 22)* **:** 2, rue du Mont-Saint-Loup.

☎ 04-67-94-49-56. En saison, ouvert tous les jours midi et soir sauf le samedi midi ; hors saison, ouvert le midi du lundi au samedi, et les vendredi et samedi soir. Un peu en retrait des « grands boulevards » agathois et disposant d'une petite terrasse ombragée et fleurie, ce restaurant modeste permet de se sustenter à bon prix d'une honnête cuisine régionale et familiale. Menu à 58 F avec, par exemple, des harengs pomme à l'huile, du lieu à la provençale puis une bonne part de flan aux pruneaux... Service gentil de la patronne. Autres menus à 98 et 120 F.

|●| ***La Casa Pépé*** *(plan A2, 21)* **:** 29, rue Jean-Roger. ☎ 04-67-21-17-67. Au fond d'une cour dans la vieille ville, une petite salle rustique prise d'assaut. On a aimé cet endroit vraiment chaleureux avec ses poutres apparentes et ses tonnelles. Une sacrée ambiance. Menus de 80 à 140 F, et carte. Sur commande, turbot farci aux coquilles Saint-Jacques, bouillabaisse... Réservation recommandée.

Où manger des glaces ?

– ***Le glacier du port Saint-Martin :*** au Cap-d'Agde, quai Saint-Martin ; au bout de la rue de la Hune. ☎ 04-67-26-79-48. Fermé à Pâques et fin septembre. Marie-Louise, maître-glacier, vous fera fondre.

À voir

★ ***Cap-d'Agde :*** on déboule par des périphériques à quatre voies sur la plus grande cité dortoir d'Europe. Jadis (il y a 30 ans), derrière les vignes et les marécages s'étendait la plus belle plage du littoral. Aujourd'hui, avec ses constructions couleur ocre, la station balnéaire annonce bien plus de 100 000 lits. Et les derniers projets immobiliers ne sont pas tout à fait terminés! Pierre Barthès y a construit une Mecque du tennis. Les promoteurs ont bâti, un peu à l'écart, une métropole naturiste (Port-Ambone) de nationalité plutôt allemande. Là, notable camping de 2 400 emplacements, quadrillé de 20 km d'allées, où s'entassent des milliers d'adeptes. Faut aimer! Cap-d'Agde est à éviter du 14 juillet au 15 août. La ville renferme cependant un trésor : derrière le béton, la plage noire est toujours là. Tout au bout du Cap, une plage de galets et sable basaltiques se cache en bas de l'une des trois rares falaises de la côte languedocienne (avec Sète et Cap-Leucate). À découvrir le matin.,.

– **Le musée de l'Éphèbe :** au Cap-d'Agde, sur la place. ☎ 04-67-26-81-00. De septembre à juin, ouvert le lundi et du mercredi au samedi de 9 h à 12 h et de 14 h à 18 h, et le dimanche de 14 h à 18 h; en saison, tous les jours de 9 h 30 à 12 h 30 et de 14 h 30 à 18 h 30. Surtout pour *l'Éphèbe* hellénistique en bronze, remonté en 1964 des vases de l'Hérault : splendide!

★ **La vieille ville :** à découvrir pour 20 F, avec un circuit de l'office du tourisme.

★ **L'église** romane fortifiée du XIIe siècle, sur l'emplacement d'un temple de Diane. Murs de 2 à 3 m d'épaisseur, taillés dans le basalte du mont Saint-Loup. À l'intérieur, retable monumental. Une visite est proposée par l'office du tourisme (6 F).

★ **Le Musée agathois** *(plan A2) :* rue de la Fraternité; près des halles. ☎ 04-67-94-82-51. Ouvert de 10 h à 12 h et de 14 h à 18 h. Fermé le mardi hors saison. Dans un bel hôtel particulier, celui de Monseigneur Fouquet, frère du célèbre surintendant. Bien qu'assez remanié depuis, dans un style néo-quelque chose, il reste chic et spacieux. Beaucoup de jolies choses à propos d'Agde et ses habitants. Costume et coiffe locale (le *sarret*) ; tableaux avec des portraits naïfs d'Agathoises et d'Agathois, une belle scène de vendanges (la *galhado*, pratique qui consistait à barbouiller de raisin la vendangeuse qui oubliait une grappe) et des ex-voto ; le coffre de mer de Terrisse, corsaire fameux sous Louis XIII et Louis XIV; belle armure de samouraï dans la salle d'Extrême-Orient et grandes maquettes de bateaux. Enfin, belle cuisine typique et quelques pièces archéologiques, dont un rare *dolium,* amphore géante de 680 l. Un bon musée local.

★ **Les remparts :** près de la perception. Remparts grecs, un peu cachés au bas de la promenade.

★ **Le fort Brescou :** au large. Ancienne prison d'État. Moins prestigieux qu'If. Visites organisées par l'office du tourisme (uniquement en été).

★ **Notre-Dame-du-Grau :** restaurée par le connétable de Montmorency ; et la *chapelle de l'Agenouillade,* commémorant dans une pinède un miracle de la Vierge.

À faire

– Promenade jusqu'au sommet (115 m), du **mont Saint-Loup.** Magnifique panorama sur le golfe. Imaginez il y a 30 ans : vous, les rochers, la mer et rien d'autre !

– **Le canal du Midi :** *les Bateaux du Soleil,* 6, rue de Chassefière. ☎ 04-67-94-08-79. De 80 F la demi-journée à 125 F la journée. Un peu de monde l'été, mais très agréable. Quel calme, quelle fraîcheur !

– À vélo ou à pied, prendre le ***chemin de halage*** jusqu'à Béziers ou Marseillan.

– ***Plongée :*** un bon club de plongée au Cap-d'Agde, *Abyss Plongée*, 21, place du Globe. ☎ 04-67-01-50-54. Fonds sous-marins très intéressants dans ce secteur. Baptême à 180 F, cours et stages tous niveaux, bonne ambiance.

PÉZENAS (34120)

Une toute petite ville au patrimoine étonnamment riche. Colonie de droit latin au temps des... Romains, Pézenas jouissait d'un statut tout à fait privilégié qui lui conférait une place de premier plan dans la région. *Piscène* et ses laines étaient réputées. Pline le Jeune les considérait comme les meilleures de l'Empire. Les invasions barbares devaient bouleverser cet ordre établi, et la ville s'enfonça pour plus de quatre siècles dans une nuit qui semblait ne pas finir. En 1261, Saint Louis achète la ville qui devient domaine royal. Un vrai tournant s'opère alors pour Pézenas. Le roi octroie un droit de foire, les états généraux du Languedoc se tiennent ici, des gouverneurs illustres se succèdent : duc de Montmorency, Damville, prince de Conti... La cité méritait alors le nom de « Versailles du Languedoc ». Elle arbore à cette époque le visage qu'on lui connaît aujourd'hui. Mais au début du XVIIIe siècle, les années brillantes sont totalement terminées. Toutefois la vie poursuit son cours, le commerce continue, et les notables n'ont pas délaissé la cité qui a conservé un beau patrimoine architectural.

L'HÉRAULT

Molière et Bobby

Jean-Baptiste Poquelin ne naquit pas ici. Aucun doute, il est bien parisien. Mais, rejeté de Paris, il partit sur les routes en 1645 et arriva à Pézenas en 1650, à 28 ans. Les états généraux du Languedoc se tenaient ici et, durant trois mois, Molière et sa troupe vont distraire tous ces braves gens. Trois ans plus tard, il y revient pour la même raison. Le prince de Conti, seigneur du lieu, décide alors de garder Molière. Sa troupe se retrouve sous la protection de cet homme de bien. La tradition veut que *Le Médecin volant* fût créé ici. L'année 1657 marque le départ de Molière et la fin de la protection princière. Largement influencé par son confesseur et quelques hommes d'Église, Conti, qui servit de modèle pour *Don Juan,* retira sa protection à la troupe de Molière. Il lui enlevait dans le même temps la rente qu'il lui versait. Pézenas reste néanmoins marqué à vie par la présence de ce génie du théâtre, qui a su mieux que personne dépeindre les caractères humains, leurs vices et leurs défauts.

L'autre figure de Pézenas, plus proche de nous dans le temps, s'appelle Bobby Lapointe. Né en 1922, exactement trois siècles après Molière, il connut un succès fulgurant à Paris. Spécialiste des chansons « à texte », il maniait le français avec une dextérité qui lui était toute personnelle. *Aragon et Castille* permit à Bourvil de le remarquer. En 1960, il accéda à la célébrité grâce à François Truffaut qui le fit tourner et chanter dans *Tirez sur le pianiste.* Il y interpréta *Framboise,* accompagné par Charles Aznavour au piano. En même temps que sa carrière d'acteur-chanteur, il était mathématicien et poursuivit ses recherches. Comme Molière, il décida à 50 ans d'aller chercher ailleurs « un endroit où d'être homme d'honneur on ait la liberté ».

Adresse utile

❶ *Maison du tourisme* (plan B1) : place Gambetta, boutique du barbier Gély. ☎ 04-67-98-36-40 ou 35-45. Fax : 04-67-98-96-80. Hors saison, ouvert du lundi au samedi de 9 h à 12 h et de 14 h à 18 h, et le dimanche de 14 h à 17 h ; en saison, du lundi au samedi de 9 h à 19 h et le dimanche de 14 h à 18 h. Propose un plan historico-touristique de la ville (10 F).

Où dormir ? Où manger ?

▲ |●| *Hôtel-restaurant Genieys* (plan B2, 10) : 9, rue Aristide-Briand. ☎ 04-67-98-13-99. Fax : 04-67-98-04-80. Resto fermé le dimanche soir hors saison. Un établissement qui sent bon la province. Chambres sans prétention, presque simplistes. Un peu bruyant pour ceux qui ont le sommeil léger, et logeant dans les chambres donnant sur la rue. Doubles à 210 F avec douches et w.-c., et de 260 à 310 F avec bains et w.-c. Restaurant présentant peu d'intérêt, mais demi-pension (225 à 275 F par personne) obligatoire en juillet et août.

|●| *La Pomme d'Amour* (plan B1, 20) : 2 bis, rue Albert-Paul-Alliés. ☎ 04-67-98-08-40. Fermé le lundi soir et le mardi sauf en saison, ainsi qu'en janvier et février. Dans le cœur historique sublime de la ville, les vieilles pierres de la maison cachent un petit resto bien agréable. Cuisine du terroir simple et correcte et quelques spécialités : moules à la crème, saumon au safran, *tiramisú.* Menus à 45, 85 et 115 F. Accueil amical.

|●| *Le Castel* (plan A2, 21) : 15, rue Anatole-France. ☎ 04-67-98-82-72. Fermé le dimanche soir et le lundi. Un petit resto sans prétention comme on les aime : un cadre mignon bien qu'un peu aseptisé, un bon rapport qualité-prix : menus à 75 F (quart de vin compris), 95 et 130 F : salade au foie gras, feuilleté au saumon, confit de lapin, tarte Tatin ou crème catalane. Pause-café de rigueur !

Où dormir ? Où manger aux environs ?

▲ |●| *La Maison :* 9, av. de la Gare, 34120 Tourbes (3 km à l'ouest de Pézenas). ☎ 04-67-98-86-95. Fermé le dimanche midi sauf en saison estivale. Quelques chambres mignonnes et claires à 220 F la double (douche, w.-c., TV), et un resto « campagnard » où se taper un chèvre au feu, du saumon au gril ou des pieds paquets. Menus à 75, 110 et 160 F (ce dernier avec poisson et viande). Bon et copieux. Aux murs, des tableaux de la maman du patron, pleins de couleurs et de vie, comme cette *Maison.* 10 % de réduction sur le prix des chambres (sauf juillet et août) sur présentation du *Routard.*

Où boire un verre ?

🍷 *Aparté* (plan A1, 30) : 13, rue de la Foire. ☎ 04-67-98-03-04. Ouvert du mardi au vendredi de 14 h 30 à 19 h, le samedi de 10 h à 12 h et de

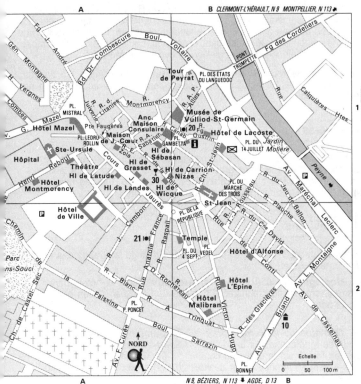

PÉZENAS

■ **Adresses utiles**	|●| **Où manger ?**
🛈 Maison du tourisme	**20** La Pomme d'Amour
✉ Poste	**21** Le Castel
🛏 **Où dormir ?**	🍷 **Où boire un verre ?**
10 Hôtel-restaurant Genieys	**30** Aparté

14 h 30 à 19 h et le dimanche de 15 h à 19 h. Librairie, bouquiniste et salon de thé. On est tombé amoureux de cet endroit inclassable. Prendre un thé au milieu des rayonnages de vieux bouquins, un vrai rêve qui se réalise ici. Accueil amical et érudit. Pour une fois que l'on peut déguster de succulentes pâtisseries en se cultivant, profitons-en !

À voir

★ **La vieille ville :** se munir du plan vendu à la Maison du tourisme (10 F) et suivre le fléchage correspondant, très bien fait. Ne pas manquer la boutique du barbier Gély, pour le souvenir de Molière, l'hôtel Carrion-Nizas (rue de la Foire), le quartier juif appelé ghetto.

★ *Le musée de Vulliod-Saint-Germain* (plan B1) : rue A.-P.-Alliés. Ouvert du mardi au samedi de 10 h à 12 h et de 15 h à 19 h (17 h hors saison) et le dimanche de 14 h à 17 h. Fermé le lundi hors saison. Reconstitution d'une cuisine piscénoise. Quelques beaux meubles, Louis XV et Second Empire, et très jolies faïences de Montpellier. Souvenirs de Molière.

★ *L'église Saint-Jean :* reconstruite au début du XVIIIe siècle. Contient des boiseries, stalles et tableaux. En face, superbe façade de la maison des Commandeurs.

Curiosités

– *Le Poulain :* pour perpétuer la naissance d'un poulain royal, on promène un animal en bois le Mardi gras et en été. Il est la mascotte de la ville.
– *Les petits pâtés :* à déguster. C'est une recette anglaise mi-sucre mi-mouton ; à consommer chauds et avec modération.

Aux environs

Sortir en direction de Montpellier-Lodève. On longe la Grange des Prés où séjourna Molière.

★ *Montagnac (34530) :* belle église du XIVe siècle et hôtels particuliers. Faire le crochet pour admirer le château de Lavagnac et son parc. On ne visite pas.

🏠 *Domaine de la Vernazobre :* à 4 km de Montagnac, sur la N113 direction Mèze, sur la droite en continuant vers Montmèze ; c'est fléché, vous ne pouvez pas vous tromper. ☎ et fax : 04-67-24-00-12 ; demandez Christophe. Au bout d'une allée d'oliviers. Appartements à la semaine de 1 600 à 2 300 F dans un mas typiquement languedocien entouré de vignes. En trois mots : spacieux, calme et confortable. Bien équipé. Jeune propriétaire tout à fait charmant. Idéal pour rayonner dans les environs. Votre hôte connaît tous les bons plans.

🏠 *Camping à la Ferme-Domaine Saint-Martin-des-Pins :* ☎ 04-67-24-00-37 (été) et 04-63-60-57-89 (hiver). Fax : 04-67-60-47-50. Ouvert de juin à fin septembre ; gîtes ouverts à Pâques. Une tour couverte de vigne vierge émerge au-dessus de cette magnifique propriété viticole. En saison, compter 100 F par jour jusqu'à 4 personnes (électricité en sus). Noter le jardin et la piscine. Excellente adresse dans un coin superbe où le gîte est denrée rare.

★ *L'abbaye de Valmagne :* en été, visite guidée tous les jours sauf mardi, de 15 h à 18 h ; le reste de l'année, les dimanche et jours fériés de 14 h 30 à 18 h. Magnifique ensemble comportant l'église transformée en cave, un cloître et un réfectoire.

★ *Saint-Pargoire (34230) :* petit bourg autour d'une église du XIVe siècle. Pas d'adresse pour dormir.

★ *Le château de Grezan :* entre Laurens et Autignac. Un décor de cinéma, greffé sur une villa gallo-romaine, puis une enceinte moyenâgeuse, et une ancienne commanderie des Templiers, avant d'être terminé par Viollet-le-Duc. On peut déguster dans la cave. ☎ 04-67-90-28-03.

|●| Se laisser tenter par le *restaurant*. ☎ 04-67-90-22-65. Fermé les dimanche soir et lundi (sauf en juillet et août), et du 15 janvier au 15 mars. Une cuisine fine, avec un clin d'œil aux produits locaux : moules et poisson. À partir de 148 F. Spécialités de poisson. Original, le croustillant de rouget aux oignons doux et coulis de persil.

🛏 Enfin, dormir dans l'un des 4 *appartements* décorés par les propriétaires, profiter du cellier de dégustation ou des nombreuses activités proposées (piscine, tennis, golf... chasse au mouflon!). ☎ 04-67-90-28-03. Location à la semaine uniquement. De 900 à 4 400 F selon la saison.

★ *Paulhan (34230) :* pourquoi les étiquettes des bouteilles de vins sont-elles aussi jolies ? Elles reproduisent l'ermitage de Vareilles. Il est vrai qu'au milieu des vignes, hissé sur un monticule, protégé par un pin et un cyprès, il réjouit l'œil depuis le Xᵉ siècle. Pour le dénicher, prendre la direction d'Adissanet : à gauche, vous apercevrez la butte.

★ *Le prieuré royal de Cassan :* à Roujan, à 10 km au nord-ouest de Pézenas par la D13 (route de Bédarieux). Passé Roujan, le prieuré est à 2 km sur la gauche. ☎ 04-67-24-89-43. Ouvert tous les jours du 1ᵉʳ avril au 30 septembre, de 15 h à 19 h 45 ; en juillet et août, de 10 h à 19 h 45. Attention, dernière entrée à 19 h. Entrée : 30 F, brochure *Guide du visiteur* offerte. Édifié entre deux volcans (éteints, rassurez-vous), le prieuré de Cassan est l'un des principaux ensembles architecturaux du Languedoc-Roussillon. Son histoire, très riche et très ancienne, commence avec Charlemagne, qui fonda ici un prieuré royal. Mais c'est aux XIIᵉ et XIIIᵉ siècles que Cassan connaît son âge d'or (il déclinera ensuite) et devient un des plus riches monastères du royaume, notamment grâce à saint Guiraud, qui fit construire un hôpital et rebâtir l'église.
De cette période faste reste aujourd'hui l'église, en partie restaurée au XVIIIᵉ siècle. Car ce n'est qu'à l'époque classique que le prieuré retrouvera un lustre remarquable : on confia alors à Jean-Antoine Giral le soin de la reconstruction. Son style, « à la fois précieux et dépouillé », comme dit la brochure, se développe ici magistralement. Les dimensions monumentales (façade longue de 65 m, grande galerie du cloître courant sur 100 m), la belle pierre de grès ocre, tout concourt à la majesté de l'édifice. Superbe escalier d'honneur à ferronneries Louis XV. Dans la salle à manger, une fontaine en marbre de Carrare. Tenez, saviez-vous que cette fontaine est un lavabo ? Mais un vrai lavabo, car, alors, le mot (en latin « je laverai ») était d'usage exclusivement religieux. L'église, qui jouxte ces bâtiments, présente une monumentale nef unique, très bel exemple d'art roman provençal. Bref, le prieuré royal de Cassan vaut le déplacement. Compter 1 h de visite, car il y a plein d'autres choses à voir, qu'on ne va pas détailler ici : le petit *Guide du visiteur* le fait bien mieux que nous.

★ *Pouzolles (34480) :* pas loin du château de Margon (une imposante bâtisse féodale), et de Magalas et son aqueduc romain.

🛏 *L'Eskillou :* ☎ et fax : 04-67-24-60-50. Fermé du 1ᵉʳ octobre au 1ᵉʳ avril. Très agréables chambres et table d'hôte dans une ferme rafraîchie par une belle piscine privée. Vous êtes accueilli par des vignerons, et ils s'y entendent! Chacune des 5 chambres climatisées porte le nom d'un cépage. Spécialités de plats au vin du terroir. Menu à 100 F. Le soir, fromage à volonté et vin compris. Demi-pension entre 220 et 250 F par personne. Piscine, table de ping-pong et parking couvert. Réserver plusieurs jours à l'avance.

BÉZIERS ET SES ENVIRONS

La vigne et toujours la vigne. Et puis (il faut se débrouiller pour découvrir Béziers en arrivant par la route de Narbonne) la cathédrale Saint-Nazaire, dominant la plaine, qui en met plein les yeux.
Une fois dans les faubourgs, l'image du pont Vieux sous la cathédrale est l'une de ces cartes postales inoubliables. Perchée sur son éperon rocheux au-dessus de l'Orb, la capitale du vin veille jalousement sur d'immenses domaines, sur des châteaux bâtis au XIXe siècle, appelés « pinardiers », souvenirs du temps de la fortune vinicole... Ne vous fiez pas à l'apparente monotonie du paysage. La route des vins permet de découvrir les charmes cachés d'un pays secret.

BÉZIERS (34500)

La ville s'étale paresseusement, grignotant un à un quelques pieds de vigne sur son passage. Le cœur de la cité ancienne, avec ses ruelles tortueuses, ses églises et ses hôtels particuliers, se révèle assez séduisant. Le véritable centre, ce sont les allées Pierre-Paul Riquet, longues, belles et ombragées. De l'autre côté, les quartiers populaires où l'on entend souvent parler l'espagnol. Béziers, c'est une ville qui vit au rythme du canal du Midi, doucement, tout doucement. Le soir, tout le monde au lit ! Pas grande animation, à part deux ou trois troquets. Il faut dire que Béziers est une ville comptant beaucoup de retraités. Ceci explique sans doute cela.

Un peu d'histoire

Les Romains disaient « oppidum », les Grecs « acropole ». Béziers, étape importante sur la voie Domitienne, ne date pas d'hier. Dès le Ier siècle, on y cultive la vigne dont le vin est exporté vers Rome. Au Moyen Âge, la ville est en partie détruite par les croisés lors du « sac de Béziers » du 22 juillet 1209, en représailles contre les habitants qui ne voulaient pas livrer les cathares, ni les désigner. Alors, pour être certain de les avoir tous, Arnaud Amaury, digne lieutenant de Simon de Montfort, fit massacrer tous les Biterrois, cathares ou pas, et en donna l'ordre par ces mots fameux : « Tuez-les tous, Dieu reconnaîtra les siens ! ». On parle de 4 000 à 5 000 morts, estimation de la population d'alors, mais on dit aussi que tout ça est très exagéré, qu'il n'y aurait eu « que » quelques centaines de victimes. Cependant, très vite, Béziers redevient une ville prospère grâce à son vignoble. À la fin du XIXe siècle, c'est la ville la plus riche du Languedoc. Elle demeure aujourd'hui une très importante place viticole que les corridas et le rugby contribuent par ailleurs à faire connaître au-delà de ses frontières régionales.

Adresses utiles

Services

▪ **Office du tourisme** *(plan C2)* : palais des Congrès, 29, av. Saint- Saëns. ☎ 04-67-76-47-00. Département patrimoine : ☎ 04-67-62-30-59.

Ouvert du lundi au samedi de 9 h à 12 h et de 14 h (15 h le samedi) à 18 h 30 (18 h le lundi), et les dimanche et jours fériés de 10 h à 12 h. Marie-Hélène, Anne et Marie-Claire forment une petite équipe dynamique comme tout, et souriante avec ça ! Toutes infos et docs, spécialement sur le canal du Midi.

✉ *Poste (hors plan par B1) :* 106, av. Georges-Clemenceau. ☎ 04-67-49-81-10. Vieille Poste *(plan A-B-1-2)*, place Gabriel Péri. ☎ 04-67-49-86-00.

Transports

🚆 *Gare S.N.C.F. (plan B3) :* ☎ 08-36-35-35-35 (2,23 F/mn). Lignes pour Sète, Montpellier, Narbonne, Perpignan. Pour Paris, prendre le train du soir qui passe par Lyon ou le TGV, plus rapide.

🚌 *Gare routière (plan B1) :* place du Général-de-Gaulle. Sur cette grande place, vous trouverez plusieurs compagnies. Elles se sont divisé la région par secteur. Trop compliqué à détailler ici. Le mieux est d'appeler pour tous renseignements en fonction de là où vous allez.

● *Courriers du Midi :* ☎ 04-67-28-23-85. Dessert Montpellier et Pézenas.

● *Les cars GRV :* ☎ 04-67-49-12-04.

● *Autocars Gil :* ☎ 04-67-31-14-40.

● *Les Autocars Fournier :* ☎ 04-67-77-47-31.

● *Les Autocars Serres :* ☎ 04-67-94-85-39.

✈ *Aéroport de Béziers-Agde-Vias :* route d'Agde, 34420 Portiragnes. ☎ 04-67-90-99-10. Pour Paris, environ 3 vols par jour du lundi au vendredi. Vols supplémentaires l'été.

Où dormir ?

Bon marché

🛏 *Hôtel Le Confort (plan B2, 10) :* 3, rue Étienne-Marcel. ☎ 04-67-62-39-82. « Le confort en centre-ville à un prix économique », l'accroche retient l'attention. Doubles à 159 F avec bains, w.-c., TV, c'est assez bon marché en effet (plus cher durant la feria : 250 F). Quant au confort, les chambres sont propres et fonctionnelles, convenables. Accueil souriant. Un bon rapport qualité-prix donc, d'autant que les propriétaires consentent une remise de 10 % sur le prix de la chambre sur présentation du guide.

🛏 *Hôtel de l'École hôtelière (hors plan par C3, 11) :* av. du Viguier. ☎ 04-67-76-24-20. Fax : 04-67-76-25-12. Ouvert toute l'année mais réservation indispensable. À la sortie Béziers-Est de l'autoroute, prendre la direction centre-ville ; l'école hôtelière se trouve à 500 m sur la droite (juste avant le stade). Au sein de l'école hôtelière, une dizaine de chambres d'un bon rapport qualité-prix, toutes avec bains ou douche et w.-c., ligne directe et TV. 7 Chambres à 150 F, 2 chambres à 200 F, un peu plus grandes, et 1 chambre à 270 F, royale, avec petit salon TV, bains ET douche, w.-c. séparés. Tenue irréprochable et service appliqué des élèves de l'école hôtelière. Dommage qu'on soit à 5 km du centre-ville.

🛏 *Lux Hotel (plan B1, 12) :* 3, rue des Petits-Champs. ☎ 04-67-28-48-05. Fax : 04-67-49-97-73. Rien à voir avec le luxe d'un palace, ni avec un savon qui rend la peau douce. Le mot *Lux* doit être pris au pied de la lettre : « lumière ». Les chambres de ce petit hôtel au calme sont lumineuses. Simple, propre et bon accueil. Prix doux : doubles de 130 F (avec lavabo) à 220 F avec bains et téléphone. Parfait pour les petits budgets.

Prix moyens

🛏 *Hôtel Champs de Mars (hors plan par C1, 13) :* 17, rue de Metz. ☎ 04-67-28-35-53. Fax : 04-67-28-61-42. Dans une rue très calme, près de la place du 14-Juillet, un petit immeuble entièrement refait, à la

BÉZIERS

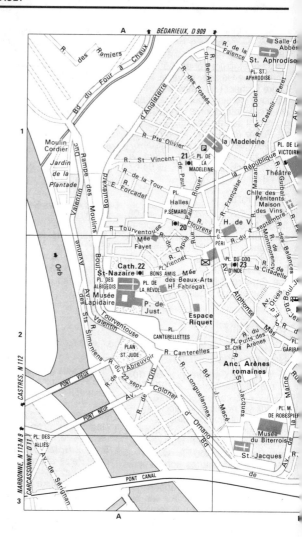

■ **Adresses utiles**

- **i** Office du tourisme
- ✉ Poste
- 🚂 Gare S.N.C.F.
- 🚌 Gare routière

▲ **Où dormir?**

- **10** Hôtel Le Confort
- **11** Hôtel de l'École hôtelière
- **12** Lux Hotel
- **13** Hôtel Champs de Mars
- **14** Hôtel des Poètes

BÉZIERS

|●| Où manger ?

20 Le Caveau des Halles
21 Le Bistrot des Halles
22 Le Café des Louis
23 La Cha-U-Kao
25 Les Antiquaires

26 L'Ambassade
27 Le Jardin

Y   Où boire un verre ?

40 Brasserie Le Mondial
41 Le Direct

façade couverte de géraniums. Chambres crépies absolument impeccables, donnant sur un jardin. Nettement le meilleur rapport qualité-prix de la ville : doubles de 160 à 230 F. Patron jovial qui n'hésitera pas à vous parler de sa ville et du Biterrois. 10 % de réduction sur le prix de la chambre sur présentation du guide du 1er novembre au 31 mars.

■ *Hôtel des Poètes* (plan B2, 14) : 80, allées Pierre-Paul-Riquet. ☎ 04-67-76-38-66. Fax : 04-67-76-25-88. On l'a choisi pour ses balcons vert-de-gris, sa situation privilégiée, et sa vue sur le jardin des Poètes. Doubles à 210 F avec douche et 230 F avec bains. Chambres dotées de TV et téléphone direct. Malheureusement, celle qu'on nous a proposée lors de notre dernier passage (incognito) n'était pas bien propre... Négligence ponctuelle peut-être.

Où dormir aux environs ?

■ *Château de Cabrerolles :* 34290 Espondeilhan. ☎ 04-67-39-21-79. Fax : 04-67-39-21-05. Dans un parc agréable et fleuri, château du XIXe qui n'est pas sans rappeler les villas italiennes. Confort moderne et parfait. Chambres personnalisées de 380 à 480 F ; suites à 450 F ; studios avec kitchenette de 380 à 420 F. Belle piscine.

■ *Chambres d'hôte La Coquillade :* rue du 8-Mai, à Autignac. ☎ 04-67-90-24-05. De Béziers, D909 vers Bédarieux sur 18 km, puis à gauche vers Autignac (D16E), et fléchage. Au cœur d'un village paisible, une agréable maison dotée de 3 chambres avec sanitaires privés à 250 F pour deux, petit déjeuner au jardin compris. À table, bonne cuisine régionale de Josette et bons vins de Christian, viticulteur (ça aide !). 90 F le menu, boisson comprise. Une adresse chaleureuse et authentique.

Où manger à Béziers ?

Prix modérés à prix moyens

|●| *Le Caveau des Halles* (plan A1, 20) : 13, place Pierre-Sémard. ☎ 04-67-28-47-87. Ouvert tous les midis et les jeudi, vendredi et samedi soir. Tenu par un couple, ce petit resto à la déco hétéroclite et provençale fait également boutique et dégustation de vins régionaux. Idéal pour déjeuner plaisamment et bon marché. Une cuisine du marché, bonne et sans prétention, genre tarte aux asperges, rôti de volaille et carottes, et chèvre au miel, qui passe bien. Des produits de la mer aussi. Menu du jour à 70 F le midi et 95 F le soir, et plat du jour à 50 F. Avec ça, de fort bons vins si l'on veut. Profitez-en pour vous payer la Rolls du muscat, un petit saint-jean-du-minervois à offrir aux amis. Attention, n'accepte pas les cartes bancaires.

|●| *Le Bistrot des Halles* (plan A1, 21) : place de la Madeleine. ☎ 04-67-28-30-46. Fermé les dimanche et lundi. Cadre bistrot parisien animé. Menus de 78 à 124 F, tous servis midi et soir. Cuisine variée et sincère : beaucoup de fruits de mer et de coquillages, mais aussi tête de veau, pied de cochon, pot-au-feu et choucroute. Le seul endroit où l'on peut en manger à Béziers ! En été, agréable terrasse sur la place.

|●| *Le Café des Louis* (plan A2, 22) : plan Saint-Nazaire. ☎ 04-67-49-93-13. Fermé le dimanche. À côté de la cathédrale, *Le Café des Louis* propose une solide cuisine traditionnelle à déguster au patio-jardin ou sous les larges voûtes de l'agréable salle. Nous avons pris le plat du jour, carré d'agneau extra (45 F). Formule à 78 F. À la carte, compter 100 F tout compris. Por-

tions copieuses et quelques spécialités bien tournées : pot-au-feu, seiches *a la planxa,* anchoïade... Service aimable et dynamique. L'apéritif ou le café sont offerts sur présentation du guide.

|●| *La Cha-U-Kao (plan B2, 23) :* 23, rue des Anciens-Combattants. ☎ 04-67-28-69-21. Fermé le samedi midi, le dimanche et le lundi midi, ainsi que 15 jours en février. Beaucoup d'habitués dans ce resto à la déco claire et simple, et à la terrasse agréable. Accueil sympa et ambiance chaleureuse. Pour un peu, on imaginerait un remake façon *eighties* de la partie de cartes de Pagnol. Cuisine méridionale : bulots à l'aïoli, moules farcies aux spaghettis, magret aux figues, et en saison le chef prépare les asperges comme personne. Menu à 70 F et de nombreuses suggestions du jour.

Plus chic

|●| *Les Antiquaires (plan B2, 25) :* 4, rue Bagatelle. ☎ 04-67-49-31-10. Ouvert tous les soirs, et le dimanche midi. Fermé le lundi et en août. Un restaurant de poche à l'atmosphère douce et intime. Angelots, affiches de films anciens et vieilles réclames aux murs, et dans l'assiette bien du plaisir. Voyez : une salade de pélardon savoureuse, copieuse et rehaussée de fraises et de lamelles de pomme, un filet de loup parfaitement cuisiné, là encore bien accompagné, un vrai plateau de fromages, puis une impeccable crème brûlée. Cela pour 91 F, bravo! Bons vins à bons prix. Autre menu à 140 F. Service courtois du patron. Réservation recommandée : peu de couverts et gros succès.

|●| *L'Ambassade (plan C3, 26) :* 22, bd de Verdun. ☎ 04-67-76-06-24. Fermé le dimanche et lundi soir. Avec ses lustres rétro, ses peintures défraîchies de campagne romaine en trompe-l'œil, *L'Ambassade* a des airs de vieille dame toujours coquette. Ce joli décor devrait changer bientôt, mais peu importe, venons-en au fait : Patrick Olry est un chef. La preuve? Essayez donc le menu « découverte » à 170 F : tourtière de petits-gris aux champignons, duo de seiches et rougets, ce n'était pas bon, c'était excellent, divin, parfaitement divin! Et les fromages, hein! les fromages! Dessert à la hauteur, c'est-à-dire au sommet. Avec ça, un service en costard croisé noir, pas guindé pour autant, au contraire, et de bons conseils en vins : la super-classe. Bref, à *L'Ambassade* on a tout aimé, même l'addition. Autres menus à 130 et 230 F. Précision : les plats ci-dessus ne sont qu'indicatifs, le menu change au gré du marché.

|●| *Le Jardin (plan B-C1, 27) :* 37, av. Jean-Moulin. ☎ 04-67-36-41-31. Fermé le dimanche soir, le mercredi, ainsi que les 1ères quinzaines de janvier, mai et septembre. La réputation des frères Santuré n'est plus à faire dans la région. Jean-Luc prépare une cuisine fraîche au gré du marché, avec un professionnalisme évident. Résultat savoureux : huîtres de Bouzigues, escalope de loup rôti à la peau croustillante, ou encore escalope de foie gras poêlée aux fruits frais de saison caramélisée sauce douce (quel programme!). Mais les menus sont modifiés tous les mois. Francis, lui, saura vous conseiller pour le vin au travers d'une « balade œnologique ». Il est sommelier et déniche quelques bouteilles bien agréables. Menus à 115 F (le samedi midi), 135 F (en semaine), puis 185, 225 et 295 F.

Où manger aux environs?

|●| *La Boucherie :* place de l'Église, 34480 Magalas (22 km au nord de Béziers; prendre la D909, route de Bédarieux, Magalas est indiqué sur la droite). ☎ 04-67-36-20-82. Fermé les dimanche et lundi, ainsi que pendant les vacances scolaires de la Toussaint et de février. Une vraie boucherie avec un vrai boucher dedans, c'est d'un banal! Oui mais, ici,

nous sommes aussi dans un bon restaurant. Voisinant l'étal, deux salles un peu kitsch, nappes vives et déco de brocante, et belle terrasse sur la place du village typique. Le midi en semaine, un menu du jour à 58 F ; deux autres à 90 et 130 F. Tapas du marché, charcutaille, plats mijotés (gardiane, blanquette), tartare préparé devant vous et super carpaccio, on se régale. Les amateurs prendront des tripes maison, les fameuses « tripes Allaire », du nom du patron qui ne manque pas d'humour. Blues ou jazz en fond sonore, et, pour que ce soit parfait, bons crus du pays. Réservation très recommandée.

Où boire un verre ?

On le répète, ce n'est pas à Béziers que vous risquez de péter les plombs. Ici, ce serait plutôt le 110 volts basse tension en alternatif.

♟ Plusieurs **terrasses** agréables sur les allées Pierre-Paul Riquet, autour de la place Jean-Jaurès. Rien de bien transcendant, si ce n'est qu'elles ferment tard.

♟ **Brasserie Le Mondial** (plan B1, **40**) : 2, rue Solférino. ☎ 04-67-28-22-15. Fermée le dimanche. Un lieu cool, fréquenté aussi bien par la jeunesse rock que par les rugbymen. Des voyous, quoi ! De temps à autre, animation, spectacle ou concert en soirée. En outre, tapas et vins régionaux (une centaine !).

♟ **Le Direct** (plan B2, **41**) : 12, rue Étienne-Marcel. ☎ 04-67-62-69-29. Ouvert de 20 h à 4 h. Fermé le lundi. « Le » café-concert où se retrouve la jeunesse biterroise (et des environs), nombreuse et pas sectaire. Un concert chaque soir, rock, blues, fusion, acid-jazz ou plus benoîtement chanson française, il y en a pour tout le monde. Bonne ambiance et petits prix : entrée 25 F, 18 F le demi.

À voir

Si l'on faisait de la terre le paradis des dieux, un vieux dicton affirme qu'ils viendraient à Béziers. Bon, c'est sans doute très exagéré. La ville possède de beaux petits musées et une cathédrale merveilleusement située. Mais une fois qu'on a fait le tour des réjouissances (à moins qu'on soit là pendant une fête locale), on poursuit son chemin. Pour la visite des musées, on paie un droit d'entrée forfaitaire (20 F) dans l'un des musées, et ce ticket donne le droit d'entrée dans les autres.

LES MUSÉES

★ **Le musée du Biterrois** (plan B2) : rampe du 96ᵉ, caserne Saint-Jacques. ☎ 04-67-36-71-01. De Pâques à la Toussaint, ouvert de 9 h à 19 h ; de novembre à Pâques, de 9 h à 12 h et de 14 h à 18 h. Fermé le lundi toute l'année. Aménagé dans l'ancienne caserne Saint-Jacques (achevée en 1702), cet espace est très aéré, spacieux et clair. C'est le musée d'Ethnologie et d'Archéologie de Béziers, avec aussi une section sciences naturelles et une section consacrée aux céramiques. De belles pièces, dont un *Saint Aphrodise portant sa tête*, une *Vierge catalane en Majesté* du XIᵉ siècle, et une collection archéologique très riche, témoignant de l'ancienneté de la présence humaine en région biterroise. Bien avant les civilisations grecque et romaine, l'homme ici taillait la pierre et chassait le gibier, peut-être bien le mammouth. À voir aussi : les très belles céramiques, de toutes époques, parfaitement conservées.

★ **Le musée des Beaux-Arts** *(hôtel Fabrégat; plan A2) :* place de la Révolution. ☎ 04-67-28-38-78. Ouvert du mardi au samedi de 9 h à 12 h et de 14 h à 18 h, et le dimanche de 14 h à 18 h. Fermé le lundi. Dans la maison du maire Auguste Fabrégat (XIXᵉ siècle), vaste mais quand même un peu juste pour accueillir tout ce qu'on y trouve, le musée occupe trois étages. Quelques belles toiles des écoles italienne et flamande des XIVᵉ et XVᵉ siècles, et une notable *Vierge à l'Enfant* de Schaffner (fin XVᵉ). Peinture française des XVIIᵉ, XVIIIᵉ et XIXᵉ siècles, avec, entre autres, Géricault, Delacroix, Cabanel *(Cléopâtre mourante),* ou encore ces curieux portraits recto verso : face le visage, pile la nuque, le crâne et les oreilles décollées, pourquoi pas ? Mais dans l'ensemble, des œuvres inégales et une présentation brouillonne. Au dernier étage, deux peintres contemporains régionaux, Maurice Marinot et Martine Martine, mouais. Le meilleur reste le fonds Jean Moulin avec Survage, De Chirico, Soutine (très bien), entre autres toiles, que le grand résistant, natif de Béziers, collectionna en tant que marchand d'art, « couverture » qu'il présentait aux occupants, mais qu'il exerçait véritablement si l'on en juge par cette collection. Malheureusement, ce fonds Jean Moulin disparaît régulièrement pour faire place aux expos temporaires, fréquentes.

★ **Le musée Fayet** *(plan A1-2) :* 9, rue du Capus. ☎ 04-67-49-04-66. Ouvert du mardi au vendredi de 9 h à 12 h et de 14 h à 18 h. Dans un charmant hôtel particulier du XVIIᵉ siècle, agrandi au siècle dernier par Gustave Fayet, peintre et mécène. De beaux plafonds à la française et essentiellement des œuvres du sculpteur biterrois Injalbert (1845-1933) qui, entre autres, réalisa à Paris les cariatides de la façade des Gobelins. Son style expressif s'impose dans *La Princesse Clémence,* cette fille de Charles le Boiteux demandée en mariage par Charles de Valois à condition qu'elle se présentât nue aux envoyés du roi, tenue dans laquelle Injalbert nous la montre : chevelure fantastique, créature de rêve ! Jolies choses encore, une *Ève après le péché* recroquevillée, ou *Et ceci se passait en des temps très anciens,* groupe de nymphes et satires inspiré de la mythologie grecque. Pour le reste, à l'étage, accrochage serré de toiles hétéroclites et sans grandes signatures, du siècle passé ou début XXᵉ, où l'on trouvera quelques bonnes intentions.

★ **L'Espace Riquet** *(plan A2) :* 9, rue Massol. ☎ 04-67-28-44-18. Située entre la mairie et la cathédrale, cette ancienne chapelle des Dominicains accueille des expos temporaires, d'art moderne le plus souvent. Se renseigner à l'office du tourisme pour avoir le programme.

LES ÉGLISES ET LES SITES

★ **La cathédrale Saint-Nazaire** *(plan A2) :* place des Albigeois, sur un promontoire dominant superbement la vallée de l'Orb. Ouverte à la visite de 9 h à 18 h. De style gothique, elle fut construite sur l'emplacement d'une église préromane saccagée en 1209. Façade austère flanquée de 2 tours massives, de petites lucarnes, d'une vaste rosace centrale et d'un portail gothique. Ce qu'on voit aujourd'hui date pour la majeure partie des XIVᵉ et XVᵉ siècles. À l'intérieur, plusieurs éléments notables très disparates : un chœur qui conserve des petites choses du XIIIᵉ siècle, des fresques du XIVᵉ, un autel baroque en marbre rouge avec colonnes corinthiennes et balustrade, une jolie chaire du début du XIXᵉ avec panneaux de bois sculptés (celui de la façade symbolise le *Sermon sur la montagne*). Enfin, un bel orgue du XVIIᵉ siècle, copieusement décoré, et une crypte (souvent fermée) aux chapiteaux sculptés. Voilà, il y en a pour tous les goûts et pour toutes les époques.
À droite de la façade de la cathédrale, un petit porche donne accès au **cloître** gothique (ouvert de 9 h à 12 h et de 14 h à 18 h), assez dépouillé. Il

abrite un petit musée lapidaire : pierres tombales, sarcophages, morceaux de chapiteaux... Du cloître, belle vue sur le flanc de la cathédrale, ses tourelles, son clocheton en fer forgé... Puis un escalier donne accès au **jardin des Évêques** d'où l'on embrasse un panorama étonnant sur les toits de la ville, le pont Vieux et l'Orb.

★ **La basilique Saint-Aphrodise** (plan B1) : place Saint-Aphrodise. Malheureusement, souvent fermée. L'entrée ne ressemble en rien à une église puisqu'on passe sous le porche d'un immeuble. Ce fut la première cathédrale de Béziers, élevée sur le site d'un cimetière païen où l'on aurait trouvé le corps du saint. Une basilique fut donc édifiée, puis une abbaye bénédictine fut fondée. La nef remonte au Xe siècle tandis que le chœur gothique est du XIVe. À noter surtout les fonts baptismaux réalisés dans un sarcophage du IIIe siècle, sculpté d'animaux. Rappelons la légende de sant Aphrodise qui serait venu d'Égypte à dos de chameau bien avant les premiers charters. Après sa mort, les Biterrois nourrirent le chameau. De là vient la fête de Saint-Aphrodise, fin avril, durant laquelle on sort un grand chameau et l'on met en scène la décollation du saint.

★ **La chapelle des Pénitents** (plan B1) : dans la rue du 4-Septembre, face au n° 5 (et à l'angle de la rue Guibal). Belle chapelle au double portail gothique flamboyant du XVe siècle, encadrée de 3 dais vides. C'est en fait tout ce qu'il subsiste d'un ancien couvent des Cordeliers. Lors de sa destruction, la chapelle fut réduite. Témoin ce vaste trompe-l'œil réalisé au XIXe siècle. Malgré ses proportions bizarres, la chapelle ne manque pas de charme.

★ **L'église de la Madeleine** (plan A-B1) : l'un des plus beaux édifices romans de la ville, mais fermé à la visite pour cause de restauration. Voici tout de même son histoire : symbole de résistance, elle abrita une grande partie de la population lors du siège de Béziers mené par Simon de Montfort venu en 1209 réduire l'hérésie cathare. Mais le 22 juillet de cette année-là, la prise de la ville n'épargna personne : la Madeleine fut incendiée. Quelques heures auparavant, le légat pontifical Arnaud Amaury, abbé de Cîteaux, aurait prononcé les fameuses paroles : « Tuez-les tous, Dieu reconnaîtra les siens ! »

★ **L'église Saint-Jacques** (plan B3) : place Saint-Jacques, derrière la place des Casernes. Située sur le flanc de la paisible place Saint-Jacques, où s'affrontent des joueurs de boules à l'ombre de platanes, la modeste église Saint-Jacques est un bel édifice roman, cité déjà en l'an 967, sobre et joliment proportionné. Chevet pentagonal remarquablement décoré. À l'intérieur, belle Vierge en marbre du XVIIIe, et grand tableau sombre, presque noir (comme souvent dans les églises), représentant saint Thomas d'Aquin. En fait, peu de choses sinon le grand calme propice au recueillement. À l'extérieur, de la place ou derrière l'église, du belvédère, très belle vue sur la vallée de l'Orb.

★ **Les halles** (plan A1) : de style Baltard. Superbement restaurées. Un marché fort connu ; pour certains, les meilleurs produits de la région. Tous les matins, sauf le lundi. Halte obligatoire pour faire le plein d'authentique.

★ **Le théâtre** (plan B1) : tout en haut des allées Pierre-Paul-Riquet. Un vrai théâtre à l'italienne, style louis-philippard. Remarquablement restauré dans les années 70. Vaut le coup d'œil pour son charme d'antan.

★ **Les allées Pierre-Paul-Riquet :** les *ramblas*, en hommage au fou génial inventeur du canal. Magnifique statue de bronze. Tout le monde se retrouve sur les allées. Quand on a un rendez-vous à donner, on le donne là. Dans la journée, on s'y rassemble pour prendre le frais. Le vendredi, marché aux fleurs.

★ **Le plateau des Poètes :** très romantique. Vaste jardin aménagé avec promenades, bassins, bosquets et essences rares. Créé au XIXe siècle par les frères Bülher, à qui l'on doit également le bois de Boulogne à Paris! À la différence qu'ici il n'y a pas de travelos... ou alors on a mal regardé. Monument dédié à Jean Moulin. C'est également un « refuge libre pour les oiseaux ». Lieu de paix et de repos, au cœur de la cité. Une réussite.

★ *L'hôtel de ville :* belle façade du XVIIIe siècle, due à Rollin; prolongée par la cour Renaissance de l'hôtel Ginestet.

★ *La place Pépézut :* mystérieuse statue qui se trouvait déjà là en 1348. Un certain Montpézut aurait défendu la ville contre les Anglais, d'où le nom quelque peu modifié.

★ *Les arènes* ne sont pas terribles. Datant de la fin du siècle dernier, elles méritent une visite les jours de spectacles : tauromachiques pour les amateurs, sportifs ou musicaux pour les autres. Pour toutes infos et réservations : ☎ 04-67-76-13-45.

★ *Le marché :* dire « les marchés » serait plus juste. Le vendredi, Béziers se transforme en un grand marché ambulant. Pour s'habiller : le vaste « champ de Mars ». Sur ses pourtours : puces et brocante. La « bouffe » du terroir est plus fournie place David-d'Angers. Les fleurs, elles, font leur marché sur les allées Pierre-Paul-Riquet.

★ *Le cimetière Vieux :* situé au nord du centre, à 5 mn de la basilique Saint-Aphrodise, par l'avenue du Cimetière-Vieux. Amateur de balade à travers les vieilles pierres tombales et les visages de pierre sculptés, vous êtes arrivé. Ce cimetière du XIXe siècle possède une statuaire remarquable. Cachées derrière des allées, recouvertes de lierre, on découvre de superbes sculptures signées Injalbert, Magrou, Millau... À vous de les chercher.

★ *Les neuf écluses :* dans les faubourgs de Fonsérannes, à environ 3 km du centre, vers l'ouest, au-delà du pont Neuf. Pierre-Paul Riquet, pour faire franchir à son canal un dénivelé de 21,5 m, a dû concevoir un étonnant escalier d'eau : neuf écluses permettent ainsi aux bateaux de monter et descendre... au rythme des bassins qui se vident et se remplissent. Promenade et vue paisible sur la ville. Parallèle aux écluses, vous noterez un système hydraulique sur pneus qui était censé remplacer les écluses. Mais le système n'a jamais bien fonctionné et il fut abandonné. Un véritable petit scandale financier pour la ville!

★ *Le monastère de Fonsérannes :* à 100 m des écluses. ☎ 04-67-49-59-00. Ouvert les mercredi, samedi et dimanche de 14 h à 17 h. Entrée gratuite. On ne vient pas ici pour visiter un monastère mais pour admirer une crèche d'un genre particulier. Tous les personnages sont animés par un moteur de machine à coudre, relié à des roues de vélos et des élastiques. Gratuit, amusant pour les adultes et passionnant pour les mômes.

Fêtes et manifestations

– *La Feria :* autour du 15 août. Durée : 4 jours. Corridas mais aussi défilés de chars, feux d'artifice. Certainement la feria la plus authentique de la région, à vivre absolument. C'est également la fête du cheval.
– *Fête de Saint-Aphrodise :* fin avril. On sort le célèbre chameau symbolisant la monture avec laquelle le saint arriva à Béziers. C'est d'ailleurs l'emblème de la cité.
– *Rugby :* pour les routards amateurs d'ovalie, stade de 20 000 places et troisième mi-temps arrosée.
– *Festival de musique de Béziers :* en juillet. Durée : 10 jours. Concerts de prestige avec les plus grands chefs.
– *Les Primeurs d'Oc :* vers la fin octobre. Danses folkloriques, dégustation de vins primeurs.

BÉZIERS et ses environs

– *Festival du Jeune Comédien de cinéma :* mi-mars. Durée : 4 jours. Pour y rencontrer les stars de demain.

Aux environs

★ *VALRAS (34350)*

C'est à 10 km au sud, à l'embouchure de l'Orb. On peut y aller en bus. De plus en plus construit, mais assez jolie promenade en front de mer. Vers Sérignan, très belle plage de sable naturiste.

Adresse utile

▪ *Office du tourisme :* square René-Canin. ☎ 04-67-32-36-04. En hiver, ouvert du lundi au samedi de 9 h à 12 h 30 et de 14 h à 18 h, fermé le dimanche ; en été, ouvert tous les jours de 9 h à 12 h 30 et de 14 h à 20 h. Organise des journées et demi-journées à V.T.T. de découverte du patrimoine naturel et architectural.

Où dormir ? Où manger ?

BÉZIERS et ses environs

▲ *Camping à la ferme :* aire naturelle, domaine Querelles, à Sérignan. ☎ 04-67-32-03-01. Manque d'ombre, mais loin des hordes. 25 places seulement. Emplacement à 70 F par jour pour 4 personnes sans électricité, 85 F avec l'électricité.

|●| *Ma Ferme :* 2, route de Valras, à Sérignan. ☎ 04-67-32-26-20. En basse saison, fermé tous les soirs sauf les vendredi et samedi. Décor hispanisant avec patio et jet d'eau. Huîtres chaudes délicieuses et très bonnes grillades. Compter 140 F environ.

★ *VENDRES (34350)*

Jeter un œil au *temple de Vénus* en ruine.

★ *NISSAN-LEZ-ENSÉRUNE (34440)*

Rien à voir de particulier, hormis bien sûr le célèbre oppidum, sorte de colline inspirée dominant toute la région. On a choisi Nissan comme étape. Plutôt que de dormir à Béziers, on fait 20 mn de voiture, et hop, on se retrouve dans un gros bourg typique où il fait bon prendre l'apéro à l'heure du pastis.

Où dormir ?

▲ *Hôtel Résidence :* 35, av. de la Cave. ☎ 04-67-37-00-63. Fax : 04-67-37-68-63. Fermé en novembre et décembre. Dans une belle maison provinciale au charme ancien. Pour une nuit ou pour une semaine, c'est une bonne adresse dans les deux cas. Ambiance fleurie, reposante et nonchalante. Chambres impecca-bles. Entre 255 et 290 F la double (douche ou bains, et w.-c.). On a été séduit par le côté balzacien de cette demeure et par le calme absolu qui règne ici. Possibilité de demi-pension (255 à 265 F par personne). Jardin fleuri ombragé. Parking ou garage clos.

À voir

★ *L'oppidum d'Ensérune :* sur la route de Narbonne, au niveau du village de Nissan, prendre à droite en direction de la colline d'Ensérune. D'octobre à mars, ouvert de 10 h à 12 h et de 14 h à 16 h ; en avril, mai, juin et septembre, de 10 h à 12 h et de 14 h à 18 h ; en juillet et août, de 9 h 30 à 19 h. Là, perchés sur le promontoire, les vestiges de la ville préromaine (VIᵉ siècle avant notre ère). Fondations d'habitations, poste de garde aménagé dans le rocher, et surtout une vue unique sur l'étang asséché de Montady. Les vignes à la géométrie parfaite délimitent bizarrement l'ancien plan d'eau. C'est que celui-ci, circulaire, a été partagé, une fois asséché, entre les communes voisines, et celles-ci l'ont coupé comme on coupe un gâteau ou un camembert. L'implantation des vignes reproduit cette coupe.
À l'automne, le site se pare de merveilleuses couleurs. À ne pas manquer. Fouilles et musée lapidaire (et nombreux objets de la vie quotidienne, vaisselle, armes...). Ne pas hésiter à demander l'abbé Gilly, conservateur émérite et intarissable...

★ *MARAUSSAN (34370)*

Château classé de Perdiguier, un régal pour les yeux ; très beaux chevaux. On ne visite pas. Prenez le temps de fouiner ; au détour d'une vigne se cache un château, une chapelle ou une garrigue échappée aux flammes.

Où dormir ?

▲ *Domaine de Villenouvette :* gîte contigu à l'appartement du propriétaire. ☎ 04-67-90-30-12. Fermé d'octobre à avril. Dans un ancien bâtiment d'exploitation, un gîte pour 4 personnes, tout confort. De 850 à 1 650 F la semaine selon la saison.

L'HÉRAULT

LE MINERVOIS

Soleil blanc sur terres blanches, les rivières coulent sur lit de craie, et les reflets violets de la brousse le disputent aux vignes. Terre du vin, ces contreforts cévenols portent aussi les stigmates de la guerre albigeoise. Nous avons déjà abordé cette terre qui se partage entre Aude et Hérault. Mais nous n'avions pas évoqué la perle de cette région : le site sublime de Minerve.

MINERVE (34210)

La « citadelle du vertige ». Sur un éperon, au confluent du Brian et de la Cesse, vieille cité martyre des bûchers de Simon de Montfort, croisé sanguinaire qui vainquit les cathares. Site superbe. Nous avons vu et nous nous sommes exclamés : « Que c'est beau ! » Mais notre exclamation extatique fut troublée par l'odeur des friteries et le chahut de touristes trop nombreux. Il est encore temps de courir à Minerve avant que ce site ne ressemble à Notre-Dame de Paris un samedi après-midi au mois d'août.

Où dormir ?

Bon marché

▲ *René Maynadier :* hameau de Mayrannes (3 km à l'est de Minerve). ☎ 04-68-91-22-93. Dans des petites maisons bordées de cyprès. 1 000 F hors saison, 2 100 F en juillet, 2 300 F en août, 1 400 F en juin et septembre (sauf vacances scolaires : 1 050 F) la semaine pour 2 et 3 personnes.

▲ *Ulysse Martin :* 23, Grand-Rue. ☎ 04-68-91-22-97. Gîte en plein centre du village, dans une petite maison avec balcon fleuri. On est à l'étroit là-dedans, mais les prix ne sont pas bien larges non plus. 950 à 1 000 F la semaine hors saison. Entre 450 et 500 F le week-end. Propose également un second gîte, mal situé (bord de route) et d'un confort insuffisant. 10 % sur le prix de la chambre sur présentation du guide.

Plus chic

▲ *Relais Chantovent :* dans le village. ☎ 04-68-91-14-18. Fax : 04-68-91-81-99. Fermé le lundi, ainsi que de mi-décembre à mi-mars. Maïté et Loulou Évenou proposent des chambres propres et confortables à 230 F (douche) ou 300 F (bains). Une annexe également bien, toujours dans le village, avec mobilier plus rustique. Fait aussi restaurant (voir plus loin).

▲ *La Bastide des Aliberts :* à 3 km de Minerve, sur la gauche de la D10 en venant d'Olonzac ou Azillanet. ☎ 04-68-91-81-72. Fax : 04-68-91-22-95. 5 gîtes de prestige aménagés dans une noble bâtisse sans âge, datée tout de même du XIIᵉ siècle pour ses parties les plus anciennes, belle et tranquille dans son écrin de collines, de cigales et de vignes. Pas vraiment donné, mais c'est le top : espace, meubles et déco de goût, sanitaires et cuisines impeccables, grand confort partout. Piscine de luxe évidemment. Quatre « logis » de 2 ou 3 chambres pour 4 à 6 personnes, de 3 000 à 3 500 F la semaine hors saison, de 4 000 à 4 500 F en juin et septembre, beaucoup plus cher en août : de 6 000 à 6 700 F. Le dernier gîte comporte 4 chambres et reçoit 8 ou 9 personnes à l'aise (120 m², de 3 500 à 10 000 F la semaine). Forfaits week-end intéressants (2 nuits, 1 200 ou 1 500 F pour 4 ou 6), et location de chambres, si disponibilité, à 400 F la double. Une bonne adresse quand on en a les moyens.

Campings

▲ *Centre naturiste :* mas de Lignières, à Cesseras. ☎ et fax : 04-68-91-24-86. Ouvert toute l'année. Complètement paumé dans les garrigues, à l'abri des regards indiscrets. Piscine.

▲ *Domaine du Vernis :* 34210 Azillanet. ☎ 04-68-91-13-22. Ouvert toute l'année. Lui aussi perdu entre Azillanet et Aigne, pour amateurs de vraie solitude et de garrigue, mais ici on reste vêtu. Fort contingent hollandais.

Où manger ?

D'abord acheter, bien sûr, du muscat de Saint-Jean-de-Minervois, un divin breuvage à déguster bien frais à l'apéritif, avec du roquefort ou au dessert.

|●| *Chantovent :* voir « Où dormir ? ». ☎ 04-68-91-14-18. Une situation de rêve en plein centre du village, suspendu au-dessus du vide. Portions généreuses et cuisine du terroir : jambon de la Montagne Noire, pélardons rôtis, croustade de lapereau au genièvre, brouillade d'œufs aux truffes, le tout arrosé des meilleurs minervois. Service parfois longuet. Menus à partir de 100 F (sauf le dimanche) puis de 135 à 220 F.

Où dormir ? Où manger aux environs ?

🔺 ❙●❙ *La Villa d'Eléis :* av. du Château, 34210 Siran (12 km au sud-ouest de Minerve). ☎ 04-68-91-55-98. Fax : 04-68-91-48-34. Fermé pendant les vacances de février ; restaurant fermé le mardi soir et le mercredi d'octobre à avril. Prévenir de votre arrivée en basse saison. « Dans cette ancienne bastide entièrement restaurée, 12 chambres au raffinement personnalisé et au confort indéniable vous attendent... ici, tout n'est que calme et chaleur pour rendre inoubliable votre simple halte ou votre séjour prolongé », dit la brochure. Nous ajouterons qu'ici tout n'est qu'harmonie et douceur de vivre, à l'image de l'heureux couple qui vous reçoit. Accueil ravissant, naturel de Marie-Hélène et cuisine ensoleillée de Bernard Lafuente, jeune et talentueux chef tôt reconnu par la critique et la *vox populi*. Doubles de 350 à 600 F, spacieuses, superbes. Deux suites également, à 600 et 650 F. En basse saison, remise de 10 à 20 %. Au restaurant, des menus à 155, 230 F (viande et poisson) puis dégustation à 360 F (5 plats et un vin sur chaque plat : grand moment de gastronomie). Ne pas rater les légumes de la poule au pot en entrée, coiffés d'un chèvre gratiné, et l'excellentissime morue safranée à la languedocienne. Par ailleurs, vos hôtes organisent des soirées musicales en été (genre piano et flûte, charmant) et des circuits découverte de la flore et du patrimoine.

❙●❙ *L'Auberge de Ferrals :* 34210 Ferrals-les-Montagnes. À 18 km au nord-ouest de Minerve. ☎ 04-67-97-18-00. Fermée le mercredi. Le soir hors saison, réservation indispensable. Prendre la D10E qui se prolonge par la D182 direction Fauzan, qu'on traverse ; on arrive sur la D12 : là, prendre à droite direction Ferrals. À l'écart du village, sur la route de Saint-Pons. Une auberge-épicerie du bout du monde (tout au moins de l'Hérault) où déguster une cuisine saine et simple, élaborée avec des produits locaux : truite à l'oseille, confit de canard à la tarnaise, daube de chevreuil (élevage du coin), escargots, gibier, miel, fromage de chèvre, fruits rouges... Menu du jour à 60 F (sauf samedi et dimanche) ; autres menus à 85 F, excellent, et 160 F, dit menu découverte, avec muscat de Saint-Jean-du-Minervois en apéritif, royal ! Et, si ce n'est pas l'heure du repas, on peut toujours faire le plein de confitures, charcuteries et fromages.

❙●❙ On peut aussi aller au *restaurant du Minervois, Bel,* à Olonzac, 10 km au sud de Minerve (voir « Où dormir ? Où manger ? » à Homps, chapitre « Canal du Midi »). Très bonne table.

À voir

★ *L'église Saint-Étienne :* datant du IXe siècle, elle renferme un maître-autel en marbre blanc de 456. Il s'agit du plus ancien connu en Europe.

★ *Le Musée municipal :* ☎ 04-67-89-47-98. De mai à la Toussaint, ouvert tous les jours de 10 h à 18 h ; le reste de l'année, les samedi et dimanche après-midi. Collections archéologique, géologique et paléontologique. Pierres du néolithique et du chalcolithique, et fossiles du Languedoc. Pas renversant.

★ *Le musée Hurepel :* ☎ 04-68-46-10-28. Ouvert d'avril à fin octobre, l'après-midi (toute la journée de mi-juin à fin août). Toute l'épopée cathare reconstituée en figurines. Réalisées par Philippe Assier, santonnier de son état. Vraiment super, et impressionnant. Entre autres, scène abominable d'une procession de cathares mutilés par Simon de Montfort : nez et lèvres coupés, yeux crevés, à la queue leu leu. Il se suivent en tenant l'épaule de

L'HÉRAULT

celui qui précède, et le meneur est verni, on ne lui a crevé qu'un œil ! Atroce. Attention, ici on parle plus d'épopée que d'hérésie. N'oubliez pas que vous êtes en terre cathare et que le sujet demeure encore assez présent, surtout dans ce musée.

★ *La tour :* unique reste du château. Prendre à droite le G.R., et toujours à droite un sentier sous les remparts, faire le tour de ville puis, en descendant le lit de la rivière à sec, passer les ponts naturels.

Manifestation

– *Festival du Minervois :* début août. Expo et vente de produits gastronomiques et artisanaux, théâtre de marionnettes, théâtre en plein air, dîner champêtre.

Aux environs

★ *Les dolmens :* sur le Causse. Randonnées par le GR77.

★ *Azillanet (34210) :* pour son église du XVIIe siècle ; à l'intérieur, bel alignement de colonnes.

★ *La Caunette (34210) :* petit village fortifié dont il ne reste qu'une porte du XIIIe siècle. À l'entrée du village, église Notre-Dame, du IXe siècle, au milieu du cimetière surplombant la rivière. Bucolique ! Et juste à côté, la maison d'Yves Lequime (1922-2022), utopiste. Personnage célèbre dans le coin, il a une petite guérite dans laquelle sont affichées ses « œuvres ».

– *Circuits* proposés par l'association *les Capitelles du Minervois.* Demander le dépliant au syndicat d'initiative de Minerve.

LE PARC RÉGIONAL DU HAUT LANGUEDOC

Créé en 1973. 145 000 ha constituent les premiers contreforts du Massif central sur deux départements, l'Hérault et le Tarn. Des montagnes entrecoupées de vallées. 1 800 km de sentiers balisés, qui dit mieux ? On peut se procurer de la documentation dans tous les villages cités pour arpenter le Caroux, l'Espinouse, le Somail ou le Sidobre. Éditée par le parc naturel régional du Haut Languedoc. Les amateurs de V.T.T. ou d'équitation y trouveront plein de tuyaux, tous impeccablement répertoriés.
Vous allez traverser des forêts aux essences variées et découvrir une flore exceptionnellement riche... Chênes verts, vigne et cerisiers dans la vallée de l'Orb et du Jaur ; hêtres, sapins et landes de bruyère du côté du Somail et de l'Espinouse, sans oublier la plus importante réserve de mouflons d'Europe !

SAINT-PONS-DE-THOMIÈRES (34220)

La capitale du parc fleure bon les essences des arbres environnants.

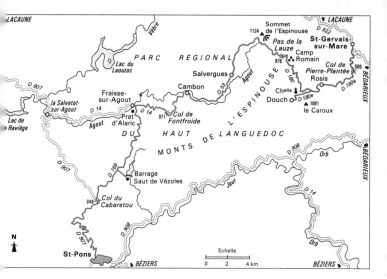

LE PARC RÉGIONAL DU HAUT LANGUEDOC

L'HÉRAULT

Adresses utiles

🛈 Office du tourisme : place du Foiral. ☎ 04-67-97-06-65. En juillet et août, ouvert tous les jours de 9 h à 19 h 30 ; hors saison, du lundi au vendredi de 10 h à 12 h et de 14 h 30 à 18 h, et le samedi de 10 h à 12 h 30.

🚆 S.N.C.F. : ☎ 08-36-35-35-35 (2,23 F/mn). Ligne Castres-Béziers.

▪ Maison du parc : 13, rue du Cloître. ☎ 04-67-97-38-22. Ouverte du lundi au vendredi de 8 h à 12 h et de 13 h 30 à 18 h. Dans un beau jardin à côté de la cathédrale. Marronniers et châtaigniers l'entourent. Un superbe hôtel particulier avec gypserie et pâtisseries au plafond. Une mine pour mille et une possibilités de randonnées inépuisables. On vous donne même une leçon de botanique. À s'offrir, un super bouquin sur la flore des montagnes héraultaises.

Où dormir ?

🛏 Campotel de Jaur : chemin d'Artenac. ☎ 04-67-97-14-76. Il domine la vieille ville. Sûrement l'un des plus beaux de la chaîne. Petit déjeuner sous la tonnelle. Gîtes de 4, 5 et 6 personnes, à 180 F la nuit (en saison) et 160 F en basse saison. Forfait week-end à 300 F. L'hiver, 30 F de plus par jour pour le chauffage.

Où dormir ? Où manger aux environs ?

🛏 I⚫I Chambres d'hôte, Chantal et Didier de Walque : à Ferrières-Poussarou. À 20 km au sud-est de Saint-Pons. ☎ 04-67-38-11-43.

Ouvert de juin à septembre. Prendre la N112 direction Béziers sur 12 km puis à gauche vers Pousselières ; passer ce village, et au carrefour suivant prendre à gauche : la route s'arrête à la maison. Ce hameau renaît depuis que Pierre s'y est installé. Non content d'avoir restauré sa maison, il s'attaque aux autres bâtiments, aux ruelles pavées. Et, pour marquer le coup, il a demandé et obtenu l'autorisation d'appeler la voie qui mène à sa maison haut perchée l'avenue des Belges ! 2 séduisantes chambres avec sanitaires privés à 225 F pour deux. Petit déjeuner : 25 F. Chantal, elle, cuisine agréablement : huîtres chaudes, magret de canard et vin du pays, on se régale (100 F le repas). Une adresse comme on aime.

À voir

★ *La cathédrale :* elle présente une étonnante juxtaposition de roman et de baroque. La façade classique donne sur la placette. Ne pas manquer le marché du mercredi matin. La façade ouest est romane avec de très beaux tympans sculptés. Il faut absolument demander à l'office du tourisme de vous faire visiter l'intérieur pour admirer les orgues de 1772, parmi les plus prestigieuses de France. Le cloître ? Envolé au Louvre, à Toulouse et aux États-Unis !

★ *La Portanelle :* la tour Saint-Benoît et la tour de l'Évêché, restes des fortifications.

★ Près des ruines de Saint-Martin-du-Jaur, résurgence du Jaur.

★ *Le musée de la Préhistoire :* ☎ 04-67-97-22-61. De mi-juin à mi-septembre, ouvert de 10 h à 12 h et de 15 h à 18 h ; le reste de l'année, se renseigner. Une collection unique de statues-menhirs, certaines vieilles de 4 500 ans. On les appelle les « déesses muettes », elles n'ont toujours pas livré leur secret.

Aux environs

★ *La grotte de la Devèze :* à **Corniou**, à 5 km en direction de Castres. Du 16 mars au 30 septembre, visite guidée tous les jours ; le reste de l'année, les dimanche et jours fériés. Très connue pour la finesse de ses concrétions, véritables dentelles et fleurs de pierre.
Pour parfaire votre culture spéléologique, rendez-vous au *musée* où tous les mystères de formation des cavernes, l'origine des concrétions colorées, la vie des animaux, les techniques des fouilles vous seront dévoilés.

★ *La chapelle Notre-Dame-des-Trésors :* au nord-est, à 9 km par la D908 et la 576, à 625 m d'altitude. Vue sur la vallée du Jaur et les plaines de l'Hérault. À l'intérieur du sanctuaire, un bénitier en marbre rouge et une statue polychrome.

★ *La Maison du parc de Prat-d'Alaric :* visite en juillet et août, de 9 h à 12 h et de 14 h à 18 h. Dans un ensemble de maisons de pays, la principale est longue de 40 m, et recouverte de genêts. On peut visionner un montage audiovisuel intéressant sur les exploitations traditionnelles du pays.

À déguster

– *Le navet de Pardailhan :* lorsque vous connaîtrez le navet de Pardailhan (village situé à une quinzaine de kilomètres au sud-est de Saint-Pons), plus jamais vous ne direz d'un mauvais film : c'est un navet. Les chefs-d'œuvre au contraire (*Les Temps modernes, Apocalypse Now, Le Gendarme de Saint-Tropez,* etc.) seront des navets, de Pardailhan précisément. Racine tendre au goût subtil, roi des crucifères et merveille de bouche, c'est tout simplement le meilleur navet du monde. Il fallait le dire.

Quitter Saint-Pons

– *En bus :* vers le sud et Béziers. Une route passe par les défilés de l'Illouvre (un vrai coupe-gorge) et débouche sur la plaine à Saint-Chinian. On peut poursuivre la route du Piémont par la vallée du Jaur et l'Orb. En bus, en voiture ou même en train, c'est le même chemin.

|●| À l'entrée de Prémian, on peut déjeuner à *L'Esclop :* sur la route. ☎ 04-67-97-18-19. Fermé en janvier. La vraie guinguette les pieds dans l'eau, avec treille. Cuisine familiale et addition légère. Menus à 65, 95 et 120 F.

VERS LE NORD

L'HÉRAULT

LE COL DU CABARETOU

Sur la D907 entre Saint-Pons et La Salvetat, la route monte vers le col dans les châtaigneraies.
Le nom est déjà tout un programme. Le panorama ne manque pas de sel, sur les vallées et les montagnes environnantes. C'est tellement beau, restez-y.

Où dormir ? Où manger ?

⌂ |●| *Auberge du Cabaretou :* route de La Salvetat, 34220 Saint-Pons. ☎ 04-67-97-02-31. Fax : 04-67-97-32-74. Fermée les dimanche soir et lundi d'octobre à avril (sauf hébergement et demi-pension) et de mi-janvier à mi-février. Sur le col même du Cabaretou, sur la gauche en venant de Saint-Pons. Rien que vous et la montagne sauvage. Pour les randonneurs, on est à 500 m du GR7. Patronne hyper sympa. Un rapport qualité-prix étonnant : 250 F la chambre avec douche et w.-c. Beaux menus de 95 à 215 F. Méfiez-vous du large caniveau sur le parking où, parfois, les voitures viennent planter une roue.

LE SOULIÉ (34330)

À 6,5 km au sud du col du Cabaretou. Un peu en marge des itinéraires habituels, sur la D150.

Où manger ?

|●| *Le Moulin de Vergouniac :*
☎ 04-67-97-22-27. Pour une étape
gourmande, dans un coin il est vrai
un peu paumé, une ferme-auberge
de France profonde, anti-nouvelle
cuisine. Plats à base de veaux fermiers de la propriété. Randonnée digestive indispensable, à ski de fond
l'hiver.

LA SALVETAT-SUR-AGOUT (34330)

Du col du Cabaretou, à 11 km par la D907, on arrive à La Salvetat-sur-
Agout, classé parmi les plus beaux villages de France ! Cadre enchanteur
effectivement, où jaillit une source d'eau fameuse, pétillante et ferrugineuse,
la répandue Salvetat.
Au gré des ruelles étroites et pittoresques, on pourra admirer la chapelle
Saint-Étienne, toucher la statue miraculeuse de Notre-Dame d'Entraygues.
Enfin on ira *Chez Cabrol* faire le plein de charcuteries du tonnerre, parmi les
meilleures du département (magasin situé sur la route de Lacaune).

Où dormir ? Où manger ?

🛏 |●| *Bar-hôtel-brasserie-PMU
La Pergola :* esplanade des Troubadours, dans la ville haute, à côté du
monument aux morts. ☎ 04-67-97-
60-57. Fax : 04-67-97-56-76. Une
petite brasserie sympa comme tout,
tenue par un couple d'Anglais sou-
riants qui proposent un menu à 70 F
copieux et bien préparé, genre cuisine familiale. Autre plat du jour à
48 F. Chambres bon marché de
120 F (douche et w.-c. sur le palier)
à 180 F (avec bains et w.-c.).

🛏 |●| *La Moutouse, Chez Gisèle :*
chez Noëlie Pistre, à 4 km du village.
☎ 04-67-97-61-63. Suivre les indications à l'intérieur du village. Dans
une exploitation agricole, derrière
une sapinière, table et chambres
d'hôte de bon confort à 220 F. 10 %
de réduction hors juillet et août. Repas à partir de 90 F avec les produits de la ferme : charcuteries maison, volailles et légumes du jardin.
Resto sur réservation : ☎ 04-67-97-
61-69.

Aux environs

★ *Candoubre :* un sentier balisé conduit au *dolmen de Castelsec,* une dalle
de 2 m supportée par 7 rocs. En direction du lac par la D162, deux menhirs
au Pré-du-Roi et à Paumauron.

★ *Rieu-Montagne :* voir la Maison du parc. Possibilité de faire de la voile
sur le lac.

★ *Villelongue :* au sud du lac, une église gothique en schiste de la « tête
aux pieds ».

★ *Fraisse-sur-Agout (34330) :* menhir des Andes et de Picarel, décoré
d'un serpent et d'un œuf. On peut dormir au *Campotel* de Fraisse-sur-Agout,
à 10 km à l'est de La Salvetat, sur les rives de l'Agout. ☎ 04-67-97-64-29.
Aux environs, la plage des Bouldouïres pour la baignade et la voile. Beaucoup de touristes en été. Belle promenade autour du lac.

Quitter La Salvetat

– **En voiture :** la D907 permet de gagner Castres ou Béziers via Saint-Pons-de-Thomières.
– **En car :** deux services par jour pour Béziers (un le dimanche en juillet et août). Renseignements à l'office du tourisme : ☎ 04-67-97-64-44.

MURAT-SUR-VÈBRE (81320)

Incursion en territoire tarnais. De La Salvetat, suivre le GR653. On passe par le hameau de Villelongue avant de longer le lac de Lauzas et la rivière. On traverse ensuite le village de Candoubre, pour arriver à Murat. En voiture, le trajet est également superbe. Il faut prendre la D14 et passer par Fraisse-sur-Agout.

Où dormir ? Où manger ?

Le village de Murat est séparé en deux par le Greisgentous-Griffoulède ou Castelas. À vous de choisir votre camp !

▲ |●| **Hôtel Durand :** av. de l'Albigeois. ☎ 05-63-37-41-91. Fermé le vendredi soir et le samedi midi hors saison. Une vieille maison simple et confortable, que le patron retape petit à petit. Menus de 78 à 220 F. Laissez-vous aller à vos envies de charcuterie, elle est de qualité dans le pays. Quelques chambres doubles avec douche et w.-c. à 210 F.

À faire

– À la croix de Mounis (10 km par la D922 vers Saint-Gervais), monter au sommet de *l'Espinouse* par le GR71. Panorama magnifique jusqu'au belvédère de l'Ourtigas. Attention, réserve nationale de chasse. On peut croiser une faune intéressante mais il ne faut pas la déranger. En automne, le coin est truffé de champignons... mais également de chasseurs !

OLARGUES (34390)

De Saint-Pons, 18 km par la D908 jusqu'à Olargues.
Ancienne capitale wisigothe, très pittoresque avec son pont en dos d'âne, sa tour-clocher et ses ruelles pavées. Côté nourritures terrestres : cerises, truffes ou châtaignes. Côté cœur, l'un des plus beaux villages de France. Olargues est de surcroît un important centre de recherche géologique, qui profite de la richesse exceptionnelle en la matière du Haut Languedoc.

Où dormir ? Où manger ?

▲ **Campotel :** chemin de Pialettes. ☎ 04-67-97-77-25 ou 04-67-97-70-79 (mairie).) En juillet et août, location uniquement à la semaine. Fermé en janvier (sauf pour les groupes de plus de 20 personnes). Très agréable, en bordure du Jaur. Dans une pinède, deux bâtiments en croissant forment un patio. Compter 180 F pour 2 ou 3 personnes, 220 F pour 4 à 5 personnes.

🛏 I●I *Gîte d'étape et chambres d'hôte La Roque Rouge :* Marie-Pierre et Jean-Louis Raynal, La Pomarède. À 10 km à l'est d'Olargues. ☎ 04-67-95-80-42. Prendre la D908 direction Bédarieux, La Pomarède est fléché sur la gauche. Fermé la semaine de Noël. Ici, vous trouverez un gîte de 12 places dans la maison familiale que Jean-Louis a retapée et agrandie. Également un autre gîte de 10 lits, un refuge dans le bâtiment voisin et 2 chambres d'hôte avec sanitaires privés. En fait, l'adresse idéale pour les sportifs, puisque Jean-Louis est guide de haute montagne. Selon vos goûts, vous pourrez pratiquer l'escalade, le V.T.T., la spéléo ou même le canyoning. Compter 60 F la nuit et 25 F le petit déjeuner en gîte, 200 F pour deux avec le petit déjeuner en chambre d'hôte, et 70 F pour un repas en table d'hôte. 10 % sur le prix de la chambre sur présentation du guide.

Camping

🛏 *Camping Le Baous :* en bordure du Jaur. ☎ 04-67-97-71-50. Ouvert du 15 mai au 15 septembre. Un beau 2 étoiles au bord de la rivière, dans un endroit très joli.

À voir

★ *Le centre Cébenna :* av. du Champs-des-Horts. ☎ 04-67-97-88-00. Fax : 04-67-97-80-95. En juillet et août, ouvert tous les jours de 10 h à 12 h et de 15 h à 19 h ; le reste de l'année, ouvert du lundi au vendredi de 9 h à 12 h et de 13 h 30 à 16 h 30, fermé les samedi et dimanche. Une étape sur la route de la science. Ce centre est né d'un regroupement d'associations soucieuses de la diffusion de la culture scientifique. Médiathèque, centre informatique, salle vidéo, autant de moyens pour s'informer sur le patrimoine du parc régional. Des scientifiques passionnés. Visites guidées, conférences, etc.

★ À 1 km, le *prieuré de Saint-Julien* et son clocher carré au milieu des cerisiers et des cyprès.

Randonnées et canoë aux environs

★ *Mons-la-Trivalle (34390) :* départ des randonnées pour le Caroux. À voir, la chapelle romaine de la Voulte.

🛏 On peut dormir dans un *gîte* situé dans une maison de pierre avec un escalier extérieur reposant sur une arche. ☎ 04-67-97-72-37. Ou au *Camping de Clap,* en bordure de l'Orb. ☎ 04-67-97-72-64.

★ Les gorges d'Héric et le col de l'Ourtigas mènent au *sommet de l'Espinouse.* La randonnée de rêve, variée, sans doute la plus belle du coin pour sa richesse en paysages. Passez au *gouffre du Cerisier,* vous ne le regretterez pas.

– *Canoë* au départ de Tarrassac, vers Roquebrun. Là aussi, nous recommandons la randonnée, superbe, pas trop sportive, très bien encadrée si on le souhaite. Possibilité de pique-niquer sur les berges du côté de Vieussan. On débarque à Roquebrun. Location de canoës au *Moulin de Tarrassac :* Mons-la-Trivalle. ☎ 04-67-97-74-64. À partir de 90 F la demi-journée, jusqu'à 150 F la journée, toujours avec encadrement.

★ *Roquebrun (34460) :* on y arrive généralement en canoë, mais vous pouvez y aller à pied, en voiture ou en bus. Dénommé le « Petit Nice » pour son climat exceptionnel. Visiter le *jardin méditerranéen,* sous la tour en haut du village. Il regroupe plusieurs secteurs, celui des plantes ornementales et exotiques provenant de climats proches ; celui de plantes indigènes et enfin un verger conservatoire de vieilles variétés fruitières menacées. À voir notamment au printemps ; mimosas, orangers et fleurs vous offrent parfums et couleurs. Les vins produits ici bénéficient d'un ensoleillement exceptionnel, d'une fermentation classique et carbonique. Ils sont encore jeunes, pourquoi ne pas les garder ?

▲ On peut dormir au *Campotel :* ☎ 04-67-89-61-99. Sur la rive opposée au village.

▲ ❙●❙ *Chambres d'hôte Les Mimosas :* av. des Orangers. ☎ et fax : 04-67-89-61-36. Dans cette belle villa en bordure de l'Hérault, 4 chambres spacieuses à 325 ou 360 F, petit déjeuner compris, et une suite pour 4 personnes avec coin-cuisine à 2 800 F la semaine. Terrasse avec barbecue à disposition. Jolie déco reposante, très propre. Accueil souriant de Sarah et Denis La Touche, « a New Zealander and an Englishman with a French name ». Table d'hôte à 125 F pour les résidents : l'occasion de goûter une cuisine néo-zélando-languedocienne, rare !

★ *Colombières-sur-Orb (34390) :* ☎ 04-67-95-68-15. Une charmante étape pour découvrir les *gorges sauvages de Madale* et la voie romaine.

LAMALOU-LES-BAINS (34240)

Une station thermale pimpante, avec ses platanes, son casino et un très kitsch festival d'opérettes. Un must dans le genre pendant l'été.
La station fut fréquentée par de nombreuses célébrités. On trouve dans le désordre : Alexandre Dumas fils sans sa *Dame aux camélias,* Alphonse XII d'Espagne, Sully Prudhomme, Alphonse Daudet sans son *Petit Chose,* le sultan du Maroc et André Gide. Tout ce beau monde avait des rhumatismes, des maladies du système nerveux ou des troubles moteurs.
Admirer les villas Belle Époque, qui forment un charmant décor d'opérette.

Adresse utile

◧ *Office du tourisme :* 2, av. du Docteur-Ménard. ☎ 04-67-95-70-91. Fax : 04-67-95-64-52. En saison, ouvert du lundi au samedi de 9 h à 12 h et de 13 h 30 à 18 h 30 (17 h le samedi), et le dimanche de 10 h à 12 h ; hors saison, ouvert du lundi au vendredi de 9 h à 12 h et de 14 h à 18 h, et le samedi de 9 h à 12 h. Vend des billets S.N.C.F. Patron compétent, accueillant et serviable.

Où dormir ? Où manger ?

Bon marché

▲ ❙●❙ *Hôtel du Commerce :* 2, av. du Docteur-Ménard. ☎ 04-67-95-63-14. Vieil établissement familial, un peu désuet. Patron barbu très accueillant. L'intérieur de l'hôtel est un peu démodé mais l'ensemble demeure très propre. Chambres de 110 à 165 F avec lavabo, douche ou bains. Restaurant le soir, uniquement pour les résidents. Menu incroyable à 53 F et plat du jour à 40 F

L'HÉRAULT

(cailles farcies par exemple). Agréable terrasse.

Prix moyens

≜ |●| ***Belleville :*** 1, av. Charcot. ☎ 04-67-95-57-00. Fax : 04-67-95-64-18. Bonne grosse adresse de province et de ville thermale sans surprise. Bon niveau de confort. De 130 à 265 F. Pour 290 F, vous avez du marbre et un jacuzzi (bain à remous) dans la salle de bains. Beaucoup de chambres donnent sur un jardin. Bon service également, genre hôtellerie traditionnelle qui se respecte. Restaurant rustique avec des menus de 79 F jusqu'à 189 F, à base de produits du terroir. Pour les gens pressés, toujours un menu express à 69 F servi sous la véranda. Met une ancienne maison à la disposition des randonneurs, à Rosis, sur le GR7. Une excellente adresse. 10 % de réduction sur le prix des chambres pour nos lecteurs pour la seconde nuit (sauf en juillet et août).

Où dormir ? Où manger aux environs ?

≜ |●| ***L'Auberge de Combes :*** à Combes. À vol d'oiseau, 4 km à l'ouest de Lamalou-les-Bains, mais par la route une dizaine. ☎ 04-67-95-66-55. En juillet et août, location à la semaine uniquement. Fermée en janvier. Prendre la D908 vers Olargues, puis à droite la D180 vers Combes. Un restaurant joliment situé au cœur de Combes, village pittoresque accroché aux contreforts des monts de l'Espinouse. Vue panoramique sur la vallée de l'Orb de la terrasse et cuisine régionale dans l'assiette : écrevisses à la ciboulette, aiguillettes de canard, soupe de poisson... Menus de 68 à 200 F. Fait aussi gîte et chambres d'hôte : 2 chambres d'hôte avec lavabo, douche et w.-c. à 170 F, petit déjeuner non compris (28 F).

Randonnées pédestres et équestres

– ***Randonnée au Caroux et dans la forêt des Écrivains-Combattants*** (en hommage aux 560 écrivains morts en 1914-1918), peuplée de cèdres, de pins, de chênes et de châtaigniers. On y accède par une route pittoresque ou, à pied, par un sentier balisé, le GR7.
– ***Randonnée au pic de la Coquillade :*** départ de l'autre côté de l'Orb, près du camping *Le Gatinié.* Prendre une petite route vers les Abbés, puis le sentier. Vous découvrirez d'abord le château de Mercoirol puis la petite église de Saint-Michel avant d'arriver au sommet du pic. Gourde et bonnes chaussures indispensables.

Aux environs

★ ***Hérépian*** *(34600) :* faites une visite à la *fonderie Bruneau-Garnier,* l'une des quatre dernières fonderies de cloches. Les Garnier étaient cloutiers depuis 1605 puis ils se mirent à la fabrication des cloches de toutes sortes et, depuis 1930, ils se sont spécialisés dans les cloches d'église. Il y a deux *ateliers,* celui *des Sonnailles et Grelots* à Hérépian même, ainsi qu'une fonderie d'art (sculpture, médailles...) et, à Castanet-le-Bas, la *fonderie de cloches d'église.* Possibilité de visiter la fonderie toute l'année, seul ou en groupe, sur rendez-vous. Visite guidée en juillet et août de 10 h à 12 h et de 14 h 30 à 18 h.

BÉDARIEUX (34600)

On exploitait autrefois le charbon dans cette petite cité sur l'Orb. Pour sortir de la grisaille, le petit bourg a repeint en rose ses bâtiments, l'église, l'hôtel de ville et l'office du tourisme ! Sur les quais, curieuses maisons étroites tout en hauteur. Certaines sont pimpantes, d'autres parfois très fatiguées.

Adresses utiles

🏛 **Office du tourisme :** place aux Herbes. ☎ 04-67-95-08-79. Ouvert en juillet et août du lundi au samedi de 9 h à 12 h 30 et de 15 h à 19 h 30, et le dimanche de 10 h à 12 h ; le reste de l'année, se renseigner. Un accueil des plus agréables.

🚆 **S.N.C.F. :** av. Jean-Jaurès. ☎ 08-36-35-35-35. Direction Béziers ou les plateaux des Causses par Millau.

🚌 **Autocars du Languedoc :** route de Clermont. ☎ 04-67-95-00-56. 3 liaisons par jour avec Montpellier.

■ **Location de V.T.T. :** Passion Sauvage, ☎ 04-67-23-69-33 ; et au Campotel : ☎ 04-67-23-30-05.

Où dormir ? Où manger ?

Bon marché

🛏 **Hôtel Delta :** 1, rue de Clairac (petite rue perpendiculaire à l'avenue Jean-Jaurès). ☎ 04-67-23-21-19. Un jeune et gentil couple a transformé cette petite clinique en hôtel sans étoile mais aux chambres spacieuses et propres. Déco surprenante et fraîche, avec d'amusants motifs égyptiens et, ici et là, des éventails chinois ; comme dit un client, « votre hôtel, on s'en souviendra ! ». Tarifs amicaux : la double de 120 à 140 F avec lavabo et bidet, et de 170 à 190 F avec douche, w.-c. et TV. Une adresse sympa. 10 % de réduction sur le prix de la chambre sur présentation du guide.

🛏 ▮●▮ **Hôtel Le Central :** 3, place aux Herbes. ☎ 04-67-95-06-76. Fermé le samedi hors saison, ainsi que 15 jours en octobre. Une maison provinciale avec vue sur l'Orb. Salle à manger un peu sombre et rustique. Façade plaisante couverte de lierre. Chambres de 150 à 195 F (choisissez la 1 ou la 11, plus confortables). Menus de 59 à 96 F, offrant quelques bons petits plats familiaux : magret de canard à l'orange, estoffat languedocien, ou tarte vigneronne.

🛏 **Campotel des Trois Vallées :** bd Jean-Moulin, à la sortie de la ville. ☎ 04-67-23-30-05. Fax : 04-67-23-30-18. Le Campotel est situé au milieu d'un parc en bordure de rivière. Gîte pour 4 personnes, de 195 à 375 F la nuit selon la saison.

🛏 ▮●▮ **Domaine de Pelissols :** chez M. et Mme Bonnal. À 2 km en direction de Lodève. ☎ 04-67-95-42-12. Fax : 04-67-95-04-64. Chambres d'hôte dans une vieille maison ombragée de platanes centenaires. Fontaine du XIIe siècle et vergers plantés de cerisiers. 4 chambres à 240 F pour deux, petit déjeuner compris. Sanitaires privés. Piscine. Au repas (80 F, vin et café compris), les bons produits de la ferme. Demi-pension à 400 F pour deux. Très bon vin du domaine. 10 % de réduction sur présentation du guide pour un séjour de plus de 2 jours (hors juillet et août).

▮●▮ **La Forge :** 22, av. Abbé-Tarroux. ☎ 04-67-95-13-13. Fermé le dimanche soir et le lundi hors saison, ainsi que de fin septembre à début octobre, et 10 jours en janvier.

L'HÉRAULT

Très belle salle voûtée en pierre. La cheminée trône au milieu de la pièce meublée avec goût dans un style rustique chic. Menus de 90 à 198 F.

Escalope de foie gras poêlé au vinaigre de framboise, gratin de fruits frais au sabayon et beaucoup de grillades au feu de bois.

Où manger aux environs ?

|●| *L'Auberge de l'Abbaye :* à Villemagne-l'Argentière. À 8 km à l'ouest de Bédarieux. ☎ 04-67-95-34-84. Au cœur d'un village charmant. Vieilles pierres en salle et chouette terrasse au pied d'une tour vénérable, cadre agréable pour une cuisine authentique et bien travaillée. Dans le premier menu (100 F), une salade tiède de poulpes aux lentilles aillées et un rougail de saumonette et son flan de riz thaï réjouissants, puis une écuelle de faisselle à la confiture et un dessert du jour réussi ; on est bien content. Autres menus à 175 et 250 F. Ambiance et service aimables.

Où boire un verre ?

▼ *Café de la Placette :* place Roger-Abal. L'endroit branché tendance rock. La terrasse est prise d'assaut. On pourra aussi y prendre une salade ou un plat du jour, corrects.

▼ *Le Maracana :* 91, rue Saint-Alexandre. Sous les arbres à côté de l'Orb. On lui trouve plus de charme qu'à l'autre. Le lieu de rendez-vous de tous les vieux du village. Allez-y et vous connaîtrez tous les potins du jour !

À voir

★ *Le viaduc :* 37 arches du XIXe siècle. Un sentier au bord de l'Orb, balisé en jaune et vert, y conduit.

★ *Les orgues :* il y en a trois dans la ville et pour tous les goûts. Dans l'église Saint-Alexandre, dans l'église Saint-Louis (orgues baroques) et, dans le temple, un vrai joyau.

★ *La maison des Arts :* dans le prolongement de l'église Saint-Louis. Reconstitution d'une salle paysanne. Représentation d'un danseur napolitain plein de grâce. Manuscrits d'Alphonse Daudet, Alexandre Dumas (ils passaient souvent pour des cures à Lamalou), Émile Zola (pas étonnant car il s'intéressait à la vie des mineurs) et de Ferdinand Fabre, l'enfant du pays. Également de belles toiles de Pierre-Auguste Cot.

★ *L'Oustal des Abeilles :* Soumatre. ☎ 04-67-23-05-94. Fax : 04-67-96-98-56. En juillet, août et septembre, ouvert du lundi au vendredi de 10 h à 13 h et de 16 h à 20 h, le samedi de 15 h à 18 h et le dimanche de 10 h à 12 h ; hors saison, les mercredi, samedi et dimanche de 10 h à 12 h et de 15 h à 19 h. Attention, si vous êtes allergique, passez votre chemin. Pour les autres, en quelque sorte un écomusée de l'apiculture. On vous montre un rucher traditionnel fait d'un tronc de châtaignier recouvert de lauzes. La visite se termine par une dégustation de miel. Il n'est pas interdit d'acheter son petit pot.

À faire

– ***Randonnées à cheval :*** Babette et Roland Bec, *Un Cheval pour Ailleurs,* Latour-sur-Orb. ☎ 04-67-95-09-97. Fax : 04-67-95-40-97. Depuis 15 ans, Babette et Roland organisent des randonnées équestres. 7 jours de rando en Languedoc, Cévennes et Pays cathare... Nuit en bivouac, gîte ou hôtel : plusieurs formules possibles, se renseigner. Sympa et bien encadré. Propose également des sorties à cheval, et loue un gîte de groupe (2 dortoirs de 10 lits, cuisine, séjour).

Manifestation

– ***Floris :*** en mai. Fête de la flore, expos, conférences, découverte. Éco-agrologues éminents et vedettes au rendez-vous (Nicolas le Jardinier !).

Aux environs

★ ***Le pic de Tantajo :*** de là-haut, panorama d'enfer sur le Caroux, l'Espinouse et le littoral. En poursuivant la route on arrive à Faugères, en plein pays viticole.

★ ***La cité médiévale de Boussagues (34260) :*** tout est beau dans ce pittoresque village, l'église romane très pure avec sa tour carrée, ses remparts, un superbe balcon en fer forgé délicatement posé sur une voûte, une maison ayant appartenu à la famille de Toulouse-Lautrec. Un vrai petit musée à ciel ouvert.

– ***Randonnée avec lamas et ânes de bât :*** mas de Riols, La Tour-sur-Orb. Association *Escapade*, ☎ 04-67-23-10-53. Le trekking dans l'Hérault, façon la plus originale de randonner sur le Caroux, et une grande maison de caractère pour le gîte.

★ À ***Cabrerolles (34480),*** petite commune éclatée sur 5 hameaux, un cirque creusé par la chute d'une météorite et qui intrigue les géologues. Vente de produits régionaux, de vin, dont celui du domaine de la Liquière, mais aussi de vitraux (c'est plus rare).

CLERMONT-L'HÉRAULT (34800)

Pays du vin mais aussi de l'huile d'olive, et capitale du raisin de table.

Adresses utiles

◻ ***Office du tourisme :*** 9, rue René-Gosse. ☎ 04-67-96-23-86. Fax : 04-67-96-98-58. Ouvert du lundi au samedi matin de 9 h à 12 h 15 et de 14 h 30 à 19 h.

✉ ***Poste :*** rue Roger-Salengro.

☎ 04-67-96-01-79. Fait le change. ⛽ ***Gare routière :*** place Jean-Jaurès. ☎ 04-67-92-27-40.

– ***Vente de billets de train :*** place Jean-Jaurès (pas de gare). ☎ 08-36-35-35-35.

Où dormir? Où manger?

≜ |●| *Ferme-auberge du mas de Font-Chaude :* route du lac, les Bories. ☎ 04-67-96-19-77. Ouverte du 15 mars au 15 novembre. Restaurant fermé le lundi en été, le mardi hors saison. 3 chambres d'hôte situées dans un bâtiment indépendant de l'auberge, à 280 F la double avec douche, petit déjeuner compris (260 F à partir de 2 nuits). Menu terroir à 90 F pour les pensionnaires, servi sous la treille en été; pour les non-pensionnaires, menu à 120 F. Table ronde de 6 personnes au milieu de la salle. Compote de volaille à la confiture d'oignons, lapin en persillade ou en confit. Pâtisseries maison et formidables glaces aux fruits confits (à la pastèque, miam!). Une excellente cuisine régionale. Réservation conseillée.

≜ |●| *Hôtel-restaurant Sarac :* route de Nébian (sortie direction Béziers). ☎ 04-67-96-06-81. Fax : 04-67-88-07-30. Resto fermé la 1re quinzaine de novembre et en janvier. Hôtel propret et joliment décoré, rehaussé de couleurs et de fleurs. La plupart des chambres, bien équipées, bénéficient de la vue sur les vignes. Doubles avec douche ou bains et w.-c. à 250 F. Demi-pension « souhaitée » en haute saison : 280 F par personne. Menus à 98 F (en haute saison, le midi uniquement; midi et soir en basse saison), 119 et 159 F. Raviole de gambas au beurre de lavande, noisettes d'agneau aux figues et à l'ail confit. Un poil cher, mais bon et copieux.

|●| *Le Tournesol :* 2, allées Salengro. ☎ 04-67-96-99-22. Un petit resto tout jaune, sans prétention, où Madame sert avec le sourire la cuisine de Monsieur : vraie salade de pélardon ou magret de canard véritable, tout à fait comestibles. Des prix tout aussi digestes avec un premier menu à 65 F et le suivant à 85 F (fromage et dessert). Parfait!

Où dormir? Où manger aux environs?

Bon marché

≜ |●| *La vallée du Salagou, chez Mme Delage :* route du Mas-Canet, Salasc; à 10 km sur la route de Bédarieux. Suivre les indications de Salasc. ☎ et fax : 04-67-96-15-62 ou 04-67-88-13-39. Fermé en décembre et janvier. Des chambres d'hôte attenantes à la ferme-auberge, très confortables, à 250 F pour deux avec petit déjeuner. Vue superbe sur la vallée. Cadre champêtre. Repas à la ferme pour 90 F et vin à volonté! Terrines, grillades, gibier en saison, spécialité de seiche à la rouille, produits de la ferme dont un fromage de chèvre à déguster pané, super. Demi-pension à 440 F pour deux. Tennis. Chèques-vacances et carte Visa acceptés.

≜ *Campotel du Salagou :* ☎ 04-67-96-13-13. À 4 km de Clermont-l'Hérault, près du camping, sur le lac. Le soir, les ombres projetées découpent le paysage de façon inquiétante, on s'attend presque à voir surgir le monstre du loch Ness! Chambres pour 4 à 5 personnes à 290 F la nuit (200 F à partir de 2 nuits).

≜ |●| *Hôtel-restaurant La Calade :* place du village, Octon. ☎ 04-67-96-19-21. Fermé le lundi et de fin décembre à fin mars. Dans un village pittoresque, à proximité du lac de Salagou. Menu succulent à 97 F : feuilleté d'escargots faugeroise, mignon de porc aux olives, dessert. Chambres à 220 F avec w.-c. et douche. Très spacieuses, avec notamment pour certaines un petit coin-salon (canapé). Une bonne adresse.

Plus chic

≜ *Hôtel Navas :* aux Hauts-de-Mourèze. À 8 km de Clermont-l'Hérault. ☎ 04-67-96-04-84. Fax : 04-67-96-25-85. Ouvert de fin mars à fin octobre. Une construction récente ayant su respecter le style régional, dominant le cirque dolomitique de Mourèze et le village. Chambres rustiques impeccables à 300 F, certaines avec balcon ou terrasse, et toutes avec sanitaires complets. Si l'on ajoute qu'il y a une superbe piscine et que l'accueil se révèle charmant, vous ne vous étonnerez pas qu'il faille réserver longtemps à l'avance.

À voir

★ *L'église Saint-Paul :* le plus bel édifice gothique de la région. Magnifique avec ses trois nefs, sa rosace et son clocher-tour. À l'intérieur, voûte d'environ 19 m. Piliers octogonaux flanqués de colonnettes.

★ *Le château féodal :* on y arrive par des ruelles étroites, parfois en degrés. Domine la vallée, protégé par des remparts et un fossé visible au nord. Du donjon carré à deux étages, il reste un vaste escalier droit menant à la salle d'armes. Mais attention, site en ruine : pas de talons hauts !

★ *L'huilerie :* av. Wilson. ☎ 04-67-96-10-36. À visiter uniquement en décembre et janvier, de 8 h à 12 h et de 14 h à 18 h. Exposition d'outillage traditionnel. Y acheter de l'huile d'olive (la meilleure qui soit) et des *lucques.* Comment, vous ne connaissez pas ? Ce sont des olives vertes allongées, produites uniquement dans la région. Un régal.

Aux environs

★ *Le cirque de Mourèze :* à 8 km de Clermont-l'Hérault par la D908. Un vieux village qui se confond avec les roches dolomitiques. Comme jetées en vrac, des configurations fantastiques : géants, animaux légendaires ou familiers ; sur 6 ou 7 km, on rencontre un sphinx, une sirène, un démon, une religieuse, une affreuse et gigantesque tête de mort, c'est dingue ! Balisage bleu, blanc, rouge. On passe devant le prieuré de Saint-Jean-d'Aureillan puis on monte au col de Portes. Grandiose.

★ *Le château de Malavielle :* 2 km avant Octon, on traverse le village de Malavielle. La piste (balisée en vert) débute 500 m plus loin, sur la droite. À Lieude, site paléontologique, connu pour sa piste des dinosaures. Vues plongeantes sur le lac. On dirait presque un « mini-Arizona » avec ses rochers étranges. De Lieude, compter environ 30 mn pour se rendre au château de Malavielle.

★ *Villeneuvette (34800) :* ancienne manufacture royale dans un état remarquable. Belle unité classique du XVIIe siècle, abandonnée il y a quarante ans. Logements des ouvriers partiellement habités par des artisans. Un endroit plein de charme, aux bosquets romantiques. Les ouvriers vivaient en communauté selon les règles strictes établies par le patron : se coucher tôt et se lever tôt, fermeture des portes à la tombée de la nuit ! À la sortie, l'église Notre-Dame-du-Peyron vaut le coup d'œil.

★ *La chapelle Notre-Dame-de-l'Hortus :* à la sortie du village de Ceyras. Une église romane dans les vignes, trapue avec un porche assez bas. Émouvante.

★ *Le pic Vissou :* à 4 km de Villeneuvette. Le point de vue du haut de ses 480 m vaut la grimpette. Autrefois nos ancêtres les Gallo-Romains avaient choisi d'y habiter. Laissez votre voiture à Cabrières. Si vous avez de la chance, vous verrez peut-être la source intermittente qui ne coule que tous les 12 ans et se tarit à la Saint-Jean.

★ *Le lac de Salagou :* un lac artificiel étonnant bordé de ruffes, un grès rouge qui compose avec le ciel, l'eau et la végétation un tableau extraordinaire ; le sol est couvert de bombes volcaniques, le lac occupe le site d'un ancien cratère ; il y a fort longtemps (255 millions d'années) les dinosaures peuplaient la vallée. Pour vous en persuader, à Lieude, entre Octon et Salasc, juste après Mérifons, une dalle inclinée porte les empreintes de reptiles fossilisés. Pour tout savoir sur la paléontologie, joindre Henri Cartayrade : Espace au Sud, Mas de Carles, ☎ 04-67-96-35-80.

|●| *Relais de La Croix de Cartels :* ☎ 04-67-44-00-72. Fermé les samedi et dimanche. De la A75, sortie 55 puis direction lac de Salagou. Un routier comme on n'en fait plus, avec menu unique vin compris pour 62 F. Très bien.

★ *Celles (34800) :* ce village ressemble au village d'Astérix. Il a été entièrement clôturé par le conseil général pour éviter le vandalisme. Car il est presque inhabité depuis plus de 20 ans. Ses habitants avaient été expropriés lors de la mise en eau du barrage qui a donné naissance au lac de Salagou. Mais, malgré les calculs savants, les flots n'ont jamais recouvert la moindre maison ! Une balade paisible à la rencontre du temps... arrêté. Vue imprenable sur le lac. Il y a un gardien qu'on appelle Bichette. Il raconte de bon cœur l'histoire du village.

À faire aux environs

– *Randonnées à cheval avec Tramontagne :* Les Vailhès. ☎ 04-67-44-22-78. Minimum 8 jours. Initiation sur place. Au hasard vous passerez devant des orgues dolomitiques, des capitelles. Possibilité de dîner et de dormir sur place. Goûter à la spécialité, le canard aux pêches.
– *Randonnées à cheval :* chez Éric Mauger, Salasc. ☎ 04-67-88-08-96. Ouvert pendant les vacances scolaires et de Pâques à septembre ; le reste de l'année, sur rendez-vous. Parfait pour débutants et personnes handicapées. 50 F l'heure et 130 F les trois heures (pour non-débutants seulement).
– *Randonnées pédestres* au départ de Clermont-l'Hérault. Renseignements auprès de l'office du tourisme.
– *Sports nautiques :* base de plein air du Salagou. ☎ 04-67-96-05-71. Canoë et planche à voile. Très couru l'été.

SAINT-GUIRAUD (34150)

Un tout petit village de l'autre côté de la A75.

Où dormir ? Où manger ?

▲ *Ostalaria Cardabela :* 10, place de la Fontaine, 34150 Saint-Saturnin-de-Lucian. À moins de 2 km sur la D130E. ☎ 04-67-88-62-62. Fax : 04-67-88-62-82. Fermé de début novembre à début mars. Tout beau, tout neuf, ce charmant petit hôtel est le nouveau bijou de David Pugh, patron du tout aussi charmant *Mimosa* à Saint-Guiraud. Vous retrouverez ici l'accueil chaleureux et l'ambiance très *cosy* du resto, avec de plus un sens du détail (grands lits, cotons égyptiens...) et un confort digne d'un relais-château. D'adorables chambres doubles avec salle de bains entre 350 et 480 F ; petit déjeuner avec jus d'orange, yaourt, croissants, petits pains et fruit en sus (50 F). Un peu cher, mais ce havre de paix en vaut vraiment la peine. Pour ceux, trop pompettes, qui s'attarderaient au resto, on vous propose de vous reconduire à l'hôtel.

|●| *Le Mimosa :* ☎ 04-67-96-67-96. Fax : 04-67-95-61-15. Fermé le dimanche soir (sauf en juillet et août) et le lundi, ainsi que de novembre à février. Le restaurant le plus original de la région. Dans une vieille maison pleine de charme avec vue plongeante sur la garrigue. Il est indispensable de réserver car David Pugh fait son marché le matin avant que sa femme Bridget ne cuisine. Des artistes : musique classique en fond sonore, nids d'hirondelles dans les poutres... Faites-leur plaisir, n'y allez pas en baskets et en short. C'est une petite contrainte, mais quel plaisir ! Pour 290 F, un menu parfait. Impossible de citer les plats, ça change tous les jours ! Vous ne regretterez pas d'avoir quitté vos gros godillots. Menu à 190 F le midi uniquement, sauf les dimanche et jours fériés.

Quitter Saint-Guiraud

– Pour quitter la région, plusieurs possibilités : monter vers le nord, le Larzac et les gorges du Tarn, descendre vers Béziers et sa plaine à vin, ou prendre la N109 vers Montpellier, le littoral et les garrigues. Nombreux cars au départ de Clermont pour ces trois directions.

Aux environs

★ *Gignac (34150) :* une grosse bourgade très animée avec son esplanade ombragée de platanes et ses cafés. Devenue étape historique depuis que le président de la République François Mitterrand s'est arrêté chez son ami Capion et a redemandé des croquettes.
Pèlerinage aussi depuis que la Vierge aurait miraculeusement guéri un petit garçon aveugle, un 8 septembre du XIV⁰ siècle. Un détour par le promontoire pour suivre le chemin de croix constitué de 14 chapelles dominant la plaine.

🏠 On peut dormir au *camping du Domaine de l'Hermitage :* ☎ 04-67-57-54-80. Dans un parc ombragé en pleine campagne.

|●| *Le Brasier :* 9, bd de l'Esplanade. ☎ 04-67-57-57-12. Fermé en janvier. Une adresse simple dans une grosse bourgade très animée. Cuisine très agréable résolument tournée vers le terroir. Décor soigné. Jolie terrasse d'été ombragée de paillotes. Salle voûtée avec, au fond, une cheminée où cuisent magret, viandes... Atmosphère chaleureuse et fleurie, entretenue par une patronne dynamique. Tête de veau ravigote, cassolette d'écrevisses à l'armoricaine ou navarin de porc au curry et bonnes grillades. Menus de 85 à 250 F.

★ *Les ruines du château d'Aumelas :* à 7 km au sud à l'écart de la D114. Dans un site sauvage, il domine la plaine ; la vue s'étend jusqu'à la mer.

DES CÉVENNES AUX GARRIGUES

Dominées par le pic Saint-Loup et coupées de gorges pittoresques, les garrigues conduisent, par des routes sinueuses et des drailles oubliées, aux contreforts des Cévennes et au Larzac.

Campagne sauvage traversée par deux G.R. et des sentiers de petite et moyenne randonnées balisés en bleu, noir, orange, jaune. On ne sait plus quelle piste suivre, selon les envies de panoramas, de gouffres, de fraîcheur ou de monuments mystérieux. On suggère de s'installer dans des gîtes ou des *Campotels* et de prendre ses repas à la ferme. Pour vous aider, on va même vous donner quelques tuyaux.

– Quitter Montpellier au nord-ouest par la route de Ganges, après *Saint-Gély-du-Fesq*, sur la D986. Au lieu-dit les Relais des Chaînes, laissez votre voiture, traversez en regardant des deux côtés et empruntez le sentier en face. En peu de temps vous découvrirez les ruines de l'abbaye de Calages et le pigeonnier. C'est votre premier contact avec la garrigue, respirez fort, effeuillez le thym, le romarin. Au printemps, les asphodèles sur leur longue tige, à l'automne les yeuses, les girolles que l'on repère à l'odeur, sans oublier les asperges sauvages fin février-début mars.

LODÈVE (34700)

Dans la vallée de la Lergue, dominée par le site grandiose de l'Escalette. Vieille ville aux habitations groupées autour de la cathédrale Saint-Fulcran où, jadis, Néron faisait frapper la monnaie nécessaire à l'entretien des légions.

Adresses utiles

🏢 *Office du tourisme :* 7, place de la République. ☎ 04-67-88-86-44. Fax : 04-67-44-01-84. Hors saison, ouvert du lundi au vendredi de 9 h à 12 h et de 14 h à 18 h, et le samedi de 9 h à 17 h; en été, du lundi au vendredi de 9 h à 12 h et de 14 h à 19 h, le samedi de 9 h à 17 h et le dimanche de 9 h 30 à 13 h 30. Vente de billets S.N.C.F.

✉ *Poste :* place Alsace-Lorraine. ☎ 04-67-88-43-60.

🚌 *Gare routière :* 7, place de la République. ☎ 04-67-88-86-44.

Où dormir ? Où manger ?

🏠 ♨ *Hôtel-restaurant de la Paix :* 11, bd Montalanque. ☎ 04-67-44-07-46. Fax : 04-67-44-30-47. Fermé les dimanche soir et lundi hors saison, ainsi que de janvier à mi-mars. Une maison tenue par la même famille depuis 1887! Remise à neuf récemment. Une piscine est même envisagée. Propre et confortable, avec vue sur la montagne et sur la Lergue. Doubles à 250 F avec bains et w.-c. Cuisine copieuse, sans innovation mais de bonne facture. Menus de 75 à 200 F. À la carte, vous pourrez déguster la spécialité de la maison : le saumon frais cuit sur peau au beurre de citron, flan de roquefort aux figues. Miam!

🏠 ♨ *La Croix Blanche :* 6, av. de Fumel. ☎ 04-67-44-10-84. Fax : 04-67-44-38-33. Établissement fermé du 1er décembre au 1er avril; resto fermé le vendredi midi. On est accueilli par une imposante collection de cuivres : casseroles, bassines, etc. L'endroit donne d'emblée une bonne impression. On imagine des générations de V.R.P. et d'hommes d'affaires faisant étape ici et appréciant la franche hospitalité caussenarde. Chambres simples et bon marché. Doubles à 140 F avec lavabo, 190 F avec douche et w.-c., 200 F avec bains et w.-c. Salle à manger où le temps semble s'être arrêté. Décor classique un tantinet bourgeois, un brin rustique. Cuisine simple et copieuse de 70 à 160 F.

|●| *Le Petit Sommelier* : 3, place de la République. ☎ 04-67-44-05-39. Fermé le lundi. Petite adresse sympa, sans prétention, au décor simple de bistrot. Cuisine agréable. Moules tièdes à la crème de banyuls, bourride de baudroie, cuisse de canard au muscadet, magret de canard aux pommes... Menus à 60, 75, 98 et 160 F. Terrasse agréable. Accueil convivial et chaleureux. Pas étonnant que le Tout-Lodève s'y retrouve.

Où dormir ? Où manger aux environs ?

▲ |●| *Chambres d'hôte de la Maison du Bout du Monde* : hameau de Gourgas, 34700 Saint-Étienne-de-Gourgas. À 10 km au nord-est de Lodève. ☎ 04-67-44-64-38. Ouvert toute l'année, mais sur réservation du 15 novembre au 1er février. Prendre la A75 direction Millau puis, à la 1re sortie, la D25 direction Saint-Étienne-de-Gourgas ; ensuite, à gauche juste avant Saint-Étienne, direction le hameau de Gourgas. Bien restaurée et joliment posée dans son parc arboré, avec bassins et piscine, cette ancienne maison de maître dispose de 5 chambres avec salle de bains. Déco reposante, mobilier de brocante, on se sent bien. En juillet et août, de 270 à 300 F pour deux avec douche, petit déjeuner compris. Réductions le reste de l'année à partir de 4 nuits (se renseigner). Par ailleurs, bon accueil d'Annie et table d'hôte à 110 F, saint-chinian compris, avec recettes et produits régionaux : gratin de courge, confit d'aubergines, moules à la sétoise, agneau du Larzac, chèvre du village. Une bonne adresse, au grand calme du site protégé du cirque du Bout du Monde, le bien-nommé. 10 % de réduction sur présentation du *Routard* (sauf jours fériés, juillet et août).

À voir

★ *La cathédrale Saint-Fulcran* : fortifiée, dominée par une tour carrée de 57 m. Un des fleurons du gothique méridional, dédié au célèbre évêque Fulcran (946-1006). La nef est ornée d'un lustre de cristal, cadeau de la reine Victoria à Napoléon III. Sans oublier les orgues des XVIIIe et XIXe siècles, les vitraux de Mauvernay (1856) et la chaire sculptée du XVIIIe.

★ *Le palais épiscopal* : transformé en mairie, escalier intérieur monumental avec rampe du XVIIIe siècle.

★ *Le musée Fleury* : square Georges-Turic. ☎ 04-67-88-86-10. Ouvert de 9 h à 12 h et de 14 h à 18 h. Fermé le lundi. À l'origine, un hôtel particulier des XVIe et XVIIe siècles. À voir surtout pour les salles consacrées à la préhistoire et à la paléontologie locale. Toujours couleur locale, les œuvres de Paul Dardé (1888-1963), artiste sculpteur et dessinateur lodévois. Sans oublier l'époque romaine, le Moyen Âge et les arts et traditions populaires.

★ *Les ruines du château de Montbrun* : du XIe siècle. Le château fut rasé sur ordre de Richelieu, mais les ruines existent toujours. Site de fouilles. Visite sur demande à l'office du tourisme.

L'HÉRAULT

★ Unique annexe de la **manufacture des Gobelins,** l'atelier national de tapis rappelle le riche passé textile de la ville. Visite sur rendez-vous uniquement, les mardi, mercredi et jeudi de 14 h à 17 h. ☎ 04-67-96-40-40.

Aux environs

★ Ne pas manquer la virée sur le Larzac jusqu'au **Caylar.**

|●| Vous déjeunerez à Paigairolles-de-l'Escalette, charmant petit village jeté dans le chaos et serré autour de son château.

🛏 |●| Séjournez au **Barry du Grand Chemin,** au Caylar, dominé par des ruines confondues avec les rochers. ☎ 04-67-44-50-19. Un peu à l'écart de la nationale se cache une vieille bâtisse pleine de charme. Chambres à 260 F très confortables. Pour les hôtes, dîner tous les soirs l'été et sur réservation hors saison. Pour 100 F, on vous sert des crudités, de la charcuterie, une grillade au feu de bois, fromage et dessert, vin et café compris. Et puis, tant que vous y êtes, *la Couvertoirade,* commanderie des Templiers, n'est pas loin, on ne vous en dit pas plus... L'apéritif et le café sont offerts sur présentation du guide.

|●| **Domaine de Madières-le-Haut :** à Saint-Félix-de-l'Héras (commune du Caylar). ☎ 04-67-44-50-41. Ouvert sur rendez-vous le dimanche, uniquement d'avril à novembre ; possibilité en semaine pour les groupes et sur réservation. Xavier et Marguerite Teisserenc vous accueillent sur leur domaine de 300 ha. Agneau à la broche ou gibier en saison, dans une magnifique salle voûtée. Premier menu à 115 F puis menus à 130, 145 et 155 F. Les proprios vous indiqueront les meilleures balades sur ce Larzac où ne poussent que les genévriers et les rochers ruiniformes.

★ Redescendre à Lodève par Lauroux. En chemin, on recommande une escapade vers la **ferme de Labeil,** sa grotte et son cirque sauvage. Vous pourrez également chercher les ruines du Roquet d'Escu.

|●| **Lou Roc del Mel :** dans le cirque. ☎ 04-67-44-09-55. Ouvert de Pâques à fin septembre. Fermé le mercredi. Menu pantagruélique à 115 F avec charcuterie, truite de la pisciculture, viande grillée, fromage et dessert. Pour 155 F, vous avez droit à des écrevisses en plus. Spécialité : les trouchettes lodévoises !

LUNAS (34650)

Par la route, à pied, sortir de Lodève vers Olmet, micro-route, et à droite le GR7. On abandonne les falaises pour trouver des châtaigniers. Château fort rasé en 1627 pendant la guerre des Cévennes. Ancienne chapelle Saint-Georges.

Où dormir ? Où manger aux environs ?

🛏 |●| **Domaine Val-de-Nize :** chez Mme Dameron. ☎ 04-67-23-81-48. Entrez dans Lunas, en vous écartant de la départementale, et empruntez la D35 direction Val-de-Nize ; après 4 km, vous trouverez une vieille maison perdue, rendez-vous de chasse du XVIIIe siècle, au fond d'une vallée entourée de bois. On se sent vraiment au bout du monde. Maison superbe, qui offre un confort bourgeois. Chambres bien entretenues et propres. Entre 220 et 250 F pour deux, petit déjeuner compris. Table d'hôte à 90 F dans une salle à manger réchauffée par une belle cheminée.

|●| *Ferme-auberge de l'Escandorgue :* Roqueredonde, sur la D902. ☎ 04-67-44-23-34. Uniquement sur réservation. Vous dégusterez des volailles fermières, des tourtes au roquefort et de délicieuses pâtisseries maison, pour 110 F, vin et café compris.

LE BOUSQUET-D'ORB (34260)

Faire une excursion vers *Avène,* loin des sentiers battus, au bord d'un lac. C'est complètement à la limite du département. On y accède par les gorges de l'Orb, très pittoresques. On peut revenir par le col de l'Homme-Mort et Joncels-sur-Lunas.
Admirer au passage le ***château de Cazilhac,*** de style Renaissance. Ne se visite pas.

SAINT-GERVAIS-SUR-MARE (34610)

À pied, sortir de Lunas par la route du Bousquet. 75 m après, prendre à droite le chemin de Bouïs sous la voie ferrée. Passer par Saint-Martin, grimper au col de Clares, puis col de Vignères et col de Layrac. Visiter ***Mècle,*** un joli village. Votre gourde est vide ? Ça tombe bien, il y a de l'eau.
Par la route, on monte par Saint-Étienne-d'Estrechoux et par Castanet-le-Bas à Saint-Gervais. Encore un petit village pittoresque avec ses ruelles (les *calades* en langue d'oc) entrecoupées de passages et d'arches. Au détour, une bonne fontaine. Petit *musée d'Art et Traditions populaires.* Saint-Gervais-sur-Mare est aux portes du Parc régional du Haut Languedoc.

Où dormir ? Où manger aux environs ?

🛏 |●| *Ferme-auberge des Falaises d'Orques :* Le Fau, par Saint-Gervais-sur-Mare. À 13 km du village. ☎ 04-67-23-60-93. Fermée en décembre, janvier et février. Uniquement sur réservation. Très belle maison de caractère, située au cœur d'une exploitation agricole. Chambres d'hôte à 120 F. Gîte pour groupe également (50 F). Repas à 80 F. Possibilité de demi-pension : 145 F pour les locataires du dortoir et 320 F pour 2 personnes en chambre. Un endroit idéal pour rayonner en étoile sur le massif. Le vin est offert sur présentation du guide.

ANIANE (34150)

À voir

★ Belle ***abbaye de l'ordre de Saint-Benoît,*** reconstruite au XVIIIe siècle sur les vestiges de la célèbre abbaye médiévale. Ouverte en juillet et août de 16 h à 19 h et les jours fériés du printemps. Renseignements : association Saint-Benoît d'Aniane, ☎ 04-67-57-70-44. La restauration de la charpente et du beffroi est achevée, ainsi que celle des vitraux qui respectent la tradition.

Ne manquez pas l'observatoire astronomique. Véritable géo-espace sous 7 coupoles permettant les observations les plus variées.

LES MONTAGNES DE L'HÉRAULT PAR LE CHEMIN DE SAINT-JACQUES

Quel routard n'a pas rêvé de traverser la France et les Pyrénées pour se retrouver en Finisterre ibérique, à Compostelle ? Le chemin d'Arles traverse l'Hérault. On ne vous oblige pas à porter des coquilles autour du cou. En revanche, un bâton peut être utile ! Une tenue classique de bon randonneur fera l'affaire. Gourde indispensable. De Saint-Guilhem à La Salvetat-sur-Agout, le chemin est balisé. Il est possible de faire ce petit pèlerinage en voiture en s'écartant un peu de l'itinéraire : beaucoup moins fatigant.

SAINT-GUILHEM-LE-DÉSERT (34150), LES GORGES DE LA BUÈGES ET DE L'HÉRAULT

On laisse un peu la nature sauvage pour visiter ce qui est sans doute la plus belle *abbaye* de l'Hérault. On la découvre dans un site d'une incroyable beauté. Portail en plein cintre surmonté d'un clocher ajouré, pas d'origine mais du XVe siècle tout de même. Contourner vers la gauche pour admirer le chevet flanqué de ses absidioles. Construite au XIe siècle, l'abbaye est dédiée à Guilhem, un vaillant compagnon de Charlemagne qui, deux siècles plus tôt, avait assiégé et pris Barcelone. Son sarcophage, placé dans l'église, fut victime des guerres de Religion. On peut toutefois voir ce qu'il en reste au Musée lapidaire. Le cloître, en partie démantelé (on peut admirer le reste à New York et à Montpellier), mérite une visite pour ses fenêtres géminées et son atmosphère.

Adresse utile

⬛ *Office du tourisme :* ☎ 04-67-57-44-33. Fax : 04-67-57-76-62. En basse saison, ouvert tous les jours sauf mardi, de 10 h à 12 h 30 et de 14 h à 16 h 30 ; au printemps, de 10 h à 12 h 30 et de 14 h à 18 h ; en juillet et août, tous les jours de 9 h 30 à 19 h 30.

Où dormir ?

⬛ *Gîte de la Tour :* situé au cœur du village, à 100 m de l'office du tourisme en remontant la rue piétonne principale, sur la droite au fond d'une ruelle en impasse (indiqué). ☎ 04-67-57-34-00. 19 lits en 4 dortoirs (2 chambres et 2 mezzanines), plus 1 chambre à 2 lits (très demandée) dans ce gîte tout beau tout nouveau et situé au cœur du village. Vieilles pierres et grosses poutres astiquées et cuisine, salle à manger et sanitaires nickel. 60 F la nuit (location de draps, 15 F). Demi-pension sur réservation (150 F). 10 % de réduction sur le prix de la chambre de décembre à mars.

Où dormir ? Où manger aux environs ?

🛏 |●| *Gîte d'étape du Mas Aubert :* Mme Segura, les Lavagnes. ☎ 04-67-73-10-25. Complètement paumé aux abords du GR74. Repas à 75 F. Nuit à 50 F en dortoir, à 120 F en chambre double, petit déjeuner en sus (25 F). Surtout, recommandez-vous du *G.D.R.* et commandez à l'avance le repas. Ping-pong... et pétanque !

🛏 *Le Grimpadou :* chez M. et Mme Coulet, Saint-Jean-de-Buèges. ☎ 04-67-73-11-34. Ouvert toute l'année sur réservation. 4 chambres d'hôte à 270 F, petit déjeuner compris. 840 F pour une semaine. Pas de table d'hôte, mais une auberge dans le village. Location de V.T.T. : ça tombe à pic car l'endroit est charmant bien qu'escarpé.

À voir. À faire

★ *Le village,* ses ruelles et les maisons romanes vous séduiront. Pour une vue d'ensemble, montez au château par la rue du Bout-du-Monde. Prenez le G.R. et quittez-le à la ligne des crêtes, puis suivez le sentier (assez dangereux) jusqu'au château.

★ *Le Bout-du-Monde ou cirque d'Infernet :* prendre la rue menant au château jusqu'à l'ermitage de Notre-Dame-du-Lieu-Plaisant. On peut continuer jusqu'aux Lavagnes à gauche, la route traverse un paysage lunaire ; une voie forestière permet de regagner Saint-Guilhem.

★ *La grotte de Clamouse :* à 3 km au sud de Saint-Guilhem. Du 10 juillet au 31 août, ouverte de 10 h à 19 h ; de mars à juillet et d'août à décembre, de 10 h à 17 h ; de décembre à février, de 12 h à 17 h. Un ensemble de galeries finement décorées.

★ *Les gorges de l'Hérault* peuvent se remonter à pied ou en voiture. Continuer jusqu'au causse de la Selle.

★ *La vallée de la Buèges :* à déguster à petites gorgées. Le maire, Jo Sicard, fait restaurer *Saint-Jean-de-Buèges,* son village, l'un des plus pittoresques de la Séranne.
Nombreux sentiers à travers la Séranne. Des sources de la Buèges, un sentier balisé rejoint Natges, puis, par la D130, Le Coulet où l'on retrouve le GR74 jusqu'aux Lavagnes. Possibilité d'acheter du fromage de chèvre. Retour à Saint-Jean par la D122. 5 h de marche environ. On ne saurait trop vous recommander d'emporter de bonnes chaussures.
– Une autre boucle passe par les rives, Saint-André, Vareilles, et continue sur Saint-Jean par un sentier le long du ruisseau.

★ *Le hameau abandonné de Montcalmès :* on y accède par la route de Puechabon puis la ferme de Lavène où, si vous avez faim, vous pourrez acheter du chèvre. Après le trou d'eau de la Lavogne, vous découvrirez les restes du village enfoui sous les broussailles, cheminées, escaliers, caves voûtées. Au-delà, beau point de vue sur Saint-Guilhem.

★ *La caverne Le Cellier :* à Saint-Guilhem-le-Désert. Un lieu étonnant, chargé d'histoire. Lampe de poche obligatoire.
Après la décharge de Saint-Guilhem-le-Désert, laisser son véhicule sur le terre-plein de Malafosse. Le chemin prend à main droite. Suivre alors la courbe de Malafosse par le sentier calladé. Au 1er carrefour à gauche, on atteint les ruines de la ferme de l'Arbousier, puis on poursuit sur 300 m, jusqu'au carrefour, à droite. À 10 m environ, une sente très discrète file à droite. La suivre. Descente brutale. L'entrée de la caverne est à 50 m. Cette cavité est d'importance : plus de 200 m ; hauteur maxi : 40 m. Cette grotte a

servi de place forte et, au Moyen Âge, de lieu d'isolement pour les malades atteints de peste et de lèpre.

Idée rando

– **Les garrigues de Saint-Guilhem-le-Désert :** 9 km. 3 h aller et retour sans les arrêts. Barrières de calcaire gris clair, garrigues des senteurs, c'est tout le Languedoc. Oui, mais ici les collines sont surmontées de châteaux et d'ermitages. La flore possède l'éclat et les odeurs du soleil.
Départ de Saint-Guilhem-le-Désert. Balisage blanc et rouge du GR74, puis bleu. Facile, mais bonnes dénivelées. N'oubliez pas d'emporter de l'eau.
Réf. : *Les plus belles balades autour de Montpellier,* éd. du Pélican. Topoguide GR7-71-74 : *La traversée du Haut Languedoc,* éd. FFRP. *Randonnées pédestres dans les garrigues montpelliéraines,* éd. Édisud. Cartes I.G.N. au 1/25 000 2643 E et 2642 E.
Du parking en haut du village (103 m), il faut suivre le chemin qui démarre près de la dernière maison pour monter au *cap de la Croux.* Les ruines du *château du Géant* sont toutes proches et méritent un léger détour. Le GR74 blanc et rouge se poursuit jusqu'à l'*ermitage de Notre-Dame-de-Grâce* (XIVe siècle). Surnommé « Lieu-Plaisant », le site est d'autant plus enchanteur qu'un robinet d'eau coule au pied d'un grand rocher. Les bruyères dominent la végétation méditerranéenne et les pins de Salzman y forment le plus important peuplement de France. On atteint le *cap de Ginestet* (537 m) qui offre un paysage sauvage sur la Séranne, la Selette et les garrigues de Puechabon. On contourne le cap pour emprunter la piste forestière qui descend par de nombreux lacets balisés de bleu au *col de la Pousterle.* L'itinéraire bifurque alors pour retrouver en limite forestière le balisage blanc et rouge du GR74. Le retour se fait tranquillement vers le village médiéval de Saint-Guilhem.

GANGES (34190)

Autrefois capitale de la soie, grâce aux mûriers dans la campagne environnante. Aujourd'hui, les terrasses « Faisses » servent à la culture de l'oignon. Grimper jusqu'à Saint-André-de-Majancoule, au-dessus de Pont-d'Hérault, un village paumé qui célèbre le culte de l'oignon doux. Vous voilà déjà dans le Gard et les Cévennes.

Adresse utile

🅸 *Office du tourisme :* place de l'Ormeau. ☎ 04-67-73-66-40. Fax : 04-67-73-63-24. Ouvert en été du lundi au samedi, de 9 h 15 à 12 h 15 et de 14 h 30 à 19 h 30.

Où dormir ? Où manger ?

🛏 🍴 *Relais du Pont Vieux :* av. du Vigan. ☎ 04-67-73-62-79. Fermé une semaine fin octobre. En sortant de la ville, direction Le Vigan. Un gîte communal tout nouveau, tout beau. La vieille bâtisse a été retapée de façon remarquable. C'est beau à l'extérieur, nickel à l'intérieur : bonne literie, chambres repeintes, grand salon très clair avec vaste cheminée. 180 F la chambre double avec douche et w.-c. Préférez les chambres 4, 8 et 9, avec vue sur l'Hérault. Menu à 65 F. Le patron sympa vous conseillera pour vos randos à pied, à cheval ou à V.T.T.

I●I *Le Bon Coin :* 32, cours de la République. ☎ 04-67-73-80-47. Fermé le mercredi (sauf juillet), 15 jours en novembre et 15 jours en février. Une petite adresse tout ce qu'il y a de plus simple, mais vraiment sympathique ! Belle terrasse sous les platanes, face au boulodrome. Menus de 57 à 125 F. Grillades au feu de bois.

I●I *Joslyn' Mélodie :* 6, place Fabre-d'Olivet. ☎ 04-67-73-66-02. Fermé le mercredi. Donne sur une placette ombragée, dans la vieille ville. Deux sœurs se mettent en quatre pour vous servir de la bonne cuisine traditionnelle, et surtout de la viande d'une qualité rare pour la région. Un vrai régal à moins de 100 F (menu à 82 F, plat du jour à 48 F).

Où manger aux environs ?

I●I *La Terrasse :* 30440 Saint-Martial. À 15 km de Ganges par la D20. ☎ 04-67-81-33-11. Fax : 04-67-81-33-87. Fermé le mercredi, et fin février - début mars. C'est une auberge perdue à flanc de montagne, où il fait bon vivre et manger. Dominique, son truculent propriétaire, ne se fera pas prier pour vous vanter la beauté de sa « Cévenne », comme celle de l'église romane du XIIᵉ siècle, fierté du village. Les quelques chambres sont correctes (260 F la double), mais on vient avant tout pour la cuisine qui transcende le terroir dès le menu à 84 F avec, le jour de notre passage : tourte forestière, pintade rôtie au cidre et pommes de reinette, plateau de fromages fermiers et tarte maison aux pêches. À 171 F, un plat de plus et d'étonnantes spécialités comme le millefeuille d'oignon doux de Saint-Martial et son sabayon à l'huile d'olive. Une trouvaille du *Routard !*

À voir. À faire aux environs

★ *Les gorges de la Vis et le cirque de Navacelles :* suivre la très pittoresque route qui longe les gorges. Laisser la voiture à Saint-Maurice-de-Navacelles et, par le GR7, descendre dans le cirque. Un ancien méandre de la Vis a créé ce site absolument unique, hyperconnu, hypertouristique, hyperbeau. Pas la peine de prendre des photos, il y en a partout ; contentez-vous d'admirer. On peut remonter par le tracé de l'ancien G.R. en bordure du plateau. Compter 7 h environ pour un peu plus de 16 km. Bonnes chaussures indispensables. Pour les paresseux : suivez la route, qui est aussi pleine de charme.

– *Randonnée* par le GR60, la route de Castanet et de nouveau le GR60 jusqu'à Pont-d'Hérault. En automne, c'est somptueux. Altitude moyenne : 600 à 700 m. Des châtaigniers, des bruyères, des arbousiers et peut-être des sangliers. Mais surtout, une vue, un air inoubliables.

★ *Cazilhac (34190) :* château privé mais prolongé par un canal et 5 norias qui permettaient l'irrigation des jardins potagers.

★ *Laroque (34190) :* petit village fortifié aux belles maisons romanes. Également une ancienne filature désaffectée, bel exemple architectural du XIXᵉ siècle.

L'HÉRAULT

SAINT-BAUZILLE-DE-PUTOIS (34190)

Étape obligée pour visiter la grotte des Demoiselles et arpenter les gorges de l'Hérault.

Adresse utile

■ *Office du tourisme du pays de la Grotte des Demoiselles :* à l'entrée de Saint-Bauzille en venant de Montpellier. ☎ 04-67-73-77-95. Ouvert du 15 juin au 15 septembre de 10 h à 13 h et de 15 h à 19 h.

Où dormir ? Où manger ?

▲ *Campotel des Gorges :* Mme Dol. ☎ 04-67-73-74-28. En bordure du fleuve. Ce *Campotel* est un peu lugubre, dans cette gorge et en bordure de la D986. Mais il propose des chambres impeccables pour 2, 3, 4 et 5 personnes pour 190 F hors saison et 215 F en été !

▲ |●| *Le Mas de Coulet :* chez Isabelle et Olivier Bataille, 34190 Brissac. ☎ 04-67-73-74-18. Ouvert toute l'année pour l'hébergement ; pour la restauration, ouvert le samedi soir, le dimanche midi et les jours fériés, sauf en janvier et février ; tous les jours sauf le lundi en juillet et août. À 4 km de Saint-Bauzille, sur la route de Montpellier. Gîte d'étape à la nuit ou à la semaine (65 F par personne, demi-tarif pour les enfants). Chambres ou dortoir. Cuisine aménagée mais ce serait dommage de ne pas goûter aux recettes du terroir de la (charmante) patronne. Spécialité : le poulet de la ferme à la cornouille. Menus de 65 à 95 F.

▲ *Ferme-auberge du Mas Domergue :* Montoulieu. ☎ 04-67-73-70-88. Ouverte tous les soirs en juillet et août, et le dimanche midi de Pâques à la Toussaint. Menus de 93 à 105 F. Au menu, à déguster près de la cheminée ou sur la terrasse, agneau, cabri, charcuteries, fromage de chèvre, etc. Possibilité de visiter l'exploitation. Vente de produits frais, de miel et de confitures, et un pélardon du tonnerre.

|●| *Le Verseau :* av. du Chemin-Neuf (c'est la route de Montpellier). ☎ 04-67-73-74-60. Fermé les mardi et mercredi soir hors saison, ainsi qu'en février. Resto sympa, terrasse sous les cerisiers. Menus de 60 F (quart de vin compris) à 175 F avec foie gras, gambas, baudroie en bourride, cabri à la corse, terrine de lapin au basilic, pavé de bœuf aux pélardons des Cévennes... Le patron est un supporter de l'équipe de foot de Montpellier. Parlez-lui des exploits européens de 1990, ça lui fera plaisir.

À voir. À faire

★ *La grotte des Demoiselles :* ☎ 04-67-73-70-02. Ouverte de 9 h à 12 h et de 14 h à 18 h 30 d'avril à octobre, de 9 h 30 à 11 h 30 et de 14 h à 16 h 30 en hiver. Pensez à téléphoner avant de venir car le funiculaire descend à horaire fixe. C'est trop bête de poireauter une demi-heure. Enfin, n'oubliez pas qu'il fait 15 °C à l'intérieur : petite laine de rigueur. La messe de minuit dans la salle de la cathédrale est très courue. Même si l'on n'est pas très sensible aux beautés souterraines, il faut avoir vu les draperies géantes formées par les stalagmites et les stalactites. Y aller, ne serait-ce que pour la promenade et la vue sur les gorges. On peut continuer à pied jusqu'à Larogue par le GR60.

– *Descendre l'Hérault en canoë jusqu'à Brissac :* le Moulin, Saint-Bau-zille-de-Putois. ☎ 04-67-73-30-73. Le meilleur club de canoë-kayak du département.

Aux environs

★ *Brissac (34190) :* sur un éperon en bordure de la Sézanne, aux portes de la vallée de la Buèges. Ne pas manquer la tour du château et l'abîme de Rabanel.

SAINT-MARTIN-DE-LONDRES (34380)

Vieille église récemment restaurée. Carrefour de randonnées variées.

Où dormir ? Où manger ?

🛏 l●l *Bergerie du Bayle :* Frouzet. ☎ et fax : 04-67-55-72-16. Fermée du 15 décembre à mi-janvier. Accès un peu difficile car la route est cail-louteuse mais, au moins, vous serez tranquille dans ce petit paradis perdu. 8 chambres dans une berge-rie (60 F la nuit). Cuisine équipée. Salle à manger bien arrangée : vieille cheminée en pierre, grand ca-napé pour les longues soirées de-vant le feu. Table d'hôte avec un menu à 75 F (uniquement pour les résidents). Demi-pension à 160 F. 12 emplacements pour camper. Une bonne adresse. Préférable de réser-ver.

l●l *Restaurant La Pastourelle :* 350, chemin de la Prairie. ☎ 04-67-55-72-78. Fermé le mardi soir et le mercredi hors saison, le mercredi uniquement en saison, ainsi que les 15 derniers jours de septembre et pendant les vacances scolaires de février. Décor simple et rustique dans une maison un peu à l'écart du village. Accueil charmant de Pascal et Magali Caizhergues. Cuisine vrai-ment agréable et raffinée. Fricassée de homard, loup aux truffes à la to-mate fraîche et au basilic, duo de loup et daurade aux truffes, à la to-mate fraîche et au basilic. Menus à 110 F (sauf dimanche), 160, 220 et 270 F.

Où dormir aux environs ?

🛏 *Chambres d'hôte Domaine du Pous :* chez Élisabeth Noualhac, à Notre-Dame-de-Londres. À 3 km de Saint-Martin-de-Londres direction Ganges, tourner à droite direction Ferrières-les-Verreries, puis suivre le fléchage. ☎ 04-67-55-01-36. Au milieu des garrigues et des vignes, 6 chambres confortables dans un vaste domaine. Sanitaires privés.

280 F pour deux avec douche et 300 F avec bains, petit déjeuner compris. Dans le salon, 4 admi-rables statues, *les Quatre Saisons,* semblent porter le plafond. Dans les bergeries, deux gîtes d'étape (6 et 10 personnes). Enfin, boxes pour votre cheval. Ici, on apprécie le calme, ponctué par le chant des ci-gales. Accueil charmant d'Élisabeth.

Randonnées pédestres, équestres... et en voiture

– Randonnée à *Cazevieille* par le GR60, au sud.
– Randonnée au *ravin des Arcs*, par le GR60, au nord. Une petite rivière, le

L'HÉRAULT

Lamalou, a creusé le calcaire pour votre plaisir. Tennis et nu-pieds à proscrire.

– En voiture avec des haltes, gagner le *causse de la Selle.*

🛏 🍴 Déjeuner à la *ferme des Moreaux,* route de Saint-Guilhem. ☎ 04-67-73-12-11. Fax : 04-67-73-12-01. Cuisine médiévale avec, notamment, une spécialité de porc au miel des garrigues. Repas à 130 F le midi et 230 F lors des soirées musicales (réservez impérativement, c'est toujours complet). Les patios et les salles pourraient contenir 120 personnes, mais la limite est fixée à 25. Alors réservez, et si vous voulez avoir le privilège de dormir, construisez votre voyage autour de la première date libre, car il n'y a que 2 chambres. Demi-pension à 500 F par personne (louée uniquement lors des soirées musicales).

– Continuer vers le nord, sur *Saint-Étienne-d'Issensac.* Remarquer la petite église romane. Puis retrouver la grand-route.
– *Le site de Gorniès :* dans le bois de la Baume, en partant du petit village de Ferrières-lès-Verrières. Nous recommandons de ne pas sortir des sentiers aux alentours de la source. Cette zone est écologiquement très fragile ; d'ailleurs le chemin n'est pas balisé, il faut demander sa route. Ce n'est pas long et vous serez ébloui.
– Pour les amateurs d'équitation : *Centre équestre Anne et Thierry Maller,* route de Ganges, avant le parking du ravin des Arcs. ☎ 04-67-55-02-03.
– *Rafting :* Alain Nicollet, 34380 Viols-le-Fort. ☎ 04-67-55-75-75. En fait, rafting au printemps et à l'automne ; canoë-kayak toute l'année. Plusieurs bases de départ. Location à l'heure, à la journée ou grande descente en deux jours avec bivouac. Très bon spot : 12 km en pleine nature, aucune route, aucune maison, rien !

SAINT-MATHIEU-DE-TRÉVIERS (34270)

Au pied du pic Saint-Loup, sur la D17 Montpellier-Alès-Mende. C'est là que les choses sérieuses commencent. Il existe au moins cinq ou six itinéraires pour arpenter la légendaire montagne.

Où dormir ? Où manger ?

🛏 🍴 *L'Auberge du Cèdre :* domaine de Cazeneuve, 34270 Lauret (8 km au nord de Saint-Mathieu-de-Tréviers). ☎ 04-67-59-02-02. Fax : 04-67-59-03-44. Restaurant ouvert du vendredi soir au dimanche soir et les jours fériés le midi (sur réservation le samedi et le dimanche). Congés annuels de janvier à mars. Très bel endroit que cet ancien domaine viticole transformé en hôtel-restaurant-gîtes-camping (avec la piscine !). À table, une assiette du *caminaïre* (marcheur) pleine de saucisson d'Arles, de terrine au genièvre, de *coppa* et de chorizo, ou encore un croustillant de saumon aux figues et au miel succulent (compter 150 F tout compris). Nombreux et bons vins du Sud, au verre si on veut. Des chambres pour 2, 3 ou 4 personnes, au confort simple mais correct (sanitaires à l'étage, bonne literie, tons reposants) à 95 F par personne, 125 F durant les vacances scolaires. Gîtes de 90 à 125 F par personne selon la saison et aire naturelle de camping à 35 F par adulte (45 F en saison). Une bien bonne adresse donc, que Constanze, une de nos lectrices allemandes, nous a recommandée (avec l'accent et les fautes, adorable) : « Je sais que vous puplie des belles places a France pour faire des vacances (...) C'est l'Auberge du Cèdre. Cette une si jolie place et pas du tout cher. Les maîtres de maison sont très polie. Les diners sont gourmands... Vraiment une petite paradis dans cette région... ». Si Constance nous le dit, on « puplie » ! 10 % de réduction sur présentation du guide hors saison.

Randonnées pédestres

– À la sortie ouest de Saint-Mathieu, suivre tout simplement le GR60 balisé en rouge et blanc. Prévoir une gourde. L'ascension, sans réelle difficulté, conduit à l'*ermitage* et à la croix. Du haut des 658 m, panorama inoubliable sur la plaine, les garrigues et, derrière, les Cévennes. Redescendre par la petite route entre les vignes pour regagner Saint-Mathieu.
– *Le tour du pic Saint-Loup* se fait au départ de Cazevieille : laisser son véhicule près de l'église et suivre en partie le G.R. et un fléchage jaune. Nous avons aimé la pancarte au début du sentier : « Cigales, pétanque, natural sites and typical regional lodging ». Commencer par la gauche jusqu'à une tour puis un petit col avec vue sur le nord. On découvre les parois qui ont tenté pas mal d'escaladeurs. Suivre ensuite les balises jaunes puis un sentier vers le pas de Pousterle d'où l'on redécouvre le sud. Poursuivre l'ascension par le G.R. et redescendre vers Cazevieille. Vous êtes bien sûr de ne pas avoir oublié votre gourde ? Remarque subtile car vous ne trouverez pas de buvette au sommet !
– *Le château de Montferrand :* fiché sur un éperon. Laisser sa voiture au nord de Saint-Mathieu, à un carrefour sur la D1. La randonnée ne présente aucune difficulté, mais prudence, les ruines sont en ruine (c'est le cas de le dire) : éboulis possibles !
– *Le pic de l'Hortus :* face au Saint-Loup, moins fréquenté. Nombreux sentiers bordant les falaises escarpées.
Tout autour de l'Hortus renaissent depuis 1989 les verreries d'art dans le plus pure tradition des ateliers de cette région. Vous pourrez par exemple visiter les verreries de *Couloubrines* (☎ 04-67-59-05-67) et de *Claret,* où officient de jeunes passionnés de cet art pluricentenaire.
– *Le château de Viviourés :* entre Saint-Mathieu-de-Tréviers et Saint-Martin-de-Londres, pour la balade superbe et pour la très romantique légende : la belle Clémence, tiraillée entre deux frères, Anselme et Elzéar, épouse le premier qui se fait tuer par le second en pays infidèle pendant les croisades. En vain, Elzéar fait la cour à la belle qui, telle Pénélope, attend toujours son mari. Bien lui en prend. Anselme réapparaît un beau jour et lui fait trois beaux garçons : Guiral, Loup et Clair. Des noms de montagne... comme c'est curieux !

CAMBOUS

Sur la commune de *Viols-en-Laval (34380),* à l'ouest de la D986. Laisser la voiture devant le château transformé en hôtel luxueux pour remise en forme, et s'enfoncer parmi les chaînes. Les premiers habitants de l'Hérault vivaient là. Une habitation a été reconstituée. On peut se promener tout autour mais on ne peut plus, hélas, la visiter. En suivant les balises bleues plus ou moins effacées, on retombe sur une mare. La boucle est bouclée.

LES MATELLES (34270)

Superbe petit village avec des ruelles pavées qui sentent bon la vieille pierre et le vieux bois. À l'est de la D986, sur la D112. Remarquer la petite place entourée de platanes où a lieu le marché : c'est la vraie campagne, qui a échappé au déferlement des touristes.

Où manger?

🍴 *Le Pet du Diable :* rampe de la Palissade. ☎ 04-67-84-25-25. Fermé le lundi et en février. Tables en terrasse pour ambiance rustique : bancs et tables en bois au bord de la garrigue. Grillades dans une ancienne forge du XVe siècle, ambiance d'enfer. Menu à 90 F. Sinon, *Le Pet du Diable* propose deux autres menus à 115 et 130 F.

À voir

★ *Le musée de la Préhistoire :* dans une vieille bâtisse retapée. Ouvert les vendredi et dimanche de 15 h à 17 h. Entrée payante ; gratuite pour les moins de 12 ans.

LE GARD

Si l'on voulait résumer la variété de ses paysages, on dirait : un peu de Méditerranée, un beau morceau de Camargue, beaucoup de garrigue, et un majestueux arrière-plan de montagnes, les Cévennes, qui culminent au mont Aigoual. Ajoutez à cela une ribambelle de petites villes au caractère très marqué (Uzès, Sommières), et de très beaux villages (Castillon-du-Gard, Lussan, Sauve, Montclus...) offerts à la lumière bleu argenté du Languedoc. Trop longtemps réduit à l'image du pont du Gard, l'un des monuments les plus visités de France, le Gard cache bien des trésors inconnus, des gorges secrètes où les rivières émeraude coulent entre des grosses pierres chauffées par le soleil.

Carrefour des influences romaines et protestantes, Nîmes, la « grande ville » du Gard, marque le centre de gravité de ce pays que traverse depuis plus de 2 000 ans la route de l'Europe du Sud, aujourd'hui baptisée autoroute la Languedocienne. Le Gard, c'est le contraire d'un lieu fermé : depuis toujours on y passe, on y circule, on s'y réfugie (les huguenots), on s'y embarque pour les pays d'Orient (Aigues-Mortes), et on y vient aujourd'hui chercher un je-ne-sais-quoi de plus authentique : le charme d'une nature modelée sans cesse par l'homme, rude et harmonieuse à la fois.

Adresses utiles

■ **Comité départemental du tourisme du Gard :** 3, place des Arènes, B.P. 122, 30010 Nîmes. ☎ 04-66-36-96-30. Fax : 04-66-36-13-14. Minitel : 36-15, code GARD.

■ **Relais départemental des Gîtes de France :** 3, place des Arènes, B.P. 59, 30010 Nîmes. ☎ 04-66-27-94-94. Fax : 04-66-27-94-95.

NÎMES (30000)

Drôle de ville que Nîmes. À la fois vieillotte et branchée, traditionnelle et d'avant-garde. Après des décennies de tranquille somnolence, la « Rome française », habitée en grande partie par des protestants descendus des Cévennes, retrouve chaque année un peu plus de son éclat et de sa splendeur passés. Bien sûr, solides comme les montagnes, les arènes sont toujours là mais, progrès oblige, chaque hiver, elles se couvrent d'une bulle de vélum et, sous ce toit artificiel, accueillent taureaux, concerts et tournoi de tennis. Bien sûr, la Maison carrée est toujours campée sur ses fondations deux fois millénaires mais elle a désormais pour voisin le très moderne Carré d'Art.

Nîmes n'oublie donc ni ses origines ni son histoire, même si elle a relégué les colonnes de son ancien théâtre à Caissargues, sur une aire d'autoroute supposée emblématique. La ville natale d'Alphonse Daudet où flânait Apollinaire est bien restée une cité du Sud, avec ses ruelles fraîches, ses terrasses de cafés, ses places ombragées, ses hôtels particuliers. Cependant, elle a su bousculer son visage antique en faisant appel à des architectes d'avant-garde (Wilmotte, Nouvel, Foster, Starck...) : une façon de faire des clins d'œil à l'histoire bouillonnante de la cité ! Et de se secouer aussi. En effet, malgré le boom culturel entrepris, la ville apparaît trop souvent, le soir,

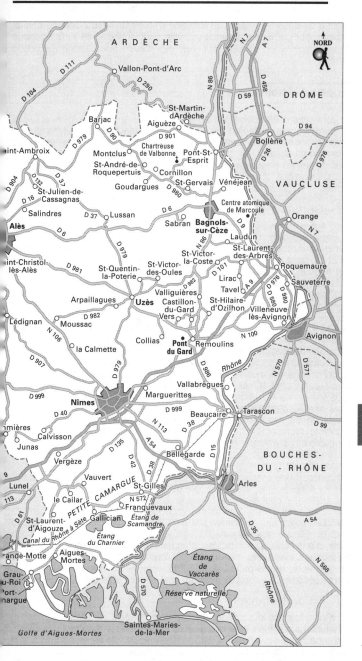

LE GARD

comme un désert. La faute à l'absence d'étudiants ? Qu'à cela ne tienne, Nîmes est officiellement devenue une ville estudiantine après avoir aménagé en université le fort Vauban, qui n'est rien d'autre que... l'ancienne prison nîmoise !

Un peu d'histoire

Au commencement étaient les Celtes qui vénéraient la terre, l'eau et le ciel (aujourd'hui on s'aperçoit qu'ils avaient raison, tant ces trois éléments sont devenus primordiaux en cette fin de XXe siècle pour la survie de l'espèce et la beauté du monde).
Près du terrain d'aviation, non loin de la RN86, le menhir de Courbessac (4 000 ans d'âge, 2 m de haut) est sans doute le plus vieux monument de Nîmes.

La ville romaine : « Colonia Augusta Nemausus »

Avec Autun et Vienne, Nîmes fait partie des métropoles les plus brillantes de la Gaule romaine. Capitale de la population gauloise des Volques Arécomiques (Arétragiques, ça faisait plutôt moche...) comprise dans le territoire de la province de la Narbonnaise, elle est considérée comme colonie dès l'an 40 avant J.-C. Carrefour et lieu d'échanges, la ville est bien située sur la « via Domitia » (voie Domitienne), ancienne route d'Hercule, qui relie Rome à l'Espagne où l'empire va chercher ses précieux minerais. Sur cette via Domitia, des bornes milliaires balisent la route tous les 1 480 m. Nîmes est alors le passage obligé des marchands et des conquérants qui franchissent le Rhône. C'est aussi le terminus ensoleillé des paysans et des bergers arvernes qui descendent du Massif central via les Cévennes en suivant la route des laitages : fromages et produits laitiers venaient déjà de là-haut...
Les Romains pratiquaient le culte de Nemausus, dieu de la Source et génie de la Fontaine, qui a donné son nom à la ville. Nemausus est devenu Nemse puis Nismes d'où Nîmes actuel. Mais les Celtes l'invoquaient auparavant sous le nom de Nemeton... C'est la ville de cœur de l'empereur Auguste : « col nem », c'est-à-dire Colonia Augusta Nemausus. D'où sa richesse monumentale, sa prospérité antique, son rayonnement culturel. Son emblème représente un crocodile attaché à un palmier, souvenir de la conquête de l'Égypte par Rome. Ville coloniale chère à Rome, on l'aménage, on l'embellit, à l'image de la ville mère, l'Urbs, modèle universel des cités du monde romain.
On construit une enceinte de 7 km, on édifie la Maison carrée en l'honneur des fils adoptifs d'Auguste, le temple de Diane, un théâtre, un amphithéâtre (les arènes), et pour alimenter Nîmes en eau on va capter les sources d'Eure et d'Alran, près d'Uzès. Un immense aqueduc de 50 km de long traverse la garrigue, enjambant le Gardon par un superbe édifice toujours debout : le pont du Gard. Sous Auguste, la ville se dote également d'une basilique civile, d'une curie, d'un gymnase, d'un jeu de balle, d'un cirque, et bien sûr de thermes. Hélas, ces monuments ont tous disparu. Mais 2 000 ans après sa splendeur, Nîmes reste une édifiante leçon de civilisation romaine à qui sait la découvrir à travers le message des pierres et le génie des lieux.

La ville protestante

Au XVIe siècle, les idées de la Réforme se répandent dans les Cévennes et à Nîmes. La noblesse et la bourgeoisie se convertissent au protestantisme. Devenue une place forte de la religion réformée, la ville est entraînée dans la spirale de la violence : combats, massacres et guerres de Religion vont marquer la cité huguenote pendant le XVIIe siècle et durer jusqu'au milieu du XVIIIe. La cause de ce chambardement : la révocation de l'édit de Nantes en

1685 par Louis XIV, qui prive les protestants de la liberté de culte. Mais le Grand Siècle à Nîmes, c'est aussi ces nombreux et majestueux hôtels particuliers : Mazel, de Bernis, de Régis, de Balincourt, décorés par de puissantes familles enrichies dans les manufactures, la banque, les affaires. Et le Siècle des Lumières y sera synonyme d'industrie de la soie et de textiles, les deux piliers de la nouvelle richesse.

La toile de jean est-elle née à Nîmes ?

Quand un Américain parle de la toile de son blue-jean (que ce soit un Lee Cooper ou un Levi-Strauss), il dit « my jean made from denim ». Denim ? Au XVIIe siècle, les manufactures de Nîmes importaient du coton d'Égypte pour fabriquer la serge ; toile tissée en biais, connue pour sa solidité, sa couleur bleu chiné. Elle servait à faire des capes pour les bergers de la garrigue et des Cévennes, des jupes pour les paysannes, des vêtements pour les ouvriers. On exporta cette toile robuste et bon marché dans toute l'Europe ainsi qu'aux États-Unis, parmi les « articles de Nîmes ». En 1848, un confectionneur de génie, un certain Levi-Strauss, eut l'idée de fabriquer des vêtements adaptés à la vie rude des pionniers et des chercheurs d'or, à partir de cette toile de Nîmes. Denim ! La légende du « jean made from denim » était née...

La feria ou Nîmes en fête

Pour découvrir Nîmes au pas tranquille du rêveur solitaire, mieux vaut éviter les jours de feria, la grande fête qui accompagne toujours les corridas. C'est la folie. La foule des *aficionados* – certains venus de très loin – envahit le moindre coin des arènes. Les bistrots et les terrasses des cafés sont noirs de monde. Nîmes exulte, les Nîmois jubilent.
Comme en Espagne, à Madrid ou à Séville, les particuliers ouvrent chez eux des *bodegas,* sorte de cafés improvisés pour la circonstance. On y boit le *fino* et la sangria, c'est obligatoire.
Pendant plusieurs jours se succèdent musiques de rue, essentiellement latines (fanfares, bandas, samba...), concerts sur les places, groupes folkloriques, villages sévillans, et, du cheval aux jardins de la Fontaine, marché de produits régionaux et nombreux lâchers de taureaux dans les rues *(abrivados).* Bref, pour tous les goûts et, à part les corridas, tout est gratuit.
Un bon truc à savoir ; si vous ne tenez pas spécialement à assister à une corrida (dont les places sont rares et chères) mais que vous rêvez, secrètement, de voir à quoi ça ressemble, patientez au *Café de la Petite Bourse*. Au cinquième taureau, les grilles des arènes s'ouvrent et tous les fauchés et amoureux de l'art pour l'art s'engouffrent dans les « vomitoires » (les sorties).
Il y a trois grands moments tauromachiques par an à Nîmes, dont les arènes sont le centre de gravité :
– *La feria de Pentecôte :* elle dure 5 jours (du jeudi soir au lundi). C'est la fête la plus populaire d'Europe, avant la fête de la Bière de Munich... Les *novilladas* (corridas pour toreros débutants) ou corridas à cheval ont lieu le matin, à 11 h. La corrida en elle-même commence vers 17 h. Le jeudi soir, pour l'ouverture, grand défilé populaire sur les boulevards *(Pégoulade).*
– *La feria des Vendanges :* le 3e week-end de septembre. À cette occasion aussi, de nombreuses *bodegas* sont ouvertes dans les rues. Plus authentique et spontané qu'à la Pentecôte.
– *La feria d'Hiver :* créée récemment, elle est organisée en février. On ferme alors le toit en vélum des arènes. Pas d'animation particulière, à part les *novilladas* aux arènes.

Adresse et conseil utiles

■ *Bureau de location des arènes :* 1, rue Alexandre-Ducros. ☎ 04-66-67-28-02.
– En période de feria, réservez impérativement longtemps à l'avance votre chambre d'hôtel.

Adresses utiles

🖸 *Office du tourisme* (plan B2) : 6, rue Auguste. ☎ 04-66-67-29-11. Audiphone : 04-66-36-27-27. Fax : 04-66-21-81-04. Minitel : 36-15, code NIMES. L'office est situé à 150 m de la Maison carrée. Ouvert du lundi au vendredi de 8 h à 19 h, le samedi de 9 h à 19 h, le dimanche de 10 h à 18 h (en juillet et août, du lundi au vendredi de 8 h à 20 h, le samedi de 9 h à 19 h et le dimanche de 10 h à 18 h) ; le reste de l'année, du lundi au samedi de 9 h à 19 h et le dimanche de 10 h à 18 h. Accueil sympa et efficace. Plan de Nîmes, liste des hôtels, restos, campings. Documentation en 7 langues (gratuite). Service de change et de réservation d'hôtels à Nîmes et dans le Gard. Et aussi : visites à thèmes du vieux Nîmes par des guides-conférencières bi et trilingues tous les samedis, plus les mardis et jeudis en été. Également Minitel : 36-15, code CAMARGUE.
🖸 *Annexe de l'office du tourisme à la gare S.N.C.F.* (plan C4) : ☎ 04-66-84-18-13. Ouverte du lundi au vendredi de 9 h 30 à 12 h 30 et de 14 h à 18 h ; également les week-ends de la feria de la Pentecôte à fin septembre. Assure les réservations d'hôtels.
✉ *Postes :* bd Gambetta (plan C1). ☎ 04-66-36-32-60. 1, bd de Bruxelles (plan C2). ☎ 04-66-76-69-50.
✈ *Aéroport de Nîmes-Arles-Camargue* (hors plan par C4) : à 8 km au sud, route de Saint-Gilles. ☎ 04-66-70-49-49. Des navettes de bus assurent la liaison entre l'aéroport et Nîmes, avec arrêt au palais de justice.
■ *Air France :* ☎ 0-802-802-802.
🚄 *Gare S.N.C.F.* (plan D4) : bd Sergent-Triaire. À 10 mn des arènes à pied. Infos voyageurs et réservations : ☎ 08-36-35-35-35 (2,23 F/mn). Consignes à bagages ouvertes de 8 h à 20 h. Point argent carte bleue. La gare routière, à 2 mn, est accessible par la porte sud.
🚌 *Gare routière* (plan D4) : rue Sainte-Félicité. Derrière la gare S.N.C.F. ☎ 04-66-29-52-00. Point de départ de toutes les compagnies régionales et internationales. Renseignements et horaires sont donnés également par l'office du tourisme ou par téléphone.
■ *Médecins de garde :* ☎ 04-66-76-11-11.
■ *SAMU :* ☎ 15.
■ *Location de vélos et de scooters :* chez *Cruz,* 23, bd Talabot. Près de la gare S.N.C.F. ☎ 04-66-21-91-03. *Cycles Passieu,* 2, place Montcalm. ☎ 04-66-21-09-16.
■ *Parc Aquatropic :* situé dans la zone hôtelière, le long du boulevard périphérique, tout près d'un *McDonald's.* ☎ 04-66-38-31-00. Ouvert de 9 h à 22 h. Ligne de bus D pour y aller. Toboggans, piscine à vagues. Histoire d'oublier les après-midi torrides de Nîmes en été.

Où dormir ?

Bon marché

🛌 *Auberge de jeunesse* (hors plan par A2, 6) : chemin de la Ci-gale ; à 2 km du centre, sur l'une des collines qui entourent Nîmes. ☎ 04-66-23-25-04. Fax : 04-66-23-84-27.

Fléchée à partir du jardin de la Fontaine. Au départ de la gare S.N.C.F., prendre le bus n° 2, direction Alès-Villeverte. Accueil 24 h sur 24 en été et de 7 h 30 à 23 h en hiver. En été, préférable de réserver. Cadre agréable de verdure, avec parcours botanique, mais inconvénient : ça grimpe pour y aller, surtout si vous êtes à vélo ou à pied. Devrait être réaménagée en dortoirs de 4 lits courant 99. 47 F la nuit ; petit déjeuner à 19 F. Repas du soir autour de 52 F. Location de V.T.T. Minibus pour chercher les personnes à la gare après 20 h.

■ **Hôtel de la Maison Carrée** *(plan B2, 11)* : 14, rue de la Maison-Carrée. ☎ 04-66-67-32-89. Fax : 04-66-76-22-57. Central, à 50 m de la romaine Maison carrée, cet établissement de confort modeste dispose de chambres joliment arrangées (déco bien fraîche, frises d'olives et de ci-gales) et propres. Tout en haut, petite terrasse pour le petit déjeuner, vue sur la mer de tuiles (à ne pas confondre avec la mer d'huile) romaines... comme la Maison carrée. Bon accueil mais un hall d'entrée qui n'est pas très engageant. Doubles de 145 F avec lavabo à 240 F avec bains et w.-c.

■ **Cat Hotel** *(plan D2, 5)* : 22, bd Amiral-Courbet. ☎ 04-66-67-22-85. Fax : 04-66-21-57-51. Les patrons, des Ch'tis, n'ont pas craint de quitter la froidure et la pluie pour venir ici et se lancer dans l'hôtellerie. Nouveau « pays », nouveau métier, nouvelle vie, et une réussite car ce *Cat Hotel* est sympa comme tout, bien rénové et bon marché. Voyez vous même : déco propre et coquette, double-vitrage et télé satellite, ventilateur, ils ont bien fait les choses et n'arnaquent pas le touriste. Doubles de 159 F (w.-c. sur le palier) à 199 F

NÎMES

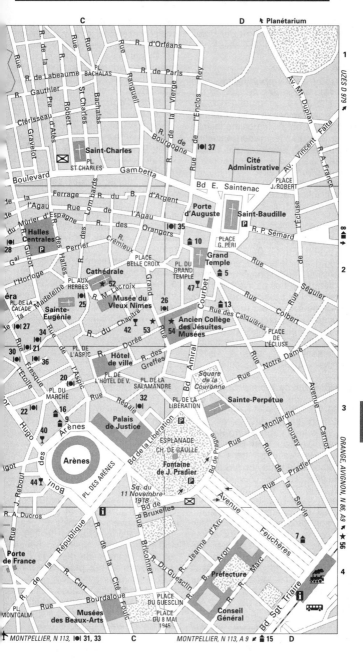

(douche ou bains, w.-c., télé). Garage à 30 F. Bon vent au *Cat Hotel*, et vive le Nord–Pas-de-Calais !

Prix modérés

▲ *Hôtel de l'Amphithéâtre (plan C3, 16) :* 4, rue des Arènes. ☎ 04-66-67-28-51. Fax : 04-66-67-07-79. Fermé en janvier. À 30 mètres des arènes, un hôtel bien calme installé dans une grande maison ancienne (XVIIIᵉ siècle). Déco un peu vieillissante mais propre, et literie confortable. Doubles avec douche ou bains et w.-c. de 170 à 250 F. Patron distant mais courtois. Bon petit déjeuner - buffet avec confiture maison.

▲ *Hôtel Terminus Audrans (plan D4, 7) :* 23, av. Feuchères. ☎ 04-66-29-20-14. Fax : 04-66-29-08-24. Juste en face de la gare, un petit hôtel situé au fond d'une cour joliment décorée de jeunes palmiers. Confort correct, et l'impression que le client est soigné et servi par un personnel à l'écoute. Les chambres du haut sont un peu plus petites mais moins chères. De 220 à 270 F la double (également 3 chambres à 169 F). Remise de 10 % sur présentation du *Routard*.

▲ *Hôtel Savoy (hors plan par D2, 8) :* 31, rue de Beaucaire. ☎ 04-66-67-60-17. Fax : 04-66-67-88-02. Au bout du boulevard de l'Amiral-Courbet, prendre la rue Pierre-Sémard derrière l'église Saint-Baudille ; la rue de Beaucaire est dans le prolongement. Ne vous fiez pas à la façade grise et sans charme de cet hôtel situé dans un quartier un peu excentré ; une fois l'entrée franchie, l'accueil est charmant. Les chambres sont propres, bien que la déco date un peu, et calmes, surtout pour celles donnant sur la terrasse intérieure. Doubles de 160 F (cabinet de toilette) à 270 F (douche ou bains et w.-c., TV). 10 % de réduction sur présentation du *Routard*.

▲ *Hôtel Lisita (plan C3, 9) :* 2 bis, bd des Arènes. ☎ 04-66-67-66-20. Fax : 04-66-76-22-30. On ne peut trouver mieux placé que le *Lisita :* juste en face des arènes, à un saut de puce du *Café de la Bourse*. Amoureux de l'Espagne et des taureaux, Michel Cailar, le patron, reçoit chaleureusement, et les toreros et *aficionados* descendent volontiers ici. Chambres et déco un peu fatiguées cependant. Doubles de 200 à 300 F. Petit déjeuner offert aux routards. Sympa !

▲ *Hôtel Central (plan D2, 10) :* 2, place du Château. ☎ 04-66-67-27-75. Fax : 04-66-21-77-79. Juste à côté du Grand Temple (protestant) et du grand magasin de confection *La Cité*. Joli petit hôtel 2 étoiles de quartier, doté d'un garage pour voitures et motos. Accueil souriant et aimable et, détail important pour l'été : les chambres sont équipées de ventilateurs. La n° 20, à 2 lits, offre une vue superbe sur les toits, les clochers et les dômes de la cité romaine. 225 ou 235 F pour deux (compter davantage en période de feria). Réduction de 10 % d'octobre à mai, sur présentation du *G.D.R.* Pendant les mois d'été, les patrons proposent des mini-studios équipés de réfrigérateur, micro-ondes, douche et w.-c. dans l'ancien *hôtel des Voyageurs*, 4, rue Roussy.

Un peu plus chic

▲ *Royal Hôtel (plan B2, 12) :* 3, bd Alphonse-Daudet. ☎ 04-66-58-28-27. Fax : 04-66-58-28-28. La plupart des chambres donnent sur la place d'Assas, calme et piétonne, admirablement aménagée par le plasticien Martial Raysse qui y a construit une fontaine ésotérique dédiée à Nemausus. Dans l'hôtel, pas mal de comédiens, artistes de passage, assistants de toreros, tous séduits par l'accueil et l'ambiance. Chambres à la déco et au confort variés, souvent agréables et charmantes, à prix corrects : de 220 à 450 F la double. Une bien bonne adresse. Remise de 10 % et petit déjeuner offert sur présentation du *G.D.R.* Si vous avez faim, juste à côté la *Bodeguita* propose des spécialités espagnoles, avec animations sévillanes ou jazz certains soirs.

▲ *Hôtel Plazza (plan D2, 13) :* 10, rue Roussy. ☎ 04-66-76-16-20. Fax : 04-66-67-65-99. Une rue paisible, à 2 mn des musées et du centre ancien. Bon accueil du propriétaire. 28 chambres climatisées avec douche ou bains, téléphone. Décoration bleue, rose ou beige selon les étages que l'on parcourt en admirant les affiches de corrida ou d'opéra. Au 4e étage, petites terrasses très sympathiques et vue sur les vieux toits de tuile. Compter 310 F pour une chambre double; 400 F pour celles avec terrasse. Garage privé clos. Ascenseur. Bon petit déjeuner. 10 % de remise sur présentation du guide.

🛏 *L'Orangerie (hors plan par A4, 17) :* 755, Tour l'Evêque (du centre, direction aéroport puis à gauche la N86 au rond-point Kurokawa). ☎ 04-66-84-50-57. Fax : 04-66-29-44-55. Un hôtel-restaurant moderne et charmant (ça existe), dans un très bel environnement de parc avec piscine. Professionnalisme de l'accueil et de l'entretien, chambres coquettes et personnalisées, et niveau de confort 3 étoiles (climatisation). Ajoutons à cela des prix raisonnables (390 F la double côté jardin, 420 F côté piscine), et voici une adresse qui se tient. Fait aussi restaurant, satisfaisant voire très satisfaisant (paraît-il). Menus à 110 F (le midi en semaine), puis 145 F et plus.

Beaucoup plus chic

🛏 *Hôtel Imperator Concorde (plan B2, 14) :* quai de la Fontaine, 15, rue Gaston-Boissier. ☎ 04-66-21-90-30. Fax : 04-66-67-70-25. Très bel établissement 4 étoiles,

dont la façade côté rue ne paie pas trop de mine, ne laisse pas en tout cas deviner le superbe jardin – un véritable parc – agrémenté d'une fontaine et d'un bar en terrasse. Impeccable pour un *drink* ou un thé. Chambres superbes, de grand confort. Dans l'une passa Hemingway, et régulièrement une Américaine la loue, y retrouvant peut-être quelque chose de son idole littéraire – on le lui souhaite. Notez, dans le hall, le bel ascenseur : de 1929 et de marque Otis, il est classé et n'est *jamais tombé en panne;* extraordinaire, non? On peut s'offrir une nuit à l'*Imperator* pour la somme de 450 F en hiver, mais jusqu'à 1 000 F pendant les ferias (de toute façon, il est complet). Remise de 25 % sur présentation du *Guide du Routard.* Le restaurant, avec le midi une formule (petite entrée, plat, dessert, verre de vin) à 145 F, est l'une des bonnes tables nîmoises. Autres menus de 165 à 330 F.

Camping

🛏 *Camping du domaine de la Bastide (hors plan par D4, 15) :* à 5 km au sud de Nîmes, route de Générac ; à côté du stade de la Bastide. ☎ 04-66-38-09-21. Ouvert toute l'année. Bien équipé et correctement ombragé. On peut se baigner en face, à la piscine du Tennis-Club (entrée payante).

NÎMES

Où dormir aux environs?

🛏 *Maison d'hôte Burckel de Tell :* 48, Grand-Rue, à Calvisson. ☎ 04-66-01-23-91. Fax : 04-66-01-42-19. Rien de particulier dans ce paisible village gardois à mi-chemin entre Nîmes et Sommières, si ce n'est cette très jolie maison d'hôte *Burckel de Tell.* Corinne et Régis – elle historienne d'art, lui artiste-peintre – ont rénové avec beaucoup de goût cette belle demeure du XVe siècle, en conservant le cachet initial : poutres,

vieilles pierres, cheminées et sols rustiques. Avec en prime un patio fleuri, une salle à manger voûtée et une terrasse donnant sur les toits du village, pour les repas ou le farniente... en commun! 6 chambres de 1 à 3 personnes, à 230, 280 ou 350 F, petit déjeuner inclus. Repas à 80 F sur demande. Attention : la qualité de la prestation attire pas mal de monde. Il faut donc réserver.

Où manger ?

Vraiment pas cher

|●| Si vous déboulez de la gare avec l'estomac dans les talons, évitez son snack sans intérêt et filez vers la petite *cahute* à gauche sur le boulevard Feuchères. Ouverte tous les jours sauf samedi, de 7 h 30 à 22 h 30 (minuit et demi le dimanche). Avec le sourire (ça devient du luxe), Maïté et Maxime servent en deux temps trois mouvements des sandwiches défiant toute concurrence. Et si vous êtes vraiment fauché, optez pour le pain-frites et allez le dévorer un peu plus haut, à l'ombre sur l'Esplanade.

|●| *La Casa Don Miguel (plan B2, 29)* : 18, rue de l'Horloge. ☎ 04-66-76-07-09. Fermé le dimanche. Bonne ambiance et cadre sympa dans cette *bodega de tapas* assez centrale, proposant un grand choix de tapas tout à fait corrects, froids, chauds, salés ou sucrés (15 F l'assiette). Différentes formules économiques, genre trois ou cinq tapas plus un café ou une boisson (30 ou 50 F). Service tardif (jusqu'à minuit-1 h) et bonne *pina colada* (la sangria et le *fino* sont bien aussi, mais attention, pas d'alcool sans tapas).

|●| *Le Mogador Café (plan C3, 20)* : 2, place du Marché. ☎ 04-66-21-87-90. La terrasse ensoleillée, l'ambiance de la place, le service sympa et les prix serrés sont les principaux atouts de ce café-bistrot-salon de thé à la déco moderne. Tartes salées et sucrées à moins de 20 F, juste correctes, et plat du jour autour de 45-50 F.

Bon marché

|●| *La Truye qui Filhe (plan C2-3, 21)* : 9, rue Fresque ; entre les arènes et la Maison carrée. ☎ 04-66-21-76-33. Ouvert uniquement le midi (le soir, accessible aux groupes sur réservation). Fermé le dimanche et en août. Un self-service où l'on mange sous de belles voûtes en pierre du XIVe siècle. L'endroit n'a rien d'aseptisé, on peut même y manger dans un charmant patio. Jean-Pierre Hermenegilde et concocte un plateau à 47 F (plat chaud et dessert). Menu à 52 F. En 1400, il y avait ici une auberge déjà réputée. Certains soirs, on pouvait y coucher dans la chambre de l'Ange...

|●| *La Zarzuela (plan C3, 22)* : 2, rue de la Monnaie. ☎ 04-66-67-36-30. Cuisine traditionnelle avec spécialités espagnoles. Trois menus copieux à 58 F (le midi), 68 et 75 F, avec paella de bonne tenue. Service rapide et sympa, et chouette terrasse à l'angle d'une jolie placette. Apéro et café offerts à nos lecteurs, quelle aubaine !

Prix moyens

|●| *L'Ancien Théâtre (plan B2, 23)* : 4, rue Racine. ☎ 04-66-21-30-75. Fermé le samedi midi et le dimanche, et la 1re quinzaine de juillet. On dit qu'à la place du Carré d'Art tout proche, il y eut un théâtre qui fut incendié par une cantatrice folle de rage de n'y avoir pas été engagée ! Mais rassurez-vous : l'accueil – très attentionné – et la cuisine – mitonnée, personnelle, méditerranéenne – de Gilles Taliani sont beaucoup plus pacifiques ! Goûtez les moules gratinées ou les beignets de morue. Cadre intime et rustique. Une très bonne adresse à prix doux (menus de 75 à 110 F).

|●| *Le Chapon Fin (plan B3, 24)* : 3, place du Château-Fadaise. ☎ et fax : 04-66-67-34-73. Fermé le samedi midi et le dimanche (sauf ferias), et 2 semaines en août. Juste derrière l'église Saint-Paul, un petit resto chaleureux à l'ambiance bistrot avec une cuisine familiale. Brandade de morue « maison », navarin de veau aux courgettes, charlotte d'agneau aux aubergines, etc. Les plats changent 4 fois par an, avec les saisons. Menu honnête à 72 F (servi uniquement le midi), et « menu du soleil » à 120 F.

|●| *El Rinconcito (plan C2, 25)* : 7, rue des Marchands. ☎ 04-66-76-17-30. Fermé le dimanche et le

NÎMES

lundi, ainsi qu'en février. Pas facile de débusquer ce repaire chilien. Dans la rue des Marchands, trouvez le passage du Vieux-Nîmes ; le resto se trouve au bout d'une ruelle, dans une cour intérieure délicieusement calme. À l'intérieur, c'est tout petit (il est prudent de réserver sa table... et son plat préféré) et complètement dépaysant. Hector se fera un plaisir de vous parler du Chili où il retourne régulièrement. Plats entre 20 et 55 F. À déguster en priorité : les *empanadas*, le *chili con carne*, l'excellent *gaspacho* ou le *pastel de choclo*. Vins chiliens.

IOI *Nicolas (plan C-D2, 26)* : 1, rue Poise. ☎ 04-66-67-50-47. Fermé le lundi et le samedi midi (sauf ferias), du 1er au 15 juillet, et entre Noël et le Jour de l'An. Près du cinéma *Forum*, dans le vieux Nîmes. Une grande salle aux murs de pierre, arrangée avec goût. Les Nîmois aiment y dîner entre copains. De bons souvenirs : l'anchoïade provençale, la bourride, la côte de taureau, les moules tièdes et bien sûr les desserts maison. Une aimable cuisine familiale. Menus de 70 à 140 F. Café offert à nos lecteurs.

IOI *Ophélie (plan C2, 27)* : 35, rue Fresque. ☎ 04-66-21-00-19. Ouvert uniquement le soir. Fermé le dimanche et le lundi, ainsi que fin août et 2 semaines début février. Petite rue calme, entre les arènes et la place de la Calade. La place du Marché, toute proche, vous mettra en appétit. La nuit tombe. Patricia Talbot a allumé les chandelles. Il fait bon dans la petite cour. Ophélie est aux fourneaux. On vient ici pour sa cuisine fraîche et sincère. Premier menu à 140 F.

IOI *Au Flan Coco (plan C2, 28)* : 31, rue du Mûrier-d'Espagne. ☎ 04-66-21-84-81. Ouvert uniquement le midi, sauf le samedi (midi et soir). Fermé le dimanche, et du 15 au 25 août. Tout près du dôme des Halles. Traiteur de métier, Michel Pépin tient ce délicieux petit restaurant peu banal. Impossible à rater, vu l'enseigne géante à l'effigie du *Routard!* Deux salles aux tons verts s'harmonisant avec le granit des tables. Belle terrasse au calme les jours de soleil. Des plats imaginatifs et des salades très copieuses qui changent chaque jour avec la carte. La fraîcheur est une règle ici. Et les prix sont justes : « On ne porte pas l'estocade à nos clients. » Adresse idéale pour déjeuner en été. Menus à 81 et 130 F.

IOI *La Belle Respire (plan C3, 30)* : 12, rue de l'Étoile ; entre la place du Marché et la Maison carrée. ☎ 04-66-21-27-21. Fermé le mercredi. *La Belle Respire*, quel nom ! Jusqu'en 1966, ce fut une maison close. Ce vénérable bordel nîmois, connu naguère sous le nom de *Bagatelle*, s'est reconverti en restaurant. Finie l'époque des belles et des soupirs ! Mais l'endroit a gardé un je-ne-sais-quoi d'ostentatoire dans la déco : colonnes torsadées, œils-de-bœuf, porte d'entrée de club. Une petite salle de 31 places, des murs jaunes et roses, des tables en bois, et une sorte d'alcôve, ou, si l'on préfère, quelques tables en terrasse : ambiance très sympa et accueil avenant. Cuisine « bonne femme », selon l'expression de sa charmante propriétaire, très savoureuse, tel ce sauté de veau à la verveine et citron qu'on a dévoré, ou ce « pyjama », dessert gourmand. Carte du jour uniquement ; compter 150 F. En été, menu à 69 F le midi, 128 F le soir. Café ou digestif offert à nos lecteurs.

IOI *La Kasbah (hors plan par C4, 31)* : 6, rue de Générac. ☎ 04-66-29-68-69. Fermé le mercredi, et du 1er au 20 août. Au calme et néanmoins tout près des arènes. Chef et cuisine authentiquement marocains. Menus à partir de 88 F, et carte.

IOI *Le Régalia Café (plan C3, 32)* : 15, rue Régale ; à côté du palais de justice et à deux pas des arènes. ☎ 04-66-21-70-20. Fermé le dimanche. Présente trois menus pleins de soleil à 75, 110 et 160 F, ainsi qu'une carte comportant notamment de généreuses et savoureuses salades composées à partir de 45 F. Jolie salle aux tons ocre ou terrasse agréable, et service avenant. Beaucoup d'habitués, visiblement satisfaits. Apéro ou café offert sur présentation du *G.D.R.*

NÎMES

●I **Restaurant Marie-Hélène** (hors plan par C4, **33**) : 733, av. Maréchal-Juin. ☎ 04-66-84-13-02. À côté de la chambre des Métiers, route de Montpellier. Fermé le samedi midi, le dimanche, le soir du lundi au mercredi inclus, et 2 semaines en août. Ce petit restaurant excentré est une ode à la Provence, partout déclinée avec bonheur : dans les couleurs gaies et chaudes, les bouquets, la mise de table, sa grande brune de propriétaire tout sourire, la cuisine ensoleillée qui joue notamment sur les grillades au feu de bois préparées sous les yeux des convives. Plusieurs choix au menu à 90 F, dont le gigotin de volaille aux morilles, les brochettes de poulet tikka ou la crème catalane maison. À la carte, comptez 130 F sans les vins. Apéritif offert sur présentation du *Routard*.

●I **Le Vintage Café** (plan C2, **34**) : 7, rue de Bernis ; entre les arènes et la Maison carrée. ☎ 04-66-21-04-45. Fermé le samedi midi, le dimanche et le lundi midi. Pour le patron, M. Salvador, le travail de restaurateur c'est vraiment la santé ! Aucun risque pour l'estomac, bien au contraire, dans ce petit établissement où l'on sert une cuisine du marché aux accents parfumés et accompagnée de vins régionaux au verre. La formule du midi (78 F) change tous les jours. Le jour de notre passage, il y avait : salade de mesclun au jambon Serrano, raviole au pistou, duo de figues confites et nougat glacé. Le soir, le choix se fait dans le menu-carte à 138 F. La vingtaine de couverts facilite la convivialité mais rend la réservation recommandée.

●I **Chez Jacotte** (plan C3, **36**) : 15, rue Fresque (impasse). ☎ 04-66-21-64-59. Fermé les samedi midi, dimanche et lundi, et 15 jours en août. Une table nîmoise que les épicuriens connaissent et se repassent, car on y sert une cuisine généreuse, inventive aussi, et de plaisir. Pas de menu, mais une carte du jour avec trois choix d'entrées, plats et desserts. Le parfait de foie de canard aux poivrons était une réussite (40 F), le magret aux pêches ensuite

(85 F), heureusement relevé d'épices subtiles et copieusement servi, ne dénotait pas, tout comme le dessert (30 F), pâtisserie maison parfaitement envoyée, vlan ! Bref, une cuisine du marché toujours savoureuse, et quelques vins corrects aussi... Faisons nos comptes : 40 + 85 + 30 font 155 F sans le vin. Ça les vaut bien. Trois ou quatre tables en terrasse dans l'impasse ou petite salle agréable. Service féminin pas vilain non plus.

●I **Le Jardin d'Hadrien** (plan D1, **37**) : 11, rue Enclos-Rey. ☎ 04-66-21-86-65. Fermé le dimanche en été, le mercredi et le dimanche soir hors saison, en février et à la Toussaint. Une rue qui aboutit non loin de l'église Sainte-Baudile, au nord-est de la vieille ville. Bonne cuisine traditionnelle sous la véranda du jardin d'été. Beaux menus à 95 et 145 F. À la carte, compter 180 F.

Plus chic

●I **Le Magister** (plan D2, **35**) : 5, rue Nationale (ou de l'Agau). ☎ 04-66-76-11-00. Fermé le samedi midi et le dimanche, 8 jours en février et de mi-juillet à mi-août. À deux pas de la porte d'Auguste. C'est un gastro, un vrai. Ce qui signifie un chef, Martial Hocquart, passé chez les plus grands (Ritz, Tour d'Argent) ; un cadre, raffiné, aux tons doux et lambris lazurés clairs et zizique classique en sourdine ; et une carte, dont la seule lecture est un régal : truite saumonée aux pommes de terre et aux lardons, pommes reinettes du Vigan rôties à la cannelle et miel glace au miel de lavande, etc. Exquis, bien sûr. Menus de 140 à 270 F. Le premier, qu'on a pris, nous a comblés de bonheur. Apéritif offert à nos lecteurs.

●I **Le Bouchon et L'Assiette** (plan A2, **38**) : 5, rue de Sauve. ☎ et fax : 04-66-62-02-93. Fermé le mercredi et le lundi soir. Un des ténors de la gastronomie nîmoîse. Et les plats qu'on nous a servis dans cette maison rose, toute proche des jardins de la Fontaine, avaient la personnalité, la finesse et la saveur de ceux qu'on trouve chez les plus grands. Superbe daurade rose poêlée, ou canette et épeautre du pays de Sault, entre autres. La belle salle claire aux poutres apparentes a été rénovée avec goût, mais le service, jeune et masculin, manque un peu de chaleur. Menus à 95 F (le midi), 175 et 215 F, ou carte. Vins assez chers.

Où boire un verre ?

À Nîmes, ville du soleil, des micocouliers et des corridas, les bonnes terrasses sont des salons en plein air où l'on cause tauromachie, foot, littérature ou art moderne. À vous de jouer...

♼ Nîmes, « comme tout organisme parfaitement constitué, a deux bourses collées l'une contre l'autre, *la Grande et la Petite Bourse* », dixit le fameux chroniqueur Jacques Durand. Il veut parler, évidemment, de deux des plus célèbres cafés nîmois, situés à l'angle des boulevards Victor-Hugo et des Arènes *(plan C3, 40)*. Le premier vient (enfin !) de subir un lifting, en s'offrant du même coup une brasserie assez chic et reconnaissable à sa superbe véranda. Le second est toujours incontournable pour qui veut se faire voir du soleil... et des passants ! Terrasses très fréquentées de janvier à décembre, alors, pendant les ferias, on ne vous dit pas !

♼ *Les 3 Maures (plan C3, 44) :* 10, bd des Arènes. Fermé le dimanche en juillet et août. Bar ouvert jusqu'à 1 h, restaurant jusqu'à 23 h. Un bel endroit, très spacieux, couleurs pétantes, avec terrasse face aux arènes. En frise, impressionnante série de portraits taurins, une cinquantaine de têtes de taureau vues de face ; au mur opposé, des maillots de rugby... Parfait pour prendre un verre ou le plat du jour, ou encore le menu à 65 F.

♼ *Café Napoléon (plan B2, 41) :* une autre institution de Nîmes, sur le boul'Hugo. Fermé le dimanche. Fréquenté par les protestants du quartier. B.C.-B.G. branché, tendance olé olé.... Propose aussi un plat du jour à 55 F.

♼ *Café des Beaux-Arts (plan C2, 42) :* sur la jolie place aux Herbes, dans le vieux Nîmes. Fermé le dimanche. D'un tout autre style. Une terrasse ombragée où l'on sirote l'apéro avec les étudiants de l'école des Beaux-Arts, toute proche. Et on est bien assis.

♼ *Café Le Cygne (plan B2, 43) :* bd Victor-Hugo. On le signale car c'est le seul bar-tabac ouvert tard le soir dans le centre.

♼ *Les cafés du boulevard de l'Amiral-Courbet (plan C1-2) :* alternance de pizzerias, de terrasses, près des cinémas. Très animé le soir. Clientèle de jeunes et de soldats sortis des casernes de la banlieue.

♼ Autour du Carré d'Art et de la Maison carrée se sont ouverts plein de petits bistrots sympas, bien tenus et aux terrasses largement ensoleillées ou ombragées selon l'heure. On aime beaucoup le *Carré d'Art (plan B2),* installé dans une maison de maître au 2, rue Gaston-Boissier. Fait aussi piano-bar et petite restauration.

Où sortir le soir ?

– *La Movida (plan B3, 45) :* 2, la Placette. ☎ 04-66-67-80-90. Fermé le dimanche et 3 semaines en août. Café-concert en plein cœur du quartier gitan. Formule plat du jour et dessert dans les 50 F, ou menu à 70 F pour une cuisine espagnole, avec spécialité de tapas. Musique flamenco mais pas uniquement : en fin de semaine, la petite scène s'ouvre à tous les copains, musiciens, chanteurs ou *aficionados* du mundillo nîmois et espagnol. Apéro offert à nos lecteurs.

– **Le Diagonal** (plan A3, 46) : 41 bis, rue Émile-Jamais. ☎ 04-66-21-70-01. Fermé le lundi et la 1ʳᵉ quinzaine d'août. Ouvert jusqu'à 2 h (3 h le week-end). La musique, la déco, les toiles exposées, les tapas à un prix raisonnable (25 F)... Tout y est pour en faire un haut lieu de la vie nocturne nîmoise et l'une de nos bonnes adresses pour sortir. Parfois, concert le samedi soir ; et « apéro en chantant » le dimanche à 19 h.

– **O'Flaherty's** (plan D2, 47) : 26, bd Amiral-Courbet. ☎ 04-66-67-22-63. Ouvert jusqu'à 2 h en semaine, 3 h le week-end. Un pub vrai de vrai, a genuine Irish pub comme dirait l'ami John, à la carte de whiskies longue comme le bras et à la déco plutôt réussie. Grosse ambiance le jeudi soir (sauf juillet et août) avec les concerts country ou folk irlandais. Jazz le 1ᵉʳ mercredi du mois. Propose aussi une honnête restauration : formules de 39 à 99 F. Œufs au bacon frites, saumon fumé maison, bœuf à la Guinness... Billard à l'étage.

À voir

« Nîmes est un fruit un peu mystérieux, plus succulent à mesure qu'on approche le cœur », note Christian Liger dans Nîmes sans visa. Mais ce cœur ancien, c'est à pied évidemment qu'il faut le découvrir : écartez toute idée de visiter en voiture le vieux Nîmes. Laissez impérativement votre véhicule à l'hôtel, sous les arbres des avenues, ou dans l'un des parkings souterrains. Celui des arènes contient 720 places. Celui des halles en compte 625.

★ **Les arènes** (plan C3) : ☎ 04-66-76-72-77. En été, ouvertes de 9 h à 18 h 30 ; le reste de l'année, de 9 h à 12 h et 14 h à 17 h 30. Fermées le 1ᵉʳ mai, à Noël, le Jour de l'An et les jours de grand spectacle. Entrée : 24 F. L'eau d'abord, le sang ensuite : la « Colonia Augusta Nemausus » était déjà bien alimentée en eau par l'aqueduc du Gard (et son fameux pont) quand on décida de construire cet amphithéâtre, probablement entre 50 et 100 après J.-C., destiné essentiellement aux combats de gladiateurs. On fit venir les tonnes de pierres des carrières voisines de Roquemaillère et de Barutel. Bien qu'effritée par les intempéries, la pierre des arènes a bien tenu le choc des siècles. Résultat : près de 2 000 ans après sa naissance, c'est le monument le mieux conservé du monde romain. Inspirée du Colisée de Rome, son architecture est un modèle d'harmonie et d'équilibre. Le plus remarquable, ce ne sont pas ses dimensions. Des 75 amphithéâtres romains toujours debout à travers le monde, celui de Nîmes n'est qu'au 20ᵉ rang par la taille : une forme elliptique de 133 m sur 101 m. À l'intérieur, 24 000 places au total, réparties sur 34 niveaux de gradins. On est frappé surtout par l'ingéniosité de l'architecte romain qui a conçu l'amphithéâtre de telle manière que l'accès aux gradins (cavea) soit le plus aisé et le plus rapide possible. Les deux étages d'arches voûtées cachent 5 galeries concentriques, sur plusieurs niveaux, et pas moins de 126 escaliers internes, réseau destiné à éviter les embouteillages de spectateurs à l'entrée comme à la sortie. Des sorties qui s'appellent ici des « vomitoires »...
À l'époque romaine, les arènes étaient une immense salle de jeux en plein air, ouverte au peuple comme à l'élite de la ville. Aux premiers rangs, 40 places étaient réservées aux bateliers du Rhône et de la Saône et 25 à ceux de l'Ardèche et de l'Ouvèze. De sanglants combats de gladiateurs s'y déroulèrent mais aussi des courses de chars, de chevaux, des pantomimes. Les jeux cessèrent à la chute de l'empire.
Au Moyen Âge, on trouvait des habitations, des rues et une sorte de château

NÎMES

dans les arènes ! En 1782, il y avait 230 maisons dans l'enceinte. C'est en 1863 qu'eut lieu la première corrida, un scandale à l'époque. Depuis cette date, les corridas n'ont pas cessé. Ces dernières années, leur nombre et leur popularité n'ont jamais été aussi importants.

Outre les taureaux et les matadors, les arènes accueillent désormais des concerts de rock, de jazz, des cirques, des spectacles de théâtre et d'opéra. Et même la crèche de Noël ! Dotées d'un toit mobile, structure de Plexiglas, de toile et d'aluminium (les Romains utilisaient déjà le *velum*), les arènes sont ainsi couvertes 6 mois de l'année, et même chauffées en hiver. Voilà la plus grande salle de spectacles du Languedoc-Roussillon. Une belle métamorphose.

★ *La Maison carrée (plan B2) :* ☎ 04-66-36-26-76. Ouverte de 9 h à 19 h du 16 juin au 15 septembre, de 9 h à 12 h et de 14 h 30 à 18 h du 1er mars au 15 juin. Ce n'est ni une maison, ni un carré ! mais un magnifique petit temple romain (rectangle de 25 x 12 m) admirablement conservé. Édifié au cœur du forum, entre l'an 3 et l'an 5 après J.-C., sous le règne d'Auguste, ce sanctuaire est dédié à Caius et Lucius César, « princes de la Jeunesse » et fils adoptifs d'Auguste. Le monument est inspiré de l'architecture du temple d'Apollon de Rome. Il aurait, en outre, influencé l'architecte de l'église de la Madeleine à Paris, bâtie sous Napoléon Ier.

Curieusement, dans l'histoire, ce sont souvent les plus beaux monuments qui ont les destinées les plus folles. Après avoir été un temple romain, l'édifice servit d'assemblée aux juges, de bureau aux consuls (1198). Elle devint une maison d'habitation, une écurie puis une église gardée par les augustins. La Maison carrée a même abrité des fonctionnaires et des tonnes de paperasse au siècle dernier. On dit que la duchesse d'Uzès rêvait d'en faire un mausolée pour son mari... Aujourd'hui, le temple des « princes de la Jeunesse » sert de salle d'exposition, exposition retraçant son histoire et qui, de temporaire, semble avoir pris racine.

★ *Le Carré d'Art (plan B2, 51) :* en face de la Maison carrée. ☎ 04-66-76-35-70. Ouvert de 11 h à 18 h. Fermé le lundi. Né dès 1983 dans l'esprit de Jean Bousquet et de Bob Calles, le Carré d'Art, ce palais de verre et de béton conçu par l'architecte anglais Norman Foster, a finalement été inauguré le 8 mai 1993. Inondé deux fois en 88 et en 93 *(sic)*, ce temple de lumière, nouveau centre d'art contemporain, dont les 5 fines colonnes blanches sont comme une réponse à celles de la Maison carrée, est parfois désigné comme étant le Beaubourg méditerranéen. Plus qu'une bibliothèque, c'est en fait une médiathèque proposant à la fois des livres et des revues, des disques, des enregistrements vidéo, avec un service informatique on ne peut plus perfectionné.

Le *musée d'Art moderne* y est installé, sur deux niveaux : au premier, collection permanente, au second, expo temporaire (en fait ces deux niveaux sont les deuxième et troisième : au premier, il n'y a rien à voir). En fonds permanent, Claude Viallat, Sigmar Polke ou Gerhard Richter et ses « Abstraktes Bild ». Décoratif ou consternant. Arman aussi, et César, avec respectivement un portrait-poubelle et une compression de voitures. « Ces poubelles d'Arman et ces tôles de César compressées ensemble prendraient moins de place », suggérait une vieille dame pleine de bon sens, devant ces œuvres modernes. Et nous sommes bien d'accord. Enfin, nous, ce qu'on en pense... À noter une bonne initiative : l'entrée est bien sûr payante (24 F) mais le musée propose 6 fois par jour des visites guidées gratuites. Renseignez-vous pour en connaître les horaires.

Le Carré d'Art a soulevé cependant de nombreuses critiques : beaucoup ont trouvé cette réalisation démesurée par rapport aux besoins de la ville et à ses moyens (le coût a tout de même dépassé les 360 millions de francs). Quant à l'esthétique, il s'agit là d'un autre débat. On vous laisse juge...

PROMENADE DANS LE VIEUX NÎMES

Des arènes, monter par l'une des ruelles menant à la place du Marché toute proche.

★ *La place du Marché (plan C3)* : adorable petite place avec un palmier planté en 1985 et une curieuse fontaine au Crocodile, dessinée par Martial Raysse. Palmier et crocodile figurent dans les armes de Nîmes depuis 1535. Ils rappellent la conquête de l'Égypte de Cléopâtre par les troupes de César et la bataille d'Actium en 31 avant J.-C. Un logo quasi tropical qui ne jure pas sous le ciel du Gard.

★ *La rue Fresque* : elle va de la place du Marché à celle de la Calade, toute proche de la Maison carrée. Voir, au n° 6, la cour et l'escalier de l'hôtel Mazel (XVIIᵉ siècle).
Arrivé à la Maison carrée, prendre à droite la rue de l'Horloge.

★ *La rue de l'Horloge (plan B-C2)* : elle aboutit à la place de l'Horloge, dominée par la tour du même nom, beffroi de 1754.
Continuer, dans le prolongement de la place, vers la rue de l'Aspic.

★ *La rue de l'Aspic (plan C2-3)* : une autre vieille rue nîmoise. Voir, au n° 14, l'*hôtel de Fontfroide* (1699) et son bel escalier.
Au bout à gauche, on rejoint l'hôtel de ville.

★ *L'hôtel de ville (plan C3)* : essayez d'y entrer pour jeter un coup d'œil à l'intérieur réaménagé par l'architecte-designer Jean-Michel Wilmotte. C'est un mélange réussi de vieilles voûtes et de style high-tech. Accrochés au plafond, dans la cage du grand escalier, quatre crocodiles naturalisés, emblèmes de la ville.
En sortant, après avoir admiré la superbe maison aux sculptures animales qui fait face, on rejoint la Grand-Rue toute proche.

★ *La chapelle des Jésuites (plan D2)* : à 5 mn de la mairie, dans la Grand-Rue. Retapée en 1985, elle abrite des expositions ou des concerts. Construite entre 1673 et 1678, sur le modèle de l'église du Gesù à Rome, elle est attenante au collège des jésuites, qui abrite le Musée archéologique et d'Histoire naturelle.

★ *La rue Dorée (plan C2-3)* : face à la chapelle des Jésuites. Quelques beaux hôtels particuliers aux nᵒˢ 3, 4, et surtout 16, l'*hôtel de l'Académie,* du XVIIᵉ siècle. La porte d'entrée est superbe. Dans la cour intérieure, on voit des sculptures représentant des soldats casqués du Grand Siècle. L'hôtel est le siège de l'Académie de Nîmes, dont la devise est *Nequed Nimis,* « rien de trop ».
Remonter par la rue du Chapitre jusqu'à la Grand-Rue.

★ *La rue du Chapitre (plan C2)* : au nᵒ 14, poussez la porte de l'*hôtel de Régis* (XVIᵉ siècle) après en avoir admiré la façade. À l'intérieur, une cour pavée avec des « calades », pavage fait avec des galets de rivière. Il y avait un puits : la pompe est toujours là.

★ *L'école des Beaux-Arts (plan C2, 53)* : 10, Grand-Rue. Installée depuis 1985 dans l'ancien hôtel Rivet. Aménagée par Wilmotte.
Traverser la place Bellecroix toute proche pour trouver, derrière les maisons qui vous font face, la place des Esclafidous.

★ *La place des Esclafidous* : tout récemment rénovée. Couleurs chaudes des façades, fontaine, terrasses et restos : bref, un régal de vivre méditerranéen. De là, on rejoint vite la cathédrale et la place aux Herbes.

★ *La place aux Herbes (plan C2)* : le cœur du cœur ancien. Quelques terrasses de cafés très sympas, des parasols, du soleil et de l'ombre, et bien sûr la silhouette éclatante de lumière de la cathédrale.

★ *La cathédrale Notre-Dame-et-Saint-Castor (plan C2, 52) :* d'époque romane, elle a été détruite et reconstruite plusieurs fois. On remarquera sur la façade, côté place aux Herbes, la longue frise sculptée qui compte parmi les plus beaux exemples de l'art roman en bas Languedoc. La frise représente l'histoire d'Adam et Ève, le sacrifice de Caïn et d'Abel, et le meurtre d'Abel. Notez la dimension donnée aux visages des personnages.

À l'intérieur de la cathédrale, dans la 3e travée se trouve le tombeau du célèbre cardinal de Bernis (1715-1794). Favori de Mme de Pompadour, poète libertin, il fut ambassadeur de Louis XV à Venise et à Rome, où il est mort ruiné par la Révolution.

Remonter la rue du Général-Perrier, très commerçante, et, après les Halles (repensées par Wilmotte), tourner à droite puis à gauche, pour entrer dans l'îlot Littré.

★ *L'îlot Littré :* cet ancien quartier de teinturiers a été brillamment restauré il y a quelques années. Patios, grilles et façades lumineuses et, là encore, nombreux restos et terrasses. En sortant, gagner la place d'Assas qui conduit aux quais de la Fontaine.

LE JARDIN DE LA FONTAINE, LA TOUR MAGNE ET LE CASTELLUM

★ *Les quais de la Fontaine (plan A-B2) :* agréable promenade quand il fait chaud. En venant de la Maison carrée à pied, on emprunte ces quais plantés de platanes et d'ormeaux qui forment une belle voûte fraîche le long du canal. Les quais de la Fontaine, c'est le quartier des riches familles protestantes et des hôtels particuliers, signes de 150 ans d'opulence affairiste.

★ *Les jardins de la Fontaine (plan A2) :* situés au pied du mont Cavalier, colline inspirée des Nîmois, surmontée par la tour Magne. Voici le premier jardin public de l'histoire de France, aménagé entre 1745 et 1755. Jusqu'à cette date, les jardins servaient d'écrins aux châteaux. Vases et balustrades de pierre, statues de faunes et de nymphes, terrasses et bassins paisibles : c'est le jardin du siècle des Lumières par excellence, marqué par la nostalgie de l'Antiquité. On y voit la fameuse source dédiée à Nemausus, génie des eaux et divinité tutélaire de la cité depuis deux millénaires.

Les Romains y bâtirent, vers 25 avant J.-C., un sanctuaire païen (repris au culte celtique des eaux) où Nemausus côtoyait Vénus, les Nymphes et Hercule ; charmante compagnie, vraiment !

★ *Le temple de Diane (plan A2) :* non loin du bassin de la Source, c'est le monument gallo-romain le plus énigmatique de Nîmes. Car on ignore sa fonction primitive. Sauna mystique ? Bibliothèque ? Partiellement détruit, il reste des niches murales, des colonnes et des corniches, ainsi qu'un superbe voûtement d'arcs juxtaposés.

★ *La tour Magne :* au sommet du mont Cavalier, une très belle promenade que nous conseillons de faire en fin d'après-midi, à cause de la lumière plus douce. « Je te salue, belle rose, ô tour Magne », écrivit Apollinaire. Plus large à la base qu'à son sommet, dotée d'une longue rampe d'accès et d'un escalier intérieur, la tour octogonale, en pierre, de 32,7 m de haut, fut l'une des tours de défense incluses dans les remparts qui ceinturaient la ville. À votre tour, vous pourrez goûter cette vue sublime qu'on a du sommet de la tour (ouverte en été de 9 h à 19 h et en hiver de 9 h à 17 h). Par beau temps, on aperçoit les Cévennes, les Alpilles et le pic Saint-Loup vers Montpellier.

★ *Le Castellum (plan B1) :* non loin des jardins de la Fontaine. Modeste vestige du réseau hydraulique romain, c'est ici qu'aboutissait le canal alimentant la ville en eau (et qui passait en amont par le pont du Gard). On reconnaît nettement le système de distribution en étoile. Ce *castellum* est une construction unique en son genre.

LES MUSÉES

Tous les musées nîmois sont ouverts tous les jours sauf le lundi, de 11 h à 18 h. Bon à savoir : on peut acheter dans le premier visité un *pass* de 3 jours et ensuite voir tous les musées, monuments et le planétarium en ne payant plus rien ; prix du sésame : 60 F. Le forfait monuments seuls est à 31 F.

★ *Le Musée archéologique et d'Histoire naturelle (plan D2, 54) :* 13, bd de l'Amiral-Courbet, dans l'ancien collège des jésuites. ☎ 04-66-67-25-57. À Nîmes on ne peut pas creuser un trou, ouvrir une tranchée, sans tomber sur des vestiges romains. C'est la raison pour laquelle ce musée contient autant d'objets, sculptures, mosaïques, monnaies, vases, inscriptions, provenant des tombeaux découverts à Nîmes et dans les environs, souvent le long de la voie Domitienne (via Domitia) qui reliait l'Italie à l'Espagne. La présentation toutefois n'est pas des meilleures, manquant de clarté, de mise en valeur.
Cette remarque vaut également pour la section *Histoire naturelle*, présentée à l'étage, avec notamment une importante collection d'animaux naturalisés (dont un taureau). Remarquables statues-menhir, les plus anciennes sculptures connues du Midi de la France.

★ *Le musée du Vieux-Nîmes (plan C2) :* place aux Herbes ; dans l'ancien palais épiscopal. ☎ 04-66-36-00-64. Il présente, dans quelque huit pièces du XVIIe siècle, de nombreux documents d'histoire locale : gravures, portraits, céramiques, meubles anciens... Dans la salle II, « antichambre d'été », voir la belle armoire biblique du XVIIe siècle, à côté du portrait de Mgr de Séguier, évêque de Nîmes et premier occupant du palais épiscopal.

★ *Le musée des Beaux-Arts (plan C4) :* rue Cité-Foulc. ☎ 04-66-67-38-21. À 400 m de la place des Arènes, un peu excentré par rapport à la vieille ville. Riche collection de tableaux des écoles italienne, nordique, et française. À signaler dans la salle centrale une grande mosaïque représentant *Les Noces d'Admète.* Une visite bien agréable.

★ *Le musée d'Art contemporain (plan B2, 51) :* dans le Carré d'Art. ☎ 04-66-76-35-70. Se reporter, plus haut, au paragraphe sur le Carré d'Art.

QUELQUES VISITES INSOLITES

★ *Le moulin à huile Brunel (hors plan par A4, 55) :* 433, route de Rouquairol-Saint-Cézaire. ☎ 04-66-84-05-54. Visite en décembre et janvier en semaine sur rendez-vous.

★ *Le château de la Tuilerie (hors plan par D4, 56) :* route de Saint-Gilles. ☎ 04-66-70-07-52. Visite du lundi au samedi inclus, de 9 h à 13 h et de 14 h à 18 h (19 h en été). La plus importante cave particulière du département, productrice de costières du gard, un A.O.C. de bonne qualité.
– *Le train touristique (plan C2) :* départ de l'esplanade Charles-de-Gaulle, face au palais de justice. En saison de 10 h à 18 h 30, nocturnes en été jusqu'à 22 h. ☎ 04-66-67-07-32 ou 06-11-56-10-18. On peut trouver ça ringard. N'empêche, c'est un bon moyen de parcourir la ville à un rythme tranquille, de voir les principaux sites, et surtout, sans malmener ses petits petons.
– *Les marchés du soir :* de 17 h à 22 h, tous les jeudis pendant l'été, il est possible de flâner en faisant quelques emplettes sur les places les plus importantes de la ville. Producteurs, artisans, artistes et brocanteurs se regroupent selon leur activité et exposent leurs produits. Chaque place a sa spécialité.

★ *Le planétarium du Mont-Duplan :* av. du Mont-Duplan (direction Uzès). ☎ 04-66-67-60-94. Suffisamment rare pour être signalé. On recrée, dans

NÎMES

une salle circulaire, le système solaire et on vous explique (ralentis à l'appui!) son fonctionnement. Plusieurs séances à heures fixes dans la semaine, pour des niveaux et des publics divers. Se renseigner pour savoir quand a lieu celle correspondant le mieux à vos attentes.

Aux environs

★ *L'oppidum de Nages :* à 12,5 km au sud-ouest de Nîmes, sur la route de Sommières. À gauche, vous verrez soudain ce gros monticule un peu bizarre dans le paysage assez monotone de la garrigue. C'est l'un des sites archéologiques majeurs de la région. À l'époque des Celtes, puis des Romains, il y avait au sommet de l'oppidum un village sur l'ancienne voie héracléenne. Aujourd'hui ce ne sont que ruines, bien sûr. Elles datent de la première moitié du IIIe siècle avant J.-C. On y accède par le petit village de Nages au sud. Gravir la pente sud de l'oppidum en empruntant un chemin pédestre qui s'appelle l'impasse de l'Oppidum, au nord de Nages : belle promenade.
Musée lié à la découverte de l'oppidum. ☎ 04-66-35-05-26. Ouvert le lundi de 8 h 30 à 12 h et de 14 h 30 à 18 h ; le reste de la semaine, le matin seulement.

★ *Le gouffre des Espelugues :* à une vingtaine de kilomètres au nord de Nîmes, en direction d'Alès, puis de Dions. Traverser le village et monter sur le plateau en suivant le chemin carrossable balisé. Au beau milieu d'un plateau de garrigue s'ouvre un immense entonnoir à la végétation luxuriante. Ce sont les eaux de pluie qui ont creusé le calcaire.

★ *La source Perrier :* à 18 km de Nîmes, sur la route de Montpellier. Suivre la flèche à gauche au niveau du village de Vergèze. ☎ 04-66-87-61-01. Fax : 04-66-87-61-03. C'est ici que jaillit la source des Bouillens, d'où est extraite la fameuse boisson gazeuse. Perrier fait visiter ses installations et vous convie à un véritable spectacle industriel. Toute la technicité de Perrier défile sous vos yeux, de la fabrication de la bouteille aux diverses campagnes publicitaires. 1 h 15 de visite guidée dans le bus de la maison, puis dégustation et visite libre du très beau château et du parc, ainsi que de la boutique. 20 F par personne. Il vaut mieux réserver, car il y a beaucoup de monde, même hors saison. Allez, on ne peut pas résister au plaisir de l'écrire : Perrier, c'est vraiment fou !

LE GARD

SOMMIÈRES (30250)

C'est en arrivant de Lunel que la ville, bâtie en escalier au-dessus du Vidourle, une rivière méchante quand elle sort de son lit, s'offre sous son meilleur jour. Et on a tout de suite un coup de cœur pour Sommières. Et on se dit : c'est une ville du Midi à l'état brut, avec ses promeneurs qui causent sous les platanes, son moto-club, l'école Jules-Ferry, le *Café du Commerce,* le *Café de l'Univers,* le *Café du Nord,* qui se suivent comme des frères le long du Vidourle. Mais c'est aussi la mer des toits de tuile, les ruelles pavées, les hauts murs patinés des hôtels particuliers, les petites places... On est surpris à Sommières de voir si peu d'échoppes à touristes, tant mieux. Même si le flot de voitures rend la circulation terrifiante en été (déviation en cours de réalisation, achèvement prévu en l'an 2000, ouf!). Aux environs, c'est la garrigue et la vigne, paysage latin aux collines ondulées à l'infini, dorées sous le soleil.

Un peu d'histoire

C'est d'abord un lieu de passage important pour les Romains. Au Ier siècle après J.-C., la route Nîmes-Lodève y passe. Pour enjamber la rivière, on édifie un grand pont de 17 arches. Ville stratégique au Moyen Âge, il a fallu la surveiller, d'où la construction d'un château en surplomb. Place de sûreté protestante pendant la guerre des camisards, Sommières était réputée pour son industrie du cuir et de la laine.

Tanneurs, mégissiers, « cuirassiers » ont assuré la prospérité de la ville aux XVIIe et XVIIIe siècles. Plusieurs beaux hôtels particuliers de cette époque en témoignent. On y distillait aussi les essences aromatiques.

Sommières vue par Lawrence Durrell

En 1957, l'auteur du *Quatuor d'Alexandrie* écrit à des amis : « C'est une ville médiévale avec une rivière qui coule en son milieu... La vallée est plantée de vignes... Mais de tous côtés il y a des petits villages avec d'énormes maisons paysannes aux portes voûtées, possédant d'immenses écuries. Les pièces sont deux fois aussi grandes que les salons de Margaret et très hautes... Et ici, au bord de cette rivière (le Vidourle), l'air est bon et sain, meilleur qu'à Chypre. Je dois reconnaître que je n'ai rien vu de plus joli que Sommières. Sommières est extrêmement amusante, profondément marquée par l'esprit de Raimu et de Fernandel... Les récits des crues sont vraiment désopilants. Naturellement l'univers aberrant des vélomoteurs et des salons de coiffure avec télévision commence à envahir cette région... Ici, nous sommes juste hors de portée des moustiques et suffisamment au-dessus du niveau de la mer ! » (*L'Esprit des lieux,* Gallimard.)

Lawrence Durrell passa à Sommières la fin de sa vie. Il y est mort en octobre 1990.

Les vidourlades

Il ne s'agit pas d'une fête traditionnelle mais du nom donné aux crues saisonnières du Vidourle. Venue des Cévennes, où elle prend sa source et son élan, la rivière sort alors de son lit et inonde les caves. En octobre 1958, la crue, particulièrement importante, provoqua une hausse du niveau des eaux à raison de 6 m par minute ! Des traces sont encore visibles sur les murs anciens.

La terre de Sommières

Peut-être avez-vous entendu parlé de la terre de Sommières. Nos mères (et grands-mères) s'en servaient plus que nous, qui ne jurons que par les enzymes gloutons et autres phagocyteurs d'impuretés lavant plus blanc que blanc, comme dirait Coluche... Pourtant la terre de Sommières est formidable : appelée aussi « pierre de tâches » ou « marne décrassante », elle a cette faculté d'absorber les corps gras. Un nettoyant très efficace, et dont le nom savant est *sépiolite* – un composé de silice, de magnésium, d'aluminium et d'eau. La sépiolite a été extraite à Sommières des années 1900 jusqu'en 1981. Cette activité a donc cessé, mais si vous voulez rapporter chez vous un peu de terre de Sommières, l'office du tourisme en offre de petits sachets.

Adresse utile

🛈 *Office du tourisme :* rue du Général-Bruyère. ☎ 04-66-80-99-30. Fax : 04-66-80-06-95. En été, ouvert tous les jours de 9 h à 12 h 30 et de 15 h à 19 h ; le reste de l'année, tous les jours sauf lundi, de 9 h à 12 h 30 et de 14 h à 18 h.

Où dormir ? Où manger ?

De bon marché à prix moyens

🛏 ▮●▮ *Hôtel-restaurant Le Commerce :* 15, quai Gaussorgues. ☎ 04-66-80-97-22. Fax : 04-66-80-32-64. Restaurant fermé le mercredi hors saison. Attention, l'entrée bien étroite de l'hôtel ne se voit pas trop, on peut passer et repasser devant sans la remarquer. De sa Belgique natale l'aimable patronne de cet hôtel de préfecture nous est venue, emportant avec elle l'accent du Plat Pays, et le sérieux et le sens de l'hospitalité légendaires des ses ressortissants. Atmosphère relax et jolie déco (expos temporaires au salon), et des chambres toutes simples à 160 F (lavabo et bidet) et 180 F (douche).

▮●▮ *L'Olivette :* 11, rue Abbé-Fabre. ☎ 04-66-80-97-71. Fermé le mardi en saison, les mardi soir et mercredi hors saison. « Chez monsieur et madame Fray, restaurateurs de métier » : annonce propre à hameçonner le badaud, mais encore ? Curieux de nature (et par profession), nous avons testé, et l'adresse est bonne. Accueil naturel et gentil, et jolie salle habillée de pierre et de bois, climatisée (pas réfrigérée!). Au menu à 149 F : daube d'agneau en gelée, carpaccio de taureau, le traditionnel pélardon puis une délicieuse ganache aux griottines (difficile exercice de style sur le thème du chocolat). Au pays de l'huile d'olive, c'est vraiment le beurre et l'argent du beurre sans se ruiner. Le midi, formule à 75 F (entrée + plat ou plat + dessert), puis menus de 100 à 175 F.

Un peu plus chic

🛏 ▮●▮ *Auberge du Pont Romain :* 2, av. Émile-Jamais ; à 300 m du pont romain, dans un virage à droite, en face de la gendarmerie, en direction d'Aubais (D12). ☎ 04-66-80-00-58. Fax : 04-66-80-31-52. Fermée de mi-novembre à mi-décembre et du 15 janvier au 15 mars. On est d'abord frappé par le gigantisme du bâtiment surmonté, ô Gard insolite!, d'une cheminée industrielle. Ce fut naguère une fabrique de laine, une usine de tapis, une écloserie de vers à soie, une distillerie et fabrique de vins cuits, une teinturerie de tissus... Aujourd'hui, un 3 étoiles assez chic aux prix encore abordables : de 250 à 450 F la chambre double. En été, le jardin ombragé et fleuri, la piscine, vous donnent envie de prolonger la sieste... Resto plutôt cher mais bonne cuisine recherchée. Menus de 125 F (formule plat + dessert) à 250 F.

🛏 *Hôtel de l'Orange (maison d'hôte) :* 7, rue des Baumes. ☎ 04-66-77-79-94. Fax : 04-66-80-44-87. Très bel hôtel particulier datant du XVIIe siècle, proposant 6 chambres meublées avec goût. Double à 380 F avec bains et w.-c. et, pour une petite folie, la suite avec terrasse à 650 F. Pour les journées d'été torrides, une piscine bien agréable sur une terrasse surélevée. Un endroit calme et racé, qu'on aime bien. Dommage qu'il y ait si peu de chambres...

Chambres d'hôte

🛏 *Chez Colette Labbé :* 8, av. Émile-Jamais. En direction d'Aubais.

☎ 04-66-77-78-69. Piscine, jardin, sanitaires particuliers. Belles chambres. Compter 330 F pour deux, petit déjeuner compris.

Où dormir aux environs ?

Campings

🛖 **Camping Le Pré Saint-André :** 16, route d'Uzès, à Souvignargues ; à 4 km de Sommières. ☎ 04-66-80-95-85. Ouvert de Pâques à mi-octobre. Ombrage et piscine.

🛖 **Camping de Boisseron :** domaine de Gajan, 34160 Boisseron ; à 2,5 km au sud de Sommières. ☎ 04-66-80-94-30. Un camping 3 étoiles avec restaurant.

Où manger aux environs ?

|●| **Can Peïo** (Chez Peïo) : ☎ 04-66-77-71-83. Entre Junas et Aujargues. Fermé le mercredi, le dimanche soir, la 1re quinzaine de septembre, et de mi-novembre à fin décembre. Un passage à niveau rouge et jaune (Catalunya !) vous ouvre les portes de l'ancienne gare de Junas-Aujargues reconvertie en resto au décor bleu pastel. Les amateurs de cuisine catalane pourront déguster la morue au four, la paella ou la *fideua* (idem avec des pâtes – sur commande), et la fameuse crème catalane. Menu à 120 F le midi. Compter 180 F en moyenne le soir.

Où boire un verre ?

Plutôt que les terrasses situées sur les quais, aux trottoirs étroits et à la circulation dense (surtout l'été), on s'assoira à celles plus tranquilles du centre (place des Docteurs-Dax), ou, bien agréable, à celle de *L'Esplanade* (vers les arènes, en bordure du Vidourle).

🍸 **L'Esplanade :** esplanade des Arènes. ☎ 04-66-80-98-73. Une grande terrasse donnant sur le mail où les boulistes se retrouvent, avec au bout les arènes. Beaucoup de locaux le week-end et les jours de courses camarguaises.

À voir. À faire

Il faut bien sûr découvrir la vieille ville à pied, en flânant au gré des ruelles et des quais. Énormément de charme !

★ **Le pont romain :** s'il disparaissait un jour, ce serait un drame pour les gens d'ici, car il est à l'origine de la ville. Il date de l'empereur Tibère (19-31 après J.-C.) et mesure près de 190 m. Il est très bien conservé, mais il a été restauré au fil des siècles. Son ennemi : les vidourlades ! Mais qu'on se rassure ! Le Vidourle a été aménagé et les crues sont de plus en plus rares.

★ **La tour de l'Horloge :** après avoir traversé le Vidourle en venant de Montpellier, on aperçoit la tour, construite à l'époque médiévale avec son beffroi et sa cloche, dans le prolongement du pont. Sa rénovation lui a redonné tout son éclat.

★ *Les quais :* ombragés par les platanes, on y trouve quelques terrasses sympathiques serrées entre la route et la rivière. En contrebas, juste au bord du Vidourle, c'est le paradis des boulistes.

★ *La place des Docteurs-Dax :* au fait, qui sont ces mystérieux docteurs Dax? Des Sommiérois célèbres pour avoir localisé pour la première fois le centre cérébral du langage. Curieuse place! On se trouve en vérité sous les quais car les maisons sont construites sur des arches destinées à les protéger des crues. On y accède par un petit passage couvert de graffiti, juste à gauche après le porche de la tour de l'Horloge. Les salles des cafés des quais ouvrent par l'arrière sur la place. Endroit calme et agréable. Marché très animé le samedi matin, et marché artisanal le mercredi soir en été.

★ *La promenade dans les vieilles rues de Sommières :* taillée à flanc de colline, la *rue de la Taillade* est bordée de nombreux hôtels particuliers des XVIIe et XVIIIe siècles. Voir la *rue Bombe-Cul* (sera-t-elle le passage érotique de votre périple sommiérois?) et ses voûtes très anciennes.

★ *La rue Antonin-Paris :* belle rue piétonne et marchande.

★ *La montée des Régordanes :* à ne pas louper. On remonte dans le temps. On pourrait y croiser un tanneur du XVIIIe siècle, un soldat du Grand Siècle ou un vieux moine cordelier égaré. La montée des Régordanes grimpe à flanc de coteau jusqu'à la tour du Château. Superbe vue sur la ville et les environs.

★ *La tour du Château :* attention à ne pas confondre cette belle ruine imposante avec le château de Villevieille toujours habité, que l'on aperçoit d'ailleurs de la tour du Château. Visite payante entre 16 h et 19 h.

★ *Le musée de l'Enfance et du Jouet ancien :* 17, quai Cléon-Griolet. ☎ 04-66-80-24-05. En saison et pendant les vacances scolaires, ouvert tous les jours de 10 h 30 à 19 h 30; le reste de l'année, ouvert les mercredi, samedi et dimanche, de 10 h à 19 h. Payant. Petit musée privé présentant de jolis jouets (seconde moitié du XIXe siècle aux années 60), des poupées aussi et quelques saynettes tout à fait poétiques, ayant trait aux contes (Petit Chaperon rouge, etc.) et aux rêves enfantins. Très mignon dans l'ensemble, mais un peu à l'étroit.

Manifestations

– *Les courses camarguaises :* d'avril à fin septembre, le plus souvent le dimanche après midi. Vraiment sympa. 50 F la place.
– *Fête médiévale :* le 1er week-end d'avril. Fête costumée avec musiciens et tout. Une certaine affluence, et même, dirions-nous, une affluence certaine. Affluons!

Aux environs

★ *Le château de Villevieille :* situé sur une belle colline à 1,5 km de Sommières en direction de Nîmes. ☎ 04-66-80-01-62. Du 1er juillet au 15 septembre, ouvert tous les jours de 14 h 30 à 18 h 30; après la rentrée des classes, le dimanche après-midi seulement; entrée payante l'hiver sur réservation. À voir en fin d'après-midi, quand la façade du château prend des tons ocre. Magnifique bâtisse du XIe siècle. Saint Louis y séjourna en 1243, y décida la construction d'Aigues-Mortes et de Sommières (les deux cités ont un plan inspiré des villes du Moyen-Orient). Le château fut restauré à la Renaissance. Intérieur remarquablement bien conservé : à la Révolution, Villevieille fut épargné car le maître des lieux était un ami intime de Voltaire, de Mirabeau et de Cambacérès chez qui il mourut en 1824.

Autour du château s'étend une sorte de ville haute, ensemble de maisons et de jardins cachés derrière leurs murs de pierre et leur végétation méridionale. C'est tout petit, et très mignon. Les boulevards de l'Aube et du Couchant ont des noms si poétiques ! Mais ce ne sont que des allées campagnardes... Une petite route fait le tour de ce village loin du bruit et de l'agitation.

★ *La chapelle Saint-Julien de Salinelles :* sortir de Sommières, direction Salinelles. À 2 km, sur la gauche, un chemin mène à la chapelle, au milieu des champs de vigne. Un petit édifice roman, intéressant par la juxtaposition de deux chapelles, des XIe et XIIe siècles, sur une butte avec son cimetière. Pour voir l'intérieur, téléphoner à René Peyrolle : ☎ 04-66-80-01-95. Prétexte à une belle promenade dans la campagne.

★ Nombreux vieux *châteaux* dans les villages environnants : à Souvignargues, Junas, Aubais, Lecques.

Manifestation aux environs

– *Les rencontres de la Pierre :* à Junas (6 km à l'est de Sommières). Début juillet, sur 3 jours. Concours de tailleurs de pierre, de pétanque aussi, soirées bodega, aubades, bal et feu d'artifice. Un temps fort pour Junas.

LA PETITE CAMARGUE

Gardians, rizières, gitans et flamants roses... Oubliez vos clichés car vous ne verrez rien de tout ça. À moins d'oser franchir les barbelés, de braver les pancartes qui, partout, proclament « chasse gardée », « stationnement interdit »... Alors, vous connaîtrez la douceur des mas au crépuscule et les chevauchées sur la lagune...

La Petite Camargue s'étend à l'ouest du Petit Rhône et confine à l'étang de Mauguio. Dans le Gard, *Aigues-Mortes* et *Saint-Gilles* en sont les deux pôles ; nous y rattachons *Beaucaire,* bordant le Rhône plus au nord face à Tarascon, qui n'en fait pas réellement partie mais en est une des portes d'entrée principales. Dans l'Hérault, voir *Lunel.*

La Petite Camargue présente sensiblement les mêmes caractéristiques que la Grande Camargue : marécageuse et parsemée d'étangs (Scamandre et Charnier). Il y a 2 000 ans, le delta comptait 6 Rhônes dont un qui longeait les Costières et se jetait dans l'étang de Mauguio.

Toute cette région jusqu'à Nîmes et ses alentours voue un culte particulier au taureau. Et cela depuis la plus haute Antiquité. Des taureaux venus d'Europe centrale se seraient fixés ici, les autres auraient continué vers l'Espagne. Deux races différentes, deux civilisations différentes.

La bouvine

Le taureau camarguais

Il se reconnaît à ses cornes en forme de lyre, le front étroit, les grands yeux vifs et saillants. Si, si, croyez-nous, nous les avons vus de près ! Cornes longues gris foncé à la base, blanc crème au milieu et noirâtres à l'extrémité. L'encolure mince et allongée, les hanches serrées, la cuisse longue, un

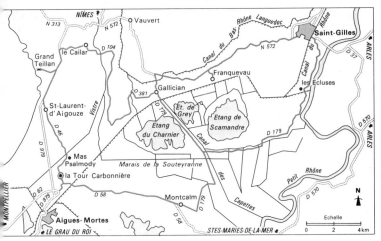

LA PETITE CAMARGUE

« minet » comparé à son cousin espagnol, trapu et puissant. Il dépasse rarement 1,30 m et ne pèse pas plus de 400 kg.

Toujours en groupe en bordure des marécages, broutant quelque bouquet de saladelle (à ce propos, la saladelle se cueille au printemps ; vous pourrez la conserver un an, très décorative), il fuit, à l'approche de l'homme, se cache dans les roseaux ou se réfugie auprès du *simbéu* (« le symbole », un taureau qui porte clochette et qui joue le rôle de rassembleur).

C'est un animal rustique qui ne connaît pas l'étable ; l'hiver il prend des allures de mini-bison avec son poil frisé. Sa constitution le prédispose aux jeux, dont la course camarguaise ou course à la cocarde est le sommet. Tout village digne de ce nom organise des courses. Mais avant d'entrer dans l'arène, le « biou » subit quelques épreuves qui sont autant d'occasions de festoyer.

– *La ferrade ou marquage des bêtes :* obligatoire pour la course camarguaise, indispensable pour les reconnaître si elles se fourvoient dans un troupeau voisin. L'opération se déroule selon un rituel précis et dans une ambiance de fête. N'espérez pas assister à d'authentiques ferrades en juillet et août, ce n'est pas la saison, les taureaux participent aux courses. Donc méfiance si l'on vous en propose à cette époque. L'« anouble », jeune veau de l'an, est isolé. Les invités ont l'honneur d'arrêter l'animal et d'aider à le maintenir, le manadier inscrit alors au fer la marque de sa manade et le numéro de la bête.

– *Les escoussures :* l'opération consiste à couper un morceau d'oreille selon une forme précise (le manadier très habile ne fait pas de mal à sa bête).

Selon la légende, les taureaux les plus braves sont enterrés debout. Vous serez frappé par les monuments qui leur sont dévolus : Lou Sanglier au Cailar, le mémorial de Beaucaire, le monument à Goya. On ne connaît qu'une stèle en hommage aux gardians de la manade Aubanel qui ont sacrifié leur vie « per fe di biou », par amour du taureau. Elle est située dans les prés du Cailar, près du Vistre. Quant au marquis de Baroncelli, il serait enterré entre son cheval sellé et son taureau.

La course proprement dite

Pour prétendre connaître la Petite Camargue, il faut s'initier à la course de taureaux. Pas question de mise à mort ici, le sang ne coule pas dans les courses, sauf parfois – rarement – celui des hommes qui peuvent se blesser en ratant une esquive ou un saut.

La tradition remonte au XVIe siècle. Les fermiers s'ennuyaient le dimanche, après la messe. Ils se mirent à braver le taureau. Au XVIIIe siècle on eut l'idée de lui coller une cocarde : bleu, blanc, rouge, évidemment (dans sa forme actuelle depuis le XIXe siècle). Comme à Saint-Laurent-d'Aigouze, l'un des hauts lieux de la bouvine, les arènes faisaient corps avec l'église, toril et sacristie confondus. Sans doute une idée des protestants qui voulaient narguer les catholiques en faisant débuter les courses à 11 h, heure de la messe ! De nos jours, la vache de 11 h... sort à 12 h 30.

Les courses sont entourées de rites :

– *L'abrivado :* les taureaux se rendent des prés aux arènes encadrés par des gardians à cheval. Il arrive que les taureaux s'échappent.

– *L'encierro :* les taureaux sont lâchés dans les rues de la ville. Imaginez le spectacle, la musique, les taureaux, les spectateurs qui fuient, grimpent aux arbres ou se réfugient dans les cafés, pas forcément un bon plan. Ici, les taureaux boivent le pastis. On triche un peu, certaines rues sont barricadées, ce qui limite les risques !

– *Le bandido :* c'est le retour au bercail de l'arène au *paty* (prés), même principe en sens inverse de l'*abrivado*.

Les grandes courses

La saison démarre avec la course de Marsillargues, le 1er dimanche de mars, et s'achève à Marsillargues toujours le dimanche suivant le 11 novembre. Le principe de la course est simple : il faut enlever, de la façon la plus élégante qui soit, une cocarde et des glands savamment agencés sur le front du taureau et autour des cornes, au moyen d'un crochet. Un razet idéal, beau, élégant, efficace, part de la barrière, attaque le taureau de trois quarts face, puis retourne à la barrière en formant un arc de cercle. Allez-y, les royales ne manquent pas de panache.

Pendant les fêtes locales, qui durent bien dix jours, il y a une course quotidienne, parfois gratuite en semaine, entourée des rites taurins, concerts et animations qui s'imposent. À noter que certaines arènes (Marsillargues, Saint-Laurent-d'Aigouze...) sont classées monuments historiques en tant que lieux de culture régionale.

Pour avoir les dates de ces manifestations, qui ont lieu pour la plupart en juillet et août, se renseigner auprès du Comité départemental de tourisme ou des offices du tourisme des sites même. Les fêtes et les courses les plus importantes se déroulent, dans le Gard, à *Beaucaire, Saint-Laurent-d'Aigouze, Vauvert, Sommières, Aimargues,* et, dans l'Hérault, à *Mauguio, Lansargues, Marsillargues* et *Pérols*.

La corrida

Pas question de gloser à longueur de pages sur cette pratique jugée « barbare » par les uns et défendue par d'autres comme étant « un art ancestral, partie intégrante de la culture d'une population ». Nous, on n'aime pas vraiment, mais force est de reconnaître que ce combat entre homme et taureau, même s'il peut impressionner, a quelque chose de fascinant.

Pour ceux qui ne sont pas *aficionados*, voici quelques repères permettant de suivre une corrida sans trop de problème. Attention, on ne vous dit pas : « Il faut y aller, c'est génial ! », on vous informe !

Une corrida est, avant tout, un combat mettant en scène un taureau. Elle se déroule suivant un protocole bien précis. Tout commence par un défilé préliminaire, le *paseo,* deux hommes à cheval en costume sombre s'avancent vers le président, suivis par les trois matadors et leurs équipes de *peones* et de picadors à cheval. Le rituel commence. Il se compose de trois phases appelées *tercios*.

Le taureau entre dans l'arène. Les *peones* font d'abord courir l'animal pour que le matador étudie son adversaire. Quand il le décide, il exécute quelques passes. La présidence ordonne alors l'entrée des picadors. Le *tercio* de piques commence. Une bonne pique est portée au *morillo* (protubérance musculaire en arrière de la nuque). Il s'agit de calmer la fougue initiale du taureau sans pour autant réduire sa puissance et surtout de modifier son port de tête par la lacération du morillo. Le taureau doit prendre deux piques. S'il ne les supporte pas, l'éleveur en sera vraiment humilié.

Ensuite vient l'épisode des banderilles, plus connu du grand public. Ce sont des bâtonnets de 70 cm de long finis par des harpons. Le torero va les placer par paires toujours sur le morillo, un peu en deçà des blessures dues aux piques. Pour qu'une pose soit réussie, le *banderillero* doit marquer un temps d'arrêt, avoir les pieds joints au moment où il plante les banderilles. La sonnerie des clarines retentit alors. C'est le début du *tercio de muleta*. Le matador se présente devant la présidence avec son épée et la muleta, un bâton de 50 cm avec le fameux tissu rouge. Il s'ensuit une série de passes, des « naturelles », des « statutaires », des « manoletinas »... C'est là que le public crie les « olé » de rigueur.

Ultime phase, l'estocade portée avec l'épée. Pas besoin de faire un dessin, même s'il y a des règles très précises. Le matador dispose d'un quart d'heure pour cette troisième phase. À la demande du public, il est récompensé par une oreille. La seconde oreille est accordée par le président à sa propre appréciation. Exceptionnellement, on accorde la queue. Qu'on se rassure, le règlement prévoit que si le taureau a été brave et noble, il peut rester l'*indulto* (la grâce). Mais cette pratique reste rarissime.

On peut voir des corridas à Nîmes pendant les ferias, à Beaucaire fin juillet, à Saint-Gilles mi-août, au Grau-du-Roi pour la feria de mai ou en été, ou encore à Vauvert ou Sommières.

Adresses utiles

■ *Safari Camargue :* une bonne prestation. Découverte du milieu naturel, des taureaux et chevaux en manade, des flamands, etc., en véhicule tout terrain et accompagné par de vrais Camarguais, manadiers parfois. Contact : *Le Gitan*, 6, rue des Alliés, 30240 Le Grau-du-Roi. ☎ 04-66-53-04-99.

■ *Loueurs de bateau :* eh oui, le bateau est un moyen de transport bien sympa dans ce secteur, que traverse le *canal du Rhône à Sète*. Quelques loueurs spécialisés. À Aigues-Mortes, *Le Pescalune :* M. Griller, B.P. N76. ☎ 04-66-53-79-47. Fax : 04-66-53-86-47. De Saint-Gilles, avec *Blue Line Camargue :* 2, quai du Canal. ☎ 04-66-87-22-66. Ou *La Salicorne :* ☎ 04-66-87-33-29.

LE GRAU-DU-ROI (30240) – PORT-CAMARGUE (30240)

À l'origine, un petit port de pêche le long du passage naturel entre l'étang et la mer, le « grau » en occitan. D'Henri IV à Napoléon, nombreux sont les souverains qui se sont penchés sur le destin de ce village. De nos jours, station balnéaire hypertouristique, Le Grau a su conserver au centre un certain charme avec ses chalutiers – deuxième port de pêche de la Méditerranée. La nouvelle station de Port-Camargue intéressera surtout les amateurs de cliquetis de mâts superbes dans le vent. Et ils seront servis : avec 4 350 anneaux, Port-Camargue est le premier port de plaisance d'Europe.

La promenade à pied, dans cet univers d'immeubles et de canaux, est fastidieuse. Mais un petit tour s'impose sur le quai d'honneur (non loin de la capitainerie). Les fanas de ketchs, goélettes ou trois-mâts se régaleront. Les plus grosses unités de plaisance de la côte y sont concentrées. Même si, bien souvent, leur port d'attache se nomme Hambourg, Londres ou... Sydney.

Adresses utiles

◘ *Office du tourisme :* 30, rue Rédarès. ☎ 04-66-51-67-70. Fax : 04-66-51-06-80. Ouvert tous les jours ; d'octobre à mai, de 9 h à 12 h et de 14 h à 18 h ; en juin et septembre de 9 h à 20 h ; en juillet et août, de 9 h à 23 h 30. Accueil remarquablement polyglotte (l'hôtesse qui nous a reçus parlait au moins cinq langues).

■ *Location de vélos : Cyclo New Style,* rue du Stade. ☎ 04-66-53-08-06. Également *Holidays Bikes,* av. de Camargue. ☎ 04-66-51-33-19. Tarifs compétitifs (malgré des cautions parfois un peu élevées !). Matériel fiable. Loue aussi des motos.

Où dormir ?

Prix moyens

♠ *Hôtel Bellevue et d'Angleterre :* quai Colbert. ☎ 04-66-51-40-75. Fax : 04-66-51-43-78. D'assez nombreuses chambres dans cet établissement situé aux premières loges — entendez sur le quai le plus animé du Grau-du-Roi —, plutôt gentilles et bien tenues à ce qui nous a semblé. Et pas bien chères : la double de 180 F (cabinet de toilette) à 280 F (douche et w.-c.), tarifs assez concurrentiels.

♠ *Hôtel Le Maray :* quai Christian-Gosioso. ☎ 04-66-51-12-51. Fax : 04-66-51-12-60. Fermé de novembre à janvier. À l'extérieur il est banal, mais les chambres sont toutes impeccables, d'une propreté rare. Bon confort (douche ou bains, w.-c., TV satellite), mais déco un peu terne. Accueil très courtois. De 295 à 325 F la double selon confort et saison.

Bien plus chic

♠ *L'Oustau Camarguen :* 3, route des Marines, à Port-Camargue. ☎ 04-66-51-51-65. Fax : 04-66-53-06-65. Fermé de mi-octobre à fin mars. À l'écart de l'animation. Tout simplement parfait, tant au niveau de l'accueil, aimable et doux, que des prestations (piscine, jacuzzi) et du cadre : atmosphère camarguo-espagnole et couvre-lit provençal. Bien que récent, beaucoup de charme et très feutré. Pas donné, mais haut de gamme : de 390 à 525 F la double selon la saison. On peut aussi s'y restaurer le soir : spécialités de thon et de lotte. Menus de 167 à 210 F. Demi-pension demandée en saison, de 400 à 450 F par personne.

Campings

De nombreux campings ombragés au bord de la route qui mène du Grau-du-Roi à la plage du phare de l'Espiguette.

Où manger ?

Bon marché

|●| *Le Cardinal :* 14, rue du Levant. ☎ 04-66-51-46-83. Fermé le samedi hors saison. Cadre un peu sombre. Populaire et bondé, c'est un peu la

cantine du coin, où l'on vous sert une cuisine simple et locale. Menus à 60, 84 et 140 F. Apéro offert à nos lecteurs.

|●| *Le Boucanier :* centre commercial du Boucanet, av. de Bernis. ☎ 04-66-51-72-31. Fermé le lundi hors saison. Cuisine familiale et copieuse. On a apprécié les moules gratinées à volonté, et la création maison : les « moules-palourdes à la Boucanier » (à la carte). Menus de 69 à 135 F.

Prix moyens à plus chic

|●| *Le Chalut :* 2, rue du Commandant-Marceau. ☎ 04-66-53-11-61. Fermé le lundi (le midi uniquement en saison), et pendant la 1re quinzaine de janvier. Ce petit restaurant comptant quelques tables en terrasse, rive droite du canal, face au pont tournant, sert sans désemplir (gage de fraîcheur) du poisson bien mis en valeur – sauces et légumes OK – et des coquillages par douzaines de mille. Comme le service et

l'accueil sont aimables, et les tarifs honnêtes (menus à 80, 105 et 148 F), l'adresse connaît un franc succès. Mérité, ça oui !

|●| *Le Gafétou :* 6, av. Frédéric-Mistral (face à la promenade de la plage). ☎ 04-66-51-60-99. La salle bien claire et bien propre, tout en bleu et blanc, donne en grand sur la plage et la mer. Le décor est planté : on vient ici pour les poissons et les coquillages. On se régale plutôt, les produits sont frais (poisson du jour pêché par le chalutier *Verseau*). Menus à 98 et 165 F (plateau de fruits de mer dans ce dernier). Service soigné.

|●| *L'Amarette :* centre commercial *Camargue 2000,* Port-Camargue. ☎ 04-66-51-47-63. Fermé le mercredi hors saison, ainsi qu'en décembre et janvier. Très très *clean,* mais on a aimé la belle vue sur la baie, la fraîcheur des fruits de mer, la qualité du poisson. À partir de 190 F. Apéritif offert à nos lecteurs. Terrasse panoramique.

Où boire un verre ?

Parmi les nombreux bars du quai Colbert, deux nous ont immédiatement séduits :

❢ *La Marine,* au n° 31, assez chic, avec ses fauteuils en osier et coussins bleus, et ses serveurs assortis. Fait aussi piano-bar et petite restauration.

❢ Et, un peu plus loin, le *Grand Café de Paris,* avec sa belle véranda, ses tables basses et ses animations musicales (fermé de mi-octobre à mars).

LE GARD

À voir. À faire

★ *Le palais de la Mer :* av. du Palais-de-la-Mer. ☎ 04-66-51-57-57. Fax : 04-66-51-55-00. Ouvert tous les jours ; de 10 h à 18 h de janvier à avril et d'octobre à décembre ; de 10 h à 20 h en mai, juin et septembre, et jusqu'à 22 h en juillet et août. Spectaculaire, les requins qui passent au-dessus de vos têtes et les poissons rares aux couleurs fluo. Ne pas manquer le *musée de la Mer* qui retrace la vie du Grau. 43 F la visite pour les deux.

★ *Observatoire des oiseaux de Camargue :* route de l'Espiguette. Réalisé dans un cabanon au bord de l'étang, l'observatoire permet de découvrir une vingtaine d'espèces (sterne, huîtrier-pie, aigrette, etc.). Permanence assurée en soirée l'été.

★ *La plage et le phare de l'Espiguette :* sans conteste l'une des promenades les plus surprenantes : des dunes, la mer. Attention, une dune peut en cacher une autre, est-ce un mirage ? Très prisé, cela dure pendant 18 km, on sème assez vite les tire-au-flanc, d'ailleurs la plage est fréquentée par des naturistes. Parking payant (22 F la minute comme la journée) près du phare. On garantit des kilomètres de nature vierge de toute construction. Sur la plus haute dune, panorama des Pyrénées (Canigou) au Ventoux et aux Cévennes. À l'est, on peut aller jusqu'à la prise d'eau des salines d'Aigues-Mortes, 8 km environ, à l'ouest jusqu'à Port-Camargue, par les campings. Une ligne régulière de bus municipaux assure la navette entre les campings et la très belle plage de l'Espiguette en saison. Grand parking sans ombre, mais surveillé dans la journée. Attention toutefois aux vols. On accède à la plage par un sentier à travers les dunes. Possibilité de louer des parasols et des matelas sur place. Une petite baraque en bois vend des sandwiches et des boissons fraîches.

– *Promenades et pêche en mer :* une balade qui a toujours ses adeptes. Un peu trop de monde, bien que les trois bateaux accueillent chacun 50 personnes et plus. Réservation et départ au quai Colbert.

– *Autres promenades :* se renseigner à l'office du tourisme (voir « Adresses utiles »). Un plan vous sera gracieusement donné par les hôtesses.

– *Équitation : Ranch du Phare,* route de l'Espiguette. ☎ 04-66-53-10-87. Fermé en janvier. Promenades dans les dunes et au bord de la mer. 10 % de réduction sur présentation du guide. *L'Écurie des Dunes.* ☎ 04-66-53-09-28. Propose en outre des leçons et stages de monte gardianne. Pour apprendre, entre autres, à trier et mener les taureaux !

Manifestations

– *Fêtes traditionnelles :* mi-juin et début septembre, avec joutes languedociennes et courses camarguaises.
– *Festival du Jazz :* en juillet. Sympa et sans prétention.

Achats

– *La Maison méditerranéenne des Vins et des Produits du Gard :* route de l'Espiguette. ☎ 04-66-53-07-52. Fax : 04-66-51-52-16. Ouverte toute l'année, tous les jours : de 9 h à 21 h en juillet et en août, de 10 h à 12 h et de 15 h à 19 h de septembre à juin. Exposition et vente de produits régionaux dans un cadre méridional. Les meilleurs vins et apéritifs du Sud, les plus goûteuses spécialités culinaires du Languedoc et de Provence sont là : plats cuisinés, huile d'olive, riz de Camargue, foie gras, miel, confitures... Librairie, objets d'art et soie des Cévennes en prime.

AIGUES-MORTES (30220)

« Plat désert de mélancolie, frissonnant de solitude »... Aigues-Mortes vu par Barrès ne reflète pas entièrement la réalité, mais force est de reconnaître que ce bout du monde planté entre lagunes, marais et canaux, enfermé entre ces remparts, ne peut que susciter l'admiration du visiteur. Ce modèle d'architecture militaire médiévale destiné à défendre la porte vers l'Orient du royaume de France est devenu un lieu touristique très prisé et heureusement largement préservé des errances qui ont défiguré d'autres sites en France. Aigues-Mortes offre une part de rêve, un soupçon d'irréel à quiconque l'approche.

Un peu d'histoire

Né de la volonté de Louis IX, le port connut un rapide essor. C'est d'ici que le roi partit pour les croisades alors que le port n'était encore qu'au début de son aménagement, dominé par une tour en bois édifiée par les Mérovingiens, la « Mafatère », et par l'abbaye des moines de Psalmody. Dotée d'une charte qui en faisait une véritable « zone franche », destinée à attirer les marchands de la Méditerranée, Aigues-Mortes devint rapidement un passage incontournable. Et donc, par souci de protéger la ville, alors seul port méditerranéen du royaume de France, Louis IX fit construire en hâte la tour Constance. Après sa mort, vingt années suffirent à l'édification de l'enceinte, flanquée de 15 tours et percée de 10 portes.

Pratiquement pas de rues perpendiculaires, une astuce pour empêcher le vent de s'engouffrer dans la cité.

Une anecdote pleine de sel : en 1421, les Bourguignons s'emparent de la ville, chassant les Armagnacs, qui trouvent refuge dans les Cévennes – pour revenir, féroces et revanchards, dix ans plus tard, à la faveur de la nuit ! L'effet de surprise aidant, les Bourguignons furent décimés et saignés pire que des porcs. C'est pourquoi, par mesure d'hygiène, leurs corps furent empilés dans l'une des tours, avec entre chaque couche une épaisseur de sel ; et hop, un bonhomme, du gros sel, un bonhomme, du gros sel ! La tour ainsi garnie a pris, fort logiquement, le nom de tour des Bourguignons salés. La ruine allait frapper Aigues-Mortes. Désertion du port, désastres climatiques, insalubrité des marais mal entretenus plongèrent la ville dans une grande misère. Ajouter à cela des épidémies de peste, de choléra, des affrontements relatifs aux problèmes de religion, la vie devenait difficile. Au XVIIe siècle, le port fut définitivement condamné et la ville se transforma en une prison de femmes où furent enfermées, entre autres, les protestantes. Au XIXe siècle, la ville tombe dans l'oubli.

Adresse utile

🛈 **Office du tourisme** *(plan A1) :* porte de la Gardette, B.P. 32. ☎ 04-66-53-73-00. Fax : 04-66-53-65-94. Ouvert de 9 h à 12 h et de 13 h 30 à 18 h ; l'été, de 9 h à 19 h. En juillet et août, 3 fois par semaine, visite guidée de 1 h 30 (musée d'Archéologie, chapelle des Pénitents-Gris et des Pénitents-Blancs, église Notre-Dame-des-Sablons, place Saint-Louis...).

LE GARD

Où dormir ?

Assez bon marché

🛏 **Hôtel-restaurant L'Escale** *(plan B1, 10) :* 3, av. de la Tour-de-Constance. ☎ 04-66-53-71-14. Fermé d'octobre à février. Un hôtel-bar-restaurant à l'atmosphère simple et populaire, situé face aux remparts. À table et au bar, pas mal d'habitués, prenant le pastis ou déjeunant à bon prix (menus de 59 à 99 F) ici plutôt que dans la cité submergée de touristes. Chambres simples mais impeccables (nous vous conseillons celles au-dessus du bar, équipées de la clim). De 160 à 190 F la double. Accueil naturel et aimable.

De prix moyens à plus chic

🛏 **Hôtel des Croisades** *(plan A1, 11) :* 2, rue du Port ☎ 04-66-53-67-85. Fax : 04-66-53-72-95. Fermé du 15 novembre au 15 décembre et du 15 janvier au 15 février. Hors les murs, mais juste en face et au-dessus du canal. Un établissement récent, un accueil des plus chaleureux, une ambiance coquette et feutrée. Chambres doubles à 250 et 270 F, avec douche ou bains, clim et TV (remise de 10 % sur présentation du guide hors saison). Animaux non admis. Très bon rapport qualité-prix.

♣ *Hôtel Saint-Louis (plan A1, 12) :* 10, rue de l'Amiral-Courbet. ☎ 04-66-53-72-68. Fax : 04-66-53-75-92. Fermé du 15 novembre au 15 mars. Dans une petite rue près de la place. Une vieille maison de caractère, classée par les Beaux-Arts, un patio, et des meubles de goût. À voir, les w.-c. en forme de trône. De 320 à 430 F la double. Restaurant jouissant d'une bonne réputation. Menus de 98 à 195 F.

Plus chic

♣ *Hôtel-restaurant Les Arcades (plan B1, 13) :* 23, bd Gambetta. ☎ 04-66-53-81-13. Fax : 04-66-53-75-46. Restaurant fermé le lundi (le midi uniquement en saison) et le mardi midi. Voici le « gastro » d'Aigues-Mortes et son hôtel de caractère et de grand charme, dans la vieille ville mais un peu en retrait du brouhaha central. Dans cette an-cienne et noble bâtisse à murs épais, des chambres de standing, spacieuses et belles, à 480 F la double, petit déjeuner compris. Piscine. À table, une cuisine classique et régionale parfaitement servie et exécutée, qu'on déguste aux tables nappées de blanc, en terrasse ou en salle. Beaucoup d'habitués, ou touristes venus sur les conseils de guides bien informés. Spécialités d'huîtres chaudes et de morue à l'aïoli, entre autres. Menus à 130, 165 et 195 F. Un établissement somme toute d'un bon rapport qualité-prix. Jouxtant l'hôtel, une boutique de produits régionaux, artisanat ou spécialités culinaires.

Chambres d'hôte

♣ *Côté Maison :* 10, rue des Travailleurs (perpendiculaire au boulevard Diderot, face aux remparts). ☎ et fax : 04-66-53-86-30. N'ayez crainte, dans cette rue des Travailleurs vous serez au repos, bien relax et tranquille chez Anne Bertocci, sculpteur de son état. 2 chambres (pour non-fumeurs uniquement) plutôt charmantes, avec sanitaires indépendants, à 275 F pour deux, petit déjeuner compris. Minuscule patio pour le prendre.

Où dormir aux environs ?

♣ *Hôtel Lou Garbin :* 30, av. des Jardins, 30220 Saint-Laurent-d'Aigouze. ☎ 04-66-88-12-74. Fax : 04-66-88-91-12. Sur la droite de la route de Nîmes, à 7 km d'Aigues-Mortes. Jeune patron gentil et amoureux de sa Petite Camargue et de son village (où les arènes sont au centre de tout, flanquées de l'église et bordées de cafés à terrasses) qu'il vous fera connaître avec joie. Chambres à l'hôtel ou en bungalow autour de la piscine, toutes de bon confort (douche ou bains, w.-c., TV) de 240 à 274 F la double. Dommage que de la piscine on voit et on entende un peu la nationale, distante de 100 ou 200 mètres : mais bientôt les arbustes auront poussé. Boulodrome, barbecue, restauration possible.

Où manger ?

Bon marché

|●| *La Movida (plan A1, 20) :* rue du 4-Septembre. 1re rue à droite en montant la Grand-Rue. ☎ 04-66-53-61-96. Fermé de novembre à fin fé-

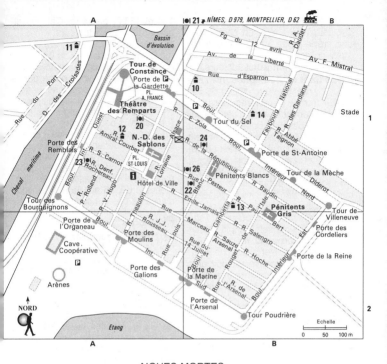

AIGUES-MORTES

▲ Où dormir ?	|◖| Où manger ?
10 Hôtel-restaurant l'Escale	**20** La Movida
11 Hôtel des Croisades	**21** Abaca
12 Hôtel Saint-Louis	**22** Le Galion
13 Hôtel-restaurant Les Arcades	**23** La Goulue
	24 La Camargue
	26 Le Café de Bouzigues

vrier. À part la musique latino et quelques croquis de *toros,* le décor crème de la jolie petite salle n'a rien de très hispanique. Mais la cuisine l'est vraiment : une dizaine de sortes de tapas froids ou chauds à 12 F, ou des *raciones* (émincé de volaille à la crème, moules Movida) fort bons. Desserts très bons aussi (mousse au chocolat aérienne). Également deux menus à 60 et 90 F.

Prix moyens

|◖| ***Abaca*** *(hors plan par B1, 21) :* 424, route d'Arles. ☎ 04-66-53-77-96. À 2 km des remparts, bien indiqué sur la route. A comme Amitié, B comme Bienvenue, Ca comme Camargue. C'est ainsi que le très sympathique et très loquace patron, qui accueille ses clients comme des amis, nous a expliqué le nom de son restaurant. Une grande salle chaleureuse, une jolie terrasse ombragée, et l'on est un peu comme chez soi. La cuisine est d'ailleurs familiale, servie copieusement et fort bonne. Goûter la cassolette de Saint-Jacques, les champignons frais farcis ou le turbot du chef. Le premier

menu est à 79 F, mais on peut manger pour moins cher en choisissant une crêpe-repas, car la maison fait aussi crêperie. Café ou coupette de champagne offert à nos lecteurs.

|●| Le Café de Bouzigues *(plan B1, 26)* **:** 7, rue Pasteur. ☎ 04-66-53-93-95. Fermé le mercredi hors saison et 3 semaines en janvier. À l'enseigne du *Café de Bouzigues,* point de bistrot où déguster huîtres et petit blanc, mais un vrai restaurant au décor chaleureux, un rien branché, avec son traditionnel patio. Côté cuisine (d'ailleurs partiellement ouverte sur la salle) rien à redire au papeton d'aubergine, au savoureux poulet fermier rôti à la broche et ses grosses frites maison, ou à la salade de pêches servis au menu à 68 F (sauf samedi soir et dimanche soir). Petite carte attrayante un poil plus chère mais tout de même très abordable (compter 150 F). Service attentionné.

|●| Le Galion *(plan B1, 22)* **:** 24, rue Pasteur. ☎ 04-66-53-86-41. Fermé le lundi hors saison. Dans ce cadre agréable, pierre nue, poutres apparentes, vous pourrez déguster une pierrade du Pescadou (filets de daurade et de loup de mer, accompagnés de 3 sauces et d'un excellent petit gratin de pommes de terre), ou encore opter pour une viande (le patron, charmant monsieur, vous le conseille!). Bref, ici on mange bien, l'accueil est fort sympathique, les prix raisonnables. Menus à 79, 85,

110 et 155 F, ou carte. Café ou digestif offert à nos lecteurs.

|●| La Goulue *(plan A1, 23)* **:** 2 ter, rue Denfert-Rochereau. ☎ 04-66-53-69-45. Fermé de fin septembre à début avril. Régalez-vous d'une bonne cuisine régionale, copieuse, « goulue oblige », et sans chichis, dans une salle au décor soigné ou dans l'un des plus beaux patios de la ville. Addition modérée, service diligent, souvent beaucoup d'ambiance, on y vient aussi pour l'accueil chaleureux des patrons et leur humour décapant. Oreilles chastes, attention! Menus à 62, 96 et 165 F. Attention : n'accepte pas les cartes bancaires.

Plus chic

|●| La Camargue *(plan B1, 24)* **:** 19, rue de la République. ☎ 04-66-53-86-88. Ouvert seulement le soir, tous les jours en saison; fermé les lundi et mardi hors saison. Le restaurant le plus célèbre de la ville, une institution. Ambiance camarguoflamenco dans le jardin. Bien avant les Gipsy, Manitas faisait les beaux jours de ce restaurant avant de devenir une star internationale. On s'y restaure correctement à des prix un peu élevés (menus à 90 et 150 F; compter 200 F à la carte), mais malgré un récent changement de direction l'endroit reste un lieu vraiment agréable. Puis Jean officie toujours aux grillades, alors, ça roule...

|●| En plus chic, le restaurant de l'*Hôtel Les Arcades* est très bien (voir « Où dormir? »).

À voir

– **Visites guidées :** les remparts, la tour de Constance et la tour des Bourguignons salés se visitent dans le cadre de la visite guidée « Les monuments d'Aigues-Mortes », organisée par l'office du tourisme; la chapelle des Pénitents-Blancs, celle des Pénitents-Gris et l'ancienne chapelle des Capucins sont dans le circuit « visite de la ville ».

★ **Les remparts :** le tour fait exactement 1 634 m, la hauteur 11 m, quel en est le volume? Peu importe, ils sont dans un état remarquable, aussi beaux à l'extérieur qu'à l'intérieur.

★ **La tour des Bourguignons salés.**

★ **La tour de Constance :** place Anatole-France. Hors saison, ouverte de 10 h à 17 h (18 h à partir de Pâques); de la Pentecôte à mi-septembre, de 9 h 30 à 20 h. Fermée les jours fériés. La partie la plus ancienne,

190 marches à grimper pour accéder à la terrasse ; panorama inoubliable. Clic-clac, le voilà en boîte.

★ *L'ancienne chapelle des Capucins :* abrite des expositions à l'année. Thèmes variés : peinture, sculpture, artisanat.

★ *La chapelle des Pénitents-Gris :* maître-autel en marbre de Carrare blanc et marbre polychrome, orné d'un impressionnant retable, œuvres d'artistes montpelliérains.

★ *La chapelle des Pénitents-Blancs :* fresque de Xavier Cigalon.

★ *L'église Notre-Dame-des-Sablons :* de style gothique primitif. On est frappé par son extrême dépouillement. Tables d'autels dépourvues de toute décoration, anciennes tables d'ouvriers de ferme. Statue de Saint Louis du XVIIe siècle. Les étonnants vitraux modernes sont l'œuvre du peintre contemporain Claude Viallat.

★ *La place Saint-Louis :* bordée par une ribambelle de cafés, de restaurants touristiques, et de grandes terrasses noires de monde en été. Notre café préféré est *Le Perroquet,* à l'angle de la rue Pasteur.

★ *La Maison du Sel (plan A1) :* 5, rue de la République. ☎ 04-66-53-64-87. Ouverte de juin à début octobre, du mardi au samedi de 10 h à 20 h et les dimanche et lundi de 14 h à 19 h. Topos et petite vidéo sur les marais salants, la fleur de sel, la faune avicole du coin (et même du coin-coin) et le fameux sel *la Baleine.*

★ *Les Salins du Midi :* visite guidée uniquement. Se renseigner à l'office du tourisme. Depuis l'Antiquité, on récolte le sel dans la région. Les sauniers avaient une espérance de vie de 25 ans. Comme le disait un manadier, « les femmes pouvaient donc espérer se marier 3 fois » ! Le faible degré hygrométrique de l'air et le fort ensoleillement favorisent la production. 400 000 t de sel stocké forment de véritables collines (« camelles »). Non, on ne skie pas sur ces pentes blanches.

★ *Listel :* domaine de Jarras. ☎ 04-66-53-63-65. Ouvert de 9 h 30 à 19 h 30 en saison. C'est le domaine viticole des Salins du Midi. Visite des chais et dégustation gratuite. Un vin très particulier puisque les ceps poussent dans le sable.

À faire

— *Petite rando pédestre :* départ d'Aigues-Mortes. Suivre le chemin de halage vers le nord pendant 7 km environ, jusqu'au pont des Tourradons ; tourner à gauche sur une petite route très discrètement balisée. Tout à coup le paysage change : ce sont les prés du Cailar où paissent les taureaux. Une petite route à ornières coupe les prés. Ne jamais traverser les prés, ne jamais ouvrir une barrière, ne jamais exciter les bêtes, un accident est si vite arrivé. On longe ces prés jusqu'au Vistre, un petit ruisseau qui serpente, puis par le mas de Psalmody et la tour Carbonière on rejoint les remparts. C'est long, c'est beau, c'est plat, on est routard ou on ne l'est pas !

Fêtes et manifestations

— *Les Nuits d'Encens :* réparties sur plusieurs soirées d'août, elles proposent un panorama des cultures musicale, théâtrale et artistique du Bassin méditerranéen. Les artistes évoluent dans le cadre somptueux du théâtre de plein air installé au pied de la tour de Constance.

– *Fête de la Saint-Louis :* autour du 25 août (la Saint-Louis), deux jours de fête avec reconstitution historique et cracheurs de feu.
– *Fête locale :* à la mi-octobre, après les vendanges et la récolte du sel. À ne manquer sous aucun prétexte. Des arènes hors les murs. Les gradins ? Des castelets de 2 m de large, on par famille ; on tire au sort l'emplacement. Pendant une semaine le *toro* roi à toutes les sauces : *abrivado, bandido,* courses camarguaises. Peu de touristes, mais tous les habitants et les manadiers des environs. Il faut souligner toutefois que ce genre de fête n'est pas dépourvue de dangers : si les manadiers ont l'habitude d'esquiver les coups de corne ou de faire le mort quand le *toro* leur passe dessus, le néophyte n'a pas de tels réflexes, et risque gros. Attention donc.

LE CAILAR (30740)

Le rond-point par lequel on arrive au village du Cailar est tout un symbole, puisque trois taureaux s'y retrouvent : l'un en sculpture, l'autre en peinture, le troisième en... sépulture. C'est en effet ici que repose à jamais, debout et sous les tridents du gardian, le fameux « Sanglier ». Aucun doute : on entre là dans « La Mecque de la bouvine ». Tous les prés environnants sont occupés par les célèbres manades locales, et la fête votive est ici une institution. Le village en lui-même dégage un charme certain : placette ombragée, ruelles circulaires, vestiges des guerres de Religion... Certes, les possibilités d'activités et d'hébergement sont limitées : Le Cailar n'est pas une métropole hypertouristique, mais un vrai village de Petite Camargue qui mérite le détour.

Où manger ?

|●| *Le Déjeuner sur l'Herbe :* RN572. ☎ 04-66-88-08-77. À la sortie du village, à droite sur la route de Vauvert. Fermé le mardi hors saison, et la 2ᵉ quinzaine de février. Il y a une atmosphère guinguette tout à fait sympathique dans ce charmant restaurant. La salle intérieure est agréable, avec la cheminée et ses nombreux tableaux, mais le but du jeu, c'est de s'installer sur la vaste terrasse, sous les arbres, bref de déjeuner (presque) sur l'herbe. Cadre super donc, service aimable (quoique un peu débordé lors de notre passage) et bonne cuisine. Coquelin de moules et fondue de poireau, lamellée minute de bœuf, sauce languedocienne au banyuls. Assez cher toutefois : menus à 95 F (le midi uniquement) puis 175 et 195 F.

Où dormir ? Où manger aux environs ?

🛏 |●| *La Manadière :* ☎ 04-66-88-02-42. Fax : 04-66-88-50-52. Fermé en février. Facile à trouver : il suffit de suivre la nouvelle signalétique. *La Manadière* se trouve en bordure du Rhony, juste à droite après le pont qui traverse ce petit cours d'eau. La famille Coste vous accueillera avec beaucoup de gentillesse dans cette belle maison de maître, au calme et dans un univers de verdure et de repos. Vous pourrez choisir un séjour « simple » et organiser vos visites comme vous le souhaitez, ou préférer l'option « patrimoine » où l'on vous fera découvrir la région en une semaine. Attention ! La belle et grande maison de maître accueille essentiellement des groupes ; on loge aussi à l'annexe moderne, chambres en rez-de-jardin (avec piscine mais piscine-baquet, assez vilaine bassine énorme). Les familles et individuels sont acceptés à la semaine en juillet et août uniquement. Compter 2 000 F par adulte en pension complète, les enfants payant bien moins cher. Pour les séjours avec visites et activités, se renseigner.

▲ Pour être au cœur de l'événement, nous suggérons de dormir aux **Pierrades,** hameau de Montcalm, 30000 Vauvert. ☎ 04-66-73-52-72. Chambres d'hôte de 170 à 210 F. À l'ombre des ruines du château de Montcalm et au cœur de la Camargue et de ses fêtes. Il y a même des moustiquaires aux fenêtres. Une adresse qui vous enchantera à 21 km des Saintes-Maries et à 12 km d'Aigues-Mortes.

▲ I●I *La Passiflore :* à Vergèze ; à 10 km au nord du Cailar. ☎ 04-66-35-00-00. Fax : 04-66-35-09-21. Un hôtel bien discret et qui ne manque pas de charme, celui d'un mas du XVIIIᵉ siècle, bien retapé et confortable, situé dans un de ces villages ensoleillés que rien ne semble devoir déranger. La double avec douche ou bains et w.-c., coquette et climatisée, de 275 à 335 F. Fait aussi restaurant. Piscine.

I●I *La Broussaillande :* 37, rue des Capitaines, 30600 Vauvert. ☎ 04-66-88-74-68. Fermé le dimanche. Salle en belles pierres et poutres massives, patio aussi et nappes couleur Provence. Menus à 85, 135 et 175 F. Dans le premier, une terrine de poisson puis une *gardiane de toro* correctes, et fromage ou dessert maison. Accueil aimable du patron.

▲ *Hôtel Lou Garbin :* à Saint-Laurent-d'Aigouze (voir Aigues-Mortes, « Où dormir aux environs ? »).

À voir

★ *Le cœur du village :* on peut flâner dans les rues Émile-Zola ou Bernard-Lazare, souvenirs d'une Municipalité farouchement dreyfusarde. Plus récemment, un peintre a décoré tous les panneaux indicateurs de dessins représentant les commerces et administrations : une chouette initiative, unique en France.

★ *La mairie :* place Ledru-Rollin. Elle vaut le coup d'œil, car elle est installée dans une ancienne caserne destinée à héberger les « dragons » venus maintenir l'ordre après la révocation de l'édit de Nantes. On distingue encore les écuries et dépendances. En fait, elle n'a jamais été occupée, les « dragons » ayant disparu avant son achèvement.

★ *L'église Saint-Étienne :* toute proche. Construite au Xᵉ siècle, elle fut trois fois détruite, pillée et reconstruite, la dernière fois en 1703. De roman ne subsiste que la façade qui rappelle celle de la cathédrale de Nîmes. L'intérieur est rustique, mais chargé d'histoire : Saint Louis vint s'y recueillir à plusieurs reprises, notamment avant le départ de la cinquième croisade.

★ *Les aubades ou empègues :* vous aurez sans doute remarqué ces drôles de dessins sur les maisons des villages de Petite Camargue. Autrefois, les jeunes organisateurs de la fête locale passaient de maison en maison récolter quelque argent pour les aider. Pour remercier les donateurs, l'orchestre jouait une aubade et on dessinait sur leur façade le signe de l'année. Cette tradition s'est perpétuée. Chaque année, un sigle est choisi (une tête de taureau, un événement de la vie locale ou nationale) et marqué au pochoir sur les façades, accompagné du millésime et des lettres VLJ (Vive La Jeunesse). On peut encore trouver des *empègues* posées il y a plus de cent ans ! Partez à leur recherche, c'est passionnant.

★ On n'a guère l'habitude de vous parler de boucheries dans le *Routard...* Pourtant, il faut qu'on vous cite la **boucherie de M. Pagès,** située sur le boulevard Gambetta. Tout le monde la connaît, puisqu'elle est spécialisée dans

la viande de taureau, sous toutes ses formes (daube, terrine, saucisson...).
Une viande qui vient d'obtenir l'Appellation d'Origine Contrôlée. Comme
dirait le taureau du coin, on peut difficilement faire meuh !

À voir aux environs

Au Cailar, nous sommes au cœur de la Petite Camargue. D'autres villages
alentour sont bien typiques.

★ **Saint-Laurent-d'Aigouze** *(30220)* est à voir, avec son arène accolée à
l'église, et ses terrasses de cafés tout autour.
– À 5 km au sud, sur la D46, s'arrêter à la **tour Carbonnière.** Elle s'élève,
seule et abandonnée, au milieu des marais. Elle fut autrefois un poste
d'avant-garde de la cité d'Aigues-Mortes. Du sommet, le paysage est forcément grandiose. Accès libre et gratuit, avec ce que cela suppose de manque
d'entretien. Hélas !
Voir le **château de Teillan** à 4 km au nord de Saint-Laurent-d'Aigouze
(☎ 04-66-88-02-38). On le visite, comme le parc arboré et planté de stèles
romaines, sur rendez-vous de mars à novembre, et en été tous les après-
midi sauf lundi.

★ **Vauvert** *(30600)*, qui irrésistiblement fait penser à l'expression fameuse
« au diable Vauvert » (il n'est pas certain qu'il y ait un rapport entre cette
expression, à l'origine obscure, et le nom du village) est situé sur une colline
dominant à peine la Petite Camargue. S'y trouve un *office de tourisme :*
☎ 04-66-88-28-52. Ouvert le lundi de 14 h à 18 h, du mardi au vendredi de
9 h à 12 h et de 14 h à 18 h, et le samedi de 9 h à 12 h.

★ Les modestes villages de **Gallician** *(30600)* et **Franquevaux** *(30640)*,
tournés vers les étangs, sont charmants.
– **Le centre du Scamandre :** route des Iscles à Gallician (Vauvert). ☎ 04-
66-73-52-05. En sortant du Cailar, prendre la direction de Vauvert puis,
après le village, tourner à droite vers Gallician. Vous allez longer le canal des
Capettes, où, en hiver, les sagneurs récoltent les roseaux (sagne) qui serviront de couverture aux toits des maisons d'Europe du Nord ! Le centre se
trouve quelques kilomètres à gauche, après un petit pont. Créé par le syndicat mixte pour la protection et la gestion de la Camargue gardoise, le centre
du Scamandre est ouvert au public depuis 1997. Il offre un milieu naturel et
humain (marais, maisons, etc.) qui est vraiment celui des gens du pays. En
clair, vous ne verrez ici ni folklore, ni boutique de souvenirs. En revanche,
vous pourrez découvrir la faune, la flore, la vie des Camarguais au travers
d'expositions, de sentiers de découverte, de visites guidées... Attention aux
moustiques antipathiques les soirs d'été ! On vous l'a dit : la vraie Camargue,
elle est ici !

SAINT-GILLES (30800)

Au cœur du delta du Rhône. À 20 km au sud de Nîmes, et à 16 km d'Arles,
au centre d'une vaste plaine quadrillée de canaux et de vergers, de rizières
(les seules rizières françaises) et de vignes, Saint-Gilles-du-Gard est réputé
avant tout par la beauté de son abbatiale, chef-d'œuvre de l'art roman en
Languedoc.
Ville bien située, aux portes de la Camargue des étangs et à quelques kilomètres de la mer. Une bonne étape pour ceux qui veulent sortir des sentiers
battus, éviter les foules et rayonner dans l'arrière-pays. Sur les quais du
canal du Rhône à Sète, un curieux paysage industriel de cuves géantes :
non de gaz ou de pétrole, mais d'alcool.

Un peu d'histoire

La ville occupe l'emplacement de l'oppidum d'Héraclée, connu dès l'Antiquité.

Saint Gilles, le protecteur des faibles

À l'origine on trouve, au VIIe siècle, un simple ermitage, fondé par Ægidius (Gilles), anachorète d'origine grecque, toujours accompagné d'une biche qui lui donne son lait... Puis Gilles fonda lui-même le premier monastère. Vers l'an 1000 sa vie est connue dans toute la chrétienté. Un concile se réunit ici en 1042 pour consacrer son tombeau autour duquel les miracles se multiplient.

Un des quatre grands pèlerinages de la chrétienté médiévale

Après Rome, Jérusalem et Saint-Jacques-de-Compostelle, Saint-Gilles-du-Gard, aux XIe et XIIe siècles, est le point de ralliement, le lieu de passage de foules de pèlerins. Ils sillonnent à pied, besace en bandoulière, les chemins de France et d'Europe ; les routards de l'âge roman, ce sont eux en somme ! Il y a ceux qui viennent, parfois de très loin (Belgique, et même Pologne), prier le saint. Ils arrivent harassés du nord de la France, après avoir franchi l'Auvergne et les Cévennes par la voie Régordane, qui aboutit à Saint-Gilles via Alès et Nîmes.
La cité est aussi le passage obligé pour les pèlerins qui se rendent à Saint-Jacques-de-Compostelle au départ d'Arles. Il y a enfin les croisés qui attendent de partir pour Jérusalem. Il faut savoir que Saint-Gilles, port le plus oriental du royaume, était l'un des meilleurs endroits pour s'embarquer vers la Terre sainte. Ça faisait donc beaucoup de monde autour du tombeau ! Il a fallu construire une grande basilique dès 1116, par-dessus la crypte souterraine. C'est cet ensemble qu'on découvre aujourd'hui, orné de ces émouvantes figures du portail d'entrée.

L'âge d'or : les XIIe et XIIIe siècles

La ville compte alors 7 chapelles promues au rang de paroisses. Moines-soldats, hospitaliers, templiers, banquiers y sont très actifs. Les comtes au pouvoir stimulent le commerce.
Le port importe de nombreuses marchandises d'Orient. Mais la création d'Aigues-Mortes par Saint Louis ruinera lentement cette prospérité médiévale.

Adresses utiles

🛈 *Maison du tourisme :* 1, place Frédéric-Mistral. ☎ 04-66-87-33-75. Fax : 04-66-87-16-28. En juillet et août, ouverte du lundi au samedi de 9 h à 12 h et de 15 h à 19 h, et le dimanche de 10 h à 12 h ; hors saison, de 9 h à 12 h et de 14 h à 17 h. On y trouve toutes les infos sur la ville et la région.
■ *Bureau d'accueil des Monuments historiques :* place de la République (face à l'abbatiale). ☎ 04-66-87-41-31. Ouvert de 9 h à 12 h et de 14 h à 19 h (17 h hors saison). Fermé les dimanche et jours fériés. Brochures détaillées sur l'abbatiale, la crypte et les sculptures des trois grands portails d'entrée du sanctuaire. Visite guidée sur rendez-vous pour les groupes.
■ *Piscine :* au *Tennis-Club Le Mirador,* route de Montpellier. ☎ 04-66-87-06-40.
■ *Équitation : Centre équestre de l'Étrier,* chez Albert Cochet, étang de l'Estagel, sur la route de Nîmes.

☎ 04-66-01-36-76. *Centre équestre de l'Éperon,* mas Fourignet, route de Nîmes également. ☎ 04-66-87-23-01.

■ *Location de vélos :* M. Linsolas, quai du Canal. ☎ 04-66-87-23-82.

Où dormir ?

Assez bon marché

🛏 *Hôtel-resto Saint-Gillois :* 1, rue Neuve. ☎ 04-66-87-33-69. Petit hôtel bien situé, juste à côté de la place Gambetta et non loin du port de plaisance, au sud de la ville. Seulement 7 chambres, modestes et propres, donnant sur un patio fleuri ou sur une rue calme. 190 F la double avec douche et w.-c., et 400 F la demi-pension pour deux. Goûtez le taureau à la façon du chef ou les desserts maison.

Prix moyens

🛏 *Hôtel Le Cours :* 10, av. François-Griffeuille, au sud de la ville, à côté du *Saint-Gillois* et du *Globe.* ☎ 04-66-87-31-93. Fax : 04-66-87-31-83. Fermé du 15 décembre au 1er mars. Une grande maison blanche sous les platanes d'une large avenue bien ombragée. Bon accueil. 34 chambres propres, refaites à neuf, avec douche ou bains et w.-c. entre 250 et 320 F la double. Cuisine d'un excellent rapport qualité-prix. Nombreux menus de 62 à 145 F. Rouelles d'encornets à la provençale, *gardiane de toro...* Une bonne adresse à Saint-Gilles. Ascenseur. Café offert à nos lecteurs.

🛏 *Hôtel Héraclée :* 30, quai du Canal ; au port de plaisance, au sud de la ville. ☎ 04-66-87-44-10. Fax : 04-66-87-13-65. Fermé en janvier et février. Sous ce nom de mythe grec se cache un très joli et sympathique hôtel : une maison claire, face au canal du Rhône à Sète où glissent vedettes, coches d'eau et *houseboats...* Bref : l'*Héraclée* nous a bien plu. 21 chambres assez bien arrangées, tissus provençaux, crépi blanc et ventilateur. Les nos 322 et 323 ont une terrasse côté canal ou côté jardin. De 260 à 330 F la double. De plus, c'est très calme. Accueil gentil du patron.

Chambres d'hôte

🛏 *Le Mas du Plisset :* sur la route de Nîmes, à droite avant le garage Citroën. ☎ 04-66-87-18-91. M. et Mme Duplissy proposent 4 chambres donnant sur jardin, avec douche, w.-c. et lavabo. 230 F la nuit pour deux, petit déjeuner compris.

Camping

🛏 *Camping La Chicanette :* rue de la Chicanette, pas très loin du centre. ☎ et fax : 04-66-87-28-32. Ouvert d'avril à octobre. Ambiance sympa et familiale. Piscine et pataugeoire.

Où manger ?

l●l *La Biche Gourmande :* 3, av. Griffeuille. ☎ 04-66-87-04-98. Fermé le mercredi. Cadre simple, dans le goût rustique. Le patron, ex-sidérurgiste, vous reçoit aimablement et propose une cuisine simple et correcte. Parmi les plats « maison », de surprenants accras de morue, que nous avons appréciés. Menus à 63, 85, 150 F, et gastro-nomique à 195 F. Menu enfants à 40 F. Pain maison. Salle coquette et petite terrasse.

l●l *Le Clément IV :* 36, quai du Canal. ☎ 04-66-87-00-66. Dans une salle très agréable, animée de plantes vertes et aux pierres apparentes. *Le Clément IV* propose des menus aux alentours de 115 F. Cuisine traditionnelle et régionale.

Beaucoup de plats de poisson. On aime bien.

⊫ Hôtel Le Cours : voir « Où dormir ? ». Comme il est dit plus haut, une bonne adresse à Saint-Gilles, tant pour le gîte que le couvert.

À voir

★ **L'abbatiale Saint-Gilles :** située en plein centre. On est d'abord étonné par sa faible hauteur. Vu de l'extérieur, l'édifice se résume, à part la tour carrée sur la droite, à une longue façade ornée de trois portails. Cette partie s'appelle l'*église haute,* par opposition à l'*église basse,* qui abrite une vaste crypte où se trouve le tombeau de saint Gilles. Rien d'extraordinaire, pensez-vous, et cependant le charme opère : magie des proportions parfaites, des lignes sobres et pures, et l'on comprend soudain qu'on se trouve face à un chef-d'œuvre achevé de l'art roman. De fait, l'abbatiale Saint-Gilles est l'aboutissement et l'apogée de deux siècles d'iconographie romane, et mériterait d'être mieux connue. Enfin, derrière l'abbatiale se tiennent les ruines du chœur roman et la vis de Saint-Gilles, escalier hélicoïdal, presque unique au monde.

L'ensemble, commencé en 1116 et achevé dans le même siècle, a hélas beaucoup souffert des guerres de Religion et des méfaits de la Révolution : de nombreux visages de la façade ont disparu, ce qui rend encore plus poignant cet évangile de pierre.

● *La façade :* les trois portails auraient été sculptés par 5 artistes différents entre 1140 et 1160, soit 20 ans de travail. Le portail nord, à gauche, présente *L'Adoration des mages* au tympan. À droite, le portail sud montre la *Crucifixion* (au tympan toujours). Mais c'est le portail central qui a le plus d'intérêt ; pas le tympan, mais le linteau. Bien qu'abîmé, il est superbe. Noter la manière dont les yeux, les cheveux, et les vêtements plissés des personnages ont été sculptés.

● *La crypte romane :* date de la fin du XIe siècle. Longue salle à trois nefs, de 50 x 25 m, basse et voûtée. On imagine la foule des pèlerins serrés autour du tombeau du saint. La crypte renferme, en son milieu, le sarcophage de Gilles, le doux saint à la biche, qui fut redécouvert en 1865 par un abbé. À remarquer : le plan incliné dit « escalier des Abbés », le puits, et le tombeau de Pierre de Castelnau qui rappelle la croisade contre les Albigeois.

● *Le chœur roman en ruine :* situé derrière l'abbatiale, à l'extérieur. Il donne une idée de la grandeur de l'abbatiale au Moyen Âge. Avant sa démolition en 1622, le chœur formait une abside de cinq chapelles rayonnantes.

● *La vis de Saint-Gilles :* à côté du chœur. C'est tout ce qui reste de cet escalier hélicoïdal du XIIe siècle, admirable pour son architecture. Vu d'audessous, les marches sont invisibles : voilà ce qui est unique dans cet escalier en pierre.

★ **Visite de la vieille ville :** se garer sur le grand parking gratuit derrière la rue Gambetta, surveillé jour et nuit (excellente initiative au demeurant), et partir à la découverte du cœur de la ville, très intéressant et fort méconnu. On parcourt cinq siècles d'histoire entre les façades romanes (XIIe et XIIIe siècles) et de style Renaissance et moderne. Ne pas manquer les remparts et la porte des Maréchaux (face à l'office du tourisme), la superbe mairie (XIXe siècle) et le panorama qui va avec, place Jean-Jaurès.

★ **La Maison romane** (musée) **:** située sur une placette qui communique avec la place de l'Abbatiale. Ouverte de mars à septembre de 9 h à 12 h et de 14 h à 18 h. Fermée le dimanche. Entrée gratuite. La maison natale du pape Clément IV abrite un musée d'archéologie, d'ornithologie de Camargue et d'ethnographie. De bien jolies collections. Parmi les pièces d'ornithologie,

LE GARD

une buse variable énorme et un hibou grand duc *(budo budo)* très très chouette.

★ *La Maison des Métiers d'Art :* 29, Grand-Rue. ☎ 04-66-87-39-62. Dans un bel hôtel particulier à façade Renaissance, ancienne résidence des comtes de Toulouse, des ateliers d'artisans que l'on peut voir à l'œuvre. Tapissier, potier, sculpteur sur bois... À voir. Boutique également.

À faire

– *Promenades en bateau* sur les canaux du delta, au départ du joli port de plaisance. En profiter pour acheter des produits régionaux au Caveau des vignerons où à la Ronde des vins. Voici quelques adresses :

■ *L'Isle de Stel :* quai du Canal, au port de plaisance. ☎ 06-80-83-82-01. Un bar-resto flottant qui effectue des promenades jusqu'à Beau-caire, Saintes-Maries-de-la-Mer, Aigues-Mortes.
■ *Crown Blue Line :* 2, quai du Canal. ☎ 04-66-87-22-66.

– *Passer une journée dans une manade :* en Camargue, une manade est la ferme où l'on élève les taureaux, les « bious ». Se renseigner à l'office du tourisme, qui vous mettra sur la piste du Minotaure...

Fêtes et manifestations

– *Les Nocturnes de Saint-Gilles :* plusieurs concerts classiques en juillet, et l'une des rares occasions de voir le Cellier des Moines, pas encore ouvert à la visite, mais où se déroulent certaines manifestations.
– *Feria de la pêche et de l'abricot :* mi-août, avec corridas et novilladas.
– *Fêtes votive et locale :* fin août et fin octobre.
– *Marché* très animé les jeudi et dimanche matin, avenue Émile-Cazelles.

Achats

– On peut acheter du *riz de Camargue* à la Rizerie (chemin d'Espeyran, ☎ 04-66-87-30-88), des *alcools* à la distillerie André (chemin Fontaine-Gillienne, ☎ 04-66-87-37-68), des *jus de fruits et de légumes* à la Fermière (route de Fourques, ☎ 04-66-87-30-59). Et voir « comment ça se fait » sur demande.

Quitter Saint-Gilles en bus

🚌 *Gare routière :* 6-8, bd de Chanzy. ☎ 04-66-87-31-32.
– *Pour Arles et Lunel :* un bus par jour, billets au bureau de tabac Blanc, rue Gambetta, à Saint-Gilles.
– *Pour Nîmes :* Les Rapides de Camargue assurent une dizaine de voyages par jour. Informations à la gare routière.

BEAUCAIRE (30300)

Voici la ville rêvée, en tout cas l'une de celles (nombreuses en cette région!) qui nous a semblé sortir d'un rêve – rêve de routard s'entend. En effet, Beaucaire offre au visiteur un ensemble complet, architectural, culturel et hôtelier idéal. Une ambiance de Sud à la fois traditionnel et cosmopolite. Un patrimoine bien préservé et enrichi de bonnes, voire d'excellentes adresses où manger et dormir, à prix doux. Passer un week-end à Beaucaire, c'est passer un bon week-end, assurément!

De nos jours, pour s'y rendre, on n'emprunte plus la diligence immortalisée par Daudet, mais sans doute un train ou une voiture.

La ville connut jadis une activité fébrile pendant la foire de la Sainte-Madeleine, célèbre dans tout le pays comme en dehors des frontières. C'est d'ailleurs pendant cette foire, un certain jour de 1793, que fut rédigé le fameux *Souper de Beaucaire,* dialogue inspiré par une conversation avec les négociants sur la situation du pays, et rédigé par un inconnu devenu illustre, Napoléon Bonaparte.

À Beaucaire plane aussi le souvenir du Drac, sorte de monstre tantôt séduisant tantôt hideux, qui aurait ravi une jeune lavandière pour la garder prisonnière au fond des eaux du Rhône, et lui imposer l'emploi de nourrice, le Drac étant papa d'un petit monstre. L'intention était bonne, mais la lavandière n'était pas forcément d'accord. Le 1er week-end de juin, on promène le Drac, sous la forme d'un dragon.

Aujourd'hui, le vieux château monte toujours la garde, les rues étroites bordées de belles maisons recouvertes de tuiles roses s'étirent nonchalamment. Arriver par Tarascon et traverser le Rhône au coucher du soleil, c'est magique.

Adresse utile

🛈 *Office du tourisme :* 24, cours Gambetta. ☎ 04-66-59-26-57. Fax : 04-66-59-68-51. Ouvert du lundi au samedi d'avril à septembre (plus le dimanche matin en juillet), et du lundi au vendredi d'octobre à mars.

Service dynamique, efficace et souriant : qui dit mieux? Nouveau : en saison, visite guidée (gratuite pour les individuels) du centre ancien tous les mardi et jeudi à 16 h. Départ de l'office du tourisme.

Où dormir?

Prix moyens

🛏 *Hôtel-restaurant Le Parc :* à 4,5 km après être sorti de Beaucaire, sur la route de Saint-Gilles et Bellegarde, sur la droite et en retrait, se trouve cet hôtel charmant, entouré (on s'en doutait) d'un parc arboré. ☎ 04-66-01-11-45. Fax : 04-66-01-02-28. Fermé le lundi soir et le mardi. 7 chambres, propres et jolies, avec lavabo, douche ou bains, de 190 à 260 F la double. Accueil convivial. Au restaurant, des menus de 100 à 170 F, à prendre en salle

ou sur la terrasse ombragée. Cuisine traditionnelle bien de chez nous.

🛏 *L'Oliveraie :* route de Nîmes. ☎ 04-66-59-16-87. Fax : 04-66-59-08-91. Là encore à l'écart du centre-ville, dans un secteur tranquille. Bel établissement avec piscine, et louant des chambres dans le bâtiment principal ou des studios avec terrasse... Un endroit relax. Doubles de 220 à 300 F, avec douche ou bains, w.-c. et TV. Les studios, avec kitchenette, sont à la semaine (se renseigner). Le restaurant tourne plutôt bien et dispense une cuisine familiale méridionale d'un bon rapport qualité-prix. Petit menu du jour à 68 F le midi (vin et café compris), et menus suivants de 80 à 149 F.

▲ *Le Robinson :* route de Remoulins. ☎ 04-66-59-21-32. Fax : 04-66-59-00-03. Fermé en février. La *gardiane de toro,* on connaît. Neuf en douze jours, ça vous dit ? Neuf gardianes dans neuf restaurants camarguais, alors il ne faut pas plaisanter : la gardiane, on connaît. Et celle du *Robinson* était franchement la meilleure. Fondante et goûteuse, accompagnée de riz local, c'était la gardiane idéale, parfaite, et la grande salle à manger, lumineuse, aux larges baies vitrées donnant sur le parc arboré, le service féminin diligent, le bon vin de pays – costières de Nîmes – et pour finir la crème catalane (sans parler de l'entrée : saucisson d'âne et cochonnailles de qualité), tout concourrait au plaisir gustatif ; quel bon moment nous avons eu là ! C'était un « menu du terroir » à 100 F ; autres menus de 70 à 190 F. Après ce gueuleton, au lit : chambres coquettes et confor-

tables, sentant le propre, de 300 à 350 F la double. Accueil souriant et ambiance familiale. Une bonne adresse donc, un peu à l'écart de Beaucaire, très au calme. Piscine, tennis. Apéritif offert à nos lecteurs.

Plus chic

▲ *Hôtel des Doctrinaires :* 6, quai du Général-de-Gaulle, angle rue Rabelais. ☎ 04-66-59-23-70. Fax : 04-66-59-22-26. Bien situé en plein centre-ville, et néanmoins calme. C'est juste derrière une station-service, elle-même cachée derrière de surprenantes arches, que nous avons trouvé la belle cour arborée de cet ancien collège des Doctrinaires, datant du XVIIe siècle. D'emblée le bâtiment, les escaliers et les vitraux aux fenêtres en imposent. Le patio, les voûtes des salles à manger, tout ça en impose décidément. Atmosphère un peu compassée cependant. Compter de 330 à 450 F la double, avec bains et w.-c. Le restaurant *Saint Roman* se présente comme gastronomique ; pour ne rien vous cacher, on ne l'a pas essayé. Menus de 95 à 220 F.

Où manger ?

Bon marché

|●| *Le Soleil :* 30, quai du Général-de-Gaulle. ☎ 04-66-59-28-52. Ouvert tous les jours le midi, et les vendredi et samedi soir. Bonne cantine de quartier, simple et populaire, avec ses habitués au comptoir. Menu à 55 F (70 F le week-end le soir). Cuisine familiale, sans prétention, à base de produits frais. Déco simple et claire.

Prix moyens

|●| *Le Robinson* ou *L'Oliveraie* ont de bien bonnes tables (voir « Où dormir ? »).

À voir

★ *Le château royal :* citadelle puissante pendant le règne de Saint Louis, il domine la ville depuis le XIe siècle, mais a été très remanié depuis, et largement démantelé en 1632. Quelques beaux vestiges du XIVe toutefois : la tour ronde, la grande tour triangulaire et la chapelle castrale. Visite libre des jardins classés dans l'enceinte du château ; en été, de 10 h à 12 h et de

14 h 15 à 18 h 45 ; hors saison, de 10 h 15 à 12 h et de 14 h à 17 h 15. Fermés le mardi et les jours fériés.

★ *La collégiale Notre-Dame-des-Pommiers :* construite par Franque et Rollin au XVIIIᵉ siècle, de style baroque, sa façade curviligne est ornée de bas-reliefs. Rapportée d'un édifice primitif, très remarquable frise romane courant sur le côté droit, et figurant les épisodes de la Passion. Décor intérieur en marbre polychrome et nombreux tableaux de maîtres. Visible pendant les offices.

★ Les beaux *hôtels particuliers* de la rue de la République datant des XVIIᵉ et XVIIIᵉ siècles.

★ *L'hôtel de ville :* place Clemenceau. Tout récemment rénové, c'est une merveille (XVIIᵉ siècle).

★ *La place Vieille* ou place de la République, avec ses belles façades et balcons fleuris, ses arcades et terrasses à l'abri des platanes. Et, depuis peu, le Drac, dragon mythique qui en son temps terrorisait la population, est revenu s'y poser à jamais. Cette sculpture en stuc, de couleurs vives, a été réalisée par une artiste-staffeuse de la région.

★ *Le port de plaisance* et les quais bordés de cafés. On a bien aimé le *Nord au Sud,* tout bleu et jaune, et le *Bar du Midi,* tout rouge et vert. Pour les amateurs, Beaucaire compte aussi une base nautique avec toute activité... nautique !

★ *Le musée Auguste Jacquet :* dans les jardins du château. ☎ 04-66-59-47-61. Ouvert de 10 h à 12 h et de 14 h à 17 h 15 (18 h 45 d'avril à octobre). Fermé le mardi et jours fériés. Archéologie, histoire de la foire, traditions et expositions temporaires.

★ *Les Aigles de Beaucaire :* château de Beaucaire. ☎ 04-66-59-26-72. Ouvert de Pâques à la Toussaint, tous les après-midi sauf mercredi ; en juillet et août, ouvert tous les jours. Démonstrations de 15 h à 18 h en juillet et août, de 14 h à 17 h le reste de l'année. Un lâcher par heure environ. Un spectacle grandiose de rapaces en vol libre, présenté sur fond musical et dans un cadre médiéval. Aigles, vautours, milans, faucons : superbe ballet au-dessus de vos têtes.

★ *Le Monde merveilleux de Daudet :* rue des Anciens-Combattants (esplanade du Château). ☎ 04-66-59-30-06. Ouvert de 10 h à 12 h et de 14 h à 19 h. Très bonnes mises en scène, avec automates, maquettes et sonorisation, du monde d'Alphonse Daudet. Ses fameux contes revivent ainsi, *l'Élixir du Père Gaucher,* la *Mule du Pape,* le *Curé de Cucugnan* ou la *Chèvre de Monsieur Seguin*... Lui-même nous parle, de sa table de travail. Diaporama également. Derrière le musée, les animaux de Daudet : daim, cerf, chèvre et cheval de trait.

LE GARD

Fêtes et manifestations

– *Foire de l'Ascension :* brocante monstre occupant les boulevards Gambetta, Joffre et Foch.
– *La Fête du Drac :* début juin. Tarascon a sa Tarasque, et Beaucaire son Drac. La région était fertile en monstres à l'époque ! C'est le dragon beaucairois qu'on fête pendant 3 jours de traditions.

– *Les Estivales de Beaucaire :* commémorant l'ancienne foire de la Sainte-Madeleine, elles s'ouvrent par un défilé historique le 21 juillet. Expositions, marchés artisanaux, brocante, fête des vins, animation de rues, concerts, courses libres et corridas. Très, très grosse ambiance pour l'une des plus extraordinaires fêtes de la région.
– *Marchés* animés les jeudi et dimanche matin, cours Gambetta et place de la Mairie.
– *Foire à la brocante :* les 1er et 3e vendredis du mois, sur le boulevard Gambetta.
– *Les Beaux Quais du vendredi :* en juillet et août. Artisanat, musiciens et spectacles de rue animent la vieille cité rhodanienne.

Aux environs

★ *L'abbaye troglodytique de Saint-Roman :* à 5 km par la D999, en direction de Nîmes. Bien indiquée. ☎ 04-66-59-26-57 (office du tourisme). D'octobre à mars, ouverte uniquement de 14 h à 17 h les week-ends et jours fériés (mêmes horaires pendant les vacances scolaires de la Toussaint, Noël et février) ; en avril, mai et septembre, ouverte tous les jours de 10 h à 18 h ; en juillet et août, tous les jours sauf lundi, de 10 h à 19 h. À coup sûr, l'un des monuments les plus étonnants de la région, puisqu'il s'agit d'une abbaye troglodytique – unique en Europe – entièrement creusée dans le roc à partir du Ve siècle. La chapelle, les grandes salles, les cellules, tout a été taillé dans la masse, c'est tout de même un sacré tour de force ! Sur la terrasse supérieure, nécropole à ciel ouvert (le cimetière des Sept Nains ?), et vue fantastique sur la vallée du Rhône.

★ *Le Vieux Mas :* Mas de Vegère. ☎ 04-66-59-60-13. Ouvert de 10 h à 19 h. Fermé en janvier. De Beaucaire, prendre la direction Fourques par la D15. C'est à environ 7 km, fléché sur la droite. Reconstitution d'un mas provençal du début du siècle avec les animaux, les outils... et mise en scène de métiers disparus (maréchal-ferrant, bourrelier, sabotier).

★ *Le mas des Tourelles :* route de Bellegarde (D38), à 4 km environ de Beaucaire, sur la droite. ☎ 04-66-59-19-72. Fax : 04-66-59-50-80. Ouvert tous les jours du 1er avril au 5 novembre, de 14 h à 19 h ; le reste de l'année, le samedi de 14 h à 18 h ; en juillet et août, également le matin de 10 h à 12 h. Déguster le mulsum, un vin élaboré et élevé selon les méthodes en vigueur il y a 2 000 ans, puis visiter la cave gallo-romaine reconstituée, avec ses amphores fabriquées sur le site archéologique tout proche. Étonnant au moment des vendanges... à la romaine !

★ *Les bornes milliaires :* par la D999. Après la voie ferrée, tourner à gauche. Faire 800 m et prendre le chemin de l'Enclos d'Argent. Ces « colonnes de César » marquaient, en bordure de la voie Domitienne reliant Rome à l'Espagne, l'emplacement du treizième mille sur les quinze séparant Nîmes de Beaucaire. Il est exceptionnel de les trouver encore en situation.

★ *Vallabrègues (30300) :* à 6 km au nord par la D183. Un petit village spécialisé dans la vannerie. Possibilité de visiter un atelier de vannerie traditionnelle : rue du Moulin-à-huile. ☎ 04-66-59-09-00.

AU NORD-EST DE NÎMES

UZÈS (30700)

> *Ô petite ville d'Uzès ! Tu serais*
> *en Ombrie, des touristes accourraient*
> *de Paris pour te voir !*
>
> André Gide, *Si le grain ne meurt.*

De loin, sous les arbres de la route de Lussan, on aperçoit ces 4 hautes tours médiévales dressées au-dessus des toits de tuile : signes d'un passé glorieux qui lui vaut le titre de « premier duché de France ». À peine 8 000 habitants dans cette petite ville, gros village du Midi en fait. Un patrimoine digne d'un décor de cinéma, une beauté envahissante, latine jusqu'aux bouts des ongles. Places à arcades, hôtels particuliers fiers comme des princes, on songe à ces cités-États de l'Italie médiévale où chaque pierre, chaque pavé, est un début d'histoire... « Pour moi Uzès est plus loin que la Chine », répondit André Malraux à la marquise de Crussol d'Uzès, propriétaire du duché, venue le solliciter pour sauver ce chef-d'œuvre en péril. Pour nous, Uzès, ce n'est pas Macao, mais la ville qui rend jaloux tous les copains de Paris quand, au téléphone, on leur annonce qu'on y prend le pastis sous les platanes...

Brève histoire du « premier duché de France »

D'abord une situation exceptionnelle : à mi-chemin des Cévennes et de la Méditerranée, entre l'Avignon des papes et les vestiges romains de Nîmes. Avec un entourage pareil, il était difficile de ressembler à Maubeuge ou à Nuremberg ! Bon, il fallait le dire. Uzès était comme prédestinée à une certaine grâce.

Le plus ancien témoin de l'histoire d'Uzès était un morceau de vase destiné à servir le vin (Ve siècle avant J.-C.) ; de récentes fouilles ont mis au jour des vestiges grecs qui seraient antérieurs. C'est dire qu'Uzès n'est pas née de la dernière pluie. Plus tard, les Romains captent les sources d'Eure, à 1 km d'Uzès, pour alimenter Nîmes en eau, via l'aqueduc du pont du Gard. Ensuite arrivent les évêques, dotés d'un pouvoir important. 64 prélats vont se succéder à l'évêché d'Uzès de l'an 419 jusqu'à la Révolution. La toute-puissance de l'Église est bien présente : ancien palais épiscopal, cathédrale Saint-Théodorit, église Saint-Étienne, tour Fenestrelle. À ce pouvoir religieux s'ajoute celui des ducs dont le duché est le plus ancien de France.

C'est le roi Charles IX, en 1565, qui érigea la vicomté d'Uzès en duché. Un événement qui allait faire du duc d'Uzès le premier pair de France (d'où l'expression « premier duché »). Sous l'Ancien Régime, dans l'ordre de préséance, celui-ci venait immédiatement après les princes du sang. La maison de Crussol d'Uzès – toujours propriétaire, et ce depuis mille ans, du château – est l'une des plus « considérables » de la haute noblesse française. Revenons à Uzès : pour y voir la ville entière se rallier à la cause protestante vers 1546. La révocation de l'édit de Nantes par Louis XIV (la plus grosse erreur de son règne fatalement) provoque le départ de cette bourgeoisie active et industrieuse enrichie dans le textile. Le XIXe siècle est synonyme de déclin, voire de décadence. En 1960, Uzès est un bourg méconnu, ruiné, délaissé. C'est à la suite de l'intervention de la marquise de Crussol d'Uzès (au fait, elle était née Marie-Louise Béziers et son père était un industriel breton de la sardine, d'où le jeu de mots lors de son mariage : « la sardine qui se crut sole ») auprès d'André Malraux, ministre de la Culture à l'époque, que la petite cité fut sauvée du pire. Classée ville d'Art et d'Histoire, patiemment restaurée, elle a retrouvé depuis quelques années quelque chose comme la splendeur, tout en gardant sa simplicité provinciale. Le festival des Nuits d'Uzès n'est pas pour rien dans ce renouveau culturel.

Adresses utiles

◘ *Office du tourisme* (plan B1) : chapelle des Capucins, place Albert-Ier, B.P. 129, 30703 Uzès. ☎ 04-66-22-68-88. Fax : 04-66-22-95-19. Hors saison, ouvert du lundi au vendredi de 9 h à 12 h et de 13 h 30 à 18 h, et le samedi de 10 h à 12 h ; de juin à septembre, du lundi au vendredi de 9 h à 18 h, le samedi de 10 h à 12 h et de 14 h à 17 h et le dimanche de 10 h à 17 h. Efficace et accueillant. Brochures et documentation sur la ville et le pays, l'Uzège. Liste des hôtels et des restaurants. Propose une visite guidée du sec-teur sauvegardé de la ville, du 15 juin au 15 septembre, les lundi (10 h), mercredi (16 h) et vendredi (10 h). Départ de l'office du tourisme. Prix : 28 F. Nouveau : le passeport de l'Uzège permet de visiter la plupart des sites et monuments de la ville à tarif réduit, après la première visite à tarif plein.

🚌 *Gare routière* (plan A2) : av. de la Libération. ☎ 04-66-22-00-58.

■ *Location de vélos :* Payan, av. du Général-Vincent. ☎ 04-66-22-13-94. *Motocycles de l'Uzège,* av. de la Libération. ☎ 04-66-22-19-40.

Où dormir ?

Bon marché

🛏 *Hostellerie Provençale* (plan A2, 10) : 1, rue Grande-Bourgade. ☎ 04-66-22-11-06. Fermée le mercredi et le dimanche soir (hors saison), et en février. Dans une petite rue assez calme, qui donne presque en face de l'église Saint-Étienne. Propre, simple et bon marché : 150 F la double avec lavabo, 180 F avec douche et w.-c. Décoration sans prétention. Fait aussi resto : menus de 76 à 129 F. Cuisine familiale de qualité. Apéritif offert à nos lecteurs.

🛏 *Hôtel La Taverne* (plan B1, 11) : 4, rue Xavier-Sigalon, petite rue qui donne sur la place Albert-Ier, à 150 m au nord de l'entrée du duché. ☎ 04-66-22-47-08. Fax : 04-66-22-45-90. Chambres très correctes à 220 F avec lavabo, 280 F avec douche ou bains, w.-c., TV. Le patron, Gérard Hampartzoumian, tient aussi un bon petit resto du même nom, au n° 7 de la même rue. Nous vous le conseillons (voir « Où manger ? »). Demi-pension obligatoire en saison : 260 F par personne.

Prix moyens

🛏 *Hôtel Saint-Géniès* (hors plan par A1, 12) : quartier Saint-Géniès, route de Saint-Ambroix. ☎ 04-66-22-29-99. Fax : 04-66-03-14-89. À 800 m environ du centre d'Uzès, tourner à droite. Le quartier est une sorte de lotissement résidentiel, très calme la nuit. Près d'un grand parking privé, la maison, récente, dispose d'une vingtaine de chambres, arrangées avec goût. Les n°s 10, 11 et 12 sont mansardées et plus intimes. Compter 240 ou 250 F la double avec douche ou bains, w.-c. et TV. Piscine et tranquillité absolue.

Plus chic

🛏 *Hôtel d'Entraigues* (plan B1, 13) : 8, rue de la Calade. ☎ 04-66-22-32-68. Fax : 04-66-22-57-01. En face de l'ancien palais épiscopal et de la cathédrale Saint-Théodorit. Un vieil hôtel particulier du XVe siècle restauré au XVIIe siècle et rénové en

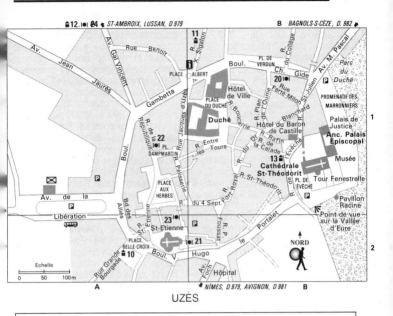

UZÈS

- ■ **Adresses utiles**

  - ⓘ Office du tourisme
  - 🚌 Gare routière
  - ✉ Poste

- ■ **Où dormir ?**

  - 10 Hostellerie Provençale
  - 11 Hôtel La Taverne

  - 12 Hôtel Saint-Géniès
  - 13 Hôtel d'Entraigues

- ⦿ **Où manger ?**

  - 20 Le San Diego
  - 21 Restaurant La Césarine
  - 22 Restaurant Côté Jardin
  - 23 Chez Myou
  - 24 L'Auberge du Grézac

1982, avec piscine. Le charme et la classe : 19 chambres meublées à l'ancienne, dont certaines climatisées, entre 285 et 550 F selon le confort et la saison. Demi-pension obligatoire le week-end en saison. Par une passerelle, on communique directement avec *Les Jardins de Castille,* une table assez raffinée (menus de 125 à 260 F).

Campings

■ *Camping municipal du Val de l'Eure (hors plan par B1) :* sur la route de Bagnols-sur-Cèze, à 500 m environ du centre d'Uzès. ☎ 04-66-22-11-79. Ouvert du 15 juin au 15 septembre. Très beau site ombragé au bord de l'Alzon où malheureusement on ne peut pas se baigner, mais on peut se consoler avec la piscine municipale à 5 mn de là.

■ *Camping La Paillote :* mas Fran-Val (derrière le cimetière catholique, qu'on ne voit pas du camping, rassurez-vous). ☎ 04-66-22-38-55. Ouvert du 20 mars au 20 octobre. Piscine et proche du centre. Forfait à 90 F pour deux.

Où dormir aux environs ?

■ *Ferme-auberge de Cruviers (hors plan par A1) :* montée de Lar-nac, route de Saint-Ambroix, à Cruviers-Larnac ; à 6 km au nord d'Uzès. ☎ 04-66-22-10-89. Fax : 04-66-22-06-76. Compter 310 F la chambre pour 2 personnes, avec petit déjeuner maison. Prix dégressifs hors saison. Pour les résidents, possibilité de repas à 100 F, avec spécialités de charcuterie maison, asperges et gibier en saison, légumes et fruits du jardin.

▲ *Chambres d'hôte du Fou du Roi :* à Pougnadoresse, petit village de 130 habitants. ☎ 04-66-72-84-32. Fax : 04-66-72-82-72. D'Uzès, prendre la D982 vers Pouzilhac puis, environ 2 km après Uzès, prendre à gauche la D5 direction Vallabrix et Bagnols-sur-Cèze ; passer Vallabrix puis, 4 km plus loin, toujours sur la D5, prendre à gauche : Pougnadoresse est là, à 1 ou 2 km. S'adresser au restaurant *Le Fou du Roi*, en haut du village. Dans cette vieille maison de pierre brute (comme tout le village, très charmant), un dortoir de 11 lits et 2 chambres avec lit double et mezzanine. Douche, w.-c. et lavabo dans chaque chambre. 60 F la nuit par personne. Le bon plan pour un couple (ou à 3 ou 4), c'est de réserver l'une des deux chambres : rapport qualité-prix imbattable (150 F). De plus, le cadre est super : Pougnadoresse, c'est la vraie cambrousse. En fin de semaine, vous pouvez aussi manger au *Fou du Roi :* prix sages (menu à 115 F) et bonne cuisine traditionnelle.

▲ *Chambres d'hôte Le Mas des Garrigues :* la Lèque. ☎ 04-66-72-91-18. Fax : 04-66-72-97-91. Fermé en janvier et février. Loin de la pollution et du bruit, la Lèque est un ravissant hameau constitué de vieilles maisons en pierre. Dans ce havre de paix, Mme Dollfus a restauré avec amour et goût plusieurs maisons. Dans l'une d'elles, vous trouverez 4 chambres personnalisées dotées de beaux meubles et de gravures anciennes. Un charme fou. Selon la saison, de 290 à 320 F pour deux, petit déjeuner compris. Possibilité de table d'hôte : excellente cuisine familiale et provençale ; menu à 90 F. Également un gîte d'étape de 9 lits à 50 F par personne, et plusieurs gîtes ruraux. Piscine et tennis, centre équestre. Une adresse idéale pour les amoureux des vieilles pierres, de la nature et du sport.

▲ *Château d'Arpaillargues :* ☎ 04-66-22-14-48. Fax : 04-66-22-56-10. Fermé de début novembre à début avril. Les routardes romantiques apprécieront l'atmosphère de ce château hanté naguère par Marie d'Agoult, l'égérie de Liszt et belle-mère de Wagner. Luxe, calme, volupté et piscine merveilleuse. Chambres à partir de 420 F (moins 10 % hors saison sur présentation du *Routard*). Fait aussi resto : menus à 145 F (en semaine) et 230 F.

Camping

▲ *Camping Le Moulin Neuf :* situé près du village de Saint-Quentin-la-Poterie, à 3,5 km au nord d'Uzès, dans la garrigue. ☎ 04-66-22-17-21. Fax : 04-66-22-91-82. Ouvert de Pâques à fin septembre. Beaucoup d'espace et une grande piscine bien agréable en été. Forfait à 100 F pour deux. Des bungalows également.

UZÈS

Où manger ?

Prix modérés

|●| *Le San Diego* (plan B1, **20**) : 10, bd Charles-Gide. ☎ 04-66-22-20-78. Fermé le lundi et en février. C'est tout près de la mairie, derrière une façade quelconque, ce qui est plutôt rare à Uzès, qu'on a trouvé ce très bon petit restaurant. Deux salles voûtées et fraîches, des tons gris et roses et des roses sur les tables, et une cuisine bien préparée, servie copieusement, d'un excellent rapport qualité-prix. Au menu à 77 F, par exemple : un tartare de saumon et sa crème de ciboulette bien frais, un filet de daurade sauce aux fruits de mer goûteux, et un fameux fondant au chocolat sur son coulis de cerise. Il y a d'autres menus jusqu'à 160 F et une carte. Service aimable

et discret. Apéritif offert à nos lecteurs.

|●| *Restaurant Côté Jardin* (plan A1, 22) : 10, place Dampmartin. ☎ 04-66-22-70-08. Fermé le dimanche et le lundi sauf en juillet et août. L'endroit idéal pour un petit repas rapide, bon et pas cher. Menus de 75 F (le midi) à 99 F. De plus, l'endroit n'est pas mal du tout : salle voûtée, claire et fraîche, jardin. Service leste.

|●| *Restaurant La Taverne* (plan B1, 11) : 7, rue Xavier-Sigalon. ☎ 04-66-22-47-08. Ouvert tous les jours midi et soir. La rue du cinéma de la ville. Bonne et sympathique cuisine dans un décor agréable : un jardin dans une courette tranquille (sauf quand les groupes investissent l'endroit). Menus à 82, 105 et 145 F. Confit de canard et cassoulet (mais ce n'est plus la région !), excellente brouillade aux truffes. Également des chambres (voir « Où dormir ? »).

|●| *Restaurant La Césarine* (plan A-B2, 21) : 1, bd Victor-Hugo, juste au-dessous de l'église Saint-Étienne. ☎ 04-66-22-70-09. Fermé le mardi et le jeudi (sauf en été), du 15 au 30 novembre, et une semaine en juin ; ouvert le week-end en février et mars. Menus à 98 F et 108 F. Spécialités créoles réunionnaises, à la carte et au menu créole (108 F). Terrasse l'été.

|●| *Chez Myou* (plan A2, 23) : 1, place Saint-Étienne. ☎ 04-66-22-59-28. À gauche de l'église. Fermé le lundi et du 15 au 30 novembre. *Chez Myou* est une adresse sûre à Uzès. Petite salle mignonne, nappe et serviettes en tissu, cuisine classique de bonne tenue. Menus de 85 à 150 F ; dans celui à 115 F, des sardines fraîches marinées et un excellent pavé de bœuf aux anchois. Bon rapport qualité-prix. Jolie terrasse à l'ombre de l'église en saison. Accueil un peu froid cependant.

|●| *L'Auberge du Grézac* (hors plan par A1, 24) : mas Fran-Val (sortie nord d'Uzès, route de Saint-Ambroix puis chemin de Saint-Géniès). Fermé le lundi, 15 jours en octobre, 15 jours en février. À 5 mn du centre d'Uzès (on peut même s'y rendre à pied), et déjà dans un cadre champêtre, cette *Auberge du Grézac* dispense une cuisine enlevée, généreuse, bonnarde. Menu à 90 F vraiment bien, mais on s'est laissé tenter par le suivant, à 120 F : le flanc de chèvre chaud (avec jambon cru et asperges), l'émincé de taureau « juste poêlé » aux échalotes confites, les vrais fromages (dont un brie formidable, sous cette latitude, faut l'faire !), puis le buffet de desserts, tout s'avale prestement, dans la joie. Le vin aussi, au pichet si l'on veut, mais le faugères qu'on a pris (domaine Pujol) était du feu de Dieu. On déguste tout ça en terrasse, sous le grand marronnier, ou dans la salle bien rustique. On est content. Autres menus à 150 et 210 F. Service aimable.

À voir

Uzès est l'une des plus belles villes de France. Là encore, c'est à pied qu'il faut circuler si l'on veut découvrir les charmes et les secrets de la cité.

★ *Le Duché :* c'est le nom donné à cet ensemble exceptionnel formé par le château des ducs d'Uzès, la chapelle, le vieux logis, et la majestueuse tour Bermonde qui domine toute la ville. Cette propriété privée appartient toujours à la famille de Crussol d'Uzès mais on peut la visiter. Du 15 juin au 15 septembre, ouvert de 10 h à 18 h 30 ; le reste de l'année, de 10 h à 12 h et de 14 h à 18 h. Entrée payante : 60 F par personne – au secours ! À ce prix-là, si l'endroit n'était pas exceptionnel, on ne vous en parlerait même pas. C'est toutefois bien excessif. Notez qu'on peut visiter la tour Bermonde seule (20 F). La cour : remarquez le garde à hallebarde à l'entrée, c'est un solide gaillard mais il est en cire... À gauche, la tour de la Vicomté (XIVᵉ siècle) et, un peu à droite, la silhouette massive de la grosse tour Bermonde.

● *La façade Renaissance du corps de logis :* un chef-d'œuvre à voir avec la lumière du soir. Elle date de la fin du XVIe siècle. C'est l'un des premiers exemples en France de la superposition des trois ordres classiques : dorique, ionique et corinthien. Les routards qui connaissent la Grèce ne seront pas perdus. À côté, la chapelle gothique.

● *La tour Bermonde :* à ne pas louper. Il faut gravir les 148 marches de l'escalier très étroit. Au sommet, on a une très très belle vue sur Uzès et l'Uzège.

● *Les appartements privés :* une série de pièces et de salons en enfilade somptueusement décorés et meublés en style Louis XV et Louis XVI. Il y a aussi une salle dite Capétienne au rez-de-chaussée. Au fil de la visite, on vous racontera l'histoire de la famille de Crussol d'Uzès et de ses figures les plus marquantes. Ainsi cette duchesse d'Uzès, héritière de la fameuse « Veuve Clicquot », monarchiste acharnée mais amie de Louise Michel, la « Vierge rouge ». Quelques mots sur sa personnalité : née en 1847, veuve à 31 ans, elle se retrouve à la tête de l'une des plus grandes fortunes de France. On la courtise. C'est un beau parti. Mais elle se lance en politique avec la même passion que lorsqu'elle dirige les chasses à courre (elle tua 2 056 cerfs dans sa vie !). Au général Boulanger qu'elle soutient, elle va donner 3 millions de francs (environ 4 milliards de centimes d'aujourd'hui !) pour qu'il parvienne à renverser la république. Échec total. Elle écrit une plaquette publicitaire pour la Phosphatine. Elle sculpte sous le nom de Manuela. Féministe avant la lettre, elle finance le journal *La Française*, milite en faveur du droit de vote des femmes, fonde l'Automobile-Club des Femmes et sera la première femme de France à obtenir son permis de conduire en 1898. Un mélange étonnant de conservatisme et de progressisme.

★ *L'hôtel de ville :* en face du porche d'entrée du duché. Bel édifice du XVIIIe siècle. Dans la cour intérieure, on organise régulièrement des concerts en été. Très bien restauré.

★ *La cathédrale Saint-Théodorit :* à l'est de la ville, avec l'évêché attenant et la tour Fenestrelle, on a un ensemble vraiment beau, et qui n'a pas changé depuis l'époque où Racine venait y conter fleurette à de charmantes Uzétiennes. On peut tout de même être surpris par la façade du XIXe siècle plaquée sur l'originale, considérée comme trop pauvre. L'intérieur a été très endommagé par la Révolution. Tribune inférieure et rampe en fer forgé ont été ajoutées au moment de la révocation de l'édit de Nantes pour donner des places supplémentaires aux protestants désormais contraints d'assister à la messe. Ne pas manquer l'orgue, un véritable œuvre d'art construite vers 1660. Double buffet peint et doré de toute beauté. Ses volets ont conservé leurs peintures d'origine : unique en France.

★ *La tour Fenestrelle :* ne se visite pas, hélas ! Élégant campanile du XIIe siècle connu comme étant l'unique modèle de campanile rond à fenêtres. Malgré sa hauteur (42 m), la tour s'élève avec une légèreté étonnante grâce à ses six étages de fenêtres géminées placées en retrait du bâtiment. À l'intérieur (mais on ne le voit pas), un escalier à vis de Saint-Gilles. Il ne va pas jusqu'au sommet, donc on ne peut pas visiter !

★ *La terrasse et la promenade des Marronniers :* un endroit romantique en automne. On y voit le pavillon Racine. La tradition prétend que le célèbre écrivain y a séjourné ; malheureusement, cette maisonnette fut construite 25 ans après son passage à Uzès... En 1661, Racine a 22 ans, il vient terminer ses humanités à Uzès. Son oncle maternel, le chanoine Sconin, grand vicaire de l'évêque, voudrait qu'il embrasse la vie religieuse. Mais les demoiselles d'Uzès lui tournent la tête et, finalement, il embrasse la littérature. À noter que les colonnes du pavillon ont été ajoutées par le baron de Castille ! (Voir ci-après).

★ *L'ancien palais épiscopal :* construit en 1671 à l'emplacement de l'ancienne cathédrale détruite pendant les guerres de Religion. Beau portail en fer forgé du XVIIᵉ siècle. Ne se visite pas, car la majestueuse façade cache un bâtiment en mauvais état. Le 1ᵉʳ étage s'est effondré sur le salon d'apparat, et les travaux s'éternisent depuis plus de vingt ans.

★ *Le Musée municipal :* juste à côté de l'évêché et de la cathédrale. Préhistoire, histoire, traditions d'Uzès, et souvenirs de Charles et d'André Gide.

★ *L'hôtel du Baron de Castille :* quand vous êtes sur la petite place devant la cathédrale, regardez à droite cette étrange demeure à colonnes qui semble vouloir se faire oublier dans son petit coin. À vrai dire, c'est l'un des plus prestigieux hôtels particuliers d'Uzès. Le baron de Castille est de ces personnages qu'on pouvait rencontrer sur les routes d'Europe au siècle dernier. De son vrai nom Gabriel Joseph de Froment d'Argilliers, ce grand voyageur avait été ébloui par la célèbre colonnade du Bernin à Rome. Il avait un goût prononcé pour l'Égypte et la Grèce. Sa première femme est morte de chagrin après la Révolution. Il se remaria avec la princesse de Rohan, de 38 ans plus jeune que lui. La grosse cloche de l'église Saint-Étienne a été surnommée « la Baronne » en son honneur. On aurait pu trouver un symbole moins lourd...

★ *L'église Saint-Étienne :* à 150 m de la place aux Herbes. Reconstruite à la fin du XVIIIᵉ siècle sur l'emplacement de l'église primitive détruite pendant les guerres de Religion, sa façade de style néogrec (ou jésuite) est pour le moins sévère. Mais il suffit qu'un rayon de soleil se montre, et la pierre s'enflamme. À l'intérieur, au fond de l'église, *Le Martyre de saint Étienne,* copie du tableau de Lebrun qui se trouve au Louvre. Dans le chœur, deux tableaux de l'école italienne : *l'Adoration des bergers* et *l'Adoration des mages.*

★ *La place aux Herbes :* lieu de rassemblement populaire à l'occasion de victoires, de naissances dans la famille royale, d'épidémies, la place fut de tout temps l'épicentre de la ville. C'est ici qu'on proclama la signature de l'édit de Nantes par Henri IV et sa révocation par Louis XIV. Les protestants durent y abjurer publiquement leur « hérésie ». Au Moyen Âge, on y procédait aux exécutions capitales.

Aujourd'hui tout est plus calme, le marché de la place aux Herbes offre des ravissements plus distrayants que naguère. Les senteurs se répandent, se mélangent et flattent les narines de chacun dans une ambiance effervescente. D'ailleurs, cette jolie place a servi de toile de fond à des dizaines de films devenus célèbres, dont *Les Amants de Vérone* et *Cyrano de Bergerac.* L'endroit est superbe. Rien de superflu dans ce décor de vieilles maisons du Moyen Âge rhabillées aux XVIIᵉ et XVIIIᵉ siècles et superbement restaurées. La place est construite de manière irrégulière, comme le voulait l'époque. Au n° 2, *l'hôtel d'Aigaliers* avec des pilastres à chapiteaux ioniques. Au n° 5, maison d'angle avec une tourelle sur trompes. Au n° 26, *l'hôtel de la Rochette* avec sa jolie façade du XVIIIᵉ siècle. C'est ici, sous une arcade, que fut tournée l'une des scènes de *Cyrano :* la demande en mariage.

★ *La place Dampmartin :* en remontant la rue de la République, au départ de la place aux Herbes. L'hôtel Dampmartin possède une belle cage d'escalier. Entrez, il y a une petite cour avec un magasin d'antiquités. Essayez de voir l'escalier, typique de ce genre d'escalier d'honneur dit « escalier d'Uzès », avec ses balustrades rampantes et une cage à quatre angles.

Fêtes et manifestations

– *Marché :* le samedi matin, sur la place aux Herbes. Extraordinaire déballage des produits du Languedoc et de la Provence : olives, morues, fleurs séchées, légumes, herbes de la garrigue, miel, et bien d'autres choses encore.

UZÈS

– *Marché aux truffes :* de décembre à mars, sur l'esplanade, avenue de la Libération. Allez-y tôt le samedi matin. On y trouve des truffes exquises pour 1 000 F le kilo alors que le prix normal est autour de 2 000 F! Le Gard fournit, en effet, 15 % de la production nationale de « truffes du Périgord ».
– *La journée de la Truffe :* a lieu le 3e dimanche de janvier.
– *Foire à l'ail :* le 24 juin, tous les cultivateurs d'ail de l'Uzège viennent en ville vendre leur production. Il y en a des tas gigantesques partout... et de toutes les couleurs. Avez-vous vu ma gousse d'ail violette? Le soir, feux de la Saint-Jean.
– *Marché des producteurs :* tous les mercredis, sur la place aux Herbes.
– Et d'autres *marchés annuels* (cuir, poterie, laine...). Se renseigner sur place.
– *Festival des Nuits d'Uzès :* se déroule chaque année pendant la 2e quinzaine de juillet. Créé en 1970, c'est l'un des moments forts de l'été. Concerts dans la cour de l'évêché et dans la cathédrale Saint-Théodorit. Au fait, pourquoi les « Nuits d'Uzès »? Parce que le festival commence à la nuit tombée, mais aussi en souvenir de cette belle phrase de Racine à propos de la ville (où il passa des vacances chez son oncle) : « Et mes nuits sont plus belles que vos jours... ».
– *Festival des musiques du monde, Autres Rivages :* de mi-juin à mi-août. À Uzès et dans les villages environnants. Des derviches tourneurs aux tsiganes et au tango argentin, un panorama de toutes les musiques au travers de concerts à des prix abordables.
– *Fête votive :* 6 jours début août. Quand les taureaux pointent leurs cornes jusqu'à l'Uzège...
– *Le cinéma d'Uzès :* rue Xavier-Sigalon, après le restaurant *La Taverne,* sur la gauche. C'est l'un des derniers cinés de la région à être restés ouverts. Rénové, il abrite 3 salles où l'acoustique est excellente. On y croise de temps en temps quelques stars du 7e Art possédant des maisons dans le Gard, dont Jean-Louis Trintignant, grand uzèsophile.

Où acheter du bon vin?

– *Cave coopérative Les Collines de Bourdic :* à Bourdic, à 9 km d'Uzès par la D982 en direction de Moussac, puis la D136 sur la gauche. ☎ 04-66-81-20-82. Ouverte tous les jours (sauf le dimanche hors saison). Excellents vins de pays dont un merlot très bon marché pour lequel nous avons un faible.

À voir. À faire aux environs

★ *Le musée du Bonbon Haribo :* pont des Charrettes. ☎ 04-66-22-74-39. Fax : 04-66-22-73-97. Juste avant d'entrer dans Uzès, à droite de la route venant de Remoulins. Ouvert du 1er juillet au 30 septembre de 10 h à 19 h tous les jours. Hors saison, de 10 h à 13 h et de 14 h à 18 h. Fermé le lundi. Dès votre entrée, on vous remet un petit sachet de bonbons et vous pouvez « puiser » dans un chaudron rempli de fraises Tagada! Ça commence bien! Ici, c'est le paradis des enfants... et des parents! Sur trois étages, en vidéo, en exposition, ou en reconstitution, on vous explique toute l'histoire de la célèbre marque et la fabrication de tous ces délices qui ont, un jour ou l'autre, bercé votre enfance. Les superbes affiches publicitaires pour la réglisse et les dizaines de contrefaçons, qui sont la rançon du succès, sont aussi à l'honneur. Impossible en tout cas de repartir sans son sachet de bonbons acheté en boutique. C'est le genre de musée qui vous rend tout à coup très, très gourmand!

★ *Le musée 1900 et le musée du Train et du Jouet :* moulin de Chalier, à **Arpaillargues** (4,5 km à l'ouest d'Uzès, sur la route d'Anduze). ☎ 04-66-22-58-64. En saison, ouvert de 9 h à 19 h ; hors saison, de 9 h à 12 h et de 14 h à 19 h. Le maître des lieux, Gaston Baron, aidé de ses fils, fait partie de ces gens qu'une passion anime et qui, pour elle, soulèveraient des montagnes. Son dada à lui, c'est de retrouver et de ranimer ces merveilleux objets qui révolutionnèrent l'activité humaine, fin XIXe et début XXe siècle. Vaste programme, et pourtant, là est la performance, M. Baron relève le défi. Son *musée 1900* expose ainsi les ancêtres de la locomotion (du « Grand Bi » au « Tacot de la Marne »), de la communication (incroyable agrandisseur en acajou long de 4 m, vieilles TSF), de la production agricole (monumentale moissonneuse-batteuse en action). Mais impossible de rendre ici la variété et la qualité de cette exposition qui, bien qu'hétéroclite et riche, ne donne pas l'impression de fouillis ou de bric-à-brac. Il aura fallu la boulimie, le savoir-faire et la patience (30 ans de travail, 365 jours par an) de M. Baron pour y arriver.

La féerie se poursuit avec le *musée du Train et du Jouet,* voisin du précédent. Très belles pièces qu'apprécieront les amateurs de jouets anciens (et les autres), et formidable train miniature (au 1/43) circulant à travers le Gard, des Cévennes à la Camargue : tout y est, les mines d'Alès, le phare d'Aigues-Mortes, et bien sûr le pont du Gard. Bravo M. Baron, et bonne continuation !

– *La Bouscarasse :* km 8, route d'Alès. ☎ 04-66-22-50-25. Fax : 04-66-22-47-90. Ouvert tous les jours en saison, de 10 h à 19 h, et les week-ends et jours fériés de mai et octobre de 10 h à 18 h. Parc aquatique. Des piscines, de l'eau, un minigolf et des jeux à gogo. Un peu de fraîcheur dans la chaleur uzétienne, ça ne peut pas faire de mal.

★ LES BEAUX VILLAGES DE L'UZÈGE

★ *Saint-Quentin-la-Poterie (30700) :* à 5 km au nord d'Uzès. Faut-il y voir un clin d'œil de l'histoire ? C'est dans ce village, voué aujourd'hui à la céramique, qu'est né en 1823 Joseph Monier, inventeur du béton armé. Mais le béton ici n'a pas supplanté les tuiles ni la terre cuite. À l'époque romaine, on y fabriquait déjà des amphores. Les papes d'Avignon se firent livrer 110 000 carreaux vernis pour orner les salles du palais des Papes. On y fabriquait aussi des pipes au XVIIIe siècle. En 1926, le dernier four de potier disparaissait. Depuis 1983, le village revit sous l'impulsion de la Maison de la Terre et de 10 céramistes qui vivent, produisent et vendent leurs œuvres sur place.

– *La Maison de la Terre :* rue de la Fontaine, au centre du village. ☎ 04-66-22-74-38. Centre d'exposition de poteries et de céramiques. On vous y communiquera la liste des céramistes et l'adresse de leurs ateliers, faciles à trouver, les dates exactes de la grande fête de Terralha, qui a lieu tous les deux ans (années paires). À cette occasion, les rues sont envahies. Et Saint-Quentin devient Céramic-Ville !

★ *Lussan (30580) :* à 18 km au nord d'Uzès, sur la route de Saint-Ambroix. L'un des plus beaux villages perchés du Gard, et peut-être de cette partie de la France. Superbe et intact. Un aspect de bourg provençal à l'état brut. Un nid d'aigle replié sur ses quelques maisons, son château (qui abrite la mairie) et la petite église. Allez-y très tôt le matin, c'est tellement calme qu'on entend les chats passer, on surprend les mémés qui causent d'une fenêtre à l'autre. Curieux village qui ne cherche pas à faire de la publicité autour de son nom. Imaginez Lussan en Hollande ou en Bavière, vous auriez des hordes de touristes à rôder. Nous y sommes allés hors saison, en septembre, quelques jours après la rentrée des classes. Et les enfants jouaient dans la petite cour de l'école, face à ce vaste paysage où rêvèrent, il y a longtemps, les ancêtres d'André Gide dont c'est le berceau familial.

★ À la sortie de Lussan, partez à la découverte des **Concluses** dans le canyon de l'Aiguillon. Le passage du portail fait penser aux gorges de Samarie (en Crète), le monde en moins.

★ Autres petits villages dans la garrigue : **Belvézet** *(30580)*, entre Lussan et Uzès, avec son château en ruine ; et **Saint-Victor-des-Oules** *(30700)*, à 8 km nord-est d'Uzès, célèbre pour ses carrières de quartzite et ses rochers de grès aux formes étranges. On y trouve encore des bois fossilisés, en cherchant bien... Belle promenade jusqu'au sommet du Montaigu d'où l'on a une très belle vue sur les Cévennes et l'Uzège.

Quitter Uzès en bus

Informations auprès de la compagnie *S.T.D. Gard,* av. de la Libération. ☎ 04-66-22-00-58.

🚌 Départ des bus sur l'esplanade de l'avenue de la Libération.
– *Pour Nîmes :* 3 bus le matin, 5 l'après-midi.
– *Pour le pont du Gard :* 6 bus par jour.
– *Pour Alès :* 3 bus par jour l'hiver, un le matin et deux l'après-midi ; 2 bus seulement l'été.
– *Pour Avignon :* 2 bus le matin et 3 bus l'après-midi.

LE PONT DU GARD

« L'âme est jetée dans un long et profond étonnement. C'est à peine si le Colisée, à Rome, m'a plongé dans une rêverie aussi profonde. On n'y trouve aucune apparence de luxe et d'ornement : les Romains faisaient des choses étonnantes, non pour inspirer l'admiration, mais simplement et quand elles étaient utiles ». Stendhal, l'auteur de ces lignes, comme Jean-Jacques Rousseau avant lui, est venu, a vu et a vécu le Pont comme un grand choc. De tout temps, cette majestueuse construction romaine a suscité l'admiration. Certes, aujourd'hui, on aura peu de chance de découvrir cette merveille comme le promeneur solitaire en son temps. Il s'agit du cinquième monument le plus visité de France : environ deux millions de touristes s'y pressent chaque année !

On vous recommande de bien choisir l'époque, le jour et l'heure de votre venue. L'idéal : très tôt le matin, ou le soir vers 18 h ou 19 h. Évitez absolument d'y aller l'après-midi du 15 août par exemple, on se bouscule sous les arches et sur les rives du Gardon... Évitez aussi, les jours de pluie ou de grand vent, de jouer les acrobates en marchant sur les dalles du canal qui recouvre le dernier étage du pont... Ce pourrait être votre plongeon final. On tient à nos lecteurs !

Bon, maintenant, ces recommandations faites, laissez-vous porter par l'esprit des lieux. La 7e merveille du monde a reçu tous les qualificatifs : grand, superbe, noble, rigide, romantique, impérial, émouvant... De nouveaux s'imposent : tip-top et *chanmé*, le pont du Gard ! Et décidément, cette architecture défie les siècles et les modes... À voir absolument.

Un peu d'histoire

Primo : ce n'est pas un pont mais un aqueduc

Le pont routier qui le borde à la hauteur de la première ligne d'arches ne date pas de Rome mais du milieu du XVIIIe siècle. Il est dorénavant interdit aux voitures en raison des vibrations qu'elles provoquaient sur sa structure.

Secundo : à quoi servait-il ?

Il a été construit par les Romains il y a 2 000 ans environ. On se dispute sur la date exacte, peu importe au fond... Objectif : alimenter la colonie nîmoise, fraîchement urbanisée, en eau potable. Pour cela, les hydrologues romains sont allés jusqu'à Uzès pour capter l'eau des sources de l'Eure et de l'Airan, qui existent encore aujourd'hui. Puis on construisit un immense aqueduc de 50 km de long, lequel, souterrain en grande partie, devenait aérien à partir du lieu-dit Bornegre et dont les arches franchissaient les gorges du Gardon : c'est le pont du Gard. La dénivelée entre ces deux villes n'étant que de 17 m, soit 34 cm par kilomètre seulement, cela suppose de savants calculs et beaucoup d'ingéniosité dans la construction.

Tertio : pourquoi a-t-il cessé de fonctionner ?

Après 800 à 900 ans d'usage plus ou moins intensif, les Nîmois ont fini par capter des sources plus proches de leur ville. Le pont n'avait plus vraiment sa raison d'être en tant qu'aqueduc. D'ouvrage fonctionnel, il devint au tout début du Moyen Âge une œuvre d'art.

Quarto : pourquoi est-il si bien conservé ?

À part un vague ciment romain dans les jointures du canal, aucun mortier ne sert à maintenir les pierres les unes contre les autres. Depuis 2 000 ans, le pont est presque intact. Il n'a jamais été pris comme cible par les guerres, ni par les révolutions. On sait toutefois qu'il y avait des fuites dans la canalisation... Seule restauration importante, celle menée sous Napoléon III après la visite de Prosper Mérimée, mais il s'agissait plutôt d'une consolidation de l'édifice.

Un site à aménager

Aujourd'hui, le site n'est pas plus défiguré qu'il ne l'était en 1920. Aucune construction hideuse à l'horizon ! Cependant, il souffre d'un aménagement anarchique, presque bâclé. Aucune réglementation pour endiguer le flot des baraques à frites et des stands de souvenirs. Un service d'information peu et mal équipé, des sanitaires médiocres, des parkings sans ombre, un hébergement limité : bref, un site gravement sous-équipé par rapport à son prestige international. Après de nombreuses années de palabres, un projet d'aménagement respectueux du site a été enfin établi, qui devrait être mis en œuvre et achevé courant 1999.

LE GARD

Adresses utiles

▫ **Maison du tourisme du pont du Gard** : située à 200 m du pont, sur la rive droite du Gardon, quand on vient de Nîmes par la D981 ; après le parking. ☎ 04-66-37-00-02. Bureau ouvert de début juin à fin septembre. Hors saison, c'est le patron du bureau de tabac à côté qui répond... ▫ **Office du tourisme :** rue du Moulin-d'Aure, Remoulins. ☎ 04-66-37-

22-34. À droite sur le rond-point à l'entrée de la ville, en venant d'Avi-gnon. Ouvert toute l'année de 9 h à 13 h et de 14 h à 18 h.

Où dormir ? Où manger ?

🛏 |●| *Hôtel-restaurant Le Colombier :* situé sur la rive droite du pont du Gard. ☎ 04-66-37-05-28. Fax : 04-66-37-35-75. Bon accueil et cadre charmant dans cet établissement aux prestations convenables. Une dizaine de chambres seulement, de 245 à 295 F la double. Cuisine un peu trop touristique et sans grand intérêt (menus à 90, 100, 130 et 165 F, et « menu express » à 70 F, servi de 11 h à 18 h sauf le dimanche). Demi-pension obligatoire pendant la saison : compter 250 à 275 F par personne.

🛏 |●| *Hôtel Moderne Les Glycines :* place des Grands-Jours, à Remoulins. ☎ 04-66-37-20-13. Fax : 04-66-37-01-85. Fermé le samedi et pendant la 1re quinzaine de novembre. Bon rapport qualité-prix dans cet établissement traditionnel, insonorisé et climatisé (c'est important à Remoulins), tenu de longue date avec le même sérieux par M. et Mme Abraham. 18 chambres avec sanitaires, téléphone et TV de 250 à 320 F. 4 appartements de 400 à 500 F. Cour intérieure fleurie. Menus aux accents du terroir de 75 à 130 F. Garage fermé.

Campings

🛏 *Camping international Les Gorges du Gardon :* chemin de la Barque-Vieille (route d'Uzès), à Vers-Pont-du-Gard. ☎ 04-66-22-81-81. Fax : 04-66-22-90-12. Fermé du 30 septembre au 15 mars. Piscine, eau chaude et sanitaires corrects. Prix d'un 2 étoiles : environ 70 F pour deux.

🛏 *Camping Le Barralet :* à Collias, village situé à 5 km à l'ouest du pont du Gard. ☎ 04-66-22-84-52. Fax : 04-66-22-89-17. Ouvert du 1er mars au 20 septembre. Piscine, plage de rochers plats sur le Gardon, varappe.

La visite du pont du Gard

– *Parkings* payants (17 F) mais accès au pont gratuit et seulement à pied. Encore heureux ! Notez que juste avant le parking et sur la droite de la chaussée, un snack-restaurant-buvette propose le « parking gratuit pour 10 F de boisson ». Ce qui fait 7 F et un rafraîchissement de gagnés.
– *Durée de la visite :* comptez une bonne heure si vous voulez le traverser paisiblement, emprunter le passage du canal, au dernier étage, puis flâner dans la garrigue, sur la rive opposée.
– *Le meilleur point de vue :* de la rive droite aussi bien que de la rive gauche, à condition de suivre le sentier jusqu'au sommet de la butte couverte de garrigue. De là, on peut découvrir ce pont, légèrement de côté et d'en haut.
– *Quelques chiffres :* il mesure 275 m de long à sa partie supérieure et 48,77 m de haut. C'est le plus grand de tous les aqueducs romains. Chaque étage est différent. Plus on monte, plus les arches sont petites et rapprochées. Certains blocs de pierre ont un volume de plus de 2 m^3 et pèsent près de 6 t.
– *Détails insolites :* de nombreux compagnons tailleurs de pierre ont laissé des traces de leur passage dans la pierre. Pour eux, le pont était une étape obligatoire dans leur tour de France.

À voir. À faire aux environs

Quelques beaux villages à découvrir, dans les collines ou sur les rives du Gardon.

★ *Valliguières (30210) :* à 9 km au nord de Remoulins, sur la route de Bagnols-sur-Cèze (N86). Un joli village ! Et une bonne adresse (voir plus loin « Où dormir ? Où manger dans le coin ? »).

★ *Vers-Pont-du-Gard (30210) :* village fleuri, pittoresque et joli. Anciens lavoirs où il fait bon s'arrêter le temps de casser la croûte entre deux gorgées de tavel. Carrière de molasse exploitée depuis les Romains (voir celle du nord-ouest). Vestige de voie antique avec profondes ornières dans le roc. Une adresse de charme à découvrir (voir plus loin, « Où dormir ? Où manger dans le coin ? »).

★ *Castillon-du-Gard (30210) :* l'un des plus beaux villages du Gard, bâti sur une colline au-dessus du vignoble. Le seul de la région d'où l'on aperçoive au loin la silhouette du pont. Ambiance médiévale et cadre préservé. La douceur de l'endroit appelle plutôt à la sérénité, et pourtant il connut des épisodes tumultueux. Village catholique dans un environnement protestant, il fut pris et incendié à plusieurs reprises, en 1570, 1573 et 1626. Voir la ravissante chapelle romane Saint-Caprais, construite au milieu des vignes, en bas du village. Bien restaurée, elle revit grâce à des concerts de musique classique.
– *Le musée du Vélo et de la Moto :* sur la commune de Castillon-du-Gard. ☎ 04-66-37-30-64. De mai à septembre, ouvert tous les jours de 10 h à 12 h et de 14 h 30 à 18 h 30 ; en octobre, de 14 h à 17 h ; le reste de l'année, le week-end et les jours fériés (sauf Noël) de 14 h à 17 h. Remarquable collection de deux-roues, de l'authentique draisienne (1820-1825) aux engins de Tony Rominger ou de Chris Boardman (recordman du monde de l'heure). Grand bi, bicyclette acatère (transmission par arbre à came), formidables bécanes : *Gnôme et Rhône* ou *Indian* de légende, ou encore cet incroyable véloréacteur, mû par trois tuyère et récompensé au concours Lépine 1951. On n'en a pas vu rouler des masses... Bon, une visite intéressante, où l'on apprend qu'un certain Lallement inventa la pédale en 1866. Un Français, ce Lallement. Vive nous !

★ *Saint-Hilaire-d'Ozilhan (30210) :* à 3 km à l'est de Castillon, un village bien paisible, plein de charme, adossé à la colline. Superbe chapelle de Saint-Étienne appelée la *Clastre*, chapelle rurale, en grande partie détruite, édifiée vers le XIe siècle. On y trouve aussi une cave coopérative extra, où les régionaux viennent s'approvisionner, c'est tout dire. Et une bonne adresse d'hôtel-restaurant (voir plus loin, « Où dormir ? Où manger dans le coin ? »).

★ *Collias (30210) :* à mi-chemin entre Uzès et le pont du Gard ; Collias fut, il y a une vingtaine d'années, le carrefour des « hippies » comme ils disent encore au village. Au grand dam des habitants, Collias fut même surnommé « Katmandou-sur-Gardon ». Même si une poignée d'irréductibles se nichent encore dans les grottes, Collias s'est refait un look plus vendeur et a rattrapé le train du « On ne veut pas bronzer idiot » : escalade, canoë et kayak. Toute cette histoire ne change rien au lieu : c'est beau, frais et reposant... Laissez tomber la plage juste en bas du village, surpeuplée en été, et empruntez le chemin qui longe le Gardon, un G.R. mal entretenu. Marchez deux bonnes heures jusqu'à la Baume. Ne rien laisser traîner dans les voitures. L'endroit semble apprécié des voleurs...
– En face, une route en corniche dévale la pente. C'est là que fut tourné *Le Salaire de la peur*, avec Montand et Vanel. Un bain s'impose dans les petits

rapides, puis grimper jusqu'à la chapelle Saint-Véredème enfouie dans la pierre ou encore à l'*ermitage Notre-Dame de Laval,* site occupé depuis la préhistoire, sanctuaire de source préroman et gallo-romain.

– Autre *balade* sympa côté pont du Gard au milieu d'un bois vers l'Ermitage. C'est là que vécurent des ermites jusqu'au XVIIIe siècle. Visite gratuite.

– *Balade en kayak :* association Kayak vert. ☎ 04-66-22-84-83 ou 04-66-22-80-76. Descentes faciles jusqu'au pont du Gard ou remontées magnifiques dans les gorges, vers le pont Saint-Nicolas.

Où dormir ? Où manger dans le coin ?

🛏 ⦿ *La Vieille Auberge :* à Valliguières. ☎ 04-66-37-16-13. Fermée de novembre à avril. Dans cet ancien relais de poste daté de 1640, on trouve : un escalier à vis vrillée remarquable, une salle à manger où trône un âtre immense, et 8 chambres de 190 à 210 F (la n° 5, avec balcon, est bien). Table assez quelconque en revanche (menus à 85 et 145 F).

🛏 ⦿ *Auberge Le Gardon :* ☎ 04-66-22-80-54. Fax : 04-66-22-88-98 à Collias. Fermée de mi-octobre à mi-mars. Le long du Gardon, dans un cadre boisé, cet hôtel jouit d'une situation exceptionnelle. Chambres décorées à l'ancienne, à 265 F la double (235 F avec douche). Préférez celles donnant sur le Gardon. Mais restaurant très quelconque, là encore (premier menu à 98 F).

⦿ *Le Clos des Vignes :* place du 8-Mai-1945, à Castillon-du-Gard. ☎ 04-66-37-02-26. Fermé le lundi et le mardi midi, et du 15 janvier au 15 février. Cuisine régionale et traditionnelle sympa, tout comme l'accueil. Une terrasse à l'intérieur et une à l'extérieur. Étonnant ! Il ne manque que les ceps de vigne au milieu de la salle. Menus à 95 à 139 F.

Plus chic

🛏 ⦿ *L'Arceau :* à Saint-Hilaire-d'Ozilhan. ☎ 04-66-37-34-45. Fax : 04-66-37-33-90. Fermé de fin novembre au 15 février, et les dimanche et lundi d'octobre à Pâques. Dans une ruelle du centre, vieille bâtisse restaurée où l'on trouve des chambres doubles à 280 F (douche) et 400 F (bains). Très propre et confortable, et accueil courtois. Fait aussi restaurant : fine cuisine provençale (menus à partir de 100 F, apéritif offert à nos lecteurs). Une bonne adresse.

Très chic

🛏 ⦿ *La Bégude Saint-Pierre :* D981, Les Coudoulières, à Vers-Pont-du-Gard. ☎ 04-66-63-63-63. Fax : 04-66-22-73-73. Une *bégude* désigne, en provençal, la ferme qui servait de relais de poste au temps où les missives voyageaient à cheval. Tout cela a bien changé, mais *La Bégude* est toujours sur la route de Remoulins à Uzès. Rassurez-vous pour le bruit, l'hôtel respire le calme et la sérénité. La belle bâtisse du XVIIe siècle a été rénovée avec goût, dans un style provençal : les tissus de la salle à manger sont Souleïado, les chaises paillées viennent de Beaucaire. Les chambres sont climatisées et personnalisées, et donnent sur la cour, le « jardin aux vieilles voitures » ou sur la superbe piscine. Doubles de 350 à 680 F selon le confort et la saison (réduction de 10 % sur présentation du guide). Bref, une très belle adresse, où l'on vous reçoit avec gentillesse et simplicité, ce qui ne gâche rien. À noter, le restaurant chic avec menus de 150 à 280 F, et la gazette de la maison qui, tous les deux mois, fait le point sur les nouveautés et anecdotes de l'hôtel.

VILLENEUVE-LÈS-AVIGNON (30400)

Ville la plus orientale de la région Languedoc-Roussillon, et déjà on y respire l'ambiance de la Provence. Assise au bord du Rhône, appuyée à des collines, Villeneuve-lès-Avignon a trop longtemps vécu à l'ombre d'Avignon. Pourtant aujourd'hui, grâce à la métamorphose de la chartreuse en centre de création ouvert aux artistes, la ville droite a retrouvé une sorte d'autonomie culturelle. Son patrimoine historique est exceptionnel. Autre avantage : les hôtels d'Avignon sont souvent complets en été, surtout pendant le festival. À Villeneuve, on trouve encore de la place, ainsi qu'aux Angles, petite commune limitrophe. On est loin des encombrements d'Avignon...

Un peu d'histoire

Entre Villeneuve et Avignon, il y a le Rhône, frontière naturelle et historique. À Villeneuve, on était en royaume de France. En Avignon, c'était le domaine des papes et des cardinaux. À l'origine de Villeneuve, la tombe de Casarie, une sainte femme, fille d'un roi wisigoth, morte en 586 après J.-C. C'est sur sa tombe que fut érigée l'abbaye Saint-André, que l'on aperçoit aujourd'hui, juchée sur son rocher, et qui donne une allure de forteresse andalouse à ce nid d'aigle du mont Andaon.

Conscient de l'intérêt stratégique de la ville, terre française face à Avignon, Philippe le Bel fit édifier un donjon au débouché du pont Saint-Bénezet, et fortifia l'abbaye Saint-André. Au XIVe siècle, après l'installation des papes dans la ville d'en face, Jean le Bon et Philippe VI de Valois en firent le symbole de la puissance royale face au palais des Papes. L'âge d'or de Villeneuve coïncide avec celui de la Cité des Papes. De riches cardinaux s'installèrent dans de somptueux palais, les « livrées cardinalices », dont le musée Pierre de Luxembourg est un superbe exemple. La chartreuse date du XIVe siècle. Elle est construite autour d'une « livrée cardinalice » ayant appartenu à Étienne Aubert, plus connu sous le nom d'Innocent VI, le pape amoureux de Villeneuve.

Mais la Révolution marquera la fin de cette splendeur liée à la puissance de l'Église, et le retour de la cité à une vie plus modeste comme faubourg d'Avignon...

Adresses utiles

❶ *Office du tourisme :* 1, place Charles-David ; près d'un grand parking. ☎ 04-90-25-61-55 (ou 61-33). Fax : 04-90-25-91-55. En juillet et août, ouvert tous les jours de 8 h 45 à 12 h 30 et de 14 h 30 à 18 h 30 ; hors saison, mêmes horaires le matin et de 14 h à 18 h, sauf le dimanche. Accueil dynamique. Organise des visites guidées pour individuels, ce qui est presque indispensable pour comprendre ce « village dans la ville » qu'est la chartreuse. Départ de l'office du tourisme (leur demander les horaires). Durée : 2 h. De plus, d'octobre à mai, visite à thème un samedi par mois.

■ *Les Taxis Villeneuvois :* 2, rue de la République (face à la mairie). ☎ 04-90-25-88-88.

■ *Piscine :* chemin Saint-Honoré. ☎ 04-90-27-49-43. À proximité du camping, au nord du fort Saint-André.

Où dormir ?

Bon marché

🛏 *Foyer international Y.M.C.A. :* 7, chemin de la Justice. ☎ 04-90-25-46-20. Fax : 04-90-25-30-64. Fermé une semaine à Noël. Perché au sommet d'une colline d'où l'on a une vue superbe sur Avignon au coucher du soleil. Pour y aller, au départ de l'office du tourisme de Villeneuve prendre direction Avignon, et à droite au niveau du pont du Royaume (direction Les Angles) ; le chemin de la Justice se trouve 300 m plus loin, sur la gauche. Le foyer est au bout de ce chemin, sur la gauche encore : c'est ce grand bâtiment ressemblant à une ancienne clinique (ce qu'il est d'ailleurs). Une rénovation complète a été commencée en 1998, au terme de laquelle une centaine de lits, en chambre de 3 avec sanitaires, sera disponible. Qu'on soit 3, 2 ou seul, la chambre entière est réservée, d'où les tarifs suivants : par personne, selon la saison, de 140 à 175 F pour une personne ; pour deux, de 92 à 115 F ; pour trois, de 84 à 105 F. Petit déjeuner 20 F, possibilité de pension et demi-pension. La piscine, le bar, et la vue fabuleuse sur la cité des Papes en font un foyer fort sympathique, surtout quand toute une jeunesse l'anime.

De prix moyens à plus chic

🛏 *Chambres d'hôte :* chez M. Bruno Eyrier, 15, rue de la Foire. En plein centre de Villeneuve lès Avignon, à 1 mn de l'église collégiale et de la mairie. ☎ et fax : 04-90-25-44-21. Facile à trouver. Réservation conseillée. Avant d'entrer, sonner à « Eyrier ». Dans cette ancienne magnanerie du Grand Siècle, aux allures de maison de maître, un escalier avec une rampe en fer forgé dessert 5 chambres et 3 studios, tous aménagés avec goût. On est ici entouré des souvenirs, des trésors et des ancêtres de la famille Eyrier dont les tableaux ornent les murs de la cage d'escalier. Voici la chambre n° 1 avec son lit à baldaquin, sa cheminée en bois sculpté, son plafond à la française (peinture d'époque). Prix en rapport : de 350 à 400 F pour deux, avec la possibilité de faire le petit déjeuner soi-même. Salle de bains intérieure ou douches sur le palier. Pratique, le parking dans la cour privée. Le maître des lieux est à l'image de sa belle demeure. Prenez le temps d'écouter Bruno Eyrier, « félibre du Rhône », collectionneur d'attelages et défenseur de la culture provençale, qui vous apprendra (entre autres) que la langue natale de Frédéric Mistral compte 115 000 mots (quand notre pauvre français n'en a que 35 000 !), ce qui rend sa traduction difficile si ce n'est impossible. M. Eyrier est une personnalité chaleureuse, comme sa maison !

🛏 *Chambres d'hôte Les Jardins de la Livrée :* 4 *bis,* rue Camp-de-Bataille. ☎ 04-90-26-05-05. Au cœur de la ville. Maison assez récente, où il fait bon séjourner. Chambres joliment décorées et confortables, de 360 à 420 F pour deux, petit déjeuner compris. Dans le jardin se trouve une belle piscine. Cuisine simple le midi, avec un menu à 98 F. Le soir, Irène Grangeon prépare des bons petits plats un peu oubliés mais savoureux : caillette, pieds-paquets, langue d'agneau... Menus à 98 et 138 F. Apéritif offert à nos lecteurs.

🛏 *Hôtel de l'Atelier :* 5, rue de la Foire ; juste au début de la rue, bien situé. ☎ 04-90-25-01-84. Fax : 04-90-25-80-06. Fermé de début novembre à début décembre. Central. Dans une maison du XVIe siècle, 19 chambres meublées à l'ancienne, avec TV et téléphone. Calme et confortable. Entre 270 et 460 F la double avec douche ou bains selon la saison. Agréable patio fleuri pour le petit déjeuner et une terrasse sur les toits. Un bon rapport qualité-prix. Il faut réserver en saison. Une église désaffectée sert de garage et accepte les véhicules de toutes confessions !

🛏 *Hôtel-restaurant Les Cèdres :* 39, bd Pasteur. ☎ 04-90-25-43-92. Fax : 04-90-25-14-66. Fermé de mi-novembre à mi-mars. Au calme, dans un parc bien agréable. Chambres meublées à l'ancienne dans une maison de maître. Assez chic, même si les prix restent raisonnables. Doubles avec douche et w.-c. à 298 F, avec bains et w.-c. à 368 F. Cuisine agréable, sans grandes surprises. Gratin du pêcheur, filet de baudroie au châteauneuf-du-pape... Menus de 98 à 168 F.

Camping

🛏 *Camping municipal de la Laune :* chemin Saint-Honoré ; au pied du flanc nord du fort Saint-André. ☎ 04-90-25-76-06. Fax : 04-90-25-91-55. Fermé d'octobre à mars. De l'office du tourisme, prendre la nationale direction Sauveterre ; c'est à environ 1 km, sur la droite. Le bus n° 11 pour Avignon s'arrête en face de l'entrée du camping. Calme et bien ombragé, avec beaucoup d'espace entre les emplacements. Sanitaires impeccables, aménagés pour les handicapés. Autour de 85 F la nuit pour 2 personnes, une tente et un véhicule. Petit snack. Piscine municipale toute proche gratuite pour les campeurs, ainsi que le tennis. Location de vélos.

Où manger ?

📍 *Restaurant La Calèche :* 35, rue de la République. ☎ 04-90-25-02-54. Fermé le jeudi soir et le dimanche toute la journée, et en novembre. Terrasse et patio, et deux salles en enfilade joliment décorées, dans les tons chauds, avec aux murs moult affiches et reproductions (Toulouse-Lautrec). Le patron aime beaucoup les artistes, et ceux-ci le lui rendent bien : portraits et bustes de lui partout. Service aimable et cuisine correcte. Menus à 69 et 108 F.

📍 *Restaurant La Maison :* 1, rue Montée-du-Fort-Saint-André. ☎ 04-90-25-20-81. Fermé le mardi soir, le mercredi, le samedi midi et la 2e quinzaine d'août. Donne sur la place Jean-Jaurès, derrière la mairie. Décor raffiné et original, dentelles aux fenêtres, collection de poteries... Cuisine simple et copieuse, assez travaillée tout de même. Pour 120 F on mange vraiment bien, sous les ventilateurs, appréciables en été. Goûter au magret de canard au beurre rouge. Service fort sympathique. Une bonne adresse.

Où dormir ? Où manger aux environs ?

🛏 📍 *Le Petit Manoir :* 15, av. Jules-Ferry, 30133 Les Angles (commune limitrophe de Villeneuve, au sud-ouest). ☎ 04-90-25-03-36. Fax : 04-90-25-49-13. Prendre la route de Nîmes, l'hôtel est indiqué sur la gauche. « Manoir : habitation ancienne et de caractère, d'une certaine importance, entourée de terres ». Si le *Larousse* dit vrai (et personne n'en doute), ce *Petit Manoir*, ensemble de bâtiments contemporains organisés autour d'une piscine, n'en est pas vraiment un. Mais il ne manque ni de caractère, ni de confort : chambres calmes et propres, avec terrasse le plus souvent, de 270 à 360 F la double. Le restaurant, *La Tonnelle,* est une bien bonne table : menus à 95 F, 135 F et plus. Cuisine traditionnelle régionale.

Où déguster une glace excellentissime ?

– *Gelateria Notre-Dame :* 8, rue Fabrigoule (dans la vieille ville). ☎ 04-90-26-04-15. Fermée le lundi. Pour apprendre son art, Richard

Ferrari n'a pas hésité à faire le voyage en Italie, comme, au Grand Siècle, les peintres et les sculpteurs étudiaient à Rome avant de revenir au pays. La comparaison n'est pas gratuite : ses glaces et sorbets sont de véritables chefs-d'œuvre. De plus, il les sert comme il faut, en pétales de rose, et avec le sourire. Toute petite terrasse et quelques places à l'intérieur, ou à emporter.

À voir

★ *La chartreuse du Val-de-Bénédiction :* située au cœur de la ville, au pied du versant ouest du mont Andaon qui porte le fort Saint-André. Entrée principale : rue de la République. D'octobre à mars, ouverte de 9 h 30 à 17 h 30 ; d'avril à septembre, de 9 h à 18 h 30. Tarifs réduits pour les moins de 25 ans. Visites guidées sur demande, une semaine à l'avance. ☎ 04-90-15-24-24.

D'Innocent VI, pape d'Avignon, qui la fonda au XIVe siècle, à Pierre Boulez et Patrice Chéreau qui y donnèrent des spectacles pendant le festival d'Avignon, ce haut lieu est consacré à l'esprit et à la création. Il captive ceux qui viennent s'y ressourcer.

À l'origine, ce fut le plus riche et le plus vaste monastère de chartreux de France : 2,5 ha d'un seul tenant sur la rive droite du Rhône. À la Révolution, les moines durent l'abandonner. La plupart des bâtiments furent vendus, les autres tombèrent en ruine. Découvert en 1835 par Mérimée, classé par l'État en 1905, le monument abrite dans ses murs depuis 1991 le C.N.E.S. (Centre national des écritures du spectacle). Petit à petit, on restaure la chartreuse tout en l'ouvrant à la création contemporaine et aux visiteurs.

À l'aide de bourses de séjour, des écrivains dont l'écriture s'applique au théâtre, à l'art lyrique, au cinéma, peuvent y résider afin de mener à terme leur travail. Ils sont logés individuellement dans les anciennes cellules des moines, réaménagées en studios. Leur séjour peut durer entre 1 mois et 2 ans. Cette initiative a redonné vie à ce patrimoine endormi depuis deux siècles.

En outre, le C.N.E.S. organise les *Rencontres internationales d'été* (spectacles, concerts, expos, conférences...) et reçoit des salons et des associations.

Au cours de la visite, il faut voir absolument : le tombeau du pape Innocent VI, le petit et le grand cloître, les cellules des moines où la vie contemplative des chartreux est bien représentée, le Tinel (ancien réfectoire) dont l'acoustique est considérée comme l'une des meilleures de France.

★ *Le fort Saint-André :* perché au sommet du mont Andaon, et entouré d'une extraordinaire ceinture de murailles ; on dirait un château fortifié sorti d'un désert castillan. Ouvert de 10 h à 12 h et de 14 h à 17 h (30 mn de plus en été). Entrée payante avec deux billets : un pour les tours jumelles, un autre pour les jardins de l'abbaye, les unes « publiques », les autres « privés ». Construit sur l'ordre du roi de France Philippe le Bel, entre 1362 et 1368, pour protéger le petit bourg Saint-André qui existait sur le mont Andaon. Mais aussi et surtout pour affirmer la puissance du roi face aux terres de la papauté et de l'Empire (romain-germanique), de l'autre côté du Rhône. Des somptueux jardins à l'italienne, vue admirable sur Avignon et la vallée du Rhône. Accès libre et gratuit aux murailles.

★ *Le musée Pierre de Luxembourg :* rue de la République ; à 50 m de la collégiale Notre-Dame. D'octobre à mars, ouvert de 10 h à 12 h et de 14 h à 17 h 30 ; d'avril à septembre, de 10 h à 12 h 30 et de 15 h à 19 h. Fermé le lundi (sauf de mi-juin à mi-septembre) et en février. Installé dans le palais du cardinal Pierre de Luxembourg (XIVe siècle, mais reconstruit en 1664), le musée abrite quelques chefs-d'œuvre : au rez-de-chaussée, *La Vierge en ivoire* (XIVe siècle) taillée dans une seule défense d'éléphant ; au 1er étage, et surtout, *Le Couronnement de la Vierge* (XVe siècle), superbe retable d'Enguerrand Quarton.

★ *La tour Philippe-le-Bel :* av. Gabriel-Péri, sur la route d'Avignon. Mêmes horaires que le musée Pierre de Luxembourg. Entrée payante. Achevée en 1307, elle servait à surveiller l'entrée du fameux pont Saint-Bénezet. « Sur le pont d'Avignon, on y danse, on y danse... ». Très belle vue de la terrasse du dernier étage accessible par un remarquable escalier à vis. La tour est éclairée le soir.

★ *L'église collégiale Notre-Dame :* mêmes horaires de visite que le musée Pierre de Luxembourg. Entrée payante (pour le cloître). Construite en 1320 par le cardinal Arnaud de Via, neveu du pape Jean XXII. Superbe autel de marbre avec un gisant du Christ de 1745. Le cloître est adossé au flanc nord de la collégiale.

★ *Le sentier de la plaine de l'Abbaye :* une promenade le long du contre-canal du Rhône, parmi les essences que vous pourrez identifier en vous aidant du dépliant offert par l'office du tourisme. Lauriers, aubépines, roseaux...

Manifestation

– *Villeneuve en Scène :* pendant le festival d'Avignon, Villeneuve n'allait pas rester les bras croisés et a créé son propre festival, qui ne fait pas beaucoup d'ombre à l'autre et en est d'ailleurs différent. Car il s'agit ici de théâtre musical : une vingtaine de troupes se produisent chaque année, en plein air ou en salle (chapelle des Pénitents-Gris, collégiale...).

Quitter Villeneuve-lès-Avignon

– *En train :* gare S.N.C.F. d'Avignon. ☎ 08-36-35-35-35 (2,23 F/mn). Avignon-Paris en T.G.V. : 4 h 30.
– *En avion :* aéroport d'Avignon, à 15 km.
– *Bus n° 11 pour Avignon :* arrêts devant l'église collégiale, près de l'office du tourisme, ainsi que rue de la République, à deux pas de l'entrée de la chartreuse. 4 bus par heure en moyenne. Durée : 15 mn environ.

LA CÔTE DU RHÔNE

Cette côte du Rhône s'étend à l'extrémité nord-est du Gard, là où les champs de vigne, bien exposés au soleil du midi, occupent les pentes douces de la garrigue qui descendent vers le grand fleuve. Cherchez le Rhône entre Villeneuve-lès-Avignon et Pont-Saint-Esprit, à 40 km au nord à vol d'oiseau. Prenez le pont du Gard comme repère à l'est. Et vous avez là une sorte de triangle des Bermudes dédié au Bacchus rhodanien : le côtes-du-rhône.
Dès le VIe siècle avant J.-C., les Grecs importèrent ici leurs cépages. Les Romains contribuèrent à en faire un vin renommé et nombreux sont les rois de France qui en ont passé commande à leur table. Rouge, rosé ou blanc, il est gouleyant, généreux, léger. Les grands crus sont le tavel dont le petit village est la capitale du premier rosé de France. À côté, il y a le lirac et, plus

au nord, une série d'appellations-villages comme chusclan, laudun et saint-gervais.

On peut déguster ce bon vin méridional au hasard de sa route, dans l'une des nombreuses caves-coopératives qui jalonnent ce terroir. N'oubliez pas, au moment de lever votre verre, de songer à ceux qui furent les premiers promoteurs du côtes-du-rhône : les papes à Avignon, qui s'en servaient comme vin de messe.

★ ROQUEMAURE (30150)

Ce joli village en bordure du Rhône possède une remarquable collégiale, où sont conservées les reliques de saint Valentin, patron des amoureux. Amoureux du monde entier, venez ici main dans la main et visitez Roquemaure, son petit centre ancien, ses ruelles, sa place du Marché toute méridionale, sa collégiale au portail magnifique... Roquemaure, sa longue et riche histoire, Roquemaure où décéda, en 1314, Clément V, le premier pape d'Avignon, Roquemaure qui fut longtemps le port le plus important de cette partie de la rive droite du Rhône...

Adresse utile

◘ *Office du tourisme :* 1, cours Bridaine. ☎ 04-66-90-21-01. Fermé le samedi après-midi et le dimanche. Pour tous renseignements, ou pour une visite guidée.

Où dormir ? Où manger ?

▲ |●| *Hôtel-restaurant Le Clément V :* route de Nîmes. ☎ 04-66-82-67-58. Fax : 04-66-82-84-66. Fermé pendant les vacances scolaires de février et de la Toussaint ; resto fermé le week-end hors saison. Voilà une bien sympathique étape, dans un village médiéval méconnu de la côte du Rhône. On est accueilli par une hôtelière, Annie, pleine de gentillesse, qui réserve son restaurant à la clientèle des 19 chambres équipées de sanitaires complets. James, son *boy-friend,* est sympa aussi... Comptez 270 F la double ; demi-pension à 275 F (obligatoire en juillet et août). L'établissement propose de nombreux services, dont une salle de remise en forme et de gym. C'est aussi un lieu de séjour idéal pour découvrir la Provence et les festivals d'été d'Orange et d'Avignon. Le bon rapport qualité-prix finit de faire du *Clément V* une bonne adresse, déjà remarquée par de nombreux routards.

★ TAVEL (30126)

L'autoroute la Languedocienne passe à 1,5 km de ce paisible village réputé pour son délicieux rosé inscrit sur toutes les cartes des vins de France... et de Navarre. Plus de choses à déguster qu'à voir à Tavel, encore qu'une promenade digestive dans les vieilles rues, ou par la si charmante place de la Fontaine, juste derrière l'église, procure un grand plaisir. Pour la petite histoire, sachez que le tavel était le vin préféré du roi Philippe le Bel. Il manquerait un peu d'âme à la géographie sentimentale de la « doulce France » si ce bon vieux rosé disparaissait des tables...

Où dormir ? Où manger ?

🛏 ❙●❙ *Hostellerie du Seigneur :* dans le centre du village, on remarque cette vieille demeure couverte de vigne vierge. ☎ 04-66-50-04-26. Fermée le jeudi, et de décembre à mi-février. Les chambres donnent sur les vieux toits de tuile de Tavel. À partir de 180 F la double ; 240 F la demi-pension. L'auberge est d'ailleurs réputée pour sa cuisine savoureuse : menus à 98 et 140 F. Accueil souriant de Juliette et Ange Bodo, les patrons. Apéro offert à nos lecteurs.

★ *LIRAC (30126)*

Village qui a donné son nom à un cru fameux des côtes-du-rhône. À 2 km au nord de Tavel.

★ Ne pas manquer la promenade à *la Sainte-Baume,* une grotte antique et un ermitage, dans un site naturel, merveilleusement boisé.

– *Syndicat des producteurs de Lirac :* maison des Vins. ☎ 04-66-50-05-50.

★ *GAUJAC (30330) : L'OPPIDUM SAINT-VINCENT*

Site gallo-romain de première importance, complété par le petit Musée archéologique de Bagnols-sur-Cèze. Voir plus loin, dans « Le val de Cèze ».

★ *SAINT-LAURENT-DES-ARBRES (30126)*

À 3 km au nord de Lirac. La route des vins passe par ce charmant petit village, doté d'une église romane de 1150, ancienne possession des évêques d'Avignon. Un coin très sympa. S'arrêter place de la Mairie, et prendre le chemin de Ronde, par la gauche : promenade médiévale bien reposante.

★ *SAINT-VICTOR-LA-COSTE (30290)*

Ce village sort des limites géographiques du terroir des côtes-du-rhône. Néanmoins, il est à voir. Certains le considèrent, avec Montclus et Lussan, comme l'un des plus ravissants villages de cette région du Gard. C'est un bourg médiéval dominé par les ruines du château du Castella, d'où l'on a une belle vue sur l'arrière-pays.

Où manger ?

❙●❙ *L'Industrie :* ☎ 04-66-50-31-61. Fermé le mercredi et début septembre. Dans ce site magnifique, sur la place, face aux platanes, le restaurant *L'Industrie* (un bien vilain nom, tout le monde en convient), au cadre rustique, avec sa terrasse ombragée et sa vaste salle, propose des menus maison de 65 à 120 F. Cuisine traditionnelle à base de produits frais. Reçoit volontiers des groupes.

LE VAL DE CÈZE

La Cèze prend sa source au mont Lozère, dans les Cévennes, et descend de Barjac à Bagnols-sur-Cèze, où elle rejoint bientôt le Rhône. Notre itinéraire en remonte le cours, et l'on découvre un site d'une grande harmonie, une vallée verdoyante, ponctuée de villages de caractère. On y retrouve les senteurs et la magie de la garrigue, les collines lumineuses sous le soleil du Midi.

Beaucoup de touristes hollandais, belges, allemands, apprécient la région. Comme eux, partez à la découverte de cette nature âpre et généreuse : amis randonneurs et kayakistes, vous serez ici dans votre élément. Amis naturistes aussi... Par moments, on a le sentiment étrange que tout reste encore à explorer : ainsi de ces dolmens du plateau de Méjannes, ces grottes préhistoriques des gorges de la Cèze, ces hameaux et ces villages perdus dans la garrigue. Voilà ce qui nous a plu dans cette « poche » de nature si bien préservée. On peut encore y jouer les Robinson, et même s'y perdre...

BAGNOLS-SUR-CÈZE (30200)

Bagnols a tout d'une ville de transition, à cheval entre deux régions, Languedoc et Provence, et entre deux cultures... La commune, assez étendue, s'est beaucoup développée avec la création de la centrale de Marcoule, s'enveloppant alors de quartiers bien quelconques. Il reste néanmoins un centre intéressant, aux ruelles animées. Et Bagnols-sur-Cèze constitue un bon point de départ pour visiter la superbe vallée de la Cèze.

Un peu d'histoire

À l'origine ville de bains pour les Romains, la cité ne se développa qu'à partir du XIIIᵉ siècle. En lui accordant le droit de « tenir marché », Louis VIII transforma cette bourgade rurale en une place commerciale. En 1613, la première manufacture de soie y fut construite, point de départ d'une période de prospérité qui dura trois siècles. En 1955 survint un grand bouleversement. La construction de l'usine atomique de Marcoule attira beaucoup de monde, et la population fut multipliée par quatre en quelques années. En conséquence, de nouveaux quartiers furent construits un peu à la hâte.

Adresse utile

🛈 *Office du tourisme :* espace Saint-Gilles, av. Léon-Blum. ☎ 04-66-89-54-61. Fax : 04-66-89-83-38. Hors saison, ouvert du lundi au samedi de 9 h à 12 h 30 et de 14 h à 18 h ; en été, du lundi au vendredi de 9 h à 19 h, le samedi de 9 h à 18 h, et le dimanche de 9 h à 12 h. Sérieuse documentation sur Bagnols et sur la vallée de la Cèze.

Où dormir ? Où manger ?

🛌 *Hôtel du Bar des Sports :* 3, place Jean-Jaurès. ☎ 04-66-89-61-68. Fax : 04-66-89-92-97. En général, quand un *Bar des Sports* se met à louer des chambres, c'est du rafistolage, du camping ou du meublé à la semaine ou au mois (payable à l'avance). Bref, le truc de limonadier qui a quelques pièces vides au-dessus du comptoir, et qui se dit : et si je les louais ? Il y flanque un matelas, et le tour est joué. Aussi, cher lecteur, quelle surprise de trouver ici des chambres propres et confortables, niveau deux-étoiles NN vraiment ! Impeccables, avec bains, w.-c., double-vitrage, téléphone et TV, à 250 F la double. Bon accueil du patron, et pas trop de boucan le soir : le bar ne ferme pas trop tard.

♣ |●| *Hôtel-restaurant Le Saint-Georges :* 210, av. Roger-Salengro. ☎ 04-66-89-53-65. Fax : 04-66-79-98-01. Fermé le samedi midi et le dimanche. Hôtel très correct.

21 chambres de 220 F (lavabo) à 270 F (douche et w.-c.). On aime beaucoup la terrasse entourée de verdure, et on a apprécié la cuisine du chef. Menus de 60 F (en semaine) à 165 F avec une spécialité plutôt conviviale : les pierrades.

À voir

★ *La place Mallet :* le véritable centre de la cité depuis le XIIIᵉ siècle. Arcades sous lesquelles s'abritaient les marchands, sol pavé... Quelques belles demeures de style classique construites au XVIIᵉ siècle : l'hôtel de ville, l'hôtel de Luynes et l'hôtel Mallet (aujourd'hui fait office de bibliothèque), reconnaissable grâce à sa tour engagée à trois pans crénelés.

★ *La tour de l'Horloge :* beffroi de l'ancien château (dont il ne reste qu'un pan de mur à l'entrée de la rue Conti), construit par Philippe le Bel au XIVᵉ siècle.

★ Quelques beaux *hôtels particuliers* des XVIIᵉ et XVIIIᵉ siècles dans les rues Rivarol (au nº 1, on voit la maison natale de ce moraliste dilettante et passionné, fervent antirévolutionnaire) et François-Crémieux.

★ *Le musée de l'Amitié :* 19, place Mallet; dans l'hôtel de ville. ☎ 04-66-50-50-56. Ouvert de 10 h à 12 h et de 14 h à 18 h (de 15 h à 19 h en juillet et août). Fermé en février, ainsi que les lundi et jours fériés hors saison. En 1918, le peintre Albert André devient le conservateur du musée. Il rassemble une belle collection d'art contemporain. En 1923, un incendie provoqué par des... pompiers, heureusement involontairement, ravage les collections; alors, plutôt que de fermer « boutique », Albert André demanda de l'aide à ses amis peintres afin qu'ils offrent quelques tableaux. Quelques belles pièces comme *La Fenêtre ouverte de Nice* de Matisse, *Le Portrait d'Adèle Besson* par Van Dongen. 2 salles sont consacrées au postimpressionnisme, une à la peinture lyonnaise du XIXᵉ siècle. Dans la salle des dessins, ne pas manquer les Renoir.

★ *Le Musée archéologique :* 24, rue Paul-Langevin. ☎ 04-66-89-74-00. Ouvert du jeudi au samedi de 10 h à 12 h et de 14 h à 18 h (de 15 h à 19 h en juillet et août). Fermé en février. Nombreux vestiges couvrant les périodes de l'âge du fer à la fin de l'Antiquité romaine.

À voir aux environs

★ *La centrale atomique de Marcoule :* à 6 km de Bagnols par la D138. Renseignements et inscriptions à l'office du tourisme ou ☎ 04-66-89-54-61. Le seul mérite de cette centrale est d'être la première du programme français à traiter les combustibles irradiés. Centre d'information sur le site et visites guidées sur réservation. En dehors de ces visites guidées, accès libre à un belvédère surplombant la centrale et la vallée du Rhône.

★ *L'oppidum Saint-Vincent :* à 13 km de Bagnols et à 2 km à l'ouest de Gaujac, sur une colline facile d'accès. Le site fait l'objet de nombreuses fouilles qui attestent de l'importance de cet oppidum dès le Vᵉ siècle av. J.-C.

Quelques beaux villages aux environs de Bagnols-sur-Cèze

★ *Vénéjan (30200) :* à 5 km par la D148. Le village est dominé par un château du XIVᵉ siècle. Au sommet du plateau, superbe vue sur la vallée du Rhône.

★ *Laudun (30290) :* à 7 km par la D121. Village bâti à flanc de colline autour d'une église du XIVᵉ siècle. Juste à côté, le *château de Lascours,* du XVIᵉ siècle (fait chambre d'hôte : ☎ 04-66-50-39-61). À proximité, voir également le *Camp de César,* l'un des grands sites antiques de la région. Superbe point de vue.

★ *Sabran (30200) :* à 11 km par la D6, puis la D166. Enserrée dans les ruines du château médiéval, la belle église romane du village mérite vraiment le détour.

★ *Saint-Gervais (30200) :* situé au pied de collines aux escarpements calcaires de 150 m de haut, le village est entouré de vigne. Belle église des XIIᵉ et XIXᵉ siècles.

LA ROQUE-SUR-CÈZE (30200)

Village entièrement piéton, et c'est fort appréciable. Les rues sont étroites comme le pont du XIIIᵉ siècle qui traverse la Cèze. Et, au fait, d'où vient le nom de la rivière ? Un roi de France, voulant franchir le cours d'eau, le qualifia de « très étroit ». Un courtisan lui aurait dit : « Treize et trois font seize ! » Digne d'un jeu de mots de Bruno Masure en fin de journal. Bâti en amphithéâtre à flanc de collines, ce village est dominé par un château médiéval.

Où dormir ?

🏠 *La Chartreuse de Valbonne :* Saint-Paulet-de-Caisson. ☎ 04-66-90-41-24. Dans les anciennes cellules de frères de la chartreuse (voir plus bas, « À voir aux environs »). Des chambres doubles avec douche et w.-c., tranquilles et nettes, à 190 F (tarif dégressif à partir de 3 nuits). Cuisine et salle à manger à disposition. Un bon rapport qualité-prix.

🏠 *Chambres d'hôte La Tonnelle :* ☎ 04-66-82-79-37. Ouvert de Pâques à novembre. Très belle maison en pierre blanche, tenue avec gentillesse par M. et Mme Rigaud. Accueil souriant et avenant. 6 chambres spacieuses et claires, au sol en tommettes. Doubles de 280 à 320 F. Calme et discrétion bercent ce lieu. Le jardin est peuplé de fleurs, d'arbres, de vignes et de quelques chats. De quoi envisager un séjour reposant et la découverte de ce village, sans doute l'un des plus beaux de la vallée.

À voir aux environs

★ *Les cascades du Sautadet :* marmites, cascatelles, crevasses taillées par la rivière. Impressionnant et dangereux. La baignade est formellement interdite à cet endroit.

★ *La chartreuse de Valbonne :* ☎ 04-66-90-41-24. Fondé en 1203, le monastère est fortifié et ressemble à une véritable petite ville avec ses maisons et son église. L'endroit, bien que totalement isolé, fut très endommagé par les guerres de Religion. Reconstruite au XVIIᵉ siècle, abandonnée définitivement en 1901, la chartreuse devint un centre de traitement des maladies tropicales en 1926. Aujourd'hui, on y produit un bon côtes-du-rhône (vente et dégustation sur place). Remarquer les voûtes de l'église, le grand cloître, ainsi que les toits aux tuiles vernissées. Tout autour, une forêt de hêtres et de chênes remarquables ; sentier botanique et circuit pédestre.

★ *Cornillon (30630) :* de là-haut, la vue sur la vallée est superbe, et le village n'a rien à lui envier. Ruines d'un château appartenant depuis quatre siècles à la même famille.

Où dormir ? Où manger très chic ?

▲ I●I *La Vieille Fontaine :* 30630 Cornillon. ☎ 04-66-82-20-56. Fax : 04-66-82-33-64. Fermé en janvier et février. Resto fermé le mercredi et le dimanche soir hors saison. Une adresse de rêve dans un endroit de rêve. Installées dans les remparts du château, les 8 chambres sont de toute beauté : meubles anciens, tissus provençaux aux couleurs chaudes. Bon goût et grand confort règnent dans toute la maison. Les jardins en terrasses descendent jusqu'à la piscine qui domine la vallée. Doubles de 550 à 850 F. Menu à 195 F pour une cuisine raffinée, spécialité de moules, huîtres et palourdes farcies, filet de daurade grillé...

GOUDARGUES (30600)

On surnomme cette petite ville « la Venise gardoise ». Rien à voir avec la cité lacustre italienne, mais la source canalisée qui traverse Goudargues ne manque pas de charme pittoresque. Ambiance typiquement provençale avec ses platanes, sa fontaine et son église.
Goudargues fut fondée autour d'une abbaye bénédictine au IXᵉ siècle. Ce sont les moines qui, les premiers, ont canalisé l'eau de l'étang qui occupait la place. Ils purent ainsi cultiver les riches terres des environs. Et toute la vie de la cité s'ordonna durant de longs siècles autour de cette abbaye.

Adresse utile

◻ *Office du tourisme :* ☎ 04-66-82-30-02. Fax : 04-66-82-29-63. Ouvert en saison, du lundi au samedi de 9 h à 13 h et de 15 h à 19 h, et le dimanche de 9 h à 13 h. Accueil et compétence. On y trouve un échantillonnage des produits régionaux.

Où dormir ? Où manger ?

▲ I●I *La Galantine :* place de la Mairie. ☎ 04-66-82-22-39. Fermé le lundi soir et le mardi soir hors saison. Cuisine familiale à base de produits frais : charcuterie du pays, rôti de porc aux abricots, bœuf en daube... Le midi, menu du jour à 60 F. Menus suivants à 88 et 115 F. On mange en terrasse ou dans la salle un peu en longueur et proprette. Quelques chambres aussi, simples et bon marché (210 F la double avec bains et w.-c.).

🛏 |●| *Hôtel-restaurant du Commerce :* 17, quai de la Fontaine. ☎ 04-66-82-20-68. Fermé d'octobre à mars. On aurait pu espérer mieux dans un aussi joli village. L'hôtel est assez banal mais sympathique, avec un côté Provence années 60. Chambres proprettes, à 235 F la double avec douche. Menus de 95 à 180 F. Belle terrasse au bord de l'eau mais cuisine sans intérêt.

|●| *La Frigoulette :* à Saint-André-de-Roquepertuis. À 5 km au nord-ouest de Goudargues. ☎ 04-66-82-21-26. Ouvert de la Pentecôte au dernier week-end d'août. Prendre la petite D371 vers le Frigoulet, traverser le hameau et continuer ; le restaurant se trouve sur la berge de la Cèze, on y accède par un chemin à droite juste avant de passer le pont. Marre des palaces et des gastros, vive le populo ! Ouais, tous à *La Frigoulette*, par tablées de 10 ou 15 (mais de 4 aussi si l'on veut), bien calés sur les chaises en plastoque pour se taper ensemble des grillades et vider de bons gros pichets de vin... Ici se retrouvent de nombreux campeurs des environs, dans une ambiance souriante et décontractée, et dans le cadre agréable d'une rive arborée de la Cèze. Baron d'agneau frites à 52 F, salades, andouillette ou merguez bon marché, quart de rouge ou de rosé à 11 F, ça ne peut pas faire de mal.

Camping

🛏 *Camping La Grenouille :* au bord de la Cèze. ☎ 04-66-82-27-77 et 04-66-82-21-36. Ouvert d'avril à fin septembre. Bien équipé et très agréable.

À voir

★ *L'église abbatiale :* l'une des plus importantes églises romanes de la région. Chœur superbe avec une abside pentagonale. Quelques chapiteaux intéressants.

★ Face au lavoir, ne pas manquer la *salle capitulaire* (XIIe siècle), où se tiennent des expos temporaires en été.

À voir aux environs

★ *Montclus (30630) :* à 10,5 km de Goudargues par la D980 en direction de Barjac. Ravissant village lové telle une coquille d'escargot dans une boucle de la Cèze. Le tout dominé par le donjon du château en ruine.

Où acheter de l'essence de lavandin ?

– *Domaine de Vilgoutrès :* à Verfeuil. À 7 km par la D23, puis la D143. La route est très belle. René Frach fabrique des essences de lavandin qui servent à tout ou presque.

BARJAC (30430)

Une petite ville méridionale, bien située, entre gorges de l'Ardèche et gorges de la Cèze. On s'y sent à l'aise, comme dans tous ces villages du Sud où la vie coule des jours tranquilles. Le château du XVIIe siècle, l'église, les vieilles maisons, forment un ensemble assez sympathique mais guère exceptionnel. Il fait bon se balader dans les rues à l'ambiance nonchalante. Beaucoup de monde en été. Une bonne étape quand même. Ce sont surtout les environs qui offrent le plus grand intérêt. Malheureusement, pas beaucoup d'adresses notables en hôtellerie traditionnelle. Nous avons toutefois trouvé quelques chambres d'hôte sympathiques (liste complète à l'office du tourisme).

Adresse utile

◻ *Office du tourisme :* place du 8-Mai ; en plein centre de Barjac. ☎ 04-66-24-53-44. Fax : 04-66-60-23-08. En été, ouvert du lundi au samedi de 9 h à 18 h et le dimanche de 9 h à 12 h ; hors saison, ouvert du lundi au vendredi de 9 h à 12 h et de 14 h à 17 h.

Où dormir ? Où manger ?

Prix moyens

🛏 *Chambres d'hôte chez M. et Mme Ciaramella :* rue Basse. ☎ et fax : 04-66-24-59-63. Non loin du centre, une grande maison du XVIIIe siècle, 4 chambres avec tout le confort (nous vous recommandons celle avec la cheminée et la grande bibliothèque). Meubles d'époque et déco soignée pour ces chambres spacieuses. Au fond du jardin, ombragé et bien vert, il y a la piscine. 300 F pour 2 personnes, petit déjeuner compris. Un excellent rapport qualité-prix, et M. et Mme Ciaramella savent recevoir discrètement, avec le sourire.

🛏 ▯ *Chambres d'hôte Isabelle et Antoine Agapitos-Mas Escombelle :* route de Vallon-Pont-d'Arc. ☎ et fax : 04-66-24-54-77. C'est sur la droite, à la sortie de Barjac, dans une vieille magnanerie qui ne paie pas de mine vue de l'extérieur. Dedans, c'est plus sympa. 3 chambres propres, avec tout le confort (douche et w.-c.). Dans le jardin, une petite piscine. 280 F pour 2 personnes ; demi-pension à 230 F par personne. Mme Agapitos est une hôtesse aimable et souriante, et elle vous offre du thé à toute heure. Fait aussi table d'hôte : 90 F le repas.

▯ *Restaurant La Chaise Longue :* Grand-Rue. ☎ 04-66-24-57-01. Fermé de décembre à février, et le mercredi hors saison. Un endroit agréable dans ce village qui se réveille l'été. Salle voûtée ou terrasse pour apprécier une cuisine originale, avec par exemple un calamar à l'encre dans le premier menu, ou un bavarois de concombre peu commun... Menus de 75 à 138 F.

▯ *Restaurant L'Esplanade :* place de l'Esplanade. ☎ 04-66-24-58-42. Fermé en décembre, en janvier et le mardi jusqu'en juin. En terrasse ou dans la petite salle voûtée, une adresse où la cuisine vaut qu'on s'arrête. Pavé de bœuf zingaro, chausson au foie gras... Service agréable de la patronne. Menus à 78, 98 et 135 F.

Où dormir ? Où manger aux environs ?

Bon marché

🛏 *Chambres d'hôte de Linde :* à 4 km de Barjac, sur la D901 (direction Bagnols-sur-Cèze). ☎ 04-66-24-50-96. C'est dans le camping de Linde, sur la gauche. 3 chambres bien tenues, avec douche et w.-c., dans un cadre de verdure. 160 F pour 2 personnes. Très bon accueil. Baignade et canoë dans la Cèze.

Chic

🛏 ▯ *La Bastide des Senteurs :* à Saint-Victor-de-Macalp. ☎ 04-66-

60-24-45. Fax : 04-66-60-26-10. Fermé 3 semaines en janvier, et restaurant fermé le mercredi (le midi en saison). De Barjac, route de Saint-Ambroix : Saint-Victor se trouve sur la droite, 3 km avant Saint-Ambroix. À flanc de coteau, le village de Saint-Victor-de-Macalp possède une de ces adresses qui font la bonne renommée culinaire et touristique du pays. Un hôtel de charme et de caractère, où l'on ne se moque pas du monde, et de bon confort (chambres nickel de 285 à 385 F la double selon la saison). Très chouette piscine à débordement, panoramique. Le restaurant, tout simplement nommé *restaurant Franck Subileau*, propose un menu suggestion à 115 F tout à fait bien : le melon mariné au citron et à la lavande, la cuisse de canette au jus de poitrine fumée, la soupe de kiwis au grand-marnier – quel supplice d'évoquer ce repas à une heure pareille (bientôt midi) ! « Menu été » à 165 F avec fromage et dessert, et formidable « menu garrigues » (195 F). Vous l'aurez compris, une halte recommandable.

■ |●| *L'Hostellerie de Landes :* hameau de Landes, D901, Saint-Privat-de-Champclos. ☎ 04-66-24-56-14. Fermé de début décembre à début janvier, et le dimanche soir et le lundi en hiver. À 4 km environ de Barjac, sur la gauche en direction de Bagnols-sur-Cèze. Très bon accueil dans ce petit hôtel-restaurant bien situé (vue sur la vallée de la Cèze). 4 chambres proprettes, avec douche, lavabo et w.-c. De 265 à 325 F la double. À table, une cuisine bourgeoise régionale correcte (menus à 105, 145, 178 et 230 F).

■ |●| *Hôtel-restaurant Le Mas du Terme :* à 3 km de Barjac, sur la route de Bagnols-sur-Cèze. ☎ 04-66-24-56-31. Fax : 04-66-24-58-54. Fermé en janvier et février. Resto fermé parfois hors saison : téléphoner. M. et Mme Marron ont su amé-

nager dans le style du pays cette ancienne magnanerie du XVIIIe siècle, ainsi que le salon voûté, la cour intérieure, les 23 chambres calmes et coquettes. De 340 à 400 F la chambre double. Menus de 98 F (le midi) à 230 F, avec spécialités bien tournées : blanc de rascasse au basilic, rognon de veau à la pelure de truffe, quenelles ardéchoises... La piscine est très appréciable sous ce climat. Une étape agréable.

Campings

■ *Camping de Linde :* à 4 km de Barjac, route de Bagnols-sur-Cèze. ☎ 04-66-24-50-96. Camping en ferme d'accueil, avec activités variées : baignade et canoë, spéléo, randonnées.

■ *Camping à la ferme :* le Mas Neuf, à 2,5 km de Barjac, sur la route de Bessas. ☎ 04-66-24-50-79. Petit camping ombragé et bien aménagé (w.-c. et douches chaudes) par Jean Divol, son propriétaire.

■ *Camping La Combe :* mas de Reboul, à 2,5 km de Barjac par la route de Saint-Sauveur-de-Cruzières. ☎ et fax : 04-66-24-51-21. Ouvert de Pâques à fin septembre. Site bien ombragé. Piscine et tennis. Assez bon marché. Propose également des mobile homes et des chalets à la semaine. Apéro de bienvenue offert à nos lecteurs.

■ *Domaine de la Sablière :* à Saint-Privat-de-Champclos (6 km de Barjac par la D901, puis suivre les flèches). ☎ 04-66-24-51-16. Fax : 04-66-24-58-69. Ouvert de fin mars à mi-octobre. 62 ha dans un lieu superbe au bord de la Cèze, entièrement réservé aux naturistes. Si vous n'avez ni tente, ni caravane, vous pouvez louer un mobile home ou un petit chalet. Au milieu des arbres, le site est vraiment exceptionnel. À en donner des regrets aux inconditionnels du maillot de bain ! Réservation souhaitée.

À voir aux environs

★ *L'aven d'Orgnac :* à 8 km de Barjac, en Ardèche. Ouvert tous les jours de mars à mi-novembre ; en mars, octobre et novembre, de 9 h 30 à 12 h et de 14 h à 17 h; en avril, mai, juin et septembre, jusqu'à 18 h; en juillet et août, de 9 h 30 à 18 h. Un aven est un puits naturel formé par la dissolution des roches calcaires ou par l'effondrement de la voûte. Ici, c'est la voûte qui a cédé. L'aven d'Orgnac est l'un des plus importants d'Europe par la taille et aussi par la richesse de ses concrétions. On y trouve en outre la plus grosse stalagmite de France : 24 m de haut et 15 m de diamètre. Un gros pain de sucre! Au fait, une stalagmite, ça grimpe ou ça descend? Les... mites montent, les... tites tombent.

Connu depuis très longtemps par les gens du coin, l'aven fut exploré en août 1935 et ouvert au public en 1939, puis fut fermé presque aussitôt. Aujourd'hui, on ne visite qu'une petite partie des 3 850 m de galeries. Seul Orgnac est visible. On découvre des « piles d'assiettes », des gours et des excentriques, des concrétions qui se forment par cristallisation sans subir la loi de la pesanteur, une forêt de « palmiers », un somptueux « buffet d'orgues » et, enfin, une salle rouge qui doit sa couleur à de l'argile ferrugineuse.

★ *Le Musée régional de la Préhistoire :* ☎ 04-75-38-65-10. Fax : 04-75-38-66-40. Ouvert du 1er mars au 15 novembre; en mars, octobre et novembre, de 10 h à 12 h et de 14 h à 17 h; en avril, mai, juin et septembre, de 10 h à 12 h et de 14 h à 18 h; en juillet et août, de 10 h à 19 h. Créé en avril 1988 à côté de l'aven d'Orgnac, le musée a pour but de valoriser le patrimoine historique de l'Ardèche et du nord du Gard. Les salles invitent à une promenade dans le temps, de 350 000 à 750 ans avant J.-C. Une démarche didactique qui permet d'avancer à travers le paléolithique, le néolithique et le chalcolithique, pour arriver ensuite à l'âge du bronze et du fer.

★ *L'aven de la Forestière :* pas très loin du précédent, mais pour y aller il faut passer par Orgnac (village) puis prendre la route de Labastide-de-Virac. Ouvert tous les jours du 1er avril au 30 septembre. Tout à fait différent de celui d'Orgnac, constellé de concrétions d'une extrême finesse. On y trouve aussi un laboratoire d'acclimatation pour animaux cavernicoles, unique en Europe.

Foire

– *Foire à la brocante :* grande brocante bisannuelle (à Pâques et au 15 août) à Barjac, rendez-vous des amateurs et des professionnels, brocanteurs et antiquaires. De bonnes affaires à réaliser.

LES GORGES DE L'ARDÈCHE

LE GARD

Petite incursion dans la région Rhône-Alpes, dont dépend l'Ardèche. Entre les gorges du Tarn (plus vertigineuses encore) et celles du Verdon (notre Colorado méridional), voici l'un des grands canyons du sud de la France. Sur plus de 35 km, entre Vallon-Pont-d'Arc et Saint-Martin-d'Ardèche, la rivière Ardèche serpente entre de hautes falaises calcaires (200 à 300 m de hauteur), glissant entre des rocs blanchâtres, au sein d'une nature sauvage. On est ici dans cette région charnière où le climat tempéré de tendance océanique vient rencontrer le climat méditerranéen. En été, sous le ciel bleu, les gorges sont envahies par les baigneurs, les marcheurs et les amateurs, de plus en plus nombreux, de sports de découverte : canoë, kayak, rafting, canyoning, escalade. Un vrai royaume en plein air pour eux. Pour celui qui cherche « le p'tit-coin-tranquille-loin-de-la-foule », nous conseillons de fuir les gorges à cette époque et d'aller chercher son bonheur sur les plateaux de l'Aubrac ou en Margeride... Mais malgré cette invasion estivale, on doit vous parler de ces gorges où vous passerez un jour. Un jour de semaine par exemple, en mai, juin, septembre ou octobre. Mieux : en hiver. Le temps y est d'une douceur extrême.

La rivière Ardèche

Cette fausse paresseuse peut avoir des accès de violence et de colère. Ses crues sont réputées terribles à la fin de l'été. Le 21 septembre 1890, la rivière a roulé 7 500 m^3 à la seconde. Son niveau est monté de 21 m sous les arches rocheuses du pont d'Arc. Elle prend sa source et son élan à 1 100 m d'altitude dans les monts du Vivarais, non loin de Langogne, et se jette dans le Rhône à Pont-Saint-Esprit, au terme d'un parcours tumultueux de seulement 120 km !

« C'est une rivière du Massif central. Mais elle est chaude, sauvage et facile », disent ceux qui la connaissent bien. En effet, l'Ardèche offre dans ses gorges une alternance de rapides et de plans d'eau relativement aisés à franchir pour le kayakiste.

Une belle réserve naturelle

Jusqu'aux années 80, les villes d'Aubenas, Ruoms, Vallon, rejetèrent sans scrupules leurs déchets dans l'Ardèche. Avec le développement du tourisme vert, il fallut trouver une solution et mettre fin à ce désastre. La réserve naturelle des gorges de l'Ardèche a été créée en 1980. Lois et règlements protègent désormais ce site de 1 570 ha où l'on trouve une faune et une flore intéressantes. Une centaine d'espèces d'oiseaux, du choucas à l'aigle de Bonelli. Une ribambelle de petits mammifères aux noms très scouts : renards, blaireaux, fouines, putois... Les reptiles sont bien représentés : couleuvres de Montpellier, lézards ocellés. On y rencontre aussi des castors et des sangliers, assez nombreux sur le plateau et dans la garrigue. En 1981, un plan « Ardèche claire » était adopté avec des objectifs précis : la propreté de l'eau, la régulation du cours de la rivière, la construction d'une station d'épuration à Vallon.

La rivière est de moins en moins polluée, elle n'est plus la grande oubliée des années 60. Au travers de l'histoire de ce site, c'est un peu l'histoire de la France rurale qui défile depuis une trentaine d'années.

VALLON-PONT-D'ARC (07150)

En été, c'est Canoë-City, Kayak-Ville ! Aucune ville de France ne vit autant au rythme de sa rivière et du canoë-kayak. La population est multipliée par 40 à la belle saison. Dans les gorges de l'Ardèche, ce sont près de 3 000 bateaux qui voguent sur l'eau, dévalent les rapides, glissent au pied des majestueuses falaises. Pourquoi Vallon-Pont-d'Arc ? Parce qu'elle est le point de départ de la descente des gorges. Évitez les week-ends de l'Ascension et de la Pentecôte, on se croirait dans un embouteillage parisien. À part ces petits inconvénients, Vallon est un endroit vraiment agréable et très vivant.

Pour aller à Vallon-Pont-d'Arc

– *En train :* descendre à Montélimar ou à Avignon. Puis prendre le bus de ces gares jusqu'à Vallon. 2 à 3 bus par jour en pleine saison. Ligne directe d'Avignon et de Montélimar. Compter 2 h environ.

Adresses utiles

▪ *Office du tourisme des gorges de l'Ardèche :* sur la « place administrative », près de la gendarmerie et de la poste, en venant de Ruoms, à l'entrée de Vallon. ☎ 04-75-88-04-01. Fax : 04-75-37-19-79. Hors saison, ouvert du lundi au vendredi de 9 h à 12 h et de 14 h à 18 h, et le samedi de 9 h à 12 h ; en saison, du lundi au samedi de 9 h à 13 h et de 15 h à 19 h, et les dimanche et jours fériés de 10 h à 12 h.

■ *Taxis :* Henri Chaniol, ☎ 04-75-88-05-39.

■ *Location de V.T.T. :* Holiday Bikes, station Esso, route de Ruoms. ☎ 04-75-37-11-11.

Où dormir ?

Bon marché

▲ *Gîte d'étape :* géré par l'association *Escapade Loisirs,* place de la Mairie. ☎ 04-75-88-07-87. Fax : 04-75-88-11-74. 3 dortoirs, une salle commune avec cuisine, au 2ᵉ étage d'une maison qui donne sur une belle place. Ouvert aux routards. Autour de 50 F la nuit. Réduction de 10 % sur présentation du *G.D.R.* Possibilité de pratiquer des activités sportives au départ du gîte (canoë, escalade, spéléo, canyoning, V.T.T.).

Plus chic

▲ *Le Manoir du Raveyron :* rue Henri-Barbusse. ☎ 04-75-88-03-59. Fax : 04-75-37-11-12. Fermé de mi-octobre à mi-mars. Une quinzaine de chambres, entre 215 et 285 F. Calme et retiré. Chouette jardin d'été. Fait aussi restaurant (bonne adresse, voir « Où manger ? »).

Campings

Il y en a une douzaine rien qu'à Vallon, et 7 à Salavas.

▲ *Camping Le Vieux Vallon :* route des gorges, lieu-dit La Combe. ☎ 04-75-88-01-47. Ouvert du 20 juin au 10 septembre. Une quarantaine de places seulement. Autour de 72 F (forfait pour une ou deux personnes). L'un des moins chers.

▲ *Camping La Rouvière :* sur la route des gorges, en bord de rivière. ☎ 04-75-37-10-07. Fax : 04-75-88-03-99. Ouvert du 15 mars au 30 septembre. Pas cher non plus. Bar, restaurant, épicerie, location de canoës et de kayaks.

▲ *Camping Aloha Plage :* à Sampzon, sur la route de Ruoms. Situé au bord de l'Ardèche. ☎ et fax : 04-75-39-67-62. Ouvert à partir de Pâques, et jusqu'au 30 septembre. À l'écart des gorges, on y est un peu moins entassé que dans les autres campings. Prix modérés. Pas d'épicerie mais un resto et nombreuses animations. 120 places.

Où manger ?

Bon marché

|●| *Le Chelsea :* dans la rue principale, bd Peschaire-Alizon. ☎ 04-75-88-01-40. Fermé de mi-octobre à mi-mars. Enfin un resto jeune et branché dans le style « Take it easy » version Ardèche. Corto Maltese, Tintin et Milou, Harley-Davidson ornent les murs d'une petite salle qui communique avec le jardin. De bonnes salades, notamment la *Chelsea* avec des pâtes, du poivron, du basilic, de la crème fraîche. Et aussi des bières peu ordinaires. Pas de menu. Compter de 60 à 90 F.

Un peu plus chic

|●| *Le Manoir du Raveyron :* rue Henri-Barbusse. ☎ 04-75-88-03-59. C'est « le » bon resto de Vallon. Une gentille terrasse et un jardin agréable. Bonne terrine d'escargots au fenouil sauvage, fricassée de baudroie et Saint-Jacques, et bien d'autres plats concoctés avec les herbes et les senteurs de l'Ardèche. Le midi, menu à 72 F ; autres menus de 92 à 215 F. On peut aussi y dormir (voir « Où dormir ? »).

Où manger aux environs ?

|●| *La Grotte des Tunnels :* située au bord de la route des gorges de l'Ardèche, à 2 km environ de Vallon. ☎ 04-75-88-03-73. Fermée de fin septembre à mi-mars. Une sorte de guinguette dans un beau cadre mais avec une vue relativement limitée. Peu importe, c'est un très bon rapport qualité-prix. Salades composées, bonne viande du pays, vins de la région. Visite de la grotte.

|●| *La Petite Auberge :* 07150 La-bastide-de-Virac ; à 9 km au sud de Vallon-Pont-d'Arc, sur une petite route qui mène à l'aven de la Forestière et à Orgnac-l'Aven. ☎ 04-75-38-61-94. Fermée de fin septembre à Pâques. Dans une vieille maison du pays, avec une belle avancée et une vue sur la petite vallée depuis la terrasse. La cuisine est copieuse et recherchée. Prix plus élevés : de 95 à 195 F (menu gastronomique). Formule à 60 F le midi en semaine.

À voir

★ *Ma Magnanerie, conservatoire du Savoir-faire séricicole :* Les Mazes. ☎ 04-75-88-01-27. Fax : 04-75-88-13-34. Ouvert du 20 avril au 30 septembre, tous les jours de 9 h à 12 h et de 14 h à 18 h. Pour comprendre la production de la soie de l'œuf pondu par le papillon jusqu'au cocon que l'on récolte. La sériciculture s'est arrêtée en France en 1968. On cultive ici ce qui fit la fortune d'une région entière.

★ *La grotte des Huguenots :* route du Pont-d'Arc. ☎ 04-75-88-06-71. Ouverte du 10 juin au 31 août, de 10 h à 19 h. On découvre deux aspects des grottes. D'un côté, la spéléologie permet de comprendre comment elles fonctionnent et vivent. De l'autre, on découvre les différentes fonctions des grottes : habitat, sépultures, citernes, cachettes.

Où louer un canoë ou un kayak ?

Ce ne sont pas les loueurs qui manquent à Vallon : on en compte plus d'une vingtaine ! Mais les embarcadères sont situés le long de l'Ardèche, à Salavas ou dans les gorges au pont d'Arc. Les descentes peuvent être accompagnées. Avoir 7 ans minimum et savoir nager. Au fait, quelle est la différence entre canoë et kayak ?
– *Canoë* : vient des Indiens d'Amérique du Nord. On y est à genoux et non assis. Chaque rameur manœuvre une pagaie simple. Certaines embarcations contiennent 8 personnes.
– *Kayak* : mot d'origine esquimau. On est seul ou à deux, mais toujours assis et muni d'une pagaie double, contrairement au canoë. Plus sportif que le canoë.

– **Escapade Loisirs :** une adresse sérieuse, avec des gens sympas. Leur bureau d'accueil est situé sur la place de la Mairie à Vallon, à côté du *Café du Nord*. ☎ 04-75-88-07-87. Ouvert de Pâques à la Toussaint et tous les jours en été, de 8 h à 19 h. Descentes de l'Ardèche selon plusieurs formules, d'un ou deux jours : en kayak monoplace (matériel et retour compris), en canoë biplace, en kraft (canoë à 8 places). Si vous partez avec un guide : autour de 650 F (530 F en canoë-kayak) par personne pour 2 jours (avec retour en bus). On dort dans des aires de bivouac au bord de la rivière, à Gaud ou à Gournier. Une balade très chouette. Cette agence organise aussi des sorties spéléo, de l'escalade, des journées à V.T.T., du canyoning, du rafting sur l'Allier...

Quitter Vallon-Pont-d'Arc

– **En bus :** 3 bus par jour pour Montélimar ou Avignon. Départ des bus entre le temple protestant et l'office du tourisme.

LA ROUTE DES GORGES DE L'ARDÈCHE

On l'appelle ici la route touristique. Elle surplombe les gorges de l'Ardèche sur 32 km et permet de suivre la rivière à une hauteur moyenne de 200 m. Spectacle grandiose ! De nombreux belvédères aménagés permettent d'admirer les boucles moirées de l'Ardèche. Plusieurs sentiers, plus ou moins aisés, partent de cette route de corniche et descendent au bord de l'eau. Tout en bas, on peut se baigner sans problème, mais en été le niveau de l'eau est très bas. Attention aux orages, ils sont parfois très violents et dangereux. Il y a aussi des grottes souterraines à visiter.

Téléphones utiles

■ *S.O.S. :* ☎ 15.

■ *Maison de la réserve naturelle de Gaud, aire de bivouac :* ☎ 04-75-38-63-00.

À voir

En allant de Vallon-Pont-d'Arc vers Saint-Martin-d'Ardèche.

LE GARD

★ *Le pont d'Arc :* à 5 km de Vallon, c'est un gigantesque arc de pierre calcaire, évidé en son milieu par l'action des eaux. Primitivement, l'Ardèche contournait ce promontoire par un méandre. Il y a une plage en contrebas. Au parking, fermez bien votre voiture.

★ *Le belvédère du Serre de Tourre :* superbe panorama, évidemment.

★ *Le château de Gaud :* on est déjà à une douzaine de kilomètres de Vallon. C'était le pavillon de chasse d'un certain Reynaud, que son cousin Alphonse Daudet immortalisa sous le nom de Tartarin de Tarascon... Un sentier y mène, au départ de la route.

★ *Le cirque et la grotte de la Madeleine :* juste avant la grotte, il y a le belvédère de Gournier. Le site de la grotte est superbe. C'est la grotte karstique par excellence, avec toutes les variétés de concrétions. La plage des Templiers est un camping naturiste.

★ *Les grottes de Saint-Marcel :* on va bientôt sortir des gorges, le site est un peu moins connu et moins spectaculaire.

★ *Saint-Martin-d'Ardèche* (07700) : attention, il y a un Saint-*Marcel*-d'Ardèche à 6 km d'ici.

Aux environs des gorges de l'Ardèche

★ *Saint-Marcel-d'Ardèche* (07700) : joli petit village à l'écart de la grande route. On peut dormir à l'*Hôtel du Jardin,* à côté de la poste. C'est simple et calme. Plus chic, l'*Auberge de la Source.*

★ *L'aven de Marzal :* à 4 km de Saint-Remèze, sur la route de Bidon. On pénètre dans cette immense grotte souterraine par un escalier qui descend du plafond vers les profondeurs : on découvre alors cet étrange paysage hérissé de stalactites et de stalagmites dont les couleurs varient du brun sombre au blanc neigeux. Une des plus belles grottes souterraines de France. À proximité de l'entrée, le *musée du Monde souterrain* (ouvert tous les jours en été, de 9 h à 19 h) présente l'histoire de la spéléologie, du matériel d'exploration, ainsi que la préhistoire. Les amateurs de mammouths et de dinosaures grandeur nature seront comblés : plusieurs reconstitutions surgissent des taillis et des buissons, au fil d'une promenade dans la garrigue environnante.

PONT-SAINT-ESPRIT (30130)

Au confluent de l'Ardèche et du Rhône, Pont-Saint-Esprit est l'une des principales portes d'entrée du département. Venant du nord, on la traverse pour se rendre à Alès, par exemple. La ville, dominant bien le Rhône, vit aujourd'hui – comme Bagnols-sur-Cèze, un peu plus bas – en bonne partie de la centrale nucléaire de Marcoule. Elle connut longtemps une opulence certaine, dont témoignent les églises monumentales ou encore le musée d'Art sacré, installé dans l'un des plus anciens et des plus remarquables bâtiments du département – musée par ailleurs excellent, valant à lui seul le détour.

Adresse utile

🛈 *Office du tourisme :* 1, rue Vauban (résidence Welcome). ☎ 04-66-39-44-45. Fax : 04-66-39-51-81. En été, ouvert du lundi au samedi de 8 h 30 à 12 h et de 13 h 30 à 18 h 30, et le dimanche de 9 h à 12 h. Serviable et compétent.

Où dormir ? Où manger ?

🛏 |●| *L'Auberge Provençale :* route de Bagnols-sur-Cèze. ☎ 04-66-39-08-79. Fax : 04-66-39-14-28. Fermée du 24 décembre au 2 janvier. Il faut pousser sans hésiter la porte de cet hôtel-restaurant de bord de route, dont la façade ne paie malheureusement pas de mine. Tenue depuis plus de trente ans par la même famille, *L'Auberge Provençale* reçoit dans la bonne humeur aussi bien les routards que les routiers, les familles et les notables du coin. Deux grandes salles climatisées permettent aux clients de se régaler d'une cuisine traditionnelle, franche et copieuse comme on n'en voit plus beaucoup ; et ce dès le 1er menu à 55 F qui donne le ton : charcuterie, crudités, plat du jour garni ou truite ou omelette, légumes de saison, plateau de fromages, corbeille de fruits ou glace. Le gigondas et le tavel sont servis au verre pour 10 F. Les 15 chambres, équipées de sanitaires complets, donnent toutes sur une cour au calme (170 F la double, avec douche ou bains et w.-c.). Bravo !

|●| *Lou Récati :* rue Jean-Jacques (ruelle partant dans le centre ancien depuis la fontaine Clément V). ☎ 04-66-90-73-01. Fermé le lundi. *Lou récati* désigne les îlots d'objets, mobilier ou vêtements qu'on formait précipitamment en cas de crue du Rhône pour les sauver des eaux... Belle image pour ce restaurant où le jeune chef propose une cuisine fine et bien travaillée, et nous aimons ces tables où l'on trouve à bon prix une cuisine de ce niveau – qu'on ne saurait pas réaliser soi-même, fut-on cuisinier du dimanche. Oui, une vraie cuisine de cuistot, de pro. Dans le menu à 125 F, des ravioles d'escargots bien parfumés, des aiguillettes de canard (et poêlée d'artichauts et pois gourmands) puis une crème brûlée à la lavande (en vérité, la meilleure qu'on ait jamais mangée !). Bref, un plaisir. Cadre propre et gentil et service itou de madame. Le midi en semaine, petit menu à 75 F. Et un autre menu à 195 F.

Où dormir aux environs ?

🛏 *Gîte d'étape et chambres d'hôte du Pont-d'Ardèche :* au Pont-d'Ardèche, route de Bourg-Saint-Andéol ; à 4 km au nord de Pont-Saint-Esprit. ☎ 04-66-39-29-80. Grande maison environnée de verdure et en bordure de l'Ardèche. 5 chambres à 250 F (w.-c. communs) et 300 F pour deux, petit déjeuner compris. Gîte d'étape avec belle cuisine à disposition : 60 F la nuit en dortoir. Propose aussi quelques emplacements pour les campeurs, à 33 F par personne. Piscine pour tout le monde.

🛏 *Le Castelas :* à Aiguèze ; à 10 km au nord-ouest de Pont-Saint-Esprit. ☎ 04-66-82-18-76. Fax : 04-66-82-14-98. Prendre la N86 direction Montélimar, puis à gauche la D901 vers Aiguèze. Au cœur de ce pittoresque village en à-pic sur l'Ardèche, *Le Castelas* jouit d'une situation et de qualités remarquables : charme et confort des chambres et des appartements, tous différents et aménagés dans des murs anciens, avec toujours une kitchenette. On a le choix entre la résidence principale, avec piscine centrale et où des chambres ont vue et terrasse sur les gorges de l'Ardèche, et l'annexe, à deux rues de là, toujours de bon confort et avec là aussi une piscine, plus petite mais vraiment sympa. Patron courtois et serviable, dont le principal souci est le bien-être des clients. Une très belle adresse donc, d'un bon rapport qualité-prix : de 300 à 400 F la double selon la saison ; studios de 450 à 600 F et appartements de deux pièces de 800 à 900 F ; également des tarifs à la semaine, la quinzaine ou au mois : se renseigner. Petit déjeuner buffet bon et copieux. Prêt de vélos, conseils sur les randos, descentes en canoë-kayak, etc.

À voir

★ *Le musée d'Art sacré :* maison des Chevaliers, 2, rue Saint-Jacques. ☎ 04-66-39-17-61. Ouvert tous les jours sauf lundi, de 10 h à 12 h et de 14 h à 18 h (15 h à 19 h en été). Fermé en février. Entrée payante (20 F). Superbe bâtiment construit à partir du XIIe siècle, et agrandi jusqu'au XVe, la maison des Chevaliers a été ensuite bien malmenée. Ce n'est qu'en 1988 que le conseil général du Gard l'a rachetée. Entièrement restaurée depuis, on y a retrouvé d'exceptionnels décors médiévaux peints (notamment la salle d'apparat à motifs géométriques du XVe siècle, dit « pointe de diamant »), des charpentes magnifiques (salle de la Cour royale de justice, XIVe siècle), des parquets et des plafonds à caissons du plus bel effet... C'est donc dans un cadre rare et beau que ce musée d'Art sacré (« art sacré » au sens large : ainsi le blouson de Johnny y trouve-t-il une place) expose ses collections. Reliques, chasubles cousus d'or, l'*Ange de Pondichéry* et le *Christ à l'agonie* (à l'entrée, très jolie scène), le retable du *Mystère de la chute des Anges*... Bornes interactives expliquant le pourquoi du comment des rites et pratiques religieux. Très bien fait, vraiment. Un excellent musée.

★ *Le musée Paul-Raymond :* place de l'Hôtel-de-Ville. ☎ 04-66-39-09-98. Installé dans l'ancien hôtel de ville. Ce modeste musée expose principalement des œuvres de Benn (1905-1989), peintre d'origine russe dont Cocteau fit l'éloge. Mais son style, mi-symboliste mi-figuratif, avec de nombreuses références bibliques et influences diverses (cubisme, futurisme), a mal vieilli.

★ *La vieille ville :* en plus de la *maison des Chevaliers,* on trouve dans le centre ancien de grandes et belles choses. Place Saint-Pierre, l'*église Saint-Saturnin* et sa voisine l'*église Saint-Pierre* (désaffectée) sont monumentales. La première possède un portail gothique assez ravagé. Il faut quitter le centre ancien pour trouver le plus bel élément architectural de Pont-Saint-Esprit, la *collégiale de la citadelle,* qu'on ne devine absolument pas de l'extérieur : en effet, cet édifice est englobé dans la citadelle, et se trouve comme en contrebas du niveau du sol. On y accède par le haut. Assez ruinée, là aussi (la ville a subi de terribles bombardements pendant la Seconde Guerre mondiale), elle conserve pourtant un portail splendide, de style flamboyant. Très étonnant de le trouver ici.

Aux environs

★ *Aiguèze* (30760) *:* pittoresque village en à-pic sur les gorges de l'Ardèche, à 9 km au nord-ouest de Pont-Saint-Esprit. À voir notamment, l'église restaurée et son joli mobilier baroque (minuteur à 5 F pour l'éclairage), et les petites ruelles médiévales. Et cette plaque : « Dans cette maison a vécu de 1706 à 1776 Honoré Agreful, distillateur, inventeur de l'absinthe, plus connue de nos jours sous le nom de pastis ». Pour aller jusqu'à 70 ans (au moins), cet Honoré ne devait pas en boire beaucoup, de son invention... Un vrai poison !

AU PIED DES CÉVENNES

C'est la partie méridionale des Cévennes, une région où l'air chaud est encore là, le ciel bleu méditerranéen, et l'accent bien chantant. Oliviers, châtaigniers et vignes cohabitent dans ces beaux paysages, entre garrigue et montagne, que l'on traverse obligatoirement en venant de Nîmes ou de Montpellier. D'Alès au Vigan, en passant par Anduze et Saint-Hippolyte-du-Fort, c'est par ici que l'on aborde le pays des camisards.

ALÈS (30100)

Celui qui n'a jamais vu Alès s'imagine une banlieue ouvrière perdue au pied de cet endroit merveilleux que sont les Cévennes. Car, pour qui a quelques souvenirs de géographie, Alès serait un peu le Freyming-Merlebach du sud de la Loire. On s'attend à trouver des terrils, des chevalements et une ville s'asphyxiant dans la poussière des mines. Mais le terril, aujourd'hui transformé en une verte colline plantée d'arbres, témoigne à lui seul de la crise économique qui a frappé cette région minière.
Entre garrigues et montagnes, cette porte d'entrée idéale pour partir à la découverte des secrètes Cévennes s'ouvre au tourisme qu'elle veut industriel et technique. Le seul souvenir visible d'une époque riche mais laborieuse réside dans cette ceinture d'immeubles sans âme qui suit le Gardon, enfermant la ville dans un cocon de béton bien laid. Du coup, on aurait tendance à fuir et à ne pas profiter d'un centre-ville non dénué de charme. Mais il est difficile de se défaire de cette image de ville morte, triste et repliée sur elle-même au fond de sa vallée.
Reste son atout majeur : un formidable patrimoine industriel et une mémoire collective enracinée dans les galeries des mines à l'abandon. Ce qui a été commencé autour de la mine témoin, que tout lecteur de Zola devrait avoir visitée, laisse un espoir quant à l'avenir de cette nouvelle forme de tourisme technique et pourtant si humain...

Un peu d'histoire

La ville fut longtemps une place de sûreté protestante. La première église réformée de France y a été fondée en 1560. Puis Alès fut entraînée dans la spirale cévenole des guerres de Religion. Au XVIIIᵉ siècle, le mûrier est l'arbre d'or des Cévennes. Alès vivait essentiellement de l'industrie du drap et de la soie.
Mais avec l'avènement de la révolution industrielle, le charbon prit la relève comme pilier de l'économie locale. En effet, le sous-sol autour d'Alès, dans un rayon de 20 à 30 km au nord-ouest, est rempli d'anthracite. On creuse des puits et on ouvre des galeries. Entre 1850 et 1880, une centaine de puits vont ouvrir leurs portes aux foules de mineurs, tous Cévenols descendus de

leurs montagnes pour trouver du travail dans la vallée. À son apogée, la production minière a atteint 2 millions de tonnes par an.

Le déclin du bassin minier et les espoirs de la reconversion

L'activité minière, pilier de la vie économique et sociale, a commencé à péricliter dans les années 50. On amorçait l'ère du « tout pétrole ». La demande d'anthracite s'effondra, et tout ce qui ressemblait de près ou de loin à un investisseur s'enfuit très loin d'ici. Ce déclin provoqua une grave crise, dont Alès se remet tout juste. Un à un, les puits ont fermé malgré les nombreuses grèves des mineurs. Ces derniers ont dû partir à la retraite ou se reconvertir dans le petit commerce, le tourisme... Au total, entre 1950 et 1980, ce sont grosso modo 25 000 emplois qui ont été supprimés dans l'ensemble du bassin minier d'Alès. Aujourd'hui, Alès n'est plus la « ville noire » d'antan. Elle a tourné la page.

La nouvelle cité se veut accueillante, éminemment méridionale et touristique. Elle ne parvient pourtant pas à se délivrer totalement d'un passé difficile. Les stigmates sont encore présents dans les esprits et sur les lieux. À La Grand-Combe et à Bessèges, on voit de nombreuses friches industrielles, curieuses carcasses de fer et de brique, éparpillées au fond de la vallée. Un paysage ravagé par la crise, une petite Lorraine à deux pas des garrigues et des grillons... Pas facile de se reconvertir dans cet univers clos sur lui-même, où l'on a été « gueule noire » de père en fils pendant 6 ou 7 générations.

Adresses utiles

🛈 *Office du tourisme d'Alès en Cévennes :* pavillon d'accueil situé place Gabriel-Péri, au sud du quartier piéton, juste au bord du Gardon. ☎ 04-66-52-32-15. Ouvert toute l'année ; en hiver, du lundi au samedi de 9 h à 12 h et de 13 h 30 à 17 h 30 ; en été, du lundi au samedi de 9 h à 12 h et de 13 h 30 à 18 h 30, et les dimanche et jours fériés de 9 h à 12 h. Documentation et infos sur le parc régional des Cévennes.

🚂 *Gare S.N.C.F. :* place Pierre-Sémard, dans le nord de la ville. ☎ 08-36-35-35-35 (2,23 F/mn). Service train + vélo.

🚌 *Gare routière :* à côté de la gare S.N.C.F., sur la même place. ☎ 04-66-30-24-86.

Où dormir ?

Bon marché

🛏 *Hôtel Durand :* 3, bd Anatole-France. ☎ 04-66-86-28-94. Fermé le dimanche après-midi. Petit hôtel situé dans une rue calme qui part en face de la place de la Gare. M. et Mme Berthet, ex-mineur et ex-coiffeuse, se sont reconvertis dans l'hôtellerie en reprenant cet établissement tranquille, aux chambres simples et propres. Doubles avec douche, w.-c. et TV à 190 F. Petit jardin. Accueil attentionné et sympathique, et réduction de 10 % sur présentation du *Routard*.

Prix moyens

🛏 *Hôtel-restaurant Le Riche :* place Pierre-Sémard (face gare). ☎ 04-66-86-00-33. Fax : 04-66-30-02-63. Fermé en août. Une véritable institution à Alès, et l'un des meilleurs restaurants de la ville – il passe pour l'être en tous cas, et nous nous y sommes franchement régalés. Vaste salle à haut plafond mouluré, style Second Empire ou Belle Époque – mais climatisée depuis –, service efficace et poli, et des mets travaillés dans les règles de l'art. Dans le menu à 97 F, par exemple, une salade de coques au basilic bien fraîche, un filet de sébaste à la bisque de crevette fin et plaisant, du saint-nectaire qui se respecte, puis une tarte aux abricots façon grand-mère. Menus suivants à 148, 194 F et plus. *Le Riche* est aussi un hôtel impeccablement tenu, de bon confort moderne, à prix raisonnables : de 250 à 280 F la double.

Camping

⚑ *Camping Les Châtaigniers :* chemin des Sports. ☎ 04-66-52-53-57. Ouvert du 1er juin au 15 septembre. Situé au sud d'Alès. Traverser le Gardon et rejoindre l'avenue Jules-Guesde. Avant le quai du Gardon, prendre sur la droite en direction de la piscine. Le camping est un peu plus loin, sur la droite du chemin.

Où manger ?

Bon marché

I●I *Restaurant Le Mandajors :* 17, rue Mandajors. ☎ 04-66-52-62-98. Attention, horaires stricts : de 12 h à 14 h et de 19 h à 21 h. Fermé le dimanche, et du 15 au 25 août. Central, juste à côté de la place Gabriel-Péri. Dans ce petit resto sans prétention, on mange bien. Barbe et sourire de faune, Frédéric Béguin, patron et cuisinier, vous mitonne une cuisine copieuse et régionale, à base de produits frais. Andrée, sa femme, assure le service avec le sourire, c'est un plus. Bref, une adresse décontractée où, pour 67 F, vous avez un menu complet. Pensez à réserver car il y a peu de tables. Salle climatisée.

I●I *Restaurant Le Jardin d'Alès :* 92, av. d'Alsace. ☎ 04-66-86-38-82. Fermé le jeudi soir, le vendredi midi et la 2e quinzaine de juillet. Même si la ville renaît de ses cendres, ce jardin qu'on aime bien reste encore en dehors de tout circuit touristique. On vous le recommande chaudement. Salle décorée avec un goût exquis par les deux patrons qui officient ici. Toute petite terrasse assez bruyante. Cuisine des régions françaises. Idée amusante ! Menus de 70 à 160 F. Pâté en croûte cévenol, ravioles de brochet à l'ardéchoise,

colombo de porc à l'antillaise, blanquette de veau à la lyonnaise...

I●I *Le Patio de Bogart's :* 7, bd Gambetta. ☎ 04-66-78-84-07. Fermé le dimanche en été. Beau patio agréable, salle à manger agrémentée de plantes vertes et de couleurs chatoyantes. Cuisine essentiellement de poisson : moules bourguignonnes, chaud-froid d'huîtres, fricassée de lotte au vinaigre de cidre... Menus de 68 F (sauf week-end) à 125 F. Très fréquenté par les gens du coin. Apéritif offert sur présentation du guide.

I●I *L'Ermitage :* 6, rue du 14-Juillet. ☎ 04-66-52-61-23. Fermé les samedi midi et lundi soir, et en août. Le patron affiche clairement ses ambitions : satisfait ou remboursé. Salle rose tout en longueur, et cuisine traditionnelle bon marché : langue d'agneau sauce piquante, caille farcie en gelée, potée de lentilles, châtaignes, saucisse et lardons. Menus à 48 et 68 F ; ou carte.

I●I *Le Coq Hardi :* 7, rue Mandajors. ☎ 04-66-52-15-75. Fermé le lundi. Un coq (en pierre) trône au milieu d'une salle plutôt agréable. On s'y sent bien, et mieux encore après avoir goûté à la cuisine : spécialités cévenoles, tripoux, escargots, poissons, crustacés (la carte change tous les quatre mois). Menus de 69 à 130 F.

LE GARD

Où dormir ? Où manger aux environs ?

⚑ I●I *Le Mas Cauvy :* chambres d'hôte, chez Mme Maurin, 30380 Saint-Christol-lès-Alès. À 3 km d'Alès par la N110 (direction Montpellier). ☎ 04-66-60-78-24. À gauche au premier carrefour dans Saint-Christol, ensuite c'est fléché. La ferme de nos rêves, avec ses poules, ses fleurs, son puits et son joli désordre. Accueil aimable de Mme Maurin, qui est aussi bonne cuisinière. Ses « repas paysans » sont réservés aux locataires (75 F). Chambres de style rustique et propres, à 180 F pour deux. Pour les amoureux d'histoire, n'hésitez pas à interroger Mme Maurin sur la lutte qu'ont livrée les Camisards contre les troupes royales en 1702, tout près de sa ferme.

▲ |●| *Hôtel L'Écusson :* à 3 km d'Alès, sur la route de Nîmes, 30560 Saint-Hilaire-de-Brethmas. ☎ 04-66-30-10-52. Fax : 04-66-56-92-48. Fermé de mi-décembre à mi-janvier. Une grande maison blanche aux volets couleur tuile, près d'une piscine. Bon rapport qualité-prix pour un 2 étoiles : entre 220 et 290 F la double, avec TV, téléphone, salle de bains et décor bonbonnière style néo-Louis XV. Patron très chaleureux. Cuisine simple, avec des menus de 70 à 95 F. Apéro offert à nos lecteurs. Dommage que les environs ne soient pas jolis : demandez de préférence les chambres côté campagne.

▲ |●| *Lou Cante Perdrix :* Le Château, 30530 La Vernarède. ☎ 04-66-61-50-30. Fax : 04-66-61-43-21. Au nord d'Alès sur la route de Génolhac (D906), à 28 km. Une grande bâtisse début XIXe surplombant une vallée sauvage, c'est un peu le bout du monde et c'est reposant. 15 chambres propres et spacieuses, avec salle de bains, téléphone et TV, à 280 F la double. Formule demi-pension : 260 F par personne ; forfait 2 jours avec 2 repas à 380 F. La table est bonne : cuisine du terroir (menus de 90 à 190 F). Nous avons aimé l'omelette aux cèpes, le gigot d'agneau aux petits grisets et le gâteau glacé cévenol à la crème de châtaignes. Une bonne adresse pour se reposer vraiment. Ah oui ! n'oublions pas : il y a une piscine.

▲ |●| *Auberge du Col de la Baraque :* Lamelouze, au col de la Baraque même. ☎ 04-66-34-57-29.

Fax : 04-66-54-92-80. Fermée début janvier et le lundi hors saison. 4 chambres d'hôte au confort sommaire (bidet et lavabo ; douche et w.-c. sur le palier) mais bon marché (150 F pour deux). Grande terrasse ombragée avec vue superbe sur la vallée du Galeizon, pour prendre le petit déjeuner ou manger une cuisine traditionnelle, à base de produits du terroir (cèpes, chevreau, gibier, etc.). Menus à 65 F (été) et 70 F (hiver), et de 90 à 170 F ; ou carte. Apéritif maison offert aux routards.

▲ |●| *Château de Ribaute :* 30700 Ribaute-les-Tavernes. À 10 km d'Alès. ☎ 04-66-83-01-66. Fax : 04-66-83-86-93. Prendre la D982 direction Anduze sur 5 km, puis à droite au croisement de Lezan. Une très belle adresse. Les moins argentés se contenteront de visiter les salons et appartements qui ont conservé leur mobilier d'époque, et ne manqueront pas d'emprunter l'escalier à double révolution. Les autres pourront s'offrir une nuit de rêve à partir de 350 F (jusqu'à 600 F la double) et un dîner à partir de 120 F (pas systématiquement partagé avec la proprio).

▲ |●| *La Farigoulette :* 30580 Seynes ; à 20 km d'Alès par la D6. ☎ 04-66-83-70-56. On vient de toute la région pour manger les pâtés, terrines, saucissons, daubes et confits que préparent le patron et sa famille qui tiennent aussi une charcuterie au lieu-dit Le Bourg. Ici l'appellation « produits maison » est partout, et c'est tant mieux. Les menus à prix doux (de 70 à 160 F) sont servis dans une salle à manger rustique, en toute simplicité. L'hôtel propose 11 chambres correctes à 230 F la double, mais vous pouvez préférer digérer en faisant une bonne marche par les sentiers de garrigue tout proches qui mènent au *mont Bouquet* (631 m). Une adresse de campagne sans chichis, on aime !

Camping

▲ *Camping Le Clos de l'Abbaye :* au parc des Sports de Cendras.

☎ 04-66-86-52-05. Ouvert du 1ᵉʳ juin au 31 août. Cendras est situé à 3-4 km au nord d'Alès, le long du Gardon.

À voir

DANS LE CENTRE D'ALÈS

★ **La cathédrale Saint-Jean :** au cœur de la vieille ville. Ancienne église romane, la cathédrale, bâtie sur les ruines d'un temple romain, vit partir les premiers croisés alésiens. De l'édifice du Moyen Âge, il ne reste que la façade occidentale cachée en partie par le clocher massif qui y fut accolé au XVᵉ siècle. La nef est gothique, mais le chœur Renaissance, avec ses majestueuses colonnes, a été reconstruit au XVIIIᵉ siècle.
À voir, à l'intérieur, le remarquable buffet du grand orgue, classé ; la chaire, de 1727 ; les somptueuses stalles ; la table de communion en marbre, du XVIIIᵉ siècle ; le maître-autel fait d'éléments des XVIIIᵉ et XIXᵉ siècles et de beaux tableaux. Le baptistère, classé, est surmonté d'une superbe toile représentant le baptême du Christ. Remarquer également, dans la chapelle de la Vierge, *L'Assomption* de Nicolas Mignard, peintre du XVIIᵉ siècle.

★ **Le fort Vauban et les jardins du Bosquet :** sur la butte de la Roque, ancienne forteresse qui domine la vieille ville. Lors de la prise d'Alès, en 1629, Louis XIII et Richelieu ordonnèrent la démolition du château des Barons. Il fut reconstruit en 1635, mais l'intendant du Languedoc décida la construction d'un fort à Alès, et cela pour trois raisons : le prestige royal de Louis XIV, la sécurité de la garnison royale et une prison pour les protestants. La citadelle fut édifiée en 1688 d'après les ingénieurs de Vauban, incluant une partie du château des Barons. Le fort ne se visite pas mais on peut facilement accéder aux terrasses. La direction régionale des antiquités de Montpellier y entrepose des fouilles archéologiques. Les jardins ont été aménagés au XVIIIᵉ siècle.

★ **L'hôtel de ville :** belle façade du XVIIIᵉ siècle. Les deux consoles du balcon sont fort belles. À remarquer, à l'intérieur, la salle des États et ses quatre panneaux : deux où sont conservées les chartes municipales de 1200 et 1217 en latin et en vieux français, et les deux autres qui représentent le vieil Alès avec ses fortifications et la ville du début du siècle. On y trouve les noms des principaux consuls et ceux des maires et adjoints. Admirer la table en bois sculpté, d'époque Louis XV, classée monument historique.

★ **Le musée du Colombier :** dans le parc du Colombier, au nord de la ville, non loin de la sous-préfecture. ☎ 04-66-86-30-40. Gratuit. Ouvert tous les jours sauf mardi, de 10 h à 12 h et de 14 h à 18 h (19 h en juillet et août). Situé dans un joli petit château du XVIIIᵉ siècle avec son ravissant pigeonnier Louis XIII et son jardin à la française. Collection d'histoire et d'archéologie régionale, peintures du XVIᵉ siècle à nos jours. Voir les deux copies de Brueghel de Velours (*La Terre* et *La Mer*) et le *Triptyque de la Trinité* attribué à Bellegambe.

★ **La collection minéralogique de l'école des Mines :** 6, av. de Clavières. ☎ 04-66-78-51-69. Fax : 04-66-78-50-34. Ouverte du 15 juin au 15 septembre, du lundi au vendredi de 14 h à 18 h ; le reste de l'année, ouverte uniquement sur rendez-vous. Riche collection : 700 échantillons de roches et minerais, sur une réserve de 5 000, et de superbes fossiles. 1 h de visite commentée.

LE GARD

UN PEU À L'ÉCART DE LA VILLE

★ **Le musée Pierre-André Benoît (musée P.A.B.) :** 52, montée des Lauriers. Dans le quartier de Rochebelle, rive droite du Gardon. ☎ 04-66-86-98-69. En saison, ouvert tous les jours de 14 h à 19 h ; hors saison, ouvert du mardi au samedi de 14 h à 18 h et le dimanche de 10 h à 12 h et de 14 h à 18 h, fermé le lundi. Fermé en février. Gratuit. On doit ce musée, installé dans un élégant petit château du XVIIIe siècle, à Pierre-André Benoît (1921-1993), imprimeur, sculpteur et poète. Les œuvres de contemporains qu'il connut et qui, pour certains, furent des amis proches, sont ici exposées. Picabia, Alechinsky, Braque, Survage, Miró, Picasso, entre autres, sont présentés. Dans le parc, des œuvres d'Alechinsky *(La Petite Falaise illustrée)* vous mettent en condition et préparent à la visite des salles, claires et aérées, dont l'agencement fut conçu par Pierre-André Benoît. L'imprimerie et l'édition, passions de P.A.B., occupent une place importante, et nous découvrons combien ces activités sont artistiques et demandent savoir-faire et talent (Rose Adler, Boissonas). Il y a de précieux petits livres tout poétiques qu'on aimerait bien avoir chez soi, pour le seul plaisir des yeux (textes de René Char, André Breton, P.A.B., etc.). Enfin, si certaines salles sont dédiées aux expos permanentes, d'autres reçoivent des œuvres variées et réservent des surprises : un buste de Camille Claudel, une estampe de Miró...

★ **La mine témoin d'Alès :** chemin de la Cité-Sainte-Marie, faubourg de Rochebelle. ☎ 04-66-30-45-15. Fax : 04-66-78-49-00. Ouverte du 1er avril au 30 novembre, tous les jours de 9 h à 12 h 30 et de 14 h à 17 h 30 (en juin, juillet et août, de 9 h 30 à 19 h). Durée de la visite : 1 h 30. Dernier départ : 1 h 30 avant la fermeture. Sur une colline d'où l'on a une vue panoramique sur Alès. De loin la première curiosité de la ville. Et sans doute l'un des plus surprenants musées d'archéologie industrielle de France. Fascinant !
Avant de pénétrer dans les galeries souterraines, on doit se coiffer d'un casque spécial. Puis on parcourt à pied ces 600 m de galeries souterraines creusées entre 1945 et 1968 sous la colline de Montaud. On découvre les différentes méthodes « taille », de 1880 à 1960 : le pic, le marteau-piqueur, le rabot, la haveuse et les machines modernes. Au fur et à mesure que l'on avance dans ces ténèbres, on songe à Zola qui s'est inspiré d'une catastrophe minière dans *Germinal*. Et c'est toute notre ère industrielle qui prend forme dans la pénombre de ces étroits boyaux traversés par des rails et des wagonnets. Vous remarquerez tous les détails qui concernent la sécurité dans les mines : un téléphone antidéflagrant, une cloche à signaux. On y voit aussi un plan de tir avec les trous forés pour l'insertion des bâtons de dynamite. « C'était un métier très dur, mais les mineurs aimaient conquérir les profondeurs de la Terre », vous expliquera-t-on.

Aux environs

★ **Le préhistorama-musée des Origines et de l'Évolution de l'Homme :** situé sur la route entre Alès et Saint-Ambroix (D904). Bien indiqué. ☎ 04-66-85-86-96. Du 1er avril au 31 août, ouvert tous les jours de 10 h à 19 h ; en septembre, tous les jours de 10 h à 18 h ; en mars et octobre, de 14 h à 17 h ; pendant les vacances, tous les jours ; en novembre et février, sur rendez-vous pour les groupes. Fermé en décembre et janvier. Enfin un musée vraiment insolite, scientifique et humoristique. Fâché avec les musées traditionnels qui ne montrent que des squelettes et des crânes derrière des vitrines, Eirik Granqvist, sympathique Scandinave, a voulu recréer à sa façon l'univers de nos ancêtres il y a 2 millions d'années. Le résultat est surprenant. Ce consultant international est aussi un taxidermiste réputé (la taxidermie est l'art de naturaliser les animaux) et un artiste.

Dans la pénombre de ce musée, on découvre une série de mannequins préhistoriques, tous fabriqués par lui selon la méthode Gerassimov, du nom de son inventeur. Elle fut expérimentée par la police soviétique pour reconstituer un visage à partir d'un crâne... Chaque personnage est réalisé ici en grandeur nature, à partir d'un mélange de résine de polyester et de fibres de verre. Scènes réalistes de la vie quotidienne : *Erectus* mange *Robustus,* femme allaitant sous sa cabane de branchage, *Homo Habilis* dépeçant une antilope, enterrement dans une famille.

Bref, cet endroit aurait enchanté les surréalistes. Cro-Magnon n'était pas une brute, on vous l'assure...

★ *Le parc ornithologique de Saint-Julien-de-Cassagnas (30500) :* entre la station thermale des Fumades et le village des Mages. ☎ 04-66-25-76-70. Ouvert de 9 h à 19 h sans interruption. À remarquer en particulier de jeunes *Lori nectarivus,* espèce d'oiseaux rares qui se nourrissent de nectar de fleurs. Également des autruches, bernaches des îles et cygnes trompettes, qui vous accueillent en jouant du jazz.

★ *Le musée du Scribe à Saint-Christol-lès-Alès (30380) :* 42, rue du Clocher ; dans le vieux village, à côté de l'église. ☎ 04-66-60-88-10. Du 1er septembre au 30 juin, ouvert les samedi et dimanche de 14 h 30 à 19 h ; du 1er juillet au 31 août, tous les jours de 14 h 30 à 19 h. Toutes les visites sont guidées et durent 1 h 30 environ. Un musée au thème original : collections de plumes (du calame à la plume Sergent-Major en passant par la plume d'oie) et de supports d'écriture (papyrus, parchemin, papiers divers). À l'étage, reconstitution d'une classe de 1920.

Quitter Alès

En bus

– *Pour Anduze :* avec les cars *Lafont Tourisme,* 30270 Saint-Jean-du-Gard. ☎ 04-66-85-30-21. Environ 6 liaisons régulières par jour entre Alès (départ de la gare routière) et Saint-Jean-du-Gard via Anduze. Pas de service le dimanche et les jours fériés. Se renseigner à la gare routière d'Alès. Durée : 30 mn.
– *Pour Saint-Jean-du-Gard :* même compagnie. 5 départs par jour en période scolaire, 2 départs par jour pendant les vacances. Durée du voyage : environ 55 mn.

En train

– *Pour Nîmes :* environ une douzaine de trains par jour, de 6 h à 21 h. Durée du trajet : autour de 45 mn.
– *Pour Paris :* faire d'abord Alès-Nîmes. Changer à Nîmes puis correspondance pour Paris en T.G.V.

LE GARD

ANDUZE (30140)

À 13 km au sud-ouest d'Alès, Anduze, « porte des Cévennes », est une petite ville médiévale, au fond d'une cluse, qui serre ses toits rouges entre le Gardon (très violent les jours de crue) et les falaises calcaires du plateau de Peyremale. Un site stratégique, en somme.

Ici, depuis des siècles, on est en terre protestante. En 1570, Anduze était le quartier général des forces protestantes du Midi. Porte d'entrée de la fameuse vallée des Camisards (voir Saint-Jean-du-Gard et le musée du Désert au Mas-Soubeyran), c'est à notre avis un bon coin pour rayonner.

Adresse utile

◻ *Office du tourisme :* place du Plan-de-Brie; face à la tour de l'Horloge. ☎ 04-66-61-98-17. Fax : 04-66-61-79-77. Ouvert du lundi au vendredi de 9 h 30 à 12 h 30 et de 14 h 30 à 18 h 30; en saison, ouvert également le samedi et le dimanche matin. On y trouve, pour une somme modique, un petit ouvrage contenant la description de 14 sentiers de petite randonnée pédestre (balisés) autour d'Anduze.

Où dormir ?

Gîte d'étape

▲ *Gîte d'étape :* 11, rue du Luxembourg; à 100 m de la mairie. ☎ 04-66-61-70-27. Fermé de novembre à février. 70 F la nuit en dortoir; également 2 chambres doubles à 180 F. Pour les groupes, formule moins chère, mais il est prudent de réserver pour juillet et août.

Chambres d'hôte, gîte rural et camping à la ferme

▲ *Chez M. et Mme Max Tirfort :* 125, chemin de Veyrac. ☎ 04-66-61-74-87. Une de nos meilleures adresses de chambres d'hôte et de gîte rural dans le Gard. Pour y aller : sortir d'Anduze en direction de Nîmes; à environ 2 km, une petite route sur la droite monte vers la ferme des Tirfort, direction Vayrac. Les *chambres d'hôte* sont aménagées dans une petite maison à part, entourée de vergers et de bois de pins, au creux d'un vallon ombragé. Un coin très sympa. Mme Tirfort et son mari ont tout fait eux-mêmes, avec beaucoup d'idées et de goût. Le matin, on trouve sur le seuil de sa porte un panier avec le petit déjeuner. 270 F pour deux et 330 F pour trois, petit déjeuner compris. Le *gîte rural du Moulin* est très réussi : à l'intérieur, une vieille meule en pierre sur laquelle on prend l'apéro. C'est calme. La vue est superbe sur le vallon où poussent des abricotiers, des pruniers, des acacias. On peut acheter des légumes et des fruits de la ferme. Enfin, on peut aussi faire du *camping à la ferme :* 25 places sur un terrain bien ombragé avec eau chaude, douches, électricité. On se sent tellement bien chez M. et Mme Tirfort qu'il vaut mieux réserver, surtout en été. Baignade à proximité.

Hôtels

▲ *La Régalière :* 1435, route de Saint-Jean-du-Gard. ☎ 04-66-61-81-93. Fax : 04-66-61-85-94. Fermé du 20 décembre à mi-mars; resto fermé le mercredi midi. Cette ancienne maison de maître, entourée d'un vaste parc, abrite 12 chambres au confort moderne et dispose d'une piscine (couverte et chauffée quand c'est nécessaire). Doubles de 285 à 325 F (remise de 10 % sur présentation du guide, merci le *Routard!*). Demi-pension obligatoire en saison (de 265 à 285 F par personne). Le calme dans un écrin de verdure. Au restaurant, pas mal de spécialités régionales et des menus de 90 à 155 F.

▲ *La Porte des Cévennes :* route de Saint-Jean-du-Gard. ☎ 04-66-61-99-44. Fax : 04-66-61-73-65. Fermé de novembre à mars; restaurant ouvert le soir uniquement. Juste à la sortie d'Anduze, sur la droite. Cette grande bâtisse de construction assez récente (guère plus d'une vingtaine d'années) dispose de chambres spacieuses, sans charme époustouflant mais propres et confortables (260 F la double avec douche, 330 F avec bains, loggia, TV). La piscine en revanche l'est, époustouflante : couverte, chauffée, pharaonique (on exagère à peine). Fait aussi restaurant, le soir uniquement, cuisine traditionnelle au programme. Demi-pension possible à partir de 3 jours (280 F par personne). Une adresse bien fiable, sans mauvaises surprises.

Où manger ?

|●| *La Rocaille :* place Couverte. ☎ 04-66-61-73-23. Adresse connue dans tout le département, *La Rocaille* occupe un tiers de la place Couverte (où se trouve la fontaine-pagode), y ayant colonisé trois ou quatre vieilles maisons. Ici, on trouve un menu à 35 F ! Il y en a d'autres à 47 F et plus. Bien sûr, ce n'est pas de la haute cuisine, mais les produits sont frais et copieusement servis. Contrepartie de ces avantages : c'est un peu la cantine.

|●| *La Régalière :* même adresse que l'hôtel du même nom (voir « Où dormir ? »), et pour cause, c'est la même maison. Fermé le mercredi midi. C'est sur une terrasse ombragée que sont servies, l'été, les spé-

cialités de la maison : aiguillettes de canard au miel et à la gentiane des Cévennes, sot-l'y-laisse aux Saint-Jacques, petit ragoût languedocien en croûte, filets d'autruche fumés en salade, foie gras poêlé aux raisins et châtaignes blanches à la cartagène. Menus de 90 à 230 F. Un bon rapport qualité-prix.

|●| *La Paillerette :* route de Saint-Jean-du-Gard. ☎ 04-66-61-73-27. Fermé en octobre. Belle maison recouverte de vigne vierge avec une terrasse un peu bruyante, mais ici on mange bien et pour pas très cher. Cuisine simple (pleurotes à la crème, pélardon en sauce). Menus de 70 à 150 F. Accueil aimable.

Où dormir ? Où manger aux environs ?

🛏 |●| *Hôtel-restaurant L'Églantine :* à Générargues. ☎ 04-66-61-80-06. Cet hôtel-restaurant bien au calme dispose de chambres au dessus du resto ou à l'annexe, en rez-de-jardin. Confort modeste (un rideau de douche à changer ici ou là) mais des prix doux : de 180 F (lavabo et bidet) à 250 F (douche et w.-c.) la double. Et on a la piscine. Fait aussi restaurant (menus à 79 et 98 F, et carte) et propose la demi-pension de 175 à 230 F par personne. Bon accueil du patron.

🛏 |●| *Le Moulin de Corbès :* Corbès. ☎ 04-66-61-61-83. Fax : 04-66-61-68-06. Fermé les dimanche soir et lundi hors saison, et de mi-décembre à mi-mars. Prendre la route de Saint-Jean-du-Gard. D'entrée, le décor est planté. La cour bien entretenue, les gravillons qui crissent sous les chaussures, l'escalier qu'on gravit... mettent dans l'ambiance. La salle est jaune, ensoleillée par de jolis petits bouquets de

fleurs disposés sur chaque table. Dans les assiettes, une cuisine subtile, composée de plats simples et d'alliances de saveurs agréables. Menus de 148 à 310 F, ou carte. Propose également 3 chambres d'hôte (380 F pour deux, petit déjeuner compris).

|●| *Le Clos du Mûrier :* 30140 Générargues ; village situé à 3,5 km au nord d'Anduze, après la bambouseraie de Prafrance. ☎ 04-66-61-82-28. Fermé du 11 novembre au 30 mars. Grillades, salades, dans une ancienne maison cévenole avec une jolie treille et une terrasse. Menus de 60 à 85 F, et carte.

🛏 |●| *Table d'hôte La Truie qui Doute :* sur la route de Saint-Félix-de-Paillet, bien indiquée dans le centre d'Anduze. ☎ 04-66-61-71-38. Fermé les lundi et mardi, et à la Toussaint. Dans une bâtisse du XIIIe siècle de style cévenol, perchée au bout du monde, on vous propose une cuisine originale (au choix, soupe aux herbes sauvages, poulet en bouillabaisse...) élaborée à partir de recettes moyenâgeuses, retrouvées au prix d'érudites recherches. Et dans votre assiette, rien qui n'ait été cultivé, élevé, chassé, pêché ou cueilli dans le pays. C'est que Maistre Hébrard ne plaisante pas avec ces choses-là, et qu'il pratique l'art culinaire comme d'autres font de la résistance. Pour 164 F (menu unique, apéritif, vin et café compris), à condition de réserver au moins 24 h à l'avance, vous aurez le privilège de partager sa table. Digestif offert à nos lecteurs. Dispose également de chambres d'hôte : 250 F pour deux, petit déjeuner compris.

À voir. À faire

Peu de curiosités à découvrir à Anduze, il s'agit davantage d'une ambiance, d'une atmosphère à saisir dans cette vieille ville non dénuée de charme et de cachet.

★ *La tour de l'Horloge :* construite en 1320, elle s'élève sur trois niveaux et présente les mêmes caractéristiques architecturales que les remparts d'Aigues-Mortes. Puisqu'on vous le dit !

★ *La place couverte :* construite en 1457 pour servir de place au marché aux grains, elle demeure très vivante. Les Anduziens y font leurs courses le jeudi matin.

★ *La fontaine Pagode :* sur la place couverte. Une curieuse fontaine de style oriental avec un clocheton au toit de tuiles vernissées. Elle fut construite en 1648 d'après les plans d'un sériciculteur anduzien revenu d'Orient où il était allé chercher des vers à soie.

★ *Le temple protestant :* il s'élève à l'emplacement des anciennes casernes. Façade assez austère avec un péristyle de quatre colonnes et un fronton classique. L'ensemble fut construit au XIXe siècle et présente l'attrait d'être l'un des plus grands temples de France. La nef à trois voûtes est vraiment volumineuse. Table de communion en marbre. Très bel orgue de 1848 restauré en 1964 après une inondation. Il faut le faire !

★ *Le musée de la Musique :* faubourg du Pont. ☎ 04-66-61-86-60. Ouvert les dimanche et jours fériés et pendant les vacances scolaires, de 14 h à 18 h ; en juillet et août, tous les jours de 10 h à 13 h et de 15 h à 19 h. Prendre la route d'Alès, c'est à droite juste après le pont. Une histoire des instruments de musique, des percussions jusqu'au moderne saxophone. Un millier de pièces exposées. L'été, des concerts sont organisés (musique du monde, musique ancienne).

– *Le T.V.C. (Train à Vapeur des Cévennes) :* circule du 20 mars à octobre d'Anduze à Saint-Jean-du-Gard (par la bambouseraie). Une promenade d'une petite heure en authentique tchou-tchou, avec bruit et vapeur comme si on y était, façon *Mystères de l'Ouest.*

Achats

– *La Vitrine Cévenole :* route de Saint-Jean-du-Gard. ☎ 04-66-61-87-28. Produits du pays et artisanat.

– *Poterie d'Anduze, Les Enfants de Boisset :* route de Saint-Jean-du-Gard. ☎ 04-66-61-80-86. Fermée le dimanche matin et début janvier. La céramique est la spécialité d'Anduze. Particulièrement les grands vases vernissés de jardin. Louis XIV en commanda aux artisans d'Anduze pour décorer l'Orangerie de Versailles. La tradition s'est maintenue. Cette adresse est un magasin d'exposition-vente.

Aux environs

★ *La bambouseraie de Prafrance :* domaine situé à 2 km au nord d'Anduze, sur la route de Générargues. ☎ 04-66-61-70-47. Fax : 04-66-61-64-15. Ouvert tous les jours de mars au 15 novembre, de 9 h 30 à 19 h; fermé le lundi hors saison. La visite commentée est utile : on comprend mieux les mystères du bambou. Ceux qui ont été subjugués par l'Asie seront envoûtés par cette petite jungle nichée au pied des Cévennes, le pays du châtaignier roi.

Ici, dans un domaine de 12 ha, ce sont près de 150 espèces différentes de bambous qui s'épanouissent sous le soleil du Midi. Parmi celles-ci on trouve les bambous géants, les plus gros d'Europe. Ces *Phyllostachys pubescens* mesurent entre 20 et 25 m de haut. Leurs tiges atteignent parfois 20 cm de diamètre. On vous apprendra que le bambou (mot d'origine malaise) est le matériau naturel le plus léger et le plus résistant qui soit. En Asie, il sert à tout : berceau du bébé, fauteuil du mandarin, chapeau conique, case, barque, meubles, lits, etc. Sa fibre est aussi dure que l'acier : 3 500 kg par centimètre carré ! Curieuse plante, ce n'est qu'une herbe originale et un peu folle ! Certaines jeunes pousses jaillissent de terre et croissent à raison de 1 m par jour quand le temps est favorable. Une histoire extravagante comme cette bambouseraie.

Cette plantation a été créée en 1856 par Eugène Mazel, commerçant et grand voyageur. Ce négociant-grainetier, originaire du Gard, ramena de ses nombreux voyages en Extrême-Orient plusieurs espèces végétales exotiques. Il fit fortune dans le commerce des épices mais se ruina en réalisant son rêve : la bambouseraie. Aujourd'hui, le domaine appartient à Yves Crouzet, un ingénieur horticole plein d'idées, qui a créé une grande pépinière destinée à la recherche, à la culture et à la vente de pieds de bambous et de diverses espèces exotiques. On visite :

– *Le parc :* accès par une belle allée bordée de séquoias d'Amérique. Nombreuses variétés d'arbres et de plantes : ginkgo biloba (la plus vieille espèce d'arbre du monde), magnolias, camélias, palmiers, tulipiers de Virginie...

– *Le jardin aquatique :* où les carpes Koï du Japon évoluent parmi les papyrus d'Égypte, les lotus et les nénuphars.

– *Le village asiatique :* plusieurs cases du Laos ont été reconstituées dans un pré. Dépaysant.

– *Le village musical :* un drôle d'ensemble architectural entièrement construit avec des bambous et destiné à apprendre la musique aux petits.

– *La pépinière et les serres :* bambous nains, moyens, ou géants, à vendre dans des pots de toutes les tailles. De 23 F le bambou de 5 à 10 cm à 1 271 F le géant de 6 à 7 m.

Avant de partir, on vous rappellera aussi que la bambouseraie a servi de cadre aux tournages de plusieurs films : *Le Salaire de la peur, Paul et Virginie, Les Héros sont fatigués.* Et que votre visite aura contribué à la sauvegarde d'une espèce animale en voie de disparition dans le monde : il s'agit du panda de Chine. En effet, chaque semaine un camion allemand vient prendre livraison d'un chargement de feuilles de bambou qu'il porte au zoo de Berlin pour y nourrir un couple de pandas, résolument obstinés à ne manger que ça... Y'a bon bambou !

SAINT-HIPPOLYTE-DU-FORT (30170)

Au pied des Cévennes méridionales, sur la route de Nîmes au Vigan, Saint-Hippo, comme disent les branchés du coin, n'a rien d'extraordinaire. Mais en été, sous les platanes, on se sent bien pour méditer quelques balades dans ce fabuleux arrière-pays qui s'offre au routard dès la sortie du village. Deux faits marquants caractérisent son histoire : le protestantisme et l'industrie de la soie, la sériciculture.

Adresse utile

◙ *Office du tourisme :* ☎ 04-66-77-91-65.

Où dormir ? Où manger ?

🛏 |●| *Auberge Cigaloise :* route de Nîmes. ☎ 04-66-77-64-59. Fax : 04-66-77-25-08. Fermée les mardi soir et mercredi midi, ainsi que de mi-novembre à mi-décembre et de mi-janvier à mi-mars. La vraie auberge familiale. Tout se passe autour de la cheminée, l'œil rivé sur les contreforts des Cévennes ; des grands classiques comme les rognons flambés ou de bons petits plats bourgeois. Menus à 98, 118, 120 et 170 F. Chambre double avec salle de bains de 250 à 290 F selon la saison. Demi-pension obligatoire en juillet et août : 240 F par personne. Le patron, M. Faurichon, aime l'animation et la crée parfois en organisant de petits tournois de ping-pong, autour de la piscine.

|●| *Restaurant L'Amourier :* route de Monoblet. ☎ 04-66-77-26-19. Fermé les dimanche soir et lundi, et début juillet. Juste à la sortie de la ville, sur la route de Monoblet. Dans un cadre élégant, avec terrasse et jardin, *L'Amourier* propose une cuisine fine et savoureuse à prix honnêtes. Menus à 150 et 220 F. Dans le premier, la « surprise du chef » est une bonne surprise, le magret est extra et la crêpe Suzette, tu meurs ! Bref, un endroit qui mérite bien de s'appeler restaurant. Café ou digestif offert à nos lecteurs.

|●| *Le Patarougue :* place du 8-Mai. ☎ 04-66-77-63-32. Fermé les dimanche soir et lundi. La production des paysans reposait sur un mode de vie autarcique. Tout était recyclé et récupéré : châtaignes, vieux pain, fruits secs... Il fallait tout le savoir-faire de la maîtresse de maison pour reconvertir les restes (les rouges) en desserts ou en pâtes salées. D'où, bon sang mais c'est bien sûr, les *pâtes à rouge.* Qu'on se rassure, on ne mange pas les restes ici. Menus simples et copieux de 75 à 125 F. Belle terrasse sous une treille de lierre.

Beaucoup plus chic

🛏 |●| *Les Demeures du Ranquet :* route de Saint-Hippolyte, Tornac. ☎ 04-66-77-51-63. Fax : 04-66-77-55-62. Fermé les mardi soir et mercredi (sauf de mi-juin à mi-septembre) et de novembre à fin février. Adresse très chic, où, pour une fois, vous pourrez garer votre hélicoptère (aire d'atterrissage). Ici, la cuisinière est une artiste, et vous serez surpris de la relative sagesse des prix. Autour de 180 F pour le premier menu. Détail insolite : les illustrations de l'addition sont réalisées chaque année par un artiste différent. Attention ! si vous êtes un peu pompette en sortant de table (ce qui n'aurait rien d'étonnant avec une si bonne cave), pensez quand même à bien regarder à gauche et à droite avant de traverser la chaussée, pour aller rejoindre votre hélicoptère... et vous envoler vers de nouvelles aventures, célestes ô combien, ô cher lecteur venu du ciel ! Également des chambres de 640 à 900 F. Apéritif et café offerts à nos lecteurs (avec ou sans hélicoptère).

À voir. À faire

★ **L'écomusée de la Soie :** ☎ et fax : 04-66-77-66-47. Ouvert du 1ᵉʳ avril au 30 novembre, tous les jours de 10 h à 12 h 30 et de 14 h à 18 h 30; en juillet et août, journée continue de 10 h à 19 h; sur réservation pour les groupes pendant les vacances de Noël et de février. Dans une ancienne caserne réaménagée. De l'arbre d'or (le mûrier) aux filatures, du ver à soie au moulinage et au tissage, toute l'histoire de cette belle et noble culture qui fit la prospérité des Cévennes au XVIIIᵉ siècle. Mais cet écomusée a aussi pour vocation d'être le centre de promotion et de commercialisation de la soie des Cévennes. L'idéal serait de compléter votre « route de la soie » par une visite de la filature de Grefeuilhe, à Monoblet.

– **Promenade des cadrans :** une promenade dans le vieux Saint-Hippolyte en passant par les 20 cadrans solaires qu'on y trouve. Le circuit vous est donné à l'office du tourisme.

Aux environs

★ *SAUVE (30610)*

Construit en amphithéâtre sur une falaise rocheuse qui domine le Vidourle, Sauve, à 8,5 km au sud de Saint-Hippolyte, sur la route de Nîmes, est un très vieux village. Hôtels particuliers, ruelles, petites places : c'est à pied qu'il faut flâner et monter au sommet de la colline pour découvrir ce qu'on appelle ici la « mer de Rochers », sorte de chaos calcaire dominant le village. La spécialité locale, c'est la fourche en micocoulier.
Par la route de Durfort, ne manquez pas la balade dans le *canyon du Crespenou*. En vrac vous découvrirez cascades, marmites de géants et même un oppidum (camp romain). Ce n'est pas toujours facile mais c'est intéressant.

Adresse utile

▫ *Office du tourisme :* ☎ 04-66-77-57-51.

Où dormir ? Où manger ?

🛏 ▮●▮ *La Pousaranque :* à 2 km, sur la route de Quissac. ☎ 04-66-77-00-97. Fax : 04-66-77-51-97. À l'entrée de cette auberge, le puits à roue *(pousaranque)* et la piscine. 4 chambres très agréables comportant toutes une mezzanine. 250 F pour deux, 300 F pour trois, petit déjeuner compris. Dans la grande salle de style provençal, on vous servira un menu à 96 F très copieux et fleurant bon le terroir. Une bien bonne table. 10 % de réduction sur le prix de la chambre sur présentation du *Routard*.

▮●▮ *Le Micocoulier :* 3, place Jean-Astruc. ☎ 04-66-77-57-61. Fermé de la Toussaint à Pâques, et le mardi et le mercredi en demi-saison; l'été, ouvert tous les soirs (service tardif). Perché au bord de la falaise, dans le village médiéval, *Le Micocoulier* est un petit restaurant original et éminemment sympathique. L'endroit est agréable, et la petite salle mignonnette invite à la sérénité. La terrasse est calme. On resterait bien toute la nuit sous les étoiles à refaire le monde. Alain nous invite au voyage. Il rapporte des recettes de ses lointains périples, les essaie, les modifie, et nous, on les déguste... Goulasch, *tajine,* curry indien, cuisine turque, mexicaine... Un festival de saveurs! Un poil historien, un soupçon sociologue, un tantinet créateur, Alain vit cette passion comme son premier métier de metteur en scène. Son épouse, américaine d'origine, s'occupe des pâtisseries. Son gâteau au chocolat, sa tarte au citron et sa crème caramel se laissent manger sans résistance. D'ailleurs, on en reprendrait bien un peu. Copieux plat du jour à 55 F. Menus à 89 et 125 F. Une de nos bonnes adresses gardoises. Apéritif offert à nos lecteurs.

|●| *Chez la Marthe :* 20, rue Mazan (dans le haut du village). ☎ 04-66-77-06-72. Fermé le mercredi. La Marthe était un personnage, une bonne femme comme on n'en voit plus, anarchiste un peu, et qui tenait l'épicerie du village où les enfants allaient acheter malabars, sucettes et car-en-sac, il y a encore 20 ans... La Marthe n'est plus, le nom demeure, et l'épicerie est maintenant un petit restaurant à la déco hétéroclite et charmante, où l'on trouve des menus thaï à 65 F, provençal à 75 F et oriental à 85 F. Les voyages et les origines des jeunes patron-patronne expliquent cette ouverture de goût et d'esprit. Le patron qui, d'ailleurs, allait petit garçon se payer des bonbons chez *La Marthe*... Attention, l'hiver, il est prudent de téléphoner pour s'assurer que c'est ouvert; l'été aussi, pour être sûr d'avoir une table.

|●| *L'Auberge aux Volets Verts :* dans le village médiéval également, 6, place Pascal-Vallongue. ☎ 04-66-77-53-28. Fermée le mardi, et en octobre. Accueil chaleureux dans ce bar-restaurant animé, décoré de moult images (tableaux, photos) qui font un heureux mélange. C'est un peu le lieu d'échanges culturels de Sauve. Terrasse ombragée. À table, cuisine variée « d'ici et d'ailleurs » à prix doux : le midi en semaine, menu à 60 F (spécial travailleur... ou chômeur!); menus permanents à 90 et 130 F. Apéritif offert à nos lecteurs.

À géographie rude, histoire et caractère rudes. L'adage a du vrai mais il manque de nuances. La preuve : les Cévennes. Voici une nature à la fois belle et rebelle, farouche et riante. Le pays des irréductibles camisards et des guerres de Religion mais aussi la terre où la soie valait de l'or, où les châtaignes servaient de pain quotidien. Voyez ces innombrables hameaux de schiste ou de granit qui constellent ces montagnes impénétrables, du mont Lozère au mont Aigoual. C'est une terre fière mais pas hautaine, lointaine mais pas fermée. Un monde à part certainement. Un univers de liberté et d'indépendance, où depuis l'aube des temps l'homme s'est réfugié. Bergers, pèlerins, protestants persécutés, rebelles, hippies des années 70, minorités... venaient dans les Cévennes pour oublier la loi et les bruits du monde.

Cette vocation demeure. Mais à l'aube du IIIᵉ millénaire, à l'heure du grand retour à la nature, voici l'une des régions françaises les mieux conservées du point de vue des sites et des paysages.

Les Cévennes sont une réalité géographique. Mais ce pays secret qui ne se révélera qu'à ceux qui prendront le temps de le découvrir est avant tout un état d'esprit, un mythe, presque une religion. Le caractère cévenol imprègne chaque pierre, chaque arbre, chaque chemin, prolongeant une histoire écrite dans le sang. Dans ces lignes, le pays cévenol s'étend du mont Aigoual au mont Lozère et du sud de Florac au nord d'Alès.

Un peu d'histoire

La guerre des camisards

Aujourd'hui, quand on évoque les « Fous de Dieu », on songe volontiers aux intégristes musulmans appelant à la guerre sainte contre l'Occident... Savez-vous que des bergers cévenols prophétisèrent la vengeance divine contre les soldats de Louis XIV à l'orée du siècle des Lumières ? Mais ces fous de Dieu se battaient au nom de la liberté de conscience, non pour imposer une tyrannie religieuse...

Commençons par le début. À l'origine de cette « guerre des camisards », on trouve la décision par Louis XIV de révoquer l'édit de Nantes en 1685. Cet édit avait été signé par son grand-père, Henri IV, et accordait depuis la fin du XVIᵉ siècle la liberté religieuse aux protestants de France. La religion « réformée » s'était très vite répandue dans le sud de la France, et notamment dans les Cévennes, loin du pouvoir central... Brutale, arbitraire, la révocation de l'édit de Nantes interdit subitement aux protestants le droit de pratiquer leur religion. L'intolérance devient loi puis répression : on brûle les temples, on pourchasse les pasteurs qui doivent abjurer leur foi ou quitter la France dans les 15 jours, les assemblées sont interdites, les parents contraints de faire baptiser leurs enfants dans la religion catholique. Il est suspect de posséder et de lire la Bible. Tout protestant qui n'abjure pas est passible de prison. En outre, on les prive d'état civil. Des bêtes traquées...

Nourris d'Ancien Testament, convaincus d'être inspirés par Dieu et protégés par lui, à l'instar des prophètes hébreux dans le désert, les huguenots des Cévennes refusent de plier l'échine. Le petit peuple de la montagne entre alors en rébellion contre l'absolutisme royal. Des gens du peuple – bergers, éleveurs de chèvres et de cochons, cardeurs de laine, ramasseurs de châtaignes – se mettent à prophétiser, appelant à la vengeance divine au nom de leurs frères persécutés pour leur foi. De pacifique, la révolte devient une lutte armée. Menacés dans leur vie, ils se réfugient dans les montagnes où se tiennent des assemblées secrètes, puis partent affronter les dragons du maréchal de Villars, l'homme qui mata le Palatinat. Ils portent des chemises blanches la nuit en signe de reconnaissance, d'où leur nom : « camisards ». Pendant deux ans – de 1702 à 1704 – ces « Fous de Dieu » tiennent en échec les soldats de Louis XIV. Pas une guerre. Une guérilla mystique et populaire menée par 2 500 à 3 000 bergers et leurs chefs improvisés, contre 25 000 soldats bien équipés. Le cadre ? Des montagnes et des vallées impénétrables, redoutable labyrinthe relié par des « drailles » familières aux bergers des Cévennes. On met le genou à terre avant de marcher sur l'ennemi et on entonne le psaume 68, le « psaume de la Bataille ». Deux chefs camisards se distinguent par leur habileté de tacticiens et leur stratégie dans le combat : Roland, originaire du Mas-Soubeyran à Mialet (l'actuel musée du Désert) et un petit boulanger de 23 ans, Jean Cavalier, originaire d'Anduze. C'est avec ce dernier que le maréchal de Villars sera contraint de négocier, faute d'avoir « pacifié » la région... Cavalier tombe dans le piège de Villars. Il sera exilé avec sa troupe en Angleterre. Roland est tué en 1704.

La guerre des camisards s'achève par un compromis qui laisse la porte ouverte à la répression. Tout au long du XVIIIe siècle, les huguenots seront pourchassés pour leur foi, emprisonnés, envoyés aux galères. Les pasteurs seront exécutés. Les enfants enfermés dans des couvents et des écoles catholiques. Parmi les « martyrs de la résistance », Marie Durand fait figure d'héroïne de la liberté de conscience : elle est enfermée 38 ans dans la tour de Constance à Aigues-Mortes. Mais la liste des persécutés est bien longue. Elle couvre les murs du musée du Désert, véritable panthéon et mémoire spirituelle du protestantisme français. Sans la lutte acharnée et la fureur mystique des huguenots des Cévennes, le protestantisme serait-il encore vivant ? Après un siècle de « Désert », un édit de Tolérance sera signé en 1787, autorisant les protestants à avoir un état civil sans passer par l'église catholique.

Les camisards ont inspiré des livres : *Les Fous de Dieu* de Jean-Pierre Chabrol (l'écrivain qui ressemble au capitaine Haddock), *L'Épervier de Maheux* de Jean Carrière, ainsi que le film *Les Camisards* de René Allio.

L'arbre d'or ou l'aventure de la soie des Cévennes

Une légende raconte qu'une princesse chinoise – Dame Xiling – aurait découvert le fil de soie vers l'an 3000 avant J.-C. Alors qu'elle prenait son thé sous un mûrier, un cocon tomba dans sa tasse. En voulant le retirer, elle accrocha le fil avec son ongle et le déroula. Cette découverte bouleversa la civilisation chinoise et assura, près de 50 siècles plus tard, la prospérité des Cévennes.

C'est dans la région d'Anduze, au XIIIe siècle, que l'on fait mention pour la première fois de la soie et du mûrier, arbre importé d'Orient par les croisés. Au XVIe siècle, l'agronome Olivier de Serres donne sa première impulsion à cette nouvelle activité : la sériciculture. Mais c'est aux XVIIe et XVIIIe siècles qu'elle va s'étendre à l'ensemble des Cévennes, se substituant progressivement aux châtaigniers détruits par le terrible hiver de 1709. Le XIXe siècle est l'âge d'or de la soie pour les Cévenols qui en tirent une grande partie de leurs revenus. Les mûriers, appelés « arbres d'or », couvrent les versants des montagnes. Dans chaque ferme, il y a une grange pour l'élevage des cocons. Curieuse aventure botanique.

En fait le fil à soie provient d'un animal : des chenilles voraces, *Bombyx mori*, qui ne se nourrissent que des feuilles des mûriers. Ces vers grandissent dans des magnaneries. Puis, devenus plus gros, on les accroche sur des branches de bruyère pour qu'ils tissent leur cocon. Après quelques semaines, on retire ces cocons pour en dévider le fil qui est contenu à l'intérieur. C'est le rôle des filatures, qui employaient des milliers de femmes. Dernière étape : le tissage. Les filatures de soie des Cévennes vendaient leurs tonnes de fil à des manufactures de Nîmes ou de Lyon où l'on tissait des bas, des bonnets, et toutes sortes de vêtements en vogue à l'époque.

La concurrence des fils synthétiques, les maladies du ver à soie et l'abandon de la soie dans la tenue vestimentaire des bourgeois du XIXᵉ siècle provoquèrent le déclin de la sériciculture cévenole. La dernière ancienne filature a fermé ses portes en 1965. Reste une formidable aventure économique et humaine, fort bien expliquée au *musée des Vallées cévenoles* de Saint-Jean-du-Gard et au *musée de la Soie* de Saint-Hippolyte-du-Fort. Laquelle aventure semble rebondir depuis une vingtaine d'années avec les nouvelles plantations de mûriers et la création de la filature de Grefeuilhe à Monoblet.

Le châtaignier ou l'arbre à pain

Le maïs aux Mexicains, le riz aux Chinois, et les châtaignes aux Cévenols... Pendant des siècles, les habitants d'ici ont mangé des châtaignes midi et soir, parfois au petit déjeuner. Symbole des Cévennes, rude à l'extérieur, douce à l'intérieur, la châtaigne a engendré un véritable mode de vie original. Le châtaignier était surnommé l'arbre à pain car il assurait la subsistance quotidienne des montagnards. Au XVIᵉ siècle, tous les versants des Cévennes entre 500 et 800 m étaient plantés de ces beaux arbres aux feuilles en dents de scie qui laissent tomber leurs fruits à l'automne tandis que la bogue protectrice hérissée d'épines reste accrochée à la branche.

Tout était utilisé dans cet arbre : les feuilles servaient de fourrage aux moutons et aux chèvres, de litière aux porcs. Le bois imputrescible était employé pour fabriquer des charpentes, des planchers, des meubles, des tonneaux, des berceaux, des paniers, des outils... Une fois ramassées, les châtaignes étaient séchées dans la *clède* (petite maison à part), décortiquées avec des *soles* (chaussures à pointes), puis consommées fraîches (*blanchettes*), grillées ou sous forme de soupe, *le bajanat*. Ce mode de subsistance a disparu avec la modernisation.

De nos jours, le châtaignier a régressé au profit du chêne vert et du pin maritime (Cévennes méditerranéennes), du chêne blanc et du hêtre (en altitude).

L'habitat : schiste, granit, calcaire

« Dis-moi où tu habites et je te dirai qui tu es ». Jamais le dicton n'a été aussi vrai qu'en Cévennes. On est d'abord frappé par la beauté et le caractère de ces hameaux, dispersés dans la nature, accrochés aux versants des montagnes, nichés au fond des *valats* (vallons), perdus au bout des chemins rocailleux et des *drailles* (chemins de transhumance). Grosses fermes en granit du mont Lozère, hameaux – hauts et sombres – des vallées cévenoles, mas aux toits de tuile à l'allure souriante sur les flancs méditerranéens : ce sont là les architectures les plus intéressantes de cette partie de la France.

Dans la Cévenne des châtaignes, la maison d'habitation est entourée d'une série de bâtiments en schiste : bergerie, porcherie, grange, four, pressoir à vin, « magnanerie » où l'on élève les vers à soie, et la « clède », maisonnette où l'on fait sécher les châtaignes. On remarque aussi les petits cimetières à l'ombre des cyprès qui ponctuent la campagne. Pourchassés par Louis XIV, les protestants n'avaient pas le droit d'enterrer leurs morts à côté des catholiques. Alors ils les inhumaient « de nuit et sans rassemblement » autour de la ferme dans un coin du potager.

Cet habitat montagnard s'intègre parfaitement dans le paysage. Le parc des Cévennes a restauré et ouvert à la visite quelques très vieux hameaux à l'architecture traditionnelle. Nous vous les signalons au fil de la balade.

Les Cévennes sur les pas de Stevenson

Ce jeune Écossais moustachu n'avait que 27 ans lorsqu'il décida de traverser les Cévennes. Écrivain encore peu connu (il deviendra célèbre avec *L'Île au trésor* sept ans plus tard, puis l'inquiétant *Docteur Jekyll et Mister Hyde*), il se posait cependant comme un esthète en matière de randonnées. La randonnée se doit d'être faite en solitaire, elle a pour but d'arrêter la pensée et non de contempler des paysages et elle n'est jamais plus agréable que le soir à l'arrivée « lorsqu'on se retrouve purgé de tout orgueil et de toute étroitesse ». Le point de départ de son voyage solitaire ? Une peine de cœur ! Un amour impossible avec une Américaine, Fanny, mariée et mère de deux enfants, repartie en Californie. Il ne cessera de penser à elle au cours de sa traversée. Rien que de très banal ! Seulement, son périple va se transformer en voyage initiatique lui donnant la force et la patience d'attendre le mariage tant désiré avec sa bien-aimée.

Stevenson se sent viscéralement attiré par ce coin de France qui connut la souffrance des guerres de Religion. Les assemblées clandestines, les camisards, les prophètes inspirés, bref l'histoire de ces frères de religion va le fasciner. À tel point que, dans son récit, il commettra des oublis impardonnables, gommant tout ce qui touche au catholicisme. Pendant 12 jours, Stevenson traverse le Velay, le Gévaudan, le mont Lozère puis le cœur des Cévennes, avant de terminer son périple à Saint-Jean-du-Gard. Chaque jour, il note les détails de cette incroyable aventure. Son récit, *Voyage avec un âne dans les Cévennes,* pétille d'humour et d'intelligence. Le troisième personnage important de la traversée, après Stevenson et les Cévennes, s'appelle Modestine, une ânesse pleine de caractère et de courage, qui est entrée dans la légende après avoir souffert le martyre.

Plus d'un siècle après ce voyage en solitaire, Stevenson inspire encore de nombreux randonneurs qui effectuent scrupuleusement le même parcours. Un topoguide, très officiel, a été publié : *Le chemin de Stevenson,* édité par la FFRP et Chamina. Une mine indispensable pour les passionnés. Un rallye Stevenson a même été créé. Chaque année, des marcheurs de toute l'Europe se retrouvent à Saint-Jean-du-Gard. Le fantôme de l'auteur hante toujours cette contrée, qu'il traversa « pour le simple plaisir de voyager » et « non pour atteindre un endroit précis ».

Des hippies aux « néo-Cévenols »

C'était l'époque où l'on criait « Gardarem lou Larzac » sur le causse menacé par l'implantation d'un camp militaire. Les premiers routards partaient pour Katmandou chercher le nirvâna. D'autres, plus sédentaires, montaient dans les Cévennes élever des chèvres, faire du yoga, lire Lanza del Vasto, Marcuse ou Rousseau. Partisans d'une vie plus simple, animés d'un idéal mi-californien, mi-chinois, ces rebelles pacifiques fondèrent des communautés dans les hameaux les plus reculés des Cévennes. De Sumène à Saint-Jean-du-Gard, on pouvait trouver l'adresse exacte de ces groupes marginaux dans le journal *Actuel* et leur rendre visite... Quant aux paysans du coin, ils restèrent sceptiques, ricanant dès qu'ils parlaient de ces « zippies » décidés à vivre de la terre. Une terre ingrate dont ils avaient découragé leurs propres enfants, les poussant vers le monde meilleur de la grande ville. Pour beaucoup, l'aventure ne dura qu'une brève saison. Quelques irréductibles sont restés. Puis sont arrivés les « néo-Cévenols ». Plus discrets, mieux intégrés dans le tissu économique et social du pays : animateurs, restaurateurs, hôteliers, agriculteurs, fonctionnaires, commerçants...

Les années 80-90 ont provoqué un changement de style et de comportement. Il n'y a plus vraiment de marginaux. Même si on ne s'affiche pas écologiste ou vert, la protection de la nature, patrimoine le plus précieux des Cévennes, reste l'idée la mieux partagée par tous ceux qui ont choisi d'y vivre, qu'ils soient cévenols de souche ou « néo ». Autre signe : on ne sourit plus à l'idée d'un Strasbourgeois ou d'un Rennais s'installant à Florac ou au Vigan. « On est en France, que diable ! » nous a dit ce vieux montagnard, enraciné ici depuis la nuit des temps...

Quelques bons livres à emporter

– *Voyage avec un âne dans les Cévennes,* de Stevenson. Récit réédité par les éditions Encre (1989).
– *Les Fous de Dieu,* de Jean-Pierre Chabrol (Gallimard, 1966). La guerre des camisards dans la langue du XVIIIᵉ siècle.
– Les romans de Jean Carrière : *L'Épervier de Maheux* (1972), *La Caverne des pestiférés* (1978) et *Les Années sauvages* (1986). L'action se déroule toujours dans les Cévennes.
– André Chamson reste le grand classique cévenol. L'action de la plupart de ses livres se situe autour du Vigan et du mont Aigoual. On peut lire *Roux le Bandit* (Grasset, 1925), *Les Hommes de la route* (Grasset, 1952), *Castanet, le camisard de l'Aigoual* (Plon, 1979).

LE PARC NATIONAL DES CÉVENNES

Le « fer de lance » de la protection et de la mise en valeur du patrimoine naturel et culturel des Cévennes joue le rôle de garde-fou et de laboratoire à idées. Créé le 2 septembre 1970, le parc intervient sur une zone dite « protégée » qui couvre 52 communes (au total 591 habitants) et s'étend sur plusieurs terroirs différents : le mont Lozère (1 700 m), le mont Aigoual et le Lingas (1 565 m), les hautes vallées des Gardons (vallées Longue, Borgne et Française), la montagne du Bougès (1 421 m), et le causse Méjean, vaste plateau dénudé et superbe.
Il comporte une zone centrale de 91 000 ha entièrement protégée. Cette zone étant habitée, les activités agricoles et forestières y sont autorisées mais contrôlées. La réserve mondiale de la biosphère des Cévennes, définie par l'Unesco en 1985, s'étend sur l'ensemble du parc. De fait, 14 000 ha sont totalement protégés de toute incursion. Cette réglementation permet de conserver intacts le patrimoine génétique animal et végétal de la région et le patrimoine architectural, et de procéder à l'entretien des paysages qui avaient tendance à évoluer de manière catastrophique en raison de l'exode rural. Aujourd'hui, ce programme protège et gère 70 espèces de mammifères, 150 espèces d'oiseaux, 23 espèces de reptiles et de batraciens, 13 espèces de poissons. Des vautours-fauves, des coqs de bruyère, des castors, des cerfs et des chevreuils ont été réintroduits par ses soins. Le parc, c'est aussi l'autorité scientifique, presque la conscience morale de la région. Savez-vous que chaque Français verse annuellement 40 centimes pour son fonctionnement ? Nous, ça nous fait plutôt plaisir quand on voit le résultat sur le terrain.

Adresses utiles

■ *Bureau d'information du P.N.C. :* au château de Florac. ☎ 04-66-49-53-01 (voir détails plus loin, à « Florac »).
■ *Autres points d'information du parc* (ouverts en été seulement) : Saint-Jean-du-Gard, Saint-Germain-de-Calberte, Pont-Ravagers, Saint-Laurent-de-Trèves, Barre-des-Cévennes, Meyrueis, Le Vigan, Trèves, Pont-de-Montvert, Mas-Camargues (sur le mont Lozère), Le Collet-de-Dèze, Villefort, Génolhac, La Malène (gorges du Tarn), et au sommet du mont Aigoual.

LES CÉVENNES

Sentiers de randonnée

Le parc national des Cévennes est traversé par le sentier de grande randonnée GR7 (Vosges-Pyrénées), les GR6 et 60 (Rhône-Cévennes), ainsi que le GR66 (tour de l'Aigoual), le GR67 (tour des Cévennes) et le GR68 (tour du mont Lozère). Des balades vraiment superbes, pour lesquelles de nombreux gîtes d'étape ont été aménagés chez des particuliers avec l'aide du parc.

Il existe aussi des sentiers de petite randonnée : 22 boucles d'une demi-journée ou d'une journée, toutes balisées par le parc, à différents points des Cévennes. Ces promenades sont rarement difficiles. À notre avis, la marche reste le meilleur moyen de découverte du pays (voir, plus haut, « Les Cévennes sur les pas de Stevenson »).

– *Renseignements* sur les sentiers, les topoguides, les gîtes d'étape, au centre d'information du parc à Florac ou dans tous les points d'information ouverts en été dans la région.

Le chemin de Stevenson, avec ou sans âne

Notez que sur le chemin de Stevenson, long de 220 km et allant de Monastier (Haute-Loire) à Saint-Jean-du-Gard (Gard) via Langogne, Le Bleymard, Pont-de-Montvert et Saint-Germain-de-Calberte en Lozère, on trouve suffisamment de moyens de location et d'hébergement d'ânes pour se refaire à l'identique l'itinéraire du fameux écrivain-voyageur, en bonne compagnie donc, car l'âne, contrairement à l'homme, ne déçoit jamais. Voici une sélection pour en louer sur ce trajet :

– *Rando âne,* Marcel Exbrayat, chemin de Fourchaud, 43700 Arsac-en-Velay, ☎ 04-71-08-81-42 ; *Genti-Âne,* Christian Brochier, Castagnols, 48220 Vialas, ☎ 04-66-41-04-16 ; *Tramontane,* Chantal Guillaume, La Rouvière, 48110 Saint-Martin-de-Lansuscle, ☎ 04-66-45-92-44 ; *ferme-château de Marouls,* Saint-Étienne-Vallée-Française, ☎ 04-66-45-75-30.

Pour le gîte et le couvert, voir nos adresses ou se renseigner auprès des offices du tourisme du Monastier (☎ 04-71-08-37-76), de Pont-de-Montvert, de Florac ou de Saint-Jean-du-Gard (adresses aux chapitres correspondants) ; ou contacter l'association *Sur le chemin de R.L. Stevenson,* rue Célestin-Freinet, 48400 Florac, ☎ 04-66-45-05-32.

SAINT-JEAN-DU-GARD (30270) ET LA VALLÉE DES CAMISARDS

On est ici dans les basses vallées des Cévennes, au sud-est du massif. On y passe en entrant ou en sortant de la corniche des Cévennes qui mène à Florac. L'influence méditerranéenne se fait déjà bien sentir. Au bord du Gardon, cette « petite capitale du pays camisard », comme on l'a surnommée, très typée et riche en histoire, possède notamment un remarquable musée d'arts et traditions populaires, excellente initiation au monde cévenol.

Par ailleurs, plusieurs sentiers de petite randonnée dans l'arrière-pays ainsi qu'un festival international de la Randonnée font désormais de Saint-Jean un endroit où, sans hésiter, il faut poser son sac quelques jours.

Enfin, qui veut comprendre quelque chose à l'histoire des camisards dans cette région doit passer par la vallée des Camisards et le musée du Désert au Mas-Soubeyran.

Adresses utiles

◼ *Office du tourisme :* place Rabaut-Saint-Étienne. ☎ 04-66-85-32-11. En été, ouvert du lundi au samedi de 9 h à 18 h 30 et le dimanche de 9 h à 13 h ; en hiver, ouvert du lundi au samedi de 9 h à 17 h, fermé le dimanche.
■ *Le Merlet :* route de Nîmes. ☎ 04-66-85-18-19. Ouvert toute l'année. Randonnées et canyoning dans la région.

■ *Le Brion :* à Marouls, route de Saint-Étienne-Vallée-Française (environ 7 km). Une association de Saint-Jean qui organise des randonnées insolites. ☎ 04-66-45-75-30. Fax : 04-66-45-72-28. Remontées de cours d'eau et torrents, randonnées-dessin, randonnées avec un âne sur les traces de Stevenson... Une bonne adresse.

Où dormir ? Où manger ?

◖◐ *La Treille :* 10, rue Olivier-de-Serres. ☎ 04-66-85-38-93. En saison, ouvert tous les jours sauf lundi midi ; hors saison, ouvert le week-end. Fermé de mi-décembre à mi-février. Une petite crêperie-restaurant où il fait bon manger sur la terrasse et sous une... treille. Menus de 95 à 115 F, simples et copieux, à base de produits régionaux. On y mange des crêpes à la farine de châtaigne. Suffisamment peu courant pour qu'on vous le signale.

Plus chic

▲ ◖◐ *Inter Hôtel-L'Oronge :* 103, Grand-Rue. ☎ 04-66-85-30-34. Fax : 04-66-85-39-73. Fermé le lundi hors saison, et en janvier. « Oronge » est le nom d'un champignon rare et délicieux qu'on trouve, en cherchant bien, dans les Cévennes. Monique Berthier, dame cuisinière et maîtresse des lieux, a choisi cette belle plante comme emblème de son établissement, un restaurant réputé pour sa cuisine traditionnelle. Menus à 85, 130, 155 et 235 F. C'est une vieille et haute maison de Saint-Jean, aux pierres patinées par le temps. Au XVIe siècle, l'*auberge de L'Oronge* était un relais de poste sur la route royale de

Nîmes à Florac. Il servit de relais de diligence jusqu'en 1920. C'est là, ô routard épris de littérature, que Stevenson termina son voyage dans les Cévennes, après avoir vendu à contrecœur Modestine, son ânesse si fidèle. Chambres de 170 F (lavabo) à 300 F (bains et w.-c.). Ambiance agréable. Au restaurant, apéritif offert à nos lecteurs.
▲ ◖◐ *Auberge du Péras :* route d'Anduze. ☎ 04-66-85-35-94. Fax : 04-66-52-30-32. Fermée de décembre à mars. Une ancienne maison du pays, relais postal du XVIIe siècle, très bien rénovée et très confortable. Compter environ 290 F pour une chambre double. Menus à 55 et 99 F. Belle terrasse sous les sapins. Café ou digestif offert à nos lecteurs.

Camping

▲ *Camping Le Mas de la Cam :* sur la route de Saint-André-de-Valborgne. ☎ 04-66-85-12-02. Fax : 04-66-85-32-07. Fermé de fin septembre à début avril. Catégorie 3 étoiles, bien équipé. Et le site au bord du Gardon est vraiment sympa. On peut profiter de la piscine. Il est aussi possible de louer des gîtes.

Où manger aux environs ?

◖◐ *Ferme-auberge de Paussan :* chez M. et Mme Pérez, 30140 Mia-

let. ☎ 04-66-85-00-58. De novembre à Pâques, ouverte uniquement le week-end, à partir du vendredi midi. Réservation obligatoire. Spécialités de porcelet, oie et chevreau selon les saisons. Menus à 80, 100 et 120 F.

À voir. À faire

★ *La tour de l'Horloge :* vestige d'un prieuré du XIIe siècle.

★ *Le pont sur le Gardon :* du XVIIIe siècle.

★ *La Grand-Rue :* avec ses belles portes d'hôtels particuliers, comme celles des n°s 70 et 80.

★ *La filature dite Maison Rouge :* 5, rue de l'Industrie. Construite en 1838, c'est la plus grande et la plus réussie sur le plan architectural des filatures de soie. Elle fut la dernière à fonctionner en France. Elle a fermé ses portes en 1965.

★ *Le musée Magic Voyage :* av. de la Résistance. ☎ 04-66-85-30-44. En juin et septembre, ouvert tous les jours sauf dimanche et lundi, de 10 h à 12 h 30 et de 14 h à 19 h ; en juillet et août, de 10 h à 19 h ; le reste de l'année, uniquement les dimanche et jours fériés, de 10 h à 12 h 30 et de 14 h à 18 h 30. M. Baron a encore frappé ! (Voir le musée 1900 et le musée du Jouet à Arpaillargues, aux environs d'Uzès.) La même passion, le même savoir-faire, et le même résultat : une exposition réussie de modèles bien restaurés et bien mis en valeur. Ici, c'est un peu l'histoire des quatre-roues, de la diligence à la Pontiac. L'ensemble est super. Retenons, entre autres, ce formidable camion Berliet 1914 de transport de troupes (un monstre) et le coupé de ville 1860 de Toulouse-Lautrec, qui roula par les rues d'un Montmartre oublié. Possibilité d'essayer les calèches, les voitures à pédales, les vélos de cirque et, si l'on veut, location de costumes d'époque pour la photo.

★ *Le musée des Vallées cévenoles :* 95, Grand-Rue. ☎ 04-66-85-10-48. En mai, juin et septembre, ouvert tous les jours sauf dimanche matin et lundi, de 10 h 30 à 12 h 30 et de 14 h à 19 h ; en juillet et août, ouvert tous les jours de 10 h 30 à 19 h ; hors saison, ouvert pendant les vacances scolaires du mardi au vendredi de 10 h 30 à 12 h 30 et de 14 h à 19 h, et le dimanche de 14 h à 18 h, fermé les lundi et samedi. À ne pas rater : c'est une vraie réussite dans le genre arts et traditions populaires. Le musée occupe le rez-de-chaussée (anciennes écuries) d'une maison du XVIIe siècle, naguère *auberge des Trois Rois.* Les deux thèmes de ce musée sont la soie et la châtaigne, les deux piliers de la vie rurale des Cévennes jusqu'au XIXe siècle. Ne repartez pas du musée sans le petit *Guide des sentiers pédestres autour de Saint-Jean* (45 F), qui comporte une très bonne introduction aux Cévennes en général.

– *Le Train à Vapeur des Cévennes :* renseignements et réservations, ☎ 04-66-85-13-17. Un petit train touristique qui relie 4 fois par jour en 40 mn Saint-Jean-du-Gard à Anduze (ou l'inverse). Aller simple : 45 F ; aller-retour : 55 F ; enfants : 33 et 38 F. Fonctionne tous les jours du 16 juin au 30 août ; les mardi, jeudi, samedi et dimanche en septembre ; du 5 avril au 15 juin, tous les jours sauf le lundi ; hors saison, les samedi, dimanche et jours de fête ; fermé de début novembre à fin mars.

Aux environs

★ *Le musée du Désert :* au Mas-Soubeyran, 30140 *Mialet.* ☎ 04-66-85-02-72. Fax : 04-66-85-00-02. Ce vieux hameau cévenol est situé à 11,5 km au sud de Saint-Jean-du-Gard sur la route de Générargues et de la bambouseraie de Prafrance. Pour y aller, on emprunte une très jolie petite route de campagne qui traverse Mialet et passe près du pont des Camisards (XVIIIe siècle), à la sortie de ce village à gauche. Ouvert tous les jours du 1er mars au 30 novembre, de 9 h 30 à 12 h et de 14 h 30 à 18 h ; du 1er juillet au 1er dimanche de septembre, ouverture permanente de 9 h 30 à 18 h 30. Entrée payante.Créé en 1910 dans la maison natale du chef camisard Pierre Laporte, surnommé Roland (tué en 1704), ce musée appartient à la Société d'histoire du protestantisme français.

Pourquoi le « Désert » ? Aucune allusion à un désert géographique. Cette expression définit une période bien précise pour les protestants : celle qui va de la révocation de l'édit de Nantes par Louis XIV en 1685 (les protestants n'ont plus le droit de pratiquer la nouvelle religion réformée) à l'édit de tolérance signé par Louis XVI en 1787 et qui leur accorde une relative liberté de culte. Pendant un siècle, les huguenots devront s'exiler ou se cacher pour maintenir leur liberté de conscience. Le Désert pour eux signifie : cachettes, lieux sauvages, vallées reculées, grottes et forêts des montagnes cévenoles où les camisards se réfugient pour prier et se protéger des dragons du Roi. Le mot a également une forte résonance biblique puisqu'il évoque l'errance et les tribulations du peuple hébreu durant quarante années d'exode dans le désert du Sinaï. C'est toute la mémoire huguenote et protestante qui est présentée dans ce musée. Il y a deux parties : la maison de Roland et le Mémorial.

– **La maison de Roland**

8 salles évoquent :

● *La Réforme* au XVIe siècle et la naissance du protestantisme.

● *La révocation de l'édit de Nantes* par Louis XIV et la répression sanglante qui a suivi : emprisonnements, persécutions, dragonnades, conversions forcées, etc. Dans la salle Brousson, remarquez ce curieux « jeu de l'Oye » employé dans les couvents où étaient enfermées de jeunes huguenotes.

● *La guerre des camisards :* elle est courte (1702-1705) mais impitoyable. Tout a commencé par le meurtre de l'abbé du Chayla au Pont-de-Montvert. Le 24 juillet 1702, Abraham Mazel et Esprit Séguier décident d'assiéger la maison où l'abbé enferme des « nouveaux convertis »... On voit d'ailleurs, dans la chambre à coucher de Roland, le banc rustique sur lequel l'abbé du Chayla torturait ses victimes. Dans la salle Roland-et-Cavalier : un placard qui servait de cachette en cas d'alerte.

● *L'Église du Désert :* ou la dangereuse existence des clandestins pourchassés pour leur foi. Quelques pièces très révélatrices de l'esprit de résistance des camisards : notamment cette étonnante chaire portative qui, en se repliant, prend l'aspect anodin d'un tonneau à grains ! On peut la voir dans la salle des Assemblées. Les assemblées clandestines se tenaient dans les lieux reculés des montagnes, ce qui explique ces coupes démontables, ces lanternes sourdes, que les pasteurs transportaient au cours de longs circuits nocturnes.

● *La salle des Bibles :* remarquable collection de bibles anciennes, du XVIe au XVIIIe siècle. Noter cette curieuse micro-bible de 1896 fournie avec une loupe.

● *La lente restauration de l'Église protestante :* salles Antoine-Court et Paul-Rabaut.

– **Le Mémorial : les Héros de la liberté de conscience**

● *La salle des Pasteurs et des Prédicants :* liste infinie de leurs noms et de la date de leurs supplices sur de grandes plaques de marbre.

● *La salle du Refuge :* sorte de chapelle-mémorial avec les noms des pays d'accueil des exilés huguenots, Suisse, Angleterre, Hollande, Saxe, Hambourg, Hesse, Wurtemberg, Genève...

● *La salle des Galériens :* 2 600 protestants condamnés aux galères dont le fameux Jean Fabre, « galérien pour la foi ».

• *La salle de la Lecture de la Bible :* avec le papy habillé en toile « bleu de Gênes », ancêtre du blue-jean...

• *La salle des Prisonniers et des Prisonnières :* la plus émouvante. C'est une reconstitution de la prison pour femmes de la tour de Constance d'Aigues-Mortes. Marie Durand, enfermée pour sa foi, y passa 38 ans de sa vie.

De cette épopée mystique, une leçon de conscience moderne semble se dégager de la pierre. Il s'agit d'une brève inscription gravée sur la margelle d'un puits : « RÉSISTER ». Le mot clef délivré par le musée du Désert.

★ **La grotte de Trabuc :** à 2 km au nord du musée du Désert. Du 1er juillet au 10 septembre, ouverte de 9 h 30 à 18 h 30 sans interruption ; du 15 mars au 30 juin et du 11 septembre au 15 octobre, ouverte de 9 h 30 à 12 h et de 14 h à 18 h 30 ; du 16 octobre au 30 novembre, ouverte le dimanche après-midi et tous les jours sur rendez-vous par lettre. Renseignements : ☎ 04-66-85-03-28. Entrée : 40 F.

Après le voyage au cœur de la conscience huguenote, le voyage au centre de la terre. Pour éviter la foule en été, allez-y de préférence le matin. 1 h de visite sous la conduite d'un guide : 1 200 m de parcours. Trabuc est surnommée la grotte aux 100 000 soldats à cause de cette mystérieuse salle souterraine couverte d'une forêt de concrétions dont l'origine n'est toujours pas établie scientifiquement. Mais tout est énigme et merveille dans ce périple : la salle du Lac de Minuit, les « gours », les aragonites noires, la salle du Gong, le pont du Diable, les Cascades rouges...

Idée rando

– **Sur les traces de Stevenson :** 9 km... 3 h 30 aller et retour sans les arrêts. Le magnifique panorama du col et du signal de Saint-Pierre couvre une partie des Cévennes. Des ondulations bleutées qui se perdent vers la vallée Française et la vallée Borgne, le mont Lozère et le mont Aigoual. Le Ventoux se dessine à l'horizon, quand le vent a fini de balayer les dernières brumes flottant sur le pays des camisards.

De Saint-Jean-du-Gard, prendre la direction de Saint-André-de-Valborgne par la D907. Parking au bord du Gardon avant le hameau Pied-de-Côte. Balisage : bleu, blanc, bleu et jaune. Attention, de bonnes dénivelées. Réf. : *Les plus belles balades autour de Nîmes,* éd. du Pélican. *Le chemin de Stevenson,* éd. FFRP. Carte : IGN 1/25 000 2740 ET.

Au hameau *Pied-de-Côte,* suivre le balisage bleu pour monter de 300 m environ au *Saint-Pierre* (596 m). Prendre la direction de l'*Afténadou* sur la droite. Parmi les châtaigniers et les bruyères, l'itinéraire s'élève, offrant peu à peu de très belles perspectives au-dessus des cyprès et des mûriers. De la magnanerie, le chemin se poursuit par l'ancienne *draille de l'Afténadou,* ou chemin de transhumance. Le sentier tranche le quartz et le schiste du rocher, pour arriver au col sur la *corniche des Cévennes.* Une ancienne borne royale marque ici les limites entre le Gard et la Lozère. À quelques mètres, la table d'orientation du *Signal* indique toutes les vallées cévenoles qui s'étendent du mont Aigoual au Ventoux. Un régal pour les yeux. La descente se fait du col par le *sentier du Cabriérous* balisé de bleu et blanc. Une piste forestière ombragée après le mas d'Euzière et celui du Prat redescend à Pied-de-Côte. Vous comprendrez alors que ce dernier porte bien son nom !

LASALLE (30460)

Des prairies et des vergers au fond de la vallée, des versants plantés de châtaigniers, des hameaux de granit éparpillés et de beaux châteaux noyés dans la verdure : nous sommes ici dans la petite Suisse des Cévennes. Ville étirée le long d'une rue de 1,7 km, Lasalle fut très tôt convertie au protestantisme. Très jolie route jusqu'à Sumène par les villages de Colognac, merveilleusement situé sur un replat, et Saint-Roman-de-Codières. Dans les années 70, cette région retirée attirait de nombreux partisans du retour à la terre. On y voyait beaucoup de hippies barbus vivant en communauté, cultivant des lopins de terre, élevant des chèvres ou pratiquant l'artisanat. Le rêve a duré quelques années. Et puis chacun est rentré chez soi, dans la grande ville...

Adresse utile

■ *Mairie :* ☎ 04-66-85-20-34. Pour toute information.

Où dormir ? Où manger ?

⌂ *Camping Le Val de Salendrinque :* les Plaines, sur la route de Saint-Hippolyte-du-Fort (la D39). ☎ 04-66-85-24-57. Fax : 04-66-85-41-50. Ouvert de mi-mars à mi-novembre. Un 2 étoiles bien équipé, bien ombragé et pas très cher. Bain de minuit dans la Salendrinque avec les castors. Restauration également en juillet et août.

⌂ ⏺ *Hôtel-restaurant Les Camisards :* 51, rue de la Croix. ☎ 04-66-85-20-50. Fermé de mi-novembre à début avril. Une bonne adresse dans les Cévennes. Une vingtaine de chambres entre 180 et 250 F la double avec salle de bains. Fait aussi restaurant : cuisine et cadre régionaux. Menus à 67, 98 et 110 F.

À faire aux environs

– *Centre de tourisme équestre de Vabres :* à 4,5 km à l'est de Lasalle, au hameau de Vabres. ☎ 04-66-85-28-77. Ce centre, tenu par Bernard Jemma, ami fidèle du *G.D.R.,* organise des promenades à cheval de 1 h à 3 h, et des randonnées de 1 à 6 jours pour les cavaliers plus confirmés. Au cœur des Cévennes verdoyantes, la propriété de 13 ha abrite aussi 2 *gîtes ruraux* aménagés dans des maisons cévenoles bien équipées. Location à la semaine ou au week-end. Un seul inconvénient : les mouches, nombreuses en été.

LA VALLÉE BORGNE

Au pied de la corniche des Cévennes, côté sud, cette longue vallée où coule le gardon de Saint-Jean est une sorte de cul-de-sac grandiose, ponctué de hameaux traditionnels, de petits cimetières huguenots, et de vieux châteaux nichés dans les châtaigniers. Une très jolie route au départ de Saint-Jean-du-Gard passe par L'Estréchure et Saumane puis par Saint-André-de-Valborgne, perdu au fond de sa vallée. Pourquoi borgne, au fait ? Peut-être à cause de ce cul-de-sac géographique... Dans tous les cas, ce n'est pas parce que la vallée est dite borgne qu'elle vous privera de vos deux yeux : le site est admirable.

★ *SAINT-ANDRÉ-DE-VALBORGNE (30940)*

Niché au fond de la vallée, à 25 km de Saint-Jean-du-Gard, voici encore un beau village ancien avec ses maisons construites sur les quais bordant le Gardon. Église romane du XIIIe siècle et temple protestant d'inspiration Empire qui semble disproportionné par rapport à l'importance du village. Un endroit fort sympa en arrière-saison. Autour de Saint-André-de-Valborgne, plusieurs vieux châteaux : le Barbuts (privé), style grosse ferme fortifiée, celui de Nogaret (privé), sur l'ancienne route royale du Pompidou, et le château de Follaquier, sur la route des Vannels (D907).

Où dormir ?

▲ *Camping à la ferme :* chez Jean Blanc, le Barbuts, à 2 km à l'est de Saint-André. ☎ 04-66-60-30-17. Ouvert en juillet et août. 10 emplacements dans une jolie prairie mi-ombragée, avec douches et w.-c.

À faire

– Superbe route de montagne jusqu'au *col du Marquairès,* puis redescente au hameau des Rousses dans la vallée du Tarnon.
– Pour rejoindre la *corniche des Cévennes,* il faut monter au Pompidou par la D61, qui offre de superbes échappées sur la vallée Borgne.

LA VALLÉE FRANÇAISE

Voilà le cœur des Cévennes : la Cévenne des Cévennes que traversa Stevenson, accompagné de Modestine, en octobre 1878. « Jamais site ne m'avait procuré une jouissance plus profonde... entre les branches mon regard embrassait tout un amphithéâtre de montagnes ensoleillées, couvertes de feuillage », note dans son journal l'auteur de *L'Île au trésor.* Dans cette région impénétrable, enclavée dans ses montagnes, les paysages sont encore bien préservés. Lignes ondulantes des *serres* (collines, monts) et monde secret des *valats* (vallons). Sur les versants, l'homme a laissé sa marque et les traces de son activité : les *bancels* – terrasses aménagées pour la culture des oliviers, de la vigne et des mûriers – s'ordonnent encore autour des hameaux de schiste, reliés aux crêtes par des *drailles,* les vieux chemins caillouteux des Cévennes. Les troupeaux de moutons empruntaient ces drailles pour monter aux pâturages d'estive afin d'y passer toute la belle saison.
Aujourd'hui, on peut découvrir de près ce milieu naturel en cheminant sur le sentier GR67 qui fait le tour des Cévennes. Sur le plan historique, là aussi, beaucoup de témoins de la guerre des camisards. Quant au nom – vallée Française –, on prétend qu'il remonterait à l'époque où les Wisigoths occupaient le sud des Cévennes tandis que les Francs se cantonnaient dans leur vallée reculée... Mais ce n'est qu'une hypothèse.
Notre itinéraire de découverte commence à Saint-Jean-du-Gard où l'on emprunte la route D983 au nord.

★ *LE MARTINET (30960)*

À 1,5 km avant Saint-Étienne-Vallée-Française. Un beau site encore, au confluent du gardon de Sainte-Croix et du gardon de Mialet.

★ *SAINT-ÉTIENNE-VALLÉE-FRANÇAISE (48330)*

Où dormir ? Où manger ?

🛏 |●| *Ferme-château de Marouls :* vieille maison de schiste aménagée en gîte d'étape pour les randonneurs. ☎ 04-66-45-75-30. Fax : 04-66-45-72-28. Fermée de début décembre à fin février. 2 dortoirs de 15 lits. 50 F la nuitée. Dîner avec produits maison ; cuisine traditionnelle à 70 F (vin compris). Très beau site. Organise également des randos à dos d'âne (voir ci-dessous).

🛏 *Camping Le Martinet :* ☎ 04-66-45-74-88.

À faire

– *Randonnées avec un âne :* location d'un âne à partir de 400 F pour 2 jours et jusqu'à 1 200 F la semaine (un âne convient à une famille de 4 personnes). Se renseigner auprès de la *ferme-château de Marouls* (voir « Où dormir ? Où manger ? »).

★ *NOTRE-DAME-DE-VALFRANCESQUE*

Très belle église du XIᵉ siècle, située 3 km avant d'arriver au village de Sainte-Croix-Vallée-Française, après les ruines du château de Moissac. Aujourd'hui, c'est un temple protestant. Selon la légende, l'église aurait été édifiée en hommage à Roland. Le zélé serviteur et néanmoins neveu de Charlemagne fut vainqueur en ce lieu des Sarrasins. Sa fière Durandal l'y aida, on s'en doute. Plus tard, il devait tomber plus au sud, dans les Pyrénées. Mais ceci est une autre histoire.

★ *SAINTE-CROIX-VALLÉE-FRANÇAISE (48110)*

Village patiné par le temps, aux maisons de schiste groupées autour d'un château du XVIᵉ siècle, qui abrite l'école et la mairie. En janvier 1989, on a beaucoup parlé de ce coin perdu des Cévennes (302 habitants), quand on y a installé une très moderne station-service automatisée ouverte jour et nuit !

Où manger ?

|●| *Restaurant L'Oultre :* ☎ 04-66-44-70-29. Fermé le mardi, ainsi que de la Toussaint à Pâques. Dans l'ambiance décontractée d'un décor rustique, un couple de néo-Cévenols concocte quelques bons petits plats à prix sages (menus de 75 à 140 F). Une bonne adresse pour ceux qui aiment les produits frais de terroir dits « biologiques ».

★ *PONT-RAVAGERS (48110)*

Ne pas manquer d'y visiter le petit musée de pays installé dans une ancienne boutique de forgeron. Il y a aussi un point d'information du parc.

★ *MOLEZON (48110)*

Entre Barre-des-Cévennes et Sainte-Croix-Vallée-Française. Beau château du Mazel du XVIIe siècle, non loin de la tour de la Canourque. Haute de 15 m, celle-ci faisait partie d'un système de défense contre les incursions anglaises au XIVe siècle.

Où dormir ? Où manger ?

🏠 ı●ı *Chambres d'hôte de la Devèze :* entre Molezon et Sainte-Croix-Vallée-Française. ☎ 04-66-44-74-41. Ouvert toute l'année sur réservation. À la sortie de Ravagers, prendre avant le pont à droite. Dans un petit château, style grosse ferme fortifiée, situé à 4 km environ de Pont-Ravagers, dans un vallon bien tranquille au nord de la vallée Fran-çaise. Une de nos bonnes adresses dans la région. Seulement 3 chambres (avec lavabo), mais quel cadre ! Compter 145 F, petit déjeuner compris. Demi-pension obligatoire : 205 F pour 1 personne, 280 F pour 2 personnes. Fait aussi table d'hôte (formule à 60 F avec les produits de la ferme).

À voir

★ *La magnanerie de la Roque :* ☎ 04-66-49-53-01 (hors saison) ou 04-66-45-11-77 (juillet et août). Ouverte de Pâques à la Toussaint les samedi, dimanche ou « ponts » de Pâques à fin juin ; à la Toussaint et le 11 novembre ; de fin juin à la 1re semaine de septembre, tous les jours sauf le mardi. Horaires : de 10 h à 13 h et de 14 h à 18 h. Dans cette ancienne magnanerie, maquettes, topos, photos, enregistrements sonores vous apprennent tout sur l'histoire et la technique de la sériciculture (l'élevage, pardon, l'éducation du vers à soie car ces délicates petites bêtes ne s'élèvent pas mais s'éduquent). Une activité essentielle pour les Cévennes du XVIIe siècle jusqu'au début du nôtre. Intéressant.

SAINT-GERMAIN-DE-CALBERTE (48370)

Au creux d'un vallon bien abrité, aux confins de la vallée Française et de la vallée Longue, ce village cévenol jouit d'un microclimat. Chênes verts, pins maritimes et châtaigniers se côtoient sur les pentes des montagnes de la Vieille Morte et du mont Mars, deux toponymes qui en disent long sur l'imaginaire de ce pays. Stevenson y fit escale et décrivit le village « qui s'étage en terrasses sur une pente escarpée parmi les châtaigniers majestueux ».

Adresse utile

🄸 *Office du tourisme :* à la mairie en été. ☎ 04-66-45-90-06.

Un peu d'histoire

Urbain V, pape cévenol, fidèle à son pays, lui fit des cadeaux. Mende, Bédouès et Saint-Germain en profitèrent. Il y créa un *studium,* sorte d'école préparatoire pour les prétendants à l'entrée dans les universités d'Avignon et de Montpellier. Le pape enrichit considérablement l'église de la ville. Mais rien n'y fit, et la Réforme s'appliqua. Toute la population se convertit.

En 1686, l'abbé du Chayla vint s'installer ici pour reconquérir les Cévennes « impies ». Il y créa un séminaire. Saint-Germain devint la « Rome des Cévennes » selon la formule de Stevenson. Le titre échut quelques années plus tard à Saint-Étienne-Vallée-Française. Le 24 juillet 1702, son assassinat mit le feu aux poudres et déclencha la guerre des camisards. Il est enterré dans « son » église.

Durant la Seconde Guerre mondiale, les habitants de Saint-Germain accomplirent un acte des plus héroïques. Toute la population avec, à sa tête, les patrons de l'*hôtel Martin*, le pasteur et l'instituteur sauvèrent 25 juifs des griffes odieuses des nazis. Quatre de ces héros reçurent de l'État d'Israël la médaille des Justes des Nations, la plus haute distinction accordée par cet État à des personnes ayant sauvé des juifs en Europe pendant l'occupation allemande. Ils eurent le courage de prendre des risques énormes simplement pour que d'autres puissent vivre leur religion, leurs croyances librement dans un respect mutuel. Un exemple à méditer car 50 ans après, il y en a qui ont un peu oublié cela !

Où dormir ? Où manger dans le coin ?

🏠 *Camping La Garde :* un peu à l'écart du village (10 mn à pied mais ça grimpe). ☎ 04-66-45-94-82. Fax : 04-66-45-95-18. Ouvert du 15 avril à fin septembre. Mignon petit camping récent de 35 emplacements en espaliers, avec piscine, buvette et barbecue. Baignade en rivière à 400 m, animation « ânes » pour les enfants.

🏠 |●| *Gîte du Pont de Burgen :* chez Mme Donnet, au Pont-de-Burgen ; à 4 km en direction de Saint-Étienne-Vallée-Française, sur le GR67A, 48330 Saint-Étienne-Vallée-Française. ☎ 04-66-45-73-94. Fermé du 1er décembre à fin février. Attention : ouvert uniquement aux randonneurs pédestres. Propose des chambres, un coin-cuisine et des douches. 21 places (50 F la nuit). Possibilité de repas. Cadre enchanteur, hameau typique, rivière.

🏠 |●| *Hôtel-restaurant Le Petit Calbertois, gîte du Serre de la Can :* relais équestre et pédestre, situé au bord d'une variante du GR67, à l'ouest du village sur une petite montagne boisée. ☎ 04-66-45-93-58. Fax : 04-66-45-91-36. Fermé en janvier. Ensemble de locations d'aspect moderne. Chambres doubles à 214 F. C'est également un bon restaurant (menus à 75, 90 et 120 F).

🏠 |●| *Gîte et auberge des Ayres :* une des meilleures adresses dans le genre sympa. ☎ 04-66-45-90-95. Ouverts toute l'année. Pour aller au hameau des Ayres, à 11 km au nord de Saint-Germain, prendre la route qui monte à Saint-André-de-Lancize. À 1,5 km après ce village, tourner à droite en direction du col de Pendédis. Le hameau est à 1,5 km environ de ce carrefour. Dominique Imbert, éleveur de moutons, connaît les Cévennes sur le bout des doigts. C'est un passionné de nature. 2 dortoirs de 4 et 10 personnes (50 F la nuitée). L'*auberge Larguier* (☎ 04-66-45-90-26), en face du gîte, est aussi à l'image de toute cette région et de ce hameau typiquement cévenol, perché sur une crête, qui domine un paysage époustouflant. Mme Larguier y sert un bon petit déjeuner et des repas midi et soir à 75 F. Autre menu à 130 F (sur réservation). Le soir, à l'étape, vous pourrez échanger vos impressions avec les randonneurs qui font le tour des Cévennes par le GR67.

🏠 |●| *Hôtel Lou Raiol :* à 12 km à l'est de Saint-Germain, au col de Pendédis. On y monte par la D13 au départ du village. ☎ 04-66-45-52-02. Fax : 04-66-45-42-09. Ouvert toute l'année. M. et Mme Daudé proposent 11 chambres doubles à 200 F. Petit déjeuner : 25 F. La vue est superbe sur toutes les Cévennes. Menus à 70, 94 et 130 F. Cuisine familiale (cuisses de grenouilles, coq au vin, truite...). Bon rapport qualité-prix.

▲ I●I *Gîtes et chambres d'hôte Lou Pradel :* chez Jean et Nicole Bechard. ☎ et fax : 04-66-45-92-46. À Saint-Germain, prendre la D13 vers Les Ayres et continuer jusqu'à la maison. 10 km au total. Un bout du monde (mais il y en a partout dans les Cévennes) tenu par des « néo-Cévenols » tombés amoureux de la montagne, il y a quelques années déjà. Leur maison est accueillante et comblera les fondus de nature. 2 gîtes de 6 places (50 F la nuit et 25 F le petit déjeuner) et 3 chambres d'hôte bien agréables. 260 F pour deux. Repas à 75 F (sur réservation). Une adresse qu'on aime vraiment beaucoup, d'autant que Nicole fait une confiture de châtaignes divine ! 10 % de réduction hors saison sur présentation du guide si l'on séjourne plus de 2 nuits.

▲ I●I *Chambres d'hôte chez Mme Sabine Lamy :* à Vernet, à 10 km au nord de Saint-Germain-de-Calberte. ☎ 04-66-45-91-94. Fax : 04-66-45-93-36. De Saint-Germain-de-Calberte, prendre la D984 direction Florac ou Saint-André-de-Lancize ; à 7 km prendre le chemin à gauche ; Vernet est à 3 km de là. À la ferme mais dans un bâtiment indépendant, 4 chambres avec sanitaires privés à 225 F pour deux, petit déjeuner compris. Certaines chambres peuvent accueillir 3, 4 ou 5 personnes. Coin-cuisine à disposition le midi ; le soir, cuisine de Sabine à 75 F le repas complet. Légumes du jardin et mouton de la ferme. Demi-pension obligatoire en juillet et août : 200 F par personne. 10 % de réduction pour nos lecteurs sur le prix de la chambre, sauf en haute saison et pendant les vacances scolaires.

À voir

★ *Le château Saint-Pierre :* sur la route de Pendédis. À 1 km à l'est du village, prendre au pont du Gardon un sentier pédestre qui mène au château. ☎ 04-66-45-90-30. Ouvert du 1er juillet au 30 août. De cet ancien bastion féodal, il reste une tour-donjon à meurtrières et un logis où la famille Daruasse vit depuis 30 ans. Irène, Daniel et leurs enfants restaurent patiemment les lieux. L'été, exposition de bijoux.

À faire

– *Promenade à pied : sentier des rocs de Galta.* Petite randonnée en boucle de 5 km (moins de 2 h) au départ du serre de la Can, au-dessus de Saint-Germain. Ce sentier balisé par le parc national des Cévennes vous mène sur la crête entre les deux vallées.

– *La route Saint-Germain-de-Calberte à Barre-des-Cévennes :* à faire absolument, les paysages traversés sont superbes. L'avantage, c'est que l'on peut rejoindre ensuite la corniche des Cévennes puis descendre à Florac.

– *Le plan de Fontmort :* c'est le nom de ce col (896 m) situé à 14 km à l'ouest de Saint-Germain-de-Calberte. Un monument commémore l'édit de tolérance (1787) qui autorisa la religion protestante en France : geste symbolique deux ans avant la Révolution française. Autour du col, on peut se promener dans la forêt domaniale de Fontmort, peuplée de pins sylvestres, d'épicéas, de hêtres et de bouleaux. On y voit aussi quelques chênes rouges d'Amérique, récemment introduits. Une partie de ce massif est classée « zone interdite à la chasse » ; tant mieux, on n'aime pas les chasseurs.

N'ont qu'à chasser avec une caméra, un stylo ou faire autre chose que tirer sur des pauv'bêtes. Na !

LA CORNICHE DES CÉVENNES

Elle est signalée en grands caractères sur votre carte I.G.N. ou sur la Michelin. Pour vous dire que ce n'est pas nul comme endroit. Au contraire : ce serait plutôt le genre corniche enchantée au-dessus des vallées infinies. Pratiquement, elle relie par une belle route de crête Saint-Jean-du-Gard à Florac, centre du parc national des Cévennes. À ne pas manquer. En outre la route est large, bien revêtue, légèrement tortueuse, mais sans mauvaises surprises. On traverse tous les types de paysage : basse vallée, forêt, châtaigneraie et, plus haut, le causse, grand plateau désolé d'une austère beauté qui nous a bien plu.
Notre itinéraire commence à Saint-Jean-du-Gard et conduit à Florac, bien que la corniche s'arrête grosso modo près de Saint-Laurent-de-Trèves. Au total : 53 km. Quoi qu'il en soit, nous nous sommes attardés.

★ *Le col de Saint-Pierre :* à environ 9 km de Saint-Jean-du-Gard. Il marque la limite entre le Gard et la Lozère. Du sommet, on a une vue magnifique, surtout par beau temps. L'endroit avait tellement plu à Stevenson (encore lui, mais on le retrouve partout en Cévennes) qu'il décida d'y passer une nuit à la belle étoile.

★ *Le col de l'Exil :* encore un nom de lieu marqué par le sens du tragique. Vous remarquerez que ce pays a beaucoup de toponymes graves (col de l'Homme-Mort, montagne de la Vieille Morte...). D'ailleurs, la corniche des Cévennes était une voie stratégique pendant la guerre des camisards.

★ *Saint-Roman-de-Tousque (48110) :* petit village charmant sur la crête dominant les vallées Borgne et Française.

★ *Le Pompidou (48110) :* on verra un Chirac du côté de Marvejols (Lozère), voici Pompidou. Mais notre défunt président de la République n'est pas originaire de la région. Fait partie de ces beaux villages du bout du monde où l'histoire semble parfois s'être arrêtée. Et pourtant, en y passant, on se dit tous un jour : mais oui, c'est ici qu'il faudrait que je me retire pour écrire le roman dont l'action... Bref, Le Pompidou, c'est un coin sympa à la frontière des Cévennes schisteuses et du plateau calcaire.
À 1 km au nord, charmante petite église Saint-Flour (XIIIe siècle).
🛈 Petit *bureau d'informations touristiques* en été.

★ *L'Hospitalet :* on est maintenant sur le can de l'Hospitalet, nom donné à ce haut plateau aux herbes jaunes, parsemé de rochers, creusé d'avens et de cavités souterraines, parcouru de drailles et de chemins bordés de muretins de pierre. Curieuse impression : c'est la steppe battue par les vents d'hiver ! Par temps de neige, autrefois, les voyageurs égarés étaient guidés par ces grandes pierres taillées (Montjoies) que l'on voit encore de nos jours le long des chemins. À la ferme, on faisait sonner la cloche spéciale des jours de brume ou de tempête. Un monde à part. Presque les grands Causses. Sentier pédestre balisé par le parc.

★ *Barre-des-Cévennes (48400) :* bâti sur le versant sud d'un lambeau de causse appelé Castelas, ce beau village abrité du vent du nord est situé à 3 km de la route de la corniche des Cévennes. Son plan général est celui d'un long village-rue, bordé de maisons à l'architecture traditionnelle. Vous remarquerez notamment, dans la rue principale, des demeures des XVIIe et XVIIIe siècles, plus hautes que larges, dotées de petits jardins construits en terrasses, pour économiser l'espace. Ne pas manquer l'*église Notre-Dame-de-l'Assomption*. Située au-dessus du village, elle date du XIIe siècle et fut remaniée à l'époque gothique, à la Renaissance et au XIXᵉ siècle. Le mélange est étonnant mais magnifique.

Il faut flâner dans ce village et découvrir ses environs immédiats par un sentier d'observation aménagé par le parc national des Cévennes.

■ *Bureau d'information du parc :* en été seulement, sur la place de la Loue, à l'entrée du village.

🛏 |●| *Gîte d'étape et camping :* chez Mme Combes. ☎ 04-66-45-05-28. Ouvert toute l'année. Aire naturelle de camping dans un beau site, avec une vue superbe. Repas à la ferme sur réservation pour 86 F (repas randonneurs), ou 100 F avec les spécialités. Accueil à la ferme possible (chambres avec douche et w.-c. ; 56 F par personne, 26 F le petit déjeuner avec des confitures maison).

★ *Saint-Laurent-de-Trèves (48400) :* dans ce minuscule village accroché au rebord du causse, surplombant la vallée du Tarnon, vous avez rendez-vous avec les dinosaures. Un site, classé monument historique, permet de découvrir près de 22 empreintes laissées par eux dans ce sédiment argileux il y a 190 millions d'années. À cette époque (début du jurassique), des lagunes peu profondes, selon les paléontologues, s'étendaient dans la région. Il s'agit d'empreintes de dinosaures théropodes « à pattes de fauve », carnivores, bipèdes et hauts d'environ 4 m. Au fait, savez-vous que c'est un savant anglais qui créa le mot « dinosaure » en 1841 à partir du grec « deinos » (terrible) et « sauros » (lézard) ? Ces « lézards terribles » pouvaient mesurer 30 m de long et peser 100 t comme le brachiosaure. Par comparaison, l'éléphant – 4 m de haut pour 7 t – ressemble à un insecte ! Malgré leur gigantisme, ces grosses bestioles ont fini par disparaître de la surface de la terre. Pourquoi ? Selon une hypothèse, les dinosaures auraient souffert d'un dérèglement hormonal qui aurait provoqué un durcissement anormal de la coquille de leurs œufs. Les jeunes seraient morts en grand nombre, ne parvenant plus à briser leur œuf natal. Mais pour la majorité des scientifiques, c'est l'écrasement d'un astéroïde sur la planète Terre qui serait à l'origine de leur disparition. En effet, le ciel obscurci pendant de longs mois aurait empêché la croissance normale des végétaux.

🛏 |●| *Gîte d'étape de l'Hospitalet :* chez M. Pin, 48400 Florac. ☎ 04-66-44-01-60. Fermé du 25 décembre au 1ᵉʳ mars. En hiver, nécessité de réserver. Une vingtaine de places pour les randonneurs, avec douche et coin-cuisine. Fait aussi table d'hôte.

LE VIGAN (30120) ET LE PAYS VIGANAIS

« Ici, c'est la Cévenne méditerranéenne, un coin cool, ensoleillé et sans neige », nous a assuré un jeune du pays. C'est vrai, Le Vigan n'a rien d'une bourgade austère ou ennuyeuse. C'est là le terroir de la fameuse reinette dite « du Vigan », une pomme dorée à souhait ! Versants de montagnes naguère couverts de vignes et d'oliviers, toits de tuile, murmure des fontaines sous les tilleuls, pastis et jeux de boule, accent du Midi. Ajoutez à cela 70 associations (sur une population totale d'à peine 5 000 habitants). C'est peut-être l'une des rares villes du Gard où tous les habitants peuvent boire au robinet de l'eau de source à longueur d'année, même en période de sécheresse. Ici, l'eau est une fête et une légende. Chaque année, pendant la 1ᵉ semaine d'août, les fêtes d'Isis sont le moment fort de l'animation. Mais que vient faire la déesse de l'Égypte ancienne dans ce vallon des Cévennes ? La légende raconte qu'une prêtresse du temple de Diane à Nîmes, nommée Isis, venait herboriser dans les montagnes autour de l'Espérou. Avec ses compagnes, elle y cueillait des plantes sacrées puis descendait se baigner, au pays d'Arisitensis, dans une source qui porte aujourd'hui son nom.

Dans cette ville de tradition huguenote, c'est une surprise de découvrir une statue de Coluche dans le jardin de la Caisse d'Épargne ! Bref, au Vigan il y a quelque chose dans l'air et dans les esprits qui nous a bien plu. Salut les potes !

Adresse utile

▣ *Office du tourisme du Vigan et du pays Viganais :* à la Maison de pays, place du Marché, dans le centre. ☎ 04-67-81-01-72. Fax : 04-67-81-86-79. En juillet et août, ouvert tous les jours sauf le dimanche après-midi, de 8 h 30 à 12 h 30 et de 13 h 30 à 19 h ; le reste de l'année, du lundi au samedi de 9 h à 12 h 30 et de 14 h à 18 h. Bien documenté. Liste des hôtels, campings, chambres d'hôte et des nombreuses possibilités de randonnées dans le massif de l'Aigoual. S'occupe également de toutes réservations.

Où dormir ? Où manger au Vigan ?

⌂ *Gîte du Vigan :* rue de la Carriérasse. ☎ 04-67-81-01-71 (M. Ducros). Dans une maison de ville du centre. Dortoir de 12 lits, cuisine à disposition. Bon marché : 39 F la nuit. À l'étage, des gîtes communaux à la semaine (1 500 F pour 4 personnes).

⌂ *Hôtel du Commerce :* 26, rue des Barris. ☎ 04-67-81-03-28. Fax : 04-67-81-86-79. Petit hôtel très simple avec jardin, terrasse et parking. De 130 à 180 F la double. Propose aussi une chambre à 80 F pour une personne. Cet *hôtel du Commerce* est une adresse bien cool.

|●| *Brasserie d'Assas :* place d'Assas ou 2, rue de la Boucherie. ☎ 04-67-81-06-51. Fermée le dimanche d'octobre à juin. Dans le centre, à côté de la Maison de pays. Le plat du jour est bon et pas cher (40 F).

|●| *Le Jardin :* 8, rue du Four. ☎ 04-67-81-28-96. Fermé le lundi midi, et de mi-septembre à début octobre. Dans le centre-ville, un restaurant bien agréable en salle comme en terrasse, et qui s'intitule aussi cave à vins : le fait est qu'on y trouve force vins de pays, AOC régionaux qu'on peut prendre au verre, en pichet ou à la bouteille. Mais pourquoi ne pas commencer par un *rinquiquin,* apéritif local à la pêche (15 F) ? Premier menu à 78 F très très bien : terrine tiède de râbles de lapin aux abricots (une délicieuse trouvaille), magret de canard au jus de veau corsé, puis une généreuse soupe de pêche et melon. Si vous préférez le poisson, un menu « aquarius » vous attend (95 F). Autre menu à 120 F. Service aimable et doux. Certainement la bonne table qui manquait au Vigan.

Camping

⌂ *Camping Le Val de l'Arre :* route de Ganges. ☎ 04-67-81-02-77. Fax : 04-67-81-71-23. Fermé d'octobre à avril. Un camping bien équipé (piscine, animations), ombragé et en bord de rivière.

Où dormir ? Où manger aux environs ?

⌂ |●| *Gîte d'étape du GR60 :* Claude Vivier, Cap-de-Côte, 30120 Le Vigan. ☎ 04-67-81-94-47. Ouvert de fin mars à mi-septembre aux randonneurs pédestres et équestres, ainsi qu'aux cyclotouristes. Gîte situé sur la route D329 qui va de Mandagout à L'Espérou. 27 places réparties en 2 chambres. Douche et coin-cuisine. La nuitée dans une grande chambre : 40 F. Repas d'hôte : 50 F.

▲ |●| *Auberge Cocagne :* place du Château, à Avèze ; à 2 km au sud du Vigan, en direction de Montdardier. ☎ 04-67-81-02-70. Fax : 04-67-81-07-67. Fermée du 1er décembre à début février. À l'ombre du château Montcalm qui fut la propriété du fameux général-marquis de Montcalm, mort en 1759 en défendant Québec contre les Anglais. *Cocagne* signifie « chance » dans le sud de la France. On ne pouvait trouver mieux pour baptiser cette sympathique auberge de campagne, abritée sous son bouquet d'arbres. Dans cette maison de 400 ans d'âge, aux murs épais et aux volets rouges, des chambres assez confortables, toutes différentes : entre 160 et 250 F la double. Les propriétaires, M. et Mme Welker, anciens routards, organisent des expos en saison. Ici la cuisine est familiale, provinciale, copieuse et à base de produits « bio » fournis par les agriculteurs du coin. Et les prix raisonnables : de 68 à 168 F le menu ; café ou digestif offert à nos lecteurs. En été, la demi-pension est obligatoire (220 F par personne). Profitez de la terrasse pour prendre les repas.

▲ |●| *Auberge La Borie :* à Mandagout, à 10 km au-dessus du Vigan. ☎ 04-67-81-06-03. Fax : 04-67-81-71-14. Fermée en janvier et février. Voilà enfin ce qu'on cherchait depuis longtemps : un vieux mas cévenole, sur le versant ensoleillé d'une montagne, avec une piscine et des prix sages. Bref : le coup de cœur pour *La Borie !* Mais les bonnes adresses comme celle-là se méritent. Il faut d'abord la dénicher. Pas facile. Du Vigan, prendre la route de Mandagout (D170). À 9 km, tourner à droite vers Mandagout. Passer le village, puis continuer vers Saint-André-de-Majencoules. Là, un chemin en pente sur la gauche monte (en 250 m) à l'auberge. Ouf ! La vue est époustouflante : une sorte de montagne à châtaignes,

comme dans la Castagniccia corse, sous un ciel bleu à l'infini. Silence et calme assurés. Les aubergistes sont très affables. Élisabeth et Jean-François Roche (un Breton de Rennes) proposent une dizaine de chambres bien arrangées, dans de vieux murs de pierre : doubles de 120 F (lavabo) à 265 F (douche et w.-c.). Demandez la n° 8, 9 ou 10, dans d'anciennes caves voûtées, fraîches en été. Demi-pension obligatoire en juillet et août, de 190 à 260 F par personne. Cuisine familiale, uniquement à partir des produits locaux. Menus de 70 à 140 F. Dieu que l'on se sent bien !

▲ |●| *Le Mas Quayrol :* 30120 Aulas ; à 5 km au nord-ouest. ☎ 04-67-81-12-38. Fax : 04-67-81-23-84. Fermé de janvier au 20 mars. Du Vigan, prendre la D48 direction L'Esperou-Mont-Aigoual ; traverser Aulas, prendre ensuite à gauche (c'est fléché) et monter environ 1 km. Une adresse qui se mérite ! Accroché au flanc de la montagne, *Le Mas Quayrol* offre une vue extraordinaire sur la vallée de l'Arre. Ici, on respire les Cévennes à plein nez, dans un cadre unique et un calme absolu. L'établissement a été construit patiemment pendant vingt ans dans le respect de l'architecture locale et dispose de 16 chambres rustiques et confortables, de 280 à 375 F la double (réduction de 10 % sur présentation du *Routard*). Au restaurant, beau choix de menus de 95 à 235 F avec des spécialités comme le foie gras mi-cuit ou poêlé, la grillade de bœuf et son ragoût d'escargots, les fonds d'artichaut à la crème de cèpes et morilles. Un lieu de séjour idéal entre les gorges du Tarn et les sommets de l'Aigoual (1 567 m) pour routards un brin mystiques.

▲ |●| *Le Revel :* 30120 Rogues ; à une petite quinzaine de kilomètres au sud du Vigan, par la D48. ☎ et fax : 04-67-81-50-89. Non loin du cirque de Navacelles (à voir !). Cadre idéalement calme et naturel. Dans un grand mas, des chambres collectives de 3 à 5 lits et des chambres d'hôte pour 2 ou 3 personnes (230 F pour un couple, 280 F pour 3). Petit déjeuner non compris (25 F). Res-

tauration possible (menu à 80 F). Atmosphère très reposante.

â *Chambres d'hôte et camping à
la ferme :* chez Mme Aimé Dupont,
hameau des Plans, 30120 Bréau-et-
Salagosse. À environ 4 km à l'ouest
du Vigan, en allant vers le village de
Bréau-et-Salagosse. ☎ 04-67-81-
04-47. Un coin bien ombragé pour
les campeurs, et des chambres
simples, familiales, tenues par une
dame très aimable. Prix raisonnables : 200 F pour deux, petit déjeuner compris.

À voir

★ *La place du Quai :* ombragée de tilleuls, c'est le centre de l'animation.
Belle fontaine du XVIIIe siècle où coule l'eau de la source d'Isis.

★ *Le Musée cévenol :* 1, rue des Calquières ; tout près d'un très beau pont
roman. ☎ 04-67-81-06-86. Ouvert du 1er avril au 31 octobre, tous les jours
sauf mardi, de 10 h à 12 h et de 14 h à 18 h. Tous les métiers et les traditions
populaires des Cévennes méridionales et du pays Viganais. Une salle est
consacrée à l'écrivain et académicien André Chamson, qui passa sa jeunesse au Vigan et dont l'œuvre est en partie inspirée des Cévennes.

★ *Les vieux hôtels particuliers :* l'hôtel Daudet d'Alzon, avenue Emma-
nuel-d'Alzon, l'hôtel d'Assas (XVIIe siècle), aujourd'hui maison de repos
Saint-Vincent, sur le boulevard des Châtaigniers (quel beau nom pour un
boulevard !).

★ *Les statues :* il y en a trois à voir. Parmi celles-ci, ne manquez surtout
pas celle de Coluche ! Elle se trouve dans le jardin de la Caisse d'Épargne
(ancien hôtel de Ginestous). Unique en France, elle a été sculptée par Christian Zénéré qui l'avait offerte au maire de la petite commune de Provence où
Coluche s'était tué. Celui-ci ayant refusé la statue, le maire du Vigan la
demanda pour sa ville. C'est ainsi que Coluche vint au Vigan. Salut les enfoi-
rés !

BALADE ENTRE CAUSSE ET CÉVENNES

Petit circuit au départ de Meyrueis à travers le causse Noir, les gorges du
Trévézel, les montagnes et les forêts du versant occidental du mont Aigoual.
Superbe variété de paysages résumant assez bien la Lozère. Compter environ 80 km, par des routes vraiment superbes. Une approche en douceur
avant de plonger dans les Cévennes. À moins que vous n'en veniez !

★ LANUÉJOLS (30750)

À ne pas confondre avec l'autre Lanuéjols, dans la région de Mende. Ce
Lanuéjols-ci est un petit village adorablement niché dans un creux du causse
Noir. Une jolie route y mène.

Où dormir ? Où manger ?

â |●| *Hôtel-restaurant du Bel
Air :* ☎ 04-67-82-72-78. Fax : 04-
67-82-73-42. Petit hôtel de village,
2 étoiles, avec des chambres
simples et sans prétention à des prix
très sages : autour de 200 F la double.
Petit restaurant où l'on se régale ron-
dement. Menus de 70 à 150 F.

– Superbe *route D47* pour Trèves.

★ *TRÈVES (30750)*

Un de nos villages préférés dans cette magnifique région entre Causse et Cévennes, à l'écart des foules des gorges du Tarn. En venant de Lanuéjols, la petite route sinue sur le flanc de la montagne, dominant la vallée du Trévézel et les toits (mi-tuile, mi-ardoise) de Trèves. Dans ce bout du monde, on se sent bien. La petite place, le murmure de la fontaine, quelques arbres pour causer, l'épicerie, le café et des ruelles bien calmes autour de l'église. De Trèves, prendre la route D47 qui monte au col de la Pierre-Plantée. À la sortie du village, dans un tournant à gauche, vous verrez une vieille grange à foin réaménagée en petite maison secondaire. En 1973, nous y avions couché sur un tas de paille le temps d'une nuit. Aujourd'hui, la grange s'est embourgeoisée. Autre temps, autres mœurs, à l'image des Cévennes, qui se sont ouvertes au tourisme vert.

★ *LES GORGES DU TRÉVÉZEL*

Une petite route étroite traverse en les longeant ces gorges dont le nom rappelle un toponyme breton bien connu, le roc Trévézel. Mais, selon les spécialistes, les deux mots auraient des origines bien différentes. Paysage superbe et possibilité de rejoindre l'arboretum de la Foux par une route encore plus étroite, qui monte jusqu'à la D986 sur le plateau.

★ *DOURBIES (30750)*

Encore un autre bout du monde, au pied de la mystérieuse montagne du Lingas. On est ici en terre catholique. Région de pâturages et de gorges sauvages. Quelques toits de chaume dans les prés rocailleux. De Dourbies, un long sentier balisé par le symbole du parc, le chevreuil, vous permet de découvrir la région au nord de Dourbies. Comptez environ 20 km et 7 h de marche sportive. Paysage de sous-bois (chênes et hêtres) et haut plateau granitique.

Où dormir ? Où manger ?

📍 |●| *Auberge de Dourbies :* ☎ 04-66-88-77-67. Ouverte en juillet et août ; le reste de l'année, le week-end sur réservation. Chambres bon marché, toutes simples, à partir de 160 F la double. Cuisine régionale et familiale. Spécialités d'écrevisses. Plat du jour à 45 F.

À faire

– De Dourbies, rejoindre *L'Espérou* (voir « Aux environs du mont Aigoual) », sur le flanc ouest de l'Aigoual, en passant par les hameaux de *Laupiès* et *Laupiettes,* terroir des troupeaux de brebis et de bovins (depuis quelques années). Très belle vue sur le versant nord de la montagne du Lingas.

LE MONT AIGOUAL

Enfant, j'ai trouvé dans cette montagne, dans ce haut massif de l'Aigoual, ce que d'autres enfants demandent aux récits d'aventures, aux histoires

> *guerrières : la présence d'un monde héroïque et fabuleux et cette première justification de la vie qui, pour les hommes ou pour les peuples, ne peut être faite que par la légende.*

André Chamson, *Les Quatre Éléments.*

On peut le considérer comme une sorte de montagne sacrée des Cévennes. Une vue à vous couper le souffle : la Méditerranée au lointain, le mont Ventoux, les Alpes. « Cette coupole d'herbe rase », comme disait André Chamson dont la tombe se trouve sur l'un des versants de l'Aigoual.

Nous y sommes venus une nuit de septembre : il a fallu s'agripper au bastingage de l'observatoire pour ne pas être happé par les rafales de vent ! On se croyait à la pointe du Raz un jour de tempête. Fichtre ! Quel sommet ! On dit que le vent peut souffler à 250 km/h certains jours. On est à 1 565 m d'altitude, et la Méditerranée n'est qu'à 70 km d'ici. D'ailleurs, ce soir-là, avec nos amis de Meyrueis, on aurait pu toucher du doigt le chapelet de lumières formé le long de la côte par les phares et les ports, de Sète à Marseille.

L'Aigoual, promontoire sublime, boussole des nuages et des eaux : d'un côté, les rivières qui dévalent vers le Bassin méditerranéen, de l'autre celles qui vont à l'Atlantique après s'être jetées dans le Tarn puis dans la Garonne. Curieuse impression que de penser à cela ici, car l'Océan nous a semblé tellement lointain. C'est que l'Aigoual a gardé un je-ne-sais-quoi de la magie primitive des hauts lieux.

Adresses utiles

■ *Station météo :* ☎ 08-36-68-02-30. Pour s'informer sur le temps.
■ *Observatoire météo du mont Aigoual :* ☎ 04-67-82-60-01. D'ici, on peut attraper les nuages à la main. Visite du *musée Météo France* du 1ᵉʳ juin au 30 septembre, de 10 h à 19 h. Passionnant et gratuit. Accueil vraiment convivial.

â *Gîte communal de l'Observatoire de l'Aigoual :* ☎ 04-67-82-62-78. Ouvert de mai à octobre. 34 places. Situé sur le GR66 - Tour de l'Aigoual.

Comment y arriver ?

– *Par L'Espérou :* le village le plus proche du mont Aigoual (ravitaillement, hôtels, restos...). À 9 km au sud. La route du Vigan et celle de Valleraugue y passent.
– *Par Le Vigan :* c'est une superbe route qui inspira André Chamson. Comptez une quarantaine de kilomètres du Vigan à l'Aigoual.
– *Par Meyrueis :* une autre possibilité. Il y a en fait deux routes au départ de cette petite ville. La D986 qui passe par Camprieu et le col de Sereyrède. Environ 32 km. Nous préférons la route D18 qu'on rejoint au col de Perjuret, au pied du causse Méjean. Environ 26 km.
– *Par Valleraugue :* assez difficile pour les cyclotouristes à cause de la pente accrue de la D986.

Que faire là-haut ?

– Respirer à fond.
– Se promener dans une très belle nature.

SENTIER DE PETITE RANDONNÉE

Balisé par le parc, ce n'est pas un GR mais un circuit de 1 km autour du sommet. Départ de l'observatoire de l'Aigoual. L'intérêt de cette balade est de vous permettre de découvrir les trois flancs d'un même lieu : sud, est et nord. Surnommé le « sentier des Botanistes », ce circuit traverse les pelouses d'altitude, puis pénètre dans l'arboretum de « l'Hort de Dieu » avant de passer sur le versant est, moins desséché que le sud. Enfin, on chemine sur le versant nord, froid et venteux, peuplé de hêtres et de sapins, contrairement au flanc sud planté de pins, de sapins et d'épicéas. Aucune difficulté sur le parcours.

SENTIER GR66 : LE TOUR DE L'AIGOUAL

L'Aigoual est traversé par plusieurs sentiers de grande randonnée : le GR6 Alpes-Océan, le GR7 Vosges-Pyrénées. Le GR66 permet de faire une boucle d'une semaine à pied autour du massif. On part généralement de L'Espérou. On traverse le plateau du Lingas au sud. Par le pic Saint-Guiral on gagne Dourbies, Meyrueis, puis on remonte à l'est vers Cabrillac, la maison forestière d'Aire-de-Côte. De là, on grimpe au sommet du mont Aigoual et, ensuite, redescende à L'Espérou par le col de Sereyrède. Environ 79 km au total. Il existe un topoguide sur cette balade. 4 gîtes d'étape jalonnent votre parcours :

🏠 *Gîte de Dourbies :* Mme Lydie Sanch, 30750 Dourbies. Ou l'*Auberge de Dourbies :* ☎ 04-67-82-74-82. Ouverte en juillet et août.

🏠 *Gîte des Hirondelles :* M. Poujols, les Ayres, 48150 Meyrueis ; à 500 m du centre de Meyrueis. ☎ 04-66-45-62-73. Ouvert d'avril à début octobre. 20 places, douches, coin-cuisine. Environ 45 F la nuit.

🏠 *Gîte de Cabrillac :* association Cévennes-Languedoc, M. Issartel, 30190 Sauzet. ☎ 04-66-81-62-64. Gîte : ☎ 04-66-45-62-21. Ouvert en juillet et août. Compter 30 F la nuit.

🏠 ▐●▌ *Gîte de l'Aire de Côte :* Mme Garcia, Aire de Côte, 48400 Bassurels. ☎ 04-66-44-70-47. Fermé de novembre à mars. 50 places et un petit dortoir pour 4 personnes. Horaires assez stricts. 125 F la demi-pension.

Aux environs

★ L'ESPÉROU (30570)

À 9 km au sud. Pas vraiment un village comme les autres. Mais plutôt une station d'altitude, entourée de forêts profondes et d'alpages, à 1 250 m. Vous noterez le nom qui figure sur une petite plaque bleue posée sur un mur : « carrefour des Hommes de la Route », en hommage à l'un des romans d'André Chamson, publié en 1927 et dont l'action se situe près du col du Minier et dans la région de L'Espérou. Aujourd'hui, les hommes de la route ce sont les routards en somme... Il n'y a pas un grand choix pour se loger, hélas. Mieux vaut, à notre avis, dormir à Meyrueis.

Où dormir ? Où manger ?

🏠 ▐●▌ *Hôtel-restaurant Le Touring :* ☎ 04-67-82-60-04. Fax : 04-67-82-65-09. Fermé les dimanche soir et lundi hors saison, ainsi qu'en

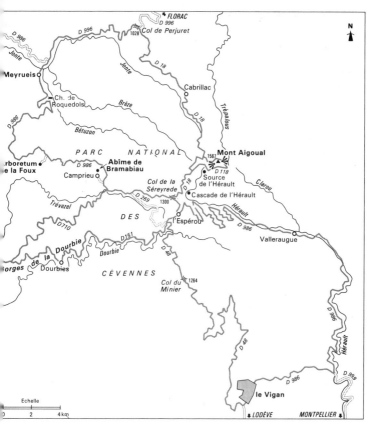

LE MONT AIGOUAL (PARC DES CÉVENNES)

novembre et décembre. Grande maison sans charme à côté de la chapelle de L'Espérou, comptant 8 chambres proprettes avec TV, douche ou bains. Style « Monsieur Hulot en vacances dans les Cévennes ». Une adresse qui peut bien vous dépanner. 220 F la chambre double avec douche et w.-c., 250 F avec bains, w.-c. et TV. Petit déjeuner : 30 F. Petit menu à 55 F le midi sauf le dimanche. Petit menu familial à 70 F le soir.

Manifestation

– **Fête de la Transhumance :** aux alentours du 15 juin. Le passage par le village de L'Espérou des troupeaux de brebis qui rejoignent les hauts pâturages est l'occasion d'une belle fête. Buvettes, animations, démonstrations du travail du chien de berger, tonte et stands de produits locaux : laine, bien sûr, mais aussi miel, charcuteries ou artisanat. Très bien.

★ *VALLERAUGUE (30570)*

Au fond de la vallée où coule l'Hérault, on trouve des coteaux aux pentes abruptes, aménagés par des générations de Cévenols. *Faïsses* ou *bancels* (terrasses en patois local), canaux et réserve d'eau, partout on reconnaît la main de l'homme, qui cultive ici l'oignon doux. La *raïolette,* comme on l'appelle ici, ne ressemble en rien aux autres oignons. Si l'on ose une comparaison audacieuse, elle est à l'oignon ce que le piment d'Espelette est aux autres piments.

Valleraugue constitue donc une bonne étape avant d'entreprendre l'ascension de l'Aigoual. La route est sinueuse mais vraiment exceptionnelle. Un sentier, dit des 4 000 Marches, permet de grimper du village au sommet de l'Aigoual dans les châtaigniers, les landes, les bruyères et les hêtres. On termine dans les conifères. Somptueux ! Il faut quand même compter 5 h et 1 227 m de dénivelée. Sachez que chaque année au mois de juin, quelques allumés participent à une course mais pas en descente. Vive le sport !

Où dormir ? Où manger ?

â ◖◗ *Hôtel-restaurant Le Petit Luxembourg :* rue du Luxembourg. ☎ 04-67-82-20-44. Fax : 04-67-82-24-66. Fermé les dimanche soir et lundi hors saison, ainsi que de mi-décembre à mi-janvier. Une de nos bonnes adresses autour de l'Aigoual. Ce 2 étoiles est d'un bon rapport qualité-prix : chambres doubles entre 220 et 270 F. Petit déjeuner en plus. Le patron, Bernard Taligrot, est d'abord un chef de cuisine et un professionnel de l'hôtellerie. Bonnes spécialités cévenoles que l'on déguste sous les voûtes de pierre de la salle du restaurant. Premier menu à 80 F.

Où dormir ? Où manger aux environs ?

Chic

â ◖◗ *Château du Rey :* à 1 km de Pont-d'Hérault, sur la route du Vigan. ☎ 04-67-82-40-06. Fax : 04-67-82-47-79. Fermé en janvier et février. Un très vieux château du XIIIe siècle, avec créneaux et mâchicoulis, au sein d'un parc de 2 ha. Chambres au confort très contemporain, de 348 à 498 F (une suite à 655 F). Très beau rapport qualité-prix. Si vous avez un chien, c'est 38 F de plus (sacré Médor !). Petit déjeuner à 48 F. Demi-pension de 327 à 402 F. Resto dans l'ancienne bergerie. Menus de 109 à 210 F ou carte. Piscine.

★ *CAMPRIEU (30750)*

Modeste village situé à une quinzaine de kilomètres à l'ouest du mont Aigoual, sur un plateau calcaire bordé par des versants reboisés. L'écrivain Jean Carrière, prix Goncourt 1972 pour *L'Épervier de Maheux,* considère Camprieu comme l'un des plus beaux villages des Cévennes... On le comprend bien quand on sait qu'il y habite presque à longueur d'année. Pourtant on en connaît de bien plus typés que celui-là. Le paysage, en revanche, est superbe aux alentours.

C'est au bord de la route D986 que nous avons trouvé le Bonheur. Eh oui ! Il s'agit d'une rivière baptisée ainsi. Elle prend sa source du côté de L'Espérou puis rejoint le Trévezel, lui-même affluent de la Dourbie, qui à son tour se jette dans le Tarn. Le Tarn qui mêle ses eaux à celles de la Garonne, grand fleuve du Sud-Ouest qui finit dans l'Atlantique. Quelle aventure, le Bonheur ! Difficile d'avoir l'humeur morose quand on voit cette pancarte juste avant le petit pont.

Le Bonheur a une histoire qui nous a bien plu. Vers l'an mille, un féodal du pays, le baron de Roquefeuil, âme chevaleresque et bienfaitrice, édifia un « hôpital des pauvres » sur la montagne de L'Espérou, terroir déjà surnommé le Bonheur, pour accueillir les voyageurs, les pèlerins, les pauvres colporteurs, les marchands ambulants. Les nuits de brouillard, un homme sonnait une grande cloche de 4 quintaux afin de les guider dans la tourmente. Les loups étaient nombreux à l'époque. Le chemin s'appelait d'ailleurs la draille du Parc aux Loups. Des moines hospitaliers y fondèrent ensuite un monastère, connu au XIIe siècle sous le nom de Boni Hominis, puis Bona Aura (Bon Accueil), enfin Bonahuc et de là Bonheur... Grâce au baron philanthrope, de nombreux « routards » de l'époque furent ainsi sauvés de la neige et du désespoir...

Où dormir ? Où manger ?

🏠 ◉ *L'Auberge du Bonheur :* ☎ 04-67-82-60-65. Fax : 04-67-82-65-52. Fermée le dimanche soir et le lundi hors saison, ainsi qu'en janvier. À 1 km de l'abîme de Bramabiau. Dans le village même, non loin de l'église. Un petit hôtel de 16 chambres, simple et propre, qui fait aussi restaurant. Avec un nom aussi enchanteur, les prix aussi sont heureux : de 150 à 190 F la chambre double, et petit menu bien sympathique à partir de 65 F, genre cuisine familiale.

🏠 ◉ *Gîte d'étape Au Bord du Lac :* relais pédestre. ☎ 04-67-82-61-20. Fax : 04-67-82-63-11. Ouvert de janvier à novembre. 30 places en dortoir, à 50 F la nuit. Menus à partir de 70 F.

★ *L'ABÎME DE BRAMABIAU*

À environ 1 km de Camprieu. ☎ 04-67-82-60-78. Visite guidée du 1er avril à novembre ; de 9 h à 19 h du 15 juin au 15 septembre, de 9 h à 17 h pendant l'horaire d'hiver, et de 9 h à 18 h au printemps et en début d'automne. Entrée payante. Ce n'est pas une grotte mais une résurgence du Bonheur (encore lui) qui réapparaît au grand jour après un périple souterrain de 689 m. Cette grande cascade fait un tel vacarme contre le rocher que les gens d'ici la baptisèrent : le bœuf qui brame, *brame biou* en patois local. D'où son nom actuel, Bramabiau.

Départ de la visite à la maison des Guides (petit café sympa). À pied, on met 10 mn pour gagner la grande salle au-dessus de la cascade. De nombreuses découvertes préhistoriques et des traces de dinosaures ont donné un intérêt scientifique à l'abîme. Une promenade sympa de 45 mn.

LE MONT LOZÈRE

Bien que j'eusse longtemps attendu ce moment, je fus tout à fait surpris lorsque enfin mes regards découvrirent l'horizon par-delà le sommet. Je fis un pas qui ne semblait pas plus décisif que tant d'autres qui l'avaient précédé, et « comme l'intrépide Cortés, quand avec ses yeux d'aigle, il regarda le Pacifique », je pus croire que j'allais prendre possession d'un nouveau monde.

Stevenson, *Voyage avec un âne dans les Cévennes.*

LES CÉVENNES

C'est en hiver qu'il faudrait admirer cette grande dame à l'austère beauté, géante de granit endormie sous ses herbages jaunis, usée par des siècles de vent et de pluie. 1 700 m à son sommet ! En hiver, ses flancs sont tout blancs et les rares hameaux habités semblent surnager péniblement au-dessus de cette mer de neige. Venez ici un jour de tempête, quand les rafales de vent font hurler les clochers de « tourmente ». Ce lointain mugissement dans la brume envoûte le voyageur. Mais naguère il servait à guider ses pas et lui signaler l'existence d'un village proche où il trouverait un refuge pour la nuit.

Car la majesté de ces grands espaces infinis du mont Lozère cache aussi ses pièges, ses dangers et ses fantômes. Ainsi ces deux institutrices mortes dans une tempête de neige en regagnant leur poste ou ces deux moines trouvés morts de froid et d'épuisement en janvier 1984 près du hameau des Laubies.

Dès le mois de mai, la montagne change de visage, se couvrant de genêts comme une lointaine Bretagne. Les skieurs de fond oubliés, voici les randonneurs qui se lancent dans le tour du mont Lozère par le GR68.

Les hameaux se dessinent dans le paysage : îlots de vie repliés sous d'épais murs de granit. Et puis soudain des silhouettes dressées jaillissent dans cette immensité vide : un champ de menhirs ! Sur la Cham des Bondons, à plus de 1 000 m d'altitude, il y en a près de 150 éparpillés. Le deuxième site mégalithique de France. À l'instar de l'Aigoual, son rival méridional, le mont Lozère est le royaume des sources. Une ribambelle de ruisseaux y prennent naissance. Le Tarn est là, non loin du col de Finiels, mais aussi tous les inconnus du mont Lozère aux noms chantants : le Finialette, le Galadet, le Bramon, le Malpertus, le ruisseau de Mère l'Aygue, les ruisseaux de Gourdouse, de Rieumalet. Quant au Lot et à l'Allier, ils prennent leurs sources en face du mont Lozère, sur les pentes de la montagne du Goulet.

Un peu d'histoire

Le mont Lozère, grande barre granitique, a toujours marqué une limite entre deux mondes : frontière entre le pays franc et le pays wisigoth au début de l'histoire de France, entre le royaume de France (au nord) et le comté de Toulouse (au sud), et, depuis la Réforme, frontière spirituelle entre le Gévaudan catholique et la Cévenne protestante.

Du XIIe siècle à la Révolution française, le mont Lozère et ses hautes terres étaient sous la juridiction de l'ordre de Malte, issu de la chevalerie médiévale, qui levait des impôts, percevait des droits de passage sur les transhumants. Leur vaste domaine, le Cap Francès (5 000 ha), était balisé par de nombreuses bornes et ces rochers gravés d'une croix de Malte que l'on découvre aujourd'hui au hasard de la promenade.

De nos jours, la seule ressource agricole du massif ce sont les pâturages d'estive et l'élevage des bovins. Les troupeaux de moutons, hier très nombreux, ne jouent plus le rôle économique d'antan.

LE TOUR DU MONT LOZÈRE À PIED

Compter 110 km environ et une semaine en suivant toutes les étapes du GR68 balisé en blanc et rouge. Ce très beau circuit pédestre permet de faire le tour du massif étendu sur plus de 30 km d'est en ouest. Habituellement, le voyage commence à Villefort par les pentes du versant nord, Le Bleymard, Bagnols-les-Bains. Puis on passe le col de la Loubière, on traverse les étendues dénudées de La Fage et on descend à Florac par la crête calcaire de l'Eschino d'Ase (quel nom exotique !). De là, le sentier quitte le mont Lozère pour grimper sur le sommet de la montagne du Bougès au sud, d'où l'on découvre l'ensemble du mont Lozère. Par la variante GR72 on traverse les vieux hameaux de Mas-Camargues, Bellecoste, Mas-de-la-Barque. Enfin, c'est le retour à Villefort par le flanc oriental.

Où dormir ? Où manger ?

Plusieurs gîtes d'étape sur le trajet : il est préférable de téléphoner à l'avance.

▲ *Gîte de Villefort :* Mme Salce, Les Sédariès, 48800 Villefort. ☎ 04-66-46-84-33. Fax : 04-66-46-89-66. Ferme rustique restaurée. 37 F la nuit.

▲ *Gîte d'Auriac :* Mme Paris, Auriac, 48190 Saint-Julien-du-Tournel. ☎ 04-66-47-64-72.

▲ I●I *Gîte de La Fage :* Mme Madeleine Meyrueix, La Fage, 48000 Saint-Étienne-du-Valdonnez. ☎ 04-66-48-05-36. Fermé du 15 novembre à Pâques, et pas de repas le dimanche. On peut y dormir dans la grange pour 10 F la nuit. L'hébergement le moins cher du Languedoc-Roussillon ! Madeleine Meyrueix fait aussi chambre et table d'hôte (petit déjeuner, souper), à condition de prévenir à l'avance. Compter 250 F pour une chambre double avec salle de bains et w.-c. Elle fait de délicieux yaourts et des confitures maison. On peut aussi acheter du lait frais de vache aux heures de la traite, c'est-à-dire tous les soirs, toute l'année. Table d'hôte à 63 F : cochonnaille maison, soupe paysanne, fameux lait « bourru » et yaourts « au lait de nos vaches », meuh ! Gîte d'étape également, 50 F la nuit. Un lieu à ne pas oublier.

▲ *Gîtes d'étape de Florac :* nous en parlons au chapitre consacré à cette ville.

▲ *Gîte du col de la Croix de Berthel :* Mme Dubois, auberge des Bastides, 48220 Saint-Maurice-de-Ventalon. ☎ 04-66-45-82-80.

▲ *Gîte de Génolhac :* à la Maison de pays, 30450 Génolhac. ☎ 04-66-61-18-32.

▲ I●I *Sur le mont Lozère :* hors GR68, mais sur le GR7. *Chalet-hôtel du Mont Lozère :* M. Pagès, 48190 Cubières. Voir « Le col de Finiels » dans le chapitre « Circuit de découverte du mont Lozère ».

Sentiers de petite randonnée (en boucles)

Le parc en a balisé 7, qui sont de belles promenades sur le mont Lozère, à différents endroits. Vous trouverez tous les détails dans le petit guide (très bien fait) écrit par Michelle Sabatier, intitulé *Parc national des Cévennes n° 7,* aux éditions Glénat.

– *La Loubière :* sentier de 8,5 km (3 h) ; départ au col de la Loubière.

– *Malavieille :* sentier de 8 km (3 h) ; départ au Mazel du Bleymard.

– *Pic Finiels :* sentier de 9 km (3 h) ; départ du chalet du Mont-Lozère (station de ski).

– *Mallevrière :* sentier de 7,5 km (3 h) ; départ au-dessus de Finiels, près de l'ancienne colonie de vacances.

– *Les Rouvières :* sentier de 5,2 km (2 h) ; départ près de l'*auberge des Bastides,* non loin du col de la Croix de Berthel.

– *Gourdouse :* sentier de 5 km (3 h) ; départ de Vialas, à 9 km sud de Génolhac.

– *Les Bouzèdes et Malmontet :* sentier de 30 km (7 h) ; départ de l'ancienne gendarmerie des Bouzèdes, au-dessus de Génolhac ou du col de l'Ancize (Malmontet).

LE PONT-DE-MONTVERT (48220)

Petit bourg en granit, très typé, avec beaucoup de charme et de caractère, au creux de la vallée du haut Tarn. À 21 km à l'est de Florac, par une très belle route. On y croise jeunes et vieux randonneurs aux joues roses et aux chaussettes en laine épaisse. Les routards préféreront y venir hors saison, comme partout d'ailleurs. Atmosphère intime et chaleureuse dans ces vieilles baraques aux murs épais comme des forteresses...
Un joli pont d'allure gothique, doté d'une tour à horloge, enjambe le Tarn qui, à cet endroit-là, ressemble à un gros ruisseau de montagne.
Un mot d'histoire : c'est au Pont-de-Montvert, le 24 juillet 1702, que fut tué l'abbé du Chayla, archiprêtre des Cévennes et inspecteur des Missions pour la région. Après avoir été un martyr chrétien en Chine, il devint le persécuteur des protestants. Les camisards, menés par Esprit Séguier, prirent d'assaut sa maison, l'incendièrent en récitant des psaumes, capturèrent l'abbé, puis abandonnèrent son cadavre percé de 52 coups de couteau. Les rebelles délivrèrent les prisonniers qu'il avait enfermés et torturés dans sa maison. Cette nuit tragique déclencha la véritable guerre des camisards dans les Cévennes.

Adresse utile

◻ *Office du tourisme :* au centre du bourg, rive droite du Tarn. ☎ 04-66-45-81-94. En juillet et août, ouvert tous les jours ; hors saison, tous les matins sauf le dimanche.

Où dormir ? Où manger ?

▲ |●| *La Truite Enchantée :* hôtel-restaurant situé au bord de la route qui traverse le village. ☎ 04-66-45-80-03. Fermé de mi-décembre à mi-mars. *La Truite Enchantée !* Quel nom sympa ! Habile mélange d'un quintette de Schubert et d'un célébrissime opéra mozartien. Tenue par Corinne et Edgar, cette bonne maison familiale affiche des prix très sages : 8 chambres spacieuses et claires à 140 F (avec douche ; w.-c. à l'extérieur), récemment rénovées ; préférer celles donnant sur le Tarn. 250 F en demi-pension. Bonne petite cuisine, copieuse et régionale, de 65 à 145 F (plus gastronomique). Le 17 juillet (Sainte-Charlotte), concours de charlottes. À vos fourneaux ! Une bonne étape qu'il vaut mieux réserver.

Où dormir sur le mont Lozère ?

Nos adresses préférées se trouvent sur le versant sud (ensoleillé) du massif.

Gîtes ruraux
Attention, ces gîtes se louent généralement à la semaine. Prix plus élevés en été que hors saison.

▲ À Champlong-de-Lozère, un petit hameau à 1 200 m d'altitude, situé à 4 km environ du Pont-de-Montvert sur la route de Finiels : un *gîte* pour

5 personnes dans une maison basse en pierre du pays. Autour de 1 980 F la semaine en juillet et août, 1 200 F hors saison. Location par le *Relais des Gîtes de France* à Mende (☎ 04-66-48-48-48).

🔺 Au Merlet : une grosse *ferme* en granit accrochée au versant sud du mont Lozère, dans un paysage superbe. ☎ 04-66-45-82-92. Fax : 04-66-45-80-78. Pas facile de trouver ce petit nid tranquille situé à 8 km à l'est du Pont-de-Montvert. Prendre d'abord la route de Génolhac. À 5,5 km, juste avant un pont, tourner à gauche vers Masméjean, puis immédiatement à gauche encore : ce chemin conduit au hameau, 2,5 km plus loin. « Berger des abeilles » fort sympathique, Philippe Galzin connaît la région comme sa poche. Il loue 3 gîtes, aménagés pour 2 à 6 personnes (de 1 200 à 2 900 F la semaine selon le gîte et la saison), et quelques chambres d'hôte. Il faut compter 230 F pour une personne en demi-pension. Il y a aussi un hébergement en dortoir pour les randonneurs, 180 F en demi-pension (GR72 à proximité). Possibilité de prendre les repas en commun et d'acheter des produits fermiers. Ne manquez pas le jus de pomme maison ! Les Galzin organisent aussi des veillées au coin du feu. Un merveilleux bout du monde !

Où manger sur le mont Lozère ?

|●| *Auberge des Laubies :* à 17 km au nord-ouest du Pont-de-Montvert, au hameau des Laubies (Saint-Étienne-du-Valdonnez), un peu à l'écart de la route du col de Montmirat. ☎ 04-66-48-01-25 (Mme Romain). Fermé de la Toussaint à Pâques (restaurant fermé du 1er décembre au 1er mars). Encore une excellente adresse, perdue dans la montagne. Dans un hameau isolé, sur le haut plateau du mont Lozère, avec un paysage magnifique et dénudé aux alentours, l'auberge est tenue par une famille de Lozériens enracinés. Prix bon marché : 165 F la chambre double (lavabo), 155 F la demi-pension (obligatoire en juillet et août) et 190 F la pension complète ! Cuisine copieuse de terroir, pas chère. Surprenant rapport qualité-prix. Menus à 70 et 110 F. L'endroit idéal pour se changer les idées, méditer, rêver en plein air, pêcher ou marcher. Apéritif maison offert à nos lecteurs.

|●| *Chez Dédet :* à Masméjean, à 7 km à l'est de Pont-de-Montvert. Prendre la D998 direction Saint-Maurice-de-Ventalon, puis tourner à gauche à 5 km, juste avant un pont, direction Masméjean. ☎ 04-66-45-81-51. Fermé le mercredi et tous les soirs hors saison, ainsi qu'une semaine au printemps et en hiver (appelez pour savoir laquelle). Ah ! c'qu'on mange bien *Chez Dédet !* Le resto campagnard vrai de vrai, dans un vieux corps de ferme à grosses poutres, grosses pierres et gros âtre. Produits de la ferme (cochons, moutons et volailles de l'élevage familial) et du pays (escargots de la vallée, truites farios, champignons) et, en saison, sanglier ou lièvre tirés dans le coin. Portions « mahousses » : difficile de finir le menu à 110 F avec le trio de charcuteries maison (y'a bon !), la salade au cou de canard farci (hm !), les escargots aux herbes (miam !), le trou cévenol (gloups !), la viande du jour et sa garniture (par exemple, super filet mignon), le plateau de fromage (du pays, à volonté) puis le dessert (impeccable crème caramel aux œufs pondus du matin). Autres menus à 65 et 95 F. Gibier (lièvre, sanglier, chevreuil, biche, cerf) en saison. Une adresse authentique, pur terroir et pur porc, avec en prime un gentil service. Attention, n'accepte pas les cartes bancaires, et pensez à réserver, surtout l'hiver. Apéritif offert à nos lecteurs.

LES CÉVENNES

À voir au Pont-de-Montvert

★ *L'écomusée du mont Lozère :* Maison du mont Lozère, ferme de Troubat, ferme du Mas-Camargues et Mas-de-la-Barque composent cet écomusée. Quatre sites donc (voir ci-dessous), et un droit d'entrée commun (20 F). S'adresser à la Maison du mont Lozère.

★ *La Maison du mont Lozère :* ☎ 04-66-45-80-73. Du 1er juin au 30 septembre, ouverte de 10 h 30 à 12 h et de 14 h 30 à 18 h 30 ; du 1er octobre au 31 mai, seulement les jeudi, samedi, dimanche et pendant les vacances scolaires. Tout sur le mont Lozère à travers l'histoire, la géographie humaine, la nature, les arts et traditions populaires. Documentation du parc national des Cévennes et informations sur l'écomusée du mont Lozère.

Aux environs

Demandez plus de détails à la Maison du mont Lozère, notamment le chemin exact pour s'y rendre.

★ *La ferme de Troubat :* à environ 8 km à l'est du Pont-de-Montvert. Ouverte du 1er juin au 30 septembre, du samedi au mercredi de 10 h 30 à 12 h 30 et de 14 h 30 à 18 h 30. Fermée les jeudi et vendredi. Bien conservée. On y voit la grange-étable, le four à pain, le moulin, l'aire à battre le grain.

★ *La ferme du Mas-Camargues :* à 8 km environ au nord-est du Pont-de-Montvert, par une petite route carrossable. Ouverte tous les jours en été. Autour, un sentier d'observation du milieu permet de mieux comprendre l'environnement du versant sud. Deux parcours possibles (2,7 km ou 3,8 km, au choix).

★ *Le Mas-de-la-Barque :* situé encore plus loin que le Mas-Camargues, au bout du chemin (qu'emprunte aussi le GR72). On y accède plus facilement de Génolhac ou Villefort. Endroit superbe. On est ici dans la partie boisée du mont Lozère (résineux, hêtres, sapins).

★ *Les hameaux de Villeneuve, l'Hôpital et Bellecoste :* ils se suivent sur cette petite route vicinale étroite qui mène au Mas-Camargues. Partir du Pont-de-Montvert. C'est indiqué. Les hameaux sont typiques de l'architecture du pays.

CIRCUIT DE DÉCOUVERTE DU MONT LOZÈRE

À faire en voiture au départ du Pont-de-Montvert. Une magnifique balade sur la montagne des sources. Comptez une journée, en vous arrêtant pour manger en route et en prenant votre temps.

★ *Le col de Finiels :* 1 541 m d'altitude. Plusieurs chemins de randonnée vers le sommet de Finiels (1 700 m) ou vers les sources du Tarn (à l'est).

🛏 |●| *Le chalet du Mont-Lozère :* l'escale de tous les randonneurs de la région, sur le chemin de Stevenson. Gîte d'étape. ☎ 04-66-48-62-84. Fax : 04-66-48-63-51. Fermé le mardi hors saison et du 15 octobre au 25 décembre. Hôtel situé sur la ligne de partage des eaux à 1 420 m d'altitude (le plus haut du département). Petite station de ski. Vous aurez le choix entre le panier repas (de 35 à 45 F) si vous partez en randonnée ou à ski et les délicieuses spécialités rustiques. Prix montagnards (menus de 80 à 180 F). On peut dormir dans des chambres au confort tout campagnard. Attention, demi-pension obligatoire : 240 F par personne. Petit menu spécial randonneur à 58 F (midi et soir).

★ *Le Mazel :* la route descend maintenant le versant nord du mont Lozère.

★ *Le Bleymard* (48190) *:* le gros ruisseau qui passe au village, c'est le Lot, qui prend sa source à quelques kilomètres d'ici, dans la montagne du Goulet.

🛏 |●| *Hôtel-restaurant La Remise :* au croisement de la D901 et de la D20. ☎ 04-66-48-65-80. Fax : 04-66-48-63-70. Le jeune repreneur de cet établissement veut bien faire. On y trouve donc des chambres bien tenues à 225 F avec douche et w.-c. et à 245 F avec bains, et une table qui se défend : menu du jour à 70 F, avec fromage et dessert ; menus suivants à 95 et 125 F. Cadre et déco un peu froids cependant.

🛏 |●| *Hôtel-restaurant Bargeton :* place de la Fontaine, 48190 Cubières (à 4 km à l'est du Bleymard). ☎ 04-66-48-62-54. Fermé en janvier. Une petite adresse légèrement en retrait de la D901, au cœur d'un charmant village. Chambres refaites récemment, à 170 F (sanitaires à l'étage) et de 180 à 200 F (avec douche et w.-c.). Au restaurant, un menu du jour à 60 F, et d'autres menus de 80 à 130 F. Des prix tranquilles et une honnête cuisine du terroir.

★ *Les hameaux aux « clochers de tourmente » :* entre Le Bleymard et Bagnols, à flanc de montagne, on peut découvrir ces « clochers de tourmente » qui servaient autrefois à guider les voyageurs égarés dans la brume : hameaux de *Serviès, Les Sagnes, Auriac* et *Oultet,* tous signalés sur la carte I.G.N. au 1/100 000, n° 354.

★ *Saint-Julien-du-Tournel* (48190) *:* village perché au-dessus d'un méandre du Lot. Belle église de schiste brun. Ruines d'un château du XIIe siècle sur un piton rocheux.

★ *Bagnols-les-Bains* (48190) *:* station thermale déjà connue des Romains. Petite ville tranquille, encore fréquentée par les curistes de nos jours (voir plus loin dans le chapitre sur la Lozère).

★ *Le vallon du Villaret :* ☎ 04-66-47-63-76. De Pâques au 15 septembre, ouvert tous les jours de 10 h à 19 h ; du 16 septembre à la fin des vacances de la Toussaint, tous les jours de 10 h à 18 h ; le reste de l'année, ouvert le week-end pendant les vacances scolaires, de 10 h à 18 h. Une balade en boucle de 2 km, entre arbres et rivière, jalonnée de ponts de cordes, chemins de branches, sculptures musicales, jeux d'eau, toboggan, trampoline, bref, un espace ludique et sensoriel qui plaira aux enfants comme aux grands. Compter une bonne heure, deux si vous voulez. Un peu cher cependant : 39 F ; et, si « les adultes ne paient pas plus cher que les enfants » (ouais, super !), on peut dire aussi que les enfants ne paient pas moins cher que les adultes (dur-dur !). Une sortie très sympa quand même. À mi-parcours, boutique, auberge et tour du XVIe siècle pour des expos d'art contemporain.

★ **Le col de la Loubière :** à 1 181 m d'altitude. On est sur l'ancienne route de Mende au Vivarais. La draille des troupeaux de transhumance vers la Margeride passait par ce col. Aux alentours s'étend la belle et grande forêt de la Loubière, résultat du reboisement mené depuis le début du siècle.

★ **Lanuéjols** (48000) : à ne pas confondre avec l'autre Lanuéjols dans le Gard (près de Trèves, sur le causse Noir). Un étrange monument à voir ici : le *mausolée* d'époque romaine, en contrebas de la D41. De la fin du IIIe siècle après J.-C., il est dédié à la mémoire des deux enfants de Lucius Julius Bassianus. Remarquer aussi la belle église du XIIe siècle. De Lanuéjols, prendre la route qui monte à Saint-Étienne-du-Valdonnez, rejoindre ensuite le col de Montmirat par la N106 (route Mende-Florac). De là, tourner à gaucher par la petite D35 qui traverse le versant sud-ouest du mont Lozère.

★ **Le hameau de La Fage :** signalé également sur la carte I.G.N. n° 354. Modeste village, sorte de bout du monde battu par les vents. Quelques maisons seulement, toutes dans l'architecture du pays avec leurs gros murs épais en granit. Là aussi, on trouve un « clocher de tourmente ». Quand on connaît la région en hiver, on comprend bien leur utilité...

🛏 |●| **Gîte d'étape chez Madeleine Meyrueix :** ☎ 04-66-48-05-36. On vous en a déjà parlé dans « Le tour du mont Lozère à pied ». On vous rappelle, *G.D.R.* oblige, que c'est ici que nous avons trouvé l'hébergement le moins cher du Languedoc-Roussillon : 10 F la nuit dans une grange à foin ! Également chambre et table d'hôte.

★ **La Cham des Bondons :** il s'agit du plateau des Bondons, immense paysage désolé dominé par quelques buttes témoins comme ces *puechs,* sortes de mamelons aux formes arrondies par l'érosion. On imagine ce coin désertique du mont Lozère noyé sous la brume. Au loin le « croaa » des corbeaux, le son des clarines des vaches, quelques rochers de granit, le champ de menhirs qui surgit de nulle part... étrange ambiance celtique. Notre coin préféré sur le mont Lozère. Pas d'arbres, un horizon infini, presque inquiétant. Pour voir le champ de menhirs, il faut laisser la voiture et se diriger à pied dans les prés vers Colobrières, où se tient le plus haut menhir du mont Lozère : un bloc de granit de 3 m de haut, dressé sur une crête et que l'on aperçoit de loin. Encore les Celtes !

|●| **Auberge des Bondons :** ☎ 04-66-45-18-53. Au hameau des Bondons, c'est le restaurant-bar-tabac. Produits de la ferme. Copieux menus à 72 et 98 F sur commande.

★ **Le hameau de Runes :** sur la petite D35, qui descend vers Le Pont-de-Montvert dans un paysage intact, superbe. Joli hameau à l'architecture traditionnelle. Notez que ce n'est qu'en 1996 que furent découvertes ici des inscriptions runiques. Le nom du hameau viendrait donc bien des runes, qui sont, rappelons-le, les caractères des plus anciens alphabets germaniques et scandinaves.

★ **Fraissinet-de-Lozère** (48220) : à 3 km après Runes, plus bas sur le versant de la montagne.
Retour au Pont-de-Montvert par la même route étroite.

FLORAC (48400)

Au pied de la corniche du causse Méjean, la ville occupe le fond d'une vallée encaissée où se rencontrent trois rivières – le Tarn, le Tarnon et la

Mimente – et un petit ruisseau, le Vibron, qui jaillit à la source du Pêcher et que l'on voit bien dans le centre de Florac. C'est aussi, comme disent les géologues, le lieu où se rencontrent les trois grandes roches métamorphiques : le granit du mont Lozère, le schiste des Cévennes, le calcaire du Causse.

Réputée selon Stevenson (qui y passa en 1878) pour « la beauté de ses femmes et pour avoir été l'une des capitales des camisards », cette petite sous-préfecture est aujourd'hui le siège du parc national des Cévennes. Celui-ci est installé au château où son centre d'information – fort bien présenté – vous fournira tous les renseignements nécessaires.

Depuis 1985, le parc national des Cévennes est classé comme réserve mondiale de la biosphère par l'Unesco. En effet, ce parc de 91 000 ha (zone protégée), situé à 80 % en Lozère, a pour objet la conservation des ressources naturelles existantes et l'enrichissement en nouvelles espèces animales comme végétales. Profitant d'une diversité climatique exceptionnelle (climat chaud et sec en été dans la vallée des Gardons, climat froid et humide au mont Lozère), le parc abrite plus de 150 espèces d'oiseaux et 1 200 espèces florales et possède à son actif la réintroduction du cerf, du castor, du grand tétras, sans oublier, bien sûr, le fameux vautour-fauve.

Enfin, pour ceux qui séjournent plus longtemps et veulent faire de la randonnée, le parc édite une série de *fiches thématiques* très pratiques : gîtes ruraux, gîtes d'étape, sentiers de randonnée, à cheval, canoë-kayak, cyclotourisme, chantiers de jeunes, la faune et la flore, menhirs et dolmens des Causses, architecture et paysage, vautour-fauve, castor, mouflon, sur les traces des dinosaures, découverte de la Cham des Bondons sur le mont Lozère, etc.

On y trouve tous les topoguides des GR6, GR7, GR66 Tour de l'Aigoual, GR67 Tour des Cévennes, GR68 Tour du mont Lozère.

Tous les conseils sur ces randonnées vous y seront donnés. *Attention :* le parc ne s'occupe pas de la réservation des nuitées dans les gîtes d'étape ni dans les gîtes ruraux. C'est à vous de téléphoner directement au propriétaire pour réserver ou de prendre contact avec l'office du tourisme de la Lozère, à Mende. Le parc ouvre en été 14 autres centres d'information dans sa zone d'intervention.

Adresses utiles

🔖 *Office du tourisme :* av. Jean-Monestier. ☎ 04-66-45-01-14. Dans la grande rue qui traverse la ville. En été, ouvert du lundi au samedi de 9 h à 13 h et de 14 h à 19 h, et le dimanche de 9 h à 13 h ; le reste de l'année, du lundi au vendredi de 9 h à 12 h et de 14 h à 17 h. Liste des hôtels, restaurants, campings, gîtes, ainsi que des loueurs saisonniers.

■ *Centre d'information du parc national des Cévennes :* château de Florac. ☎ 04-66-49-53-01. Fax : 04-66-49-53-02. Ouvert du lundi au vendredi de 9 h à 11 h 45 et de 14 h à 17 h 45 ; en juillet et août, tous les jours de 9 h à 19 h. C'est l'épicentre incontournable du parc. Situé au rez-de-chaussée du château. Documentation abondante et variée à l'accueil. Essayez de vous procurer la carte I.G.N. au 1/100 000 sur le parc des Cévennes et le guide touristique (illustré) qui est une bonne introduction générale au pays. Expositions, diaporama, librairie, salle vidéo, tout y est.

■ *Cévennes Évasion :* 5, place Boyer. ☎ 04-66-45-18-31. Loue des vélos tout-terrain à la demi-journée ou à la journée (70 et 110 F). Location également de canoës : plusieurs parcours au choix dans les gorges du Tarn, de 70 à 130 F par personne. Organise des randonnées accompagnées : spéléologie, escalade, balades à cheval.

Où dormir ? Où manger ?

Gîtes d'étape

≜ *Gîte d'étape communal :* rue du Four. ☎ 04-66-45-14-93 ou 04-66-45-00-53. Fax : 04-66-45-01-99. Fermé l'hiver. 29 lits en 3 dortoirs, à environ 45 F la nuit. Bien équipé : sanitaires, chauffage, cuisine.

≜ *Gîte d'étape :* ancien presbytère, chez M. Lagrave, 18, rue du Pêcher. ☎ 04-66-45-24-54. Ouvert du 1er mai au 31 octobre. 50 F la nuitée.

≜ I●I *Gîte d'étape Les Cévennes Buissonnières :* M. Serrano, Le Pont-du-Tarn (à 1 km au nord de Florac, route d'Ispagnac). ☎ et fax : 04-66-45-20-89. Sur réservation. Fermé en janvier et février. 45 F la nuit ; 50 F de plus en demi-pension. Possibilité d'associer séjour à la ferme et randonnée équestre.

Bon marché

≜ I●I *Hôtel-bar :* dans le centre de la ville. ☎ 04-66-45-11-19. Fax : 04-66-45-06-65. L'hôtel le moins cher de Florac. Le patron a un nom d'écrivain de best-seller : Bruno Saint-Léger. Ça sonne bien ! La double à 140 F avec douche ou bains et w.-c. Confort sommaire, mais à ce prix... Fait aussi resto en été, mais la cuisine ne vaut pas tripette.

Prix moyens

I●I *La Source du Pêcher :* au centre du bourg. ☎ 04-66-45-03-01. Ouvert de mi-avril à mi-novembre. Idéalement situé au cœur du vieux Florac, en bordure de rivière et d'une retenue d'où chute l'eau vive, *La Source du Pêcher* charme d'abord le regard et l'ouïe. De la terrasse, vue de carte postale sur les pans inclinés, compliqués des toitures et les architectures anciennes ; en fond, les grands monts verdoyants, et là, devant, de beaux arbres, une façade couverte de lierre et la musique de l'eau qui coule. Le jeune patron-serveur attentif vous porte alors de bonnes assiettes locales : potage à l'ortie, pélardon chaud au miel des Cévennes ou tri-

poux d'après une vieille recette. Prix d'excellence pour l'assortiment de fromages affinés maison. Le midi, menu du jour à 89 F ; menus suivants à 119, 149 et 169 F. Une bonne halte.

Plus chic

≜ I●I *Grand Hôtel du Parc :* 47, av. Jean-Monestier. ☎ 04-66-45-03-05. Fax : 04-66-45-11-81. Dans le centre. Ouvert du 15 mars au 1er décembre. Restaurant fermé le lundi hors saison. Sans doute le plus vieux et le plus vaste hôtel de la région. C'est une grande maison nichée dans un parc très agréable, faisant un peu penser à un établissement thermal. Mais il s'agit plutôt d'une gentille pension de famille où tous les âges se retrouvent dans les couloirs ou au resto. 60 chambres au total, entre 180 et 260 F, d'un bon niveau de confort. La cuisine, en revanche, est assez banale. Menus de 90 à 185 F. Demi-pension obligatoire (255 F par personne) en juillet et août.

≜ I●I *L'Auberge Cévenole :* chez Annie et Serge, 48400 La Salle-Prunet. ☎ 04-66-45-11-80. Fermée de mi-novembre à mi-février, et hors saison les dimanche soir et lundi (sauf jours fériés). À 2 km de Florac, sur la route d'Alès, une vieille maison en pierre du pays, nichée au fond de la vallée de la Mimente. En été, on mange en terrasse ; en hiver, on se rapproche de la cheminée. Dans cette bonne auberge de campagne, Stevenson se serait senti à son aise. On a l'impression d'être reçu dans la salle à manger de la famille. Menus de 89 à 119 F ; ce dernier est copieux : charcuterie du pays, pélardon (fromage de chèvre chaud sur salade), salade au roquefort. Une spécialité maison : la noix de veau à la crème de cèpes. Mieux vaut réserver à l'avance. On peut aussi y dormir : doubles de 190 F (w.-c. à l'étage) à 250 F (avec douche et w.-c.). Chambres agréables et très bien tenues. Notre meilleure escale à Florac. Pensez à réserver, il y a souvent du monde.

Campings

🛏 *Camping municipal :* situé au Pont-du-Tarn, à 1 km de la ville, au carrefour de la route d'Ispagnac et du Pont-de-Montvert. ☎ 04-66-45-18-26. Fax : 04-66-45-26-43. Ouvert du 1er avril au 15 octobre. Dans un site bien équipé au bord du Tarn, à moitié ombragé, à moitié sous le ca-

gnard : les premiers venus ont les meilleures places. 47 F par jour pour deux. 11 F la voiture, 16 F l'électricité. 11 mobile homes de 1 400 à 1 900 F la semaine.

🛏 *Camping Chantemerle :* au village de Bédouès, à 4 km de Florac, sur la D998 (route du mont Lozère). ☎ et fax : 04-66-45-19-66. Ouvert de Pâques au 10 septembre. Plus petit, mais dans un joli site au bord du Tarn. Calme et bien ombragé.

Où dormir? Où manger aux environs?

– Voir nos adresses sur le mont Lozère (plus haut) et le causse Méjean (dans la partie « Lozère »).

🛏 ▮●▮ *Hôtel-restaurant La Lozerette :* dans le petit village de Cocurès (charmant!), à 6 km de Florac sur la route du mont Lozère. ☎ 04-66-45-06-04. Fax : 04-66-45-12-93. Fermé de la Toussaint à Pâques et le mardi sauf en juillet et août. Une affaire de famille, mais qui est d'abord et avant tout une affaire de femmes. Eugénie, la grand-mère, y tenait déjà une auberge. Aujourd'hui, Pierrette Agulhon a repris le flambeau. Clin d'œil au *Routard,* le menu « Cévenol trotter » à 85 F, conçu autour des spécialités du coin. Superbe menu à 108 F. D'autres formules à 160, 185 et 250 F. Tous sont élaborés pour vous faire découvrir les meilleurs vins du Languedoc, la spécialité de Pierrette qui est aussi sommelière. Faites-lui confiance pour bien accompagner la panade de morue en habit vert à l'ail doux, les ravioles d'escargots aux orties ou les pieds de veau en crépine au genièvre. Imagination, bon goût et saveurs exquises au pouvoir. Pour dormir, des chambres décorées avec le même raffinement que la salle. Doubles à partir de 295 F avec douches et w.-c., et à 350 F avec bains. Nous, on y va pour les vacances; et vous?

🛏 ▮●▮ *Gîte rural et table d'hôte* (pour groupes) *:* chez Martine Pascual, ferme d'Artigues. ☎ 04-66-45-12-89. Pour aller à Artigues, à 7 km au sud de Florac, il faut prendre la D907 qui surplombe le Tarnon.

Prendre ensuite la direction de Saint-Laurent-de-Trèves et de la corniche des Cévennes (D983). Passer le pont sur le Tarnon (en épingle à cheveux) ; 150 m plus loin, à gauche, une petite route monte vers Artigues - Le Dèves; de là, compter 14 virages sur une belle route goudronnée avant d'arriver au sommet du causse où se trouve la ferme des Pascual. Le paysage est époustouflant. Il s'agit d'un hameau à 800 m d'altitude, où le cinéaste René Allio a tourné des scènes de son film sur les camisards. Martine Pascual est aquarelliste et accompagnatrice de promenades pédestres sur le causse. Accueil très souriant et vraiment sympa. Son mari, exploitant agricole, a retapé lui-même le gîte rural du hameau (2 100 F la semaine en saison, 1 800 F hors saison).

Campings

🛏 *Camping de la Quillette :* situé à 20 km au sud de Florac, au village des Rousses, à l'entrée des gorges du Tapoul. ☎ 04-66-44-00-29. Ouvert du 15 mai au 15 septembre. Un de nos campings préférés de cette région. 25 emplacements seulement, mi-ombragés, mais un site superbe au bord de la rivière (où l'on peut se baigner).

🛏 ▮●▮ *Camping Espace Stevenson :* à Cassagnas. ☎ 04-66-45-20-34. Dans la vallée de la Mimente, à 12 km de Florac sur la N106 en direction d'Alès, sur la gauche. Accès par un long chemin pentu (1,5 km). Au bord de la rivière, site calme et confortable. Vous pourrez ripailler au *Relais Stevenson* chez Guy et Josie Soustelle : accueil tonique et chaleureux assuré !

À voir. À faire

★ *Le château de Florac :* en juillet et août, ouvert tous les jours de 9 h à 19 h ; le reste de l'année, horaires variables. Une grosse bâtisse du XVIIe siècle, flanquée de deux tours rondes à toit pointu. Il a été construit sur un emplacement très ancien (XIIIe siècle) appartenant à la baronnie de Florac (Raymond d'Anduze). Tour à tour château féodal, grenier à sel, prison et hôpital militaire au XIXe siècle, colonie de vacances dans les années 50-60, il a été acquis par le parc national des Cévennes en 1973, qui l'a restauré pour y aménager son siège et son centre d'accueil et d'information au public.

★ *Le vieux Florac :* y flâner à pied au départ du château, de places en ruelles anciennes. Beaucoup de maisons traditionnelles groupées autour du ruisseau du Vibron. Un coin très sympa.

– *Le sentier de Florac et les sentiers en boucle :* 7 sentiers en boucle (de 1 h à 5 h) permettent de découvrir la belle nature des environs, et un autre, le sentier de Florac, le charme de la ville. Plus de détails et descriptif dans l'excellent petit *Guide des randonnées du parc national des Cévennes* (éditions Glénat) qui présente sur l'ensemble du parc une vingtaine de randonnées en boucle, toutes balisées (non pas des GR linéaires !).

– *Le sentier GR68 Tour du mont Lozère :* plus sauvage que le tour de l'Aigoual, cette magnifique balade à pied fait l'objet d'un topoguide à elle toute seule. Vous le trouverez au centre d'information du parc à Florac ou dans les librairies. Le GR68 passe à 1 km au nord de Florac, au Pont-du-Tarn (camping et gîte). On peut commencer le tour du mont Lozère ici en raison des facilités d'accès et de ravitaillement. Cette promenade inoubliable est décrite brièvement dans la partie « Le mont Lozère » (voir plus haut).

– *Randonnées équestres :* école d'équitation *Pirouette,* Le Pont-du-Tarn, 48400 Florac. ☎ 04-66-45-24-58 ou 04-66-45-29-85. Promenades à cheval de 2 h ou d'une demi-journée, voire de plusieurs jours. Elles vous permettront de découvrir les environs de Florac, très riches en sites et en paysages variés.

– *Location de V.T.T. :* Richard et Nathalie, à Croupillac, à 4,5 km au sud de Florac, route de Meyrueis. ☎ 04-66-45-09-56.

Aux environs

★ *Bédouès (48400) :* à 3 km de Florac, sur la route du Pont-de-Montvert, on remarque immédiatement le caractère ancien de ce petit village aux maisons de schiste, dominé par l'imposante silhouette de l'église Notre-Dame, collégiale fondée au XIVe siècle par le pape Urbain V. Ce célèbre pape lozérien s'appelait précisément Guillaume de Grimoard du Roure. Il était natif du hameau de Grizac, au Pont-de-Montvert.

Quitter Florac

En bus

– Renseignements auprès des cars *Reilhes,* av. Jean-Monestier, ☎ 04-66-45-00-18 ; ou dans la zone d'activité de la ville (ce n'est pas une zone industrielle rassurez-vous !), ☎ 04-66-45-02-45.
– *Pour Alès via Sainte-Cécile-d'Andorge :* du lundi au samedi (sauf les jours fériés).
– *Pour Mende :* uniquement en été.

En train

☎ Pas de gare S.N.C.F. à Florac. La gare la plus proche est à *Mende* (☎ 08-36-35-35-35), d'où l'on prend une correspondance pour Marvejols. À la gare de *Marvejols* (☎ 04-66-32-00-10), 3 trains par jour Paris-Béziers.

LA LOZÈRE

Avec 74 000 habitants, soit à peu près 13 habitants au kilomètre carré (de quoi faire rêver n'importe quel Parisien!), la Lozère est le département le moins peuplé de France (et le plus haut, avec une altitude moyenne de 1 000 m). Il semblerait que la tendance à la baisse observée depuis plusieurs années soit en train de s'inverser. Et, à l'époque où l'on prône le calme, la tranquillité et le retour à la nature, la Lozère possède quelques longueurs d'avance sur les autres départements. Un signe de ce bien-être : on ne trouve pas plus d'une dizaine de feux tricolores et guère davantage de ces diaboliques ronds-points sur tout le département.

Ses limites correspondent grosso modo à celles de l'ancien Gévaudan, comté de l'Ancien Régime, où sévissait la fameuse Bête (voir à « Marvejols »). Le Tarn, le Lot, l'Allier et quelques autres rivières, moins connues, y prennent leur source et parcourent en tous sens le département, jadis nommé le « département des Sources ». Le mont Lozère et le mont Aigoual font figure de véritables châteaux d'eau pour toute une partie de la France. Et toutes ces vallées, creusées au gré des lits capricieux de ces cours d'eau, cassent l'apparente uniformité des plateaux et transforment la nature en paysage grandiose. Les Lozériens sont fiers de dire qu'aucune eau venant d'ailleurs ne coule sur leur territoire. Si la Bretagne a pris la mer et les vagues comme symbole de son identité, la Lozère a choisi celui des sources.

« Lozère, source de liberté, de nature, de culture, d'histoire, etc. » Ce que l'on considérait naguère en ricanant dans les salons parisiens comme le « désert français » fait figure aujourd'hui de région d'avenir au sein de l'Europe. Des Cévennes, au relief accidenté, aux Grands Causses, vastes plateaux aux horizons infinis, ce n'est pas l'espace qui manque. Au nord, c'est l'Aubrac, montagne arrondie, immense terre de transhumance, où l'on peut faire des kilomètres à pied dans la solitude des pâturages et des burons. Enfin la Margeride, terroir inconnu de la France profonde, succession de forêts et de pâturages jaunis par la sécheresse, de ruisseaux à truites et de villages en granit.

Une nature âpre, rude, mais furieusement belle. Et quelque chose comme la grandeur dans l'horizon qui n'en finit pas de s'enfuir au loin...

Pas de bruit inutile, nulle construction superflue. Comment peut-on être stressé en Lozère, suicidaire en Aubrac, criminel en Margeride? Tout se passe comme si le pays immense était capable de dissiper l'agressivité, d'éloigner les mauvais démons, de calmer les pulsions négatives. Résultat de cette psychothérapie gratuite et naturelle : la Lozère est le département où la criminalité et la délinquance ont les taux les plus faibles de France, si ce n'est d'Europe.

Ce n'est vraiment pas l'espace qui manque, disions-nous. Après une virée au pays des sources, on se sent un peu bête dans son deux-pièces-cuisine de Montparnasse... On a l'impression étrange d'avoir oublié quelque chose du côté de Nasbinals ou de Châteauneuf-de-Randon. Mais quoi?

Comme nous l'a avoué notre ami Louis Hermet, de Marvejols, « la Lozère c'est le canyon du Colorado, la toundra et la steppe réunis ».

Adresses utiles

■ **Comité départemental du tourisme de la Lozère :** 14, bd Henri-Bourillon. B.P. 4, 48002 Mende Cedex. ☎ 04-66-65-60-00. Fax : 04-66-

49-27-96. Ouvert toute l'année, de 8 h à 12 h et de 13 h 45 à 17 h 45. C'est la vitrine du tourisme en Lozère : on y trouve tout. Les listes des hôtels, des restos, des campings, des gîtes ruraux, des chambres d'hôte, des fermes-auberges, des gîtes d'enfants, et bien d'autres choses encore : les possibilités de randonnées pédestres, d'équitation, de canoë-kayak, de spéléologie. Leurs prospectus sont généralement clairs et bien faits. Efficace et accueillant. Nous conseillons d'y passer en cours de route.

■ **Relais départemental des Gîtes de France :** même adresse que le C.D.T. Réservations : ☎ 04-66-48-48-48.

■ **Maison de la Lozère à Paris :** 4, rue Hautefeuille, 75006. ☎ 01-43-54-26-64. Fax : 01-44-07-00-43. M. : Odéon ou Saint-Michel. Ouverte de 9 h 30 à 18 h. Fermée les dimanche et lundi. Restaurant ouvert de 12 h à 14 h et de 19 h 30 à 22 h 30. Renseignements touristiques et service de réservation Loisirs Accueil (gîtes ruraux, hôtels, village de vacances, stages...).

■ **Maison de la Lozère à Montpellier :** 27, rue de l'Aiguillerie. ☎ 04-67-66-36-10. Fax : 04-67-60-33-22.

❒ **L'Aire de la Lozère :** si vous arrivez du nord par la A75, la première sortie du département (sortie 32) vous met tout de suite dans le bain. En effet, un office du tourisme, annexe du comité départemental du tourisme de Mende, vous y accueille l'été de 9 h à 19 h, hors saison de 12 h à 17 h. ☎ 04-66-31-94-06. Toutes infos, doc, réservations sur le département et un petit diaporama. Vilain parking planté de 100 pseudo-mégalithes, mais rassurez-vous, la Lozère ce n'est pas ça.

MENDE (48000)

Mende, c'est l'anti-Saint-Trop' par excellence. Une ville oubliée sur la carte, qui ne fait jamais parler d'elle. Cette préfecture de la Lozère a le charme des romans du XIXᵉ siècle.

On a bien aimé Mende pour la beauté de son centre ancien, blotti autour de la superbe cathédrale, ses maisons patinées par les ans, ses rues pavées, ses toits en écailles de schiste... Située au centre du département, la ville est le point de départ idéal pour toutes les contrées si diverses qui font la richesse de la Lozère : Margeride, Aubrac, gorges du Tarn, Causses et Cévennes. Alors, banale, Mende ? Au contraire, ce genre de ville moyenne éloignée du tohu-bohu et proche des grands espaces est de celles qui seront bientôt à la mode.

Un peu d'histoire

Armande ! raconte-nous Mende. Au pied du mont Mimat, les sources abondent. C'est là que tout a commencé.

Dès le IXᵉ siècle, l'autorité civile et religieuse est transférée à Mende. Forcément, la ville est au carrefour des routes qui relient l'Auvergne au Languedoc et le Rouergue au Vivarais. Ces faits remontent à une charte de 1161 accordée par le roi de France à l'évêque Aldebert, lui conférant la suzeraineté et le pouvoir temporel sur le comté. À cette époque, il fait construire l'enceinte autour de la ville.

Au début du XIVᵉ siècle, l'évêque devint officiellement comte du Gévaudan et il conservera les pleins pouvoirs jusqu'à la Révolution.

Du temps de Louis XIV, de Louis XV et de Louis XVI, on fabriquait beaucoup de tissus, les « cadis » et les « serges ». Mon grand-père habitait dans l'une de ces belles et grandes maisons derrière la cathédrale. Au fait, vous

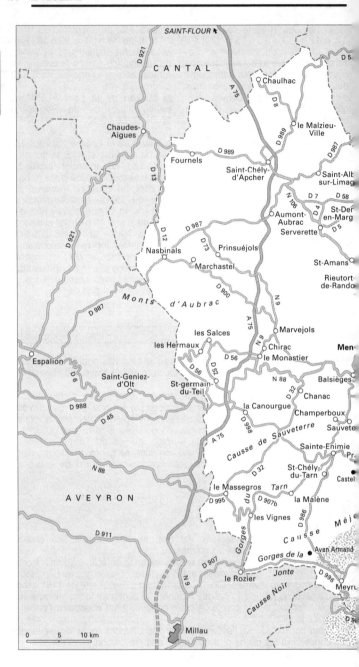

LA LOZÈRE

savez? Nous avons un pape à Mende. Un pape qui vous colle des amendes? Mais non, Tournesol, tais-toi! Il s'agit d'Urbain V, né du côté du Pont-de-Montvert. Il fut élu pape de la chrétienté en 1362. Quatre ans après, il décidait d'élever la cathédrale. Vous voyez bien : les Lozériens sont souvent les inconnus de l'histoire. Mais quand on sort de chez nous, on devient pape ou ministre...

Adresses utiles

🄸 *Office du tourisme* (plan A2) : 14, bd Henri-Bourillon. ☎ 04-66-65-02-69. En saison, ouvert du lundi au samedi de 8 h 30 à 12 h 30 et de 14 h à 20 h, et le dimanche de 15 h à 19 h ; hors saison, du lundi au vendredi de 8 h 30 à 12 h 30 et de 14 h à 18 h, et le samedi de 9 h à 12 h. On y trouve la liste des hôtels, des campings et des restos à Mende et aux environs.

✉ *Poste* (plan B2) : 6, bd du Soubeyran. ☎ 04-66-49-44-99.

■ *Taxis :* Boulet, ☎ 04-66-65-19-88.

■ *SAMU urgences :* ☎ 04-66-65-22-22.

Où dormir ?

Prix modérés

🛏 *Hôtel Le Palais* (plan A2, 10) : place Urbain-V. ☎ 04-66-49-04-04. Fax : 04-66-65-24-43. Face à la belle cathédrale. Le hall d'entrée, contigu au bar, est du plus mauvais goût, mais la vue des chambres n°s 16, 17, 20 et 24 peut le faire oublier. De 220 F la double avec douche à 260 F avec bains et w.-c. Confort correct.

Prix moyens

🛏 *Hôtel GTM - Restaurant La Caille* (plan A2, 12) : ?, rue d'Aigues-Passes. ☎ 04-66-65-01-39. Le bar-tabac-restaurant *La Caille* au rez-de-chaussée, les chambres du *GTM* au-dessus. Certes on la voit de loin, l'affaire de M. Saleil, avec sa grosse enseigne et sa terrasse au carrefour. Mais ce n'est pas de l'attrape-touriste : on y trouve des chambres correctes et bien tenues à 230 F (douche) et 280 F (bains). Au resto, bonne cuisine de brasserie pour le menu du jour à 70 F, ainsi que les menus suivants, à 110 F et plus.

Plus chic

🛏 *Hôtel du Pont Roupt* (hors plan par A2, 11) : 2, av. du 11-Novembre. ☎ 04-66-65-01-43. Fax : 04-66-65-22-96. Restaurant fermé le dimanche soir. Dans cette grosse maison au bord du Lot et un peu à l'extérieur de la ville se cache un hôtel agréable. Décor moderne et sage, sans fioritures. Chambres confortables, un tantinet classiques tout de même. Doubles de 230 F avec douche et w.-c. à 360 F avec bains (40 F de plus en juillet et août). Super piscine couverte. En cuisine, le patron, quatrième génération de maîtres queux, prépare des plats copieux, traditionnels ou plus recherchés : aligot, manouls, et des cailles au foie gras qui vous raviront. Menu du jour à 89 F (vin et café compris), et menus suivants de 120 à 185 F. Brasserie avec une petite carte comprenant deux formules à 49 F (plat + dessert) et 75 F (2 plats + dessert).

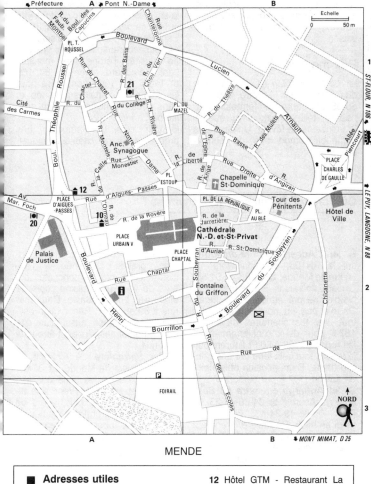

MENDE

Où manger ?

Bon marché

🍴 *Le Sanglier, Chez Rachas (plan A2, 20) :* 5, av. Foch. ☎ 04-66-65-12-62. À 5 mn à pied de la cathédrale. Ouvert toute l'année. Fermé le dimanche. Menus à 62 et 90 F. La cantine de Mende, une institution. Simple et correct. Profitez, si vous le pouvez, du patio ensoleillé à la belle saison.

Prix moyens

l●l *Le Mazel* *(plan A1, 21)* : 25, rue du Collège. Dans le centre. ☎ 04-66-65-05-33. Jours de fermeture variables (téléphonez), ainsi que la 2ᵉ quinzaine de février. Un des rares immeubles modernes du centre-ville. Le cadre n'est pas idéal, mais la salle aménagée avec goût fait vite oublier ce petit détail. De plus, Jean-Paul Brun prépare une cuisine avisée et savoureuse avec des produits de qualité. Terrine aux morilles, confit de canard... Menus à 80, 100 et 140 F. Un restaurant prisé pour les déjeuners d'affaires à Mende, et sans doute le meilleur rapport qualité-prix en ville.

l●l Voir aussi *La Safranière,* très proche de Mende (citée ci-dessous).

Où dormir ? Où manger aux environs ?

🏠 l●l *L'Auberge du Pré du Juge :* sur la RN106, direction Florac, à 20 km de Mende. ☎ 04-66-48-01-55. Ouverte en saison. Est-ce une vieille histoire de pré attribué à un juge ? On n'a pas pu nous l'assurer. En tout cas, les chambres de 110 à 187 F pour deux sont charmantes, les repas (de 52 à 60 F) fleurent bon le terroir, tout cela tenu par une gentille dame. Demi-pension obligatoire en saison (187 F par personne).

🏠 l●l *Auberge équestre La Boulène :* à Aspres. ☎ 04-66-49-23-37. Fax : 04-66-49-34-43. Fermée le lundi en hiver. De Mende, prendre à droite juste avant l'*hôtel du Pont Roupt* et continuer tout droit par le chemin du Rieu-Cros. Belles chambres à 230 F avec vue sur le causse. Cuisine raffinée à partir de 98 F avec quelques spécialités, comme la purée d'oignons, qui font oublier l'accueil un peu froid au premier abord. Mieux vaut réserver. On peut aussi partir en randonnée à cheval sur le causse pour des boucles de un à quinze jours.

🏠 l●l *Auberge de Chauvets :* de Mende, prendre la D42 en direction de Chabrits, puis à droite par la D50 vers Aumont-Aubrac pendant 8 km et à gauche pour Chauvets. ☎ 04-66-47-37-17. Fermée les lundi et mardi. On se sent tout de suite à l'aise dans cette vieille ferme réno-vée : accueil chaleureux, intérieur intime, grande cheminée à l'ancienne... Le patron concocte tout près de vous une cuisine copieuse et de très bonne qualité. Deux menus à 89 et 105 F. Réservation obligatoire. Il dispose aussi d'un gîte pour 5 personnes, qui peut être loué à la nuit.

l●l *La Safranière :* à Chabrits, à 5 km à l'ouest de Mende. ☎ 04-66-49-31-54. Fermé les dimanche soir et lundi, et en mars. Prendre la direction Millau-Alès, puis, avant de quitter Mende, prendre le vieux pont sur la droite (pont Roupt) en direction du village de Chabrits ; ensuite, toujours tout droit. La table gastronomique de Mende et ses environs. Dans cette ancienne bâtisse joliment restaurée, à la salle élégante et claire, on savoure une cuisine légère et délicate, finement relevée d'herbes, d'épices et d'aromates parfois exotiques : basilic, estragon, cumin, safran ou coco. Dans le menu à 140 F, des raviolis d'escargots d'Auxillac, un filet de canette sauce aigre-douce aux pignons de pin, d'honnêtes fromages puis une crème brûlée au thé de jasmin parfaite. Foi de routard devenu gros, ce fut excellent ! Autres menus à 95 F (du jour, le midi en semaine), 190 F (viande et poisson), 220 et 250 F (choix du chef).

À voir

★ Il faut se promener à pied dans le **centre ancien :** rue du Soubeyran, rue Notre-Dame, place au Blé, place du Mazel, et place du Griffon qui porte le nom d'une vieille fontaine.

★ **La cathédrale Notre-Dame-et-Saint-Privat :** place Urbain-V. Impossible de la rater, elle domine toute la ville de sa superbe. C'est le monument qui fait la gloire de Mende. À voir en fin d'après-midi ou au couchant, la pierre devient dorée.
C'est Urbain V, pape né en Lozère, qui l'a fait construire à partir de 1369. Elle fut en chantier pendant près de cinq siècles. Travaux interrompus par la guerre de Cent Ans, destructrice (même la foudre s'y est mise en démolissant le grand clocher). La cathédrale ne fut achevée qu'à la fin du XIXᵉ siècle. D'ailleurs, votre sagacité de routard aura noté que les deux flèches sont différentes.
Près du porche d'entrée, remarquez le battant de la cloche géante surnommée « la non-pareille ». Magnifiques stalles en bois à l'intérieur. Voir la crypte souterraine, de style roman : elle abriterait les restes de saint Privat, fondateur de la ville. Dans le chœur, huit tapisseries d'Aubusson illustrant la vie de la Vierge, de la Nativité à son Assomption.
À voir également, une Vierge noire en Majesté en bois d'olivier qui aurait été rapportée d'Orient au XIIᵉ siècle, au cours des croisades. Les calvinistes lui firent subir quelques outrages visibles lors de la prise de Mende en 1579. Et la statue ne dut son salut qu'à une pieuse Mendoise. On remarque les lignes byzantines et ses traits très masculins, presque sévères.
Très belles grandes orgues du milieu du XVIIᵉ siècle, au buffet orné de sculptures Renaissance. Le tout fut sauvé de la destruction pendant la Révolution grâce à l'organiste qui joua une clinquante *Marseillaise*.

★ **La tour des Pénitents :** seul vestige des fortifications de la ville du Moyen Âge, qui comptaient 24 tours identiques. Cette tour « d'Auriac » devint le clocher de la chapelle des Pénitents-Blancs et fut ainsi sauvée. Merci les Pénitents !

★ **L'ancienne synagogue :** construite au XIIIᵉ siècle, elle était le « ghetto » de Mende jusqu'à l'expulsion des juifs par l'évêque Guillaume Durand, sous le règne de Philippe le Bel qui récupéra tous leurs biens. Remarquable porche gothique du XIVᵉ siècle et cour intérieure qui rappelle un peu les patios espagnols.

★ **Le magasin de la coopérative des artisans et paysans de Lozère :** rue de l'Ange (ange ou démon : entre les deux, le routard balance !), dans l'ancien couvent des Carmes. ☎ 04-66-65-01-57. La Lozère profonde au travers des produits de 150 artisans répartis dans tout le département : meubles, vanneries en paille de seigle, fer forgé, poupées, objets en laine, en pierre, en céramique...

★ **Le pont Notre-Dame :** ne quittez pas Mende sans avoir vu les deux belles arches de ce pont construit au XIIᵉ siècle, si souvent photographié. Il enjambe le Lot. Vous verrez bien la ville d'ici. Et au loin, vous apercevrez le mont Mimat (Mende tirant son nom d'un mot celtique : *Memate ;* d'où le mont... Mimat ! simple).

Aux environs

★ **Le moulin de Langlade :** ☎ 04-66-48-02-75. Ouvert jusqu'à 19 h. Pisciculture où l'on peut pêcher sa truite saumonée ou blanche, ou mieux encore, sa truite fario vivant dans les eaux de la source Fontmaure. Vente au détail ou en demi-gros ; également vente de truites fumées ou non, en portions ou en filets : de 42 à 80 F le kilo.

DE MENDE À VILLEFORT PAR LA VALLÉE DU HAUT LOT

Difficile d'imaginer, en quittant Mende, l'ampleur du changement qui bouleversa le paysage en un siècle. À cette époque, rien n'était vert. La terre était brute, les plateaux dénudés. Conséquence : en période de pluies, l'eau entraînait la terre en bas des collines, provoquant des crues catastrophiques. Aujourd'hui, tout est vert, et la balade jusqu'à Villefort donne un avant-goût du parc des Cévennes (voir « Le parc national des Cévennes »). Prendre la N88 qui longe le Lot, puis la D901 vers Villefort.

★ *Sainte-Hélène (48190) :* on trouve à côté de ce petit village, dans les petites gorges de la Gardette, le « ménage des fées ». Remarquables marmites dues à l'érosion du granit par le Lot. Il y a bien longtemps, les lavandières mettaient leur linge sale dans ces cuvettes. Le courant lavait le linge. Aussi pratique qu'une machine à laver et la coutume disait que les fées faisaient le « ménage ».

★ *Allenc (48190) :* par la D27. Village du bout du monde, permettant de découvrir un aspect de l'architecture de la Margeride. Mignonnette église romane à plan en trèfle avec un clocher-peigne à six branches mais seulement deux cloches.

★ *Bagnols-les-Bains (48190) :* en revenant sur la D901, on arrive dans cette station thermale déjà connue des Romains. Petite ville tranquille au charme désuet des stations thermales un peu désertées. On y trouve encore quelques curistes un peu perdus.

≜ |●| *Modern Hôtel :* ☎ 04-66-47-60-04. Fax : 04-66-47-62-73. Fermé de la fin octobre à la fin janvier. Tout a été rénové et aménagé avec goût, il y a peu de temps. Clientèle de curistes, randonneurs et vacanciers. Chambres agréables et bien équipées. Doubles de 220 F avec douche, à 350 F avec bains, w.-c., TV. Piscine chauffée et sauna pour les résidents. Cuisine copieuse et sincère. Canard à l'orange et salmis de pigeon en cocotte. Plats à 58 F ; menus à 58, 73 et 130 F.

≜ |●| Voir également, aux environs, les adresses que nous mentionnons plus haut dans la partie consacrée aux Cévennes, chapitre « Circuit de découverte du mont Lozère ».

★ *Saint-Julien-du-Tournel (48190) :* joli village aux tons de schiste, perché au-dessus du Lot. Ruines d'un château du XIIe siècle appartenant aux barons de Tournel.

★ *Le Mazel :* un village qui fut prospère (modestement tout de même !) grâce à ses mines de zinc et de plomb, fermées dans les années 50. Quelques grosses maisons, témoins de cette époque révolue.

VILLEFORT (48800)

Au pied du mont Lozère, sur son flanc oriental, la petite ville, ombragée et fraîche en été, est l'une des portes du parc national des Cévennes et un ancien lieu de passage des pèlerins de la voie Régordane. La ville a beaucoup de cachet. Toutefois, Villefort n'a conservé qu'une poignée de belles maisons des XIVᵉ et XVᵉ siècles, et quelques édifices du XVIIᵉ. Noter l'architecture de ces demeures à double portail. Typiquement régordanien.

Adresses utiles

🛈 *Office du tourisme :* en hiver, à la mairie ; en été, rue de l'Église. ☎ 04-66-46-87-30. Fax : 04-66-46-85-33. De juin à septembre, ouvert tous les jours de 9 h à 12 h et de 14 h 30 à 19 h ; le reste de l'année, du lundi au vendredi de 10 h à 12 h et de 14 h à 16 h.
■ *Point Accueil Jeunes :* à Morangiès. ☎ 04-66-46-85-29. Une aire pour camper destinée aux jeunes de 13 à 18 ans.
🚃 *Gare S.N.C.F. :* c'est bon à savoir, la ligne Paris-Nîmes via Clermont-Ferrand passe par Villefort. Tous les trains s'y arrêtent, y compris le *Cévenol*. Renseignements et horaires : ☎ 08-36-35-35-35.

Où dormir ? Où manger ?

🛏 ▮●▮ *Hôtel Balme :* place du Portalet ; en plein centre. ☎ 04-66-46-80-14. Fax : 04-66-46-85-26. Fermé le dimanche soir et le lundi hors saison, ainsi que du 15 novembre au 7 février. Une bonne maison patinée par le temps et bien renommée, tenue avec soin par Michel et Micheline Gomy. L'hôtel fait songer aux vieilles maisons des stations thermales : même confort provincial, même ambiance anglaise. Doubles de 225 F avec lavabo à 320 F avec bains et w.-c. Excellente cuisine du chef où se mêlent les plats du terroir et des spécialités d'Extrême-Orient, de Thaïlande notamment, pays que Michel Gomy connaît bien. Menus de 130 à 270 F. La carte change souvent, difficile donc de vous mettre l'eau à la bouche. On a aimé l'agneau fermier au pistou, les *nems* de tête de cochon ; et si vous voulez quelques petits secrets, aucun problème, la cuisine est ouverte. De plus, Micheline étant sommelière, elle possède une cave superbement garnie. Le meilleur rapport qualité-prix de la région pour le resto. De plus, vous dormez chez des routards sympas.
🛏 ▮●▮ *Hôtel-restaurant du Lac :* au bord du lac de Villefort, à 1,5 km au nord de la ville. ☎ 04-66-46-81-20. Fax : 04-66-46-90-95. Fermé du 30 novembre au 1ᵉʳ mars. Quitter Villefort en direction de La Garde-Guérin par la D906. L'hôtel est une maison blanche isolée, en contrebas de la route, sur la gauche. On y dort face au lac, on y mange face au lac, on se baigne dans le lac. Les prix des chambres sont raisonnables, vu la situation : 258 F la double avec douche et w.-c., 368 F avec bains. Menus à partir de 88 F, avec spécialités lozériennes. Demi-pension à 260 F par personne. L'endroit est très fréquenté en saison. On ne vous promet pas d'être seul et loin du monde !

Camping

🛏 ▮●▮ *Camping La Palhère :* en bordure du torrent du même nom, à 5 km de Villefort, sur la route du mont Lozère et du Mas-de-la-Barque. ☎ 04-66-46-80-63. Ouvert de mai à octobre. Accueil sympathique et cadre magnifique. Site ombragé. Piscine. Restauration aussi, avec des menus à 60 et 75 F, et des spécialités cévenoles.

À voir

★ *Le marché :* le jeudi matin. N'hésitez pas à flâner entre les étals pour dénicher les spécialités locales. Autrefois, on y trouvait moult graines, bestiaux, châtaignes...

★ *La rue de l'Église :* très belles maisons avec des façades Renaissance. La mairie date du XVᵉ siècle.

★ *Le pont Saint-Jean :* pittoresque, avec ses deux arches inégales et son aspect en dos d'âne.

LA ROUTE RÉGORDANE

La Route régordane : ce nom n'existe que pour nous. Il n'est pas officiel, bien que l'on parle souvent de Chemin ou de Voie régordane. La départementale D906, entre Langogne et Alès, reprend le tracé de ce très ancien itinéraire, reliant le Gévaudan au Languedoc. Au Moyen Âge, le chemin était fréquenté par des foules de pèlerins venus du Puy-en-Velay et se rendant à Saint-Gilles-du-Gard, en Camargue, l'un des grands pèlerinages de la chrétienté à l'époque. Des caravanes de muletiers, les fameux « rigourdiers », descendaient du Massif central, chargés de fromages, de laitages. Ils remontaient avec des châtaignes, du sel, de la houille et du vin. Cette route était jalonnée d'« hôpitaux » où les voyageurs étaient hébergés et de belles églises romanes (Concoulès, Prévenchères...) où les pèlerins trouvaient refuge. La place forte de La Garde-Guérin, les maisons de Génolhac, le château de Portes sont autant de lieux marqués par ces grandes migrations d'autrefois entre le nord et le sud de la France. Comptez 90 km entre Langogne et Alès.

CONCOULÈS (30450)

À 11 km au sud de Villefort, sur la route (sinueuse) qui descend maintenant vers Génolhac. Sans vous en rendre compte, vous êtes passé dans le Gard. Petit à petit, l'aridité du mont Lozère disparaît et cède la place à une végétation plus méditerranéenne. Les toits sont en tuile, les places ombragées. Pas de doute : on s'approche du soleil du Midi. À Concoulès, on a un superbe point de vue sur la vallée depuis la petite église romane (XIIᵉ siècle) dotée, comme en Aubrac, d'un clocher à peigne.

Où acheter de bons produits ?

– *Atelier de la Cézarenque :* un bâtiment récent au bord de la route Villefort-Génolhac, à la sortie de Concoulès. ☎ 04-66-61-10-52. Ouvert tous les jours sauf lundi matin de 9 h à 12 h 30 et de 14 h à 18 h. Fermé les quinze premiers jours de janvier. Il s'agit d'un magasin de vente de produits naturels, donc sains : charcuterie du pays, volailles, viandes, conserves, ainsi que pâtisseries. Tout est fait artisanalement par un groupe de pensionnaires handicapés dépendant du centre attenant au magasin. Une bonne idée, certainement, de la part de son directeur. C'est bon et les prix sont doux. En achetant quelques produits, non seulement vous vous régalez mais de plus vous faites une bonne action, ce qui, en pays protestant, veut dire quelque chose. Restauration à base de produits maison les mercredi midi, jeudi midi et samedi midi (entre 87 et 90 F). Ce prix comprend la visite de l'atelier à 11 h 30.

GÉNOLHAC (30450)

Un air du Midi habite ce gros bourg niché au fond de sa vallée et curieusement construit à partir d'une longue rue ancienne.

Adresses utiles

◪ *Office du tourisme :* sous le porche de la Grand-Rue. ☎ 04-66-61-18-32. Fermé les mercredi, samedi après-midi et dimanche hors saison, les dimanche après-midi et lundi matin en été.

🚆 *Gare S.N.C.F. :* en bas du village. ☎ 08-36-35-35-35. Plusieurs trains par jour pour Alès et Nîmes.

Où dormir ? Où manger ?

🛏 |●| *Hôtel Le Commerce :* 46, Grand-Rue. ☎ 04-66-61-11-72. Au bord de cette très belle rue aux façades des XVᵉ et XVIIᵉ siècles. Une adresse bon marché : entre 123 et 215 F la chambre double avec douche et w.-c. On peut y manger aussi pour des prix bien sages : menus à 70 et 100 F. Une bonne étape pour routards.

🛏 |●| *Hôtel du Chalet :* situé en face de la gare, en bas du village. ☎ 04-66-61-11-08. Le moins cher du coin : doubles à 140 F avec lavabo, de 180 à 230 F avec douche et w.-c. Fait aussi resto : menus à 65, 78 et 92 F. Spécialités : civet de lapin, truite aux amandes, gigot d'agneau forestier.

Plus chic

🛏 |●| *Hostellerie Chantoiseau :* à Vialas, à 9 km à l'ouest de Génolhac, sur la route de Pont-de-Montvert. ☎ 04-66-41-00-02. Fax : 04-66-41-04-34. Fermée les mardi soir et mercredi, et de début novembre à avril. Dans cet ancien relais de poste, on se régale d'une cuisine authentiquement cévenole et nature, dans un cadre mi-chic mi-rustique agréable. C'est que Patrick Pagès aime et connaît sa région, ses vallées sauvages, ses champignons, ses châtaignes et ses bêtes à poil, plumes ou écailles. Goûtez un peu la *moche,* la saucisse d'herbes, le *pompétou* de truite rose ou la *coupétade.* Ou comme nous, essayez donc le menu à 200 F : en plat de résistance, un incroyable festin de cassolettes de légumes frais et de rares cochonnailles qui semblent porter en triomphe la pièce centrale, la délectable tête de veau. Avec ça, une des caves les mieux fournies du Languedoc-Roussillon. Autres menus à 100, 300 et 400 F. Des chambres également, à 300 F (avec douche et w.-c.) et 450 F (avec bains et w.-c.). Une halte gastronomique qui s'impose. Café offert à nos lecteurs.

LE CHÂTEAU DE PORTES

Au bord de la Voie régordane, cette vieille forteresse, perchée sur une ligne de crêtes, au-dessus d'un vaste paysage, servit naguère de refuge aux pèlerins en route pour Saint-Gilles-du-Gard. Pour trouver le château, ce n'est pas difficile : prendre la D906 (Alès-Génolhac) ; le château se dresse peu après le village de Portes.

Élevé au XIIᵉ siècle, sur un plan carré, on lui ajouta à la Renaissance une belle habitation seigneuriale sur trois étages, formant un éperon dirigé à l'est, tel une proue de navire. L'édifice est en cours de restauration.

Du 6 juillet au 12 septembre, ouvert tous les jours sauf lundi, de 9 h à 12 h et de 15 h à 20 h ; hors saison, seulement le week-end et les jours fériés sur réservation.

– *Visite guidée :* 45 mn, avec des bénévoles.

■ *Association pour la renaissance du château de Portes :* ☎ 04-66-34-35-90. Demander Serge Bonnet.

Aux environs

★ *La route des Crêtes :* de Portes au Pont-de-Montvert par la montagne du Bougès, environ 35 km d'une très belle route d'altitude, avec des échappées formidables sur le mont Lozère et les Cévennes.

Où dormir ? Où manger sur la montagne du Bougès ?

Nous vous conseillons ces deux fermes de séjour, c'est-à-dire des hébergements chez l'habitant, à la journée ou à la semaine, où l'on peut manger à la ferme ou en gîte indépendant, et découvrir la région à pied.

â |●| *Chez Pierrette Charton-Coudert :* ferme du Lauzas, 48160 Saint-Andéol-de-Clerquemort. ☎ 04-66-41-03-88. Fax : 04-66-45-51-02. Vraiment pas facile de dénicher ce mas cévenol dans son magnifique paysage de montagne, sur le versant nord de la vallée du Gardon. Après Coudoulous sur la route des Crêtes, tourner à gauche au col de la Banette. Une route étroite et dangereuse (on en sait quelque chose) descend à Lézinier ; il faut continuer plus loin et tourner à droite. Téléphonez avant aux Charton pour être sûr de votre route. Bon, une fois à la ferme, au milieu d'une végétation étonnante sillonnée par un petit torrent de montagne, vous trouverez un gîte rural pour 6 personnes et 3 autres petits gîtes très sympas de 1 500 à 2 500 F la semaine pour 5 à 6 personnes. Forfait pour les groupes et les séjours de plusieurs jours. Également une chambre d'hôte à 200 F pour une personne avec petit déjeuner ou 255 F pour deux personnes avec douche, petit déjeuner compris. On peut prendre les repas à la ferme : cuisine délicieuse de terroir, faite avec les produits de la montagne (menu à 85 F, apéritif, vin ET café compris).

â |●| *Chez Lili et Jean Demolder :* ferme du Viala, 48240 Saint-Frézal-de-Ventalon. ☎ 04-66-45-54-08. Fermé de novembre à Pâques. À 4 km de la route des Crêtes, dans la même vallée perdue. On y accède aussi par une route étroite mais magnifique. Difficile à trouver, mais les bons coins comme celui-là se méritent, n'est-ce pas ? Voilà un mas du XVIᵉ siècle, restauré avec soin, qui abrite dans ses dépendances un gîte très bien arrangé, avec 4 chambres d'hôte (235 F la double avec douche). Demi-pension à 195 F par personne. Les Demolder font table d'hôte (menu à 77 F et pique-nique préparé pour le midi) et organisent des semaines de découverte du mont Lozère et de la montagne du Bougès, où il y a plein de randonnées à faire.

De plus, ils vous feront goûter leur jus de pomme biologique qui, à lui tout seul, mérite la mention très bien ! Difficile d'oublier ce coin des Cévennes.

LA GARDE-GUÉRIN

En remontant vers le nord, juste à côté de Villefort, on découvre ce village semblant surgir de nulle part. De loin, on remarque cette haute tour carrée dressée au-dessus du vide : les gorges du Chassezac. Et puis une poignée de maisons en grosses pierres, refuges d'intellectuels et d'artistes dès la belle saison. On a vu La Garde-Guérin un soir de fin d'été. Avec les prés jaunis par la sécheresse aux alentours, on se croyait sur quelque plateau du désert de Castille. L'endroit est superbe. C'est l'un des plus beaux villages de Lozère, sans nul doute. D'ailleurs, il est classé. Mais le revers de la médaille, c'est la foule qui débarque en été. Alors, vous nous avez compris, venez ici hors saison. Même mieux : au cœur de l'hiver, quand la « tourmente » gagne le mont Lozère tout proche.
– La circulation est interdite dans le village. On laisse sa voiture au parking à droite en arrivant.

Un peu d'histoire

Ce village est né d'une fonction bien précise : c'était une étape importante sur la Voie régordane. Peut-être l'une des plus attendues par les pèlerins, les marchands, les voyageurs. Une première citadelle, fondée au Xe siècle par les seigneurs de Tournel, servait en effet de base aux puissants seigneurs « pariers », chargés d'assurer le guidage et la protection des voyageurs. Ils jouaient le rôle de gendarmes, percevant une taxe sur chaque passage. D'où leur fortune et les nombreux ennuis qu'ils connurent par la suite. Jaloux de leur pouvoir, l'évêque de Mende fit démanteler la citadelle de La Garde-Guérin au XIIe siècle afin d'y rétablir sa suzeraineté.

Où dormir ? Où manger ?

▲ |●| *Auberge Régordane :* dans la rue piétonne du village médiéval. ☎ 04-66-46-82-88. Fax : 04-66-46-90-29. Ouverte de Pâques à la Toussaint. Un vieux manoir du XVIe siècle aux murs épais, avec 16 chambres entre 280 et 350 F. C'est une bonne table de Lozère où l'on vous sert des spécialités du pays, truites, grenouilles, agneau des causses, dans une jolie salle souvent pleine. Menus de 98 à 185 F. L'accueil impeccable de Pierre et Philippe Nogier et le cadre en font une bonne étape sur la Route régordane, même si la clientèle n'est pas du tout routarde. On peut revenir 4 siècles en arrière en s'attablant à la terrasse dans la cour pavée du manoir. Les randonneurs peuvent dormir dans 2 chambres de 6 couchages, en demi-pension, pour 215 F par personne.

À voir

Faire le tour du village à pied. C'est minuscule.

★ *Le donjon :* ultime vestige du château des seigneurs pariers, il se dresse (22 m de haut) au bout du village. Superbe vue sur les gorges du Chassezac.

★ *L'église romane :* juste au pied de la tour. D'époque romane, elle renferme de beaux chapiteaux sculptés.

LA BASTIDE (48250)

Tout n'est pas roman et chargé d'une histoire moyenâgeuse en Lozère. Même ce département, dont on disait au siècle dernier dans les salons parisiens qu'il était tellement perdu qu'on ne pouvait y aller sans courir de risque, a connu les bienfaits de la révolution industrielle du XIXe siècle. La Bastide en est un exemple flagrant. Le village s'est développé grâce à la création de la ligne de chemin de fer Paris-Nîmes. On goûte ici un charme différent, en marge de ce que l'on trouve dans le département.

Où manger ?

|●| *Hôtel La Grande Halte :* ☎ 04-66-46-00-35. Fermé de novembre à Pâques. Beaucoup d'habitués au bar ou au resto. On mange dans une salle aux murs revêtus de lambris, où la chaleur humaine dispute la vedette à l'abondance des victuailles dans les assiettes. Cuisine simple et authentique. Menus à 75 et 120 F, ou carte avec coq au vin, écrevisses... À l'heure de l'apéro, on croise le facteur, le pharmacien... Il ne manque que les ronds de serviettes. En revanche, hôtel un peu décevant.

À voir aux environs

★ *L'abbaye de la Trappe de Notre-Dame-des-Neiges :* à 4 km de La Bastide par la D4. Imperceptiblement, on se retrouve en Ardèche. Pas d'architecture exceptionnelle, les bâtiments datant du XIXe siècle, mais une sorte de « bout du monde » empreint de sérénité. Pas étonnant que le père Charles de Foucault ait choisi d'y faire une retraite avant de partir dans le Sahara. Peut-être voulait-il s'habituer ? Pour ceux qui le souhaiteraient, possibilité de rester quelques jours pour une retraite.

LANGOGNE (48300)

Aux confins de la Margeride, du Velay et du Vivarais, ce gros bourg agricole et commerçant n'abrite que 3 500 âmes. Mais on y trouve une dizaine d'hôtels, de très bons charcutiers, et une vieille ville où les maisons encerclent la place de l'Église, ce qui lui confère une originalité certaine.

Adresse utile

❚ *Office du tourisme :* 15, bd des Capucins. ☎ 04-66-69-01-38. Fax : 04-66-69-16-79. Hors saison, ouvert du mardi au samedi de 10 h à 12 h et de 15 h à 18 h ; en juillet et août, du lundi au samedi de 9 h à 12 h 30 et de 14 h 30 à 19 h, et le dimanche de 10 h à 12 h.

Où dormir ? Où manger ?

Bon marché

⬧ *Hôtel-bar Le Sélect :* 50, av. Foch. ☎ 04-66-69-13-67. Un des moins chers de la ville : de 110 à 190 F la chambre. Simple mais correct pour le prix. Pour dépanner.

Prix moyens

⬧ ❙●❙ *Le Gaillard :* quartier du Pont-d'Allier. ☎ 04-66-69-10-55. Fax : 04-66-69-10-79. Fermé en janvier. Ripoliné de frais, l'hôtel-restaurant *Le Gaillard* propose des chambres propres à bon prix : de 149 à 290 F la double (20 F de plus pour la TV). Restaurant à la carte. Bon accueil. Seuls défauts : pas très central, et triste environnement.

⬧ ❙●❙ *Chambres d'hôte chez M. Philippe Blanc :* 9, rue de la Honde (petite rue donnant avenue Foch, quasiment face au coiffeur, lui-même à 20 m d'une station-service). ☎ 04-66-69-15-25. Fax : 04-66-69-17-96. Une chambre et deux suites avec sanitaires privés dans cette maison rurale à l'atmosphère décontractée. Bibliothèque, billard, vidéothèque et bar-accueil. Par personne, 120 F la nuit, petit déjeuner compris. Fait également table d'hôte le soir, sur réservation (90 F le dîner). Salle vidéo avec écran géant !

Plus chic

⬧ ❙●❙ *Domaine de Barres :* route de Mende. ☎ 04-66-69-71-00. Fax : 04-66-69-71-29. Fermé les dimanche soir et lundi, sauf en haute saison. À première vue, cette gentilhommière du XVIIIe siècle est une vaste bâtisse comme on en compte des centaines en France. Une fois gravi le perron et franchi la porte, on tombe sous le charme : la maison a subi un véritable lifting. L'opération fut confiée à Jean-Michel Wilmotte, le décorateur attitré de François Mitterrand. Lignes épurées, sobriété des matériaux dominés par le bois et simplicité des couleurs. Luxe et beauté. Chambres au dépouillement on ne peut plus japonais. De quoi dormir zen ! Et si la nuit n'a pas été parfaite, il vous reste la piscine, le jacuzzi et le sauna. La cuisine n'envie rien au reste. Terrine de poireaux au fromage de chèvre frais, foie gras de canard poêlé à l'ancienne, joue de cochon cuite à l'étouffée, écrasée de pommes de terre aux dés de foie gras, poire rôtie à l'orge perlée comme un riz au lait. Et parce qu'il faut bien parler de prix : chambres de 420 à 520 F pour deux. Menus de 140 à 320 F.

Où dormir ? Où manger aux environs ?

⬧ ❙●❙ *Chambres d'hôte L'Escapade :* chez Sylviane et Georges Auguste, hameau de Pomeyrols, Naussac ; à 7 km au nord de Langogne. ☎ 04-66-69-25-91. Prendre la D26 direction Naussac, laisser ce village sur la gauche, puis tourner à droite après le barrage : on arrive à Pomeyrols. 4 chambres avec sanitaires privés dans cette ferme du XVIIe siècle rénovée et toujours en activité. Site calme et boisé pour les randos à pied, à vélo ou à cheval, et à proximité du lac de Naussac pour les activités nautiques. 260 F pour deux, petit déjeuner compris. À table, spécialités régionales : *moche,* aligot, truffade, veau de la ferme et confitures maison (90 F le repas sur réservation, demi-pension à 400 F pour deux obligatoire en juillet et août). Un grand bol d'air et de verdure entre Margeride et val d'Allier.

À voir

★ **L'église Saint-Gervais-et-Saint-Protais :** encerclée par les vieilles maisons du centre, elle abrite 85 chapiteaux sculptés dans le granit, qui en font la plus belle église de style roman-bourguignon du Gévaudan.
À l'intérieur, la première chapelle à droite, située à l'emplacement d'un sanctuaire plus ancien, est dédiée à Notre-Dame de Tout Pouvoir. Elle abrite une statue en bois recouverte de métal. Ce serait la fondatrice de l'église, Angelmodis, qui l'aurait rapportée de Rome lors d'un voyage au XIe siècle. Peinée que l'église soit sous la protection de saint Gervais et de saint Protais et que la Vierge soit reléguée au second rang, la vicomtesse de Langogne entreprit d'aller voir le pape qui, pour la consoler, lui donna une statue se trouvant dans un coin d'escalier de son palais. De retour à Langogne, la statue fut reçue avec éclat par la population qui vénéra spontanément la Vierge. Depuis, rien n'a changé... ou presque ! Les tyrans en herbe et autres obsédés des pleins pouvoirs pourront venir méditer devant cette humble statue.

★ **Les remparts :** il s'agit de cette ceinture d'habitations autour de l'église. Des remparts proprement dits, il reste ces 5 grosses tours rondes, comme à Marvejols, encore habitées.

★ **La halle :** avec ses piliers en granit, son toit de lauzes, ce joli bâtiment de 1742 abrite toujours le marché de Langogne.

★ **La filature de Calquières :** rue des Calquières. ☎ 04-66-69-25-56. Fax : 04-66-69-27-92. Ouverte de 9 h à 12 h et de 14 h à 18 h. En juillet et août, de 9 h à 19 h. À Langogne, la transformation de la laine était artisanale au début du XIXe siècle. Vint alors l'ère de la machine. La filature de Calquières en pleine activité employait 12 ouvriers et disposait de 5 métiers pour le tissage. Véritable patrimoine historique, l'endroit fut heureusement sauvé grâce à la détermination de quelques irréductibles passionnés, parmi lesquels le percepteur de la ville. Ce lieu permet de découvrir ce qui fut l'une des principales ressources de toute la région. La visite commence dans les soubassements du bâtiment. On y trouve une roue à aubes qui, grâce à l'énergie du canal, fait fonctionner l'ensemble de la filature.
Au 1er étage, la salle des cardes. La laine arrive lavée en toisons. Pour la démêlor, il faut entreprendre son cardage. Nappeuse pour aplatir, bobineuse pour faire un ruban, fileuse pour obtenir un boudin roulé mais non tordu, primordial ! Au 2e étage, on va transformer la laine en fil. Il faut étirer et tordre le boudin. On utilisait alors un fuseau (souvenez-vous de *La Belle au Bois dormant*). Puis vint le *Mull Jenny,* cette machine anglaise extrêmement complexe qui permet le dévidage et la torsion effectués normalement par vingt personnes. Comme quoi le chômage n'est pas une trouvaille récente ! Mais il faut quand même être sacrément doué pour la faire fonctionner. Le fil est ensuite amené sur une assembleuse bobineuse permettant de finaliser les écheveaux qui serviront au tissage.
Au 3e étage, intéressante exposition donnant une vue d'ensemble sur l'utilisation de la laine. Histoire d'en connaître autant que les moutons !

À voir aux environs

★ **Luc** *(48250)* **:** à 12 km au sud par la D906. Déjà peuplé à l'époque celtique, *Lucus,* qui signifie bois sacré dans la langue de l'époque, fut dédié au dieu Mercure. Au Xe siècle, la forteresse gauloise est remplacée par un château fort, un vrai. En 1380, les trois coseigneurs du coin sortirent vainqueurs d'un combat terrible contre plus de 2 000 Anglais. L'endroit était donc sûr et le château solide. Le site vaut le coup d'œil, en attendant que les travaux de l'association restaurant le château permettent une visite plus approfondie.

★ **Saint-Flour-de-Mercoire** *(48300)* **:** à 4 km au sud par la N88. Vieille église romane du Xe siècle. Très beau portail en plein cintre et, à l'intérieur, deux beaux chapiteaux sculptés de tête naïves.

LA LOZÈRE

LA MARGERIDE

Comme l'Aubrac, en moins aride, la Margeride reste l'un de ces *no man's lands* dont la Lozère a le secret. Sur les cartes, on l'appelle les monts de la Margeride : c'est plutôt un long et haut plateau, battu par les vents de l'hiver, parsemé de forêts profondes et ponctué de petits villages, « concentrés » d'humanité au milieu de ces immenses étendues vides. 60 km de long sur une trentaine de large, ce beau terroir, naguère inclus dans le Gévaudan, commence à s'élever vers Saint-Flour dans le Cantal puis il s'achève vers Mende et la vallée du Lot, au sud. À l'est, Langogne, gros bourg ancien, marque sa limite et le début du Velay et du Vivarais, autres pays aux noms si évocateurs.
La partie la plus dépeuplée du massif, c'est entre Gandrieu et Châteauneuf-de-Randon qu'on la trouve, dans ces paysages désolés, certes, mais non dénués de grandeur. Amateurs d'horizons lointains : tous en Margeride ! Amoureux du silence : venez par ici, sur cette terre où quelques bonnes rivières à truites prennent leurs sources, avant de caracoler entre les muretins de pierre des pâturages à vaches. Paysages dorés par la lumière du soir ou capables de prendre des tonalités plus graves les jours d'orage. On y pratique la cueillette en tout genre : champignons, lichens, myrtilles, narcisses.

CHÂTEAUNEUF-DE-RANDON (48170)

Incontestablement l'un des plus beaux villages de Lozère. Une sorte de nid d'aigle au sommet d'une grosse colline qui domine toute la région. Des échappées et des perspectives lointaines. Et puis surtout cette curieuse grande place pavée à l'ancienne, presque disproportionnée par rapport à la taille du village. On ne voit ici aucune boutique de souvenirs, rien de tapageur dans le décor patiné, authentique. On a bien aimé cette place balayée par les vents et les nuages, avec sa statue de Du Guesclin, et ses petits cafés *(Le Midi, La Poste,* et *L'Union).*

Où dormir ? Où manger ?

🛏 |●| *Hôtel de la Poste :* situé tout à fait au pied de la colline, au carrefour de l'Habitarelle, juste à côté du mausolée du connétable Du Guesclin. ☎ 04-66-47-90-05. Fax : 04-66-47-91-41. Fermé le vendredi soir et le samedi midi, ainsi qu'entre Noël et le Jour de l'An et pendant les vacances de la Toussaint. La maison a beau se trouver en bordure de nationale, aucune chance d'être dérangé. La plupart des chambres donnent sur la campagne. Doubles modernes et rigoureusement propres à 260 F avec douche et w.-c., et de 280 à 300 F avec bains et w.-c. 15 % de réduction pour nos lecteurs sur la seconde nuitée. Le resto, dans une ancienne grange, a gardé son cachet rustique. José Laurens concocte une cuisine savoureuse dans la tradition lozérienne : fricandeau de porc de la Margeride, feuilleté de ris d'agneau. Menus de 85 à 170 F.

Où dormir ? Où manger aux environs ?

🛏 |●| *Chambres d'hôte du Giraldès :* chez Alexis et Françoise Amarger, hameau de Giraldès, à 10 km à l'ouest de Châteauneuf-de-Randon, après Arzenc-de-Randon, sur la D3. ☎ 04-66-47-92-70. 4 chambres simples et sympathiques avec sanitaires (w.-c. sur le palier), dans une ferme d'élevage au cœur d'une belle nature, où passe le GR Tour de Margeride. On peut prendre les repas à la table des Amarger, c'est très sympa. Pour les randonneurs, il y a un dortoir pour groupes. 170 F maximum la demi-pension. Du pain aux volailles, ici, tout est maison !

🛏 |●| *Auberge de la Plaine :* à Montbel, à 9 km au sud-est de Châteauneuf-de-Randon. ☎ 04-66-47-90-76. Fax : 04-66-47-98-26. Fermée en janvier. Auberge de charme et rendez-vous des chasseurs du coin. Chambres de 160 à 210 F. Menus de 70 à 240 F avec des spécialités de charcuterie, de champignons et de gibier. Excellente réputation régionale.

🛏 |●| *La Ferme de Saltel :* à Rieutord-de-Randon. ☎ 04-66-47-38-51. Fermée en janvier et février. Une bonne étape pour un festin où le canard est roi, avec du vrai foie gras maison dans le menu. Comme dit l'accueillant patron, « gavage du client garanti », ou encore « client non plumé ». Plusieurs menus de 69 à 185 F ! S'il fait frisquet, la grande cheminée est là pour vous réchauffer. On peut aussi y dormir, dans de charmantes chambres décorées avec du vieux bois ; à partir de 159 F. Un peu proche de la nationale, dommage.

À voir

★ *Le cénotaphe de Du Guesclin :* à côté de l'*hôtel de la Poste,* au carrefour de l'Habitarelle. Rien de grandiose, presque décevant. Pourtant il y a quelque chose d'émouvant dans ce petit monument en granit élevé au XIXe siècle au bord d'une route aussi banale. Le « connétable de France », né vers 1320 à La Motte-Broons, près de Dinan, en Bretagne, est représenté allongé en tenue de chevalier, les pieds posés sur un lion. Une inscription dit : « Ici le 13 juillet 1380 Bertrand Du Guesclin a reçu sur son lit de mort les clefs de Châteauneuf-de-Randon pris aux dernières compagnies. Précurseur de Jeanne d'Arc dans l'œuvre de relèvement national. » On pourrait ajouter : précurseur de de Gaulle. En fait, il a littéralement chassé les Anglais hors de France. Dans sa fin, il y a quelque chose de tragi-comique : on dit qu'il est décédé après avoir bu dans une fontaine du coin une eau trop froide. Sorte d'hydrocution en somme.

Le plus étrange c'est qu'après sa mort, le corps de Du Guesclin embaumé, ses entrailles furent enterrées au Puy, ses chairs à Montferrand. On dispersa ainsi la dépouille du connétable. Ses os furent placés dans un gisant de la basilique de Saint-Denis où le roi Charles V voulait qu'il soit près de lui pour l'éternité. Enfin, son cœur fut offert à sa ville natale, Dinan, où il a été placé dans un reliquaire de la basilique Saint-Sauveur. Pas facile d'être un connétable connu et admiré au XIVe siècle !

★ *Le petit musée Du Guesclin :* sur la place du village, dans l'hôtel Du Guesclin. Ouvert en juillet et août, de 10 h à 12 h et de 14 h 30 à 18 h 30. Évoque la vie du connétable. Pour les fans ou ceux dont les enfants étudient cette période de l'histoire de France.

★ *Les ruines de la tour des Anglais :* au nord du bourg.

★ *L'observatoire,* d'où l'on a une superbe vue sur le pays.

La route de Grandrieu à Saint-Alban-sur-Limagnole

De Châteauneuf-de-Randon vers Grandrieu, la beauté de cette région va vous toucher. Mais il y a mieux encore. En effet, pour une meilleure approche de la Margeride, nous vous conseillons d'emprunter cette longue route sauvage qui passe par la baraque des Bouviers (1 418 m) et traverse des paysages que l'on ne risque pas d'oublier. À la différence de l'Aubrac, la Margeride est boisée. Mais point de paysages escarpés et torturés par les aléas du temps. On traverse une alternance de forêts profondes, remplies de champignons et très giboyeuses, de prairies jaunies par la sécheresse, de landes, de bruyères, de muretins et de blocs de granit érodés par la pluie et la rigueur des hivers. 28 km de bonheur ! Alors profitez-en pendant l'arrière-saison. On y rencontre peu de voitures et les couleurs deviennent tellement fantastiques que l'on a l'impression de traverser un monde à part, dépeuplé, mais où les traditions restent solidement ancrées dans les habitudes.

SAINT-DENIS-EN-MARGERIDE (48700)

Tout petit village isolé au milieu d'un vaste paysage de bois et de prairies, dans le creux d'un vallon. Remarquer le vieux manoir en granit, à gauche en sortant du bourg.

Où manger ?

l●l *Café-restaurant Le Margeride :* petite maison à droite dans la rue principale du village. ☎ 04-66-47-41-09. Une de nos bonnes adresses en Margeride. Viviane Bonnet prépare une délicieuse soupe aux choux (en hiver), des plats à base de champignons (en automne), de la charcuterie du pays, de la potée au-vergnate. Mais sa spécialité, ce sont les plats à base de pommes de terre. En semaine, l'ambiance est celle d'un petit resto ouvrier de campagne. Menus à partir de 65 F. Viviane pourra vous dire quels sont les bons coins de forêt pour ramasser des champignons.

Aux environs

★ *LA BARAQUE DES BOUVIERS*

Le col culmine à 1 418 m, dans un beau paysage, en plein cœur de la Margeride. Pendant longtemps ce coin perdu fut oublié du reste de la Lozère. Depuis peu, le département a décidé d'en faire une petite station pour les skieurs de fond. Une dizaine de petits chalets en bois, un bureau d'information, des studios à louer : adieu les solitudes romantiques de naguère. Heureusement pour nous, il y a beaucoup d'autres endroits perdus en Margeride qui s'appellent aussi baraque : Baraque de Boislong près de La Villedieu, Baraque du Cheval-Mort, près d'Estables...

Où manger ?

|●| *La Baraque des Bouviers :* c'est la maison à gauche au sommet du col. ☎ 04-66-47-31-13. Fax : 04-66-47-31-13. Fermé le lundi soir et le mardi et 10 jours en novembre. Vous verrez une cloche au-dessus de la porte d'entrée de ce bar-restaurant. Autrefois, on la sonnait pour orienter les pèlerins, les routiers, les voyageurs, surpris par la « tourmente ». Il faut dire qu'ici les hivers sont particulièrement rudes : 10 à 15 °C au-dessous de zéro. Aujourd'hui, *La Baraque* est l'une des tables les plus copieuses de Margeride. Menus à 75, 105 à 150 F. Cuisine gastronomique à base de produits locaux.

À faire

– Il y a de nombreuses *randonnées* à faire dans les environs. Le GR43 passe ici.

SAINT-ALBAN-SUR-LIMAGNOLE (48120)

Petite ville construite sur le flanc ouest de la Margeride. Au bord de la rue principale, une belle église romane avec un clocher-peigne. À l'extérieur, un château du XIXᵉ siècle qui abrite un hôpital psychiatrique. Très jolie route par la vallée du Guitard en venant de Rimeize.

Où dormir ? Où manger ?

▲ |●| *Hôtel-restaurant du Centre :* 32, Grande-Rue. ☎ 04-66-31-50-04. Fax : 04-66-31-50-76. Fermé en janvier. Son logo est une coquille Saint-Jacques, pour rappeler que Saint-Alban était autrefois un hospice pour les pèlerins sur le chemin de Saint-Jacques-de-Compostelle. Une maison ordinaire, propre et familiale. Chambres doubles de 150 F (lavabo) à 300 F (bains et w.-c.). Gîte d'étape au 4ᵉ étage (50 F par personne, en dortoir). Les cloches vous réveillent à 7 h. Fait aussi resto : repas à partir de 65 F (midi) et 75 F (soir) et la carte.
|●| *La Petite Maison :* 4, av. de Mende. À 400 m du centre. ☎ 04-66-31-56-00. Fermé le lundi midi en saison, les lundi et mardi midi hors saison, ainsi que de novembre à mars. Un superbe bison a remplacé les

drapeaux sur la façade de cette petite maison de pierre où la cuisine inventive plaira aux gourmets. Formule plat et dessert à 88 F (en semaine) et menus à 128, 158, 198 et 248 F. Assez cher tout de même.

Spécialité : le bison d'Amérique. Et, pour les amateurs, près de 130 whiskies à déguster ! Sachez que, de mai à octobre, un repas ici vous donne droit à un bain dans la piscine du *Relais,* en face.

Où dormir ? Où manger aux environs ?

🛏 ▮❶▮ *Chambres d'hôte :* chez Anna Jalbert, à La Roche-de-Lajo (à 9 km de Saint-Alban), village situé près de la D587 en direction de Chanaleilles en Haute-Loire. ☎ 04-66-31-52-07. On peut y louer 2 chambres d'hôte (et y prendre ses repas). 170 F la nuit pour deux. Le foyer de ski de fond de Lajo n'est qu'à 3 km de là. Les sentiers de randonnée GR4 et GR65 Tour de la Margeride passent par ici.

🛏 ▮❶▮ *Chambres d'hôte Les Sapins Verts :* Chazeirollettes, 48700 Foutans. ☎ 04-66-48-30-23. Fermé de mi-octobre à début mars. À 6,5 km de Saint-Alban par la D4 vers Serverette. Monter ensuite vers le village et suivre les flèches. Une excellente adresse perdue dans un paysage inoubliable. Belles chambres avec salle de bains et w.-c. à 270 F pour deux. Fait aussi fermeauberge sur réservation. Repas du soir à 85 F et le midi à 98 F.

À voir aux environs

★ *Les bisons de la Margeride :* dans la commune de *Sainte-Eulalie.* ☎ 04-66-31-40-40. Après les loups du Gévaudan, voici les bisons d'Europe, importés du parc de Biélowieza en Pologne, dans un domaine de 160 ha. Plus grand mammifère terrestre européen, le bison engloutit chaque jour plus de 30 kg de nourriture et peut peser jusqu'à 1 t ! La réserve en compte une trentaine en semi-liberté. Vous pourrez les admirer soit à pied (voir « Idée rando ») soit en calèche (la visite guidée dure environ 45 mn). C'est beaucoup plus sympa en calèche, car alors on entre dans les enclos pour approcher la bête. En effet celle-ci, rassurée par la présence des chevaux, ne charge pas (alors qu'au contraire toute forme humaine et verticale la met en rage). Attention, il est prudent de réserver, il n'y a pas beaucoup de calèches.

À l'entrée, vous ferez connaissance de la bête à la *Maison du Bison,* véritable musée du bison *bonasus,* l'un des rares représentants vivants de la préhistoire. On y apprend que Charlemagne le chassait volontiers et on y voit trois personnages de cire d'un réalisme saisissant : des magdaléniens, nos ancêtres d'il y a 12 ou 14 000 ans. Observez leurs vêtements déjà *new age,* et aussi que la demoiselle, belle sauvageonne aux yeux d'azur, aux cheveux cheveux et se tenant à quatre pattes, laisse à penser que ces temps n'étaient pas si durs. On s'est renseigné : une Bretonne a servi de modèle. Quel beau pays que la Bretagne ! Mais revenons à nos bisons. Ne partez pas sans voir la projection et l'expo photos consacrées à la vie des bisons en Haute-Lozère. Ouverte de 10 h à 12 h et de 14 h à 18 h en hiver, sans interruption en été.

🛏 ▮❶▮ On peut passer la nuit à côté de la réserve, au *Gîte d'étape Sur le Chemin des Bisons :* ☎ 04-66-31-40-04. À partir de 60 F. Demi-

pension possible, 140 F. Menu à 65 F. Apéritif offert à nos lecteurs sur présentation du guide.

LA LOZÈRE

Idée rando

– *Les bisons de la Lozère :* 9 km. 2 h 30 aller et retour sans les arrêts, plus 1 km pour la visite de la réserve.

En haute Margeride, depuis 1991, des bisons polonais paissent tranquillement sur les plateaux lozériens, vivant en famille. Ils n'ont plus à craindre la bête du Gévaudan. Une balade en Lozère, avec aussi quelques vaches, dans un paysage qui s'étend de l'Aubrac aux monts du Cantal.

Départ de *Sainte-Eulalie,* à 15 km environ à l'est de Saint-Alban-sur-Limagnole. Parcours facile. Balisage jaune ou blanc et rouge pour les parties communes avec le GR4 et le GR43. Réf. : *PR en Margeride et Gévaudan,* éd. Chamina. Cartes IGN 1/25000 n° 2637 O et E.

À l'église (du XIIᵉ siècle) de *Sainte-Eulalie,* suivre le balisage blanc et rouge du GR4 vers Cheyla-d'Auce. Un chemin à gauche, à la sortie du village, mène à la D7 et au parc à bisons. Là, une trentaine de bisons d'Europe de l'espèce *bison bonasus* broutent paisiblement. À pied, la visite de la réserve s'effectue en groupe avec un accompagnateur. On peut allonger le circuit en calèche. Et, même en hiver, on vous y conduit en traîneau...

Après toutes ces émotions et quelques panoramas sur les monts du Cantal et les plateaux de l'Aubrac, reprendre la D7, puis le GR4 en direction de la Baraque des Bouviers. Au croisement, emprunter le GR43 qu'on laisse très vite en prenant un chemin sur la droite et qui traverse un ruisseau avant de rejoindre Sainte-Eulalie.

LE MALZIEU (48140)

On l'oublie souvent, ce village était le terrain de prédilection de la bête du Gévaudan. Pourtant ses habitants se croyaient à l'abri derrière leurs remparts dont le bourg, bien calé dans un méandre de la Truyère, conserve une porte et deux grosses tours ; dans les ruelles, belles portes de granit avec linteaux gravés.

Adresse utile

❶ *Syndicat d'initiative :* à la mairie. ☎ 04-66-31-70-25. Ouvert de 10 h à 12 h et de 17 h 30 à 19 h. Fermé le lundi matin.

Où dormir ? Où manger ?

🛏 🍴 *Hôtel de La Margeride :* place du Souvenir ; en face de la mairie. ☎ 04-66-31-70-18. Fermé entre Noël et le Jour de l'An. Confort rustique sans prétention, mais pas cher : de 110 F (grand lit) à 140 F (2 grands lits : possibilité de dormir à 4) la chambre double avec douche sur le palier. Un classique petit menu régional entre 60 et 80 F selon les plats (vin compris).

Où dormir ? Où manger aux environs ?

🛏 🍴 *Ferme-auberge Le Bon Accueil :* Paulhac-en-Margeride ; à 14 km du Malzieu, sur la D989 en direction du Puy. ☎ 04-66-31-73-46.

LA LOZÈRE

Fax : 04-66-31-74-64. À 1 160 m d'altitude. La bien-nommée vous propose un repas à 65 F avec du chou farci comme spécialité. Edmond Martin le prépare comme personne. Également de confortables chambres d'hôte dans une bonne vieille ferme comme on les aime. 140 F pour une double avec lavabo... et bidet (« il est beau, il est beau le lavabo, il est laid, il est laid le bidet ») et 50 F le lit supplémentaire.

🛏 🍽 *Le Rocher Blanc :* à La Garde, à 10 km au nord-ouest du Malzieu. ☎04-66-31-90-90. Fax : 04-66-31-93-67. Restaurant fermé de la Toussaint à Pâques. Une bonne halte à 1 km de la sortie 32 de la A75 (la première en Lozère en venant du nord). Hôtel avec piscine, chambres propres, assez spacieuses et calmes, de 230 F (douche, w.-c., TV) à 280 F (bains). Au restaurant, menus de 85 à 195 F (le régional à 92 F). On est en Mar-

geride, région belle et sauvage, et à 3 km du plus petit musée de France, à Albaret-Sainte-Marie, une curiosité.

🍽 *La Maison d'Élisa :* à Chaulhac ; à 15 km au nord-ouest du Malzieu. ☎ 04-66-31-93-32. Prendre la D47 direction Lorcières sur 10 km, puis à gauche vers Chaulhac. Comme c'est mignon ici, ce village perdu, ce hameau fleuri avec sa jolie *Maison d'Élisa* au milieu ! Fallait oser : quitter la région lilloise et ses terrils pour s'installer ici, entre rivières et bois, au soleil du Midi. Ces *Chtimis* l'ont fait et tiennent aujourd'hui une auberge discrète et pleine de douceur où l'on trouve un menu à 80 F, vin et café compris, très honnête et bien préparé. Autre menu à 110 F. Ils changent tous les jours, mais le tour de main de Madame reste le même, et le service souriant de Monsieur aussi. Sur commande, truffade et super aligot.

À voir aux environs

★ *Albaret-Sainte-Marie (48200) :* charmant village qui peut bien s'honorer de posséder *le plus petit musée de France* (livre *Guinness des Records* à l'appui). Dans l'ancien four banal, 3 x 5 m, un bric-à-brac local de manuscrits, maquettes, livres et documents. Entrée gratuite et consultation possible de quelques minces dossiers (sur la bête du Gévaudan, par exemple). Liste des maires d'Albaret (longévité exceptionnelle de M. Jean-Adrien Bonnel, élu et réélu de 1848 à 1904). Vie et œuvre du médecin-historien-philantrope et conseiller municipal Théophile Roussel, « nom qui sera honoré dans le beau pays de France tant qu'il y aura des berceaux », qu'on se le dise. Photo d'un « vieux couple de paysans vivant chichement de leur lopin de terre : leurs valeurs morales et leur dignité imposent le respect ». Amusant, non ? Enfin, cet autre bon mot, comme pour justifier un si petit musée : « Il n'est pas de modeste réalisation qui n'ait une certaine grandeur ». Et modeste, avec ça !

★ *Les gorges de la Truyère :* méconnues mais très belles. On ne peut malheureusement pas vraiment les longer, en voiture en tout cas. À pied ou à V.T.T., on peut toutefois s'y aventurer mais hors sentier balisé, donc attention ! Encaissement spectaculaire de la Porte-des-Fées.

★ *Le Mont-Mouchet :* en Haute-Loire mais à la limite de la Lozère, ce haut lieu de la Résistance vaut le détour pour son *musée de la Résistance,* justement (ouvert de mai à octobre de 9 h 30 à 12 h et de 14 h à 19 h ; ☎ 04-71-74-11-28). Comme de Gaulle en 1959, venez y « saluer les anciens qui ont combattu ici sous les ordres du colonel Gaspard ». Un must !

ENTRE MARGERIDE ET AUBRAC

Grosso modo, la N9 de Marvejols à Saint-Flour sert de frontière entre ces deux terroirs si différents. Climat, paysages, traditions et même les hommes vont changer. Alors, pour amortir le choc de la découverte de l'Aubrac, on peut faire étape à Saint-Chély-d'Apcher ou à Aumont-Aubrac, histoire de s'habituer avant de se lancer.

SAINT-CHÉLY-D'APCHER (48200)

Paysage industriel insolite en arrivant. Comme si, d'un seul coup, la civilisation avait surgi de nulle part. La ville s'est développée depuis le début du siècle autour d'une forte activité métallurgique. On aime surtout le coin pour ses délicieux fromages et ses excellentes charcuteries.

Adresse utile

▯ *Office du tourisme :* près du boulevard Guérin-d'Apcher. ☎ 04-66-31-03-67. Fax : 04-66-31-30-30. En été, ouvert tous les jours de 9 h 30 à 12 h 30 et de 15 h à 19 h ; en hiver, du lundi au samedi de 14 h 30 à 17 h 30. Demander Mme Robert pour tout renseignement particulier.

Achats

– *Quelques bons charcutiers :* Jeanine Pradal, 49, rue Théophile-Roussel, produit et vend d'excellentes spécialités régionales. Un peu plus loin, son confrère *Vianney Teissandier,* au n° 91 de la même rue, propose aussi de très bonnes salaisons.

Où dormir ? Où manger aux environs ?

▲ |●| *Auberge du Verdy :* 48310 Termes. ☎ 04-66-31-60-97. Fax : 04-66-31-66-13. Fermée en février. À 10 km de Saint-Chély-d'Apcher par la D989 vers Chaudes-Aigues. Impossible de rater cette auberge... si l'on passe par cette petite route un peu perdue mais follement belle. Des chambres propres et claires de 220 à 250 F et une bonne cuisine du terroir. Menus à 55 F (en semaine), 69, 100 et 120 F. Une bonne étape.
▲ |●| *Chambres et table d'hôte Lou Chastel :* à Boutans-Bas ; à 24 km à l'ouest de Saint-Chély. ☎ 04-66-31-61-12. Fermé en janvier et février. Prendre la D989 direction Chaudes-Aigues, passer Fournels et 5 km plus loin, avant Saint-Juéry, tourner à gauche direction Boutans (ou Boutans-Bas) ; là, suivre les panneaux « Lou Chastel ». Ferme authentique où vous mangerez de l'oie de l'élevage familial dans une vaste pièce typique, à cheminée et vaisselier énormes, longue table de bois et, dans un coin, méchant téléviseur pas noir et blanc mais presque : la campagne profonde, l'enfer ! Au menu, foie gras d'oie et son vin blanc, rillettes d'oie, magret ou confit d'oie, puis salade, fromage et tarte maison. Combien on vous « d'oie »? Pour tout ça, 95 F, c'est cadeau ! Bon, parfait, et les chambres sont à 180 F la nuit ou 360 F pour deux en

demi-pension. Il y en a quatre, pas compliquées, genre fonctionnel-rustique. Si l'on reste plusieurs jours, le menu change.

AUMONT-AUBRAC (48130)

Ne pas confondre avec Aubrac. Rien de particulier à voir dans ce chef-lieu de canton, hormis le chœur roman de l'église datant des XIe et XIIIe siècles et les chapelles latérales gothiques.

Où dormir ? Où manger ?

🛏 |●| *Hôtel Prunières :* place du Relais. ☎ 04-66-42-80-14. Fax : 04-66-42-92-20. Des chambres quelconques à 255 F la double (avec douche et w.-c.). Menus de 69 à 135 F. Uniquement pour dépanner.

Plus chic

🛏 |●| *Grand Hôtel Prouhèze :* 2, rue du Languedoc. ☎ 04-66-42-80-07. Fax : 04-66-42-87-78. Fermé les dimanche soir et lundi sauf en juillet et août, et du 1er novembre au 20 mars. Vous qui passez par la Lozère faites donc halte ici, vous ne devriez pas le regretter, car, vraiment, quel art et quel métier à la table de Guy Prouhèze ! Les saveurs magnifiées du saumon, des asperges ou du mousseron, de tout ce qu'on voudra de frais et bon, il vous les sert en des recettes harmonieuses et subtiles, jouissives. Excellente cave, riche de grands crus mais aussi de *vins de table* du feu de Dieu. On déguste tout ça dans le cadre fleuri d'une vaste salle toute provinciale. Le midi en semaine, menu à 170 F ; menus suivants à 205, 295 et 380 F. Si ces prix vous effraient, le restaurant voisin, *Le Compostelle,* propose trois menus plus simples mais très bien à 85, 105 et 125 F : c'est en fait la même maison et le même chef. Côté chambres, des doubles coquettes et confortables de 400 à 570 F (une à 290 F, impeccable). Choisissez les chambres 26 et 36 : ce sont les plus grandes et les mieux agencées.

Où manger aux environs ?

|●| *L'Ousta Bas :* à 13 km au sud d'Aumont-Aubrac, juste sur le bas-côté de la N9, au lieu-dit Couffinet, 2 km après le col des Issartès. ☎ 04-66-42-87-44. Fermé le mercredi hors saison. C'est une grosse maison aux murs très épais. À l'intérieur, poutres anciennes, cheminée, et tables coquettes. Cuisine du pays (nous sommes sur la terre de Peyre, entre Aubrac et Margeride) pour des prix abordables : à partir de 88 F le repas, puis menus à 130 et 205 F. Un kir à la myrtille offert à nos lecteurs sur présentation du guide.

L'AUBRAC

Tout ce qui subsiste d'intégralement exotique dans le paysage français me semble toujours se cantonner là : c'est comme un morceau de continent chauve... Tonsures sacramentelles, austères, dans notre chevelu arborescent si continu, images d'un dépouillement presque spiritualisé du paysage qui mêle indissolublement, à l'usage du promeneur, sentiment d'altitude et élévation.

Julien Gracq.

D'autres routards éberlués doivent s'écrier : le Sahara! La Californie! Nous, on s'exclame : l'Aubrac! Car pour la première fois, dans le sud de la France, nous avons eu la très étrange impression d'être arrivés dans un bout du monde. Dans cette montagne dénudée, austère mais terriblement belle, les sommets atteignent 1 300 à 1 400 m. C'est un univers de dômes arrondis, de monts chauves couverts de prairies, de landes, de bruyères. Des ruisseaux à truites courent dans cette immensité vide où l'horizon n'a jamais été aussi vaste et lointain. Rien pour arrêter le regard sinon la silhouette humble de ces burons couverts de lauzes ou ces clochers-peignes qui semblent vouloir coiffer les cheveux du ciel tellement ils s'en approchent. Bref, un coup à devenir mystique, randonneur céleste, vagabond inspiré. Car ça souffle en Aubrac! La chaleur et la vie se réfugient dans les maisons aux murs héroïques. On a rencontré des gens sympas, ouverts, chaleureux, les Méridionaux de l'Auvergne, en somme. On nous a dit qu'il y avait 1 300 espèces de plantes sur les monts chauves, que les lacs étaient des merveilles pour les amateurs de pêche, que le domaine skiable s'étendait sur 150 km en hiver.

C'est vrai. Entre l'Aubrac et les Aubracois c'est d'enracinement qu'il s'agit. Mais aussi de passion. Il suffit de voir le travail incroyable de mise en valeur effectué depuis 10 ans par l'*A.D.E.C.A.* (Association pour le développement économique et culturel de l'Aubrac) pour en prendre la mesure. Ici, pas de réserve naturelle et pourtant « plus naturel que moi tu meurs ». Pas de parc, comme dans les Cévennes, chacun se débrouille comme il peut pour sauver cette terre ancestrale de l'oubli. Un bout du monde donc, mais où l'on a été parmi les premiers à conquérir Paris à l'époque des bougnats, des loufiats, des porteurs d'eau et des limonadiers. L'Aubracois va facilement vers la capitale où il a souvent un cousin, patron de brasserie. Il aime son pays et le fait savoir. Des films ont été tournés dans ce décor étonnant : *La Trêve, L'Adoption* de Marc Grunbaum (1971), un téléfilm, *La Tuile à loup* (1972), et un court-métrage de François Labarthe, *Anaon*, qui, à l'origine, devait être tourné en Bretagne. Mais l'Aubrac, n'est-ce pas les monts d'Arrée puissance 10, sans la mer?...

La fête de la Transhumance

Chaque année autour du 25 mai, quand la campagne est en fleurs, les troupeaux de vaches (race Aubrac croisée avec des charolaises) sortent de leurs étables après un long hiver rigoureux. Les bêtes montent sur les dômes de l'Aubrac où elles passeront l'été dans les hauts pâturages (1 200 à 1 300 m). C'est la transhumance. Elle dure en général une quinzaine de jours. Mais un dimanche est consacré à cette fête haute en couleur, dernier vestige d'un mode de vie ancestral. Les vaches portent des sonnailles autour du cou. On leur accroche des fanions et des drapeaux tricolores. Des bouquets de fleurs, des branches de genévrier, des rameaux de houx, au-dessus des cornes. Ainsi parées, les bêtes cheminent sur les routes et les chemins jusqu'à Aubrac où elles sont rassemblées dans un enclos. Puis un jury agricole décerne un prix au plus beau troupeau. C'est une grosse clarine. Dans les burons et les auberges du pays, on célèbre l'événement en préparant des kilos d'aligot dans une ambiance chaleureuse. Le reste des troupeaux est transporté à bord de camions. Ça va plus vite. Meuh! Meuh! Pour ceux qui recherchent du vrai, du vécu, la transhumance, la vraie, a lieu avant et après les dates annoncées à grand renfort de publicité, loin des fêtes touristiques. On peut alors admirer le travail des bergers et découvrir des gens vrais, chaleureux et sincères comme il n'y en a plus beaucoup.

L'aligot, spécialité de l'Aubrac

C'est le plat traditionnel des bergers. Il est copieux. Difficile d'avoir encore faim après l'aligot ! Il s'agit d'une grosse purée de pommes de terre mélangée à du lait, du beurre, de la crème et du lard fondu. On ajoute, bien sûr, de la tomme fraîche qui fait « filer » cette épaisse pâte blanche sans qu'elle se rompe. On le prépare en hiver comme en été. L'idéal consiste à déguster l'aligot dans un buron avec des bergers. Par exemple : au buron de Canuc près d'Aubrac (voir plus loin).

Les burons d'Aubrac

Voilà comment Julien Gracq parle des maisons de bergers : « Burons à demi-ensevelis dans l'herbe, petits oratoires bucoliques et païens couverts de lauzes où l'on porte au son des clochettes les présents de la prairie : le lait blanc coagule en meules sur le feu de bois comme un latex de l'herbe juteuse » *(Lettrines 2)*. Dans les années 30, il y en avait encore 300 dans la montagne, parsemant ces immensités dénudées tels des petits repères de pierre noyés sous la neige de l'hiver. Aujourd'hui, il n'en reste que quelques-uns en activité, pour les touristes avant tout. Toutefois, depuis quelques années, la communauté de Jérusalem a entrepris un programme de réhabilitation des burons. Ils signent un contrat avec les propriétaires et restaurent les habitats. En échange, ils les utilisent 15 jours par an comme lieu de méditation. On les comprend. Une initiative qui a permis de sauver une vingtaine de burons. Appelé mazuc en Aveyron voisin, le buron abrite deux ou trois pièces exiguës : une où les bergers dorment, une autre où l'on fabrique la fourme ou la tomme (fromage de lait de vache), une troisième pour stocker les fromages.

LE TOUR DE L'AUBRAC À PIED

Une superbe randonnée à faire en une dizaine de jours. On commence souvent le tour à partir d'Aumont-Aubrac mais il existe des variantes, et le GR65 vous permet de rejoindre le GR Tour de l'Aubrac en de multiples endroits. On vous conseille de ne pas manquer la partie entre Trémouloux et Saint-Laurent-de-Muret, qui vaut largement le détour ! Vous pouvez entrer en contact avec Díaz Gonzalo (☎ 04-66-32-56-02) si vous désirez un guide : il vous racontera traditions et légendes du pays, et vous commentera la faune comme la flore.

Il y a plusieurs petits hôtels et gîtes d'étape sur l'itinéraire : on vous en indique quelques-uns ; pour la liste complète des gîtes et leur localisation exacte, se renseigner à l'office du tourisme de Saint-Chély-d'Apcher (voir plus haut).

Où dormir? Où manger?

■ |●| *Centre équestre, gîte d'étape de Nasbinals :* s'adresser à M. Moisset, route de Saint-Urcize. ☎ 04-66-32-50-65. 10 lits en gîte. Douches et w.-c. Repas au gîte. 140 F la demi-pension.

■ *Les Salces :* dans la partie sud-est de l'Aubrac. ☎ 04-66-32-62-40.

■ *Gîte de Fau-de-Peyre :* au village, 48130 Fau-de-Peyre, chez Mme Estevenon. ☎ 04-66-31-11-10. 18 lits, douches, coin-cuisine. Bon accueil, confort et propreté.

■ |●| *Chambres d'hôte chez M. Alain Chalvet :* à Termes, entre Saint-Chély-d'Apcher et Fournels. Un peu à l'écart du village. ☎ 04-66-31-64-12. Bien situé et bien tenu, dans une ferme, 4 chambres avec douche et w.-c., à 250 F pour deux; petit déjeuner : 25 F. Demi-pension possible : 175 F par personne.

■ |●| *Gîte de Fournels :* relais communal. Appeler Tintin Saint-Chély : ☎ 04-66-31-60-84; ou à la mairie : ☎ 04-66-31-60-15. 40 F la nuit. Petit déjeuner à 25 F. 60 F le repas.

■ |●| *Gîte de Prinsuéjols :* relais communal. Prendre contact avec M. Calassi, à Prinsuéjols. ☎ 04-66-32-51-49. 40 F la nuit. Fait également resto, et même que c'est une bonne table : 70 F le repas (☎ 04-66-32-52-96).

■ |●| *Gîte d'Aumont-Aubrac :* situé au relais de Peyre, chez Vincent Boussuge. ☎ 04-66-42-85-88. Fax : 04-66-42-90-08. Fermé du 20 décembre au 20 janvier. Gîte d'étape de 6 chambres aménagé dans une ancienne ferme. Doubles à 200 F (choisissez la 9 ou la 15). Menus de 50 à 140 F. 10 % de réduction d'octobre à avril pour nos lecteurs sur présentation du guide.

■ *Gîte de Saint-Urcize :* dans l'ancienne chapelle des Pénitents. Contacter monsieur le Curé : ☎ 04-71-23-20-57. 20 lits, douches, w.-c., coin-cuisine.

Le GR65 ou chemin de Saint-Jacques-de-Compostelle

« Le séjour de l'horreur et des vastes solitudes », ce verset biblique ornait naguère le fronton d'entrée de l'hospice d'Aubrac où des milliers de pèlerins du Moyen Âge (XIIIᵉ-XIVᵉ siècles), venus du Puy ou de Vézelay, faisaient escale avant de repartir vers Conques et Saint-Jacques-de-Compostelle (Espagne).

La traversée de ce désert d'altitude, à l'époque, avait quelque chose d'une aventure terrible. Le marcheur devait affronter toutes sortes de périls : les brumes et les tempêtes hivernales, les bandits de grand chemin (appelés alors les routiers; depuis ce temps ils sont devenus sympas), les loups (l'Aubrac était alors couvert de forêts), la faim, la soif, la solitude. Des moines-soldats étaient chargés d'assurer la protection des pèlerins en cours de route. Les chemins rocailleux montaient à l'assaut de la montagne. Ils passaient par Fournels, Saint-Urcize, Laguiole ou par la « haute route » : Fau-de-Peyre, Malbouzon, Nasbinals, Aubrac, puis redescendaient vers des cieux plus cléments jusqu'à Espalion.

Aujourd'hui, le GR65 reprend en partie ce très vieux chemin médiéval, sans doute l'une des façons les plus vraies pour découvrir ce pays. Se munir évidemment du topoguide adéquat avant de partir.

NASBINALS (48260)

À peine une ville, un gros et sympathique village de 500 habitants : de robustes maisons aux murs de granit et de basalte, une belle église romane au clocher octogonal et des échappées formidables sur l'Aubrac. À Nasbinals on croise autant de marcheurs, de skieurs (ski de fond en hiver), de chevaux et de troupeaux que de pêcheurs euphoriques, de rêveurs inspirés, de naturalistes heureux. C'est là le secret de ce bout du monde.

Adresses utiles

🚩 *Office du tourisme :* dans la rue principale du village, à côté de l'*hôtel de La Route d'Argent.* ☎ 04-66-32-55-73. En saison, ouvert du lundi au samedi de 9 h à 12 h et de 14 h à 18 h et le dimanche de 9 h à 12 h ; hors saison, ouvert du mardi au samedi de 9 h à 12 h et de 14 h à 16 h 30, fermé les dimanche et lundi. On y trouve une documentation abondante, et notamment une brochure sur 12 circuits pédestres autour de Nasbinals. Informations sur la pêche, le V.T.T., les randonnées équestres, le ski de fond, l'escalade sur granit... Vous pouvez demander Gonzalo (très sympa et très compétent ; ☎ 04-66-32-56-02), il vous parlera des randonnées ac-compagnées sur des thèmes : faune, flore, tourbières, brame du cerf...

✉ *Poste :* dans le centre du village. ☎ 04-66-32-50-59.

■ *Centre équestre des Monts-d'Aubrac :* chez Gérard Moisset, route de Saint-Urcize, à Nasbinals. ☎ 04-66-32-50-65. Ouvert toute l'année. Également un gîte d'étape autonome (☎ 04-66-32-59-47), restauration, randonnées accompa-gnées sur les monts d'Aubrac. Il y a aussi un Point Accueil Jeunes pour les 13-18 ans.

– *Au village :* boulanger, boucher, épicier, médecin, dentiste, tabacs-journaux (on peut presque s'en passer en vacances).

LA LOZÈRE

Où dormir ? Où manger ?

🛏 *Gîte communal :* à 30 m de l'office du tourisme. ☎ 04-66-32-59-47. Tout propre, tout neuf, et bon accueil de Mme Andrieu. Compter 46 F pour une nuit.

🛏 |●| *Hôtel de La Route d'Argent :* pas difficile à trouver, c'est la grande maison derrière l'église et près du parking du village. ☎ 04-66-32-50-03. Fax : 04-66-32-56-77. Le maître des lieux, Pierre Bastide, est intarissable en histoires sur le pays. Mais c'est probablement l'un de ses fils, Bernard ou Daniel, que vous verrez à la réception, dans un coin du bar. Ici, l'accueil reste sympathique et chaleureux. Bastide, en Aubrac, c'est une institution. La cuisine du chef est des plus copieuses : truffade, choux farci, magret de canard aux pommes cayétade et, bien sûr, l'aligot du Père Bastide. Tout ça dans une ambiance villageoise et familiale. Menus de 60 à 150 F. Chambres doubles entre 190 F (douche) et 280 F (bains, w.-c., TV). À partir de 190 F en demi-pension. Le matin au petit déjeuner (que l'on prend au bar), on rencontre le gendarme, le curé, le facteur, le marchand de bestiaux... Bref, on dirait que tout Nasbinals a rendez-vous chez le père Bastide. Pour ceux qui aiment les ambiances un peu plus cossues, la famille a ouvert un autre hôtel 3 étoiles mais à peine plus cher, à l'extérieur du village. Son nom : *Le Bastide,* évidemment.

🛏 |●| *Le Relais de l'Aubrac :* pont de Gournier. ☎ 04-66-32-52-06. Fax : 04-66-32-56-58. À 3 km du village par la D12. Fermé du 15 novembre au 1er février. Une belle maison en granit de l'Aubrac, tenue par une famille. Impression favorable d'un routard séduit par l'accueil. Jolie salle avec une immense cheminée où il fait bon se réfugier. Chambres simples et chaleureuses. Doubles avec douche et w.-c. à 230 F, avec bains et TV à 260 F. Cuisine solide composée de plats du terroir. Tripoux maison, agneau de lait, aligot... Menus de 95 à 170 F le midi. Le soir, menu du terroir à 110 F, plus la carte.

≜ *Camping municipal :* à 300 m du village, sur la route de Saint-Ur-

cize. ☎ 04-66-32-50-17 (mairie) ; ou contactez Giselle Andrieu : ☎ 04-66-32-52-95. Ouvert du 25 mai au 30 septembre. Calme, protégé du vent, le site manque pourtant un peu d'ombre. Eau chaude.

Où manger l'aligot dans un buron ?

|●| *Ferme-auberge du Buron du Che :* chez Christian Bessière, entre Nasbinals et Malbouzon. ☎ 04-66-32-53-30 à la ferme ; ☎ 04-66-32-55-72 au buron. Ouvert de Pâques à la Toussaint. Fermé le lundi, sauf en juillet et août. Téléphoner à l'avance. Menus à 120, 140 et 170 F, et choix à la carte (aligot, magret...). Un peu cher !

LES VIEUX VILLAGES DE L'AUBRAC

À pied ou en voiture, peu importe, il faut partir à la découverte de ce monde inconnu et de ces beaux villages où les pierres, comme les gens, ont des histoires à raconter. Voici quelques-uns de nos coups de cœur en Aubrac.

★ *MARCHASTEL (48260)*

À 7 km est de Nasbinals, à l'écart de la route de Marvejols. Un discret petit village du bout du monde, adossé à une sorte de grosse butte d'où l'on a une superbe vue sur le pays. Peu de méfaits commis par le modernisme tapageur. Ouf ! Remarquez au centre du village ce curieux « travail » avec ces 4 piliers de granit, qui servait à ferrer les chevaux. Très belles maisons en pierre volcanique aux toits de schiste et de lauzes donnant un bel aperçu de l'architecture de l'Aubrac. Dans certains bouquins, Marchastel est cité comme l'un des plus beaux villages de Lozère.

★ *PRINSUÉJOLS (48100)*

Entre Malbouzon et le château de la Baume, à l'est du massif. Le château, construit en 1630, est surnommé « le Versailles du Gévaudan ». Tours carrées, chemin de ronde à mâchicoulis, escalier à balustres... un surnom mérité ! Minuscule village avec quelques familles, une mairie de poupées et une église romane du XIIe siècle coiffée par un clocher-peigne (sans jeu de mots !). Il y a encore des réclames pour Banania sur les volets de l'épicerie désaffectée.

Où dormir ? Où manger ?

≜ |●| *Le Relais de Prinsuéjols :* au village. ☎ 04-66-32-52-94. Fermé le mercredi, et de la Toussaint à Pâques. Une auberge toute simple, avec un menu du jour à 60 F ; les menus suivants vont de 90 à 140 F. Cuisses de grenouille, ali-

got ou truffade sur commande, « œufs à ma façon », manouls... il y a des amateurs ! Le week-end, réservez. Fait également gîte d'étape : 40 F la nuitée en chambre de 5 à 6 lits ; 70 F le repas du soir (vin compris) et 135 F en demi-pension.

★ *FAU-DE-PEYRE (48130)*

Encore un village perdu, entre bois et prairies, à 8 km ouest d'Aumont-Aubrac. Église Saint-Martin du XIIIᵉ siècle avec une remarquable abside à sept pans en cul-de-four.

Où dormir ? Où manger ?

🛏 ▮●▮ *Hôtel del Faôu - restaurant Boucharenc-Tichit :* au centre du village. ☎ 04-66-31-11-00. Fax : 04-66-31-30-00. Fermé le dimanche soir hors saison. En patois, *faôu* signifie « l'arbre », nom bien mérité si l'on en juge par les alentours. On y sert une cuisine familiale à des prix défiant toute concurrence : menus très copieux de 65 à 120 F. Et dans ce bout du monde, on se bouscule littéralement pour goûter les cuisses de (vraies) grenouilles, la truite au lard ou les manouls (tripes et ventre d'agneau en paquets). Accueil spontané et chaleureux des maîtresses de maison. À proximité, un bâtiment récent abrite des chambres impeccables, avec TV et tout, de 240 à 280 F la double. Demi-pension à partir de 240 F par personne. Une cure assurée de bien-être dans l'une de nos meilleures adresses de l'Aubrac.

★ *LA FAGE-MONTIVERNOUX (48310)*

Au nord de l'Aubrac, à 8 km de Fournels par la petite D53. Petite église avec un clocher-mur à trois baies au pied du puy de Montivernoux (1 289 m).

★ *LES SALCES (48100)*

On est ici en plein pays des Boraldes, ces versants ravinés et creusés par une douzaine de rivières au sud de l'Aubrac. Le village, à 18,5 km de Nasbinals, apparaît soudain au terme d'une longue traversée du plateau désertique. Le GR60 passe à côté. Toute la D52 est à faire, en prenant le temps de découvrir les nombreux *lacs* d'altitude : Saint-Andéol, Souverols, Bord, Bonnecombe.

Où dormir ? Où manger ?

🛏 ▮●▮ *Hôtel-restaurant Le Radal du Trébatut :* à 2 km au sud des Salces, en descendant vers Le Monastier. ☎ 04-66-32-61-71. Fax : 04-66-32-62-10 et 04-66-32-61-15. Chambres entre 140 F (lavabo) et 235 F (bains et w.-c.). Avec une vue magnifique sur le pays. *Radal* est la traduction en patois de « feu de joie ». À vous d'en déduire la signification de *Trébatut*. Fait également restaurant. Menus de 60 F (en semaine) à 135 F. Aligot, tête de veau !

▮●▮ *Le Relais des Lacs :* Bonnecombe. ☎ 04-66-32-61-78. Du 1ᵉʳ juin à fin août, ouvert tous les jours ; en septembre, tous les jours sauf lundi ; en octobre, tous les week-ends ; de novembre à fin avril, les dimanche et jours fériés ; en mai, le week-end. À éviter en été pour cause de tourisme excessif. Un restaurant sans ostentation, qui fait en même temps café. Sa spécialité : l'aligot, excellent, mais vous pouvez vous contenter d'un généreux casse-croûte. Menu unique à 70 F.

★ *LES HERMAUX (48340)*

Toujours le pays des Boraldes, plus boisé et à l'aspect plus montagnard que les dômes d'Aubrac. À 4,5 km des Salces.

Où dormir ? Où manger ?

🛏 |●| *Hôtel-restaurant Vergnet :* dans le village. ☎ 04-66-32-60-78. Cuisine du terroir à partir de 75 F.

Chambres avec douche et w.-c. à 200 F.

AUBRAC (12470)

À ne pas confondre avec Aumont-Aubrac sur la nationale 9. Ici c'est le cœur des ténèbres... Une grosse tour sombre surgit de ce paysage austère, balayé par les vents. À côté, une église romane et une maison forestière (les bois sont bien loin du village). Quelques maisons construites en pierre volcanique entourent la place déserte après l'été.
On peut aussi dormir dans l'herbe, mais gare à la température la nuit ! On est quand même à 1 300 m d'altitude.

Un peu d'histoire

Dès le XIIᵉ siècle, l'hospice d'Aubrac devint le passage obligé des foules de pèlerins en route vers Saint-Jacques-de-Compostelle, un des hauts lieux de la chrétienté médiévale. Ils partaient du Puy ou de Vézelay, parfois de plus loin, et ils arrivaient généralement exténués au sommet du plateau désert. Dans cette région sauvage décrite dans le *Guide du pèlerin* comme le « séjour de l'horreur », ces « marcheurs de Dieu » pouvaient trouver un refuge gardé par 120 moines-soldats. En fait de refuge, il s'agissait d'une grande abbaye capable de recevoir 500 pèlerins. Ce sont ses vestiges que l'on voit aujourd'hui au village : l'église romane et cette tour des Anglais (XIVᵉ siècle), construite pour défendre les routards à la coquille (les pèlerins) contre les routiers (les bandits à la solde de l'Angleterre qui occupait alors le Rouergue). Ce sont les moines aussi qui ont défriché les forêts pour développer les céréales et l'élevage en Aubrac.

Où dormir ? Où manger ?

🛏 *Gîte d'étape pour randonneurs :* M. Magne, 12470 Saint-Chély-d'Aubrac. ☎ 05-65-44-25-30. Dans la tour des Anglais. 16 lits, w.-c., douches et coin-cuisine. Assez rudimentaire.

🛏 |●| *Hôtel-restaurant de la Domerie :* ☎ 05-65-44-28-42. Ouvert de début mai à fin octobre. Confortable 2 étoiles. Doubles de 250 à 410 F. Fait aussi resto. Menus à partir de 95 F et carte. Soupe aux jarrets de jambon et aux légumes très appréciée. Prix étudié pour les groupes (à partir de 6 personnes) : 90 F le repas complet. Apéritif offert à nos lecteurs.

À voir

★ *La poterie d'Henry Auguy :* au bout du village, sur la droite en allant vers Espalion. ☎ 05-65-44-28-42. Une des dernières poteries artisanales de la région. À Aubrac depuis presque 30 ans, Henri Auguy se fera un plaisir de vous accueillir au milieu de ses poteries en grès de grand feu et de vous expliquer les ficelles de ce beau métier.

MARVEJOLS (48100)

Une petite ville de caractère, sympa, patinée par les siècles, et tellement bien située aux portes de l'Aubrac et de la Margeride. Ici, Aubrac êtes en plein Gévaudan, le pays de la Bête qui ensanglanta la région et défraya la chronique de l'Ancien Régime. Pour un gros marché agricole de moins de 6 000 habitants, on a trouvé l'endroit bien animé, surtout en été. Quoi ? Vous n'aimez que le bord de mer ? Allons donc : les sensations fortes, c'est par ici que vous les trouverez en suivant la trace des loups du Gévaudan, réintroduits par Gérard Ménatory, à quelques kilomètres de Marvejols.

Bon à savoir

C'est la France profonde, mais on pense Europe et rencontres internationales. Voilà une ville qui est bien la seule en Languedoc-Roussillon à s'être vu attribuer en 1990 le drapeau d'honneur du Conseil de l'Europe : 12 étoiles d'or sur fond bleu. On sait jouer à la pétanque entre un ballet folklorique bulgare et un défilé d'enfants roumains.
Ne dites pas sur votre carte postale que vous êtes en Auvergne. Elle commence à 50 km d'ici, au nord. Marvejols est génétiquement languedocienne, avec son accent du Midi, même si rien dans l'architecture et dans les paysages ne rappelle le sud. « C'est une coulée vers le Languedoc », nous a-t-on expliqué.

Les femmes et les enfants d'abord, ou la sinistre histoire de la bête du Gévaudan

A-t-elle vraiment existé ou non ? Était-ce un énorme loup plus féroce que les autres ? un monstre crochu et velu échappé d'un cirque ? un gros chien anormalement méchant ? On n'a jamais su le fin mot de cette histoire. Même aujourd'hui, on continue à se battre contre son fantôme. Après avoir fait couler le sang, la bébête fait couler de l'encre : 37 livres écrits sur son compte. Elle hante les imaginations, figure sur des affiches et des cartes postales, on la voit derrière les vitrines des commerçants de Marvejols où une hideuse statue en plaques de bronze la représente prête à dévorer sa proie. Juste en face, un café porte son nom. Bref : la Bête a laissé sa griffe un peu partout. Que s'est-il passé au juste ? Pendant 3 ans, entre 1764 et 1767, la province du Gévaudan fut terrorisée par une « bête farouche », inconnue et mystérieuse, un « animal redoutable » qui s'attaquait surtout aux enfants (68 victimes) et aux femmes (25 victimes), moins souvent aux hommes (6 victimes). Les bûcherons n'osaient plus aller couper du bois. Les familles frémirent de peur. Brr ! Pour capturer ce quadrupède sanguinaire le roi Louis XV envoya le capitaine Duhamel et ses 57 dragons. Toute la contrée fut ratissée. Rien. La terreur continua. 140 paroisses furent alors mobilisées, de Langogne à Saint-Chély-d'Apcher. Afin de combattre ce « fléau envoyé par Dieu pour punir les Gévaudanais de leurs mœurs relâchées », l'évêque de Mende ordonna, comme au temps des grandes calamités, des prières dans toutes les églises. Le diable n'était pas très loin. Février 1765 : échec de la première campagne. Le roi dépêche un autre louvetier, Denneval, qui a 1 200 loups à son palmarès... Échec à nouveau. La Bête continue à tuer. Excédé, Louis XV expédie son chef des chasses royales, Antoine de Beauterne. Le meilleur fusil du royaume, dit-on. Quelques semaines de battues en Gévaudan et il revient victorieux à Versailles où il présente un gros loup sombre tué par ses soins. Pour le récompenser, le roi lui verse une somme de 10 000 livres. Une petite fortune. Mais sur le terrain, le carnage n'a pas cessé... Alors les gens du cru redoublent d'acharnement. Et le 17 juin 1767, un dénommé Jean Chastel tire sur la Bête avec des balles bénites... C'était un loup.

« Foutaises que toutes ces histoires », hurle aujourd'hui Gérard Ménatory, « avocat » des loups en son parc du Gévaudan à Sainte-Lucie. « Comment se fait-il que cette prétendue Bête n'ait jamais tué un seul mouton ? Jamais un loup n'attaque l'homme. Il le craint. » Des loups, on en tuait près de 70 par an à l'époque dans le Gévaudan. Alors ? Seule explication que l'on murmure par ici : ce serait l'œuvre d'un maniaque sexuel. Un détraqué particulièrement agressif style M le Maudit. Ce qui semble bien probable...

Adresses utiles

🏠 *Maison du tourisme :* dans la porte du Soubeyran. ☎ 04-66-32-02-14. En été, ouverte du lundi au samedi de 10 h à 12 h et de 14 h à 19 h, et le dimanche de 10 h à 12 h ; hors saison, fermée le dimanche et le lundi matin.

■ *Location de skis de fond :* *Sports et Loisirs,* 21, rue Chanelles. ☎ 04-66-32-15-17.

■ *Point Accueil Jeunes :* au complexe sportif du Ranquet, au bord de la Colagne. Une aire pour camper ouverte aux randonneurs de 13 à 18 ans pour une durée de 5 nuits maximum. Renseignements et réservation à la mairie : ☎ 04-66-32-00-45.

Où dormir ? Où manger ?

De deux choses l'une, soit il n'y a pas d'adresse digne de ce nom, soit nous ne les avons pas trouvées.

🏠 *Le Daytona :* bd Saint-Dominique (artère principale ceinturant la vieille ville). ☎ 04-66-32-43-09. Le jeune patron de ce bar - salle de jeu le plus animé de la ville propose quelques chambres propres, avec lavabo et TV avec Canal + (salle de bains et w.-c. à l'étage) à 150 F. Posters de dragsters, de Harley ou de Chevrolet Corvette pour la déco, roulez bolides ! Pas très au calme.

🏠 ❙●❙ *Hôtel de la Gare et des Rochers :* à l'extérieur de Marvejols, sur la place de la Gare. ☎ 04-66-32-10-58. Fax : 04-66-32-30-63. Fermé le samedi midi et le dimanche soir, ainsi que de mi-janvier à mi-mars. C'est une grande maison qui surplombe les gorges de la Colagne. Chambres de 175 F (lavabo et w.-c.) à 310 F (bains, w.-c. et TV). Pratique quand on débarque de Paris à bord de l'Aubrac (ligne Paris Béziers) et qu'on tient à dormir face à la gare de Marvejols. Mais le resto n'est pas fantastique (menus de 78 à 220 F).

❙●❙ *L'Instant Gourmand :* place Henri-Cordesse (place principale de la vieille ville). ☎ 04-66-32-36-80. Ouvert le midi uniquement; du 15 juillet au 15 août, le soir aussi en fin de semaine. Fermé le dimanche. Tartes salées, salades, omelettes, plat du jour à 38 F, sur place ou à emporter.

Camping

🛏 *Camping municipal de l'Europe :* ☎ 04-66-32-03-69. Fax : 04-66-32-43-56. Ouvert du 1er juin au 30 septembre. Un peu à l'extérieur. Très confortable.

Où dormir? Où manger aux environs?

🛏 |●| *Le Val d'Enfer :* à Saint-Léger-de-Peyre; à 8 km au nord de Marvejols. ☎ 04-66-32-20-51. Prendre la N9 direction Aumont-Aubrac, puis à droite à 2 km. Torrent, verdure et tranquillité, c'est chouette par ici. Au *Val d'Enfer,* quelques chambres très simples à 150 F (douche et w.-c. à l'étage) et 170 F avec bains. L'adresse semble surtout connue pour sa cuisine franche et copieuse. Premier menu à 65 F; menu suivant à 80 F avec, par exemple, aligot, jambon cru de montagne, tripoux, caille rôtie, fromage et glace. Pas bien compliqué (surtout le dessert) mais pas désagréable.

|●| *Le Moulin de Chaze :* route de Mende, 48100 Palhers. À 5 km par la N108. ☎ 04-66-32-36-07. Fermé le lundi sauf jours fériés, et 15 jours

en octobre. Au bord de la route à hauteur de la bifurcation pour Palhers. Maison en pierre blanche qui évoque un peu l'Italie les jours d'été lorsqu'on mange en terrasse. Fauteuils et table en fer forgé. À l'intérieur, pierres, poutres, tentures pour un ensemble cossu dans lequel on se sent bien. Cuisine agréable, relevée de saveurs fraîches. Certes peu innovante, mais pas un faux pas. Menus à 110, 130, 160 et 220 F. Service impeccable.

|●| *La Baraque du Plô :* à 8 km au nord de Marvejols sur la D900 en direction de Nasbinals. ☎ 04-66-32-12-07. Mme Beaufils, surnommée à juste titre la « reine des tripoux », est aux fourneaux de ce petit resto ouvrier bien sympa. 6 plats pour 72 F : qui dit mieux?

Animations

– *Festival culturel Marvejols en Scène :* pendant la 3e semaine de juillet. Théâtre, spectacles, la scène, quoi!
– *Marchés aux ovins :* le 1er et le 3e lundi de chaque mois, grand rassemblement des ovins d'Aubrac. Marvejols est un point de ravitaillement agricole. Depuis 1991, la viande de génisse est élevée au rang des « appellations », sous le nom de « fleur d'Aubrac ». Fameux.

À voir. À faire

★ *Les portes fortifiées de la ville :* la porte de Chanelles, avec ses mâchicoulis, ses deux grosses tours rondes coiffées d'une toiture en lauzes, est située dans le sud de la ville. On trouve sa réplique dans le nord : c'est la porte du Soubeyran, à côté de la statue d'Henri IV, le reconstructeur de la cité. Ces portes fortifiées renferment des habitations depuis très longtemps : voilà pourquoi elles sont si bien conservées. La tour du Soubeyran accueille aujourd'hui un *musée d'Archéologie lozérienne.* On peut aussi monter au sommet de cette tour pour avoir une belle vue sur la ville.

LA LOZÈRE

★ *L'église Notre-Dame-de-la-Carce :* l'édifice primitif fut construit au XIVe siècle par Guillaume Durand (l'évêque de Mende, pas le journaliste!). L'église fut anéantie lors des guerres de Religion qui mirent la région à feu et à sang. Reconstruite au XVIIe siècle (pas vraiment pressé à Marvejols), elle conserve la statue vénérée de Notre-Dame de la Carce qui fait l'objet de nombreux pèlerinages.

★ Sur la *place Girou,* menhir de Poujoulet en hommage, non pas à Obélix, mais au docteur Prunières, éminent préhistorien du XIXe siècle. C'est ici que s'élevait le temple détruit à la révocation de l'édit de Nantes. Plus loin, sur la *place des Cordeliers,* statue moderne de la bête du Gévaudan. Effective- ment, elle devait être terrifiante!

★ *La bibliothèque et son jardin :* baladez-vous dans ce petit parc qui entoure une vieille bâtisse du XVIIe siècle. Classé aux Jardins de France.

– *Sentiers de petite randonnée :* plusieurs belles promenades à pied et iti- néraires V.T.T. dans les environs immédiats de la ville, dans une campagne vallonnée et variée : le Regourdel, Antrenas, le Grenier-Valadou, le plateau de Rouby, la vallée du Coulagnet. Informations sur les itinéraires au bureau du tourisme.

Achats

– *Aux Tripoux Lozériens :* chez Louis Tondut, boucher-charcutier, 2, rue Carnot. ☎ 04-66-32-04-07. Déli- cieux saucissons secs, jambons, pâ- tés, à ramener chez vous et à dé- guster avec un bon coup de rouge!

Aux environs

★ *Les trucs :* qu'est-ce que c'est que ces trucs ? Un truc est une sorte de grosse colline herbue et rocheuse qui se dresse soudain dans le paysage. Il y en a trois dans les environs : le truc du Midi (1 019 m), le truc de Grèzes (1 012 m) et le truc de Saint-Bonnet-de-Chirac (934 m). Pourquoi des « trucs » ? Parce qu'on ne sait pas ce que c'est. Les trucs sont des énigmes géologiques, on ne sait ni pourquoi ni comment ils sont apparus. Alors, ce sont des trucs.

★ *Chirac (48100) :* qu'on se rassure, le président n'a pas déjà baptisé un village de France à sa gloire! Il n'est même jamais venu ici. À voir tout de même, une belle église romaine *Saint-Romain* (pas Saint-Jacques?), construite au XIIe siècle. On remarque le portail en plein cintre et la belle abside en cul-de-four.

🛏 I●I *L'Auberge des Violles :* ☎ 04-66-32-77-66. Fermée le mardi midi. Dans le village, par une petite route en lacet longeant le Rioulon, que l'on prend à partir de Chirac. La route s'arrête là, vous aussi. L'au- berge à flanc de montagne est expo- sée au midi dans une nature intacte et luxuriante. Jolie piscine. Le seuil franchi, il flotte des parfums rassu- rants de cuisine au feu de bois ; la salle à manger toute blanche, avec de beaux meubles en bois fabriqués par le maître de céans, ancien me- nuisier à Aix, vous fera succomber. Un seul menu montagnard à 80 F (réserver si l'on ne dort pas) : char- cuterie, salade, aligot, gigot, fro- mage et dessert maison, le point fort de la jeune patronne alsacienne. La demi-pension, obligatoire, coûte 170 ou 190 F pour une nuit. Pour une telle adresse, la réservation est plus que conseillée!

★ *Les Loups du Gévaudan :* parc animalier situé à 9 km environ au nord de Marvejols, au village de Sainte-Lucie. ☎ 04-66-32-09-22. Prendre la N9 en direction d'Aumont-Aubrac ; à 6,5 km, tourner à droite et continuer jusqu'au bout du chemin. Le paysage est superbe. On est à 1 100 m d'altitude. Au loin, les monts de la Margeride et de l'Aubrac. Entrée payante. Bar et restaurant à l'entrée. *Maison du Loup* (petit musée) au-dessous du bâtiment. Ouverte de 10 h à 16 h 30 toute l'année, jusqu'à 18 h de juin à septembre.

Houhouhou ! Ils ont les yeux vifs et perçants, deux oreilles pointues, un museau allongé, un collier de fourrure autour de la gueule et du cou, le poil noir, blanc ou beige (plus courant). Ce sont les loups ! Ici, ils sont près de 140 à rôder sur 5 et bientôt 25 ha d'immenses enclos grillagés au sein d'une nature préservée. Un zoo ? Non. La première expérience de réintroduction de cet animal en France, où le dernier spécimen avait été tué au début du siècle. Le maître des lieux, Gérard Ménatory, ex-journaliste au *Midi Libre*, a décidé de réhabiliter le loup auprès de l'opinion. Pour cela, il ne ménage pas ses efforts. Il accompagne lui-même les groupes de visiteurs dans les enclos à l'heure des repas. Il embrasse ses amis, se roule par terre avec eux, les pouponne comme des chérubins. Son chien regarde ce spectacle d'un œil un peu simplet. Incroyable Ménatory ! Il a du sang de loup dans les veines. Une légende raconte que son père aurait fait allaiter son fils par une louve... D'où cette passion exclusive et dévorante. Il peut dormir, manger, courir, jouer avec ses amis. Il vous apprendra que : le loup n'attaque jamais l'homme (n'empêche qu'on reste quand même prudent...), qu'il a la plus grande sociabilité du monde animal, que la colombe est plus agressive que lui, qu'il peut vivre jusqu'à 15 ou 16 ans, que Charles Perrault et son *Chaperon rouge* ont parachevé l'œuvre des idiots, que la bête du Gévaudan était un mythe, etc. Bref, que l'homme est un loup pour le loup. En sortant de là, on a presque envie d'avoir un petit loup chez soi. Bien sûr, on plaisante !

🛏 🍴 Si vous voulez passer la nuit pas loin, il y a un *restaurant* au village de Sainte-Lucie, ainsi que des *gîtes ruraux* bien aménagés dans de grosses maisons en pierre du pays.

★ *Le lac du Moulinet :* dans un environnement pittoresque de forêts et de prairies, un endroit rêvé pour s'adonner aux sports nautiques ou à la pêche, et pour amuser les enfants : toboggan « aquagliss » vilain comme tout mais très rigolo.

🍴 On peut prendre ses repas chez *M. Castan* (☎ 04-66-32-17-40). Un festin à portée de bourse : 65 F seulement (70 F le dimanche).

★ *Le château de la Baume :* à 11,5 km de Marvejols, sur la A75 en direction de Clermont-Ferrand. Prendre la sortie « Le Buisson » ; le château est à 5,5 km, c'est fléché. ☎ 04-66-32-51-59. Ouvert en saison tous les jours sauf mardi, de 10 h à 12 h et de 14 h à 18 h ; hors saison, sur rendez-vous. Visite guidée : 40 mn.

Très belle route dans une campagne intacte. Horizons immenses avec quelques bois, taches sombres dans ce paysage jauni par la sécheresse de l'été. Et puis soudain surgit cette grande demeure en granit : « le Versailles du Gévaudan », l'un des plus beaux châteaux de la Lozère. Construit au Grand Siècle, il abrite de très belles pièces, dont une salle réservée à Las Cases qui fut l'oreille de Napoléon en exil.

Quitter Marvejols

🚂 *Gare S.N.C.F. :* à 1,5 km au sud de la ville. Renseignements : ☎ 08-36-35-35-35.
– *Pour Mende :* 3 trains par jour.
– *Pour Paris :* 2 trains par jour. Compter entre 7 h et 8 h de voyage (on traverse toute l'Auvergne et le centre de la France).

LE CAUSSE DE SAUVETERRE

Un des quatre grands causses de cette région avec le Méjean, le causse Noir et celui du Larzac. Large plateau peuplé essentiellement de moutons, le regard n'est arrêté que par quelques légers reliefs, quelques haies ou murets de pierre sèche. Le causse de Sauveterre, bordé au nord par le Lot et à l'est par le Tarn, fait figure d'exception. Les paysages semblent moins dénudés qu'ailleurs, notamment dans la partie sud-ouest, entre La Canourgue et Saint-Rome-de-Dolan. Un véritable paradis pour les amoureux d'espaces vierges, de balades dans les vastes horizons. À découvrir à pied par le GR6 ou le GR60 ou, mieux, à cheval.

LA CANOURGUE (48500)

Une jolie ville nichée au creux d'un vallon et traversée d'un réseau de canaux qui lui donne une certaine originalité après l'aridité du causse. La cité fut bâtie autour d'un monastère édifié au VIIe siècle. Dans le centre, plusieurs vieilles maisons Renaissance en encorbellement, avec des fenêtres à meneaux surplombant l'Urugne où fonctionnaient autrefois les tanneries et les mégisseries. Un charme désuet émane de ce gros village provincial, bonne étape entre le causse et l'Aubrac, très animé l'été. En août, énorme foire à la brocante. Au fait, le maire d'ici s'appelle Jacques Blanc. Président du conseil régional depuis 1986, il a beaucoup fait parler de lui aux dernières élections régionales, en s'arrangeant avec l'extrême droite... Pourtant La Canourgue paraît si tranquille, si loin de l'agressivité frontiste. Méfiance !

Adresse utile

▯ *Syndicat d'initiative :* place du Pré-Commun. ☎ 04-66-32-83-67. De juin à septembre, ouvert du lundi au samedi de 9 h à 13 h et de 15 h à 19 h et le dimanche de 9 h à 13 h ; hors saison, du mardi au samedi de 9 h à 12 h.

Où dormir ? Où manger ?

🛏 ▯◉▯ *Hôtel Le Portalou :* place du Portalou, dans le centre. ☎ 04-66-32-83-55. Fax : 04-66-32-92-54. Ouvert toute l'année. Extérieurement, une grande maison bourgeoise de l'autre siècle. À l'intérieur, des chambres spacieuses et calmes, de 182 à 202 F la double (30 F de plus en juillet et août). Beau jardin et terrasse sous la glycine. Remise où boucler les vélos, et confiture maison. Petit snack pour une restauration rapide et simple.

🛏 |●| *Hôtel La Citadelle :* av. des Gorges-du-Tarn. ☎ 04-66-32-80-11. Fax : 04-66-32-95-71. Fermé le dimanche hors saison, et en no-

vembre. Dans le centre-ville, dans une vieille maison, des chambres modernes sans charme particulier à 200 F (douche) et 220 F (douche et w.-c.). Fait aussi restaurant : menus à 72 et 98 F. Ambiance bistrot. Plus qu'animé les soirs de match de foot.

À voir

★ *L'église Saint-Martin :* installés ici au VIIe siècle, les moines édifièrent un petit monastère autour duquel le bourg fut construit. Au début du XIe siècle, les bénédictins, à qui l'on avait confié le monastère, construisirent une belle église dans le plus pur style roman. Tout cela nous serait parvenu intact mais c'était sans compter sur la guerre entre protestants et catholiques. En 1585, les premiers prirent l'église aux seconds, la pillèrent et en détruisirent une bonne partie. Reconstruction... mais gothique cette fois ! Un siècle plus tard, le clocher s'écroule et anéantit un tiers de l'édifice. Un peu tard pour invoquer le vice caché devant le tribunal, on construisit les chapelles gothiques, puis une grande fenêtre Renaissance afin d'éclairer le chœur. Résultat : un ensemble harmonieux.

De plus, le quartier est bien agréable. On sent une quiétude et une douceur de vivre presque palpables. Ruelles pittoresques et passages voûtés. Le bruit de l'eau, qui s'écoule doucement comme le temps, accentue le caractère paisible de l'endroit.

★ *La chapelle Saint-Frézal :* du XIe siècle. Restaurée par la confrérie de la Pouteille et du manouls. Visite en juillet et août, les lundi et jeudi après-midi. Renseignements à la confrérie. ☎ 04-66-32-80-18.

★ *Le sabot de Malepeyre :* curieux rocher de 30 m de haut, imitant la forme d'un sabot. Il faut un peu d'imagination quand même ! On le voit au bord de la D46 en direction du causse.

Aux environs

★ *SAUVETERRE*

Un vieux village typique du causse de Sauveterre, près de la route qui relie Sainte-Énimie à Balsièges dans la vallée du Lot.

★ *CHAMPERBOUX*

À 2,5 km de Sauveterre, un autre vieux village isolé sur le causse, dans une région où l'on a retrouvé plusieurs dolmens et un tumulus. Encore un coup des Celtes !

Où dormir ? Où manger sur le causse de Sauveterre ?

🛏 |●| *Ferme de la Vialette :* située à côté du village de La Capelle, sur la D998, à 7 km de Laval-du-Tarn. ☎ 04-66-32-83-00. Fax : 04-66-32-

94-62. Anne-Marie et Jean Fages vous accueilleront chaleureusement dans cette vieille ferme du XIXe siècle magnifiquement retapée, qui a gardé tout son charme rustique. En plus du gîte pour 6 personnes dans l'ancienne maison de maître (à partir de 1 900 F la semaine hors saison, 2 100 F en été), ils proposent 5 chambres d'hôte charmantes et confortables pour 270 F la nuit, petit déjeuner compris. On y mange copieusement des spécialités du pays, et en famille avec ça ! Compter 210 F pour la demi-pension avec table d'hôte. Profitez des forêts environnantes qui s'étendent à perte de vue pour vous balader à pied ou à vélo. Notre meilleure adresse sur le causse.

🏠 I●I **Ferme équestre de la Périgouse :** au hameau de la Périgouse, à un peu plus de 2 km au sud de Champerboux. ☎ 04-66-48-53-71. Fax : 04-66-48-54-67. Ouverte toute l'année. Loin des foules des gorges du Tarn, voici une bonne adresse pour faire de longues balades à cheval à travers l'immense plateau dénudé ; les chevaux sont dans les prés, les randonneurs au gîte ou dans les chambres d'hôte (de 200 à 220 F la nuit). Plus loin, il y a un bar, et même un club privé. Au restaurant, Jean-Pierre Pourquier concocte quelques petits plats maison. Il organise toutes sortes de randonnées, à la journée, à la semaine (autour de 2 000 F pour deux en demi-pension en chambre double), ou sur des thèmes : randonnée des célibataires, randonnée des châteaux... Tous en selle ! Et hue ! (600 F la journée tout compris, le cheval aussi bien sûr !).

– Voir aussi nos adresses au sud du causse, aux environs des Vignes (gorges du Tarn).

LES GORGES DU TARN

Un des sites les plus spectaculaires de France, certainement, mais aussi un des plus envahis en été. Il n'empêche que le Tarn, c'est comme Venise ou Mykonos : tôt ou tard on finit par y passer. Parce que la beauté et la magie des lieux n'ont pas vraiment changé, malgré les foules. Après y être allé, on ne regrette jamais d'avoir eu cette idée. C'est un grand classique, d'accord. À vous de le relire avec des yeux neufs, en sortant des sentiers battus.
On allait vous recommander un survol en U.L.M. Plus facile : louer un canoë-kayak et se laisser porter par le courant. À notre avis, ce moyen de découverte reste le meilleur, avec la marche évidemment. Pour les marcheurs, justement, le sentier rive gauche permet de longer les gorges plaisamment. Quant aux voitures, qu'elles se rassurent, la seule et unique route des gorges leur est toujours ouverte. Ah ! les bagnoles, si on pouvait s'en passer, ou les faire marcher à la vapeur comme à l'époque de Nicolas Cugnot...

Deux mots sur le Tarn et ses fameuses gorges

Jusqu'à Florac, tout allait à peu près bien pour lui. Il avait pris sa source au sommet du mont Lozère – ô bonne mère des eaux –, à 1 575 m d'altitude, et coulait comme une petite rivière de montagne, entourée de versants raisonnables.
Passé le bon village d'Ispagnac, le ton change. Le Tarn affronte les causses. Adieu le granit du mont Lozère et les schistes des Cévennes ! Voilà le royaume du calcaire, roche tendre parmi les plus tendres. Sur 53 km, entre Ispagnac et Le Rozier, la jeune rivière impétueuse a déclaré la guerre à la platitude. Elle creuse un profond couloir et coule au pied de falaises hautes de 400 à 500 m. Ses eaux usent les parois calcaires depuis des millénaires. À certains endroits, le défilé se resserre comme dans le passage des Détroits, entre La Malène et Les Vignes, peut-être la partie la plus belle des gorges.

Ailleurs, le Tarn décrit des méandres, amorce des virages vertigineux comme au cirque de Pougnadoires près de Saint-Chély ou, mieux, au cirque des Baumes. Le mot cirque convient au Tarn. C'est une rivière spectacle où les spectateurs enthousiastes ont les plus belles places de Lozère. Tel ce point Sublime ou ce roc des Hourtous, où se nichent quelques rares aigles. Une rivière limpide qui cache ses secrets : on ne les voit pas au premier coup d'œil, mais près de 40 résurgences souterraines venues du causse Méjean et du causse de Sauveterre se jettent dans les eaux du Tarn, sous forme de cascades. Et puis les gorges ne sont pas que pierre et eau : on découvre des hectares de forêts giboyeuses, magnifiques, avec des hameaux sans accès comme celui de la Croze, témoin d'une vie paysanne ancestrale qui avait pu s'enraciner même au fond des gorges.

De puissants seigneurs, plus ou moins misanthropes, avaient élu domicile sur ces rives pittoresques : la vallée est ponctuée de plusieurs châteaux imposants, certains en ruine, d'autres rénovés en château-hôtel. Roche-blave, Charbonnières, Castelbouc, La Caze, La Malène... autant de nids d'aigle imprenables dans cette vallée d'orgueil.

N'oubliez pas que les crues du Tarn sont réputées pour leur violence. En quelques heures d'orage, en été, la rivière sort de sa langueur, elle déborde sur les berges, se déchaîne. Et puis la tourmente passée, elle retrouve son lit ordinaire. Enfin, si vous voulez vous amuser, vous pouvez descendre le Tarn jusqu'au bout, c'est-à-dire Albi, Montauban et Moissac où il mêle ses eaux à celles de la Garonne. On nous a dit que certains kayakistes avaient fait ce beau périple...

Quelques petits conseils utiles

– Choisissez bien votre époque pour y aller. On vous l'a déjà dit : en juillet et août, les gorges affichent complet.
– Mieux vaut donner un coup de biniou à l'hôtel avant d'y venir. Demandez bien si la demi-pension est obligatoire ou pas.
– On trouve de quoi se loger sur le causse Méjean ou sur le causse de Sau-veterre. À notre avis, la meilleure des solutions consiste à trouver une chambre dans un rayon de 15 à 20 km autour du Tarn. On vous en signale.
– Randonneurs, renseignez-vous sur les sentiers. Il y a de très belles balades à faire au départ de La Malène ou du Rozier.

ISPAGNAC (48320)

À une dizaine de kilomètres de Florac, un joli village au début de la vallée du Tarn. Les gorges commencent véritablement après Ispagnac, au hameau de Molines. Le coin est très sympathique au printemps. En été, il y a beaucoup de monde. Mais on s'y loge plus facilement qu'à Sainte-Énimie. Belle petite église romane au village.

Adresse utile

🏛 *Syndicat d'initiative :* à côté de la mairie. ☎ 04-66-44-20-50.

Où dormir ? Où manger ?

|●| *Au Galeton :* 9, place Jules-Laget. ☎ 04-66-44-24-75. En juillet et août, ouvert tous les jours ; le reste de l'année, ouvert le soir des samedi et dimanche. Fermé en septembre. Pizzeria sympa, sur la jolie place d'Ispagnac. Pizzas de 40 à 50 F (au pélardon, aux tripoux), salades, lasagnes, etc.

|●| *Restaurant Le Lys :* Molines. À 2 km d'Ispagnac par la D907*bis*. ☎ 04-66-44-23-56. Fermé du 15 octobre au 10 avril. On imagine mal ce qui se cache derrière la façade de cette vieille maison. Surprise ! Tout est blanc, aux formes modernes, décoré de tableaux et de sculptures... tous plus contemporains les uns que les autres. Le contraste a presque tendance à déranger. Mais cette impression se dissipe dès que la carte arrive. Le chef concocte une cuisine simple qui recèle quelques belles associations.

De plus, tous les légumes viennent du jardin. Un seul menu à 120 F. Morilles du causse lozérien et jarret de bœuf poché. Patron affable.

Campings

■ |●| *Camping L'Aiguebelle :* au bord du Tarn évidemment, comme la plupart des autres campings. ☎ 04-66-44-20-26. Ouvert les week-ends en mai, juin et septembre, et tous les jours en juillet et août. Vous pouvez vous y restaurer.

■ *Le Pré Morjal :* ☎ 04-66-44-23-77 en saison et 04-66-44-20-50 hors saison. Fax : 04-66-44-23-99. Ouvert d'avril à fin octobre. Camping municipal bien équipé. Loue également de bons bungalows pour 2 personnes ou pour 4 à 6 personnes (2 nuits minimum, à la semaine en juillet et août ; de 1 200 à 2 500 F la semaine).

D'ISPAGNAC À SAINTE-ÉNIMIE

★ QUÉZAC (48320)

On accède au village par un très beau pont gothique du XIVe siècle à cinq arches, qui enjambe majestueusement la rivière. Imposante église construite à la même époque.

★ CASTELBOUC

Accroché au flanc du causse, le château de Charbonnières est à l'origine d'une croustillante histoire. Lecture interdite aux chastes yeux ! Raymond de Castelbouc, seigneur du coin, n'était pas parti aux croisades avec les autres. Du coup, il se retrouva être le seul homme dans toute la région. Et ce qui devait arriver arriva. À force de vouloir contenter toutes les femmes (un brave garçon, Raymond !), il périt dans les bras de l'une d'elles. Le rêve, diront certains. Et lorsque son âme s'envola, on vit planer un bouc monstrueux sur le château. Tous les rapprochements sont permis. À vous de jouer ! Du coup, on appela l'endroit le château du bouc !

★ PRADES

Beau château des XIe et XIVe siècles chargé de défendre le monastère de Sainte-Énimie.

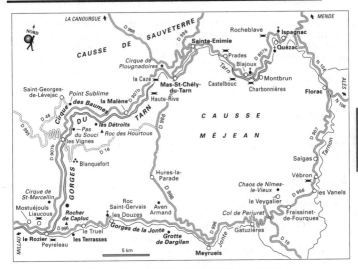

LES GORGES DU TARN ET DE LA JONTE

LA LOZÈRE

SAINTE-ÉNIMIE (48210)

Voici ce qu'en disait l'écrivain Jacques Lacarrière en 1973, lors de sa traversée à pied de la France : « C'est un village touristique regorgeant d'hôtels toujours pleins en été, toujours clos dès la morte saison. Novembre à Sainte-Énimie, c'est un novembre chez les loirs, les marmottes, chez les animaux hibernants ». On est d'accord avec toi, Jacquot! Rien n'a changé. Les choses ont plutôt empiré. Naguère nous dormîmes sous l'arche du vieux pont, aujourd'hui les canoës-kayaks ont tout envahi. Reste un site fabuleux à voir en mai ou en septembre. Au printemps, la faune et la flore sont extraordinaires.

Adresse utile

❚ *Office du tourisme :* dans l'immeuble de la mairie, près de la poste. ☎ 04-66-48-53-44. Fax : 04-66-48-52-28. Ouvert toute l'année de 9 h 30 à 12 h et de 13 h 30 à 16 h ; tous les jours en été, de 9 h 30 à 12 h 45 et de 14 h 15 à 19 h. Liste des campings, des hôtels, des chambres d'hôte.

La légende

Énimie était une jeune princesse d'une beauté rare. Ses prétendants ne parvenaient pas à obtenir ses faveurs car la belle avait voué sa vie à Dieu. Or, le roi, son père, voulut la marier richement. Ne pouvant s'opposer à la volonté de ses parents, elle demanda au ciel de l'enlaidir pour dégoûter son futur époux. Vœu exaucé, une lèpre terrible envahit son corps superbe. Nul remède ne vint à bout de la maladie, et pour cause. Après quelques mois, la souffrance étant trop intense, la jeune fille pria à nouveau pour qu'on apaise ses douleurs. Alors un ange l'envoya se baigner dans la fontaine de Burle.

Escorte, voyage long et fatigant, mais la baignade fut miraculeuse. Tout le monde s'en retourna au château. Mais dès le causse passé, la maladie réapparut. Demi-tour, re-baignade et re-guérison. Deuxième tentative de départ, même scénario. Dieu appelait Énimie ici. Elle évangélisa cette région mécréante, construisit un couvent de religieuses et finit par se retirer dans la montagne pour vivre en ermite.

Où dormir ? Où manger ?

Ami de la route, c'est ici qu'on regrette pour la nuit les bonnes vieilles fermes du mont Lozère !

▲ *Hôtel-bar Le Central :* rue Basse. Central comme son nom banal l'indique. ☎ 04-66-48-50-23. Ouvert en juillet et août. De 140 F avec douche et w.-c. sur le palier à 190 F la double, confortable mais ordinaire. Seulement pour dépanner. Demandez-leur s'ils se souviennent de la crue du Tarn de 1994 !

▲ IOI *Les Deux Sources :* au centre du village, près du pont. ☎ 04-66-48-53-87. Fax : 04-66-48-57-69. Ouvert de Pâques à la Toussaint. Fermé le jeudi sauf en juillet et août. Petit hôtel-restaurant très bien situé au cœur du bourg, en bordure du Tarn, avec terrasse et chambres toutes côté rivière. Honnête cuisine classique sans mauvaise surprise. Menu à 85 F avec, par exemple, une terrine forestière aux cèpes, un gigot d'agneau des Causses puis fromage ou dessert ; menus suivants à 140 et 180 F. 5 chambres à 230 et 240 F, propres et fraîches, tranquilles, avec douche et w.-c. : un bon rapport qualité-prix.

▲ IOI *Auberge du Moulin :* ☎ 04-66-48-53-08. Fax : 04-66-48-58-16. Fermée du 15 novembre au 20 mars. Vieille maison en pierre, entièrement rénovée. Chambres offrant un confort moderne standardisé. Doubles de 260 F (avec douche et w.-c.) à 340 F (avec bains et w.-c.). Resto correct, même si la salle est un peu tristounette. Belle terrasse en été. Menus à 88, 115 et 170 F.

▲ Spécial fauchés : *Point Accueil Jeunes* à 7 F la nuit, réservé aux moins de 25 ans. Appeler la mairie : ☎ 04-66-48-50-09.

À voir

★ *L'église :* du XIIe siècle. À l'intérieur, statues de bois et de pierre des XIIe et XVe siècles, ainsi qu'une céramique récente illustrant la vie de la sainte locale.

★ *L'ancienne abbaye :* il n'en reste que trois salles. L'entrée, la crypte et la salle capitulaire.

★ *La source de la Burle :* derrière l'office du tourisme. Il suffit d'y croire, et peut-être un nouveau miracle s'accomplira-t-il ! Un chemin balisé part d'ici pour rejoindre l'ermitage. Sainte Énimie vécut à cet endroit. Les bâtiments datent des Xe et XVe siècles. Très beau panorama sur les gorges. 1 h 30 aller-retour.

SAINT-CHÉLY-DU-TARN

À 4 km au sud de Sainte-Énimie, un ravissant vieux village au pied des hautes falaises calcaires. On traverse un petit pont avant d'arriver dans ce bourg bien préservé avec son église romane, son four à pain, et une série de maisons en pierre du pays, formant un bel ensemble en bordure du Tarn. À voir, là aussi, quand il n'y a pas trop de monde.

Où dormir ? Où manger ?

Prix moyens

🛏 🍴 *L'Auberge de la Cascade :* adressez-vous au restaurant, distinct de l'auberge, juste à gauche en entrant dans le village. ☎ 04-66-48-52-82. Fax : 04-66-48-52-45. Fermé du 15 octobre au 15 mars. Il vaut mieux réserver. Bon rapport qualité-prix : 185 F la chambre double avec douche et w.-c., ou 260 F avec bains, vraiment confortables celles-ci, toutes neuves et installées dans une annexe, au village toujours, avec piscine en terrasse sur le Tarn. Au restaurant, avec terrasse, on mange plutôt bien : tripoux, omelettes aux morilles, magret, truite... Et puis les prix sont corrects : de 75 à 160 F.

Plus chic

🛏 🍴 *Château de la Caze :* route des gorges du Tarn. ☎ 04-66-48-51-01. Fax : 04-66-48-55-75. Fermé le mercredi hors saison, et du 15 novembre au 15 mars. La machine à remonter le temps existe. Elle est ici. Construit au XVe siècle, le château a conservé son lustre d'antan. Tout est comme dans un conte. Il ne manque que les damoiselles vêtues de riches robes. Chambres somptueuses, un peu chères. De 500 à 1 400 F pour deux ! Petit déjeuner à 65 F. Restaurant abordable. Cuisine fine et recherchée. Un menu à 130 F servi uniquement le midi (sauf les jours fériés), et d'autres menus entre 175 et 320 F, que l'on déguste dans la superbe salle. Foie gras poêlé au caramel de maury et chou vert étuvé, filet de truite piqué de lard grillé, carré d'agneau de Lozère rôti dans son jus. La meilleure table des environs.

Aux environs

★ *Le cirque de Saint-Chély :* quel cirque !

★ *Le cirque de Pougnadoires :* formé par les falaises érodées du causse. Dans une boucle de la rivière.

LA MALÈNE (48210)

L'idéal est d'y arriver par la très sinueuse route qui descend du causse Méjean vers le fond des gorges. Vue sublime garantie ! La Malène, c'est un village envahi en été mais tellement sympa en automne qu'on y reviendrait au printemps pour imaginer ces vieux toits de lauzes couverts de neige en hiver.

Adresse utile

🏛 *Bureau d'information du parc des Cévennes :* sur le pont qui enjambe le Tarn. Sert aussi d'office du tourisme en été. ☎ 04-66-48-50-77.

Ouvert tous les jours de juin à septembre, de 10 h à 13 h et de 14 h 30 à 18 h ; de début mai à juin, le week-end seulement.

Où dormir ?

■ *Gîte d'étape communal :* dans l'ancien presbytère. S'adresser chez Mme Josette Fages : ☎ 04-66-48-51-47. Ou à la mairie : ☎ 04-66-48-51-16. Fax : 04-66-48-58-51. Ouvert de Pâques à la Toussaint. 20 places. 45 F la nuit. Douches, petite cuisine. Mais il faut apporter son sac de couchage.

■ *Chambre d'hôte chez Christophe Brun :* ☎ 04-66-48-55-95. Adossée à la falaise, cette vieille maison de pierre dispose d'une chambre mansardée avec sanitaires privés, qui fait le bonheur de ses locataires. 260 F pour deux, petit déjeuner compris. Avec lit d'appoint, 290 F pour trois. Vue sur les gorges et petit coin détente dans le jardin. Christophe, batelier sur le Tarn, saura vous faire partager son amour et sa connaissance du pays. Un bon plan.

Campings

Entre La Malène et Les Vignes.

■ *Camping Chez Maurice* ou *Le Clos :* le premier camping au bord du Tarn, à 2 km après La Malène.

☎ 04-66-48-51-24. Simple et bon marché.

■ *Camping La Blaquière :* au bord du Tarn aussi, dans un site ombragé, superbe paysage au pied des falaises, entre le cirque des Baumes et les Détroits. On est à 19 km de Sainte-Énimie. ☎ et fax : 04-66-48-54-93. Ouvert du 1er mai au 15 septembre. Sanitaires corrects : eau et douches chaudes. Buvette et petite épicerie. Environ 60 F pour deux. Sans doute l'un des plus beaux coins pour camper dans les gorges. S'il y a de la place... 18 % de réduction sur le tarif haute saison jusqu'au 5 juillet.

■ *Camping Beldoire :* avant d'arriver au village des Vignes. ☎ 04-66-48-82-79 en saison ; ☎ 04-66-68-20-28 hors saison. Ouvert du 1er avril au 30 septembre. Encore un beau site. Les gorges commencent à s'ouvrir un peu, il y a plus d'espace autour des maisons comme autour des tentes de ce bon camping bien équipé. Compter 73 F pour deux. Forfaits bungalows (1 700 F la semaine pour 4 personnes). Beaucoup de monde en été toutefois.

À voir

★ *Le roc des Hourtous :* c'est un belvédère haut perché, d'où l'on a une vue (évidemment grandiose !) sur les gorges du Tarn. Il y a aussi le point Sublime (forcément sublime !) d'où l'on domine les mêmes gorges avec des frissons de mégalomane... Pour aller au roc des Hourtous : il faut d'abord monter sur le causse Méjean (dont on vous parle plus loin), prendre la mesure de l'immensité qui vous entoure, prendre la bonne route surtout, c'est-à-dire la D16. Ne filez pas tout droit au carrefour, vous arriveriez à Carnac, non pas les alignements de menhirs, mais la ferme de Carnac (eh oui ! même sur le causse il y a un parfum de celtitude qui hante les lieux). Enfin voilà le belvédère. On peut s'arrêter avant, à la buvette ; laisser la voiture au parking pour continuer à pied sur le chemin de terre.

À faire

– *La descente du Tarn en barque :* ça vaut le coup. *Les Bateliers de La Malène* organisent ce genre de promenade plusieurs fois par jour. Allez les voir, à droite à l'entrée du pont. ☎ 04-66-48-51-10. Fax : 04-66-48-52-02.

La balade dure 1 h (8 km environ). On descend par groupe de 4 à 5 personnes dans une barque pilotée par un gars du pays qui vous fait un commentaire sur les gorges. Il utilise le moteur ou sa longue perche quand le niveau de l'eau est trop bas. En route, on découvre des coins sympas comme le goulot des Détroits où vivent castors et aigles (deux précisément, un couple), ou ce vieux hameau de *la Croze* auquel on accède uniquement en barque. Aucune route n'y conduit. Le propriétaire, un industriel lozérien du nord de la France, a même installé un grand câble qui enjambe la vallée pour acheminer vivres et bagages. Le terminus de la promenade est au *cirque des Baumes,* un amphithéâtre naturel d'où jaillissent rocs, falaises, aiguilles et bouquets d'arbres. Une voiture ou une camionnette vous ramènera à votre point de départ, c'est-à-dire à La Malène. Un seul inconvénient : le prix assez élevé (97 F par personne) et la nécessité de se regrouper pour descendre en barque. En été, venez de préférence dès 8 h 30.

LES VIGNES (48210)

À la sortie des gorges proprement dites, le village est bâti au fond de la vallée, à l'endroit où elle s'élargit. Comme son nom l'indique, les paysans étaient aussi vignerons.

Où dormir ? Où manger ?

▄ |●| *Gîte d'étape Le Ménial :* chez Thierry David, hameau du Ménial. ☎ 04-66-48-81-75. Ouvert d'avril à novembre. Aux Vignes, passer le pont pour gagner la rive gauche et là, prendre tout de suite à gauche, filer tout droit ; Le Ménial est au bout de ce chemin, à 900 m. Ici, paix garantie et bain de fleurs et de verdure. Confort modeste mais tarifs aussi : 50 F la nuit, 140 F la demi-pension. Bon accueil de Thierry, bonne cuisine aussi. Ornithologue avisé (ou pour le moins ornithophile) et accompagnateur en montagne, il propose de passionnantes sorties-

découverte des oiseaux des gorges du Tarn, de la Jonte et du causse Méjean. Une bonne adresse donc. Témoin cet hommage pioché dans le livre d'or : « N'en faites rien, n'en dites rien, ne dites pas que tout est beau, ne dites pas que tout est bien... ici ». Trop tard, c'est dit !

|●| *Chez Armand :* le long des gorges, sur la D907, juste après Les Vignes, direction Le Rozier. ☎ 05-65-62-61-74. Fermé le soir sauf en juillet et août. Petit bar-restaurant qui ne paie pas de mine mais propose un honnête menu à 68 F avec fromage et dessert.

Où dormir ? Où manger aux environs ?

▄ |●| *Hôtel-restaurant Malaval :* à Saint-Georges-de-Lévejac, sur le causse de Sauveterre. ☎ 04-66-48-81-07. Fermé du 10 au 20 octobre. Des Vignes, monter par la D995, direction Le Massegros, et tourner à droite à 5 km ; après les lacets, Saint-Georges-de-Lévejac est à 6 km. Charmant village typique, calme absolu et chouettes balades aux environs, jusqu'au point Sublime

par exemple : vue époustouflante sur le cirque des Baumes et la vallée du Tarn. Des chambres très simples avec douche et w.-c. à 220 F (certaines ont vue sur les belles toitures du hameau), et une cuisine traditionnelle et familiale caussarde. Menus de 60 à 125 F. Lièvre au saupiquet du 15 septembre au 1er mars À partir de 3 jours, demi-pension possible à 190 F par personne.

🔺 |●| *Hôtel-restaurant Poujol, Chez Ricou :* Le Massegros, sur le causse de Sauveterre. À 12 km au nord-ouest des Vignes par la D995. ☎ 04-66-48-80-07. Fax : 04-66-48-86-21. Une affaire qui tourne bien, assez connue sur le causse et dans la vallée. Hôtellerie récente, bien te-nue et bon marché : la double avec douche et w.-c. à 160 F. Au restau-rant, cuisine populaire, « à l'an-cienne », pas compliquée sans doute mais là encore à prix démo-cratiques : menu du jour à 65 F ; me-nus suivants à 110 et 125 F (sauf le dimanche).

LE ROZIER (48150)

110 habitants seulement (dix fois plus en été) dans ce petit village construit à la confluence de la Jonte et du Tarn. On est à la limite de la Lozère et de l'Aveyron où se trouve Peyreleau, juste en face. Une jolie église romane et une enfilade de vieilles maisons bordant la rue principale. C'est un bon point de départ pour faire des balades à pied sur le causse Méjean qui domine le carrefour des deux vallées.

Adresses utiles

🆔 *Syndicat d'initiative :* dans les locaux de la poste. ☎ 05-65-62-60-89.
◼ *Maison des guides sportifs :* ☎ 05-65-62-63-54. Fax : 05-65-62-64-15. Propose des balades, des es-calades, de la spéléologie... Pour découvrir les Grands Causses dif-féremment.

Où dormir ?

🔺 *Hôtel Doussière :* sur la place principale, une maison récente te-nue par des antiquaires (boutique juste à côté). ☎ 05-65-62-60-25. Ouvert de Pâques au 11 novembre. Doubles à 230 F (douche et w.-c.) et 280 F (bains et w.-c.). Celles avec douche ou bains sont dans l'annexe, de l'autre côté de la rivière : il faut donc la franchir (200 m) pour prendre son petit déjeuner. Pas de repas.

Camping

🔺 *Camping municipal :* ☎ 05-65-62-63-98. Fermé de fin septembre à début avril. Ombragé et en bord de rivière. Bien équipé, prix raison-nables.

À voir. À faire

★ *Les vautours-fauves :* voir plus bas, au chapitre « Les gorges de la Jonte », « Le belvédère des Terrasses ».

– *Randonnées à pied :* belle promenade (assez difficile) sur la corniche du causse Méjean au départ du village : le rocher de Capluc (45 mn), le pont des Arcs (1 h 15), le bastion de Cinglegros (2 h 30). Pour y monter, on emprunte le GR67. Au sommet, vue superbe sur les gorges de la Jonte.

Aux environs

★ *Peyreleau (12720) :* village classé en bordure de la Jonte, qui s'étage sur les pentes d'une butte couronnée par une tour crénelée. C'est tout ce qui reste d'un ancien château fort.

LES GORGES DE LA JONTE

Moins connues que celles du Tarn, mais tout aussi belles... La Jonte prend sa source dans le massif des Cévennes, sur le flanc nord du mont Aigoual, « vraie mère des eaux » de cette partie de la France. Puis elle creuse son chemin dans les calcaires, formant une sorte de canyon impressionnant entre Meyrueis et Le Rozier, soit un peu plus de 20 km, avant de rejoindre le Tarn. Arrêtez-vous à l'*Auberge des Douzes* ou au *café-restaurant Chez Armand* (peu de places pour se garer car le canyon est avare en espace) : vue magnifique sur les gorges.
Au départ du Rozier, les gorges vous conduiront jusqu'à Meyrueis.

★ *LES DOUZES (48150)*

À 12 km de Meyrueis, d'où son nom. Ce hameau est dominé par le rocher Saint-Gervais qui porte une petite chapelle romane.

Où dormir ? Où manger ?

🏠 |●| *Hôtel de la Jonte :* ☎ 05-65-62-60-52. Fax : 05-65-62-61-62. Fermé en décembre, janvier et février. Au bord de la route, une grande maison de pays ; réputée dans toute la région pour sa bonne cuisine et son accueil familial. M. Vergely a deux salles : l'une plus touristique que l'autre. Nous vous conseillons la salle des ouvriers et des voyageurs de commerce, car c'est là qu'on a la meilleure cuisine à prix sympathiques : menus de 65 à 150 F. À partir de 180 F la chambre double avec douche et 200 F avec bains, toutes avec TV. L'annexe offre une belle vue sur les gorges de la Jonte. « Piscinette » en prime.

|●| *Café-resto Chez Armand :* à 2 km après Les Douzes, au hameau de la Caze. ☎ 05-65-62-61-74. Une petite maison blanche avec une terrasse ombragée qui domine les gorges de la Jonte. Site superbe et isolé : on aime. La patronne s'appelle Gisèle Costecalde, et ses cartes de visite sont violettes. Petit menu à 68 F, avec fromage et dessert. Cuisine simple et populaire, genre bœuf en daube ou sauté d'agneau. On peut y prendre simplement un verre. Avec un peu de chance, vous apercevrez dans le ciel l'un des vautours qui ont été réintroduits par le parc sur le causse Méjean.

★ *LE TRUEL*

Petit village au bord des gorges. La route qui y descend de *Saint-Pierre-des-Tripiers* est superbe.

★ *LE BELVÉDÈRE DES TERRASSES*

Sur une plate-forme située à 4 km du Rozier en venant de Meyrueis. Payant. Réintroduits au début des années 70 dans des volières au-dessus des gorges de la Jonte, les *vautours-fauves* sont aujourd'hui 120 à voler dans les Grands Causses. C'est du belvédère que l'on peut le mieux admirer ces ravissants charognards (ainsi que quelques aigles et faucons) en louant des jumelles ou en s'inscrivant à des sorties de terrain payantes. Grâce au Fonds d'intervention pour les rapaces et au parc national des Cévennes, déjà partenaires fondateurs, une Maison du vautour devrait ouvrir sur le site du belvédère.

★ *LE ROZIER (48150)*

Après avoir traversé le charmant village de Truel et maté les vautours sur la plate-forme du belvédère des Terrasses, on débouche au Rozier, un village construit au confluent des gorges du Tarn et de la Jonte : on vous en parle plus haut.

LE CAUSSE MÉJEAN

Partout, on voit dressés des tas de pierres amoncelées, en partie délités, comme les blocs erratiques d'un paysage lunaire...

Jacques Lacarrière, *Chemin faisant.*

Une sorte de désert d'altitude : 33 000 ha d'une vaste steppe d'herbe jaune à l'infini, légèrement ondulée, et parsemée de hameaux aux toits de *lauzes,* de *clapas* (pierres entassées ici et là, par l'homme, cet entasseur) et de *chazelles,* sorte d'abris pour les moutons et les bergers.
C'est le plus haut de tous les causses (environ 1 000 m), sans doute le plus beau. Très peu peuplé (1,4 habitants au km^2), traversé par des drailles, des sentiers de randonnée (GR6 et GR60) et quelques routes secondaires, le causse Méjean offre des paysages qui rappellent les steppes d'Asie centrale, les plaines d'altitude du Mexique, les collines arides d'Anatolie, et parfois même certains horizons de l'Ouest américain. Il est plus dénudé à l'est qu'à l'ouest, en raison des grands bois de pins sylvestres qui y sont plantés. Seuls endroits cultivables : des dépressions circulaires nommées *sotchs* ou *dolines,* qui ponctuent le paysage de loin en loin.
La principale curiosité du causse Méjean, c'est l'aven Armand (200 000 visiteurs par an). Mais plusieurs dolmens et menhirs éparpillés témoignent d'un habitat préhistorique remontant au IVe millénaire avant J.-C.
« Jamais n'a été aussi vive ce que Mircea Eliade nomme la nostalgie des origines : le souvenir d'un temps où les formes de la création n'étaient pas encore clairement séparées les unes des autres... », écrit Claude Mettra qui a bien senti l'âme du causse.

Adresse utile

■ *Association Le Méjean :* Mme Juliette Michel, ☎ 04-66-45-04-76.

Où dormir? Où manger?

Gîtes d'étape pour randonneurs

■ *Gîte de Hyelzas :* M. et Mme Pratlong, hameau de Hyelzas, 48150 Hures-la-Parade. ☎ 04-66-45-65-25. Situé sur le GR6 Alpes-Océan, du Rhône à l'Aigoual. 32 places. 45 F la nuit. Ravitaillement possible. Douches et coin-cuisine.

■ *Gîte de La Viale* (hors GR) *:* chez Mme Vernhet, La Viale, 48150 Saint-Pierre-des-Tripiers. ☎ 04-66-48-82-39. Ouvert toute l'année. Chambres d'hôte à la ferme (voir plus bas).

■ *Gîte de Masdeval :* Mme Maurin, 48210 Mas-Saint-Chély. ☎ 04-66-48-52-13. Sur réservation en été. Également sur le GR60. 16 places.

Hôtel-restaurant

■ I●I *Auberge du Chanet :* au hameau de Nivolier, dans la partie est du causse Méjean, en allant vers Florac. ☎ 04-66-45-65-12. Fermée du 15 novembre au 15 mars. Grosse maison de pays, balayée par les vents, dans un hameau traditionnel, en plein causse, loin de tout. À l'intérieur, dans une salle voûtée en pierre, on vous sert une bonne petite cuisine locale, copieuse, à base uniquement de produits de la ferme. Il n'y a pas une grande variété de plats au menu, certes, mais ce qui est servi porte le label de l'authentique. La vache folle? Ici, on ne connaît pas! Menus à 75, 95 et 140 F. Bonne escale roborative, après une longue randonnée sur le causse

sauvage. Dispose également d'un dortoir de 12 lits (50 F la nuit). Attention, n'accepte pas les cartes de crédit.

Chambres d'hôte et ferme-auberge

■ I●I *Le Choucas :* chez Michel et Danielle Gal, la Volpilière, 48150 Saint-Pierre-des-Tripiers. ☎ 04-66-45-64-28. Fermé du 15 novembre à mi-mars. Par la D63 vers Saint-Pierre-des-Tripiers, puis direction la Volpilière. Jolie maison sur le causse Méjean. Belle vue sur le mont Aigoual. 3 chambres avec bains et w.-c. à 300 F pour deux, petit déjeuner compris. Demi-pension à 420 F pour deux à partir de 3 nuits. Repas le soir à 80 F (vin compris).

I●I *Ferme-auberge Chez Rémi Baret :* Les Hérans, 48150 Meyrueis. ☎ 04-66-45-64-42. Fax : 04-66-45-68-60. Une de nos meilleures adresses sur le causse Méjean. Vous trouverez tous les détails sur cette bonne maison dans la rubrique « Où manger aux environs de Meyrueis? »

Camping à la ferme

■ *Camping de Drigas :* chez Noël Avesque, à Drigas (48150 Meyrueis), hameau situé à environ 6 km à l'est de l'aven Armand, sur la D63, avant Hures-la-Parade. ☎ 04-66-45-63-01. Ouvert de juin à octobre. À 950 m d'altitude, à proximité des deux GR, un endroit tranquille pour goûter au charme des espaces infinis...

À voir

★ *L'aven Armand :* une des merveilles du monde souterrain, qui pourrait figurer au patrimoine de l'humanité de l'Unesco. Découvert en 1897 par Louis Armand, serrurier au Rozier, et Édouard-Alfred Martel, l'aven fut ouvert au public en 1927.

☎ 04-66-45-61-31. Ouvert de fin mars à début novembre, de 9 h à 12 h et de 13 h 30 à 18 h; sans interruption le midi en juillet et août. Prix : autour de 43 F par personne; réduction enfants. En été, particulièrement entre le

15 juillet et le 15 août, il y a énormément de visiteurs. Il faut prévoir 45 mn d'attente, parfois 1 h et plus entre l'achat du billet et l'accès au funiculaire ! Un départ toutes les 15 mn pour 50 passagers. Le funiculaire descend un long tunnel de 188 m qui débouche au pied du puits vertical par où descendirent jadis les explorateurs. La visite dure environ 45 mn ; elle se fait à pied, en compagnie d'un guide professionnel coiffé d'un béret rouge (mais ce n'est pas un para !). La température interne du gouffre oscille entre 8 et 12 °C. Prévoir un vêtement chaud.

Sorti du funiculaire, on découvre alors cette immense salle (60 x 100 m, haute de 35 m) dont le sol est formé par un éboulis de pierre. Les eaux de pluie se sont infiltrées dans la croûte calcaire de la surface puis ont dessiné cette « forêt vierge » de concrétions aux formes fantastiques. Dans ce décor étrange, on peut voir autant de monstres pétrifiés, de fruits et légumes ciselés, de palmiers surréalistes que de pâtisseries saturées de crème au café... À vous de chercher votre bonheur dans ce rêve ténébreux. On peut y voir aussi des colonnes de choux-fleurs retournés et usés, des ribambelles d'assiettes ébréchées, empilées les unes sur les autres, des galettes bretonnes entassées, des foules de cactus géants, des piliers désagrégés d'églises baroques mexicaines, de lugubres totems défigurés par les millénaires... Tout un monde clos, crépusculaire et intemporel, où les siècles se comptent au goutte à goutte...

★ *La ferme caussenarde de Hyelzas :* une vieille maison traditionnelle, en pierre et dalles de calcaire, située à Hyelzas, un hameau isolé au bout de la petite route qui continue à l'ouest après l'aven Armand. ☎ 04-66-45-65-25. Ouverte toute l'année sur réservation. À l'intérieur de la ferme, on a reconstitué la vie quotidienne d'un paysan du causse autrefois. Exposition de monuments et de traits d'architecture locaux reproduits ici par un tailleur de pierre. Au hameau, on trouve aussi un *gîte d'étape* (32 places, 45 F la nuit), un gîte équestre et tous les produits du terroir. Vue superbe sur la vallée de la Jonte et le causse Noir, au-delà des gorges.

★ *Les vautours-fauves :* on vous a déjà parlé de ces charmants charognards dans le chapitre sur les gorges de la Jonte (voir « Le belvédère des Terrasses »).

★ *Les vieux hameaux traditionnels :* ils sont éparpillés sur le causse et ils arrêtent le regard, sortes de repères dans cet horizon sans fin. Il faut voir *Hyelzas,* mais aussi *Drigas, la Volpilière* (sur la route de Saint-Pierre-des-Tripiers) et *les Bastides,* sur la petite D63 qui descend de La Parade jusqu'aux gorges de la Jonte. Plus isolée encore, la *ferme de Fretma,* dans la partie est du causse, dans l'orbite du parc national des Cévennes. Pour trouver Fretma, munissez-vous de la carte I.G.N. 354 et partez à l'aventure à pied dans le désert...

★ *Le chaos de Nîmes-le-Vieux :* dans la désolation de la steppe d'herbes jaunes surgit cet étrange amas de pierres calcaires, rappelant une cité en ruine. Rien à voir avec le vieux Nîmes, évidemment ! L'endroit est superbe : l'érosion a sculpté des blocs aux contours déchiquetés, que l'on découvre à pied en suivant un chemin balisé. On atteint le chaos par le col de Perjuret, d'où l'on suit une petite route jusqu'aux hameaux de l'Hon et de Veygalier. On y laisse la voiture pour continuer à pied. Pour les randonneurs, nouveau chemin de l'Hon à Gally.

On trouve à l'Hon et au Veygalier une ferme-auberge avec des produits du terroir. Au hameau de *Gally,* accessible par la route, il y a une grande ferme caussenarde exploitée par les Quet, un couple très sympathique. Ils élèvent 600 brebis sur 300 ha de terre, cultivent du seigle, de l'orge et de l'avoine, vivent loin du tohu-bohu de la ville. Ici, les hivers sont longs et difficiles. Les Quet furent bloqués une fois par la neige pendant un mois ! Il fallait se déplacer à ski de fond pour aller chercher le courrier et le nécessaire au village le plus proche. En été, les enfants, Stéphane et Julien, viennent au devant des visiteurs, discutent, leur indiquent le chemin qui mène au chaos. Cette partie-là, de l'Hon à Gally, plus petite et moins connue que celle autour de Veygalier, a l'avantage d'appartenir à la ferme et d'être gratuite d'accès. Au fil de la promenade, on y trouve des pins d'Autriche, seule variété de pins adaptée aux rigueurs climatiques du causse. On y découvre aussi une plante rare : le saxifrage des Cévennes. À Gally, Mme Quet tient une buvette.

★ *Les chevaux de Przewalski :* au centre expérimental d'élevage, au Vilaret. À 10 km à l'est de l'aven Armand, sur la D63 en direction de Florac. On peut y admirer, sur plus de 300 ha, une vingtaine de ces chevaux roux et trapus en semi-liberté. Du nom de l'aventurier russe qui les a découverts en Mongolie, les chevaux de Przewalski sont les derniers chevaux sauvages au monde ; il n'en reste plus qu'un millier sauvegardés en captivité. Organisée par le TAKH (association pour la défense desdits chevaux), aidé par le WWF, cette expérience est unique en son genre ; n'hésitez donc pas à y faire un tour.

LA LOZÈRE

MEYRUEIS (48150)

Autant vous l'annoncer d'emblée : on a bien aimé Meyrueis. Surtout pas en été, mais en arrière-saison. Au pied des hautes corniches vertigineuses des Causses, cette petite ville ressemble tout à fait à un refuge pour le voyageur éprouvé par de longues traversées. Son nom signifie « au milieu des ruisseaux ». Au carrefour de trois vallées, Meyrueis est en effet traversé par les eaux de la Jonte, du Bétuzon et de la Brèze. Ce qui donne un côté montagnard, frais et dispos, à ce gros village sympathique. De plus, le site est exceptionnel. Deux mondes s'entrechoquent : les Cévennes, pays du schiste et de la châtaigne, et les Causses, univers du calcaire et de la steppe infinie. On a la plus belle vue sur la ville et le site depuis la D986 qui monte vers l'aven Armand et le causse Méjean.
Détail important : les gens d'ici ont l'accent du Midi. Ils se sentent bien languedociens et plus proches de Montpellier que de l'Auvergne très lointaine.

Un peu d'histoire

Frontière entre Causses et Cévennes, Meyrueis marque aussi la limite entre les terres protestantes et le bastion catholique du Causse. Le bourg s'est développé autour de la petite église Saint-Pierre, datant de l'an 1000. Ville commerçante et dynamique, sa prospérité est due aux filatures de laine et de coton (XVIIe et XVIIIe siècles) mais surtout à la fabrication de chapeaux en feutre, activité déjà développée au XVe siècle. Le début du XIXe siècle marque le déclin de la ville. Le renouveau de Meyrueis date de 1888, année de la création du premier syndicat d'initiative de Lozère. Avec la proximité des gorges du Tarn, la première activité aujourd'hui est le tourisme.

Adresse utile

🏠 *Syndicat d'initiative :* dans la vieille tour de l'Horloge, au bord de la Jonte. ☎ 04-66-45-60-33. Ouvert de 10 h à 12 h et de 15 h à 18 h ; en été, de 9 h à 12 h et de 15 h à 19 h. Fermé le week-end hors saison. Efficace, dynamique, sympa comme son animateur Philippe Chambon qui peut, à la demande, vous faire visiter Meyrueis qu'il connaît avec passion. Attention : beaucoup de monde dans ce petit bureau en été. Informations sur les hôtels, les campings, les chambres d'hôte dans un rayon de 30 km autour de la ville.

Où dormir ? Où manger ?

Presque tous les hôtels de Meyrueis ont leur restaurant, souvent bon et pas trop cher.

Bon marché

▲ *Hôtel Les Sapins :* l'hôtel le moins cher de Meyrueis. ☎ 04-66-45-60-40. Fermé d'octobre à avril. Style hôtel de sous-préfecture, provincial mais professionnel. De 170 à 200 F la chambre double. Petit déjeuner à 27 F. Pas de restaurant. Jardin et garage clos pour les deux-roues.

Prix modérés

▲ |●| *Hôtel Family :* une grande maison à la façade fraîchement repeinte, qui borde le torrent du village. ☎ 04-66-45-60-02. Fax : 04-66-45-66-54. Fermé du 5 novembre aux Rameaux. Chambres simples et bien tenues, de 220 F (avec douche et w.-c.) à 250 F (avec bains). Prix raisonnables pour une cuisine sans surprises. Menus de 78 à 140 F. Il y a une piscine et un jardin en face de l'hôtel. Il faut traverser un petit pont en bois. 10 % de réduction à nos lecteurs sur présentation du guide hors saison.

Plus chic

▲ |●| *Hôtel du Mont Aigoual :* rue de la Barrière. ☎ 04-66-45-65-61. Fax : 04-66-45-64-25. Ouvert des Rameaux (une semaine avant Pâques, donc) à la Toussaint. La maison semble assez banale de prime abord. L'accueil direct et charmant de Stella Robert, la belle piscine derrière l'hôtel, les chambres confortables rénovées avec goût rassurent de suite. Doubles avec bains de 260 à 460 F. Cuisine sincère préparée par Daniel Lagrange avec des produits et des recettes du terroir. Menus à 98, 145 et 190 F. Confidou du causse Noir, gigot de mouton et sa galette de pommes au roquefort. Un bon rapport qualité-prix et l'une des meilleures tables du département. Un bon conseil : si vous ne devez y manger qu'une fois, prenez le menu à 145 F ou même le suivant, car celui à 98 F, excellent, vous fera regretter de ne pas avoir investi davantage dans pareille cuisine.

▲ |●| *Château d'Ayres :* Ayres. À 1 km du bourg en suivant les flèches. ☎ 04-66-45-60-10. Fax : 04-66-45-62-26. Fermé de fin novembre à fin avril. Monastère fortifié du XIIe siècle, résidence seigneuriale ensuite et maintenant hôtel, le château a reçu des hôtes aussi prestigieux que Blanche de Castille ou le général de Gaulle. Si vous êtes en voyage de noces, voilà l'adresse qu'il vous faut. Pour des vacances, c'est un peu cher. Mais l'endroit a quelque chose de magique. Chambres somptueuses de 520 à 740 F pour deux. Demi-pension obligatoire en juillet et août (400 et 600 F). Piscine et tennis dans le parc. Menus de 115 à 260 F. Duo de saumon et truite au jus d'huîtres, magret de canard au vin... Rien à redire ! Pour ceux qui ont les moyens, c'est bien. Si vous vous recommandez du *Routard,* un bouquet de fleurs et un quart de bouteille de champagne vous attendent dans votre chambre...

Chambres d'hôte

▲ S'adresser à l'office du tourisme de Meyrueis. Signalons pour ses prix modestes *Mme Elzie Martin,* ☎ 04-66-45-62-20, qui propose 3 chambres avec douche et w.-c. à 160 F en été (110 F en hiver) et 25 F le petit déjeuner (miel des ruches de son fiston, confitures maison...).

Camping

▲ *Camping Le Pré de Charlet :*

av. de Florac. ☎ 04-66-45-63-65. Ouvert du 1er mai au 1er octobre. Situé à 800 m du centre de Meyrueis, sur la route de Florac. Dans un très beau site, au bord de la Jonte : bien ombragé, fleuri, très propre. Accueil aimable. Service d'achat de croissants et de pain frais pour ceux qui le désirent, à condition de passer sa commande la veille à la réception. Prix raisonnables pour sa catégorie 2 étoiles.

Où dormir aux environs ?

Chambres d'hôte

🛏 Quelques-unes fort sympathiques à Saint-Pierre-des-Tripiers, dans l'extrémité sud-ouest du causse Méjean, donc assez loin de Meyrueis (une vingtaine de kilomètres). Nous en parlons dans le texte sur le causse Méjean.
Gîte d'étape, chambres d'hôte et camping à la ferme
🛏 *La Ferme de Marjoab :* chez M. Libourel. À 8 km au sud de Meyrueis, sur le rebord du causse Noir, dans un très beau site. ☎ 04-66-45-64-18. Ouvert de Pâques à fin septembre. Pour y aller : prendre la D986 en direction du Vigan ; tout à fait en haut de la côte, prendre à droite une petite route (la D47) en direction de Lanuéjols, on est sur le plateau ; à moins de 1 km après le carrefour, vous verrez le chemin bordé d'arbres qui mène à Marjoab. C'est une grande ferme isolée sur le causse, avec un gîte d'étape de 18 places (douches et coin-cuisine) situé sur le GR6 Alpes-Océan. À côté se trouve le camping à la ferme, hélas sans ombrage. En revanche, la ferme propose depuis peu 4 chambres d'hôte confortables à 250 F pour 2 et 310 F pour 3, petit déjeuner compris. Également un gîte d'étape à 45 F par personne (10 F de plus en mi-saison, pour le chauffage). On peut louer des vélos tout-terrain pour découvrir la campagne, très belle aux alentours du Marjoab. Uniquement sur réservation entre la Toussaint et Pâques.

Campings

🛏 *Camping à Salvinsac :* chez Éric Causse, La Cascade ; à 2 km environ de Meyrueis, sur la route de Florac. ☎ 04-66-45-61-36. Ouvert de Pâques à fin septembre. Encore un site superbe, près de la Jonte. Sanitaires impeccables, douches et eau chaude. Vente de produits fermiers. On peut se baigner dans la rivière. 60 F l'emplacement pour 2 personnes et 1 voiture. Gîte de séjour de 14 places : 50 F la nuitée.
🛏 *Camping Le Pré des Amarines, Chez Guy Gely :* les Amarines ; hameau situé à 5 km environ de Meyrueis, route de Florac, avant la montée vers le col de Perjuret. ☎ 04-66-45-61-65. Ouvert du 20 juin à mi-septembre. Beau site au bord de la Jonte près de la ferme des Gely. Simple comme tout mais sympa. Sanitaires avec eau chaude. Électricité et point phone.

Où manger aux environs ?

🍴 *Ferme-auberge chez Rémi Baret :* les Hérans, hameau isolé sur le causse Méjean, à 1 km au sud de l'aven Armand par une petite route en cul-de-sac. ☎ 04-66-45-64-42. Fax : 04-66-45-68-60. Réserver impérativement quelques jours à l'avance. Service le midi seulement, d'avril à octobre. Fermée le samedi en juillet et août. Notre meilleure adresse sur le causse Méjean. Mme Baret règne sur les fourneaux, sa fille s'occupe du service dans la petite salle meublée de tables individuelles en bois d'ormeau. Au plafond, des poutres en châtaignier. Chez les Baret, on n'aime que les choses naturelles. Comme ces produits de la ferme tous aussi délicieux les uns que les autres et préparés par la maîtresse des lieux selon de vieilles recettes caussenardes. 3 menus, à partir de 60 F. Celui à 130 F est un vrai festin campagnard. On peut demander à l'avance la spécialité de la maison : la tourte au roquefort. En outre, propose aussi un gîte à 3 200 F la semaine en juillet et août, 2 700 F hors saison. Il s'agit d'une grande maison avec 4 chambres, un salon de 35 m², une cuisine bien équipée (lave-vaisselle!) et un « jardinet » de 365 m²! Le bon plan, pour 6 à 8 personnes à l'aise.

À voir

★ **Les maisons anciennes :** dans le centre, notamment la maison du Viguier, devenue l'*hôtel La Renaissance* et l'*hôtel Saint-Sauveur*.

★ **Promenade** le long du ruisseau du Bétuzon, avec les maisons serrées comme sur le quai d'un port.

★ **Le temple protestant :** date de 1804, de plan octogonal.

★ **La chapelle Notre-Dame-du-Rocher :** de 1876. Elle domine tout du haut de son rocher. Construite à l'emplacement de l'ancien château des comtes de Meyrueis, elle sert aujourd'hui de refuge aux randonneurs sur la route de Dargilan.

★ **Le château de Roquedols :** à 2 km au sud de Meyrueis, sur la route du mont Aigoual. Fin XVe - début XVIe siècle. Cette grande et belle demeure, l'une des mieux conservées de Lozère, abrite le *Centre d'information du parc des Cévennes.*

À faire

– **Vélo tout-terrain :** la descente du mont Aigoual par des sentiers balisés, à l'aube. On y monte en bus au lever du soleil. Renseignements au syndicat d'initiative.
– **Escalade, spéléologie, canyoning, canoë-kayak :** informations au syndicat d'initiative.

Aux environs

★ **La grotte de Dargilan :** ☎ 04-66-45-60-20. D'avril à juin et en septembre, ouverte de 9 h à 12 h et de 13 h 30 à 18 h ; en juillet et août, de 9 h à 19 h ; en octobre, de 10 h à 12 h et de 13 h 30 à 17 h ; hors saison, téléphoner. Entrée payante, mais le dernier dimanche de juin, c'est gratuit (mieux vaut venir tôt!). À 8 km à l'ouest de Meyrueis par une petite route qui grimpe sur le causse Noir à la sortie de la ville. Surnommée aussi la grotte rose à cause de la couleur particulière de ses cavités souterraines. Découverte en 1880 par un berger, explorée en 1888 par Martel, le pionnier de la spéléologie française, aménagée en 1890, Dargilan présente l'ancien lit d'une rivière souterraine et un ensemble fantastique de concrétions, stalagmites en grandes orgues, et de salles aussi étranges que spectaculaires.

★ **Les fermes de Jontanels :** à partir de Meyrueis, prendre la D996 en direction de Florac puis la D19 sur la droite, après 11 km. Dans ce petit hameau niché dans une vallée du bout du monde et ressuscité voilà 14 ans par des fromagers lillois puis par Josiane Estève, princesse de l'angora, on trouve à 200 m l'un de l'autre un élevage de lapins angora (vente de laine, de pulls et de confiture maison ; ☎ 04-66-45-65-72) et une ferme produisant fromages et charcuterie (on peut assister à la fabrication du fromage tous les jours vers 11 h et à la traite des chèvres à partir de 17 h ; ☎ 04-66-45-63-71).

INDEX GÉNÉRAL

les **Routards** *parlent aux* **Routards**

Faites-nous part de vos expériences, de vos découvertes, de vos tuyaux pour que d'autres routards ne tombent pas dans les mêmes erreurs.

Indiquez-nous les renseignements périmés. Aidez-nous à remettre l'ouvrage à jour. Faites profiter les autres de vos adresses nouvelles, combines géniales... On adresse un exemplaire gratuit de la prochaine édition à ceux qui nous envoient les lettres les meilleures, pour la qualité et la pertinence des informations. Quelques conseils cependant :

– N'oubliez pas de préciser sur votre lettre l'ouvrage que vous désirez recevoir.

– Vérifiez que vos remarques concernent l'édition en cours et notez les pages du guide concernées par vos observations.

– Quand vous indiquez des hôtels ou des restaurants, pensez à signaler leur adresse précise et, pour les grandes villes, les moyens de transport pour y aller. Si vous le pouvez, joignez la carte de visite de l'hôtel ou du resto décrit.

– N'écrivez si possible que d'un côté de la lettre (et non recto verso).

– Bien sûr, on s'arrache moins les yeux sur les lettres dactylographiées ou correctement écrites !

Le Guide du Routard : 5, rue de l'Arrivée, 92190 Meudon

36-15, *code* **Routard**

Les routards ont enfin leur banque de données sur Minitel : 36-15, code ROUTARD. Vols superdiscount, réductions, nouveautés, fêtes dans le monde entier, dates de parution des G.D.R., rancards insolites et... petites annonces.

Routard Assistance *99*

Vous, les voyageurs indépendants, vous êtes déjà des milliers entièrement satisfaits de Routard Assistance, l'Assurance Voyage Intégrale sans franchise que nous avons négociée avec les meilleures compagnies, Assistance complète avec rapatriement médical illimité. Dépenses de santé, frais d'hôpital, pris en charge directement sans franchise jusqu'à 2 000 000 F + caution + défense pénale + responsabilité civile + tous risques bagages et photos + 500 000 F. Assurance personnelle accidents. Très complet ! Le tarif à la semaine vous donne une grande souplesse. Chacun des *Guides du Routard* pour l'étranger comprend, dans les dernières pages, un tableau des garanties et un bulletin d'inscription. Si votre départ est très proche, vous pouvez vous assurer par fax : 01-42-80-41-57, mais vous devez, dans ce cas, indiquer le numéro de votre carte bancaire. Pour en savoir plus : ☎ 01-44-63-51-00 ; ou, encore mieux, Minitel : 36-15, code ROUTARD.

Imprimé en France par Aubin n° L57189
Dépôt légal n° 2114-02/99
Collection n° 15 - Édition n° 01
24/2912/4
I.S.B.N. 2.01.242912-2
I.S.S.N. 0768.2034